"十二五"普通高等教育本科国家级规划教材

U0719520

经济数学
—— 微积分

Jingji Shuxue

——Weijifen

（第3版）

主编　吴传生

编者　吴传生　陈盛双　管典安
　　　王卫华　黄小为

高等教育出版社·北京

内容提要

　　本书是"十二五"普通高等教育本科国家级规划教材,是在第 2 版(普通高等教育"十一五"国家级规划教材、2009 年度普通高等教育精品教材)的基础上修订而成的,它是经济数学首门国家级精品课程和中国大学资源共享课的主讲教材。

　　本书的主要内容共十一章和三个附录,包括:一元微积分、多元微积分、向量代数与空间解析几何、微分方程与差分方程、无穷级数等,内容的深广度符合"经济和管理类本科数学基础课程教学基本要求"。

　　经过几次修订,本书集科学性、先进性、适用性于一体,较好地处理了数学与经济、经典与现代、理论与应用、知识与素质、教与学诸种复杂关系,具有"问题驱动、线条鲜明,窗口适当,系统完整,内容丰富"的鲜明特色。

　　本书结构严谨,逻辑清晰,叙述清楚,说明到位,行文流畅,例题典型,习题配备合理,可读性强,可作为高等学校经济、管理类专业的教材或硕士研究生入学统一考试的参考书,也可供工科类专业学生选用或参考。

图书在版编目(CIP)数据

　　经济数学. 微积分/吴传生主编. -- 3 版. --北京:高等教育出版社,2015.11(2021.8 重印)
　　ISBN 978 - 7 - 04 - 043824 - 6

　　Ⅰ.①经… Ⅱ.①吴… Ⅲ.①经济数学 - 高等学校 -教材②微积分 - 高等学校 - 教材 Ⅳ.①F224.0②O172

　　中国版本图书馆 CIP 数据核字(2015)第 224359 号

策划编辑	张彦云	责任编辑	张彦云	特约编辑	马兆海	封面设计	张申申
版式设计	王艳红	插图绘制	尹文军	责任校对	陈旭颖	责任印制	朱 琦

出版发行	高等教育出版社	网　　址	http://www.hep.edu.cn
社　　址	北京市西城区德外大街 4 号		http://www.hep.com.cn
邮政编码	100120	网上订购	http://www.landraco.com
印　　刷	保定市中画美凯印刷有限公司		http://www.landraco.com.cn
开　　本	787 mm × 960 mm 1/16		
印　　张	38.75	版　　次	2003 年 6 月第 1 版
字　　数	710 千字		2015 年 11 月第 3 版
购书热线	010 - 58581118	印　　次	2021 年 8 月第 9 次印刷
咨询电话	400 - 810 - 0598	定　　价	57.50 元

第 3 版前言

　　《经济数学》系列教材(第 3 版)是"十二五"普通高等教育本科国家级规划教材,是在第 2 版(普通高等教育"十一五"国家级规划教材)的基础上修订而成的,它是国家级精品课程和中国大学资源共享课的主讲教材,本系列教材的相关成果曾获得国家级教学成果二等奖。

　　本版的修订工作遵循"改革创新,突出特色,锤炼精品"的要求,全面保持了第 2 版的优点,进一步体现"数学为本,经济为用",数学与经济学、管理学有机结合的原则,彰显"问题驱动,线条鲜明,窗口适当,系统完整,内容丰富"的特色,使教材内容更富有时代气息,叙述更流畅自如,从而更适应于当前经济数学课程的教学需求。

　　《经济数学——微积分》(第 2 版)入选 2009 年度普通高等教育精品教材,自 2009 年由高等教育出版社出版以来,被全国许多高校用作经济、管理类专业的教材,经过进一步的教学实践,并根据同行及专家们的宝贵建议,参照近年来课程建设及教材建设的成果及经验,在第 2 版的基础上进一步锤炼本版,所做的主要修改如下:

　　1. 对一些概念和内容的叙述做了更仔细的推敲,力求更准确到位,更通俗易懂,增强文字的可读性;

　　2. 对个别定理,如单调有界准则等给出了更为简洁的证明;

　　3. 增加了一些经济应用和图形的例题和习题,使得数与形、数学与经济结合更紧密;

　　4. 增加了条件极值中的拉格朗日乘子 λ 的意义和三重积分的内容,使教材内容更加充实。

　　本次修订工作主要由吴传生、黄小为完成,朱慧颖、何进荣、吴笛等也参加了修订工作。全书由吴传生统稿定稿。

　　在本书的修订过程中,参考了许多国内外教材。高等教育出版社的领导和编辑们对本书各版的出版给予了热情支持和帮助,尤其是李艳馥、马丽、张彦云等老师先后在本书各版的编辑和出版过程中付出了大量的心血。在此一并致谢!

　　对新版中存在的问题,欢迎广大专家、同行和读者继续给予批评指正。

编 者

2015 年 2 月

第 2 版前言

　　《经济数学》系列教材(第 2 版)是普通高等教育"十一五"国家级规划教材,是在前一版(普通高等教育"十五"国家级规划教材)的基础上修订而成的,是经济数学的首门国家级精品课程的使用教材。

　　该系列教材的主要特点是把数学知识和经济学、管理学的有关内容有机结合,融经济于数学,体现"数学为本,经济为用"的原则。

　　该系列教材的总的编写原则是:适应经济类、管理类各专业对数学的要求越来越高的趋势,注重适当渗透现代数学思想和方法,理论联系实际,加强学生应用数学知识和方法解决经济问题的能力的培养,突出数学的基本概念、基本理论和基本方法,突出数学的基本思想和应用背景,尽量用数学概念、理论、方法去解释、说明经济学、管理学的相关概念、理论。强调科学性、系统性和准确性。对课程体系进行优化,力求既能保证课程教学基本要求又能降低学习难度,处理好具体和抽象、定量和定性、直观判断和逻辑推理等关系,体现数学文化的精髓。

　　《经济数学——微积分》的第 1 版自 2003 年由高等教育出版社出版以来,被全国许多高校用作经济管理类专业的教材。经过几年的教学实践并根据同行们的宝贵建议,我们进一步对国内外优秀的同类教材进行了比较研究,在保持第 1 版的优点、特色的基础上,第 2 版更加注意数学和经济的有机结合,更加注重可读性,所做的主要修改如下:

　　1. 为了更好地与中学数学衔接,第 2 版分别将二阶和三阶行列式简介、基本初等函数的图形及主要性质、极坐标系的内容用三个附录给出,供需要的学生查阅。

　　2. 第一章对复合映射的概念做了扩展,使其与复合函数的定义协调;对常见的经济函数一节做了一些精简,突出了均衡价格的概念。

　　3. 第二章在介绍连续函数的介值定理和零点定理之后增加了一个均衡价格的存在性定理,以更好地体现数学在经济学中的应用。

　　4. 第三章对边际与弹性一节的内容进行了调整和精简。

　　5. 第四章中函数图形的描绘部分补充了曲线的渐近线的内容。

　　6. 为了增加教材使用的灵活性,对第七章空间解析几何与向量代数的内容安排做了适当调整。第一节至第四节比较详细地介绍空间直角坐标系及曲面与空间曲线,这是学习本课程的多元函数微积分所必需的知识;第五节至第七节以向量代数为基础,介绍平面与直线,虽然标上了"＊"号,但它们是学习线性代数等后续课程的必要基础,我们建议在学时允许的情况下,尽量安排时间讲授。

7. 鉴于多元函数微分学在经济中的应用十分广泛,在第八章加强了偏导数在经济分析中的应用的内容,以需求函数为例,比较详细地介绍了偏边际与偏弹性的概念。

8. 根据课程内容,调整了部分习题;增加了一些图形的题目,以便培养学生根据经济函数的图像对经济问题的性态进行分析的能力。

讲完本书的基本内容约为 120 学时(不含习题课),讲完本书的全部内容约需 140 学时(不含习题课)。

本版修订工作主要由吴传生、黄小为完成。全书由吴传生负责统稿定稿。研究生何进荣做了大量的具体工作。

本书在修订过程中,参考了众多的国内外教材。高等教育出版社的领导和编辑们对本书的出版给予了热情支持和帮助,尤其是李艳馥、马丽和崔梅萍等老师在本书的编辑和出版过程中付出了大量心血。在此一并致谢!

新版中存在的问题,欢迎广大专家、同行和读者继续给予批评指正。

编　者

2008 年 12 月

第 1 版前言

本书是普通高等教育"十五"国家级规划教材,其主要特点是把微积分和经济学的有关内容进行了有机结合。

该书总的编写原则是:教学内容的深广度与经济类、管理类各专业微积分课程的教学基本要求相当,与教育部最新颁布的研究生入学考试数学三和数学四的考试大纲中的微积分的内容相衔接,符合经济类、管理类各专业对数学要求越来越高的趋势,注重适当渗透现代数学思想,加强对学生应用数学方法解决经济问题的能力的培养,以适应新时代对经济、管理人才的培养要求。

在本书的编写过程中,我们尽可能遵循如下原则:

第一,从特殊到一般,再从一般到特殊;从具体到抽象,再从抽象到具体。

主要体现在如下两方面:

1. 从科学技术和经济学的实际例子出发,引入微积分的基本概念、理论和方法;反过来利用它们解决更多的经济应用问题,将微积分和经济学的有关内容有机结合。

2. 对某些合适的主题,先用几何直观、数值方法引出结论,再从理论上加以阐述、论证,最后用于解决实际问题。

第二,便于组织教学。在保证教学要求的同时,让教师比较容易组织教学内容,学生也比较容易理解接受,并且使学生在知识、能力、素质方面均有大的提高。

主要反映在如下几个方面:

1. 继承和保持经典微积分教材的优点。

2. 适当降低对解题技巧训练的要求,从简处理一些公式的推导,简化一些定理的证明;加强数学思想、几何直观、数值方法和逻辑思维等方面的训练;加强应用能力的培养。

3. 适当降低一元函数的极限与连续的理论要求,降低求不定积分的技巧要求,适当加强向量代数与空间解析几何以及多元函数微积分的内容,较好地满足后继课程对微积分的要求。

4. 力争从体系、内容、方法上进行改革,有所创新,将教材的结构、体系进一步优化,加强理论联系实际,且能恰到好处地反映一些现代数学的思想、术语。

为体现上述原则,编写本书时,我们对内容做了如下处理:

第一章从集合、映射引入函数概念,适当介绍一些现代数学术语,加强了"函数关系建立"和"经济学中的常用函数"两节内容。

第二章从实际例子、几何直观及数值结果导出极限精确定义,注重极限思想的描述,将用极限定义论证问题的技巧降到较低程度。连续性讨论力求简捷,增加了不动点原理的内容。

第三章对导数、微分讨论得较详尽,和一般教材比较,对经济学上的两个重要概念——边际与弹性的讨论大大加强。

第四章突出了经济应用,将泰勒公式移至本章的最后,可在本章讲授,也可在第十一章的泰勒级数之前讲授。

第五章降低了求不定积分的技巧训练,尽量将不定积分计算问题归结为一些规则和步骤,以降低学习难度。

第六章加强了对定积分概念的实际背景的介绍,加强了对元素法的形式上的描述,增强了定积分经济应用的内容。

第七章专门讨论向量代数与空间解析几何,比一般的经济类、管理类微积分教材的相应内容大为加强。从多方面来看,我们认为这样做是值得的。

第八章从理论和方法上对多元函数微分学的讨论都比较详尽,加强了多元函数微分学在经济学中应用的内容,专列一节对经济学和其他学科中都十分有用的最小二乘法予以详细介绍。根据我们的教学体会,加强这部分的内容,对培养适应新时代的经济管理人才是很必要的。不过,使用本教材时,可根据实际情况对这一部分内容进行取舍。

第九章介绍了二重积分的概念及计算,考虑了二重积分的经济应用,另外,根据后继课程(如概率统计)学习的需要,专列了(无界域上)反常二重积分一节。

第十章开始对微积分学中讨论过的一些基本问题做了适当的小结。本章有三个特点:一是将微分方程和差分方程从理论和方法上完全类比地讨论,且使之成为一个整体,便于学习;二是从经济实际问题引出微分方程、差分方程的基本概念,结合经济实际问题介绍了一阶微分方程的平衡解及其稳定性;三是加强数学建模能力的培养,专列两节讨论微分方程及差分方程的经济应用。

第十一章从逼近的观点提出本书所讨论的级数部分的两个基本问题,函数项级数部分在体系和内容上做了较大改革,突出逼近的思想。首先从几何和数值方法出发,结合泰勒公式,引出泰勒级数的概念。讨论了收敛性定理,介绍了几个基本函数的泰勒级数展开式。再将泰勒级数的概念一般化,引出幂级数的概念,对幂级数做了较为系统的理论讨论,并介绍函数展开成幂级数的唯一性定理。最后,将这些理论综合用于将一些初等函数展开成幂级数。这样处理,一是使得主题和中心明确;二是符合人们的认识规律;三是从数值和几何上引出问题,比较容易理解,保证了在理论体系完备的前提下,简化推导,减少篇幅。本章的另一个特点是讨论了数项级数和幂级数的经济应用。

　　本书的习题按节配置,遵循循序渐进的原则,既注意基本概念、基本理论和基本方法,又注意加强经济学和其他方面应用性习题的配置。每章后配置总习题,供学完一章后复习、总结、提高之用。

　　本书内容比现行经济类、管理类微积分教材的深广度适当加强,结构严谨,注重应用,文字流畅,叙述详尽,例题丰富,便于自学。本教材的教学内容和教学模式近三年来在我校的经济类、管理类专业的学生中广泛试用,受到了学生及老师的欢迎,收到良好的效果。

　　本书由吴传生主编。第一、二、三章由陈盛双编写,第四、五、六章由管典安编写,第七、八、九章由王卫华编写,第十、十一章由吴传生编写。全书由吴传生统稿定稿。朱勇教授认真审阅了全书,提出了宝贵的意见。

　　本书在编写过程中,参考了众多的国内外教材。高等教育出版社对本书的出版给予了热情支持和帮助,武汉理工大学教务处、理学院、数学系也给予了大力支持,在此一并致谢!

　　由于编者水平有限,加之时间比较仓促,教材中一定存在不妥之处,希望专家、同行、读者批评指正,使本书在教学实践中不断完善。

编　者

2003 年 2 月

目　　录

第一章 函 数

函数是数学中最重要的基本概念之一,是现实世界中量与量之间的依存关系在数学中的反映,也是经济数学的主要研究对象.在这一章中,我们将在中学已有知识的基础上,进一步阐明函数的一般定义,总结在中学已学过的一些函数,并介绍一些经济学中的常用函数.

第一节 集 合

一、集合的概念

集合是一个只能描述而难以精确定义的概念,我们只给出集合的一种描述:集合是指所考察的具有确定性质的对象的总体,集合简称**集**.组成集合的每一个对象称为该集合的**元素**.

下面举几个集合的例子:

例 1 2003 年 1 月 1 日在中国出生的人.

例 2 平面上所有直角三角形.

例 3 一元二次方程 $x^2 - 3x - 4 = 0$ 的根.

例 4 直线 $x - y - 1$ 上所有的点.

由有限个元素构成的集合,称为**有限集**,如例 1,例 3;由无限多个元素构成的集合,称为**无限集合**,如例 2,例 4.

通常用大写字母 $A, B, X, Y, \cdots$ 等表示集合,用小写字母 $a, b, x, y, \cdots$ 等表示集合的元素,若 x 是集合 A 的元素,则说 x 属于 A,记作 $x \in A$;若 x 不是集合 A 的元素,则说 x 不属于 A,记作 $x \notin A$ 或 $x \in A$.

不含有任何元素的集合称为**空集**,记为 $\varnothing$,空集在研究集合运算和集合之间的关系时,有其逻辑上的意义.如由方程 $x^2 + 1 = 0$ 的实根构成的集合,即为空集.

集合一般有两种表示方法:

一是列举法,把它的所有元素一一列举在一个花括号内. 例如,集合 A 由元素 $a_1, a_2, \cdots, a_n$ 组成,表示为 $A = \{a_1, a_2, \cdots, a_n\}$;自然数集 $\mathbf{N}$ 表示为 $\mathbf{N} = \{0, 1, 2, \cdots, n, \cdots\}$. 这种表示法一般适用于有限集和可数无限集. 二是描述法,指明集合中元素所具有的确定性质. 一般形式为

$$A = \{x \mid x \text{ 具有性质 } P\}.$$

例如,一元二次方程 $x^2 - 3x - 4 = 0$ 的解集,记为

$$A = \{x \mid x^2 - 3x - 4 = 0\}.$$

又如,平面上以原点为中心的单位圆内的点的全体组成的集合,记为

$$B = \{(x, y) \mid x^2 + y^2 < 1\}.$$

元素为数的集合称为数集,通常用 $\mathbf{N}$ 表示自然数集,$\mathbf{Z}$ 表示整数集,$\mathbf{Q}$ 表示有理数集,$\mathbf{R}$ 表示实数集,$\mathbf{C}$ 表示复数集. 有时我们在表示数集的字母右上角添"$+$""$-$"等上标,来表示该数集的几个特定子集,以实数为例,$\mathbf{R}^+$ 表示全体正实数之集;$\mathbf{R}^-$ 表示全体负实数之集,其他数集的情况类似,不再赘述.

只有一个元素的集合,称为**单元素集**,记为 $\{x\}$.

若集合 A 的元素都是集合 B 的元素,则称 A 是 B 的**子集**,或者称 A 包含于 B 或 B 包含 A,记作 $A \subset B$ 或 $B \supset A$.

若集合 A 与集合 B 互为子集,即 $A \subset B$ 且 $A \supset B$,就称 A 与 B 相等,记作 $A = B$.

若 A 是 B 的子集,而 B 中至少有一个元素不属于 A,则称 A 是 B 的真子集,记作 $A \subsetneqq B$,例如 $\mathbf{N} \subsetneqq \mathbf{Z}, \mathbf{Z} \subsetneqq \mathbf{Q}, \mathbf{Q} \subsetneqq \mathbf{R}$.

空集 $\varnothing$ 是任何集合的子集.

二、集合的运算

集合有三种基本运算,即并、交、差.

设 A, B 是两个集合,则集合

$$A \cup B = \{x \mid x \in A \text{ 或 } x \in B\},$$

$$A \cap B = \{x \mid x \in A \text{ 且 } x \in B\},$$

$$A \backslash B = \{x \mid x \in A \text{ 但 } x \notin B\},$$

分别称为 A 和 B 的**并集**、**交集**、**差集**.

有时,我们把研究某一问题时所考虑的对象的全体称为**全集**,并用 I 表示,把差集 $I \backslash A$ 称为 A 的**余集**或**补集**,记作 A^c. 例如在实数集 $\mathbf{R}$ 中,集合 $A = \{x \mid |x| < 1\}$ 的余集为 $A^c = \{x \mid |x| \leqslant -1 \text{ 或 } x \geqslant 1\}$.

集合的并、交、余运算满足如下运算律:

交换律 $A \cup B = B \cup A, A \cap B = B \cap A$;

结合律 $(A \cup B) \cup C = A \cup (B \cup C)$,

$(A \cap B) \cap C = A \cap (B \cap C)$;

分配律 $A \cap (B \cup C) = (A \cap B) \cup (A \cap C)$,

$A \cup (B \cap C) = (A \cup B) \cap (A \cup C)$;

对偶律 $(A \cup B)^c = A^c \cap B^c, (A \cap B)^c = A^c \cup B^c$.

以上这些运算律都容易根据集合相等的定义验证.

在两个集合之间还可以定义**直积**或**笛卡儿**(Descartes)**乘积**,设 A,B 是任意的两个集合,则 A 与 B 的直积记作 $A \times B$,定义为如下的由有序对 (a,b) 组成的集合:

$$A \times B = \{(a,b) \mid a \in A, b \in B\}.$$

例如,$\mathbf{R} \times \mathbf{R} = \{(x,y) \mid x \in \mathbf{R}, y \in \mathbf{R}\}$ 即为 xOy 平面上全体点的集合,$\mathbf{R} \times \mathbf{R}$ 常记作 $\mathbf{R}^2$.

三、区间和邻域

区间和一点的邻域是常用的一类实数集.

设 $a,b \in \mathbf{R}$,且 $a < b$,定义:实数集 $\{x \mid a < x < b\} = (a,b)$ 称为**开区间**;$\{x \mid a \le x \le b\} = [a,b]$ 称为**闭区间**;$\{x \mid a \le x < b\} = [a,b)$,$\{x \mid a < x \le b\} = (a,b]$ 称为半开半闭区间,a,b 称为区间的端点. 这些区间统称为有限区间,它们都可以用数轴上长度有限的线段来表示,如图 1-1(a)、(b) 分别表示闭区间 $[a,b]$ 与开区间 (a,b),此外还有无限区间,引进记号 $+\infty$(读作正无穷大)及 $-\infty$(读作负无穷大)后,则可用类似的记号表示无限区间,例如 $[a, +\infty) = \{x \mid x \ge a\}$,$(-\infty, b) = \{x \mid x < b\}$,$(-\infty, +\infty) = \{x \mid x$ 是实数$\}$.

前两个无限区间在数轴上的表示如图 1-1(c)、(d)所示.

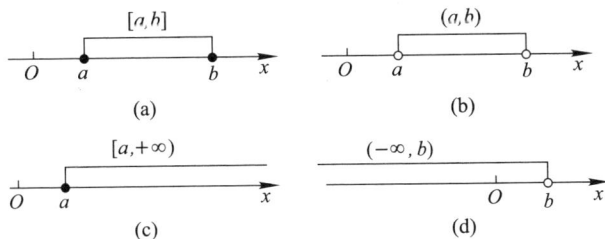

图 1-1

实数集 $\{x \mid |x-a| < \delta, \delta > 0\}$ 称为**点 a 的 δ 邻域**，记为 $U(a, \delta)$. 点 a 叫做**邻域的中心**，δ 叫做**邻域的半径**，它在数轴上表示以 a 为中心，长度为 2δ 的对称开区间，如图 1 − 2 所示.

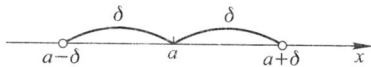

图 1 − 2

实数集 $\{x \mid 0 < |x-a| < \delta\}$ 称为点 a 的**去心 δ 邻域**，记作 $\overset{\circ}{U}(a, \delta)$. 为了方便，有时把开区间 $(a-\delta, a)$ 称为 a 的**左 δ 邻域**，把开区间 $(a, a+\delta)$ 称为 a 的**右 δ 邻域**.

两个闭区间的直积表示 xOy 平面上的矩形区域，例如 $[a, b] \times [c, d] = \{(x, y) \mid x \in [a, b], y \in [c, d]\}$ 即为 xOy 平面上的一个矩形区域，这个区域在 x 轴与 y 轴上的投影分别为闭区间 $[a, b]$ 和闭区间 $[c, d]$.

习题 1−1

1. 按下列要求举例：

(1) 一个有限集合； (2) 一个无限集合；

(3) 一个空集； (4) 一个集合是另一个集合的子集.

2. 用集合的描述法表示下列集合：

(1) 大于 5 的所有实数的集合；

(2) 圆 $x^2 + y^2 = 25$ 内部（不包含圆周）一切点的集合；

(3) 抛物线 $y = x^2$ 与直线 $x - y = 0$ 交点的集合.

3. 用列举法表示下列集合：

(1) 方程 $x^2 - 7x + 12 = 0$ 的根的集合；

(2) 抛物线 $y = x^2$ 与直线 $x - y = 0$ 交点的集合；

(3) 集合 $\{x \mid |x-1| \leqslant 5$ 的整数$\}$.

4. 下列哪些集合是空集：

$A = \{x \mid x+1 = 0\}$，$B = \{x \mid x^2 + 1 = 0, x \in \mathbf{R}\}$，$C = \{x \mid x > 1$ 且 $x < 0\}$，$D = \{x \mid x > 0$ 且 $x < 1\}$，$E = \{(x, y) \mid x^2 + y^2 = 1$ 且 $x + y = 3, x, y$ 均为实数$\}$.

5. 写出 $A = \{0, 1, 2\}$ 的一切子集.

6. 如果集合 A 有 n 个元素，问 A 共有多少个子集？A 的真子集有几个？

7. 如果 $A = \{0, 1, 2,\}$，$B = \{1, 2\}$，下列各种写法中哪些是对的？哪些不对？

$1 \in A$； $0 \notin B$； $\{1\} \in A$； $1 \subset A$； $\{1\} \subset A$； $0 \subset A$；

$\{0\} \subset A$； $\{0\} \subset B$； $A = B$； $A \supset B$； $\varnothing \subset A$； $A \subset A$.

8. 设 $A = \{1, 2, 3\}$，$B = \{1, 3, 5\}$，$C = \{2, 4, 6\}$，求：

(1) $A \cup B$；　　　　　　　　　　(2) $A \cap B$；

(3) $A \cup B \cup C$；　　　　　　　　(4) $A \cap B \cap C$；

(5) $A \backslash B$.

9. 如果 $I = \{1,2,3,4,5,6\}$，$A = \{1,2,3\}$，$B = \{2,4,6\}$，求：

(1) A^c；　　　　　　　　　　　(2) B^c；

(3) $A^c \cup B^c$；　　　　　　　　(4) $A^c \cap B^c$.

10. 如果 A 是非空集合，下列各个等式哪些是对的？哪些不对？

$A \cup A = A$；　　$A \cap A = A$；　　$A \cap A = \varnothing$；　　$A \cup \varnothing = A$；

$A \cup \varnothing = \varnothing$；　$A \cup I = I$；　　$A \cap I = A$；　　$A \cap \varnothing = A$；

$A \cap \varnothing = \varnothing$；　$A \backslash A = A$；　　$A \backslash A = \varnothing$.

11. 如果 $A = \{a,b,c,d\}$，$B = \{a,b,c\}$，求 $A \times B$.

12. 设集合 $X = \{x_1,x_2,x_3\}$，$Y = \{y_1,y_2\}$，$Z = \{z_1,z_2\}$，求 $X \times Y \times Z$.

13. 用区间表示满足下列不等式的所有 x 的集合：

(1) $|x| \leqslant 3$；　　　　　　　　(2) $|x-2| \leqslant 1$；

(3) $|x-a| < \varepsilon$（a 为常数，$\varepsilon > 0$）；　(4) $|x| \geqslant 5$；

(5) $|x+1| > 2$.

14. 用区间表示下列点集，并在数轴上表示出来：

(1) $A = \{x \mid |x+3| < 2\}$；　　　　(2) $B = \{x \mid 1 < |x-2| < 3\}$.

第二节　映射与函数

一、映射的概念

定义 1　设 X, Y 是两个非空集合，若对集合 X 中的每一个元素 x，均可找到集合 Y 中唯一确定的元素 y 与之对应，则称这个对应是集合 X 到集合 Y 的一个**映射**，记为 f，或者更详细地写为

$$f: X \to Y.$$

将 x 的对应元 y 记作 $f(x): x \longmapsto y = f(x)$. 并称 y 为映射 f 下 x 的**像**，而 x 称为映射 f 下 y 的**原像**（或称为逆像）. 集合 X 称为映射 f 的定义域，记作 $D_f = X$，而 X 的所有元素的像 $f(x)$ 的集合

$$\{y = f(x) \mid x \in X\}$$

称为映射 f 的值域，记为 R_f（或 $f(X)$）.

例 1　设 X 是平面上所有三角形的全体，Y 是平面上所有圆的全体，因每个三角形都有唯一确定的外接圆，若定义对应法则

$$f:X \rightarrow Y$$

$$x \mapsto y \ (y \ \text{是三角形} \ x \ \text{的外接圆}),$$

则 f 显然是一个映射,其定义域与值域分别为 $D_f = X$ 和 $R_f = Y$.

例 2 设 $X = \{\alpha, \beta, \gamma\}, Y = \{a, b, c, d\}$,下面所规定的对应关系 f 显然也是一个映射:

$$f(\alpha) = a, \quad f(\beta) = d, \quad f(\gamma) = b,$$

f 的定义域与值域分别为

$$D_f = X = \{\alpha, \beta, \gamma\}, \quad R_f = \{a, b, d\} \subset Y.$$

在这个例子中,R_f 是 Y 的真子集.

概括起来,构成一个映射必须具备下列三个基本要素:

(1)集合 X,即定义域 $D_f = X$;

(2)集合 Y,即限制值域的范围:$R_f \subset Y$;

(3)对应法则 f,使每个 $x \in X$,有唯一确定的 $y = f(x)$ 与之对应.

需要指出两点:

(1)映射要求元素的像必须是唯一的.

例如,设 $X = \mathbf{R}^+, Y = \mathbf{R}$,而对应法则要求对每一个 $x \in \mathbf{R}^+$,它的像 $y \in \mathbf{R}$ 且满足关系 $y^2 = x$,这样的 f 是不是映射呢? 回答是否定的,因为对每个 $x \in \mathbf{R}^+$,都可以有两个实数 $y_1 = \sqrt{x}$ 与 $y_2 = -\sqrt{x}$ 与之对应,即 f 不满足像的唯一性要求.

对不满足像的唯一性要求的对应法则,一般只要对值域范围加以限制,就能使它成为映射.

例 3 设 $X = \mathbf{R}^+, Y = \mathbf{R}^-$,则对应关系

$$f:X \rightarrow Y$$

$$x \mapsto y \ (y^2 = x).$$

是一个映射.

(2)映射并不要求逆像也具有唯一性.

例 4 设 $X = Y = \mathbf{R}$.

$$f:X \rightarrow Y$$

$$x \mapsto y = x^2.$$

虽然 Y 中与 $x = 2$ 和 $x = -2$ 对应的元素都是 $y = 4$,但这并不影响 f 成为一个映射.

定义 2 设 f 是集合 X 到集合 Y 的一个映射,若在映射 f 下像的逆像也具有

唯一性,即对 X 中的任意两个不同元素 $x_1 \neq x_2$,它们的像 y_1 与 y_2 也满足 $y_1 \neq y_2$,则称 f 为**单射**,如果映射 f 满足 $R_f = Y$,则称 f 为**满射**;如果映射 f 既是单射,又是满射,则称 f 为**双射**(又称一一映射).

例 2 与例 3 中的映射是单射,例 1 与例 3 中的映射是满射,因此例 3 中的映射是双射.

二、逆映射与复合映射

设 $f : X \to Y$ 是单射,则由定义 2,对任一 $y \in R_f \subset Y$,它的逆像 $x \in X$(即满足方程 $f(x) = y$ 的 x)是唯一确定的,由定义 1,对应关系

$$g : R_f \to X$$

$$y \mapsto x \ (f(x) = y)$$

构成了 R_f 到 X 上的一个映射,称为 f 的**逆映射**,记为 f^{-1},其定义域为 $D_{f^{-1}} = R_f$,值域为 $R_{f^{-1}} = X$.

显然,只要映射 f 的逆映射 f^{-1} 存在,它就一定是 R_f 到 X 上的双射.

现设有如下两个映射

$$g : X \to U_1$$

$$x \mapsto u = g(x)$$

和

$$f : U_2 \to Y$$

$$u \mapsto y = f(u),$$

如果 $R_g \subset U_2 = D_f$,那就可以构造出一个新的对应关系

$$f \circ g : X \to Y$$

$$x \mapsto y = f[g(x)],$$

由定义 1 可知,这还是一个映射,我们将之称为 f 和 g 的**复合映射**.

可以看出,复合映射 $f \circ g$ 的构成,实质上是引入了中间变量 u,因此关键在于 $R_g \subset D_f$ 是否成立. 如果这一条件得不到满足,就不能构成复合映射.

例 5　设 $X = Y = U_1 = U_2 = \mathbf{R}$,映射 g 与 f 为

$$g : X \to U_1$$

$$x \mapsto u = \sin x$$

和

$$f : U_2 \to Y$$

$$u \mapsto y = \frac{u}{1 + u^2}.$$

显然 $R_g = [-1,1] \subset D_f$,因此可以构成复合映射

$$f \circ g : X \to Y$$

$$x \longmapsto y = f[g(x)] = \frac{\sin x}{1 + \sin^2 x}.$$

例 6 设映射 g 与 f 为

$$g : \mathbf{R} \to \mathbf{R}$$

$$x \longmapsto u = 1 - x^2$$

和
$$f : \mathbf{R}^+ \to \mathbf{R}$$

$$u \longmapsto y = \ln u,$$

则 $R_g = (-\infty,1] \not\subset D_f$,因此不能构成复合映射 $f \circ g$.

但若将映射 g 的定义域缩小,就有可能构成复合映射. 比如令

$$g^* : X = (-1,1) \to \mathbf{R}$$

$$x \longmapsto u = 1 - x^2$$

和
$$f : \mathbf{R}^+ \to \mathbf{R}$$

$$u \longmapsto y = \ln u,$$

则 $R_{g^*} = (0,1] \subset D_f$,于是可以构成复合映射

$$f \circ g^* : X = (-1,1) \to \mathbf{R}$$

$$x \longmapsto y = \ln(1 - x^2).$$

一般地,若 $R_g \subset D_f$ 不成立,但 $R_g \cap D_f \neq \varnothing$,且在映射 g 下 $R_g \cap D_f$ 的原像集 $X_0 \subset X$,则将 g 限制在 X_0 上得到 g^*,这时 $R_{g^*} \subset D_f$,于是可以确定一个由 X_0 到 Y 的复合映射 $f \circ g^*$. 在后面定义复合函数时,我们将采用与此一致的说法.

要注意,映射 f 和 g 的复合是有顺序的,这就是说,$f \circ g$ 有意义并不意味着 $g \circ f$ 也一定有意义,即使都有意义,即 $R_g \subset D_f$ 与 $R_f \subset D_g$ 都满足,复合映射 $f \circ g$ 与 $g \circ f$ 一般来讲也是不同的.

三、函数的概念

定义 3 设数集 $D \subset \mathbf{R}$,则称映射 $f : D \to \mathbf{R}$ 为定义在 D 上的函数,通常简记为

$$y = f(x), \quad x \in D,$$

其中 x 称为**自变量**,y 称为**因变量**,D 称为**定义域**,记作 D_f,即 $D_f = D$.

这里 f 为一种对应法则,对每一个 $x \in D_f$,有唯一的实数 $y = f(x) \in \mathbf{R}$ 与之对应. 由映射的定义可知,当定义域与对应法则确定后,函数就完全确定了,可见,定义域与对应法则是确定函数的两个要素,因此,对于两函数 f, g,如果它们有相同的定义域 D,且对 D 中的每个 x 有相同的函数值,即

$$f(x) = g(x), \quad \text{对于一切 } x \in D,$$

则称 f 与 g 相等,并记为 $f = g$,例如,$f(x) = 1, x \in \mathbf{R}$ 与 $g(x) = \sin^2 x + \cos^2 x, x \in \mathbf{R}$ 是两个相等的函数,而 $f(x) = 1$ 与 $g(x) = \dfrac{x}{x}$ 则是不相同的函数,因为 $D_f = \mathbf{R}$,而 $D_g = \mathbf{R} \setminus \{0\}$.

设 f 为给定的函数,$D_f = D$,函数值的全体所构成的数集称为函数 f 的**值域**,记作 R_f 或 $f(D)$,即

$$R_f = f(D) = \{y \mid y = f(x), x \in D_f\}.$$

从中学数学我们已经知道,函数的定义域通常按如下两种情形来确定:一种是对于有实际背景的函数,其定义域由变量的实际意义确定;另一种是对抽象的用算式表达的函数,其定义域是使得算式有意义的一切实数组成的集合,称之为函数的自然定义域. 由于中学数学对此已做详细讨论,不再举例说明.

表示函数的主要方法有三种:表格法、图形法、解析法(公式法),这在中学里大家已经熟悉,其中,用图形法表示函数是基于函数图形的概念,即坐标平面上的点集

$$\{P(x,y) \mid y = f(x), x \in D_f\}$$

称为函数 $y = f(x), x \in D_f$ 的图形(图 $1-3$). 图中的 R_f 表示函数 $y = f(x)$ 的值域.

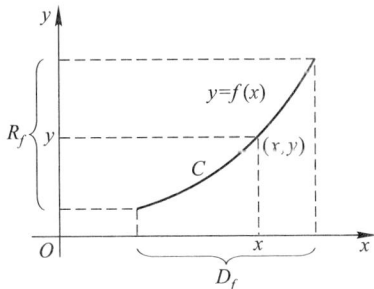

图 $1-3$

下面举出几个例子.

例 7　函数

$$y = 2$$

的定义域 $D_f = (-\infty, +\infty)$，值域 $R_f = \{2\}$，它的图形是一条平行于 x 轴的直线，如图 1-4 所示.

例 8 函数

$$y = |x| = \begin{cases} x, & x \geqslant 0, \\ -x, & x < 0 \end{cases}$$

的定义域 $D_f = (-\infty, +\infty)$，值域 $R_f = [0, +\infty)$，它的图形如图 1-5 所示，此函数称为**绝对值函数**.

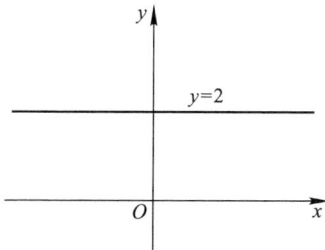

图 1-4

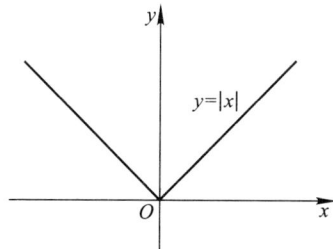

图 1-5

例 9 函数

$$y = \operatorname{sgn} x = \begin{cases} 1, & x > 0, \\ 0, & x = 0, \\ -1, & x < 0 \end{cases}$$

称为**符号函数**，它的定义域 $D_f = (-\infty, +\infty)$，值域 $R_f = \{-1, 0, 1\}$，它的图形如图 1-6 所示，对于任何实数 x，下列关系式成立

$$x = \operatorname{sgn} x \cdot |x|.$$

例 10 设 x 为任一实数，不超过 x 的最大整数称为 x 的**整数部分**，记作 $[x]$，例如，$\left[\dfrac{5}{7}\right] = 0$，$[\sqrt{2}] = 1$，$[\pi] = 3$，$[-1] = -1$，$[-3.5] = -4$. 把 x 看成变量，则函数

$$y = [x]$$

的定义域 $D_f = (-\infty, +\infty)$，值域 $R_f = \mathbf{Z}$. 它的图形如图 1-7 所示，这图形称为**阶梯曲线**，在 x 为整数值处，图形发生跳跃，跃度为 1，这函数称为**取整函数**.

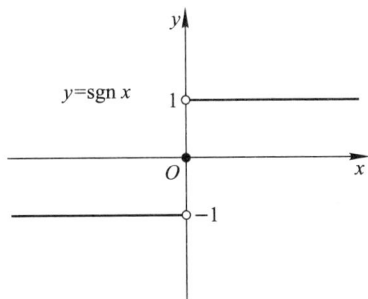

图 1-6

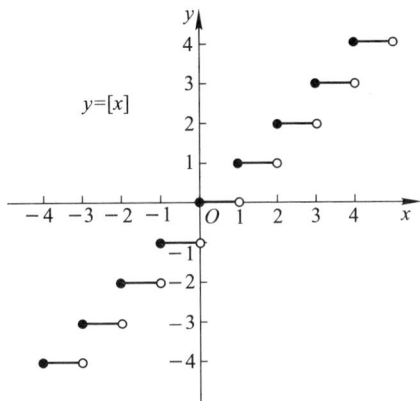

图 1-7

　　在例 8 和例 9 中看到,有的函数在定义域的不同部分用不同的公式表达,这种函数被称为**分段函数**.

　　例 11　某商店对一种商品的售价规定如下:购买量不超过 5 kg 时,每千克 0.8 元;购买量大于 5 kg 而不超过 10 kg 时,其中超过 5 kg 部分优惠价为每千克 0.6 元;购买量大于 10 kg 时,超过 10 kg 部分每千克 0.4 元,若购买 x kg 的费用记为 $f(x)$,则

$$y = f(x) = \begin{cases} 0.8x, & 0 \leqslant x \leqslant 5, \\ 0.8 \times 5 + 0.6(x-5), & 5 < x \leqslant 10, \\ 0.8 \times 5 + 0.6 \times 5 + 0.4(x-10), & x > 10, \end{cases}$$

即

$$y = f(x) = \begin{cases} 0.8x, & 0 \leqslant x \leqslant 5, \\ 1 + 0.6x, & 5 < x \leqslant 10, \\ 3 + 0.4x, & x > 10. \end{cases}$$

这是定义在 $[0, +\infty)$ 上的一个分段函数,它的图形如图 1-8 所示.

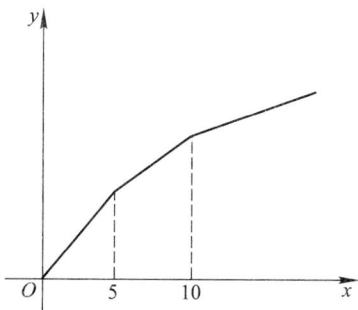

图 1-8

用几个式子来表示一个(不是几个!)函数,不仅与函数定义并无矛盾,而且有现实意义. 在自然科学、工程技术和经济学中,经常会遇到分段函数的情形.

四、函数的基本性态

1. 函数的奇偶性

设函数 $y = f(x)$ 的定义域关于原点对称,如果对于定义域中的任一个 x,都有 $f(x) = f(-x)$,则称 $y = f(x)$ 为**偶函数**;如果对于定义域中的任一个 x 有 $f(-x) = -f(x)$,则称 $y = f(x)$ 为**奇函数**. 不是偶函数也不是奇函数的函数,称为非奇非偶函数.

由定义显然有:偶函数的图形关于 y 轴对称,奇函数的图形关于原点对称,如图 1-9(a)、(b)所示.

例 12 证明 $f(x) = \sin x \log_a(x + \sqrt{x^2 + 1})$ 是偶函数(其中 $a > 0$ 且 $a \neq 1$).

证 因为该函数的定义域为 $(-\infty, +\infty)$,且有

$$f(-x) = \sin(-x)\log_a(-x + \sqrt{(-x)^2 + 1})$$

$$= -\sin x \log_a \frac{(\sqrt{x^2+1} - x)(\sqrt{x^2+1} + x)}{\sqrt{x^2+1} + x}$$

$$= -\sin x \log_a \frac{1}{x + \sqrt{x^2+1}}$$

$$= - \sin x \left[- \log_a (x + \sqrt{x^2 + 1}) \right] = f(x),$$

所以 $f(x) = \sin x \log_a (x + \sqrt{x^2 + 1})$ 是偶函数.

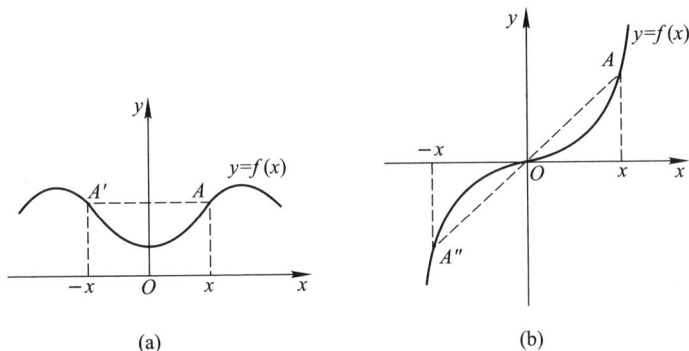

图 1-9

2. 函数的周期性

设函数 $f(x)$ 的定义域为 D_f，如果存在一个不为零的数 l，使得对于任一 $x \in D_f$ 有 $(x \pm l) \in D_f$，且

$$f(x + l) = f(x)$$

恒成立，则称 $f(x)$ 为周期函数，l 称为 $f(x)$ 的**周期**，通常我们说周期函数的周期是指**最小正周期**（如果存在最小正周期）.

例如，函数 $\sin x, \cos x$ 都是以 2π 为周期的周期函数；函数 $\tan x$ 是以 π 为周期的周期函数.

图 1-10 表示周期为 l 的一个周期函数，在每个长度为 l 的区间上，函数图形有相同的形状.

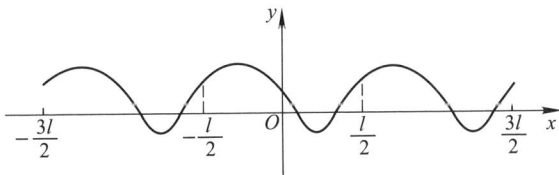

图 1-10

例 13　设函数 $y = f(x)$ 是以 ω 为周期的周期函数，试证函数 $y = f(ax)(a > 0)$ 是以 $\dfrac{\omega}{a}$ 为周期的周期函数.

证　要证的是

$$f(ax) = f\left[a\left(x + \frac{\omega}{a}\right)\right].$$

因为 $f(x)$ 以 ω 为周期,所以

$$f(ax) = f(ax + \omega),$$

即

$$f(ax) = f\left[a\left(x + \frac{\omega}{a}\right)\right].$$

所以 $f(ax)$ 是以 $\dfrac{\omega}{a}$ 为周期的周期函数.

3. 函数的单调性

设函数 $f(x)$ 在区间 I 上有定义,x_1 和 x_2 为 I 内的任意两个数,若当 $x_1 < x_2$ 时,恒有

$$f(x_1) < f(x_2),$$

则称函数 $f(x)$ 在区间 I 内**单调增加**或**递增**;若当 $x_1 < x_2$ 时,恒有

$$f(x_1) > f(x_2),$$

则称函数 $f(x)$ 在区间 I 内**单调减少**或**递减**,例如,$y = \tan x$ 在 $\left(-\dfrac{\pi}{2}, \dfrac{\pi}{2}\right)$ 内递增,$y = \cot x$ 在 $(0, \pi)$ 内递减.

函数的递增、递减统称函数是单调的,从几何直观来看,递增就是当 x 自左向右变化时,函数的图像上升(图 1 - 11(a));递减就是当 x 自左向右变化时,函数的图像下降(图 1 - 11(b)).

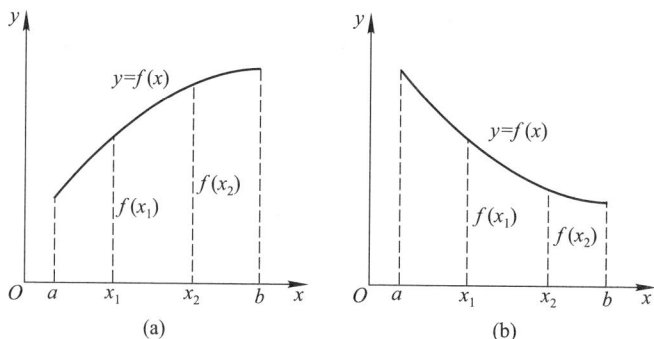

(a)　　　　　　　　　　　(b)

图 1 - 11

4. 函数的有界性

设函数 $f(x)$ 在 $D \subset \mathbf{R}$ 上有定义,若存在一个正数 M,当 $x \in D$ 时,恒有

$$|f(x)| \leqslant M$$

成立,则称函数 $f(x)$ 为 D 上的**有界函数**;否则,称函数 $f(x)$ 为 D 上的**无界函数**.

例如,当 $x \in (-\infty, +\infty)$ 时,恒有 $|\sin x| \leqslant 1$,所以函数 $f(x) = \sin x$ 在 $(-\infty, +\infty)$ 内是有界函数,而 $f(x) = \tan x$ 在 $\left(-\dfrac{\pi}{2}, \dfrac{\pi}{2}\right)$ 内是无界函数.

有的函数可能在定义域的某一部分有界,而在另一部分无界.例如 $f(x) = \tan x$ 在 $\left[-\dfrac{\pi}{3}, \dfrac{\pi}{3}\right]$ 上是有界的,而在 $\left(-\dfrac{\pi}{2}, \dfrac{\pi}{2}\right)$ 内是无界的.因此,我们说一个函数是有界的或者无界的,应同时指出其自变量的相应范围.

习题 1−2

1. 下面的对应关系是否为映射? $X = \{$平面上一切三角形$\}$, $Y = \{$平面上全体点$\}$, X, Y 之间的对应是:每个三角形与其重心对应.

2. 求下列函数的定义域:

(1) $y = \sqrt{9 - x^2}$;　　　　　　(2) $y = \dfrac{1}{1 - x^2} + \sqrt{x + 2}$;

(3) $y = -\dfrac{5}{x^2 + 4}$;　　　　　　(4) $y = \arcsin \dfrac{x - 1}{2}$;

(5) $y = 1 - e^{1 - x^2}$;　　　　　　(6) $y = \dfrac{\ln(3 - x)}{\sqrt{|x| - 1}}$;

(7) $y = \sqrt{\lg \dfrac{5x - x^2}{4}}$;　　　(8) $y = \dfrac{\arccos \dfrac{2x - 1}{7}}{\sqrt{x^2 - x - 6}}$.

3. 下列各题中,函数 $f(x)$ 和 $g(x)$ 是否相同? 为什么?

(1) $f(x) = \ln x^2$, $g(x) = 2\ln x$;

(2) $f(x) = \dfrac{x^2 - 1}{x + 1}$, $g(x) = x - 1$;

(3) $f(x) = x$, $g(x) = \sin(\arcsin x)$;

(4) $f(x) = x$, $g(x) = e^{\ln x}$.

4. 确定函数 $f(x) = \begin{cases} \sqrt{1 - x^2}, & |x| \leqslant 1, \\ x^2 - 1, & 1 < |x| < 2 \end{cases}$ 的定义域并作出函数图形.

5. 判断下列函数中哪些是奇函数,哪些是偶函数,哪些是非奇非偶函数.

(1) $f(x) = x^4 - 2x^2$;　　　　　　(2) $f(x) = x - x^2$;

(3) $f(x) = \tan x$;　　　　　　　(4) $f(x) = \sin x - \cos x$;

(5) $f(x) = x\sin x$;　　　　　　　(6) $f(x) = \sqrt[3]{(1 - x)^2} + \sqrt[3]{(1 + x)^2}$;

(7) $f(x) = \ln \dfrac{1+x}{1-x}$;　　　　(8) $f(x) = a^x + a^{-x}$;

(9) $f(x) = \dfrac{a^x + 1}{a^x - 1}$;　　　　(10) $f(x) = \ln(x + \sqrt{1 + x^2})$.

6. 判断下列函数的单调性:

(1) $y = 3x - 6$;　　　　(2) $y = 2^{x-1}$;

(3) $y = x + \ln x$.

7. 下列各函数中哪些是周期函数? 对周期函数指出其周期.

(1) $y = \sin^2 x$;　　　　(2) $y = \cos(\omega x + \theta)$　(ω, θ 为常数);

(3) $y = \cos \dfrac{1}{x}$.

8. 设 $f(x)$ 为定义在 $(-l, l)$ 内的奇函数, 若 $f(x)$ 在 $(0, l)$ 内单调增加, 证明 $f(x)$ 在 $(-l, 0)$ 内也单调增加.

9. 设下面所考虑的函数都是定义在区间 $(-l, l)$ 上的, 证明:

(1) 两个偶函数的和是偶函数, 两个奇函数的和是奇函数;

(2) 两个偶函数的乘积是偶函数, 两个奇函数的乘积是偶函数, 偶函数与奇函数的乘积是奇函数.

10. 证明: 函数 $y = \dfrac{x^2}{1 + x^2}$ 是有界函数.

第三节　复合函数与反函数　初等函数

一、复合函数

实际问题中经常出现这样的情形: 在某过程中, 第一个量依赖于第二个量, 而第二个量又依赖于第三个量. 因此, 实际上第一个量可以由第三个量确定.

例 1　设某企业经营者每年收入 S 与该年利润 L 有关, 其函数关系为

$$S = 0.05L,$$

而利润 L 与该企业产品的产量 Q 有关, 其关系为

$$L = Q^{0.3}.$$

把 $L = Q^{0.3}$ 代入 $S = 0.05L$ 中得到 $S = 0.05Q^{0.3}$. 我们把 $S = 0.05Q^{0.3}$ 称为由 $S = 0.05L$ 和 $L = Q^{0.3}$ 构成的复合函数.

复合函数实际上是复合映射的一种特例, 按照通常函数的记号, 复合函数的概念可如下表述:

定义　设有函数 f 和 g, $D_f \cap R_g \neq \varnothing$, 则称定义在

$$\{x \mid x \in D_g, g(x) \in D_f\}$$

上的函数 $f \circ g$ 为 f 和 g 的**复合函数**,其中

$$(f \circ g)(x) = f[g(x)].$$

对复合函数 $f \circ g$,称 $u = g(x)$ 为**中间变量**,其中 $x \in D_{f \circ g}$ 为**自变量**.

复合函数的复合过程见下面的示意图(图 $1-12$).

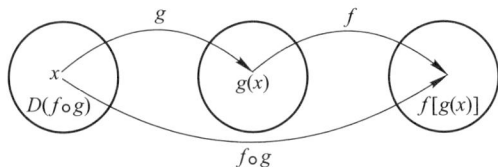

图 $1-12$

例 2　设函数 f 和 g 分别是

$$f(u) = \sqrt{u}, \quad u \in [0, +\infty),$$
$$u = g(x) = a^2 - x^2, \quad x \in (-\infty, +\infty), a > 0,$$

于是

$$(f \circ g)(x) = \sqrt{a^2 - x^2},$$

而 $f \circ g$ 的定义域为

$$D_{f \circ g} = \{x \mid x \in (-\infty, +\infty), a^2 - x^2 \in [0, +\infty)\}$$
$$= \{x \mid -a \leqslant x \leqslant a\}.$$

同样地,可以讨论三个或三个以上函数的复合函数.

例 3　设

$$f(u) = \lg u, \quad D_f = (0, +\infty),$$
$$u = g(v) = \sqrt{2 + v}, \quad D_g = [-2, +\infty),$$
$$v = h(x) = x^2, \quad D_h = (-\infty, +\infty),$$

则有

$$(f \circ g \circ h)(x) = \lg \sqrt{2 + x^2}, \quad D_{f \circ g \circ h} = (-\infty, +\infty).$$

在微积分中,我们经常要对复杂的函数进行分解,也就是要考虑某个函数是由哪些函数复合而成的.

例如,对于

$$F(x) = 3^{\arcsin \sqrt{1 - x^2}},$$

若取

$$f(u) = 3^u,$$

$$u = g(v) = \arcsin v,$$

$$v = h(w) = \sqrt{w},$$

$$w = j(x) = 1 - x^2,$$

则显然有

$$F = f \circ g \circ h \circ j.$$

二、反函数

作为逆映射的特例,我们有以下反函数的概念:

设函数 $f: D \to f(D)$ 是单射,则它存在逆映射 $f^{-1}: f(D) \to D$,称此映射 f^{-1} 为函数 f 的**反函数**.

按此定义,对每个 $y \in f(D)$,有唯一的 $x \in D$,使得 $f(x) = y$,于是有 $f^{-1}(y) = x$,这就是说,反函数 f^{-1} 的对应法则是完全由函数 f 的对应法则所确定的.

习惯上常以 x 表示自变量,y 表示函数,故反函数又记为 $y = f^{-1}(x)$,$x \in f(D)$. 显然 $(f^{-1} \circ f)(x) = f^{-1}[f(x)] = x$.

可见,若 $A(x, f(x))$ 是函数 $f(x)$ 的图形上的点,则 $B(f(x), x)$ 是反函数 $f^{-1}(x)$ 的图形上的点;反之也一样,因此,f 的图形与 f^{-1} 的图形关于直线 $y = x$ 是对称的(如图 1-13).

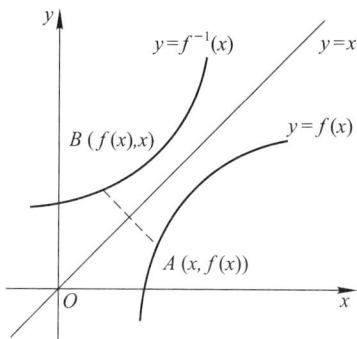

图 1-13

若 f 是定义在 D 上的单调函数,则 $f: D \to f(D)$ 是单射,于是 f 必有反函数 f^{-1},f^{-1} 具有与 f 相同的单调性.

定理 单调函数 f 必存在反函数,且其具有与 f 相同的单调性.

例 4 求函数 $y = \dfrac{2^x}{2^x + 1}$ 的反函数.

解 由

$$y = \frac{2^x}{2^x + 1}$$

可解得 $x = \log_2 \left(\dfrac{y}{1-y} \right)$,变换 x, y 的位置,即得所求的反函数

$$y = \log_2 \frac{x}{1-x} \text{ 或 } y = \log_2 x - \log_2(1-x),$$

其定义域为$(0,1)$.

三、函数的运算

设函数$f(x)$，$g(x)$的定义域依次为D_1，D_2，$D = D_1 \cap D_2 \neq \varnothing$，则我们可以定义这两个函数的下列运算：

函数的**和(差)**$f \pm g$：　　$(f \pm g)(x) = f(x) \pm g(x)$，$x \in D$.

函数的**积**$f \cdot g$：　　$(f \cdot g)(x) = f(x) \cdot g(x)$，$x \in D$.

函数的**商**$\dfrac{f}{g}$：　　$\left(\dfrac{f}{g}\right)(x) = \dfrac{f(x)}{g(x)}$，$x \in D \setminus \{x \mid g(x) = 0\}$.

例 5　设函数$f(x)$的定义域为$(-l, l)$，证明必存在$(-l, l)$上的偶函数$g(x)$及奇函数$h(x)$，使得

$$f(x) = g(x) + h(x).$$

证　先分析如下：假如这样的$g(x)$，$h(x)$存在，使得

$$f(x) = g(x) + h(x), \tag{1}$$

且

$$g(-x) = g(x), \quad h(-x) = -h(x),$$

于是有

$$f(-x) = g(-x) + h(-x) = g(x) - h(x). \tag{2}$$

利用(1)、(2)式，就可以作出$g(x)$，$h(x)$. 这就启发我们作如下证明：

作　　　　　$$g(x) = \frac{1}{2}[f(x) + f(-x)],$$

$$h(x) = \frac{1}{2}[f(x) - f(-x)],$$

则　　　　　$$f(x) = g(x) + h(x),$$

$$g(-x) = \frac{1}{2}[f(-x) + f(x)] = g(x),$$

$$h(-x) = \frac{1}{2}[f(-x) - f(x)] = -h(x).$$

四、初等函数

下面五类函数都称为**基本初等函数**：

幂函数： $y = x^{\mu}$（μ 是常数）；

指数函数： $y = a^{x}$（a 是常数，$a>0,a\neq 1$）；

对数函数： $y = \log_{a}x$（a 是常数，$a>0,a\neq 1$）；

三角函数： $y = \sin x, y = \cos x, y = \tan x, y = \cot x$；

反三角函数： $y = \arcsin x, y = \arccos x, y = \arctan x, y = \operatorname{arccot} x$.

这些函数在初等数学中已讲过，这里不重复了.

对基本初等函数尚不够熟悉的读者，可查阅附录 II.

由常数及基本初等函数经过有限次四则运算及有限次的复合步骤所构成的函数，称为**初等函数**. 例如

$$y = \sqrt{1-x^2}, \quad y = \sin^2 x, \quad y = \sqrt{\cot\frac{x}{2}}, \quad y = \sin\frac{1}{x}$$

都是初等函数.

初等函数的表达形式直接明了，研究起来比较方便，应用十分广泛，本书中讨论的函数主要是初等函数.

习题 1-3

1. 求下列函数的反函数：

（1） $y = 2x+1$； （2） $y = \dfrac{x+2}{x-2}$；

（3） $y = x^3+2$； （4） $y = 1+\lg(x+2)$.

2. 在下列各题中，求由所给函数构成的复合函数，并求这函数分别对应于给定自变量值 x_1 和 x_2 的函数值：

（1） $y = u^2, u = \sin x, x_1 = \dfrac{\pi}{4}, x_2 = \dfrac{\pi}{2}$；

（2） $y = \sin u, u = 2x, x_1 = \dfrac{\pi}{6}, x_2 = \dfrac{\pi}{4}$；

（3） $y = \sqrt{u}, u = 1+x^2, x_1 = 0, x_2 = 3$；

（4） $y = e^u, u = x^2, x_1 = 1, x_2 = 2$；

（5） $y = u^2, u = e^x, x_1 = 1, x_2 = 2$.

3. 指出下列函数的复合过程：

（1） $y = \cos 2x$； （2） $y = e^{\frac{1}{x}}$；

(3) $y = e^{\sin^3 x}$;　　　　　　　　(4) $y = \arcsin\left[\lg(2x+1)\right]$.

4. (1) 设 $f(\sin x) = \cos 2x + 1$,求 $f(\cos x)$.

(2) 设 $f\left(x + \dfrac{1}{x}\right) = x^2 + \dfrac{1}{x^2}$,求 $f(x)$.

5. 已知 $f(x) = x^3 - x, \varphi(x) = \sin 2x$,求 $f[\varphi(x)], \varphi[f(x)]$.

6. 设 $f(x)$ 的定义域 $D = [0,1]$,求下列各函数的定义域:

(1) $f(\log_a x)$;　　(2) $f(\sin x)$;　　(3) $f(a^{-x})$.

7. 求下列各函数的定义域:

(1) $y = \cos\sqrt{x^2 - 1}$;　　　　　　(2) $y = \arctan\dfrac{1}{x} + \sqrt{2 - x}$;

(3) $y = \arcsin(x - 1)$;　　　　　　(4) $y = \ln\ln x$.

8. 下列函数中哪些是初等函数? 哪些不是初等函数?

(1) $y = e - x^2 + \sin 2x$;　　　　　(2) $y = \sqrt{x} + \ln\left(2 - \dfrac{1}{2}\cos x\right)$;

(3) $y = \begin{cases} -1, & x \geqslant 0, \\ 3, & x < 0. \end{cases}$

9. 函数 $y = \begin{cases} 2 - x, & x \leqslant 1, \\ x, & x > 1 \end{cases}$ 能用一个解析式表示吗? 为什么?

10. 设 $f(x)$ 是在 $(-\infty, +\infty)$ 内有定义的偶函数,且对任意的 $x \in (-\infty, +\infty), f(x + 2\pi) = f(x)$,当 $0 \leqslant x \leqslant \pi$ 时,$f(x) = x$. 求 $f(x)$ 在 $[-\pi, \pi]$ 上的表达式,并作出在 $(-\infty, +\infty)$ 上的图形.

第四节　函数关系的建立

本节通过几个实例介绍如何建立变量之间的函数关系. 为了建立函数关系,需明确问题中的因变量与自变量,再根据题意确定因变量与自变量的关系,从而得出函数关系,并根据实际背景确定函数的定义域.

例 1　设有一块边长为 a 的正方形薄板,将它的四角剪去边长相等的小正方形制作一只无盖盒子,试将盒子的体积表示成小正方形边长的函数 (图1-14).

解　设剪去的小正方形的边长为 x,盒子的体积为 V,则盒子的底面积为 $(a - 2x)^2$,高为 x,因此所求的函数关系为

$$V = x(a - 2x)^2, \quad x \in \left(0, \dfrac{a}{2}\right).$$

例 2　某工厂生产某产品,每日最多生产100个单位. 它的日固定成本为130元,生产一个单位产品的可变成本为6元. 求该厂日总成本函数及平均单位

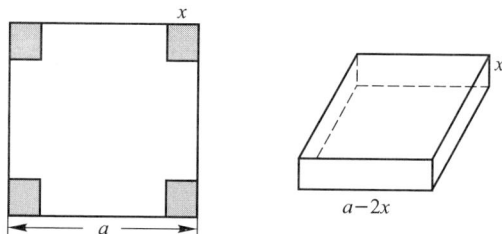

图 1 - 14

成本函数.

    解 设日总成本为 C,平均单位成本为 $\overline{C}$. 由于日总成本为固定成本与可变成本之和. 根据题意,日总成本函数为

$$C = C(x) = 130 + 6x \quad (0 \leqslant x \leqslant 100),$$

平均单位成本函数为

$$\overline{C} = \overline{C}(x) = \frac{C(x)}{x} = \frac{130}{x} + 6 \quad (0 < x \leqslant 100).$$

    例 3 某工厂生产某型号车床,年产量为 a 台,分若干批进行生产,每批生产准备费为 b 元. 设产品均匀投入市场,且上一批用完后立即生产下一批,即平均库存量为批量的一半. 设每年每台库存费为 c 元. 显然,生产批量大则库存费高;生产批量少则批数增多,因而生产准备费高. 为了选择最优批量,试求出一年内库存费与生产准备费的和与批量的函数关系.

    解 设批量为 x,库存费与生产准备费的和为 $P(x)$.

    因年产量为 a,所以每年生产的批数为 $\dfrac{a}{x}$(设其为整数),则生产准备费为

$$b \cdot \frac{a}{x},$$

因库存量为 $\dfrac{x}{2}$,故库存费为

$$c \cdot \frac{x}{2},$$

因此可得

$$P(x) = \frac{ab}{x} + \frac{cx}{2},$$

定义域为 $(0, a]$,因本题中的 x 为车床的台数,批数 $\dfrac{a}{x}$ 为整数,所以 x 应取 $(0, a]$

中 a 的正整数因子.

例 4 某人从美国到加拿大去度假,他把美元兑换成加元时币面数值增加 12% ,回国后他发现把加元兑换成美元时,币面数值减少 12% ,把两次兑换的方式用函数表示出来,这样一来一回的兑换产生的两个函数是否互为反函数?

解 设 $f(x)$ 为将 x 美元兑换成的加元数, $g(x)$ 为将 x 加元兑换成的美元数,则

$$f(x) = x + x \cdot 12\% = 1.12x, \quad x \geqslant 0,$$

$$g(x) = x - x \cdot 12\% = 0.88x, \quad x \geqslant 0,$$

$g[f(x)] = 0.88f(x) = 0.88 \times 1.12x = 0.985\ 6x < x$,故 $f(x)$ 与 $g(x)$ 不互为反函数.

习题 1−4

1. 某运输公司规定货物的吨千米运价为:在 a 千米以内,每千米 k 元;超过 a 千米,超过部分每千米为 $\dfrac{4}{5}k$ 元. 求运价 m 和里程 s 之间的函数关系.

2. 拟建一个容积为 v 的长方体水池,设它的底为正方形,如果池底所用材料单位面积的造价是四周单位面积造价的 2 倍,试将总造价表示成底边长的函数,并确定此函数的定义域.

3. 设一矩形面积为 A ,试将周长 s 表示为宽 x 的函数,并求其定义域.

4. 在半径为 r 的球内嵌入一圆柱,试将圆柱的体积表示为其高的函数,并确定此函数的定义域.

5. 用铁皮做一个容积为 v 的圆柱形罐头筒,试将它的全面积表示成底半径的函数,并确定此函数的定义域.

6. 按照银行规定,某种外币一年期存款的年利率为4.2% ,半年期存款的年利率为4.0% ,每笔存款到期后,银行自动将其转存为同样期限的存款,设将总数为 A 单位货币的该种外币存入银行,两年后取出,问存何种期限的存款能有较多的收益,多多少?

7. 某工厂生产某种产品,年产量为 x ,每台售价 250 元,当年产量为 600 台以内时,可以全部售出,当年产量超过 600 台时,经广告宣传又可再多售出 200 台,每台平均广告费 20 元,生产再多,本年就售不出去了,建立本年的销售总收入 R 与年产量 x 的函数关系.

第五节 经济学中的常用函数

在经济分析中,成本、价格、收益等经济量之间的关系是人们十分关注并需加以研究的问题. 对于实际问题而言,往往有多个变量同时出现,其间的相关性异常复杂. 作为讨论的第一步,我们先限于考察两个变量间的相依关系.

一、需求函数

某一商品的**需求量**是指关于一定的价格水平,在一定的时间内,消费者愿意而且有支付能力购买的商品量.

所有经济活动的目的在于满足人们的需求,因此经济理论的重要任务是分析消费及由此产生的需求,需求量并不等同于实际购买量,因为后者还牵涉商品的供给情况,消费者对某种商品的需求是由多种因素决定的,例如人口、收入、季节、该商品的价格、其他商品的价格等,甚至还有一些无法定量描述的因素,如"嗜好"等.

如果除价格外,收入等其他因素在一定时期内变化很少,即可认为其他因素对需求暂无影响,则需求量 Q_d 便是价格 P 的函数,称为需求函数,记为

$$Q_d = Q_d(P).$$

一般说来,商品价格的上涨会使需求量减少,因此,需求函数是单调减少的. $Q_d(P)$ 的反函数 $P = Q_d^{-1}(Q)$ 也称为需求函数.

人们根据统计数据,常用下面这些简单的初等函数来近似表示需求函数:

线性函数 $Q_d = -aP + b$,其中 $a > 0$;

幂函数 $Q_d = kP^{-a}$,其中 $k > 0, a > 0$;

指数函数 $Q_d = a\mathrm{e}^{-bP}$,其中 $a, b > 0$.

例 1 设某商品的需求函数为

$$Q_d = -aP + b, \quad a, b > 0,$$

讨论 $P = 0$ 时的需求量和 $Q_d = 0$ 时的价格.

解 当 $P = 0$ 时,$Q_d = b$ 表示当价格为零时,消费者对商品的需求量为 b,b 也就是市场对该商品的饱和需求量. 当 $Q_d = 0$ 时,$P = \dfrac{b}{a}$,它表示价格上涨到 $\dfrac{b}{a}$ 时,没有人愿意购买该产品.

二、供给函数

某一商品的**供给量**是指在一定的价格条件下,在一定时期内生产者愿意生产并可供出售的商品量. 供给量也是由多个因素决定的,如果认为在一段时间内除价格以外的其他因素变化很小,则供给量 Q_s 便是价格 P 的函数,称为供给函数,记为

$$Q_s = Q_s(P).$$

一般说来,商品的市场价格越高,生产者愿意而且能够向市场提供的商品量

也就越多,因此一般的供给函数都是单调增加的.

人们根据统计数据,常用下面这些简单的初等函数来近似表示供给函数:

线性函数 $Q_s = aP + b$,其中 $a > 0$;

幂函数 $Q_s = kP^a$,其中 $k, a > 0$;

指数函数 $Q_s = ae^{bP}$,其中 $a, b > 0$.

例 2　设某工厂生产一种产品,经市场统计预测,得该产品的需求函数为

$$Q_d = Q_d(P),$$

供给函数为

$$Q_s = Q_s(P),$$

在同一个坐标系中作出需求曲线 D 和供给曲线 S(见图 1 – 15),若曲线 D 和曲线 S 存在交点 (P_0, Q_0)(或记为 (P_e, Q_e)),则该交点就是供需平衡点,而 P_0 或 P_e 称为**均衡价格**,Q_0 或 Q_e 称为均衡数量.

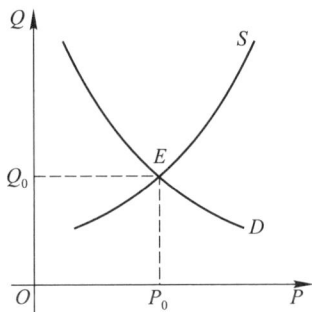

图 1 – 15

在经济学中,常常也用 $D = D(P)$ 和 $S = S(P)$ 分别表示需求函数和供给函数

例 3　考虑下列线性需求函数和供给函数:

$$D(P) = a - bP, \quad b > 0; \quad S(P) = c + eP, \quad e > 0.$$

试问 a, c 满足什么条件时,存在正的均衡价格(即 $P_e > 0$).

解　由 $D(P) = S(P)$ 得 $a - bP = c + eP$,由此可得均衡价格为

$$P_e = \frac{a - c}{b + e}.$$

因此 $P_e > 0$ 的充分必要条件是 $a > c$.

三、总成本函数、总收益函数、总利润函数

厂商在从事生产经营活动时,总希望尽可能降低产品的生产成本,增加收入与利润.

总成本是生产和经营一定数量产品所需要的总投入;**总收益**是指出售一定数量产品所得到的全部收入;**总利润**是总收益减去总成本和上缴税金后的余额(为简单起见,以后在计算总利润时一般不计上缴税金).

总成本、总收益(亦称总收入)与总利润这些经济变量都与产品的产量或销售量 Q 密切相关,在不计市场的其他次要影响因素的情况下,它们都可简单地看成是 Q 的函数,并分别称为**总成本函数**,记为 $C(Q)$;**总收益**(总收入)**函数**,记为 $R(Q)$;**总利润函数**,记为 $L(Q)$. 另外,我们把 $\overline{C} = \dfrac{C(Q)}{Q}$,$\overline{R} = \dfrac{R(Q)}{Q}$,$\overline{L} = \dfrac{L(Q)}{Q}$ 分别称为**平均成本**、**平均收益**和**平均利润**.

通常,总成本由**固定成本** C_0(亦称不变成本)与**可变成本** C_1 两部分构成. 固定成本是指支付固定生产要素的费用,包括厂房、设备折旧以及管理费等,它与产量 Q 无关;可变成本是指支付可变生产要素的费用,包括原材料、燃料的支出以及工人的工资,它随着产量 Q 的变动而变动. 所以

$$C(Q) = C_0 + C_1(Q).$$

总成本函数 $C(Q)$ 是 Q 的单调增加函数. 常用的比较简单的总成本函数为多项式. 例如,如果

$$C(Q) = a + bQ + cQ^2,$$

其中 a,b,c 为正的常数,则 a 为固定成本,$bQ + cQ^2$ 代表原材料成本、劳动力成本等可变成本(原材料成本可以认为与产量 Q 成正比,而劳动力成本由于产量加大时引起的加班成本和工作效率降低,可能与 Q 的高次幂成正比).

如果产品的价格 P 保持不变,销售量为 Q,则

$$R(Q) = PQ, \quad \overline{R} = P.$$

总利润函数为

$$L(Q) = R(Q) - C(Q).$$

例 4 某商品的单价为 100 元,单位成本为 60 元,商家为了促销,规定凡是

购买超过 200 单位时,对超过部分按单价的九五折出售. 求成本函数、收益函数和利润函数.

解　设购买量为 Q 个单位,则 $C(Q) = 60Q$,

$$R(Q) = \begin{cases} 100Q, & Q \leqslant 200, \\ 200 \times 100 + (Q - 200) \times 100 \times 0.95, & Q > 200 \end{cases}$$

$$= \begin{cases} 100Q, & Q \leqslant 200, \\ 95Q + 1\ 000, & Q > 200. \end{cases}$$

$$L(Q) = R(Q) - C(Q) = \begin{cases} 40Q, & Q \leqslant 200; \\ 35Q + 1\ 000, & Q > 200. \end{cases}$$

例 5　已知某产品价格为 P,需求函数为 $Q = 50 - 5P$,成本函数为 $C = 50 + 2Q$,求产量 Q 为多少时利润 L 最大? 最大利润是多少?

解　已知需求函数为

$$Q = 50 - 5P,$$

故 $P = 10 - \dfrac{Q}{5}$,于是收益函数

$$R = P \cdot Q = 10Q - \frac{Q^2}{5}.$$

这样,利润函数

$$L = R(Q) - C(Q) = 8Q - \frac{Q^2}{5} - 50$$

$$= -\frac{1}{5}(Q - 20)^2 + 30.$$

因此 $Q = 20$ 时取得最大利润,最大利润为 30.

四、库存函数

设某企业在计划期 T 内,对某种物品的总需求量为 Q. 由于库存费用及资金占用等因素,显然一次进货是不合算的,考虑均匀地分 n 次进货,每次进货批量为 $q = \dfrac{Q}{n}$,进货周期为 $t = \dfrac{T}{n}$. 假定每件物品的贮存单位时间费用为 C_1,每次进货

费用为 C_2,每次进货量相同,进货间隔时间不变,以匀速消耗贮存物品,则平均库存为 $\dfrac{q}{2}$,在时间 T 内的总费用 E 为

$$E = \frac{1}{2}C_1 Tq + C_2 \frac{Q}{q},$$

其中 $\dfrac{1}{2}C_1 Tq$ 是贮存费,$C_2 \dfrac{Q}{q}$ 是进货费用.

五、戈珀兹曲线

戈珀兹(Gompertz)曲线是指指数函数

$$y = ka^{b^t}$$

所表示的曲线. 在经济预测中,经常使用该曲线. 当 $\lg a < 0, 0 < b < 1$ 时,其图形如图 $1-16$ 所示. 由图可见戈珀兹曲线当 $t > 0$ 且无限增大时,其与直线 $y = k$ 无限接近,且始终位于该直线下方. 在产品销售预测中,当预测销售量充分接近 k 值时,表示该产品在商业流通中将达到市场饱和.

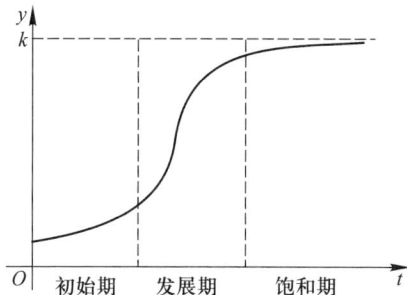

图 $1-16$

从上面的讨论可见,由于实际问题的需求,我们不仅需要建立一些经济量之间的函数关系,而且需要对这些函数的性质做进一步的研究. 例如,讨论规模报酬的增减和可变成本的变化,寻求产品的最大利润等. 在后面的几章中,我们将为这些问题的讨论提供一些十分有效的数学工具.

习题 1-5

1. 某厂生产录音机的成本为每台 50 元,预计当以每台 x 元的价格卖出时,消费者每月购买 $200 - x$ 台,请将该厂的月利润表达为价格 x 的函数.

2. 当某商品价格为 P 时,消费者对该商品的月需求量为 $D(P) = 12\,000 - 200P$.

(1) 画出需求函数的图形;

(2) 将月销售额(即消费者购买此商品的支出)表达为价格 P 的函数;

(3) 画出月销售额的图形,并解释其经济意义.

3. 某报纸的发行量以一定的速度增加,三个月前发行量为 32 000 份,现在为 44 000 份.

(1) 写出发行量依赖于时间的函数关系,并画出图形;

(2) 2 个月后的发行量是多少?

4. 某厂生产的游戏机每台可卖 110 元,固定成本为 7 500 元,可变成本为每台 60 元.

(1) 要卖多少台游戏机,厂家才可保本(收回投资);

(2) 卖掉 100 台的话,厂家赢利或亏损了多少?

(3) 要获得 1 250 元利润,需要卖多少台?

5. 有两家健身俱乐部,第一家每年会费 300 元,每次健身收费 1 元,第二家每年会费 200 元,每次健身收费 2 元,若只考虑经济因素,你会选择哪一家俱乐部(根据你每年健身次数决定)?

6. 设某商品的需求函数与供给函数分别为 $D(P) = \dfrac{5\,600}{P}$ 和 $S(P) = P - 10$.

(1) 找出均衡价格,并求此时的供给量与需求量;

(2) 在同一坐标系中画出供给与需求曲线;

(3) 何时供给曲线过 P 轴,这一点的经济意义是什么?

7. 某化肥厂生产某产品 1 000 吨,每吨定价为 130 元,销售量在 700 吨以内时,按原价出售,超过 700 吨时超过的部分需打 9 折出售,请将销售总收益与总销售量的函数关系用数学表达式表出.

8. 某饭店现有高级客房 60 套,目前租金每天每套 200 元则基本客满,若提高租金,预计每套租金每提高 10 元均有一套房间会空出来,试问租金定为多少时,饭店房租收入最大? 收入多少元? 这时饭店将空出多少套高级客房?

9. (1) 已知鸡蛋的收购价为每千克 5 元时,每月能收购 5 000 kg;若收购价每千克提高 0.1 元,则每月收购量可增加 500 kg. 求鸡蛋的线性供给函数.

(2) 已知鸡蛋的销售价为每千克 8 元时,每月能销售 5 000 kg;若销售价每千克降低 0.5 元,则每月销售量可增加 500 kg. 求鸡蛋的线性需求函数.

(3) 求鸡蛋的均衡价格 P_e 和均衡数量 Q_e.

总习题一

1. 下列各对函数中哪些相同? 哪些不同?

(1) $f(x) = \lg x^2$,$g(x) = 2\lg|x|$;

(2) $f(x) = \sqrt{(x-2)^2}$,$g(x) = |x-2|$;

(3) $f(x) = e^{\ln 2x}$,$g(x) = 2x$;

(4) $f(x) = 1, g(x) = \sec^2 x - \tan^2 x$.

2. 下列函数中哪些是偶函数? 哪些是奇函数? 哪些是非奇非偶函数?

(1) $f(x) = \arctan(\sin x)$;　　　　(2) $f(x) = \dfrac{1}{2}(e^x + e^{-x}) \sin x$;

(3) $f(x) = \dfrac{e^{-x} - 1}{e^x + 1}$;　　　　(4) $f(x) = x^3 + |\sin x|$.

3. 下列函数中哪些是周期函数? 并指出其周期:

(1) $y = 1 + \cos \pi x$;　　　　(2) $y = |\sin x|$;

(3) $y = x \sin \dfrac{1}{x}$;　　　　(4) $y = \sin \pi x + \cos \pi x$.

4. 指出下列函数的复合过程:

(1) $y = \sqrt{\ln(1 + x^2)}$;　　　　(2) $y = 2^{\sin^2 \frac{1}{x}}$;

(3) $y = \sin[\lg(x^2 + 1)]$.

5. 求下列函数的定义域:

(1) $y = \sqrt{4 - x^2} + \dfrac{1}{1 - x^2}$;　　　　(2) $y = \arcsin(1 - x) + \dfrac{1}{2}\lg\dfrac{1 + x}{1 - x}$;

(3) $y = \dfrac{x}{\sin x}$.

6. (1) 设 $f(\sin^2 x) = \cos 2x + \tan^2 x, 0 < x < 1$, 求 $f(x)$;

(2) 设 $af(x) + bf\left(\dfrac{1}{x}\right) = \dfrac{c}{x} \quad (x \neq 0, a^2 \neq b^2)$, 求 $f(x)$.

7. 设 $f(x)$ 是 $(-\infty, +\infty)$ 内的奇函数, $f(1) = a$, 且 $\forall x \in \mathbf{R}$, 有

$$f(x + 2) - f(x) = f(2),$$

(1) 试用 a 表示 $f(2)$ 与 $f(5)$;

(2) 问 a 取何值时, $f(x)$ 是以 2 为周期的周期函数.

8. 设 $f(x) = \dfrac{1}{1 - x^2}$, 求 $f[f(x)]$, $f\left[\dfrac{1}{f(x)}\right]$.

9. 设 $f(x) = \dfrac{1}{2}(x + |x|)$, $\varphi(x) = \begin{cases} x, & x < 0, \\ x^2, & x \geqslant 0, \end{cases}$ 求 $f[\varphi(x)]$.

10. 设 $f(x) = \begin{cases} 0, & x \leqslant 0, \\ x, & x > 0, \end{cases}$ $g(x) = \begin{cases} 0, & x \leqslant 0, \\ -x^2, & x > 0, \end{cases}$ 求 $f[f(x)]$, $g[g(x)]$, $f[g(x)]$, $g[f(x)]$.

11. 利用 $y = \cos x$ 的图形作出下列函数的图形:

(1) $y = \cos 2x$;　　　(2) $y = 2\cos 2x$;　　　(3) $y = 1 - 2\cos 2x$.

12. 收音机每台售价为 90 元, 成本为 60 元, 厂方为鼓励销售商大量采购, 决定凡是订购量超过 100 台以上的, 每多订购 100 台售价就降低 1 元 (即每多订购 1 台就降低 0.01 元), 但最低价为每台 75 元.

（1）将每台的实际售价 P 表示为订购量 x 的函数；

（2）将厂方所获的利润 L 表示成订购量 x 的函数；

（3）某一商行订购了 1 000 台,厂方可获利润多少?

13. 一种汽车出厂价 45 000 元,使用后它的价值按年降价率 $\dfrac{1}{3}$ 的标准贬值,试求此车的价值 y(元)与使用时间 t(年)的函数关系.

14. 某大楼有 50 间办公室出租,若定价每间每月租金 120 元,则可全部租出,租出的办公室每月需由房主负担维修费 10 元,若每月租金每提高 5 元,将空出一间办公室,试求房主所获得利润与闲置办公室的间数的函数关系,并确定每间月租金多少时才能获得最大利润? 这时利润是多少?

15. 每印一本杂志的成本为 1.22 元,每售出一本杂志仅能得 1.20 元的收入,但销售额超过 15 000 本时还能取得超过部分收入的 10% 作为广告费收入,试问应至少销售多少本杂志才能保本? 销售量达到多少时才能获利达 1 000 元?

第二章 极限与连续

在微积分中,极限是一个重要的基本概念,微积分中其他的一些重要概念如微分、积分、级数等都是建立在极限概念的基础上的. 因此,有关极限的概念、理论与方法自然成为微积分学的理论基石,本章将讨论数列极限与函数极限的定义、性质及基本计算方法,并在此基础上讨论函数的连续性.

第一节 数列的极限

一、引例

极限概念是在探求某些实际问题的精确解答的过程中产生的. 例如,我国古代数学家刘徽(公元 3 世纪)利用圆内接正多边形来推算圆面积的方法——割圆术,就是极限思想在几何学上的应用.

设有一圆,首先作其内接正六边形,把它的面积记为 A_1;再作内接正十二边形,其面积记为 A_2;再作内接正二十四边形,其面积记为 A_3;循此下去,每次边数加倍,一般地把内接正 $6 \times 2^{n-1}$ 边形的面积记为 $A_n(n \in \mathbf{N}^+)$. 这样,就得到一系列内接正多边形的面积

$$A_1, A_2, A_3, \cdots, A_n, \cdots$$

它们构成一列有次序的数. n 越大,内接正多边形与圆的差别就越小,从而以 A_n 作为圆面积的近似值也越精确. 但是无论 n 取得如何大,只要 n 取定了,A_n 终究只是多边形的面积,而不是圆的面积. 因此,设想 n 无限增大(记为 $n \to \infty$,读作 n 趋于无穷大),即内接正多边形的边数无限增加,在这个过程中,内接正多边形无限接近于圆,同时 A_n 也无限接近于某一确定的数值,这个确定的数值就理解为圆的面积. 这个确定的数值在数学上称为上面这列有次序的数(所谓数列) $A_1, A_2, A_3, \cdots, A_n, \cdots$ 当 $n \to \infty$ 时的极限. 在圆面积问题中我们看到,正是这个数列的极限精确地表达了圆的面积.

在解决实际问题中逐渐形成的这种极限方法,已成为微积分中的一种基本

方法,因此有必要做进一步的阐明. 我们首先引入数列的定义,再讨论数列的极限.

二、数列的有关概念

以正整数集 $\mathbf{N}^+$ 为定义域的函数 $f(n)$ 按 $f(1)$, $f(2)$, $\cdots$, $f(n)$, $\cdots$ 排列的一列数,称为**数列**,通常用 $x_1, x_2, \cdots, x_n, \cdots$ 表示,其中 $x_n = f(n)$,简写成 $\{x_n\}$. 数列中的每一个数叫做数列的**项**,第 n 项 x_n 称为数列的**通项**或**一般项**,例如:

$$\left\{\frac{1}{n}\right\}: 1, \frac{1}{2}, \frac{1}{3}, \cdots, \frac{1}{n}, \cdots;$$

$$\left\{\frac{n}{n+1}\right\}: \frac{1}{2}, \frac{2}{3}, \frac{3}{4}, \cdots, \frac{n}{n+1}, \cdots;$$

$$\left\{(-1)^{n-1}\frac{1}{2^n}\right\}: \frac{1}{2}, -\frac{1}{4}, \frac{1}{8}, \cdots, (-1)^{n-1}\frac{1}{2^n}, \cdots;$$

$$\{n^2\}: 1, 4, 9, \cdots, n^2, \cdots.$$

若存在正数 M ,对所有的 n 都满足 $|x_n| \leqslant M$,则称数列 $\{x_n\}$ 为**有界数列**,否则称为**无界数列**.

若存在实数 A ,对一切 n 都满足 $x_n \geqslant A$,称 $\{x_n\}$ 为**下有界**,A 是 $\{x_n\}$ 的一个下界. 同样,若存在实数 B ,对一切 n 都满足 $x_n \leqslant B$,称 $\{x_n\}$ 为**上有界**,B 是 $\{x_n\}$ 的一个上界. 显然有界数列既有上界,又有下界,反之同时具有上、下界的数列必为有界数列.

例如,数列 $\left\{\dfrac{1}{n}\right\}$, $\left\{\dfrac{n}{n+1}\right\}$, $\left\{(-1)^{n-1}\dfrac{1}{2^n}\right\}$ 是有界数列;数列 $\{n^2\}$, $\left\{n \cdot \sin\dfrac{n\pi}{2}\right\}$ 是无界数列.

数列 $\{x_n\}$ 若满足 $x_1 \leqslant x_2 \leqslant x_3 \leqslant \cdots \leqslant x_n \leqslant x_{n+1} \leqslant \cdots$,称数列 $\{x_n\}$ 为**单调增数列**;若满足 $x_1 \geqslant x_2 \geqslant x_3 \geqslant \cdots \geqslant x_n \geqslant x_{n+1} \geqslant \cdots$,称数列 $\{x_n\}$ 为**单调减数列**. 单调增数列与单调减数列统称**单调数列**.

将数列 $\{x_n\}$ 在保持原有顺序的情况下,任取其中无穷多项所构成的新数列称为数列 $\{x_n\}$ 的**子数列**,简称**子列**,如

$$x_1, x_3, x_5, x_7, \cdots, x_{2n-1}, \cdots;$$

$$x_2, x_4, x_6, x_8, \cdots, x_{2n}, \cdots$$

均为 $\{x_n\}$ 的子数列,子数列一般记为 $\{x_{n_k}\}$,即

$$x_{n_1}, x_{n_2}, \cdots, x_{n_k}, \cdots,$$

其中 $n_1 < n_2 < \cdots < n_k < n_{k+1} < \cdots$,而 n_k 的下标 k 是子数列的项的序号(即子列的第 k 项的序号).

三、数列极限的定义

对数列 $\{x_n\}$ 通常要研究它的变化趋势,即要讨论是否存在一个常数 a,当 n 无限增大时,x_n 能与这常数 a 无限接近.若回答是肯定的,则称 a 是数列 $\{x_n\}$ 当 $n \to \infty$ 时的极限.例如通过观察知 0 是数列 $\left\{\dfrac{1}{n}\right\}$ 和数列 $\left\{(-1)^{n-1}\dfrac{1}{2^n}\right\}$ 的极限;1 是数列 $\left\{\dfrac{n}{n+1}\right\}$ 的极限.

然而,这里所说的"n 无限增大时",x_n 与 a"无限接近",都是一种模糊的说法."n 无限增大时"的含义是什么?x_n 与 a"无限接近"又如何来刻画呢? 我们知道两个数 a 与 b 之间的接近程度可以用这两个数之差的绝对值 $|b-a|$ 来度量(在数轴上 $|b-a|$ 表示点 a 与点 b 之间的距离),$|b-a|$ 越小,a 与 b 就越接近.

考察数列 $\left\{\dfrac{1}{n}\right\}$,$\left\{\dfrac{1}{n}\right\}$ 是以 0 为极限,x_n 与常数 0 的接近程度可用 $|x_n - 0| = \dfrac{1}{n}$ 小于某个正数 ε 来表示,若令 $\varepsilon_1 = \dfrac{1}{10}$,要使 $|x_n - 0| = \dfrac{1}{n} < \varepsilon_1$,则当 $n > 10$ 时,x_n 都能满足与 0 的距离小于 $\dfrac{1}{10}$,即 x_{10} 以后的任一项 $x_{11}, x_{12}, \cdots$ 都能满足 $\left|\dfrac{1}{n} - 0\right| < \dfrac{1}{10}$;若再取一个更小的正数 $\varepsilon_2 = \dfrac{1}{100}$,要使 $|x_n - 0| = \dfrac{1}{n} < \varepsilon_2$,则当 $n > 100$ 时,自第 100 项后的任一项 $x_{101}, x_{102}, \cdots$ 都能满足 $\left|\dfrac{1}{n} - 0\right| < \dfrac{1}{100}$;……由此可见,对于数列 $\{x_n\} = \left\{\dfrac{1}{n}\right\}$,无论给定多么小的正数,在 n 无限增大的变化过程中,总有那么一个时刻,在那个时刻以后(即 n 充分大以后),$|x_n - 0| = \left|\dfrac{1}{n} - 0\right|$ 都小于那个正数.一般地,对于任意小的正数 ε,要使 $|x_n - 0| = \left|\dfrac{1}{n} - 0\right| = \dfrac{1}{n} < \varepsilon$,则当 $n > \left[\dfrac{1}{\varepsilon}\right] = N$ 时,数列 $\left\{\dfrac{1}{n}\right\}$ 从第 $N+1$ 项起所有的 x_n 都能满足 $\left|\dfrac{1}{n} - 0\right| < \varepsilon$,无一项例外,此时,我们说数列 $\{x_n\} = \left\{\dfrac{1}{n}\right\}$ 以 0 为极限.

定义　设有数列 $\{x_n\}$,若存在一个常数 a,对任意给定的正数 ε(不论它多么小),总存在正整数 N,使得当 $n>N$ 时,恒有 $|x_n-a|<\varepsilon$ 成立,则称 a **是数列** $\{x_n\}$**的极限**,或者称**数列** $\{x_n\}$**收敛于** a,记为

$$\lim_{n\to\infty} x_n = a \text{ 或 } x_n \to a(n\to\infty).$$

如果这样的数 a 不存在,就说数列 $\{x_n\}$ 没有极限,或者说数列 $\{x_n\}$ 是**发散**的,习惯上也说 $\lim_{n\to\infty} x_n$ 不存在.

数列极限的定义有明显的几何意义.

若 $\lim_{n\to\infty} x_n = a$,则对于任给的 $\varepsilon>0$,无论它多么小,都存在正整数 N,在 $\{x_n\}$ 中,从第 $N+1$ 项起所有项全部落在 a 的 ε 邻域中,在这个邻域之外,最多只有 $\{x_n\}$ 的有限项 $x_1,x_2,\cdots,x_N$(图 2-1(a)),数列极限的几何意义也可用图 2-1(b)表示.

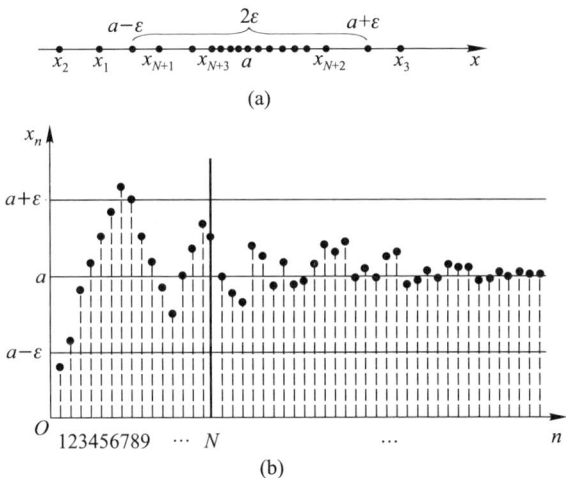

图 2-1

为了表达方便,引入记号"$\forall$"表示"对于任意给定的"或"对于每 个",记号"$\exists$"表示"存在".于是,"对于任意给定的 $\varepsilon>0$"可写成"$\forall\varepsilon>0$","存在正整数 N",写成"$\exists$ 正整数 N",数列极限 $\lim_{n\to\infty} x_n = a$ 的定义可表达为:

$$\lim_{n\to\infty} x_n = a \Leftrightarrow \forall\varepsilon>0, \exists \text{ 正整数 } N, \text{当 } n>N \text{ 时,有 } |x_n-a|<\varepsilon.$$

以下举例验证数列的极限.用定义验证数列 $\{x_n\}$ 的极限是 a,关键在于设法由任意给定的 $\varepsilon>0$,求出一个相应的正整数 N,使得当 $n>N$ 时,不等式 $|x_n-a|<\varepsilon$ 成立.

例1 用数列极限的定义证明 $\lim\limits_{n\to\infty}\dfrac{n-1}{n}=1$.

证 令 $x_n=\dfrac{n-1}{n}$，$|x_n-1|=\left|\dfrac{n-1}{n}-1\right|=\dfrac{1}{n}$.

任给 $\varepsilon>0$，要使 $|x_n-1|=\dfrac{1}{n}<\varepsilon$，只要 $n>\dfrac{1}{\varepsilon}$. 取正整数 $N\geqslant\left[\dfrac{1}{\varepsilon}\right]$，则当 $n>N$ 时，恒有 $|x_n-1|<\varepsilon$.

由定义知，$\lim\limits_{n\to\infty}\dfrac{n-1}{n}=1$.

例2 设 $|q|<1$，证明 $\lim\limits_{n\to\infty}q^n=0$.

证 令 $x_n=q^n$. 当 $q=0$ 时，结论显然成立. 以下设 $0<|q|<1$. 任给 $\varepsilon>0$，要使 $|x_n-0|=|q^n-0|=|q|^n<\varepsilon$，即 $n\ln|q|<\ln\varepsilon$，只要 $n>\dfrac{\ln\varepsilon}{\ln|q|}$. 取正整数 $N\geqslant\left[\dfrac{\ln\varepsilon}{\ln|q|}\right]$，则当 $n>N$ 时恒有 $|x_n-0|<\varepsilon$，故 $\lim\limits_{n\to\infty}q^n=0$.

对数列极限定义的理解应注意以下两点：

（1）正数 ε 是任意给定的，它表达了 x_n 与 a 无限接近的意思. 因此，一方面 ε 具有任意性，另一方面它一旦给定，就应看做是不变的，以便根据它来求 N.

（2）正整数 N 与任意给定的正数 ε 有关，它随着 ε 的给定而给定. 用 $n>N$ 刻画 n 足够大，它是保证 $|x_n-a|<\varepsilon$ 成立的条件. 所以，对应于一个给定的 $\varepsilon>0$，N 不是唯一的，假定对某个 ε，N_1 满足要求，那么大于 N_1 的任何自然数均满足要求.

四、收敛数列的性质

性质1（唯一性） 收敛数列的极限必唯一.

证 用反证法. 设 $\{x_n\}$ 有两个极限 a,b，且 $a\neq b$. 由数列极限的定义，对于任意给定的 $\varepsilon>0$，$\exists N_1\in\mathbf{N}^+$，当 $n>N_1$ 时，有 $|x_n-a|<\dfrac{\varepsilon}{2}$；又 $\exists N_2\in\mathbf{N}^+$，当 $n>N_2$ 时，有 $|x_n-b|<\dfrac{\varepsilon}{2}$，取 $N=\max\{N_1,N_2\}$，则当 $n>N$ 时，有

$$|a-b|=|a-x_n+x_n-b|\leqslant|x_n-a|+|x_n-b|<\dfrac{\varepsilon}{2}+\dfrac{\varepsilon}{2}=\varepsilon.$$

若取 $\varepsilon=\dfrac{1}{2}|a-b|$，代入上面不等式得 $|a-b|<\dfrac{1}{2}|a-b|$，这是不可能的，这就

表明收敛数列$\{x_n\}$不可能有两个不同的极限.

性质2(有界性) 收敛数列必为有界数列.

证 设数列$\{x_n\}$收敛于a,由数列极限的定义,对于$\varepsilon=1$,$\exists$正整数N,当$n>N$时,$|x_n-a|<1$,即

$$a-1<x_n<a+1(n>N).$$

取$M=\max\{x_1,x_2,\cdots,x_N,a+1\}$,$m=\min\{x_1,x_2,\cdots,x_N,a-1\}$,$\forall n$,均有

$$m\leqslant x_n\leqslant M.$$

注意:本论断的逆命题不成立,即有界数列未必收敛,所以数列有界是数列收敛的必要条件,但不是充分条件.稍后我们将给出例子.

性质3(保号性) 若$\lim\limits_{n\to\infty}x_n=a$,且$a>0$(或$a<0$),则必存在正整数$N$,当$n>N$时,恒有$x_n>0$(或$x_n<0$).

证 设$a>0$,取$\varepsilon=\dfrac{a}{2}$,$\exists$正整数N,当$n>N$时,有

$$|x_n-a|<\frac{a}{2},\quad 即 0<\frac{a}{2}<x_n<\frac{3}{2}a.$$

该性质表明:若数列的极限为正(或负),则该数列从某一项开始以后所有项也为正(或负).

根据性质3,可得如下推论:

推论 若存在N,当$n>N$时有$x_n>0$(或$x_n<0$)且$\lim\limits_{n\to\infty}x_n=a$,则$a\geqslant0$(或$a\leqslant0$).

性质4(收敛数列与其子数列间的关系) 如果数列$\{x_n\}$收敛于a,那么它的任一子数列也收敛,且极限也是a.

由性质4可知,如果数列$\{x_n\}$有两个子数列收敛于不同的极限,那么数列$\{x_n\}$是发散的.例如数列$1,-1,1,\cdots,(-1)^{n+1},\cdots$的子数列$\{x_{2k-1}\}$收敛于1,而子数列$\{x_{2k}\}$收敛于$-1$,因此数列$x_n=(-1)^{n+1}(n=1,2,\cdots)$是发散的.这个例子说明了一个发散的数列也可能有收敛的子数列,同时也说明了有界数列不一定收敛.

习题 2-1

1. 观察下列数列的变化趋势,判别哪些数列有极限,如有极限,写出它们的极限.

(1) $x_n=\dfrac{1}{a^n}(a>1)$;　　　　　　(2) $x_n=(-1)^{n-1}\dfrac{1}{n}$;

（3）$x_n = (-1)^n - \dfrac{1}{n}$；　　　　　（4）$x_n = \sin\dfrac{n\pi}{2}$；

（5）$x_n = \dfrac{n-1}{n+1}$；　　　　　（6）$x_n = 2^{(-1)^n}$；

（7）$x_n = \cos\dfrac{1}{n}$；　　　　　（8）$x_n = \ln\dfrac{1}{n}$.

2. 设 $u_1 = 0.9, u_2 = 0.99, u_3 = 0.999, \cdots, u_n = 0.\underbrace{99\cdots9}_{n\text{个}}$. 问：

（1）$\lim\limits_{n\to\infty} u_n = ?$

（2）n 应为何值时，才能使 u_n 与其极限之差的绝对值小于 0.000 1？

3. 对于数列 $\{x_n\} = \left\{\dfrac{n}{n+1}\right\}$ $(n = 1,2,\cdots)$，给定（1）$\varepsilon = 0.1$，（2）$\varepsilon = 0.01$，（3）$\varepsilon = 0.001$ 时，分别取怎样的 N，才能使当 $n > N$ 时，不等式 $|x_n - 1| < \varepsilon$ 成立，并利用极限定义证明此数列的极限为 1.

4. 用极限定义考查下列结论是否正确，为什么？

（1）设数列 $\{x_n\}$，当 n 越来越大时，$|x_n - a|$ 越来越小，则 $\lim\limits_{n\to\infty} x_n = a$；

（2）设数列 $\{x_n\}$，当 n 越来越大时，$|x_n - a|$ 越来越接近于零，则 $\lim\limits_{n\to\infty} x_n = a$；

（3）设数列 $\{x_n\}$，若 $\forall \varepsilon > 0$，$\exists N$，当 $n > N$ 时，有无穷多个 x_n 满足 $|x_n - a| < \varepsilon$，则 $\lim\limits_{n\to\infty} x_n = a$；

（4）设数列 $\{x_n\}$，若 $\forall \varepsilon > 0$，$\{x_n\}$ 中仅有有限个 x_n 不满足 $|x_n - a| < \varepsilon$，则 $\lim\limits_{n\to\infty} x_n = a$.

5. 用极限性质判别下列结论是否正确，为什么？

（1）若 $\{x_n\}$ 收敛，则 $\lim\limits_{n\to\infty} x_n = \lim\limits_{n\to\infty} x_{n+k}$（$k$ 为正整数）；

（2）有界数列 $\{x_n\}$ 必收敛；

（3）无界数列 $\{x_n\}$ 必发散；

（4）发散数列 $\{x_n\}$ 必无界.

6. 利用数列极限的定义证明下列极限：

（1）$\lim\limits_{n\to\infty}\dfrac{1}{n^2} = 0$；　　　　　（2）$\lim\limits_{n\to\infty}\dfrac{2n+1}{3n+1} = \dfrac{2}{3}$；

（3）$\lim\limits_{n\to\infty}\left(1 - \dfrac{1}{3n}\right) = 1$；　　　　　（4）$\lim\limits_{n\to\infty}\dfrac{\sin n}{n} = 0$.

7. 若 $\lim\limits_{n\to\infty} u_n = a$，证明 $\lim\limits_{n\to\infty} |u_n| = |a|$，并举例说明，数列 $\{|u_n|\}$ 有极限，但数列 $\{u_n\}$ 未必有极限.

8. 对于数列 $\{x_n\}$，若 $x_{2k-1} \to a(k \to \infty)$，$x_{2k} \to a(k \to \infty)$，证明：$x_n \to a(n \to \infty)$.

第二节 函数的极限

一、函数极限的定义

因为数列 $\{x_n\}$ 可看做自变量为 n 的函数 $x_n = f(n), n \in \mathbf{N}^+$,所以数列 $\{x_n\}$ 的极限为 a,就是当自变量 n 取正整数且无限增大(即 $n \to \infty$)时,对应的函数值 $f(n)$ 无限接近于确定的数 a,把数列极限概念中的函数为 $f(n)$ 而自变量的变化过程为 $n \to \infty$ 等特殊性撇开,这样可以引出函数极限的一般概念:在自变量的某个变化过程中,如果对应的函数值无限接近于某个确定的数,那么这个确定的数就叫做自变量在这一变化过程中**函数的极限**. 这个极限是与自变量的变化过程密切相关的,由于自变量的变化过程不同,函数的极限就表现为不同的形式. 数列极限看做函数 $f(n)$ 当 $n \to \infty$ 时的极限,这里自变量的变化过程是 $n \to \infty$. 下面讲述自变量的变化过程为其他情形时函数 $f(x)$ 的极限,主要研究两种情形:

(1) 自变量 x 任意接近于有限值 x_0,或者说 x 趋于有限值 x_0(记作 $x \to x_0$)时,对应的函数值 $f(x)$ 的变化情形;

(2) 自变量 x 的绝对值 $|x|$ 无限增大即趋于无穷大(记作 $x \to \infty$)时,对应的函数值 $f(x)$ 的变化情形.

1. 自变量趋于有限值时函数的极限

现在考虑自变量 x 的变化过程为 $x \to x_0$,如果在 $x \to x_0$ 的过程中,对应的函数值 $f(x)$ 无限接近于确定的数值 A,那么就说 A 是函数 $f(x)$ 当 $x \to x_0$ 时的极限. 当然这里我们首先假定函数 $f(x)$ 在点 x_0 的某个去心邻域内是有定义的,下面请看两个例子.

例 1 函数 $y = f(x) = 2x + 1$ 定义于 $(-\infty, +\infty)$,如图 2 - 2. 我们考察当 x 趋于 $\frac{1}{2}$ 时这个函数的变化趋势,为此列成表 2 - 1.

表 2 - 1

x	0	0.1	0.3	0.4	0.49	$\cdots$	0.5	$\cdots$	0.51	0.6	0.9	1
$f(x)$	1	1.2	1.6	1.8	1.98	$\cdots$	2	$\cdots$	2.02	2.2	2.8	3

不难看出,当 x 越来越接近于 $\frac{1}{2}$ 时,$f(x)$ 与 2 的差越来越接近于 0,当 x 充分接近 $\frac{1}{2}$ 时,$|f(x) - 2|$ 可以任意小. 因此对于任意给定的 $\varepsilon > 0$,要使

$$|f(x) - 2| = |(2x + 1) - 2| = |2x - 1| = 2\left|x - \frac{1}{2}\right| < \varepsilon,$$

只要取 $\left|x - \frac{1}{2}\right| < \dfrac{\varepsilon}{2}$ 就可以了. 这就是说, 当 x 进入 $x = \dfrac{1}{2}$ 的 $\dfrac{\varepsilon}{2}$ 邻域 $\left(\dfrac{1}{2} - \dfrac{\varepsilon}{2}, \dfrac{1}{2} + \dfrac{\varepsilon}{2}\right)$ 时, $|f(x) - 2| < \varepsilon$ 恒成立. 这时我们称当 x 趋于 $\dfrac{1}{2}$ 时, $y = f(x) = 2x + 1$ 以 2 为极限.

例 2　函数 $y = f(x) = \dfrac{4x^2 - 1}{2x - 1}$ 定义于 $\left(-\infty, \dfrac{1}{2}\right) \cup \left(\dfrac{1}{2}, +\infty\right)$, 如图 2-3. 我们也考察当 x 趋于 $\dfrac{1}{2}$ 时这个函数的变化趋势. 显然表 2-1 中的所有数值, 除 $x = \dfrac{1}{2}, y = 2$ 这一对数值之外, 其他数值均适用于这个函数. 可见, 当 x 充分接近 $\dfrac{1}{2}$ 时, $y = \dfrac{4x^2 - 1}{2x - 1}$ 与 2 的差的绝对值也可以任意小. 因为, 对于任意给定的 $\varepsilon > 0$, 当 x 进入 $\left(\dfrac{1}{2} - \dfrac{\varepsilon}{2}, \dfrac{1}{2}\right) \cup \left(\dfrac{1}{2}, \dfrac{1}{2} + \dfrac{\varepsilon}{2}\right)$ 时, $|f(x) - 2| < \varepsilon$ 恒成立. 因此, 当 x 趋于 $\dfrac{1}{2}$ 时 $y = \dfrac{4x^2 - 1}{2x - 1}$ 也以 2 为极限.

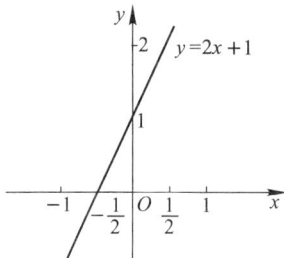

图 2-2

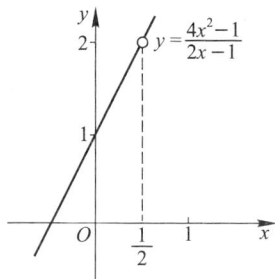

图 2-3

由上面的两个例子可以看出, 我们研究 x 趋于 $\dfrac{1}{2}$ 时函数 $f(x)$ 的极限, 是指 x 充分接近于 $\dfrac{1}{2}$ 时 $f(x)$ 的变化趋势, 而不是求 $x = \dfrac{1}{2}$ 时 $f(x)$ 的函数值. 因此, 研究 x 趋于 $\dfrac{1}{2}$ 时 $f(x)$ 的极限问题与 $x = \dfrac{1}{2}$ 时函数 $f(x)$ 是否有定义无关.

通过以上分析,我们可以给出 $x \to x_0$ 时函数极限的定义如下.

定义 1 设函数 $f(x)$ 在点 x_0 的某一去心邻域内有定义,如果存在常数 A,对于任意给定的正数 ε(不论它多么小),总存在正数 δ,使得当 x 满足不等式 $0 < |x - x_0| < \delta$ 时,对应的函数值 $f(x)$ 都满足不等式

$$|f(x) - A| < \varepsilon,$$

那么常数 A 就叫做函数 $f(x)$ **当 $x \to x_0$ 时的极限**,记作

$$\lim_{x \to x_0} f(x) = A \text{ 或 } f(x) \to A \quad (\text{当 } x \to x_0).$$

如果这样的常数 A 不存在,那么称 $x \to x_0$ 时,$f(x)$ 没有极限.习惯上表达成 $\lim\limits_{x \to x_0} f(x)$ 不存在.

定义 1 可以简单地表述为

$$\lim_{x \to x_0} f(x) = A \Leftrightarrow \forall \varepsilon > 0, \quad \exists \delta > 0,$$

$$\text{当 } 0 < |x - x_0| < \delta \text{ 时}, \quad \text{有 } |f(x) - A| < \varepsilon.$$

对函数极限的定义的理解注意以下两点:

(1) 定义中的 ε 刻画 $f(x)$ 与常数 A 的接近程度,δ 刻画 x 与 x_0 的接近程度;ε 是任意给定的,δ 一般是随 ε 而确定的;

(2) 定义中的 $|x - x_0| < \delta$,表示 x 与 x_0 距离小于 δ,而 $0 < |x - x_0|$ 表示 $x \neq x_0$,因此 $0 < |x - x_0| < \delta$ 表示 $x \in (x_0 - \delta, x_0) \cup (x_0, x_0 + \delta)$.所以当 $x \to x_0$ 时,$f(x)$ 有没有极限与 $f(x)$ 在点 x_0 是否有定义并无关系.

函数 $f(x)$ 当 $x \to x_0$ 时的极限为 A 的几何解释如下:任意给定正数 ε,作平行于 x 轴的两条直线 $y = A + \varepsilon$ 和 $y = A - \varepsilon$,介于这两条直线之间是一横条区域.根据定义,对于给定的 ε,存在着点 x_0 的一个邻域 $(x_0 - \delta, x_0 + \delta)$,当 $y = f(x)$ 的图形上的点的横坐标 x 在邻域 $(x_0 - \delta, x_0 + \delta)$ 内,但 $x \neq x_0$ 时,这些点的纵坐标 $f(x)$ 满足不等式

$$|f(x) - A| < \varepsilon$$

或 $\quad A - \varepsilon < f(x) < A + \varepsilon,$

亦即这些点落在上面所作的横条区域内 (图2-4).

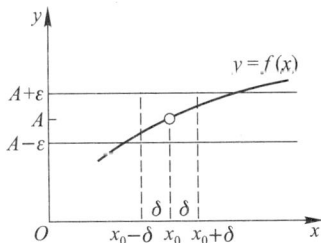

图 2-4

例 3 证明 $\lim\limits_{x \to x_0} C = C$,此处 C 为一常数.

证 这里 $|f(x) - A| = |C - C| = 0$,因此 $\forall \varepsilon > 0$,可任取 $\delta > 0$,当 $0 < |x - x_0| < \delta$ 时,能使不等式

$$| f(x) - A | = | C - C | = 0 < \varepsilon$$

成立,所以

$$\lim_{x \to x_0} C = C.$$

例 4　证明 $\lim\limits_{x \to x_0} x = x_0$.

证　这里 $|f(x) - A| = |x - x_0|$,因此 $\forall\, \varepsilon > 0$,总可取 $\delta = \varepsilon$,当 $0 < |x - x_0| < \delta = \varepsilon$ 时,能使不等式

$$| f(x) - A | = | x - x_0 | < \varepsilon$$

成立,所以

$$\lim_{x \to x_0} x = x_0.$$

例 5　证明 $\lim\limits_{x \to 2} (3x + 2) = 8$.

证　$\forall\, \varepsilon > 0$,由于

$$| f(x) - A | = | (3x + 2) - 8 | = 3 | x - 2 |,$$

为了使 $|f(x) - A| < \varepsilon$,只要

$$| x - 2 | < \frac{\varepsilon}{3},$$

所以,$\forall\, \varepsilon > 0$,可取 $\delta = \dfrac{\varepsilon}{3}$,则当 x 适合不等式

$$0 < | x - 2 | < \delta$$

时,对应的函数值 $f(x)$ 就满足不等式

$$| f(x) - 8 | = | (3x + 2) - 8 | < \varepsilon,$$

从而

$$\lim_{x \to 2} (3x + 2) = 8.$$

上述 $x \to x_0$ 时函数 $f(x)$ 的极限概念中,x 是既从 x_0 的左侧也从 x_0 的右侧趋向于 x_0 的,但有时只能或只需考虑 x 仅从 x_0 的左侧趋于 x_0(记作 $x \to x_0^-$)的情形,或 x 仅从 x_0 的右侧趋于 x_0(记作 $x \to x_0^+$)的情形. 在 $x \to x_0^-$ 的情形,x 在 x_0 的左侧,即 $x < x_0$,在 $\lim\limits_{x \to x_0} f(x) = A$ 的定义中,把 $0 < |x - x_0| < \delta$ 改为 $x_0 - \delta < x < x_0$,那么 A 就叫做函数 $f(x)$ 当 $x \to x_0$ 时的**左极限**,记作

$$\lim_{x \to x_0^-} f(x) = A \text{ 或 } f(x_0^-) = A.$$

类似地,在 $\lim\limits_{x \to x_0} f(x) = A$ 的定义中,把 $0 < |x - x_0| < \delta$ 改为 $x_0 < x < x_0 + \delta$,那么 A

就叫做函数 $f(x)$ 当 $x \to x_0$ 时的**右极限**,记作

$$\lim_{x \to x_0^+} f(x) = A \text{ 或 } f(x_0^+) = A.$$

左极限与右极限统称为**单侧极限**.

根据 $x \to x_0$ 时函数 $f(x)$ 的极限的定义以及左极限和右极限的定义,容易证明:函数 $f(x)$ 当 $x \to x_0$ 时极限存在的充分必要条件是左极限及右极限各自存在并且相等,即

$$f(x_0^-) = f(x_0^+).$$

因此,即使 $f(x_0^-)$ 和 $f(x_0^+)$ 都存在,但它们不相等,则 $\lim\limits_{x \to x_0} f(x)$ 也不存在.

例 6　证明函数

$$f(x) = \operatorname{sgn} x = \begin{cases} 1, & x > 0, \\ 0, & x = 0, \\ -1, & x < 0 \end{cases}$$

当 $x \to 0$ 时极限不存在.

证　由于

$$\lim_{x \to 0^+} f(x) = \lim_{x \to 0^+} 1 = 1,$$

而

$$\lim_{x \to 0^-} f(x) = \lim_{x \to 0^-} (-1) = -1,$$

因为 $\lim\limits_{x \to 0^+} f(x)$ 与 $\lim\limits_{x \to 0^-} f(x)$ 不相等,所以 $\lim\limits_{x \to 0} f(x)$ 不存在(图 2-5).

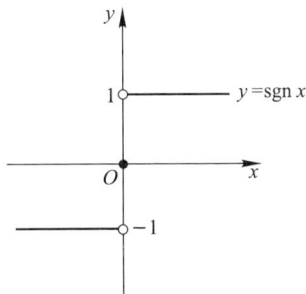

图 2-5

2. 自变量趋于无穷大时函数的极限

如果在 $x \to \infty$ 的过程中,对应的函数值 $f(x)$ 无限接近于某个确定的数值 A,那么 A 叫做函数 $f(x)$ 当 $x \to \infty$ 时的极限,精确地说,就是

定义 2　设函数 $f(x)$ 当 $|x|$ 大于某一正数时有定义,如果存在常数 A,对于任意给定的正数 ε(不论它多么小),总存在着正数 X,使得当 x 满足不等式 $|x| > X$ 时对应的函数值 $f(x)$ 都满足不等式

$$|f(x) - A| < \varepsilon,$$

那么常数 A 就叫做函数 $f(x)$ 当 $x \to \infty$ **时的极限**,记作

$$\lim_{x \to \infty} f(x) = A \text{ 或 } f(x) \to A(\text{当 } x \to \infty).$$

定义 2 可简单地表达为

$$\lim_{x\to\infty} f(x) = A \Leftrightarrow \forall \varepsilon > 0, \exists X > 0, 当 |x| > X 时, 有 |f(x) - A| < \varepsilon.$$

如果 $x > 0$ 且无限增大(记作 $x \to +\infty$),那么只要把上面定义中的 $|x| > X$ 改为 $x > X$,就可得

$$\lim_{x\to +\infty} f(x) = A$$

的定义.同样,$x < 0$ 而 $|x|$ 无限增大(记作 $x \to -\infty$),那么只要把 $|x| > X$ 改为 $x < -X$,便得 $\lim_{x\to -\infty} f(x) = A$ 的定义.

从几何上来说,$\lim_{x\to\infty} f(x) = A$ 的意义是:作直线 $y = A - \varepsilon$ 和 $y = A + \varepsilon$,则总有一个正数 X 存在,使得当 $x < -X$ 或 $x > X$ 时,函数 $y = f(x)$ 的图形位于这两条直线之间(图 2-6).这时,直线 $y = A$ 是函数 $y = f(x)$ 的图形的**水平渐近线**.

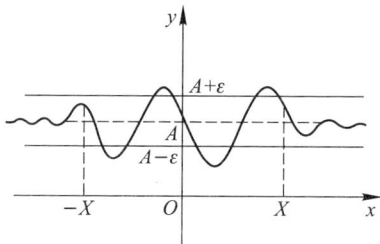

图 2-6

由上面的分析不难得出如下结论:

$$\lim_{x\to\infty} f(x) = A \Leftrightarrow \lim_{x\to +\infty} f(x) = \lim_{x\to -\infty} f(x) = A.$$

例 7 证明 $\lim\limits_{x\to\infty} \dfrac{1}{x} = 0$.

证 $\forall \varepsilon > 0$,要证 $\exists X > 0$,当 $|x| > X$ 时,不等式

$$\left| \frac{1}{x} - 0 \right| < \varepsilon$$

成立.因这个不等式相当于

$$\frac{1}{|x|} < \varepsilon$$

或

$$|x| > \frac{1}{\varepsilon},$$

由此可知,如果取 $X = \dfrac{1}{\varepsilon}$,那么当 $|x| > X = \dfrac{1}{\varepsilon}$ 时,不等式

$$\left| \frac{1}{x} - 0 \right| < \varepsilon$$

成立,这就证明了

$$\lim_{x \to \infty} \frac{1}{x} = 0.$$

直线 $y = 0$ 是函数 $y = \dfrac{1}{x}$ 的图形的水平渐近线.

二、函数极限的性质

与收敛数列的性质相比较,可得函数极限的一些相应的性质,它们都可以根据函数极限的定义,运用类似于证明收敛数列性质的方法加以证明. 由于函数极限的定义按自变量的变化过程不同有各种形式,下面仅以" $\lim\limits_{x \to x_0} f(x)$ "这种形式为代表给出关于函数极限性质的一些定理,并就其中的几个给出证明,至于其他形式的极限的性质及其证明,只要相应地做一些修改即可得出.

定理 1(唯一性)　　如果 $\lim\limits_{x \to x_0} f(x)$ 存在,那么这极限唯一.

定理 2(局部有界性)　　如果 $\lim\limits_{x \to x_0} f(x) = A$,那么存在常数 $M > 0$ 和 $\delta > 0$,使得当 $0 < |x - x_0| < \delta$ 时,有 $|f(x)| \leqslant M$.

证　　因为 $\lim\limits_{x \to x_0} f(x) = A$,所以取 $\varepsilon = 1$,则 $\exists \delta > 0$,当 $0 < |x - x_0| < \delta$ 时,有

$$|f(x) - A| < 1 \Rightarrow |f(x)| \leqslant |f(x) - A| + |A| < |A| + 1.$$

记 $M = |A| + 1$,则定理 2 就得以证明.

定理 3(局部保号性)　　如果 $\lim\limits_{x \to x_0} f(x) = A$,而且 $A > 0$(或 $A < 0$),那么存在常数 $\delta > 0$,使得当 $0 < |x - x_0| < \delta$ 时,有 $f(x) > 0$(或 $f(x) < 0$).

证　　就 $A > 0$ 的情形证明.

因为 $\lim\limits_{x \to x_0} f(x) = A > 0$,所以取 $\varepsilon = \dfrac{A}{2} > 0$,则 $\exists \delta > 0$,当 $0 < |x - x_0| < \delta$ 时,有

$$|f(x) - A| < \frac{A}{2} \Rightarrow f(x) > A - \frac{A}{2} = \frac{A}{2} > 0.$$

类似地可以证明 $A < 0$ 的情形.

从定理 3 的证明中可知,在定理 3 的条件下,可得下面更强的结论:

定理 3′　　如果 $\lim\limits_{x \to x_0} f(x) = A (A \neq 0)$,那么就存在 x_0 的某一去心邻域 $\overset{\circ}{U}(x_0, \delta)$,当 $x \in \overset{\circ}{U}(x_0, \delta)$ 时,就有 $|f(x)| > \dfrac{|A|}{2}$.

由定理 3, 易得以下推论.

推论 如果在 x_0 的某去心邻域内 $f(x) \geqslant 0$(或 $f(x) \leqslant 0$), 而且 $\lim\limits_{x \to x_0} f(x) = A$, 那么 $A \geqslant 0$(或 $A \leqslant 0$).

习题 2-2

1. 用极限定义证明:

(1) $\lim\limits_{x \to 2}(5x+2) = 12$;

(2) $\lim\limits_{x \to -2} \dfrac{x^2-4}{x+2} = -4$;

(3) $\lim\limits_{x \to 3}(3x-1) = 8$.

2. 用极限定义证明:

(1) $\lim\limits_{x \to \infty} \dfrac{6x+5}{x} = 6$;

(2) $\lim\limits_{x \to +\infty} \dfrac{\sin x}{\sqrt{x}} = 0$.

3. 当 $x \to 2$ 时, $y = x^2 - 4$, 问 δ 等于多少, 则当 $0 < |x-2| < \delta$ 时, $|y-4| < 0.001$? (提示: 因为 $x \to 2$, 所以不妨设 $1 < x < 3$.)

4. 设 $f(x) = \begin{cases} x, & x < 3, \\ 3x-1, & x \geqslant 3. \end{cases}$ 作 $f(x)$ 的图形, 并讨论当 $x \to 3$ 时, $f(x)$ 的左右极限(利用第 1 题(3) 的结果).

5. 证明 $f(x) = |x|$ 当 $x \to 0$ 时极限为零.

6. 对函数 $f(x) = \dfrac{|x|}{x}$, 回答下列问题:

(1) 函数 $f(x)$ 在 $x = 0$ 处的左右极限是否存在?

(2) 函数 $f(x)$ 在 $x = 0$ 处是否有极限? 为什么?

(3) 函数 $f(x)$ 在 $x = 1$ 处是否有极限? 为什么?

7. 证明 $\lim\limits_{x \to x_0} f(x) = A$ 的充要条件是 $\lim\limits_{x \to x_0^+} f(x) = \lim\limits_{x \to x_0^-} f(x) = A$.

8. 设 $\lim\limits_{x \to +\infty} f(x) = A(A \neq 0)$, 证明: 当 x 充分大时 $|f(x)| > \dfrac{1}{2}|A|$.

第三节 无穷小与无穷大

一、无穷小

在极限的研究中, 极限为 0 的函数发挥着重要作用, 需要进行专门的讨论, 为此先引入如下定义.

定义 1 如果函数 $f(x)$ 当 $x \to x_0$(或 $x \to \infty$)时的极限为零, 那么称函数 $f(x)$

为当 $x \to x_0$（或 $x \to \infty$）时的**无穷小**.

特别地,以零为极限的数列 $\{x_n\}$ 称为 $n \to \infty$ 时的无穷小.

例 1　因为 $\lim\limits_{x \to 1}(x-1) = 0$,所以函数 $x-1$ 为当 $x \to 1$ 时的无穷小.

因为 $\lim\limits_{x \to \infty} \dfrac{1}{x} = 0$,所以函数 $\dfrac{1}{x}$ 为当 $x \to \infty$ 时的无穷小.

注意,不要把无穷小与很小的数(例如百万分之一等)混为一谈,因为无穷小是这样的函数,在 $x \to x_0$（或 $x \to \infty$）的过程中,这函数的绝对值能小于任意给定的正数 ε,而很小的数如百万分之一,就不能小于任意给定的正数 ε,例如取 ε 等于千万分之一,则百万分之一就不能小于这个给定的 ε.但零是可以作为无穷小的唯一常数,因为如果 $f(x) \equiv 0$,那么对于任意给定的 $\varepsilon > 0$ 总有 $|f(x)| < \varepsilon$.

按极限的定义,我们有:

$f(x)$ 为 $x \to x_0$ 时的无穷小 $\Leftrightarrow \forall \varepsilon > 0, \exists \delta > 0$,当 $0 < |x - x_0| < \delta$ 时,有 $|f(x)| < \varepsilon$.

其他情形的无穷小定义可用类似语言描述.

有极限的变量与无穷小之间有着密切的联系.

定理 1　$\lim\limits_{x \to x_0} f(x) = A \Leftrightarrow f(x) = A + \alpha(x)$,其中 $\alpha(x)$ 当 $x \to x_0$ 时为无穷小.

证　必要性　因为 $\lim\limits_{x \to x_0} f(x) = A$,故 $\forall \varepsilon > 0, \exists \delta > 0$,使当 $0 < |x - x_0| < \delta$ 时,有

$$|f(x) - A| < \varepsilon.$$

令 $\alpha(x) = f(x) - A$,则 $\alpha(x)$ 是当 $x \to x_0$ 时的无穷小,且 $f(x) = A + \alpha(x)$.

充分性　设 $f(x) = A + \alpha(x)$,其中 A 是常数,$\alpha(x)$ 是当 $x \to x_0$ 时的无穷小.因为 $\alpha(x)$ 是当 $x \to x_0$ 时的无穷小,所以 $\forall \varepsilon > 0, \exists \delta > 0$,使当 $0 < |x - x_0| < \delta$ 时,有

$$|\alpha(x)| < \varepsilon, \quad 即 |f(x) - A| < \varepsilon,$$

也就是

$$\lim\limits_{x \to x_0} f(x) = A.$$

$x \to \infty$ 时的情形,有类似于定理 1 的结果.

无穷小具有如下性质:

定理 2　有限个无穷小的和是无穷小.

证　考虑两个无穷小的和,只就 $x \to x_0$ 的情形进行证明,其他情形可类似证明.

设 α 及 β 是 $x \to x_0$ 时的两个无穷小,而 $\gamma = \alpha + \beta$.

$\forall \varepsilon > 0$，因为 α 是当 $x \to x_0$ 时的无穷小，对于 $\dfrac{\varepsilon}{2} > 0$，$\exists \delta_1 > 0$，当 $0 < |x - x_0| < \delta_1$ 时，不等式

$$|\alpha| < \frac{\varepsilon}{2}$$

成立. 又因 β 是当 $x \to x_0$ 时的无穷小，对于 $\dfrac{\varepsilon}{2} > 0$，$\exists \delta_2 > 0$，当 $0 < |x - x_0| < \delta_2$ 时，不等式

$$|\beta| < \frac{\varepsilon}{2}$$

成立，取 $\delta = \min\{\delta_1, \delta_2\}$，则当 $0 < |x - x_0| < \delta$ 时，

$$|\alpha| < \frac{\varepsilon}{2} \ \text{及} \ |\beta| < \frac{\varepsilon}{2}$$

同时成立，从而

$$|\gamma| = |\alpha + \beta| \leqslant |\alpha| + |\beta| < \frac{\varepsilon}{2} + \frac{\varepsilon}{2} = \varepsilon.$$

这就证明了 γ 也是当 $x \to x_0$ 时的无穷小.

有限个无穷小之和的情形可以同样证明.

定理 3　无穷小与有界量的积是无穷小.

证　设函数 u 在 x_0 的某去心邻域 $\overset{\circ}{U}(x_0, \delta)$ 内是有界的，即 $\exists M > 0$，使 $|u| \leqslant M$ 对一切 $x \in \overset{\circ}{U}(x_0, \delta_1)$ 成立. 又设 α 是当 $x \to x_0$ 时的无穷小，即 $\forall \varepsilon > 0$，$\exists \delta_2 > 0$，当 $x \in \overset{\circ}{U}(x_0, \delta_2)$ 时，有

$$|\alpha| < \frac{\varepsilon}{M}.$$

取 $\delta = \min\{\delta_1, \delta_2\}$，则当 $x \in \overset{\circ}{U}(x_0, \delta)$ 时，$|u| \leqslant M$ 及 $|\alpha| < \dfrac{\varepsilon}{M}$ 同时成立，从而

$$|u\alpha| = |u| |\alpha| < M \cdot \frac{\varepsilon}{M} = \varepsilon.$$

这就证明了 $u\alpha$ 当 $x \to x_0$ 时为无穷小，其他情形也类似求证.

推论 1　常数与无穷小的积是无穷小.

推论 2　有限个无穷小的积是无穷小.

必须指出，两个无穷小的商未必是无穷小，如 $x \to 0$ 时，$x, 2x$ 都是无穷小，但

由 $\lim\limits_{x\to 0}\dfrac{2x}{x}=2$ 知,$\dfrac{2x}{x}$ 当 $x\to 0$ 时不是无穷小.

例 2　求极限 $\lim\limits_{x\to 0}\left(x\sin\dfrac{1}{x}\right)$.

解　由于 $\left|\sin\dfrac{1}{x}\right|\le 1\ (x\ne 0)$,故 $\sin\dfrac{1}{x}$ 在 $x=0$ 的任一去心邻域内是有界的,而函数 x 是 $x\to 0$ 时的无穷小,由定理 3 知 $x\sin\dfrac{1}{x}$ 是 $x\to 0$ 时的无穷小,即

$$\lim\limits_{x\to 0}\left(x\sin\dfrac{1}{x}\right)=0.$$

二、无穷大

如果当 $x\to x_0$(或 $x\to\infty$)时,对应的函数值的绝对值 $|f(x)|$ 无限增大,就称函数 $f(x)$ 当 $x\to x_0$(或 $x\to\infty$)时为无穷大.精确地说,有下述定义.

定义 2　设函数 $f(x)$ 在 x_0 的某一去心邻域内有定义(或 $|x|$ 大于某一正数时有定义).如果对于任意给定的正数 M(不论它多么大),总存在正数 δ(或正数 X),只要 x 满足不等式

$$0<|x-x_0|<\delta(\text{或}\ |x|>X),$$

对应的函数值 $f(x)$ 总满足不等式

$$|f(x)|>M,$$

则称函数 $f(x)$ 为当 $x\to x_0$(或 $x\to\infty$)时的**无穷大**.

当 $x\to x_0$(或 $x\to\infty$)时为无穷大的函数 $f(x)$,按函数的极限定义来说,极限是不存在的,但为了便于叙述函数的这一性态,我们也说"函数的极限是无穷大",并记作

$$\lim\limits_{x\to x_0}f(x)=\infty\quad(\text{或}\lim\limits_{x\to\infty}f(x)=\infty).$$

如果在无穷大的定义中,把 $|f(x)|>M$ 换成 $f(x)>M$(或 $f(x)<-M$),就记作

$$\lim\limits_{\substack{x\to x_0\\(x\to\infty)}}f(x)=+\infty\quad(\text{或}\ \lim\limits_{\substack{x\to x_0\\(x\to\infty)}}f(x)=-\infty).$$

如果把 $\lim\limits_{x\to\infty}f(x)=\infty$ 的定义中的 x 换成正整数 n,就可得到数列 $x_n=f(n)$ 为无穷大的定义.

必须注意,无穷大(∞)不是数,不可与很大的数(如一千万、一亿等)混为一

谈. 此外, 无穷大与无界量是不一样的, 比如数列 $1, 0, 2, 0, \cdots, n, 0 \cdots$ 是无界的, 但它不是 $n \to \infty$ 时的无穷大.

例 3 证明 $\lim\limits_{x \to 1} \dfrac{1}{x-1} = \infty$ (图 2 – 7).

证 任意给定正数 M, 要使

$$\left| \frac{1}{x-1} \right| > M,$$

只要

$$| x - 1 | < \frac{1}{M},$$

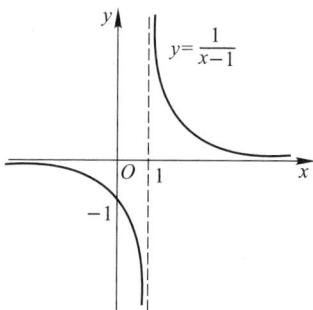

图 2 – 7

所以, 取 $\delta = \dfrac{1}{M}$, 则对于满足不等式

$$0 < | x - 1 | < \delta = \frac{1}{M}$$

的一切 x, 就有

$$\left| \frac{1}{x-1} \right| > M.$$

这就证明了

$$\lim_{x \to 1} \frac{1}{x-1} = \infty.$$

直线 $x = 1$ 是函数 $y = \dfrac{1}{x-1}$ 的图形的**铅直渐近线**.

一般地说, 如果 $\lim\limits_{x \to x_0} f(x) = \infty$, 则直线 $x = x_0$ 是函数 $y = f(x)$ 的图形的铅直渐近线.

无穷大与无穷小之间有一种简单的关系, 即

定理 4 在自变量的同一变化过程中, 如果 $f(x)$ 为无穷大, 则 $\dfrac{1}{f(x)}$ 为无穷小; 反之, 如果 $f(x)$ 为无穷小, 且 $f(x) \neq 0$, 则 $\dfrac{1}{f(x)}$ 为无穷大.

证 设 $\lim\limits_{x \to x_0} f(x) = \infty$, 要证 $\dfrac{1}{f(x)}$ 当 $x \to x_0$ 时为无穷小.

任意给定 $\varepsilon > 0$, 根据无穷大的定义, 对于 $M = \dfrac{1}{\varepsilon}$, 存在 $\delta > 0$, 当 $0 <$

$|x - x_0| < \delta$ 时,有

$$| f(x) | > M = \frac{1}{\varepsilon},$$

从而

$$\left| \frac{1}{f(x)} \right| < \varepsilon,$$

所以 $\dfrac{1}{f(x)}$ 当 $x \to x_0$ 时为无穷小.

反之,设 $\lim\limits_{x \to x_0} f(x) = 0$,且 $f(x) \neq 0$,要证 $\dfrac{1}{f(x)}$ 当 $x \to x_0$ 时为无穷大.

任意给定 $M > 0$,根据无穷小的定义,对于 $\varepsilon = \dfrac{1}{M}$,存在 $\delta > 0$,当 $0 < |x - x_0| < \delta$ 时,有

$$| f(x) | < \varepsilon = \frac{1}{M},$$

由于 $f(x) \neq 0$,从而

$$\left| \frac{1}{f(x)} \right| > M,$$

所以 $\dfrac{1}{f(x)}$ 当 $x \to x_0$ 时为无穷大.

类似地可证 $x \to \infty$ 时的情形.

我们指出:与无穷小不同的是,在自变量的同一变化过程中,两个无穷大相加或相减的结果是不确定的.因此无穷大没有和无穷小那样类似的性质,须具体问题具体分析.

习题 2-3

1. 根据定义证明:

(1) $y = x - 1$ 为当 $x \to 1$ 时的无穷小;

(2) $y = x\cos\dfrac{1}{x}$ 为当 $x \to 0$ 时的无穷小.

2. 根据定义证明:函数 $y = \dfrac{1 + 2x}{x}$ 为当 $x \to 0$ 时的无穷大,问 x 应满足什么条件,能使 $|y| > 10^4$?

3. 利用"有界量乘无穷小依然是无穷小"求下列极限:

(1) $\lim\limits_{x\to 0} x^2 \sin \dfrac{1}{x}$;　　　　　　　　(2) $\lim\limits_{x\to\infty} \dfrac{\arctan x}{x}$.

4. 函数 $y = x\sin x$ 在区间 $(0, +\infty)$ 内是否有界? 又当 $x \to +\infty$ 时, 这个函数是否为无穷大? 为什么?

第四节　极限运算法则

本节讨论极限的运算法则, 并用这些法则求一些函数的极限, 以后我们还将介绍求极限的其他方法.

定理 1　设 $\lim f(x) = A, \lim g(x) = B$, 则
$$\lim[f(x) \pm g(x)] = \lim f(x) \pm \lim g(x)(= A \pm B).$$

定理 2　设 $\lim f(x) = A, \lim g(x) = B$, 则
$$\lim[f(x)g(x)] = [\lim f(x)][\lim g(x)](= AB).$$

定理 3　设 $\lim f(x) = A, \lim g(x) = B$, 且 $B \neq 0$, 则
$$\lim \frac{f(x)}{g(x)} = \frac{\lim f(x)}{\lim g(x)}\left(= \frac{A}{B}\right).$$

必须指出

(1) 以上的定理中, 符号 "lim" 下方没有标明自变量的变化过程, 意思是指以上定理对自变量的任何一种变化过程都成立, 而且对数列极限也是成立的, 对每个定理, "lim" 表示自变量的同一个变化过程;

(2) 以上定理都要求 $f(x), g(x)$ 的极限存在, 商的法则还要求分母的极限不为零.

现证明定理 2, 另两个定理留给读者考虑.

因为 $\lim f(x) = A, \lim g(x) = B$, 由第三节定理 1, $f(x) = A + \alpha(x), g(x) = B + \beta(x)$, 其中 $\alpha(x), \beta(x)$ 为无穷小, 以下分别简记为 α, β, 所以
$$f(x) \cdot g(x) = (A + \alpha)(B + \beta) = AB + (B\alpha + A\beta + \alpha\beta).$$

由第三节定理 3 及其推论, $B\alpha, A\beta, \alpha\beta$ 都是无穷小, 且 $B\alpha + A\beta + \alpha\beta$ 也是无穷小, 再由第三节定理 1,
$$\lim[f(x)g(x)] = AB = [\lim f(x)][\lim g(x)].$$

定理 1 和定理 2 可以推广到有限个函数的情形.

如 $\lim f(x), \lim g(x), \lim h(x)$ 都存在, 则
$$\lim[f(x) + g(x) + h(x)] = \lim f(x) + \lim g(x) + \lim h(x).$$

定理 2 还有以下的推论.

推论 1 如果 $\lim f(x)$ 存在，C 为常数，则 $\lim [Cf(x)] = C\lim f(x)$.

这只要注意到 $\lim C = C$，由定理 2 即得推论 1，因此求极限时可将常数因子提到极限符号外面.

推论 2 如果 $\lim f(x)$ 存在，$n \in \mathbf{N}$，则 $\lim [f(x)]^n = [\lim f(x)]^n$.

这是因为

$$\lim [f(x)]^n = \underbrace{[\lim f(x)][\lim f(x)] \cdots [\lim f(x)]}_{n \text{个} \lim f(x)} = [\lim f(x)]^n.$$

由推论 2

$$\lim_{x \to x_0} x^n = (\lim_{x \to x_0} x)^n = x_0^n.$$

定理 4 如果 $\varphi(x) \geqslant \psi(x)$，而 $\lim \varphi(x) = a$，$\lim \psi(x) = b$，那么 $a \geqslant b$.

证 令 $f(x) = \varphi(x) - \psi(x)$，则 $f(x) \geqslant 0$. 由定理 1 有

$$\lim f(x) = \lim [\varphi(x) - \psi(x)] = \lim \varphi(x) - \lim \psi(x) = a - b.$$

由第二节定理 3 的推论，有 $\lim f(x) \geqslant 0$，即 $a - b \geqslant 0$，故 $a \geqslant b$.

例 1 设 $P_n(x) = a_n x^n + a_{n-1} x^{n-1} + \cdots + a_1 x + a_0$，对任意 $x_0 \in \mathbf{R}$，证明 $\lim\limits_{x \to x_0} P_n(x) = P_n(x_0)$.

证
$$\lim_{x \to x_0} P_n(x) = \lim_{x \to x_0} (a_n x^n + a_{n-1} x^{n-1} + \cdots + a_1 x + a_0)$$

$$= a_n \lim_{x \to x_0} x^n + a_{n-1} \lim_{x \to x_0} x^{n-1} + \cdots + a_1 \lim_{x \to x_0} x + \lim_{x \to x_0} a_0$$

$$= a_n x_0^n + a_{n-1} x_0^{n-1} + \cdots + a_1 x_0 + a_0 = P_n(x_0).$$

由例 1 可见，求当 $x \to x_0$ 时多项式函数 $P_n(x)$ 的极限，只要计算 $P_n(x)$ 在 x_0 的函数值 $P_n(x_0)$.

例 2 求 $\lim\limits_{x \to 2} (2x^3 - x^2 + 1)$.

解
$$\lim_{x \to 2} (2x^3 - x^2 + 1) = 2 \times 2^3 - 2^2 + 1 = 13.$$

例 3 设 $Q(x) = \dfrac{P_n(x)}{P_m(x)}$，其中 $P_n(x)$，$P_m(x)$ 分别表示 x 的 n 次、m 次多项式，$P_m(x_0) \neq 0$，证明 $\lim\limits_{x \to x_0} Q(x) = Q(x_0)$.

证 由定理 3 和例 1，

$$\lim_{x \to x_0} Q(x) = \frac{\lim\limits_{x \to x_0} P_n(x)}{\lim\limits_{x \to x_0} P_m(x)} = \frac{P_n(x_0)}{P_m(x_0)} = Q(x_0).$$

例 4　求 $\lim\limits_{x\to 2}\dfrac{x^4 - 3x - 8}{2x^3 - x^2 + 1}$.

解　因为 $2 \cdot 2^3 - 2^2 + 1 = 13 \neq 0$，由例 3，

$$\lim_{x\to 2}\frac{x^4 - 3x - 8}{2x^3 - x^2 + 1} = \frac{2^4 - 3 \times 2 - 8}{13} = \frac{2}{13}.$$

例 5　求 $\lim\limits_{x\to 1}\dfrac{x^2 + x - 2}{x^2 - 1}$.

解　当 $x\to 1$ 时，$x^2 - 1\to 0$，$x^2 + x - 2\to 0$. 因此不能用商的极限的运算法则，这种两个非零无穷小的比的极限，通常记为"$\dfrac{0}{0}$". 由于这种形式的极限可能存在，也可能不存在，因此这种极限通常也称为未定式，它可以通过约去使分子、分母同时为零的因式来求解.

$$\lim_{x\to 1}\frac{x^2 + x - 2}{x^2 - 1} = \lim_{x\to 1}\frac{(x-1)(x+2)}{(x-1)(x+1)} = \lim_{x\to 1}\frac{x+2}{x+1} = \frac{1+2}{1+1} = \frac{3}{2}.$$

例 6　求 $\lim\limits_{x\to 1}\dfrac{x^2 + x}{x^2 - 1}$.

解　$x\to 1$ 时，$x^2 - 1\to 0$，但 $x^2 + x\to 2(\neq 0)$，不能直接用商的极限的运算法则，由于

$$\lim_{x\to 1}\frac{x^2 - 1}{x^2 + x} = \frac{1^2 - 1}{1^2 + 1} = 0,$$

由第三节定理 4 推得

$$\lim_{x\to 1}\frac{x^2 + x}{x^2 - 1} = \infty.$$

例 7　求 $\lim\limits_{x\to \infty}\dfrac{x^4 + 1}{2x^4 + x^2 - 2}$.

解　当 $x\to \infty$ 时分子、分母都是无穷大，所以不能直接用商的极限的运算法则，这种两个无穷大的比的极限和两个无穷小的比的极限一样，也是未定式，通常记为"$\dfrac{\infty}{\infty}$"，因为分子、分母关于 x 的最高次幂是 x^4，所以这时可用 x^4 同时去除分子、分母然后取极限，得

$$\lim_{x \to \infty} \frac{x^4 + 1}{2x^4 + x^2 - 2} = \lim_{x \to \infty} \frac{1 + \left(\dfrac{1}{x}\right)^4}{2 + \left(\dfrac{1}{x}\right)^2 - 2\left(\dfrac{1}{x}\right)^4} = \frac{1}{2}.$$

这是因为

$$\lim_{x \to \infty} \frac{a}{x^n} = a \lim_{x \to \infty} \frac{1}{x^n} = a\left(\lim_{x \to \infty} \frac{1}{x}\right)^n = 0,$$

其中 a 为常数,n 为正整数.

例 8 求 $\lim\limits_{x \to \infty} \dfrac{3x^2 - 2x - 1}{2x^3 - x^2 + 5}$.

解 先用 x^3 去除分母及分子,然后取极限,得

$$\lim_{x \to \infty} \frac{3x^2 - 2x - 1}{2x^3 - x^2 + 5} = \lim_{x \to \infty} \frac{\dfrac{3}{x} - \dfrac{2}{x^2} - \dfrac{1}{x^3}}{2 - \dfrac{1}{x} + \dfrac{5}{x^3}} = \frac{0}{2} = 0.$$

例 9 求 $\lim\limits_{x \to \infty} \dfrac{2x^3 - x^2 + 5}{3x^2 - 2x - 1}$.

解 应用例 8 结果并根据上节定理 4,即得

$$\lim_{x \to \infty} \frac{2x^3 - x^2 + 5}{3x^2 - 2x - 1} = \infty.$$

例 7、8、9 是下列一般情形的特例,即当 $a_0 \neq 0, b_0 \neq 0, m$ 和 n 为非负整数时有

$$\lim_{x \to \infty} \frac{a_0 x^m + a_1 x^{m-1} + \cdots + a_m}{b_0 x^n + b_1 x^{n-1} + \cdots + b_n} = \begin{cases} \dfrac{a_0}{b_0}, & \text{当 } n = m, \\ 0, & \text{当 } n > m, \\ \infty, & \text{当 } n < m. \end{cases}$$

例 10 求 $\lim\limits_{n \to \infty} \left(\dfrac{1}{n^2} + \dfrac{2}{n^2} + \cdots + \dfrac{n}{n^2}\right)$.

解 原式 $= \lim\limits_{n \to \infty} \dfrac{n(n+1)}{2n^2} = \dfrac{1}{2}$.

此例说明,无穷多个无穷小的和不一定是无穷小.

例 11 求 $\lim\limits_{x\to\infty}\dfrac{\sin x}{x}$.

解 当 $x\to\infty$ 时,分子及分母的极限都不存在,故关于商的极限的定理不能应用.把 $\dfrac{\sin x}{x}$ 看成 $\sin x$ 与 $\dfrac{1}{x}$ 的乘积,因 $\dfrac{1}{x}$ 当 $x\to\infty$ 为无穷小,而 $\sin x$ 是有界函数,所以根据第三节定理3,有

$$\lim\limits_{x\to\infty}\frac{\sin x}{x}=0.$$

例 12 求 $\lim\limits_{x\to1}\left(\dfrac{x}{x-1}-\dfrac{2}{x^2-1}\right)$.

解 因为

$$\lim\limits_{x\to1}\frac{x}{x-1}=\infty,\quad \lim\limits_{x\to1}\frac{2}{x^2-1}=\infty,$$

所以不能用差的极限的运算法则,这种两个无穷大的差的极限也是未定式,通常记为 "$\infty-\infty$". 这时可以恒等变形成 "$\dfrac{0}{0}$" 或 "$\dfrac{\infty}{\infty}$" 的极限,再用前面例题的解法求解.

$$\lim\limits_{x\to1}\left(\frac{x}{x-1}-\frac{2}{x^2-1}\right)=\lim\limits_{x\to1}\frac{(x-1)(x+2)}{(x-1)(x+1)}=\frac{3}{2}.$$

前面已经看到,对于有理函数(有理整函数或有理分式函数)$f(x)$,只要 $f(x)$ 在点 x_0 处有定义,那么 $x\to x_0$ 时 $f(x)$ 的极限必定存在且等于 $f(x)$ 在点 x_0 的函数值.

我们不加证明地指出:一切基本初等函数在其定义域内的每点处都具有这样的性质.这就是说,若 $f(x)$ 是基本初等函数,设其定义域为 D,而 $x_0\in D$,则有

$$\lim\limits_{x\to x_0}f(x)=f(x_0).$$

例如,$f(x)=\sqrt{x}=x^{\frac{1}{2}}$ 是基本初等函数,它在点 $x=\dfrac{1}{6}$ 有定义,所以

$$\lim\limits_{x\to\frac{1}{6}}\sqrt{x}=\sqrt{\frac{1}{6}}=\frac{\sqrt{6}}{6}.$$

下面介绍一个关于复合函数求极限的定理.

定理 5 设函数 $u=\varphi(x)$ 当 $x\to x_0$ 时的极限存在且等于 a,即

$$\lim_{x \to x_0} \varphi(x) = a,$$

而函数 $y = f(u)$ 在点 $u = a$ 处有定义且

$$\lim_{u \to a} f(u) = f(a),$$

那么复合函数 $y = f[\varphi(x)]$ 当 $x \to x_0$ 时的极限也存在且等于 $f(a)$，即

$$\lim_{x \to x_0} f[\varphi(x)] = f(a). \tag{1}$$

证明从略.

因为 $\lim\limits_{x \to x_0} \varphi(x) = a$，(1)式也可写成

$$\lim_{x \to x_0} f[\varphi(x)] = f\left[\lim_{x \to x_0} \varphi(x)\right]. \tag{2}$$

公式(2)表明，在定理5的条件下，求复合函数 $f[\varphi(x)]$ 的极限时，函数符号与极限记号可以交换次序. 公式(2)还表明，在定理5的条件下，作代换 $u = \varphi(x)$ 即可把求 $\lim\limits_{x \to x_0} f[\varphi(x)]$ 化为求 $\lim\limits_{u \to a} f(u)$，这里 $a = \lim\limits_{x \to x_0} \varphi(x)$.

例 13 求 $\lim\limits_{x \to 3} \sqrt{\dfrac{x-3}{x^2-9}}$.

解 由定理5有

$$\lim_{x \to 3} \sqrt{\frac{x-3}{x^2-9}} = \sqrt{\lim_{x \to 3} \frac{x-3}{x^2-9}} = \sqrt{\frac{1}{6}} = \frac{\sqrt{6}}{6}.$$

例 14 求 $\lim\limits_{x \to 0} \dfrac{\sqrt{1+x^2}-1}{x}$.

解
$$\lim_{x \to 0} \frac{\sqrt{1+x^2}-1}{x} = \lim_{x \to 0} \frac{(\sqrt{1+x^2}-1)(\sqrt{1+x^2}+1)}{x(\sqrt{1+x^2}+1)}$$

$$= \lim_{x \to 0} \frac{x}{\sqrt{1+x^2}+1} = \frac{0}{2} = 0.$$

习题 2 - 4

1. 填空题:

(1) 已知 a, b 为常数, $\lim\limits_{n \to \infty} \dfrac{an^2 + bn + 2}{2n - 1} = 3$, 则 $a = $ _____ , $b = $ _____ ;

(2) 已知 a, b 为常数, $\lim\limits_{x \to \infty} \left(\dfrac{x^2 + 1}{x} - ax - b \right) = 1$, 则 $a = $ _____ , $b = $ _____ ;

(3) a, b 为常数, 已知 $\lim\limits_{x \to 1} \dfrac{ax + b}{x - 1} = 2$, 则 $a = $ _____ , $b = $ _____ .

2. 求下列极限:

(1) $\lim\limits_{n \to \infty} \dfrac{3n^2 + n}{4n^2 + 1}$;

(2) $\lim\limits_{n \to \infty} \dfrac{5^n + (-2)^n}{5^{n+1} + (-2)^{n+1}}$;

(3) $\lim\limits_{n \to \infty} \dfrac{1 + \dfrac{1}{2} + \dfrac{1}{2^2} + \cdots + \dfrac{1}{2^n}}{1 + \dfrac{1}{3} + \dfrac{1}{3^2} + \cdots + \dfrac{1}{3^n}}$;

(4) $\lim\limits_{n \to \infty} \left(\dfrac{1}{n^2} + \dfrac{3}{n^2} + \cdots + \dfrac{2n - 1}{n^2} \right)$;

(5) $\lim\limits_{n \to \infty} \left[\dfrac{1}{1 \cdot 2} + \dfrac{1}{2 \cdot 3} + \cdots + \dfrac{1}{n(n + 1)} \right]$;

(6) $\lim\limits_{n \to \infty} \left(\sqrt{n + 1} - \sqrt{n} \right) \sqrt{n}$.

3. 求下列极限:

(1) $\lim\limits_{x \to 2} \dfrac{x^2 - 3x - 4}{x^2 - 4}$;

(2) $\lim\limits_{h \to 0} \dfrac{(x + h)^3 - x^3}{h}$;

(3) $\lim\limits_{x \to \infty} \dfrac{3x^2 + 5x + 1}{x^2 + 3x + 4}$;

(4) $\lim\limits_{x \to \infty} \dfrac{(2x - 3)^{20} (3x + 2)^{30}}{(5x + 1)^{50}}$;

(5) $\lim\limits_{x \to \infty} \left(1 + \dfrac{1}{x} \right) \left(2 - \dfrac{1}{x^2} \right)$;

(6) $\lim\limits_{x \to \infty} \dfrac{2x^3 + 3x + 1}{4x^5 + 2x + 7}$;

(7) $\lim\limits_{x \to 1} \dfrac{\sqrt{3 - x} - \sqrt{1 + x}}{x^2 - 1}$;

(8) $\lim\limits_{x \to 1} \left(\dfrac{1}{1 - x} - \dfrac{3}{1 - x^3} \right)$;

(9) $\lim\limits_{x \to 1} \dfrac{x^m - 1}{x^n - 1}$ (m, n 是正整数);

(10) $\lim\limits_{x \to 1} \dfrac{\sqrt[3]{x} - 1}{\sqrt{x} - 1}$;

(11) $\lim\limits_{x \to 0} \dfrac{(1 + x)(1 + 2x)(1 + 3x) - 1}{x}$;

(12) $\lim\limits_{x \to +\infty} \left(\sqrt{(x + 2)(x - 1)} - x \right)$.

4. 求下列极限:

(1) $\lim\limits_{x \to 3} \dfrac{x^2 + 3x}{(x - 3)^2}$;

(2) $\lim\limits_{x \to \infty} \dfrac{x^3 + 2}{3x + 4}$;

(3) $\lim\limits_{x \to \infty} (5x^2 - 2x + 3)$.

5. 设 $\lim\limits_{x \to x_0} f(x) = A$, $\lim\limits_{x \to x_0} g(x)$ 不存在, 证明 $\lim\limits_{x \to x_0} [f(x) + g(x)]$ 不存在.

第五节　极限存在准则　两个重要极限　连续复利

下面讲判定极限存在的两个准则. 作为这两个准则的例子, 讨论两个重要极限 $\lim\limits_{x\to 0}\dfrac{\sin x}{x}=1$ 及 $\lim\limits_{x\to\infty}\left(1+\dfrac{1}{x}\right)^{x}=\mathrm{e}$.

一、夹逼准则

以下的准则 I 和准则 I′ 均称为极限的夹逼准则.

准则 I　如果数列 $\{x_n\}$, $\{y_n\}$, $\{z_n\}$ $(n=1,2,\cdots)$ 满足下列条件

(1) $y_n \leqslant x_n \leqslant z_n$ $(n=1,2,3,\cdots)$,

(2) $\lim\limits_{n\to\infty} y_n = a$, $\lim\limits_{n\to\infty} z_n = a$,

那么数列 $\{x_n\}$ 的极限存在, 且 $\lim\limits_{n\to\infty} x_n = a$.

证　因 $y_n \to a$, $z_n \to a$, 所以根据数列极限的定义, 对于任意给定的正数 ε, 存在正整数 N_1, 当 $n > N_1$ 时, 有 $|y_n - a| < \varepsilon$; 又存在正整数 N_2, 当 $n > N_2$ 时, 有 $|z_n - a| < \varepsilon$, 现在取 $N = \max\{N_1, N_2\}$, 则当 $n > N$ 时,

$$|y_n - a| < \varepsilon, \quad |z_n - a| < \varepsilon$$

同时成立, 即

$$a - \varepsilon < y_n < a + \varepsilon, \quad a - \varepsilon < z_n < a + \varepsilon$$

同时成立, 又因 x_n 介于 y_n 和 z_n 之间, 所以当 $n > N$ 时, 有

$$a - \varepsilon < y_n \leqslant x_n \leqslant z_n < a + \varepsilon,$$

即

$$|x_n - a| < \varepsilon$$

成立. 就是说

$$\lim_{n\to\infty} x_n = a.$$

上述数列极限夹逼准则可以推广到函数的极限.

准则 I′　如果

(1) 当 $x \in \overset{\circ}{U}(x_0, r)$ (或 $|x| > X$) 时, 有

$$g(x) \leqslant f(x) \leqslant h(x).$$

(2) $\lim\limits_{\substack{x\to x_0 \\ (x\to\infty)}} g(x) = A$, $\lim\limits_{\substack{x\to x_0 \\ (x\to\infty)}} h(x) = A$,

那么 $\lim\limits_{\substack{x\to x_0 \\ (x\to\infty)}} f(x)$ 存在, 且等于 A.

作为准则 I′的应用,下面证明一个重要的极限

$$\lim_{x \to 0} \frac{\sin x}{x} = 1.$$

首先注意到,函数 $\dfrac{\sin x}{x}$ 对于一切 $x \neq 0$ 都有定义.

在图 2-8 所示的单位圆中,设圆心角 $\angle AOB = x \left(0 < x < \dfrac{\pi}{2} \right)$,点 A 处的切线与 OB 的延长线相交于 D,又 $BC \perp OA$,则

$$\sin x = CB, \quad x = \overset{\frown}{AB}, \quad \tan x = AD.$$

因为 $\triangle AOB$ 的面积 < 圆扇形 AOB 的面积 < $\triangle AOD$ 的面积,所以

$$\frac{1}{2}\sin x < \frac{1}{2}x < \frac{1}{2}\tan x,$$

即

$$\sin x < x < \tan x,$$

不等式各端同时除以 $\sin x$,有

$$1 < \frac{x}{\sin x} < \frac{1}{\cos x},$$

从而

$$\cos x < \frac{\sin x}{x} < 1. \tag{1}$$

因为当 x 用 $-x$ 代替时,$\cos x$ 与 $\dfrac{\sin x}{x}$ 都不变号,所以上面的不等式对于开区间 $\left(-\dfrac{\pi}{2}, 0 \right)$ 内的一切 x 也是成立的.

由上节指出的基本初等函数的性质:基本初等函数在其定义域内任意一点处的极限值等于函数在该点处的值,可知

$$\lim_{x \to 0} \cos x = 1,$$

又

$$\lim_{x \to 0} 1 = 1,$$

所以由不等式(1)及准则 I′即得

$$\lim_{x \to 0} \frac{\sin x}{x} = 1.$$

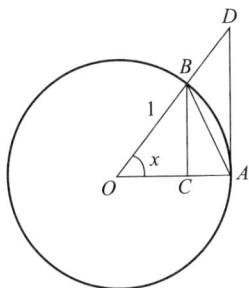

图 2 − 8

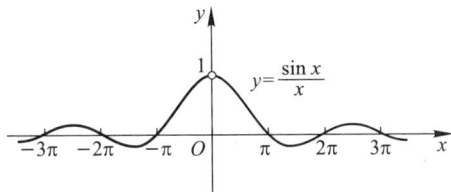

图 2 − 9

函数 $y = \dfrac{\sin x}{x}$ 的图形如图 2 − 9 所示.

例 1 求 $\lim\limits_{x \to 0} \dfrac{\tan x}{x}$.

解
$$\lim_{x \to 0} \frac{\tan x}{x} = \lim_{x \to 0}\left(\frac{\sin x}{x} \cdot \frac{1}{\cos x} \right)$$

$$= \lim_{x \to 0} \frac{\sin x}{x} \cdot \lim_{x \to 0} \frac{1}{\cos x} = 1.$$

例 2 求 $\lim\limits_{x \to 0} \dfrac{1 - \cos x}{x^2}$.

解
$$\lim_{x \to 0} \frac{1 - \cos x}{x^2} = \lim_{x \to 0} \frac{2\sin^2 \dfrac{x}{2}}{x^2} = \frac{1}{2} \lim_{x \to 0} \frac{\sin^2 \dfrac{x}{2}}{\left(\dfrac{x}{2} \right)^2}$$

$$= \frac{1}{2} \lim_{x \to 0}\left(\frac{\sin \dfrac{x}{2}}{\dfrac{x}{2}} \right)^2 = \frac{1}{2} \cdot 1^2 = \frac{1}{2}.$$

例 3 求 $\lim\limits_{x \to 0} \dfrac{\arcsin x}{x}$.

解 令 $t = \arcsin x$,则 $x = \sin t$,当 $x \to 0$ 时,有 $t \to 0$.
由复合函数的极限运算法则得

$$\lim_{x \to 0} \frac{\arcsin x}{x} = \lim_{t \to 0} \frac{t}{\sin t} = 1.$$

例 4 求 $\lim\limits_{x \to \pi} \dfrac{\sin x}{x - \pi}$.

解 令 $t = x - \pi$,则

$$\lim_{x \to \pi} \frac{\sin x}{x - \pi} = \lim_{t \to 0} \frac{\sin(\pi + t)}{t} = \lim_{t \to 0} \frac{-\sin t}{t} = -1.$$

例 5 证明 $\lim\limits_{n \to \infty} \left(\dfrac{1}{\sqrt{n^2 + 1}} + \dfrac{1}{\sqrt{n^2 + 2}} + \cdots + \dfrac{1}{\sqrt{n^2 + n}} \right) = 1.$

证 记

$$a_n = \frac{1}{\sqrt{n^2 + 1}} + \frac{1}{\sqrt{n^2 + 2}} + \cdots + \frac{1}{\sqrt{n^2 + n}},$$

有

$$a_n < \underbrace{\frac{1}{\sqrt{n^2 + 1}} + \frac{1}{\sqrt{n^2 + 1}} + \cdots + \frac{1}{\sqrt{n^2 + 1}}}_{n\text{项}} = \frac{n}{\sqrt{n^2 + 1}},$$

$$a_n > \underbrace{\frac{1}{\sqrt{n^2 + n}} + \frac{1}{\sqrt{n^2 + n}} + \cdots + \frac{1}{\sqrt{n^2 + n}}}_{n\text{项}} = \frac{n}{\sqrt{n^2 + n}},$$

即

$$\frac{n}{\sqrt{n^2 + n}} < a_n < \frac{n}{\sqrt{n^2 + 1}}.$$

由于

$$\lim_{n \to \infty} \frac{n}{\sqrt{n^2 + n}} = 1, \quad \lim_{n \to \infty} \frac{n}{\sqrt{n^2 + 1}} = 1,$$

由夹逼准则可知

$$\lim_{n \to \infty} a_n = \lim_{n \to \infty} \left(\frac{1}{\sqrt{n^2 + 1}} + \frac{1}{\sqrt{n^2 + 2}} + \cdots + \frac{1}{\sqrt{n^2 + n}} \right) = 1.$$

二、单调有界收敛准则

以下的准则 Ⅱ 称为数列的单调有界收敛准则.

准则 Ⅱ 单调有界数列必有极限.

在第一节中曾证明:收敛的数列一定有界,但那时也曾指出,有界的数列不

一定收敛. 现在准则 Ⅱ 表明：如果数列不仅有界,并且是单调的,那么这数列的极限必定存在,也就是这数列一定收敛.

对准则 Ⅱ 我们不作证明,只给出如下的几何解释.

从数轴上看,对应于单调数列的点 x_n 只能向一个方向移动,所以只有两种可能情形：或者点 x_n 沿数轴移向无穷远($x_n \to +\infty$ 或 $x_n \to -\infty$)；或者点 x_n 无限趋近于某一个定点 A(图 2-10(a) 或(b)),也就是数列 x_n 趋向一个极限. 但现在假定数列是有界的,而有界数列的点 x_n 都落在数轴上某个闭区间 $[-M, M]$ 内,因此上述第一种情形就不可能发生了,这就表示这个数列趋于一个极限,并且这个极限的绝对值不超过 M.

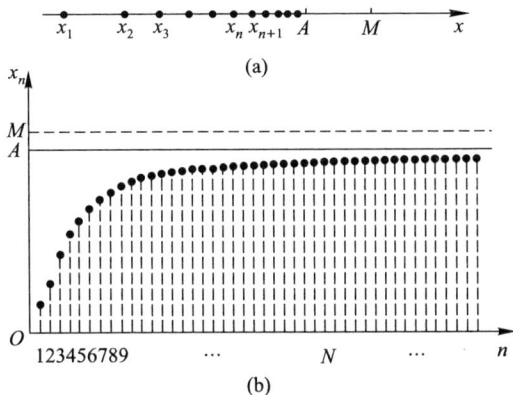

图 2-10

作为准则 Ⅱ 的应用,我们讨论另一个重要极限

$$\lim_{x \to \infty} \left(1 + \frac{1}{x}\right)^x.$$

考虑 x 取正整数 n 而趋向于 $+\infty$ 的情形.

考察数列

$$x_n = \left(1 + \frac{1}{n}\right)^n \quad \text{及} \quad y_n = \left(1 + \frac{1}{n}\right)^{n+1} (n = 1, 2, \cdots),$$

由均值不等式,

$$x_n = \left(1 + \frac{1}{n}\right)^n = \left(1 + \frac{1}{n}\right) \cdots \left(1 + \frac{1}{n}\right) \cdot 1 < \left[\frac{\left(1 + \frac{1}{n}\right) + \cdots + \left(1 + \frac{1}{n}\right) + 1}{n + 1}\right]^{n+1}$$

$$= \left(1 + \frac{1}{n+1}\right)^{n+1} = x_{n+1},$$

$$\frac{1}{y_n} = \left(\frac{n}{n+1}\right)^{n+1} = \frac{n}{n+1}\cdots\frac{n}{n+1}\cdot 1 < \left(\frac{\dfrac{n}{n+1} + \cdots + \dfrac{n}{n+1} + 1}{n+2}\right)^{n+2}$$

$$= \left(\frac{n+1}{n+2}\right)^{n+2} = \frac{1}{y_{n+1}},$$

这样我们就证明了数列 $\{x_n\}$ 单调递增,数列 $\{y_n\}$ 单调递减,而且

$$x_n < y_n < y_{n-1} < \cdots < y_1 = 4.$$

根据极限存在准则 Ⅱ,数列 $\{x_n\}$ 的极限存在,通常用字母 e 来表示它,即

$$\lim_{n\to\infty}\left(1 + \frac{1}{n}\right)^n = \mathrm{e}.$$

可以证明,当 x 取实数而趋向 $+\infty$ 或 $-\infty$ 时,函数 $\left(1 + \dfrac{1}{x}\right)^x$ 的极限都存在且等于 e,因此

$$\lim_{x\to\infty}\left(1 + \frac{1}{x}\right)^x = \mathrm{e}. \tag{2}$$

这个数 e 是无理数,它的值是 2.718 281 828 459 045…. 指数函数 $y = \mathrm{e}^x$ 以及自然对数 $y = \ln x$ 中的 e 就是这个数.

利用代换 $z = \dfrac{1}{x}$,则当 $x\to\infty$ 时,$z\to 0$,于是(2)式又可写成

$$\lim_{z\to 0}(1 + z)^{\frac{1}{z}} = \mathrm{e}.$$

图 2 - 11 的(a)、(b)和(c)分别是计算机作出的 $f(n) = \left(1 + \dfrac{1}{n}\right)^n$,$f(x) = \left(1 + \dfrac{1}{x}\right)^x (x > 0)$ 和 $f(x) = \left(1 + \dfrac{1}{x}\right)^x (x < -1)$ 的图形,从中可看出函数的变化趋势.

例 6　求 $\lim\limits_{x\to\infty}\left(1 - \dfrac{1}{x}\right)^x$.

解　令 $t = -x$,则当 $x\to\infty$ 时,$t\to\infty$.

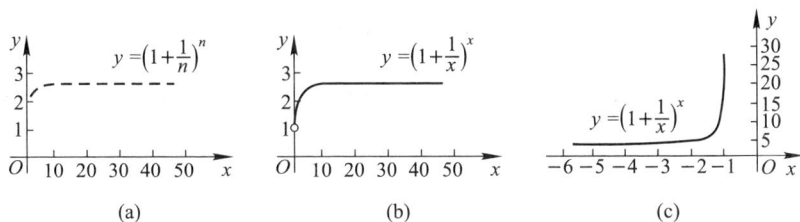

图 2 - 11

$$\lim_{x\to\infty}\left(1-\frac{1}{x}\right)^{x}=\lim_{t\to\infty}\left[\left(1+\frac{1}{t}\right)^{t}\right]^{-1}=\lim_{t\to\infty}\frac{1}{\left(1+\dfrac{1}{t}\right)^{t}}$$

$$=\frac{1}{\lim_{t\to\infty}\left(1+\dfrac{1}{t}\right)^{t}}=\frac{1}{\mathrm{e}}.$$

例 7　求 $\lim\limits_{x\to0}\dfrac{\ln(1+x)}{x}$.

解　由于

$$\frac{\ln(1+x)}{x}=\ln(1+x)^{\frac{1}{x}},$$

故

$$\lim_{x\to0}\frac{\ln(1+x)}{x}=\lim_{x\to0}\ln(1+x)^{\frac{1}{x}}$$

$$=\ln\left[\lim_{x\to0}(1+x)^{\frac{1}{x}}\right]$$

$$=\ln\mathrm{e}=1.$$

注意,这里用到了第四节指出的基本初等函数的求极限的结论及复合函数求极限的定理.

例 8　求 $\lim\limits_{x\to0}\dfrac{\mathrm{e}^{x}-1}{x}$.

解　令 $u=\mathrm{e}^{x}-1$,即 $x=\ln(1+u)$,则当 $x\to0$ 时,$u\to0$,于是

$$\lim_{x\to0}\frac{\mathrm{e}^{x}-1}{x}=\lim_{u\to0}\frac{u}{\ln(1+u)}.$$

利用例 7 的结果,可知上述极限为 1,即

$$\lim_{x \to 0} \frac{e^x - 1}{x} = 1.$$

在利用第二个重要极限来计算函数极限时,常遇到形如 $[f(x)]^{g(x)}$ 的函数(通常称为幂指函数)的极限,如果 $\lim f(x) = A > 0, \lim g(x) = B$,那么可以证明

$$\lim[f(x)]^{g(x)} = A^B.$$

例 9　求 $\lim\limits_{x \to 0}(1 + x)^{\frac{3}{\tan x}}$.

解　因为

$$\lim_{x \to 0}(1 + x)^{\frac{3}{\tan x}} = \lim_{x \to 0}\left[(1 + x)^{\frac{1}{x}}\right]^{\frac{3x}{\tan x}},$$

$$\lim_{x \to 0}(1 + x)^{\frac{1}{x}} = e, \qquad \lim_{x \to 0}\frac{3x}{\tan x} = 3,$$

所以原式 $= \lim\limits_{x \to 0}\left[(1 + x)^{\frac{1}{x}}\right]^{\frac{3x}{\tan x}} = e^3.$

例 10　确定 c,使 $\lim\limits_{x \to \infty}\left(\dfrac{x + c}{x - c}\right)^x = 4$.

解　由于

$$\lim_{x \to \infty}\left(\frac{x + c}{x - c}\right)^x = \lim_{x \to \infty}\left(\frac{1 + \dfrac{c}{x}}{1 - \dfrac{c}{x}}\right)^x = \lim_{x \to \infty}\frac{\left(1 + \dfrac{c}{x}\right)^x}{\left(1 - \dfrac{c}{x}\right)^x}$$

$$= \lim_{x \to \infty}\frac{\left[\left(1 + \dfrac{c}{x}\right)^{\frac{x}{c}}\right]^c}{\left[\left(1 - \dfrac{c}{x}\right)^{\frac{x}{c}}\right]^c} = \frac{e^c}{e^{-c}} = e^{2c} = 4.$$

因此 $2c = \ln 4, c = \ln 2$.

例 11　设 $x_0 = 1, x_1 = 1 + \dfrac{x_0}{1 + x_0}, \cdots, x_{n+1} = 1 + \dfrac{x_n}{1 + x_n}$,证明 $\lim\limits_{n \to \infty}x_n$ 存在,并求此极限值.

解　首先 $x_n > 0 (n = 0, 1, 2, \cdots), x_1 - x_0 = \dfrac{1}{2} > 0$,所以 $x_1 > x_0$,设 $x_k > x_{k-1}$,则

$$x_{k+1} - x_k = \left(1 + \frac{x_k}{1 + x_k}\right) - \left(1 + \frac{x_{k-1}}{1 + x_{k-1}}\right)$$

$$= \frac{x_k - x_{k-1}}{(1 + x_k)(1 + x_{k-1})} > 0.$$

因此数列 $\{x_n\}$ 单调增加,再由

$$x_n = 1 + \frac{x_{n-1}}{1 + x_{n-1}} = 2 - \frac{1}{1 + x_{n-1}} < 2,$$

所以数列 $\{x_n\}$ 单调增加有上界(当然也有界). 因此,由准则 Ⅱ, $\lim\limits_{n \to \infty} x_n$ 存在.令 $\lim\limits_{n \to \infty} x_n = a$,则由

$$\lim_{n \to \infty} x_n = \lim_{n \to \infty}\left(1 + \frac{x_{n-1}}{1 + x_{n-1}}\right),$$

有

$$a = 1 + \frac{a}{1 + a},$$

所以

$$a = \frac{1 \pm \sqrt{5}}{2}.$$

由题意,负值 $a = \frac{1 - \sqrt{5}}{2}$ 舍去,所以

$$\lim_{n \to \infty} x_n = \frac{1 + \sqrt{5}}{2}.$$

三、连续复利

设一笔贷款 A_0(称本金),年利率为 r,则

一年末的本利和

$$A_1 = A_0(1 + r);$$

二年末的本利和

$$A_2 = A_1(1 + r) = A_0(1 + r)^2;$$

k 年末的本利和

$$A_k = A_0(1 + r)^k.$$

如果一年分 n 期计息,年利率仍为 r,则每期利率为 $\frac{r}{n}$,且前一期的本利和为后

一期的本金,于是一年末的本利和

$$A_1 = A_0 \left(1 + \frac{r}{n} \right)^n.$$

k 年末共计复利 nk 次,其本利和为

$$A_k = A_0 \left(1 + \frac{r}{n} \right)^{nk}. \tag{3}$$

(3)式称为 k 年末本利和的离散复利公式.

如果计息期数 $n \to \infty$,即利息随时计入本金(称为**连续复利**),则 k 年末的本利和为

$$A_k = \lim_{n\to\infty} A_0 \left(1 + \frac{r}{n} \right)^{nk} = \lim_{n\to\infty} A_0 \left[\left(1 + \frac{1}{\frac{n}{r}} \right)^{\frac{n}{r}} \right]^{rk} = A_0 \mathrm{e}^{rk}. \tag{4}$$

(4)式称为 k 年末本利和的连续复利公式.

(3)或(4)式中的 A_0 称为**现在值**或**现值**,A_k 称为**将来值**,已知 A_0 求 A_k,称为**复利问题**;已知 A_k 求 A_0,称为**贴现问题**,这时称利率 r 为**贴现率**.

习题 2 – 5

1. 求下列极限:

(1) $\lim\limits_{x\to 0} \dfrac{\sin 2x}{\sin 5x}$;

(2) $\lim\limits_{x\to 0} x\cot 2x$;

(3) $\lim\limits_{x\to 0} \dfrac{1 - \cos 2x}{x\sin x}$;

(4) $\lim\limits_{n\to\infty} 2^n \sin \dfrac{x}{2^n}$($x$ 为不等于零的常数);

(5) $\lim\limits_{x\to 0} \dfrac{x - \sin x}{x + \sin x}$;

(6) $\lim\limits_{x\to 0} \dfrac{\tan x - \sin x}{x^3}$;

(7) $\lim\limits_{x\to a} \dfrac{\sin x - \sin a}{x - a}$;

(8) $\lim\limits_{x\to \frac{\pi}{3}} \dfrac{\sin\left(x - \dfrac{\pi}{3} \right)}{1 - 2\cos x}$;

(9) $\lim\limits_{x\to 1} (1 - x) \tan \dfrac{\pi x}{2}$.

2. 求下列极限:

(1) $\lim\limits_{x\to\infty} \left(1 - \dfrac{2}{x} \right)^{\frac{x}{2} - 1}$;

(2) $\lim\limits_{x\to 0} \left(\dfrac{2 - x}{2} \right)^{\frac{2}{x}}$;

(3) $\lim\limits_{x\to\infty} \left(\dfrac{x - 1}{x + 1} \right)^x$;

(4) $\lim\limits_{x\to +\infty} \left(1 - \dfrac{1}{x} \right)^{\sqrt{x}}$;

$(5)\ \lim\limits_{x\to\infty}\left(\dfrac{x^2}{x^2-1}\right)^x;$　　$(6)\ \lim\limits_{x\to0}(1+3\tan^2x)^{\cot2x};$

$(7)\ \lim\limits_{x\to0}\dfrac{\ln(1+2x)}{\sin3x};$　　$(8)\ \lim\limits_{n\to\infty}\{n[\ln(n+2)-\ln n]\}.$

3. 利用极限存在准则证明：

$(1)\ \lim\limits_{n\to\infty}n\left(\dfrac{1}{n^2+\pi}+\dfrac{1}{n^2+2\pi}+\cdots+\dfrac{1}{n^2+n\pi}\right)=1;$

$(2)\ $设 $A=\max\{a_1,a_2,\cdots,a_m\}\,(a_i>0,i=1,2,\cdots,m)$，则有
$$\lim\limits_{n\to\infty}\sqrt[n]{a_1^n+a_2^n+\cdots+a_m^n}=A;$$

$(3)\ $数列 $x_1=\sqrt{2},x_2=\sqrt{2+\sqrt{2}},x_3=\sqrt{2+\sqrt{2+\sqrt{2}}},\cdots$ 的极限存在，并求 $\lim\limits_{n\to\infty}x_n;$

$(4)\ $数列 $x_1=2,x_{n+1}=\dfrac{1}{2}\left(x_n+\dfrac{1}{x_n}\right)$ 的极限存在.

4. 某企业计划发行公司债券，规定以年利率 6.5% 的连续复利计算利息，10 年后每份债券一次偿还本息 1 000 元，问发行时每份债券的价格应定为多少元？

第六节　无穷小的比较

从本章第三节中我们已经知道，两个无穷小的和、差及乘积仍是无穷小，但是，关于两个无穷小的商，却会出现不同的情况，例如，当 $x\to0$ 时，$3x,x^2,\sin x$ 都是无穷小，而
$$\lim\limits_{x\to0}\dfrac{x^2}{3x}=0,\quad\lim\limits_{x\to0}\dfrac{3x}{x^2}=\infty,\quad\lim\limits_{x\to0}\dfrac{\sin x}{x}=1.$$

两个无穷小之比的极限的各种不同情况反映了不同的无穷小趋向于零的"快慢"程度，就上面几个例子来说，在 $x\to0$ 的过程中，$x^2\to0$ 比 $3x\to0$"快些"，反过来 $3x\to0$ 比 $x^2\to0$"慢些"，而 $\sin x\to0$ 与 $x\to0$"快慢相仿".

下面就无穷小之比的极限存在或为无穷大的情况来说明两个无穷小之间的比较. 应当注意，下面的 α 及 β 都是在自变量的同一个变化过程中的无穷小，且 $\alpha\neq0,\lim\dfrac{\beta}{\alpha}$ 也是在这个变化过程中的极限.

定义　如果 $\lim\dfrac{\beta}{\alpha}=0$，就说 β 是比 α 高阶的无穷小，记作 $\beta=o(\alpha)$；

如果 $\lim\dfrac{\beta}{\alpha}=\infty$，就说 β 是比 α 低阶的无穷小；

如果 $\lim\dfrac{\beta}{\alpha}=c\neq0$，就说 β 与 α 是同阶无穷小；

如果 $\lim\dfrac{\beta}{\alpha^k}=c\neq 0,k>0$,就说 β **是关于 α 的 k 阶无穷小**;

如果 $\lim\dfrac{\beta}{\alpha}=1$,就说 β **与 α 是等价无穷小**,记作 $\alpha\sim\beta$.

显然,等价无穷小是同阶无穷小的特殊情形,即 $c=1$ 的情形.

下面举一些例子:

因为 $\lim\limits_{x\to 0}\dfrac{3x^2}{x}=0$,所以当 $x\to 0$ 时,$3x^2$ 是比 x 高阶的无穷小,即 $3x^2=o(x)$ $(x\to 0)$.

因为 $\lim\limits_{n\to\infty}\dfrac{\frac{1}{n}}{\frac{1}{n^2}}=\infty$,所以当 $n\to\infty$ 时,$\dfrac{1}{n}$ 是比 $\dfrac{1}{n^2}$ 低阶的无穷小.

因为 $\lim\limits_{x\to 3}\dfrac{x^2-9}{x-3}=6$,所以当 $x\to 3$ 时,x^2-9 与 $x-3$ 是同阶无穷小.

因为 $\lim\limits_{x\to 0}\dfrac{\sin x}{x}=1$,所以当 $x\to 0$ 时,$\sin x$ 与 x 是等价无穷小,即 $\sin x\sim x(x\to 0)$.

关于等价无穷小,有下面两个定理.

定理 1 β 与 α 是等价无穷小的充分必要条件为
$$\beta=\alpha+o(\alpha).$$

证 **必要性** 设 $\alpha\sim\beta$,则
$$\lim\frac{\beta-\alpha}{\alpha}=\lim\left(\frac{\beta}{\alpha}-1\right)=\lim\frac{\beta}{\alpha}-1=0,$$
因此 $\beta-\alpha=o(\alpha)$,即 $\beta=\alpha+o(\alpha)$.

充分性 设 $\beta=\alpha+o(\alpha)$,则
$$\lim\frac{\beta}{\alpha}=\lim\frac{\alpha+o(\alpha)}{\alpha}=\lim\left(1+\frac{o(\alpha)}{\alpha}\right)=1,$$
因此 $\alpha\sim\beta$.

例 1 因为 $x\to 0$ 时,$\sin x\sim x,\tan x\sim x$,所以当 $x\to 0$ 时有
$$\sin x=x+o(x),\quad \tan x=x+o(x).$$

定理 2　设 $\alpha \sim \alpha', \beta \sim \beta'$，且 $\lim \dfrac{\beta'}{\alpha'}$ 存在，则

$$\lim \frac{\beta}{\alpha} = \lim \frac{\beta'}{\alpha'}.$$

证

$$\lim \frac{\beta}{\alpha} = \lim \left(\frac{\beta}{\beta'} \cdot \frac{\beta'}{\alpha'} \cdot \frac{\alpha'}{\alpha} \right)$$

$$= \lim \frac{\beta}{\beta'} \cdot \lim \frac{\beta'}{\alpha'} \cdot \lim \frac{\alpha'}{\alpha}$$

$$= \lim \frac{\beta'}{\alpha'}.$$

定理 2 表明，求两个无穷小之比的极限时，分子及分母都可用等价无穷小来代替. 如果用来代替的无穷小选得适当的话，可以使计算简化.

例 2　求 $\lim\limits_{x \to 0} \dfrac{\tan 2x}{\arcsin 3x}$.

解　当 $x \to 0$ 时，$\tan 2x \sim 2x$，$\arcsin 3x \sim 3x$，于是

$$\lim_{x \to 0} \frac{\tan 2x}{\arcsin 3x} = \lim_{x \to 0} \frac{2x}{3x} = \frac{2}{3}.$$

例 3　求 $\lim\limits_{x \to 0} \dfrac{e^x - 1}{x^2 + 5x}$.

解　当 $x \to 0$ 时，$e^x - 1 \sim x$，无穷小 $x^2 + 5x$ 与它本身显然是等价的，所以

$$\lim_{x \to 0} \frac{e^x - 1}{x^2 + 5x} = \lim_{x \to 0} \frac{x}{x^2 + 5x} = \lim_{x \to 0} \frac{1}{x + 5} = \frac{1}{5}.$$

最后，我们把上一节和本节的例题或习题中证明的 $x \to 0$ 时的几个等价无穷小集中列出，以便于记忆和应用.

当 $x \to 0$ 时，$x \sim \sin x \sim \tan x \sim \arcsin x \sim \arctan x \sim \ln(1 + x) \sim (e^x - 1)$；$1 - \cos x \sim \dfrac{1}{2} x^2$.

习题 2–6

1. 当 $x \to 0$ 时，下列各函数都是无穷小，试确定哪些是 x 的高阶无穷小？同阶无穷小？等价无穷小？

（1）$x^2 + x$；　　　　　　　　　　（2）$x + \sin x$；

（3）$x - \sin x$；　　　　　　　　（4）$1 - \cos 2x$；

（5）$\tan x$；　　　　　　　　　　（6）$\tan 2x$.

2. 证明当 $x \to 0$ 时，有：

（1）$\arctan x \sim x$；　　　　　　（2）$\sec x - 1 \sim \dfrac{1}{2}x^2$；

（3）$\sqrt{1 + x\sin x} - 1 \sim \dfrac{1}{2}x^2$；　　（4）$\sqrt{1 + x^2} - \sqrt{1 - x^2} \sim x^2$.

3. 利用等价无穷小的性质，求下列极限：

（1）$\lim\limits_{x \to 0} \dfrac{\sqrt{1 + x\tan x} - 1}{1 - \cos x}$；　　（2）$\lim\limits_{x \to 0} \dfrac{\sin 2x \cdot (e^x - 1)}{\tan x^2}$；

（3）$\lim\limits_{x \to 0} \dfrac{\ln(1 - 2x)}{\sin 5x}$；　　　（4）$\lim\limits_{x \to 0} \dfrac{\tan x - \sin x}{\sin^3 x}$；

（5）$\lim\limits_{x \to 0} \dfrac{1}{x}\left(\dfrac{1}{\sin x} - \dfrac{1}{\tan x}\right)$；　　（6）$\lim\limits_{x \to 0} \dfrac{1 - \cos mx}{x^2}$.

4. 证明无穷小的等价关系具有下列性质：

（1）$\alpha \sim \alpha$（自反性）；

（2）若 $\alpha \sim \beta$，则 $\beta \sim \alpha$（对称性）；

（3）若 $\alpha \sim \beta, \beta \sim \gamma$，则 $\alpha \sim \gamma$（传递性）.

第七节　函数的连续性

一、函数连续性的概念

我们知道，函数是物质世界中各种变量之间的依存关系的具体反映. 例如，自由落体运动中的物体沿铅垂线下落，如果我们把这铅垂线取作 x 轴，正向向下，原点为物体下落的起点，那么物体在轴上的位置 x 是时间 t 的函数

$$x = \frac{1}{2}gt^2，$$

其中 g 为常数. 又如细金属丝的长度 l 是温度 T 的函数

$$l = l_0(1 + \alpha T) \quad (l_0, \alpha \text{ 为常数})，$$

物体在冷却过程中的温度 T 是时间 t 的函数

$$T = T_0 + Ce^{-kt} \quad (T_0, C, k \text{ 为常数})，$$

等等. 从各种现象的变化来看，很明显，位置 x、温度 T 都随着时间 t 的增加而连续不断地变化；长度 l 随着温度 T 的升降而连续不断地变化. 从几何直观上看，这些函数的图形（抛物线、直线、指数曲线）也都是连续不断的曲线. 这些事实

揭示出了函数的另外一个十分重要的性质,即所谓函数的连续性.

容易看出,凡属连续变化的现象,都和这样一个事实联系着,这就是某一个函数当它的自变量有很微小的变化时,相应函数值的变化也很微小,这种特点就是函数的连续性.下面我们先引入增量的概念,然后来描述连续性,并引出函数的连续性的定义.

设变量 u 从它的一个初值 u_1 变到终值 u_2,终值与初值的差 $u_2 - u_1$ 就叫做变量 u 的**增量**,记作 Δu,即

$$\Delta u = u_2 - u_1.$$

增量 Δu 可以是正的,也可以是负的.在 Δu 为正的情形,变量 u 从 u_1 变到 $u_2 = u_1 + \Delta u$ 时是增大的;当 Δu 为负时,变量 u 是减小的.

应该注意到:记号 Δu 并不表示某个量 Δ 与变量 u 的乘积,而是一个整体不可分割的记号.

现在假定函数 $y = f(x)$ 在点 x_0 的某一邻域内是有定义的.当自变量 x 在这邻域内从 x_0 变到 $x_0 + \Delta x$ 时,函数 y 相应地从 $f(x_0)$ 变到 $f(x_0 + \Delta x)$,因此函数 y 的对应增量为

$$\Delta y = f(x_0 + \Delta x) - f(x_0).$$

这个关系式的几何解释如图 2 - 12 所示.

假如保持 x_0 不变而让自变量的增量 Δx 变动,一般说来,函数 y 的增量 Δy 也要随着变动,现在我们对连续性的概念可以这样描述:如果当 Δx 趋于零时,函数 y 的对应增量 Δy 也趋于零,即

$$\lim_{\Delta x \to 0} \Delta y = 0$$

或
$$\lim_{\Delta x \to 0} [f(x_0 + \Delta x) - f(x_0)] = 0, \tag{1}$$

那么就称函数 $y = f(x)$ 在点 x_0 处是连续的,即有下述定义

定义 设函数 $y = f(x)$ 在点 x_0 的某一邻域内有定义,如果

$$\lim_{\Delta x \to 0} \Delta y = \lim_{\Delta x \to 0} [f(x_0 + \Delta x) - f(x_0)] = 0,$$

那么就称函数 $y = f(x)$ **在点** x_0 **连续**(图 2 - 12).

但对图 2 - 13 中的函数 $y = f(x)$ 来说,在点 x_0 它不满足(1),所以在点 x_0 不连续.

例 1 证明 $y = x^3$ 在点 $x = x_0$ 连续.

证 写出函数 $y = x^3$ 在 $x = x_0$ 的增量

$$\Delta y = (x_0 + \Delta x)^3 - x_0^3 = 3x_0^2 \Delta x + 3x_0 (\Delta x)^2 + (\Delta x)^3.$$

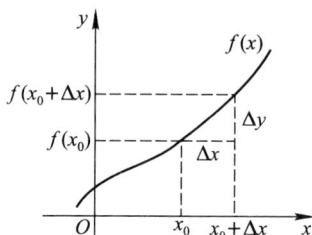

图 2 − 12

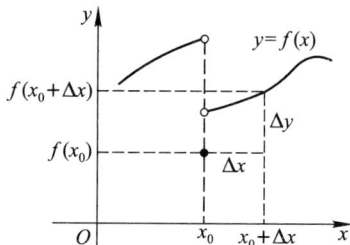

图 2 − 13

由于

$$\lim_{\Delta x \to 0} \Delta y = \lim_{\Delta x \to 0} \left[3x_0^2 \Delta x + 3x_0 (\Delta x)^2 + (\Delta x)^3 \right] = 0,$$

即(1)式成立,所以函数 $y = x^3$ 在 $x = x_0$ 处连续.

例 2 证明 $y = \sin x$ 在它的定义区间$(-\infty, +\infty)$内处处连续.

证 在函数的定义区间内任意取一点 x_0,给 x_0 以增量 Δx,相应的函数的增量为

$$\Delta y = f(x_0 + \Delta x) - f(x_0) = \sin(x_0 + \Delta x) - \sin x_0$$

$$= 2\cos\left(x_0 + \frac{\Delta x}{2}\right) \sin \frac{\Delta x}{2}.$$

由于 $\lim\limits_{\Delta x \to 0} \sin \dfrac{\Delta x}{2} = 0$,又 $\left| 2\cos\left(x_0 + \dfrac{\Delta x}{2}\right) \right| \leqslant 2$,根据有界量乘无穷小依然是无穷小,得

$$\lim_{\Delta x \to 0} \Delta y = 0,$$

所以 $\sin x$ 在点 x_0 连续,但 x_0 为任意取定的一点,因此 $\sin x$ 在它的定义区间$(-\infty, +\infty)$内处处连续.

连续的定义还能写成另外的形式. 在(1)式中,把 $x_0 + \Delta x$ 记作 x,注意到 x_0 是固定的,从而 $\Delta x \to 0$ 就意味着 $x \to x_0$,所以(1)式可写成

$$\lim_{x \to x_0} f(x) = f(x_0). \tag{2}$$

从上式可知,一个函数 $f(x)$ 在点 x_0 连续,必须满足下列三个条件:

(1) $f(x)$ 在点 x_0 有确定的函数值 $f(x_0)$;

(2) 极限 $\lim\limits_{x \to x_0} f(x)$ 存在,即 $f(x_0^-) = f(x_0^+)$;

(3) $\lim\limits_{x \to x_0} f(x) = f(x_0)$.

利用函数极限的 $\varepsilon - \delta$ 定义,由(2)式所表示的连续定义还可改写为:如果对于任意给定的 $\varepsilon > 0$,相应地必有正数 δ 存在,使得凡是满足 $|x - x_0| < \delta$ 的一切 x,均有不等式

$$|f(x) - f(x_0)| < \varepsilon$$

成立,那么称函数 $y = f(x)$ 在点 x_0 连续.

注意这个定义中的不等式 $|x - x_0| < \delta$ 与极限 $\lim\limits_{x \to x_0} f(x)$ 定义中的不等式 $0 < |x - x_0| < \delta$ 有所不同.这是因为在考虑 $f(x)$ 当 $x \to x_0$ 的极限问题时,只是考虑在 $x \to x_0$ 的过程中函数 $f(x)$ 的变化趋向,与 $f(x)$ 在点 x_0 处的函数值无必然的联系,甚至 $f(x)$ 在点 x_0 处可以没有定义.所以,在函数极限的定义中没有必要考虑 $x = x_0$ 时 $f(x)$ 的情形,因此要求 $0 < |x - x_0| < \delta$.但在考虑 $f(x)$ 在点 x_0 处的连续问题时,就必然要与 $f(x)$ 在点 x_0 处的函数值 $f(x_0)$ 联系起来,因而在连续定义中就要考虑函数在点 x_0 处的情形,所以去掉 $x \neq x_0$ 即 $|x - x_0| > 0$ 的限制,这是函数 $f(x)$ 在点 x_0 处极限存在和在点 x_0 处连续两个定义的重要区别.

下面说明左连续及右连续的概念:

如果函数 $f(x)$ 满足条件

$$\lim_{x \to x_0^-} f(x) = f(x_0) \quad (\lim_{x \to x_0^+} f(x) = f(x_0)),$$

就说函数 $f(x)$ 在点 x_0 **左(右)连续**.

在区间上每一点都连续的函数叫做在该区间上的**连续函数**,或者说函数在该区间上连续,如果区间包括端点,那么函数在左端点连续是指右连续,在右端点连续是指左连续.

连续函数的图形是一条连续而不间断的曲线.

在本章第四节中我们指出,基本初等函数 $f(x)$ 在其定义域内任一点 x_0 处满足

$$\lim_{x \to x_0} f(x) = f(x_0).$$

现在有了连续性的概念,可把此结论表述为:

基本初等函数在其定义域内每点处均连续,也就是说,基本初等函数在其定义域内是连续的.

二、函数的间断点

设函数 $f(x)$ 在点 x_0 的某个去心邻域内有定义,如果 x_0 不是函数 $f(x)$ 的连续点,就称 x_0 是 $f(x)$ 的**间断点**.可见,如果 x_0 是函数 $f(x)$ 的间断点,那么无非是以下三种情况之一:

（1）$f(x)$ 在 x_0 处无定义；

（2）$f(x)$ 在 x_0 处有定义，但 $\lim\limits_{x \to x_0} f(x)$ 不存在；

（3）$f(x)$ 在 x_0 处有定义，且 $\lim\limits_{x \to x_0} f(x)$ 存在，但 $\lim\limits_{x \to x_0} f(x) \neq f(x_0)$.

下面举例说明函数的几类常见的间断点.

例 3 函数 $y = \dfrac{\sin x}{x}$ 除了 $x = 0$ 之外有定义，故 $x = 0$ 是间断点，但这里

$$\lim_{x \to 0} \frac{\sin x}{x} = 1.$$

如果我们补充定义，令 $x = 0$ 时 $y = 1$，则函数 y 在 $x = 0$ 处连续，为此我们把 $x = 0$ 叫做函数 $y = \dfrac{\sin x}{x}$ 的可去间断点.

例 4 函数

$$f(x) = \begin{cases} x, & x \neq 1, \\ \dfrac{1}{2}, & x = 1 \end{cases}$$

在 $x = 1$ 处有定义，$f(1) = \dfrac{1}{2}$，但是

$$\lim_{x \to 1} f(x) = \lim_{x \to 1} x = 1,$$

可见

$$\lim_{x \to 1} f(x) \neq f(1),$$

故 $x = 1$ 是 $f(x)$ 的间断点. 如果改变函数在 $x = 1$ 处的定义，令 $f(1) = 1$，则 $f(x)$ 在 $x = 1$ 处连续，因此 $x = 1$ 也叫做该函数的可去间断点.

一般地，如果 x_0 是函数 $f(x)$ 的间断点，而极限 $\lim\limits_{x \to x_0} f(x)$ 存在，则称 x_0 是函数 $f(x)$ 的**可去间断点**. 只要补充定义 $f(x_0)$ 或重新定义 $f(x_0)$，令 $f(x_0) = \lim\limits_{x \to x_0} f(x)$，则函数 $f(x)$ 将在 x_0 处连续. 由于函数在 x_0 处的间断性通过再定义 $f(x_0)$ 就能去除，故称 x_0 是可去间断点.

例 5 函数

$$f(x) = \begin{cases} x^2 + 1, & x < 0, \\ 0, & x = 0, \\ x - 1, & x > 0 \end{cases}$$

当 $x \to 0$ 时，由于

$$\lim_{x \to 0^-} f(x) = \lim_{x \to 0^-} (x^2 + 1) = 1,$$

$$\lim_{x \to 0^+} f(x) = \lim_{x \to 0^+} (x - 1) = -1,$$

该函数在 $x = 0$ 处的左、右极限均存在但不相等,故 $x \to 0$ 时,$f(x)$ 没有极限,因此 $x = 0$ 是函数的间断点.

如果 x_0 是函数的间断点,而函数在 x_0 处的左极限与右极限都存在但不相等,则把 x_0 叫做函数的 **跳跃间断点**,如例 5 中的 $x = 0$ 是 $f(x)$ 的跳跃间断点,由于 $y = f(x)$ 的图形(图 2 – 14)在 $x = 0$ 处有一个跳跃的现象,因此而得名.

例 6 正切函数 $y = \tan x$ 在 $x = \dfrac{\pi}{2}$ 处没有定义,且因为

$$\lim_{x \to \frac{\pi}{2}} \tan x = \infty,$$

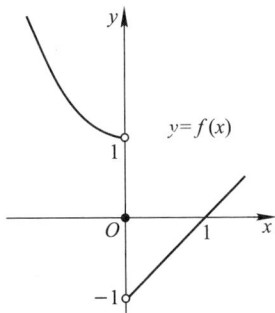

图 2 – 14

故称 $x = \dfrac{\pi}{2}$ 是函数 $y = \tan x$ 的无穷间断点.

如果 x_0 是函数 $f(x)$ 的间断点,且

$$\lim_{x \to x_0} f(x) = \infty,$$

则把 x_0 叫做 $f(x)$ 的**无穷间断点**(图 2 – 15).

例 7 函数 $y = \sin \dfrac{1}{x}$ 在 $x = 0$ 处没有定义,且当 $x \to 0$ 时,函数值在 -1 与 1 之间无限次地变动,故极限不存在. 我们称 $x = 0$ 是函数 $y = \sin \dfrac{1}{x}$ 的振荡间断点(图 2 – 16).

一般来说,在 $x \to x_0$ 的过程中,若函数值 $f(x)$ 无限多次地在两个不同数之间变动,则把 x_0 叫做 $f(x)$ 的**振荡间断点**.

可去间断点或跳跃间断点的主要特征是函数在该点的左极限、右极限都存在,通常把具有这类特征的间断点统称为**第一类间断点**,除此之外的任何间断点称为**第二类间断点**. 无穷间断点和振荡间断点显然是第二类间断点.

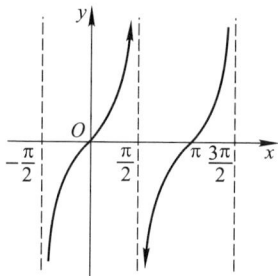

图 2-15

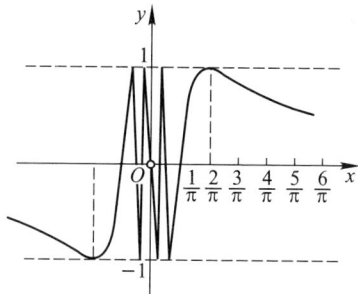

图 2-16

三、初等函数的连续性

1. 连续函数的和、差、积、商的连续性

由函数在某点连续的定义和极限的四则运算法则,立即可得出下面的定理.

定理 1 设函数 $f(x)$ 和 $g(x)$ 在点 x_0 处连续,则它们的和(差)$f \pm g$、积 $f \cdot g$ 及商 $\dfrac{f}{g}$(当 $g(x_0) \neq 0$ 时)都在点 x_0 处连续.

例 8 因 $\tan x = \dfrac{\sin x}{\cos x}$,$\cot x = \dfrac{\cos x}{\sin x}$,而 $\sin x$ 和 $\cos x$ 都在区间 $(-\infty, +\infty)$ 内连续,故由定理 1 知 $\tan x$ 和 $\cot x$ 在它们的定义域内是连续的.

2. 反函数与复合函数的连续性

定理 2 如果函数 $y = f(x)$ 在某区间上单调增加(或减少)且连续,则它的反函数 $x = f^{-1}(y)$ 在相应的区间上单调增加(或减少)且连续.

从几何直观上看,若函数 $y = f(x)$ 在区间 $[a, b]$ 上单调增加且连续(如图 2-17),则函数 $y = f(x)$ 的图形是一条上升、不间断的曲线,$y = f(x)$ 与其反函数 $x = f^{-1}(y)$ 的图形是同一条曲线,可见 $x = f^{-1}(y)$ 在对应区间 $[f(a), f(b)]$ 上单调增加且连续.

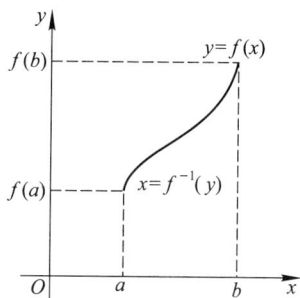

图 2-17

例 9 根据定理 2 讨论函数 $y = \arcsin x \, (x \in [-1, 1])$ 的连续性.

解 由于 $y = \sin x$ 在闭区间 $\left[-\dfrac{\pi}{2}, \dfrac{\pi}{2}\right]$ 上单调增加且连续,由定理 2,$y = \sin x$ 的反函数 $x = \arcsin y$ 在闭区间 $[-1, 1]$ 上连续,因此函数 $y = \arcsin x$ 在 $[-1, 1]$ 上连续.

类似地,基本初等函数 $y = \arccos x, y = \arctan x, y = \operatorname{arccot} x$ 都在其定义域内连续.这些结果在前面我们已经指出,例9只不过是利用定理2给出了一个证明.

根据函数在一点连续的定义和复合函数极限的运算法则可得以下定理.

定理3 设函数 $u = \varphi(x)$ 在点 x_0 连续且 $u_0 = \varphi(x_0)$,函数 $y = f(u)$ 在 u_0 处连续,则复合函数 $y = f[\varphi(x)]$ 在点 x_0 也连续.

例10 讨论函数 $y = \sin \dfrac{1}{x}$ 的连续性.

解 函数 $y = \sin \dfrac{1}{x}$ 可看成由 $y = \sin u$ 及 $u = \dfrac{1}{x}$ 复合而成.

$\sin u$ 当 $-\infty < u < +\infty$ 时是连续的,$\dfrac{1}{x}$ 当 $-\infty < x < 0$ 和 $0 < x < +\infty$ 时是连续的.

根据定理3,函数 $\sin \dfrac{1}{x}$ 在区间 $(-\infty, 0)$ 和 $(0, +\infty)$ 内是连续的.

3. 初等函数的连续性

前面我们已经指出:基本初等函数在其定义域内都是连续的,根据初等函数的定义,再由基本初等函数的连续性以及本节定理1、3可得下列重要结论:**一切初等函数在其定义区间内都是连续的,所谓定义区间是指包含在定义域内的区间.**

根据函数 $f(x)$ 在点 x_0 连续的定义,如果已知 $f(x)$ 在点 x_0 连续,那么求 $f(x)$ 当 $x \to x_0$ 时的极限,只要求 $f(x)$ 在点 x_0 处的函数值就行了.因此,上述关于初等函数连续性的结论提供了求极限的一个方法,这就是:如果 $f(x)$ 是初等函数,且 x_0 是 $f(x)$ 在定义区间内的点,则

$$\lim_{x \to x_0} f(x) = f(x_0).$$

例如,点 $x_0 = \dfrac{\pi}{2}$ 是初等函数 $f(x) = \ln \sin x$ 的一个定义区间 $(0, \pi)$ 内的点,所以

$$\lim_{x \to \frac{\pi}{2}} \ln \sin x = \ln \sin \frac{\pi}{2} = 0.$$

习题 2 − 7

1. 研究下列函数的连续性,并画出函数的图形:

(1) $f(x) = \begin{cases} -1, & x < -1, \\ x^2, & -1 \leqslant x \leqslant 1, \\ 1, & x > 1; \end{cases}$　　(2) $f(x) = \begin{cases} x^2, & 0 \leqslant x \leqslant 1, \\ 2 - x, & 1 < x \leqslant 2. \end{cases}$

2. 确定常数 a,b 使下列函数连续:

(1) $f(x) = \begin{cases} e^x, & x \leqslant 0, \\ x + a, & x > 0; \end{cases}$　　(2) $f(x) = \begin{cases} \dfrac{\ln(1 - 3x)}{bx}, & x < 0, \\ 2, & x = 0, \\ \dfrac{\sin ax}{x}, & x > 0. \end{cases}$

3. 下列函数在指出的点处间断, 说明这些间断点属于哪一类型, 如果是可去间断点, 则补充或改变函数的定义使它连续:

(1) $y = \dfrac{x^2 - 4}{x^2 - 5x + 6}$, $x = 2$, $x = 3$;

(2) $y = \dfrac{x}{\sin x}$, $x = k\pi$ ($k = 0, \pm 1, \pm 2, \cdots$);

(3) $y = \cos^3 \dfrac{5}{x}$, $x = 0$;

(4) $y = \begin{cases} 2x - 1, & x \leqslant 1, \\ 4 - 5x, & x > 1, \end{cases}$　$x = 1$.

4. 求函数 $f(x) = \dfrac{x^3 + 3x^2 - x - 3}{x^2 + x - 6}$ 的连续区间, 并求极限 $\lim\limits_{x \to 0} f(x)$, $\lim\limits_{x \to -3} f(x)$ 及 $\lim\limits_{x \to 2} f(x)$.

5. 求下列极限:

(1) $\lim\limits_{x \to 0} \sqrt{x^2 - 2x + 3}$;　　(2) $\lim\limits_{x \to \frac{\pi}{4}} (\cos 2x)^3$;

(3) $\lim\limits_{t \to -1} \dfrac{e^{-2t} - 1}{t}$;　　(4) $\lim\limits_{x \to \frac{\pi}{2}} \dfrac{\sin x}{x}$.

6. 求下列极限:

(1) $\lim\limits_{x \to \infty} e^{\frac{1}{x}}$;　　(2) $\lim\limits_{x \to \infty} \cos\left[\ln\left(1 + \dfrac{2x - 1}{x^2}\right) \right]$;

(3) $\lim\limits_{x \to 0} \dfrac{e^x - e^{2x}}{x}$;　　(4) $\lim\limits_{x \to 0} (\cos x)^{\frac{4}{x^2}}$.

7. 讨论函数 $f(x) = \lim\limits_{n \to \infty} \dfrac{x + x^2 e^{\frac{n}{x}}}{1 + e^{\frac{n}{x}}}$ 的连续性, 若有间断点, 判别其类型.

第八节　闭区间上连续函数的性质

闭区间上的连续函数有很多重要性质, 其中不少性质从几何直观上看是很明显的,但证明却并不容易,需要用到实数理论. 我们将以定理的形式把这些性质叙述出来,但略去严格的证明. 我们还将说明这些性质对于开区间内的连续函数或者闭区间上的非连续函数,一般是不成立的.

一、最大值和最小值定理与有界性

先说明最大值和最小值的概念. 对于在区间 I 上有定义的函数 $f(x)$,如果有 $x_0 \in I$,使得对于任一 $x \in I$ 都满足

$$f(x) \leqslant f(x_0) \quad (f(x) \geqslant f(x_0)),$$

则称 $f(x_0)$ 是函数 $f(x)$ 在区间 I 上的**最大值**(**最小值**).

例如,函数 $f(x) = \sin x + 1$ 在区间 $[0, 2\pi]$ 上有最大值 2 和最小值 0. 又例如函数 $f(x) = \operatorname{sgn} x$ 在区间 $(-\infty, +\infty)$ 内有最大值 1 和最小值 -1;在开区间 $(0, +\infty)$ 内 $\operatorname{sgn} x$ 的最大值和最小值都等于 1. (注意,最大值和最小值可以相等.) 但函数 $f(x) = \dfrac{1}{x}$ 在区间 $(0, 1)$ 内既没有最大值也没有最小值. 下面定理给出函数有界且最大值和最小值存在的充分条件.

定理1(有界性与最大值和最小值定理)　在闭区间上连续的函数在该区间上有界且取得它的最大值和最小值.

这就是说,如果函数 $f(x)$ 在闭区间 $[a, b]$ 上连续,那么存在常数 $M > 0$,使得对任一 $x \in [a, b]$ 满足 $|f(x)| \leqslant M$,且至少有一点 $\xi_1 \in [a, b]$,使 $f(\xi_1)$ 是 $f(x)$ 在 $[a, b]$ 上的最大值;又至少有一点 $\xi_2 \in [a, b]$,使 $f(\xi_2)$ 是 $f(x)$ 在 $[a, b]$ 上的最小值(图 2-18).

注意,如果函数在开区间内连续或在闭区间上有间断点,那么函数在该区间上不一定有界也不一定有最大值或最小值. 例如,函数 $y = \tan x$ 在开区间 $\left(-\dfrac{\pi}{2}, \dfrac{\pi}{2}\right)$ 内是连续的,但它在开区间 $\left(-\dfrac{\pi}{2}, \dfrac{\pi}{2}\right)$ 内无界且既无最大值又无最小值;又如,函数

$$y = f(x) = \begin{cases} -x + 1, & 0 \leqslant x < 1, \\ 1, & x = 1, \\ -x + 3, & 1 < x \leqslant 2 \end{cases}$$

在闭区间 $[0, 2]$ 上有间断点 $x = 1$,这函数 $f(x)$ 在闭区间 $[0, 2]$ 上虽然有界,但是既无最大值又无最小值(图 2-19).

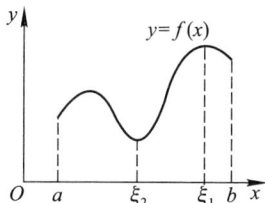

图 2 – 18

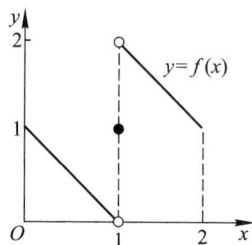

图 2 – 19

二、零点定理与介值定理

如果 x_0 使 $f(x_0)=0$,则 x_0 称为函数 $f(x)$ 的**零点**.

定理 2(零点定理) 设函数 $f(x)$ 在闭区间 $[a,b]$ 上连续,且 $f(a)$ 与 $f(b)$ 异号(即 $f(a) \cdot f(b)<0$),那么在开区间 (a,b) 内至少有函数 $f(x)$ 的一个零点,即至少有一点 $\xi(a<\xi<b)$,使 $f(\xi)=0$.

从几何上看,定理 2 表明:如果连续曲线弧 $y=f(x)$ 的两个端点位于 x 轴的不同侧,那么这段曲线弧与 x 轴至少有一个交点(图 2 – 20).

由定理 2 立即可得下列较一般性的定理.

定理 3(介值定理) 设函数 $f(x)$ 在闭区间 $[a,b]$ 上连续,且在这区间的端点取不同的函数值 $f(a)=A$ 及 $f(b)=B$,那么,对于 A 与 B 之间的任意一个数 C,在开区间 (a,b) 内至少有一点 ξ,使得 $f(\xi)=C(a<\xi<b)$.

证 设 $\varphi(x)=f(x)-C$,则 $\varphi(x)$ 在闭区间 $[a,b]$ 上连续,且 $\varphi(a)=A-C$ 与 $\varphi(b)=B-C$ 异号,根据零点定理,在开区间 (a,b) 内至少有一点 ξ,使得

$$\varphi(\xi)=0(a<\xi<b),$$

即

$$f(\xi)=C.$$

这定理的几何意义是:在 $[a,b]$ 上的连续曲线 $y=f(x)$ 与水平直线 $y=C(C$ 介于 $f(a)$ 与 $f(b)$ 之间)至少相交于一点(图 2 – 21).

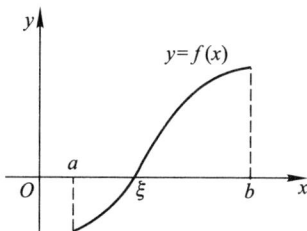

图 2 – 20

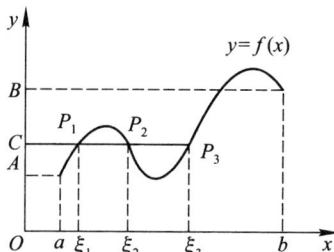

图 2 – 21

　　推论　在闭区间上连续的函数必取得介于最大值 M 与最小值 m 之间的一切值.

　　设 $m = f(x_1)$, $M = f(x_2)$, 而 $m \neq M$, 在闭区间 $[x_1, x_2]$(或$[x_2, x_1]$)上应用介值定理, 即得上述推论.

　　例 1　证明方程 $x^5 - 3x + 1 = 0$ 在开区间$(0,1)$内至少有一个实根.

　　证　首先要把方程的根的问题转化为函数的零点问题. 为此, 设辅助函数 $f(x) = x^5 - 3x + 1$, 则函数 $f(x)$ 在闭区间$[0,1]$上连续, 又

$$f(0) = 1 > 0, \quad f(1) = -1 < 0.$$

根据零点定理, 在开区间$(0,1)$内至少有一点 ξ, 使得 $f(\xi) = 0$, 即方程 $x^5 - 3x + 1 = 0$ 在$(0,1)$内至少有一个实根 ξ.

　　例 2　设函数 $f(x)$ 在$[a,b]$上连续, $x_1, x_2, \cdots, x_n$ 为$[a,b]$上的 n 个点, 证明: 在$[a,b]$上至少存在一点 ξ, 使

$$f(\xi) = \frac{1}{n}[f(x_1) + f(x_2) + \cdots + f(x_n)].$$

　　证　$f(x)$在$[a,b]$上连续, 则函数 $f(x)$ 在$[a,b]$上有最大值 M 与最小值 m, 显然有

$$m \leqslant f(x_i) \leqslant M, \quad i = 1, 2, \cdots, n,$$

于是

$$nm \leqslant \sum_{i=1}^{n} f(x_i) \leqslant nM,$$

即

$$m \leqslant \frac{1}{n} \sum_{i=1}^{n} f(x_i) \leqslant M.$$

　　① 若 $f(a) = \dfrac{1}{n} \displaystyle\sum_{i=1}^{n} f(x_i)$ 或 $f(b) = \dfrac{1}{n} \displaystyle\sum_{i=1}^{n} f(x_i)$, 则可取 $\xi - a$ 或 $\xi - b$.

　　② 若 $\dfrac{1}{n} \displaystyle\sum_{i=1}^{n} f(x_i)$ 与 $f(a)$, $f(b)$ 不同, 由介值定理可知, 在(a,b)上至少存在一点 ξ, 使得

$$f(\xi) = \frac{1}{n}[f(x_1) + f(x_2) + \cdots + f(x_n)].$$

综合①, ②可知, 原命题得证.

　　例 3　若函数 $f(x)$ 在闭区间$[a,b]$上连续, 且对于任意的 $x \in [a,b]$ 都有 $a \leqslant$

$f(x) \leqslant b$，则 $f(x)$ 在 $[a,b]$ 中有不动点，即存在 $x^* \in [a,b]$，使 $f(x^*) = x^*$.

证 令 $g(x) = f(x) - x$，则 $g(x)$ 在 $[a,b]$ 上连续，由于 $a \leqslant f(x) \leqslant b$，故有 $g(a) \geqslant 0$，$g(b) \leqslant 0$.

若 $g(a) = 0$，可取 $x^* = a$.

若 $g(b) = 0$，可取 $x^* = b$.

若 $g(a) > 0$，$g(b) < 0$，则由定理 2 知，存在 $x^* \in (a,b)$，使 $g(x^*) = 0$，即有 $f(x^*) = x^*$.

注：例 3 的结果称为**不动点定理**，其结果有明确的几何意义，方程 $f(x) = x$ 的解就是联立方程组

$$\begin{cases} y = f(x), \\ y = x \end{cases}$$

的解的 x 坐标，亦即曲线 $y = f(x)$ 与直线 $y = x$ 的交点的横坐标，若 $f(x)$ 在 $[a,b]$ 上连续且 $a \leqslant f(x) \leqslant b$，$\forall x \in [a,b]$，则连续曲线 $y = f(x)$ 与直线 $y = x$ 至少有一个交点（图 2 – 22）.

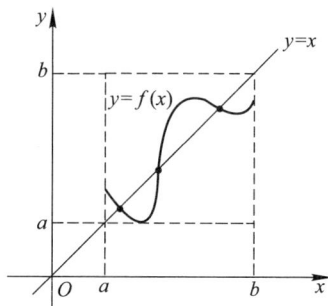

图 2 – 22

三、均衡价格的存在性

在第一章第五节的例 3 中讨论了线性供需模型正均衡价格存在的条件，下面运用零点定理，结合具有实际经济意义的假设，给出一般的供需模型的正均衡价格存在的一个定理.

假设需求函数 $D = D(P)$ 和供给函数 $S = S(P)$ 都是连续函数. 如果生产某种商品的资源十分昂贵，则价格为零时供给必为零，即 $S(0) = 0$；再假定 $D(0) > 0$，即消费者有消费欲望.

令 $Z(P) = D(P) - S(P)$，则 $Z(0) = D(0) - S(0) > 0$.

另外，当价格涨到某个充分大的值 $P = P^*$ 时，公司会发现生产该产品利润丰厚，而顾客会感到价格过高，这样必然导致供过于求，即 $D(P^*) < S(P^*)$，从而

$$Z(P^*) = D(P^*) - S(P^*) < 0.$$

又 $D = D(P)$ 和 $S = S(P)$ 都是区间 $[0, P^*]$ 上的连续函数，所以 $Z(P) = D(P) - S(P)$ 也是区间 $[0, P^*]$ 上的连续函数，于是由零点定理，存在 $P_e \in (0, P^*)$，使得 $Z(P_e) = D(P_e) - S(P_e) = 0$，即 $D(P_e) = S(P_e)$，且 $P_e > 0$. 于是我们得到如下定理：

定理 4　假设需求函数 $D = D(P)$ 和供给函数 $S = S(P)$ 都是连续函数,且满足:

（1）价格为零时,需求超过供给,即 $D(0) > S(0)$;

（2）存在某个价格 $P = P^* > 0$,使得在此价格下,供给超过需求,即 $S(P^*) > D(P^*)$,

则市场上一定存在一个正的均衡价格,即存在 $P_e > 0$,使得 $D(P_e) = S(P_e)$.

习题 2 - 8

1. 试证下列方程在指定区间内至少有一个实根:

（1）$x^5 - 3x - 1 = 0$,在区间 $(1,2)$;

（2）$x = e^x - 2$,在区间 $(0,2)$.

2. 设 $f(x)$ 在 $[a,b]$ 上连续,且 $a < c < d < b$,证明在 $[a,b]$ 内必存在一点 ξ 使 $mf(c) + nf(d) = (m+n)f(\xi)$,其中 m,n 为自然数.

3. 设函数 $f(x)$ 在区间 $[0,2a]$ 上连续,且 $f(0) = f(2a)$,证明:在 $[0,a]$ 上至少存在一点 ξ,使 $f(\xi) = f(\xi + a)$.

4. 一个登山运动员从早晨 7:00 开始攀登某座山峰,在下午 7:00 到达山顶,第二天早晨 7:00 再从山顶沿着原路下山,下午 7:00 到达山脚,试利用介值定理说明,这个运动员必在这两天的某一相同时刻经过登山路线的同一地点.

总习题二

1. 在"充分""必要"和"充分必要"三者中选择一个正确的填入下列空格内:

（1）数列 $\{x_n\}$ 有界是数列 $\{x_n\}$ 收敛的_____条件,数列 $\{x_n\}$ 收敛是数列 $\{x_n\}$ 有界的_____条件;

（2）$f(x)$ 在点 x_0 的某一去心邻域内有界是 $\lim\limits_{x \to x_0} f(x)$ 存在的_____条件,$\lim\limits_{x \to x_0} f(x)$ 存在是 $f(x)$ 在点 x_0 的某一去心邻域内有界的_____条件;

（3）$f(x)$ 在点 x_0 的某 去心邻域内无界是 $\lim\limits_{x \to x_0} f(x) = \infty$ 的_____条件,$\lim\limits_{x \to x_0} f(x) = \infty$ 是 $f(x)$ 在点 x_0 的某一去心邻域内无界的_____条件;

（4）$f(x)$ 当 $x \to x_0$ 时的右极限 $f(x_0^+)$ 及左极限 $f(x_0^-)$ 都存在且相等是 $\lim\limits_{x \to x_0} f(x)$ 存在的_____条件.

2. 求下列极限:

（1）$\lim\limits_{x \to -2} \dfrac{x^3 + 3x^2 + 2x}{x^2 - x - 6}$;

（2）$\lim\limits_{x \to +\infty} x(\sqrt{x^2 + 1} - x)$;

（3）$\lim\limits_{x \to +\infty} \dfrac{\sqrt{x^2 + 2x} - \sqrt{x-1}}{x}$;

（4）$\lim\limits_{x \to +\infty} \dfrac{x \cos \sqrt{x}}{1 + x^2}$.

（5）$\lim\limits_{x \to +\infty} (\sin \sqrt{x+1} - \sin \sqrt{x})$；

（6）$\lim\limits_{x \to \infty} x^2 \left(1 - \cos \dfrac{1}{x}\right)$；

（7）$\lim\limits_{x \to 1} x^{\frac{1}{1-x}}$；

（8）$\lim\limits_{x \to 0} \dfrac{x^2 \tan^2 x}{(1 - \cos x)^2}$；

（9）$\lim\limits_{x \to e} \dfrac{\ln x - 1}{x - e}$；

（10）$\lim\limits_{x \to 0} \dfrac{\sqrt{1 + \tan x} - \sqrt{1 + \sin x}}{x^3}$．

3. 试确定常数 a 和 b：

（1）$\lim\limits_{x \to \infty} \left(ax + b - \dfrac{x^3 + 1}{x^2 + 1}\right) = 1$；

（2）$\lim\limits_{x \to +\infty} (\sqrt{x^2 - x + 1} - ax - b) = 0$；

（3）$\lim\limits_{x \to 1} \dfrac{x^2 + bx + a}{1 - x} = 5$．

4. 已知 $f(x) = \dfrac{px^2 - 2}{x^2 + 1} + 3qx + 5$，当 $x \to \infty$ 时，p，q 取何值 $f(x)$ 为无穷小？p，q 取何值 $f(x)$ 为无穷大？

5. 当 $x \to 0$ 时，下列无穷小与 x 相比是什么阶的无穷小：

（1）$x + \sin x^2$；

（2）$\sqrt{x} + \sin x$；

（3）$\dfrac{(x+1)x}{4 + \sqrt[3]{x}}$；

（4）$\ln(1 + 2x)$．

6. 利用夹逼定理证明：

$$\lim\limits_{n \to \infty} \left[\frac{1}{n^2} + \frac{1}{(n+1)^2} + \cdots + \frac{1}{(2n)^2}\right] = 0.$$

7. 利用单调有界必有极限的准则证明下列数列的极限存在，并求出极限：

（1）设 $x_1 = 10$，$x_{n+1} = \sqrt{6 + x_n}$　（$n = 1, 2, \cdots$）；

（2）设 $x_1 > 0$，且 $x_{n+1} = \dfrac{1}{2}\left(x_n + \dfrac{a}{x_n}\right)$　（$a > 0$，$n = 1, 2, \cdots$）．

8. 求下列函数的间断点并确定其所属类型，如果是可去间断点则补充定义使它连续：

（1）$y = \dfrac{1 - \cos x}{x^2}$；

（2）$y = \dfrac{\cos \dfrac{\pi}{2} x}{x^2 (x-1)}$；

（3）$y = \dfrac{\sqrt[3]{1 + 4x} - 1}{2 \sin x}$；

（4）$y = \sin x \sin \dfrac{1}{x}$；

（5）$y = \arctan \dfrac{1}{x}$；

（6）$y = \dfrac{1}{1 + e^{\frac{1}{1-x}}}$；

（7）$y = \begin{cases} \dfrac{2^{\frac{1}{x}} - 1}{2^{\frac{1}{x}} + 1}, & x \neq 0, \\ 1, & x = 0; \end{cases}$

（8）$y = \begin{cases} \cos \dfrac{\pi}{2} x, & |x| \leqslant 1, \\ |x - 1|, & |x| > 1. \end{cases}$

9. 设 $f(x) = \begin{cases} x^2, & x < 0, \\ a + x, & x \geqslant 0, \end{cases}$ 试确定 a，使函数 $f(x)$ 为连续函数.

10. 讨论下列函数的连续性，若存在间断点，则判别其类型：

（1）$y = \lim\limits_{n \to \infty} \dfrac{nx}{1 + nx^3}$;

（2）$y = \lim\limits_{n \to \infty} \dfrac{1 - x^{2n}}{1 + x^{2n}} x$.

11. 证明方程 $x \cdot 3^x = 2$ 至少有一个小于 1 的正根.

12. 证明：若 $f(x)$ 及 $g(x)$ 都在 $[a, b]$ 上连续，且 $f(a) < g(a)$，$f(b) > g(b)$，则存在点 $c \in (a, b)$ 使得 $f(c) = g(c)$.

13. 一片森林现有木材 $a \text{ m}^3$，若以年增长率 1.2% 均匀增长，问 t 年时，这片森林有木材多少？

14. 国家向某企业投资 2 千万元，这家企业将投资作为抵押品向银行贷款，得到相当于抵押品价格 80% 的贷款，该企业将这笔贷款再次进行投资，并且又将投资作为抵押品向银行贷款，得到相当于新抵押品价格 80% 的贷款，该企业又将新贷款进行再投资，这样贷款—投资—再贷款—再投资，如此反复扩大再投资，问其实际效果相当于国家投资多少千万元所产生的直接效果？

第三章 导数、微分、边际与弹性

在科学与实际生活中,除了需要了解变量之间的函数关系以外,经常遇到以下问题:(1)求给定函数 y 相对于自变量 x 的变化率;(2)当自变量 x 发生微小变化时,求函数 y 的改变量的近似值. 由这两个问题可分别导出导数与微分概念,它们是微分学中的基本概念. 本章以极限概念为基础,引进导数与微分的定义,建立导数与微分的计算方法,同时以导数概念为基础,介绍经济学中十分有用的两个概念:边际与弹性,并以实例说明它们的一些简单应用.

第一节 导数的概念

一、引例

为了说明微分学的基本概念——导数,我们先讨论两个问题:速度问题和切线问题,这两个问题在历史上都与导数概念的形成有密切的关系.

1. 变速直线运动的瞬时速度

从物理学中知道,如果物体做直线运动,它所移动的路程 s 是时间 t 的函数,记为 $s = s(t)$,则从时刻 t_0 到 $t_0 + \Delta t$ 的时间间隔内它的平均速度为

$$\frac{\Delta s}{\Delta t} = \frac{s(t_0 + \Delta t) - s(t_0)}{\Delta t}.$$

在匀速运动中,这个比值是常量,但在变速运动中,它不仅与 t_0 有关,而且与 Δt 也有关. 当 Δt 很小时,显然 $\dfrac{\Delta s}{\Delta t}$ 与在 t_0 时刻的速度相近似. 如果当 Δt 趋于零时,平均速度 $\dfrac{\Delta s}{\Delta t}$ 的极限存在,那么,我们可以把这个极限值叫做物体在时刻 t_0 时的瞬时速度,简称速度,记作 $v(t_0)$,即

$$v(t_0) = \lim_{\Delta t \to 0} \frac{s(t_0 + \Delta t) - s(t_0)}{\Delta t}.$$

2. 曲线切线的斜率

在介绍曲线切线斜率之前先要介绍什么叫曲线的切线. 在中学里切线定义为与曲线只交于一点的直线. 这种定义只适用于少数几种曲线, 如圆、椭圆等. 对科学技术和经济学中研究的其他曲线就不一定合适了. 我们定义曲线的切线如下.

定义 1 设点 P_0 是曲线 L 上的一个定点, 点 P 是动点, 当 P 沿曲线 L 趋向于点 P_0 时, 如果割线 PP_0 的极限位置 P_0T 存在, 则称直线 P_0T 为曲线 L 在点 P_0 处的**切线**(如图 $3-1$).

曲线的切线斜率如何计算呢? 设曲线的方程 $y = f(x)$(如图 $3-1$)在点 $P_0(x_0, y_0)$ 处的附近取一点 $P(x_0 + \Delta x, y_0 + \Delta y)$, 那么割线 P_0P 的斜率为

图 $3-1$

$$\tan \varphi = \frac{\Delta y}{\Delta x} = \frac{f(x_0 + \Delta x) - f(x_0)}{\Delta x}.$$

如果当点 P 沿曲线趋向于点 P_0 时, 割线 P_0P 的极限位置存在, 即点 P_0 处的切线存在, 此刻 $\Delta x \to 0$, $\varphi \to \alpha$, 割线斜率 $\tan \varphi$ 趋向切线 P_0T 的斜率 $\tan \alpha$, 即

$$\tan \alpha = \lim_{\Delta x \to 0} \frac{f(x_0 + \Delta x) - f(x_0)}{\Delta x}.$$

以上虽然是两个不同的具体问题, 但都是某个量 $y = f(x)$ 的变化率问题, 其计算可归结为如下的极限问题:

$$\lim_{\Delta x \to 0} \frac{f(x_0 + \Delta x) - f(x_0)}{\Delta x},$$

其中 $\dfrac{f(x_0 + \Delta x) - f(x_0)}{\Delta x}$ 为函数增量与自变量增量之商, 表示函数的平均变化率, 而当 $\Delta x \to 0$ 时平均变化率的极限即为函数 $f(x)$ 在点 x_0 处的变化率.

在实际生活中还有很多不同类型的变化率问题, 例如细杆的线密度、电流强度、人口增长率以及经济学中的边际成本、边际利润等, 涉及众多不同领域, 这就要求我们用统一的方式来加以处理, 从而得出导数的概念.

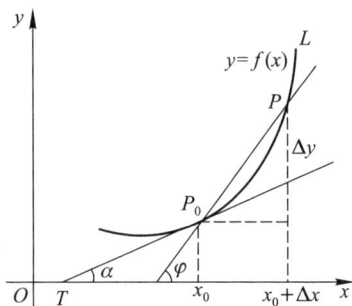

二、导数的定义

1. 函数在一点处的导数与导函数

定义 2 设函数 $y = f(x)$ 在点 x_0 的某个邻域内有定义,当自变量 x 在点 x_0 处取得增量 Δx 时(点 $x_0 + \Delta x$ 在该邻域内),因变量 y 相应地取得增量 $\Delta y = f(x_0 + \Delta x) - f(x_0)$,如果 Δy 与 Δx 之比当 $\Delta x \to 0$ 时的极限存在,则称函数 $y = f(x)$ 在点 x_0 处可导,并称这个极限为函数 $y = f(x)$ 在点 x_0 处的**导数**,记为 $y'|_{x=x_0}$,即

$$y'|_{x=x_0} = \lim_{\Delta x \to 0} \frac{\Delta y}{\Delta x} = \lim_{\Delta x \to 0} \frac{f(x_0 + \Delta x) - f(x_0)}{\Delta x}, \tag{1}$$

也可记作 $f'(x_0)$,$\dfrac{\mathrm{d}y}{\mathrm{d}x}\bigg|_{x=x_0}$ 或 $\dfrac{\mathrm{d}f(x)}{\mathrm{d}x}\bigg|_{x=x_0}$.

函数 $f(x)$ 在点 x_0 处可导有时也说成函数 $f(x)$ 在点 x_0 处具有导数或导数存在.

如果令 $x_0 + \Delta x = x$,则 $\Delta x = x - x_0$,且当 $\Delta x \to 0$ 时,$x \to x_0$,于是得到一个和 (1) 式等价的定义

$$f'(x_0) = \lim_{x \to x_0} \frac{f(x) - f(x_0)}{x - x_0}. \tag{2}$$

导数是概括了各种各样的变化率概念而得出来的一个更一般性也更抽象的概念,它撇开了自变量和因变量所代表的几何或物理等方面的特殊意义,纯粹从数量方面来刻画变化率的本质,它反映了因变量随自变量的变化而变化的快慢程度.

如果当 $\Delta x \to 0$ 时,因变量增量与自变量增量之比 $\dfrac{\Delta y}{\Delta x}$ 的极限不存在,就说函数 $y = f(x)$ 在点 x_0 处不可导,如果不可导的原因是由于当 $\Delta x \to 0$ 时,比值 $\dfrac{\Delta y}{\Delta x} \to \infty$.在这种情况,为了方便起见,也往往说函数 $y = f(x)$ 在点 x_0 处的导数为无穷大,并记作 $f'(x_0) = \infty$.

上面讲的是函数在某一点处可导,如果函数 $y = f(x)$ 在开区间 I 内的每点处都可导,就称函数 $y = f(x)$ 在**开区间 I 内可导**.这时对于区间 I 内的每一个确定的 x 值,都对应着 $f(x)$ 的一个确定的导数,这样就构成了一个新的函数,这个函数叫做原来函数 $y = f(x)$ 的**导函数**,记作 y',$f'(x)$,$\dfrac{\mathrm{d}y}{\mathrm{d}x}$ 或 $\dfrac{\mathrm{d}f(x)}{\mathrm{d}x}$.

在(1)式中,把 x_0 换成 x,即得导函数的定义式

$$f'(x) = \lim_{\Delta x \to 0} \frac{f(x + \Delta x) - f(x)}{\Delta x}. \tag{3}$$

注意,在上式中虽然 x 可以取区间 I 内的任何数值,但在取极限的过程中,x 是常量,Δx 是变量.

导函数 $f'(x)$ 也常简称为导数. 显然,函数 $f(x)$ 在点 x_0 处的导数 $f'(x_0)$ 就是导函数 $f'(x)$ 在点 x_0 处的函数值,即

$$f'(x_0) = f'(x)\,|_{x = x_0}.$$

2. 求导数举例

下面根据导数定义求一些简单函数的导数.

例 1 求函数 $f(x) = C$(C 为常数)的导数.

解 $$f'(x) = \lim_{\Delta x \to 0} \frac{f(x + \Delta x) - f(x)}{\Delta x} = \lim_{\Delta x \to 0} \frac{C - C}{\Delta x} = 0,$$

即 $(C)' = 0$.

这就是说,常数的导数等于零.

例 2 设函数 $f(x) = x^n$(n 为正整数),求 $f'(x)$.

解 根据导数定义,再利用牛顿二项展开式,可得

$$f'(x) = \lim_{\Delta x \to 0} \frac{f(x + \Delta x) - f(x)}{\Delta x} = \lim_{\Delta x \to 0} \frac{(x + \Delta x)^n - x^n}{\Delta x}$$

$$= \lim_{\Delta x \to 0} \frac{C_n^1 x^{n-1} \Delta x + C_n^2 x^{n-2} \Delta x^2 + \cdots + (\Delta x)^n}{\Delta x} = nx^{n-1},$$

即 $(x^n)' = nx^{n-1}$.

后面将会证明:在函数相应的定义区间内,此公式对于一般实指数也成立,即对于任意给定的实数 μ,有

$$(x^\mu)' = \mu x^{\mu - 1}.$$

利用此公式,可以方便地求出幂函数的导数,例如 $y = \sqrt{x}$ 的导数为

$$y' = (\sqrt{x})' = (x^{\frac{1}{2}})' = \frac{1}{2} x^{\frac{1}{2} - 1} = \frac{1}{2} x^{-\frac{1}{2}},$$

即

$$(\sqrt{x})' = \frac{1}{2\sqrt{x}}.$$

同样,$y = \dfrac{1}{x}$ 的导数为

$$y' = \left(\frac{1}{x}\right)' = (x^{-1})' = -1 \cdot x^{-1-1} = -x^{-2},$$

即

$$\left(\frac{1}{x}\right)' = -\frac{1}{x^2}.$$

例 3 求函数 $f(x) = \cos x$ 的导数.

解

$$f'(x) = \lim_{\Delta x \to 0} \frac{f(x + \Delta x) - f(x)}{\Delta x} = \lim_{\Delta x \to 0} \frac{\cos(x + \Delta x) - \cos x}{\Delta x}$$

$$= \lim_{\Delta x \to 0} \frac{-2\sin\frac{2x + \Delta x}{2}\sin\frac{\Delta x}{2}}{\Delta x} = -\lim_{\Delta x \to 0}\sin\left(x + \frac{\Delta x}{2}\right)\frac{\sin\frac{\Delta x}{2}}{\frac{\Delta x}{2}}$$

$$= -\sin x,$$

即

$$(\cos x)' = -\sin x.$$

用类似的方法可以求得

$$(\sin x)' = \cos x.$$

例 4 求指数函数 $f(x) = a^x (a > 0, a \neq 1)$ 的导数.

解

$$f'(x) = \lim_{\Delta x \to 0} \frac{f(x + \Delta x) - f(x)}{\Delta x} = \lim_{\Delta x \to 0} \frac{a^{x + \Delta x} - a^x}{\Delta x}$$

$$= a^x \lim_{\Delta x \to 0} \frac{a^{\Delta x} - 1}{\Delta x} = a^x \lim_{\Delta x \to 0} \frac{e^{\Delta x \ln a} - 1}{\Delta x}.$$

由于当 $\Delta x \to 0$ 时,$\Delta x \ln a \to 0$,此时 $e^{\Delta x \ln a} - 1 \sim \Delta x \ln a$(见第二章第五节的例 8),所以

$$f'(x) = a^x \lim_{\Delta x \to 0} \frac{\Delta x \ln a}{\Delta x} = a^x \ln a,$$

即

$$(a^x)' = a^x \ln a.$$

特别,当 $a = e$ 时有 $(e^x)' = e^x$.

即以 e 为底的指数函数的导数就是它自己,这是以 e 为底的指数函数的一个重要特征.

例 5 求对数函数 $f(x) = \log_a x (a > 0, a \neq 1)$ 的导数.

解 $f'(x) = \lim\limits_{\Delta x \to 0} \dfrac{f(x + \Delta x) - f(x)}{\Delta x} = \lim\limits_{\Delta x \to 0} \dfrac{\log_a(x + \Delta x) - \log_a x}{\Delta x}$

$$= \lim\limits_{\Delta x \to 0} \dfrac{\log_a\left(1 + \dfrac{\Delta x}{x}\right)}{\Delta x} = \lim\limits_{\Delta x \to 0} \log_a\left(1 + \dfrac{\Delta x}{x}\right)^{\frac{1}{\Delta x}}$$

$$= \log_a e^{\frac{1}{x}} = \dfrac{1}{x \ln a},$$

即
$$(\log_a x)' = \dfrac{1}{x \ln a}.$$

特别地,当 $a = e$ 时有

$$(\ln x)' = \dfrac{1}{x}.$$

例 6 求函数 $f(x) = |x|$ 在点 $x = 0$ 处的导数.

解 $\lim\limits_{\Delta x \to 0} \dfrac{f(\Delta x + 0) - f(0)}{\Delta x} = \lim\limits_{\Delta x \to 0} \dfrac{|\Delta x|}{\Delta x}.$

当 $\Delta x > 0$ 时,$\dfrac{|\Delta x|}{\Delta x} = 1$,故 $\lim\limits_{\Delta x \to 0^+} \dfrac{|\Delta x|}{\Delta x} = 1.$

当 $\Delta x < 0$ 时,$\dfrac{|\Delta x|}{\Delta x} = -1$,故 $\lim\limits_{\Delta x \to 0^-} \dfrac{|\Delta x|}{\Delta x} = -1.$

所以 $\lim\limits_{\Delta x \to 0} \dfrac{f(0 + \Delta x) - f(x)}{\Delta x}$ 不存在.

即函数 $f(x) = |x|$ 在点 $x = 0$ 处不可导,其函数
图形如图 3 - 2.

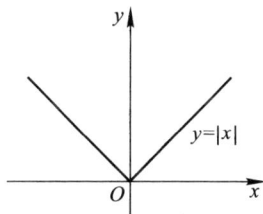

图 3 - 2

3. 单侧导数

根据函数 $f(x)$ 在点 x_0 处的导数 $f'(x_0)$ 的定义,导数

$$f'(x_0) = \lim\limits_{\Delta x \to 0} \dfrac{f(x_0 + \Delta x) - f(x_0)}{\Delta x}$$

是一个极限,而极限存在的充分必要条件是左、右极限都存在且相等,因此
$f'(x_0)$ 存在即 $f(x)$ 在点 x_0 处可导的充分必要条件是左、右极限

$$\lim\limits_{\Delta x \to 0^-} \dfrac{f(x_0 + \Delta x) - f(x_0)}{\Delta x} \text{ 及 } \lim\limits_{\Delta x \to 0^+} \dfrac{f(x_0 + \Delta x) - f(x_0)}{\Delta x}$$

都存在且相等,这两个极限分别称为函数 $f(x)$ 在点 x_0 处的**左导数**和**右导数**,记作 $f'_-(x_0)$ 及 $f'_+(x_0)$,即

$$f'_-(x_0) = \lim_{\Delta x \to 0^-} \frac{f(x_0 + \Delta x) - f(x_0)}{\Delta x},$$

$$f'_+(x_0) = \lim_{\Delta x \to 0^+} \frac{f(x_0 + \Delta x) - f(x_0)}{\Delta x}.$$

现在可以说,函数 $f(x)$ 在点 x_0 处可导的充分必要条件是左导数 $f'_-(x_0)$ 和右导数 $f'_+(x_0)$ 都存在且相等.

函数 $f(x) = |x|$ 在点 $x = 0$ 处的左导数 $f'_-(0) = -1$ 及右导数 $f'_+(0) = 1$ 虽然都存在,但不相等,故 $f(x) = |x|$ 在点 $x = 0$ 处不可导.

左导数和右导数统称为**单侧导数**.

如果函数 $f(x)$ 在开区间 (a,b) 内可导,且 $f'_+(a)$ 及 $f'_-(b)$ 都存在,就说 $f(x)$ **在闭区间** $[a,b]$ **上可导**.

三、导数的几何意义

由前面的讨论我们已经知道:函数 $y = f(x)$ 在点 x_0 处的导数 $f'(x_0)$ 在几何上表示曲线 $y = f(x)$ 在点 $M(x_0, f(x_0))$ 处的切线的斜率,即

$$f'(x_0) = \tan \alpha,$$

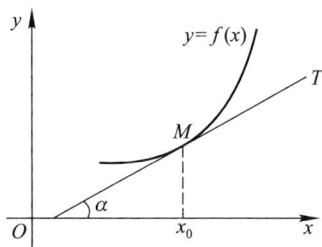

图 3 - 3

其中 α 是切线的倾角(图 3 - 3).

如果 $y = f(x)$ 在点 x_0 处的导数为无穷大,这时曲线 $y = f(x)$ 的割线以垂直于 x 轴的直线 $x = x_0$ 为极限位置,即曲线 $y = f(x)$ 在点 $M(x_0, f(x_0))$ 处具有垂直于 x 轴的切线 $x = x_0$.

根据导数的几何意义并应用直线的点斜式方程,可知曲线 $y = f(x)$ 在点 $M(x_0, y_0)$ 处的切线方程为

$$y - y_0 = f'(x_0)(x - x_0).$$

过切点 $M(x_0, y_0)$ 且与切线垂直的直线叫做曲线 $y = f(x)$ 在点 M 处的**法线**. 如果 $f'(x_0) \neq 0$,法线的斜率为 $-\dfrac{1}{f'(x_0)}$,从而法线方程为

$$y - y_0 = -\frac{1}{f'(x_0)}(x - x_0).$$

例 7　求曲线 $y = x^3$ 上点 $(1,1)$ 处的切线方程和法线方程.

解　因为

$$y'\big|_{x=1} = 3x^2\big|_{x=1} = 3,$$

所求曲线的切线方程为

$$y - 1 = 3(x - 1),$$

即

$$3x - y - 2 = 0.$$

法线方程为

$$y - 1 = -\frac{1}{3}(x - 1),$$

即

$$x + 3y - 4 = 0.$$

例 8　求曲线 $y = x^{\frac{3}{2}}$ 的通过点 $(0, -4)$ 的切线方程.

解　设切点为 (x_0, y_0)，则切线的斜率为

$$f'(x_0) = \frac{3}{2}\sqrt{x}\bigg|_{x=x_0} = \frac{3}{2}\sqrt{x_0},$$

于是所求切线方程可设为

$$y - y_0 = \frac{3}{2}\sqrt{x_0}(x - x_0). \tag{4}$$

切点 (x_0, y_0) 在曲线 $y = x^{\frac{3}{2}}$ 上，故有

$$y_0 = x_0^{\frac{3}{2}}, \tag{5}$$

切线 (4) 通过点 $(0, -4)$，故有

$$-4 - y_0 = \frac{3}{2}\sqrt{x_0}(0 - x_0). \tag{6}$$

求得由方程 (5) 和 (6) 组成的方程组的解为 $x_0 = 4, y_0 = 8$，代入 (4) 式并化简，即得所求切线方程为

$$3x - y - 4 = 0.$$

四、函数可导性与连续性的关系

函数 $y = f(x)$ 在点 x_0 处连续是指

$$\lim_{\Delta x \to 0} \Delta y = 0,$$

而在点 x_0 处可导是指

$$\lim_{\Delta x \to 0} \frac{\Delta y}{\Delta x}$$

存在,那么这两种极限有什么关系呢?

定理 如果函数 $y = f(x)$ 在点 x_0 处可导,则 $f(x)$ 在点 x_0 处连续,其逆不真.

证 因为

$$\lim_{\Delta x \to 0} \frac{\Delta y}{\Delta x}$$

存在,其中

$$\Delta y = f(x_0 + \Delta x) - f(x_0),$$

所以

$$\lim_{\Delta x \to 0} \Delta y = \lim_{\Delta x \to 0} \left(\frac{\Delta y}{\Delta x} \cdot \Delta x \right) = \lim_{\Delta x \to 0} \frac{\Delta y}{\Delta x} \cdot \lim_{\Delta x \to 0} \Delta x = 0,$$

即函数 $f(x)$ 在点 x_0 处连续.

但其逆不真,即函数 $f(x)$ 在点 x_0 处连续,但函数 $f(x)$ 在点 x_0 处不一定可导,举例说明如下.

例 9 函数 $y = f(x) = \sqrt[3]{x}$ 在区间 $(-\infty, +\infty)$ 内连续,但在点 $x = 0$ 处不可导,这是因为在点 $x = 0$ 处有

$$\frac{f(0 + \Delta x) - f(0)}{\Delta x} = \frac{\sqrt[3]{\Delta x} - 0}{\Delta x} = \frac{1}{\Delta x^{\frac{2}{3}}},$$

因而

$$\lim_{\Delta x \to 0} \frac{f(0 + \Delta x) - f(0)}{\Delta x} = \lim_{\Delta x \to 0} \frac{1}{\Delta x^{\frac{2}{3}}} = +\infty,$$

即导数为无穷大(注意,导数不存在),这事实在图形中表现为曲线 $y = \sqrt[3]{x}$ 在原点 O 具有垂直于 x 轴的切线 $x = 0$(图 3-4).

例 10 函数 $y = \sqrt{x^2}$(即 $y = |x|$)在 $(-\infty, +\infty)$ 内连续,但在例 6 中已经看到,函数在点 $x = 0$ 处不可导,曲线 $y = \sqrt{x^2}$ 在原点 O 没有切线(图3-2).

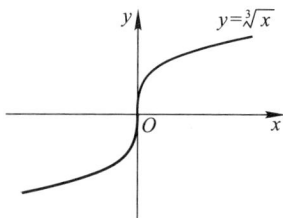

图 3-4

由以上讨论可知,函数在某点连续是函数在该点可导的必要条件,但不是充分条件.

最后,我们来讨论分段函数在分段点处的可导性.这是读者不易掌握的,下面例子所采用的是典型的方法,读者应学会这种方法.

例 11 讨论函数

$$f(x) = \begin{cases} x^2 + x, & x \leqslant 1, \\ 2x^3, & x > 1 \end{cases}$$

在点 $x = 1$ 处的连续性与可导性.

解 $x = 1$ 是分段函数的分段点,讨论其连续性与可导性时,需对其左右两侧情况加以讨论.

因为

$$\lim_{x \to 1^-} f(x) = \lim_{x \to 1^-} (x^2 + x) = 2, \quad \lim_{x \to 1^+} f(x) = \lim_{x \to 1^+} 2x^3 = 2,$$

从而知

$$\lim_{x \to 1} f(x) = 2 = f(1),$$

所以函数在点 $x = 1$ 处连续,再讨论其可导性.

左导数

$$f'_-(1) = \lim_{x \to 1^-} \frac{f(x) - f(1)}{x - 1} = \lim_{x \to 1^-} \frac{x^2 + x - 2}{x - 1}$$

$$= \lim_{x \to 1^-} \frac{(x - 1)(x + 2)}{x - 1} = \lim_{x \to 1^-} (x + 2) = 3.$$

右导数

$$f'_+(1) = \lim_{x \to 1^+} \frac{f(x) - f(1)}{x - 1} = \lim_{x \to 1^+} \frac{2x^3 - 2}{x - 1}$$

$$= 2 \lim_{x \to 1^+} \frac{(x - 1)(x^2 + x + 1)}{x - 1} = 2 \lim_{x \to 1^+} (x^2 + x + 1) = 6.$$

因此 $f'_-(x) \neq f'_+(x)$. 所以函数在点 $x = 1$ 处不可导. 故函数在点 $x = 1$ 处连续,但不可导.

例 12 设

$$f(x) = \begin{cases} e^x, & x \leqslant 0, \\ x^2 + ax + b, & x > 0, \end{cases}$$

问 a, b 取何值时,函数 $f(x)$ 在点 $x = 0$ 处可导?

解 $f(x)$在点$x=0$处可导,其必要条件是$f(x)$在点$x=0$处连续,即

$$\lim_{x\to 0^+}f(x) = \lim_{x\to 0^-}f(x) = f(0).$$

因为

$$f(0) = 1,$$

$$\lim_{x\to 0^+}f(x) = \lim_{x\to 0^+}(x^2 + ax + b) = b,$$

$$\lim_{x\to 0^-}f(x) = \lim_{x\to 0^-}e^x = 1,$$

所以$b=1$. 又

$$f'_+(0) = \lim_{x\to 0^+}\frac{f(x) - f(0)}{x - 0} = \lim_{x\to 0^+}\frac{(x^2 + ax + 1) - 1}{x} = a,$$

$$f'_-(0) = \lim_{x\to 0^-}\frac{f(x) - f(0)}{x - 0} = \lim_{x\to 0^-}\frac{e^x - 1}{x} = 1,$$

若要$f(x)$在点$x=0$处可导,只有$a=1$.

所以,当$a=1,b=1$时,函数$f(x)$在点$x=0$处可导.

习题 3 – 1

1. 设有一根细棒位于x轴上的闭区间$[0,l]$处,对棒上任意一点x,细棒分布在$[0,x]$上的质量为$m(x)$,用导数表示细棒在$x_0(\in(0,l))$处的线密度(对均匀细棒,单位长细棒的质量叫该棒的线密度).

2. 当物体的温度高于周围介质的温度时,物体就不断冷却,若物体的温度T与时间t的函数关系为$T=f(t)$,用导数确定该物体在时刻t的冷却速度.

3. 质量为1 g的某种金属从0 ℃加热到T ℃所吸收的热量为$Q=f(T)$. 它从T ℃升温到$(T+\Delta T)$ ℃所需的热量为ΔQ,$\dfrac{\Delta Q}{\Delta T}$称为这种金属从$T$ ℃到$(T+\Delta T)$ ℃的平均比热容,用导数表示该金属在T ℃时的比热容.

4. 设$f(x) = 4x^2$,试按定义求$f'(-1)$.

5. 下列各题中均假定$f'(x_0)$存在,按照导数定义求下列极限,指出A表示什么?

(1) $\lim\limits_{\Delta x\to 0}\dfrac{f(x_0 - \Delta x) - f(x_0)}{2\Delta x} = A$;

(2) $\lim\limits_{h\to 0}\dfrac{f(x_0 + h) - f(x_0 - 2h)}{h} = A$;

(3) $\lim\limits_{x\to 0}\dfrac{f(x)}{x} = A$,其中$f(0) = 0$且$f'(0)$存在;

（4）$\lim\limits_{\Delta x \to 0}\dfrac{f(x_0 + \alpha \Delta x) - f(x_0 + \beta \Delta x)}{\Delta x} = A$，其中 α , β 为不等于零的常数.

6. 设 $\lim\limits_{x \to a}\dfrac{f(x) - f(a)}{x - a} = A$（$A$ 为常数），判定下列命题的正确性.

（1）$f(x)$ 在点 a 可导；

（2）$f(x) - f(a) = A(x - a) + o(x - a)$；

（3）$\lim\limits_{x \to a}f(x)$ 存在；

（4）$\lim\limits_{x \to a}f(x) = f(a)$.

7. 求下列函数的导数：

（1）$y = \sqrt[5]{x^2}$；   （2）$y = \dfrac{x \cdot \sqrt[3]{x^2}}{\sqrt{x^3}}$；

（3）$y = a^x e^x$；   （4）$y = \dfrac{1}{x^2}$；

（5）$y = \lg x$；   （6）$y = \sqrt{x\sqrt{x}}$.

8. 设函数 $f(x)$ 可导，且 $f'(3) = 2$，求 $\lim\limits_{x \to 0}\dfrac{f(3 - x) - f(3)}{2x}$.

9. 如果 $f(x)$ 为偶函数，且 $f'(0)$ 存在，证明 $f'(0) = 0$.

10. 求曲线 $y = \sin x$ 上点 $\left(\dfrac{\pi}{6}, \dfrac{1}{2} \right)$ 处的切线方程和法线方程.

11. 求过点 $(2,0)$ 的一条直线，使它与曲线 $y = \dfrac{1}{x}$ 相切.

12. 讨论下列函数在指定点处的连续性与可导性：

（1）$f(x) = \begin{cases} x^2, & x \geqslant 0 \\ x, & x < 0, \end{cases}$ 在 $x = 0$ 处；

（2）$f(x) = \begin{cases} x\arctan\dfrac{1}{x}, & x \neq 0 \\ 0, & x = 0, \end{cases}$ 在 $x = 0$ 处；

（3）$f(x) = \begin{cases} \dfrac{\sin(x - 1)}{x - 1}, & x \neq 1 \\ 0, & x = 1, \end{cases}$ 在 $x = 1$ 处.

13. 设函数

$$f(x) = \begin{cases} x^3, & x < 0, \\ x^2, & x \geqslant 0, \end{cases}$$

求导函数 $f'(x)$.

14. 已知 $f(x)$ 在 $x = 1$ 处连续，且 $\lim\limits_{x \to 1}\dfrac{f(x)}{x - 1} = 2$，求 $f'(1)$.

15. 设函数

$$f(x) = \begin{cases} ax + b, & x > 0, \\ \cos x, & x \leqslant 0. \end{cases}$$

为了使函数 $f(x)$ 在 $x = 0$ 处连续且可导，a, b 应取什么值？

16. 设 $f(x) = (x - x_0)g(x)$，其中 $g(x)$ 在点 x_0 处连续，求 $f'(x_0)$.

17. 证明：双曲线 $xy = a^2$ 上任一点处的切线与两坐标轴构成的三角形的面积都等于 $2a^2$.

第二节 求导法则与基本初等函数求导公式

在本节中，将介绍求导数的几个基本法则以及前一节中未讨论过的几个基本初等函数的导数公式，借助于这些法则和基本初等函数的导数公式，就能比较方便地求出常见的初等函数的导数.

一、函数的和、差、积、商的求导法则

定理 1 如果函数 $u = u(x)$ 及 $v = v(x)$ 都在点 x 处具有导数，那么它的和、差、积、商（除分母为零的点外）都在点 x 处具有导数，且

(1) $[u(x) \pm v(x)]' = u'(x) \pm v'(x)$；

(2) $[u(x)v(x)]' = u'(x)v(x) + u(x)v'(x)$；

(3) $\left[\dfrac{u(x)}{v(x)}\right]' = \dfrac{u'(x)v(x) - u(x)v'(x)}{v^2(x)}$ $(v(x) \neq 0)$.

以上的三个法则都可用导数的定义和极限的运算法则来证明，下面以法则 (2) 为例.

证 $[u(x)v(x)]' = \lim\limits_{\Delta x \to 0} \dfrac{u(x + \Delta x)v(x + \Delta x) - u(x)v(x)}{\Delta x}$

$= \lim\limits_{\Delta x \to 0} \left[\dfrac{u(x + \Delta x) - u(x)}{\Delta x} v(x + \Delta x) + u(x) \dfrac{v(x + \Delta x) - v(x)}{\Delta x} \right]$

$= \lim\limits_{\Delta x \to 0} \dfrac{u(x + \Delta x) - u(x)}{\Delta x} \lim\limits_{\Delta x \to 0} v(x + \Delta x) + u(x) \lim\limits_{\Delta x \to 0} \dfrac{v(x + \Delta x) - v(x)}{\Delta x}$

$= u'(x)v(x) + u(x)v'(x),$

其中

$$\lim_{\Delta x \to 0} v(x + \Delta x) = v(x)$$

是由于 $v'(x)$ 存在,故 $v(x)$ 在点 x 连续,于是法则(2)得以证明,法则(2)可简单地表示为

$$(uv)' = u'v + uv'.$$

定理 1 中的法则(1)、(2)可推广到任意有限个可导函数的情形,例如,设 $u = u(x)$, $v = v(x)$, $w = w(x)$ 均可导,则有

$$(u + v - w)' = u' + v' - w',$$

$$(uvw)' = [(uv)w]' = (uv)'w + (uv)w'$$

$$= (u'v + uv')w + (uv)w',$$

即

$$(uvw)' = u'vw + uv'w + uvw'.$$

在法则(2)中,当 $v(x) = C$(C 为常数)时,有

$$(Cu)' = Cu'.$$

例 1 设 $f(x) = 2x^2 - 3x + \sin \dfrac{\pi}{7} + \ln 2$,求 $f'(x)$, $f'(1)$.

解 $$f'(x) = \left(2x^2 - 3x + \sin \frac{\pi}{7} + \ln 2\right)'$$

$$= (2x^2)' - (3x)' + \left(\sin \frac{\pi}{7}\right)' + (\ln 2)'$$

$$= 2(x^2)' - 3(x)' + 0 + 0 = 4x - 3,$$

$$f'(1) = 4 \times 1 - 3 = 1.$$

例 2 $y = (\sin x - 2\cos x)\ln x$,求 y'.

解 $$y' = (\sin x - 2\cos x)'\ln x + (\sin x - 2\cos x)(\ln x)'$$

$$= (\cos x + 2\sin x)\ln x + \frac{1}{x}(\sin x - 2\cos x).$$

例 3 $y = \tan x$,求 y'.

解 $$y' = \left(\frac{\sin x}{\cos x}\right)' = \frac{(\sin x)'\cos x - \sin x(\cos x)'}{\cos^2 x}$$

$$= \frac{\cos^2 x + \sin^2 x}{\cos^2 x} = \frac{1}{\cos^2 x} = \sec^2 x,$$

即

$$(\tan x)' = \sec^2 x.$$

例 4 $y = \sec x$,求 y'.

解

$$y' = (\sec x)' = \left(\frac{1}{\cos x}\right)' = \frac{(1)'\cos x - 1 \cdot (\cos x)'}{\cos^2 x}$$

$$= \frac{\sin x}{\cos^2 x} = \sec x \tan x,$$

即

$$(\sec x)' = \sec x \tan x.$$

用类似方法,还可求得余切函数及余割函数的导数公式

$$(\cot x)' = -\csc^2 x.$$

$$(\csc x)' = -\csc x \cot x.$$

例 5 $y = \frac{1 + \tan x}{\tan x} - 2\log_2 x + x\sqrt{x}$,求 y'.

解 由于

$$y = 1 + \cot x - 2\log_2 x + x^{\frac{3}{2}},$$

因此

$$y' = -\csc^2 x - \frac{2}{x\ln 2} + \frac{3}{2}\sqrt{x}.$$

二、反函数的求导法则

定理 2 如果函数 $x = f(y)$ 在区间 I_y 内单调、可导且 $f'(y) \neq 0$,则它的反函数 $y = f^{-1}(x)$ 在区间 $I_x = \{x \mid x = f(y), y \in I_y\}$ 内也可导,且

$$[f^{-1}(x)]' = \frac{1}{f'(y)} \quad \text{或} \quad \frac{\mathrm{d}y}{\mathrm{d}x} = \frac{1}{\dfrac{\mathrm{d}x}{\mathrm{d}y}}. \tag{1}$$

证 由于 $x = f(y)$ 在 I_y 内单调、可导,由第二章第七节定理 2 知道,$x = f(y)$ 的反函数 $y = f^{-1}(x)$ 存在,且 $f^{-1}(x)$ 在 I_x 内也单调、连续.

任取 $x \in I_x$,给 x 以增量 $\Delta x(\Delta x \neq 0, x + \Delta x \in I_x)$,由 $y = f^{-1}(x)$ 的单调性可知

$$\Delta y = f^{-1}(x + \Delta x) - f^{-1}(x) \neq 0,$$

于是有

$$\frac{\Delta y}{\Delta x} = \frac{1}{\dfrac{\Delta x}{\Delta y}}.$$

因 $y = f^{-1}(x)$ 连续,故

$$\lim_{\Delta x \to 0} \Delta y = 0,$$

从而

$$[f^{-1}(x)]' = \lim_{\Delta x \to 0} \frac{\Delta y}{\Delta x} = \lim_{\Delta y \to 0} \frac{1}{\dfrac{\Delta x}{\Delta y}} = \frac{1}{f'(y)}.$$

上述结论可简单地说成:反函数的导数等于直接函数导数的倒数.

下面用上述结论来求反三角函数及对数函数的导数.

例 6　函数 $y = \arcsin x(\,|x| < 1)$,证明 $y' = \dfrac{1}{\sqrt{1 - x^2}}$.

证　$y = \arcsin x(\,|x| < 1)$ 是 $x = \sin y$, $y \in \left(-\dfrac{\pi}{2}, \dfrac{\pi}{2}\right)$ 的反函数,而函数 $x = \sin y$ 在开区间 $I_y = \left(-\dfrac{\pi}{2}, \dfrac{\pi}{2}\right)$ 内单调、可导,且

$$(\sin y)' = \cos y > 0.$$

因此,由公式(1),在对应区间 $I_x = (-1, 1)$ 内有

$$(\arcsin x)' = \frac{1}{(\sin y)'} = \frac{1}{\cos y},$$

但

$$\cos y = \sqrt{1 - \sin^2 y} = \sqrt{1 - x^2}$$

$\left(\text{因为当} -\dfrac{\pi}{2} < y < \dfrac{\pi}{2} \text{时}, \cos y > 0, \text{所以根号前只取正号}\right)$,从而得反正弦函数的导数公式

$$(\arcsin x)' = \frac{1}{\sqrt{1 - x^2}}. \tag{2}$$

用类似的方法可得反余弦函数的导数公式

$$(\arccos x)' = -\frac{1}{\sqrt{1-x^2}}. \tag{3}$$

例 7 设 $x = \tan y$ 是直接函数, $y \in I_y = \left(-\frac{\pi}{2}, \frac{\pi}{2}\right)$, 则 $y = \arctan x$ 是它的反函数, 函数 $x = \tan y$ 在 $I_y = \left(-\frac{\pi}{2}, \frac{\pi}{2}\right)$ 内单调、可导, 且

$$(\tan y)' = \sec^2 y \neq 0,$$

因此, 由公式(1), 在对应区间 $I_x = (-\infty, +\infty)$ 内有

$$(\arctan x)' = \frac{1}{(\tan y)'} = \frac{1}{\sec^2 y} = \frac{1}{1 + \tan^2 y} = \frac{1}{1 + x^2},$$

即

$$(\arctan x)' = \frac{1}{1 + x^2}. \tag{4}$$

用类似的方法可得反余切函数的导数公式

$$(\text{arccot } x)' = -\frac{1}{1 + x^2}. \tag{5}$$

如果利用三角学中的公式

$$\arccos x = \frac{\pi}{2} - \arcsin x \text{ 和 } \text{arccot } x = \frac{\pi}{2} - \arctan x,$$

从本节公式(2)和(4),也立刻可得公式(3)和(5).

例 8 设 $x = a^y (a > 0, a \neq 1)$ 为直接函数, 则 $y = \log_a x$ 是它的反函数, 函数 $x = a^y$ 在区间 $I_y = (-\infty, +\infty)$ 内单调、可导, 且

$$(a^y)' = a^y \ln a \neq 0,$$

因此, 由公式(1), 在对应区间 $I_x = (0, +\infty)$ 内有

$$(\log_a x)' = \frac{1}{(a^y)'} = \frac{1}{a^y \ln a} = \frac{1}{x \ln a}.$$

这就是第一节例 5 中已求得的对数函数的求导公式.

三、复合函数的求导法则

到目前为止,对于

$$\ln \tan x, \mathrm{e}^{x^3}, \sin \frac{2x}{1 + x^3}$$

这样的函数,我们还不知道它们是否可导,如果可导,如何求它们的导数,这些问题借助于下面的重要法则可以得到解决,从而使可以求得导数的函数的范围得到很大的扩充.

定理3 若函数 $u = \varphi(x)$ 在点 x 可导,函数 $y = f(u)$ 在其相应点 $u = \varphi(x)$ 也可导,则复合函数 $y = f[\varphi(x)]$ 在点 x 可导,且

$$\{f[\varphi(x)]\}' = f'[\varphi(x)]\varphi'(x),$$

简写为

$$y'_x = y'_u \cdot u'_x \quad \text{或} \quad \frac{\mathrm{d}y}{\mathrm{d}x} = \frac{\mathrm{d}y}{\mathrm{d}u} \cdot \frac{\mathrm{d}u}{\mathrm{d}x}. \tag{6}$$

证 给 x 以增量 $\Delta x(\neq 0)$,于是函数 $u = \varphi(x)$ 有增量 Δu(注意这里 Δu 有可能为 0),又由 Δu 得函数 $y = f(u)$ 的增量 Δy,因函数 $y = f(u)$ 在点 u 可导,故有

$$\lim_{\Delta u \to 0} \frac{\Delta y}{\Delta u} = y'_u.$$

根据极限与无穷小的关系,上式(当 $\Delta u \neq 0$)可写成

$$\frac{\Delta y}{\Delta u} = y'_u + \alpha,$$

其中 α 在 $\Delta u \to 0$ 时是无穷小,即

$$\lim_{\Delta u \to 0} \alpha = 0.$$

于是,当 $\Delta u \neq 0$ 时,上式又可写成

$$\Delta y = y'_u \Delta u + \alpha \cdot \Delta u. \tag{7}$$

当 $\Delta u = 0$ 时,显然 $\Delta y = 0$,这时我们不妨规定 $\alpha = 0$,这样不论复合函数的中间变量 u 的增量 Δu 是否为 0,(7)式总成立.

用 $\Delta x(\neq 0)$ 除(7)式两边,并求 $\Delta x \to 0$ 时的极限,因 $u = \varphi(x)$ 在点 x 可导,故在点 x 连续,因而当 $\Delta x \to 0$ 时,$\Delta u \to 0$,从而 $\alpha \to 0$,于是有

$$y'_x = \lim_{\Delta x \to 0} \frac{\Delta y}{\Delta x} = \lim_{\Delta x \to 0} \left(y'_u \cdot \frac{\Delta u}{\Delta x} + \alpha \frac{\Delta u}{\Delta x} \right)$$

$$= y'_u \lim_{\Delta x \to 0} \frac{\Delta u}{\Delta x} + \lim_{\Delta x \to 0} \alpha \cdot \lim_{\Delta x \to 0} \frac{\Delta u}{\Delta x}$$

$$= y'_u u'_x + \lim_{\Delta x \to 0} \alpha \cdot u'_x = y'_u u'_x.$$

注意记号 $f'[\varphi(x)]$ 与 $\{f[\varphi(x)]\}'$ 的区别,前者表示外层函数对其自变量求导,即 $f(u)$ 对 u 求导,然后将 $u = \varphi(x)$ 代入. 后者表示对自变量为 x 的复合函数的求导,可看成是将中间变量的函数代入,变为自变量为 x 的函数,然后再对 x 求导.

对于多层复合函数,也有类似的求导法则,例如:

设 $y = f(u), u = \varphi(v), v = \psi(x)$ 构成复合函数,且满足相应的求导条件,则复合函数 $y = f\{\varphi[\psi(x)]\}$ 可导,且

$$\frac{\mathrm{d}y}{\mathrm{d}x} = \frac{\mathrm{d}y}{\mathrm{d}u} \cdot \frac{\mathrm{d}u}{\mathrm{d}v} \cdot \frac{\mathrm{d}v}{\mathrm{d}x}.$$

例 9 $y = \mathrm{e}^{x^4}$, 求 $\dfrac{\mathrm{d}y}{\mathrm{d}x}$.

解 $y = \mathrm{e}^{x^4}$ 可看成由 $y = \mathrm{e}^u, u = x^4$ 复合而成,因此

$$\frac{\mathrm{d}y}{\mathrm{d}x} = \frac{\mathrm{d}y}{\mathrm{d}u} \cdot \frac{\mathrm{d}u}{\mathrm{d}x} = \mathrm{e}^u \cdot 4x^3 = 4x^3 \mathrm{e}^{x^4}.$$

例 10 $z = \cos(\sin^3 x^2)$, 求 $\dfrac{\mathrm{d}z}{\mathrm{d}x}$.

解 所给函数可看成由下列函数复合而成的函数:

$$z = \cos u, \quad u = v^3, \quad v = \sin w, \quad w = x^2.$$

由复合函数求导公式有

$$\frac{\mathrm{d}z}{\mathrm{d}x} = (\cos u)'_u \cdot (v^3)'_v \cdot (\sin w)'_w \cdot (x^2)'_x$$

$$= -\sin u \cdot (3v^2) \cdot \cos w \cdot 2x$$

$$= -6x\cos x^2 \cdot \sin^2 x^2 \cdot \sin(\sin^3 x^2).$$

复合函数求导方式是从外到内层层求导,故形象地称其为**链式法则**.

通常,我们不必每次写出具体的复合结构,只要记住哪些为中间变量,哪个是自变量,把中间变量的式子看成一个整体就可以了,熟练掌握这一方法可提高求导速度.

例 11 $y = \ln \cos(\mathrm{e}^x)$, 求 $\dfrac{\mathrm{d}y}{\mathrm{d}x}$.

解
$$\frac{\mathrm{d}y}{\mathrm{d}x} = [\ln \cos(\mathrm{e}^x)]' = \frac{1}{\cos(\mathrm{e}^x)}[\cos(\mathrm{e}^x)]'$$

$$= \frac{-\sin(\mathrm{e}^x)}{\cos(\mathrm{e}^x)}(\mathrm{e}^x)' = -\mathrm{e}^x \tan \mathrm{e}^x.$$

例 12　$y = \tan[\ln(1 + 2^x)]$，求 y'.

解
$$y' = \{\tan[\ln(1 + 2^x)]\}'$$
$$= \sec^2[\ln(1 + 2^x)] \cdot [\ln(1 + 2^x)]'$$
$$= \sec^2[\ln(1 + 2^x)] \cdot \frac{1}{1 + 2^x} \cdot (1 + 2^x)'$$
$$= \frac{2^x \ln 2}{1 + 2^x} \sec^2[\ln(1 + 2^x)].$$

例 13　$y = e^{\sin\frac{1}{x}}$，求 y'.

解
$$y' = (e^{\sin\frac{1}{x}})' = e^{\sin\frac{1}{x}}\left(\sin\frac{1}{x}\right)'$$
$$= e^{\sin\frac{1}{x}} \cdot \cos\frac{1}{x} \cdot \left(\frac{1}{x}\right)' = -\frac{1}{x^2}e^{\sin\frac{1}{x}} \cdot \cos\frac{1}{x}.$$

例 14　设 $x > 0$，证明幂函数的导数公式
$$(x^\mu)' = \mu x^{\mu-1} \quad (\mu \text{ 为任意实数}).$$

证　因为 $x^\mu = e^{\mu \ln x}$，所以
$$(x^\mu)' = (e^{\mu \ln x})' = e^{\mu \ln x} \cdot (\mu \ln x)'$$
$$= x^\mu \cdot \mu \cdot \frac{1}{x} = \mu x^{\mu-1}.$$

例 15　$y = \ln|x|$，求 y'.

解　因为
$$\ln|x| = \begin{cases} \ln x, & x > 0, \\ \ln(-x), & x < 0, \end{cases}$$

所以，当 $x > 0$ 时，
$$(\ln|x|)' = (\ln x)' = \frac{1}{x};$$

当 $x < 0$ 时，
$$(\ln|x|)' = [\ln(-x)]' = \frac{1}{-x}(-x)' = \frac{1}{x}.$$

因此
$$(\ln|x|)' = \frac{1}{x}.$$

四、基本求导法则与导数公式

基本初等函数的导数公式与本节中所讨论的求导法则在初等函数的求导运算中起着重要的作用,我们必须熟练地掌握它们,为了便于查阅,现在把这些导数公式和求导法则归纳如下:

1. 常数和基本初等函数的导数公式:

(1) $(C)' = 0$;

(2) $(x^\mu)' = \mu x^{\mu-1}$;

(3) $(\sin x)' = \cos x$;

(4) $(\cos x)' = -\sin x$;

(5) $(\tan x)' = \sec^2 x$;

(6) $(\cot x)' = -\csc^2 x$;

(7) $(\sec x)' = \sec x \tan x$;

(8) $(\csc x)' = -\csc x \cot x$;

(9) $(a^x)' = a^x \ln a \, (a > 0, a \neq 1)$;

(10) $(e^x)' = e^x$;

(11) $(\log_a x)' = \dfrac{1}{x \ln a} \, (a > 0, a \neq 1)$;

(12) $(\ln x)' = \dfrac{1}{x}$;

(13) $(\arcsin x)' = \dfrac{1}{\sqrt{1 - x^2}}$;

(14) $(\arccos x)' = -\dfrac{1}{\sqrt{1 - x^2}}$;

(15) $(\arctan x)' = \dfrac{1}{1 + x^2}$;

(16) $(\text{arccot } x)' = -\dfrac{1}{1 + x^2}$.

2. 函数的和、差、积、商的求导法则:

设 $u = u(x), v = v(x)$ 都可导,则

(1) $(u \pm v)' = u' \pm v'$;

(2) $(Cu)' = Cu' \, (C \text{ 是常数})$;

(3) $(uv)' = u'v + uv'$;

(4) $\left(\dfrac{u}{v}\right)' = \dfrac{u'v - uv'}{v^2} \, (v \neq 0)$.

3. 反函数的求导法则:

设 $x = f(y)$ 在区间 I_y 内单调、可导,且 $f'(y) \neq 0$,则它的反函数 $y = f^{-1}(x)$ 在 $I_x = f(I_y)$ 内也可导,且

$$[f^{-1}(x)]' = \frac{1}{f'(y)} \quad \text{或} \quad \frac{\mathrm{d}y}{\mathrm{d}x} = \frac{1}{\dfrac{\mathrm{d}x}{\mathrm{d}y}}.$$

4. 复合函数的求导法则

设 $y = f(u)$,而 $u = g(x)$ 且 $f(u)$ 及 $g(x)$ 都可导,则复合函数 $y = f[g(x)]$ 的导数为

$$\frac{\mathrm{d}y}{\mathrm{d}x} = \frac{\mathrm{d}y}{\mathrm{d}u} \cdot \frac{\mathrm{d}u}{\mathrm{d}x} \quad \text{或} \quad y'(x) = f'(u) \cdot g'(x).$$

下面再举两个运用这些法则和导数公式的例子.

例 16 $f(u)$、$g(v)$ 都是可导函数，$y = f(\sin^2 x) + g(\cos^2 x)$，求 y'.

解

$$y' = [f(\sin^2 x) + g(\cos^2 x)]' = [f(\sin^2 x)]' + [g(\cos^2 x)]'$$

$$= f'(\sin^2 x)(\sin^2 x)' + g'(\cos^2 x)(\cos^2 x)'$$

$$= f'(\sin^2 x)2\sin x(\sin x)' + g'(\cos^2 x)2\cos x(\cos x)'$$

$$= \sin 2x[f'(\sin^2 x) - g'(\cos^2 x)].$$

例 17 $y = \sin nx \cdot \sin^n x$（$n$ 为常数），求 y'.

解 首先应用积的求导法则得

$$y' = (\sin nx)'\sin^n x + \sin nx \cdot (\sin^n x)'.$$

在计算 $(\sin nx)'$ 与 $(\sin^n x)'$ 时，都要应用复合函数求导法则，由此得

$$y' = n\cos nx \sin^n x + \sin nx \cdot n\sin^{n-1} x\cos x$$

$$= n\sin^{n-1} x(\cos nx \cdot \sin x + \sin nx \cdot \cos x)$$

$$= n\sin^{n-1} x \cdot \sin(n+1)x.$$

习题 3－2

1. 推导余切函数及余割函数的导数公式

$$(\cot x)' = -\csc^2 x, \quad (\csc x)' = -\csc x\cot x.$$

2. 求下列函数的导数：

（1）$y = 4x - \dfrac{2}{x^2} + \sin 1$；

（2）$y = 5x^3 - 2^x + 3e^x$；

（3）$y = x^3\cos x$；

（4）$y = \tan x\sec x$；

（5）$y = x^3\ln x$；

（6）$y = \dfrac{e^x}{x^2} + \ln 3$；

（7）$y = \dfrac{x-1}{x+1}$；

（8）$y = x^2\ln x\cos x$；

（9）$\rho = \theta e^{\theta}\cot \theta$；

（10）$u = \dfrac{\arcsin v}{\arctan v}$.

3. 求下列函数在给定点处的导数：

（1）$y = 2\sin x - 5\cos x$，求 $y'|_{x=\frac{\pi}{6}}$ 和 $y'|_{x=\frac{\pi}{3}}$；

（2）$\rho = \theta\tan \theta + \dfrac{1}{3}\sin \theta$，求 $\dfrac{\mathrm{d}\rho}{\mathrm{d}\theta}\bigg|_{\theta=\frac{\pi}{4}}$；

（3）$f(x) = \dfrac{1}{1-x} + \dfrac{x^3}{3}$，求 $f'(0)$ 和 $f'(2)$.

4. 求曲线 $y = x^2 + x - 2$ 的切线方程,使该切线平行于直线 $x + y - 3 = 0$.

5. 求下列函数的导数:

(1) $y = (3x + 5)^3$;

(2) $y = \sin(2 - 4x)$;

(3) $y = e^{-2x^3}$;

(4) $y = \ln(a^2 - x^2)$;

(5) $y = \cos^2 x$;

(6) $y = \sqrt{a^2 + x^2}$;

(7) $y = \cot(x^2)$;

(8) $y = \arctan(e^x)$;

(9) $y = (\arcsin x)^2$;

(10) $y = \ln \sin x$.

6. 求下列函数的导数:

(1) $y = \arccos(1 - 2x)$;

(2) $y = \dfrac{1}{\sqrt{a^2 + x^2}}$;

(3) $y = e^{-\frac{x}{3}} \sin 3x$;

(4) $y = \arcsin \dfrac{1}{x}$;

(5) $y = \dfrac{1 + \ln x}{1 - \ln x}$;

(6) $y = \dfrac{\cos 3x}{x}$;

(7) $y = \arccos \sqrt{x}$;

(8) $y = \ln(x + \sqrt{x^2 - a^2})$;

(9) $y = \ln(\sec x + \tan x)$;

(10) $y = \ln(\csc x - \cot x)$.

7. 求下列函数的导数:

(1) $y = \left(\arccos \dfrac{x}{2}\right)^2$;

(2) $y = \ln\cot \dfrac{x}{2}$;

(3) $y = \sqrt{1 + \ln^2 x}$;

(4) $y = e^{\operatorname{arccot}\sqrt{x}}$;

(5) $y = \sin^n x \cos nx$;

(6) $y = \arctan \dfrac{1 + x}{1 - x}$;

(7) $y = \sqrt[3]{1 + \cos 2x}$;

(8) $y = (\ln x^2)^3$;

(9) $y = \sin^2(\csc 2x)$;

(10) $y = \dfrac{\sin(x^2)}{\sin^2 x}$;

(11) $y = \ln \ln x$;

(12) $y = \arcsin \dfrac{e^x - e^{-x}}{e^x + e^{-x}}$.

8. 设函数 $f(x)$ 和 $g(x)$ 可导,且 $f^2(x) + g^2(x) \neq 0$,试求函数 $y = \sqrt{f^2(x) + g^2(x)}$ 的导数.

9. 设 $f(x)$ 是可导函数,$f(x) > 0$,求下列导数:

(1) $y = \ln f(2x)$;

(2) $y = f^2(e^x)$.

10. 求下列函数的导数:

(1) $y = e^{-2x}(x^2 - x + 1)$;

(2) $y = \cos^2 x \cos(x^2)$;

(3) $y = \left(\operatorname{arccot} \dfrac{x}{2}\right)^2$;

(4) $y = \dfrac{\ln x}{x^2}$;

（5）$y = \sec^2 \dfrac{x}{2}$;

（6）$y = \ln\sin \dfrac{1}{x}$;

（7）$y = \mathrm{e}^{-\cos^2 \frac{1}{x}}$;

（8）$y = \sqrt[3]{x + \sqrt{x}}$;

（9）$y = x\arccos \dfrac{x}{2} + \sqrt{4 - x^2}$;

（10）$y = \arccos \dfrac{t}{1 + t^2}$.

第三节　高 阶 导 数

我们知道,如果物体的运动方程为 $s = s(t)$,则物体在时刻 t 的瞬时速度为 s 对 t 的导数,亦即 $v = s'$. 如果 $v = s'$ 仍是时间 t 的函数,则它对时间 t 的导数称为物体在时刻 t 的瞬时加速度,即 $a = v' = (s')'$(记为 s'')称为 s 对 t 的二阶导数.

例如自由落体的运动方程为

$$s = \frac{1}{2}gt^2,$$

所以,其加速度 $a = s'' = \left(\dfrac{1}{2}gt^2\right)'' = (gt)' = g$.

一般地,设 $f'(x)$ 在点 x 的某个邻域内有定义,若极限

$$\lim_{\Delta x \to 0} \frac{f'(x + \Delta x) - f'(x)}{\Delta x}$$

存在,则称此极限值为函数 $y = f(x)$ 在点 x 处的**二阶导数**,记作

$$y'', \ f''(x), \frac{\mathrm{d}^2 y}{\mathrm{d}x^2}, \frac{\mathrm{d}^2 f(x)}{\mathrm{d}x^2}.$$

类似地,二阶导数 $f''(x)$ 的导数称为 $f(x)$ 在点 x 处的**三阶导数**,记作

$$y''', \ f'''(x), \frac{\mathrm{d}^3 y}{\mathrm{d}x^3}, \frac{\mathrm{d}^3 f(x)}{\mathrm{d}x^3}.$$

一般地,$y = f(x)$ 的 $n - 1$ 阶导数的导数叫做 $y = f(x)$ 的 n **阶导数**,记作

$$y^{(n)}, \ f^{(n)}(x), \frac{\mathrm{d}^n y}{\mathrm{d}x^n}, \frac{\mathrm{d}^n f(x)}{\mathrm{d}x^n}.$$

若 $f(x)$ 在点 x 有 n 阶导数,那么 $f(x)$ 在 x 的某邻域内有一切低于 n 阶的导数. 二阶和二阶以上的导数统称为**高阶导数**.

显然,求高阶导数并不需要新的求导公式,只需对函数 $f(x)$ 逐次求导就可以了. 一般可通过从低阶导数找规律,得到函数的 n 阶导数.

函数 $f(x)$ 的各阶导数在 $x = x_0$ 处的数值记为

$$f'(x_0), f''(x_0), \cdots, f^{(n)}(x_0)$$

或

$$y'\big|_{x=x_0}, y''\big|_{x=x_0}, \cdots, y^{(n)}\big|_{x=x_0}.$$

例 1 设 $f(x) = \arctan x$，求 $f''(0)$，$f'''(0)$．

解

$$f'(x) = \frac{1}{1 + x^2},$$

$$f''(x) = \left(\frac{1}{1 + x^2}\right)' = \frac{-2x}{(1 + x^2)^2},$$

$$f'''(x) = \left[\frac{-2x}{(1 + x^2)^2}\right]' = \frac{2(3x^2 - 1)}{(1 + x^2)^3},$$

所以

$$f''(0) = \frac{-2x}{(1 + x^2)^2}\bigg|_{x=0} = 0,$$

$$f'''(0) = \frac{2(3x^2 - 1)}{(1 + x^2)^3}\bigg|_{x=0} = -2.$$

例 2 证明函数 $y = \sqrt{2x - x^2}$ 满足关系式

$$y^3 y'' + 1 = 0.$$

证 将 $y = \sqrt{2x - x^2}$ 求导，得

$$y' = \frac{2 - 2x}{2\sqrt{2x - x^2}} = \frac{1 - x}{\sqrt{2x - x^2}},$$

$$y'' = \frac{-\sqrt{2x - x^2} - (1 - x)\dfrac{2 - 2x}{2\sqrt{2x - x^2}}}{2x - x^2}$$

$$= \frac{-2x + x^2 - (1 - x)^2}{(2x - x^2)\sqrt{2x - x^2}} = -\frac{1}{(2x - x^2)^{\frac{3}{2}}} = -\frac{1}{y^3}.$$

于是

$$y^3 y'' + 1 = 0.$$

下面介绍几个初等函数的 n 阶导数．

例 3 求 $y = a^x$ 的 n 阶导数．

解
$$y' = a^x \ln a,$$
$$y'' = a^x (\ln a)^2,$$
$$y''' = a^x (\ln a)^3,$$
$$y^{(4)} = a^x (\ln a)^4,$$
$$\cdots\cdots\cdots\cdots$$

从而推得
$$y^{(n)} = a^x (\ln a)^n.$$

特别地，$a = e$，则 $(e^x)^{(n)} = e^x.$

例 4　求 $y = \sin x$ 的 n 阶导数.

解
$$y' = (\sin x)' = \cos x = \sin\left(x + \frac{\pi}{2}\right),$$

$$y'' = \left[\sin\left(x + \frac{\pi}{2}\right)\right]' = \cos\left(x + \frac{\pi}{2}\right) = \sin\left(x + 2 \cdot \frac{\pi}{2}\right),$$

$$y''' = \cos\left(x + 2 \cdot \frac{\pi}{2}\right) = \sin\left(x + 3 \cdot \frac{\pi}{2}\right),$$

$$y^{(4)} = \cos\left(x + 3 \cdot \frac{\pi}{2}\right) = \sin\left(x + 4 \cdot \frac{\pi}{2}\right).$$

$$\cdots\cdots\cdots\cdots$$

从而推得
$$y^{(n)} = (\sin x)^{(n)} = \sin\left(x + n \cdot \frac{\pi}{2}\right).$$

同理，对 $y = \cos x$ 有
$$y^{(n)} = (\cos x)^{(n)} = \cos\left(x + n \cdot \frac{\pi}{2}\right).$$

例 5　设 $y = \ln(1 + x)$，求 $y^{(n)}$.

解
$$y' = \frac{1}{1 + x},$$

$$y'' = \frac{-1}{(1 + x)^2},$$

$$y''' = \frac{1 \cdot 2}{(1 + x)^3},$$

$$y^{(4)} = \frac{-1 \cdot 2 \cdot 3}{(1 + x)^4}.$$

....

从而推得

$$y^{(n)} = \left[\ln(1 + x)\right]^{(n)} = (-1)^{n-1} \frac{(n - 1)!}{(1 + x)^n}.$$

通常规定 $0! = 1$，所以这个公式当 $n = 1$ 时也成立.

例 6　设 $y = x^\mu$（μ 是任意常数），求 $y^{(n)}$.

解
$$y' = \mu x^{\mu-1},$$
$$y'' = \mu(\mu - 1)x^{\mu-2},$$
$$y''' = \mu(\mu - 1)(\mu - 2)x^{\mu-3},$$
$$y^{(4)} = \mu(\mu - 1)(\mu - 2)(\mu - 3)x^{\mu-4}.$$

....

从而推得

$$y^{(n)} = \mu(\mu - 1)(\mu - 2)\cdots(\mu - n + 1)x^{\mu-n}.$$

当 $\mu = n$ 时，得到

$$(x^n)^{(n)} = n(n - 1)(n - 2)\cdots 3 \cdot 2 \cdot 1 = n!,$$

而

$$(x^n)^{(n+k)} = 0 \quad (k = 1, 2, \cdots).$$

如果函数 $u = u(x)$ 及 $v = v(x)$ 都在点 x 处具有 n 阶导数，那么显然 $u(x) + v(x)$ 及 $u(x) - v(x)$ 也在点 x 处具有 n 阶导数，且

$$(u \pm v)^{(n)} = u^{(n)} \pm v^{(n)}.$$

但乘积 $u(x) \cdot v(x)$ 的 n 阶导数并不如此简单，由

$$(uv)' = u'v + uv'$$

首先得出

$$(uv)'' = u''v + 2u'v' + uv'',$$
$$(uv)''' = u'''v + 3u''v' + 3u'v'' + uv'''.$$

用数学归纳法可以证明

$$(uv)^{(n)} = u^{(n)}v + nu^{(n-1)}v' + \frac{n(n - 1)}{2!}u^{(n-2)}v'' + \cdots +$$

$$\frac{n(n - 1)\cdots(n - k + 1)}{k!}u^{(n-k)}v^{(k)} + \cdots + uv^{(n)}.$$

上式称为莱布尼茨(Leibniz)公式,这公式可以这样记忆:把$(u+v)^n$按二项式定理展开写成

$$(u+v)^n = u^n v^0 + n u^{n-1} v^1 + \frac{n(n-1)}{2!} u^{n-2} v^2 + \cdots + u^0 v^n,$$

即
$$(u+v)^n = \sum_{k=0}^{n} C_n^k u^{n-k} v^k.$$

然后把k次幂换成k阶导数(零阶导数理解为函数本身),再把左端的$u+v$换成uv,这样就得到莱布尼茨公式

$$(uv)^{(n)} = \sum_{k=0}^{n} C_n^k u^{(n-k)} v^{(k)}.$$

例7 $y = x^2 \sin x$,求$y^{(10)}$.

解 令$u = \sin x, v = x^2$,所以

$$y = uv = \sin x \cdot x^2,$$

$$y^{(10)} = (\sin x \cdot x^2)^{(10)}$$

$$= (\sin x)^{(10)} x^2 + 10(\sin x)^{(9)} (x^2)' + \frac{10 \cdot 9}{2} (\sin x)^{(8)} (x^2)''$$

$$= \left[\sin\left(x + 10 \cdot \frac{\pi}{2}\right)\right] x^2 + 10\sin\left[\left(x + 9 \cdot \frac{\pi}{2}\right)\right] 2x + \frac{90}{2}\left[\sin\left(x + 8 \cdot \frac{\pi}{2}\right)\right] 2$$

$$= -x^2 \sin x + 20x\cos x + 90\sin x.$$

习题 3-3

1. 求下列函数的二阶导数:

(1) $y = \dfrac{x^2}{1-x}$;

(2) $y = (1+x^2)\operatorname{arccot} x$;

(3) $y = x[\sin(\ln x) + \cos(\ln x)]$;

(4) $y = \ln\sqrt{1-x^2}$;

(5) $y = x^2 e^{3x}$;

(6) $y = \dfrac{\ln x}{x^2}$;

(7) $y = \ln(x + \sqrt{x^2+1})$;

(8) $y = \cos^2 x \cdot \ln x$.

2. 求下列函数的导数值:

(1) $f(x) = (x^3+10)^4$,求$f'''(0)$;

（2）$f(x) = xe^{x^2}$，求 $f''(1)$；

（3）$f(x) = \dfrac{e^x}{x}$，求 $f''(2)$.

3. 试从 $\dfrac{dx}{dy} = \dfrac{1}{y'}$ 导出：

（1）$\dfrac{d^2 x}{dy^2} = -\dfrac{y''}{(y')^3}$；   （2）$\dfrac{d^3 x}{dy^3} = \dfrac{3(y'')^2 - y'y'''}{(y')^5}$.

4. 设 $f(u)$ 二阶可导，求 $\dfrac{d^2 y}{dx^2}$：

（1）$y = f(x^2)$；   （2）$y = f\left(\dfrac{1}{x}\right)$；

（3）$y = \ln[f(x)]$；   （4）$y = e^{-f(x)}$.

5. 验证函数 $y = C_1 \cos \omega x + C_2 \sin \omega x$（$\omega, C_1, C_2$ 是常数）满足关系式：

$$y'' + \omega^2 y = 0.$$

6. 验证函数 $y = e^x \cos x$ 满足关系式：

$$y'' - 2y' + 2y = 0.$$

7. 求下列函数的 n 阶导数：

（1）$y = \dfrac{1}{ax + b}$；   （2）$y = \dfrac{1}{x^2 - x - 6}$；

（3）$y = \cos^2 x$；   （4）$y = x \ln x$；

（5）$y = xe^x$；

（6）$y = x^n + a_1 x^{n-1} + \cdots + a_{n-1} x + a_n$（$a_1, a_2, \cdots, a_n$ 都是常数）.

8. 求下列函数所指定阶的导数：

（1）$y = x^2 e^{2x}$，求 $y^{(20)}$；

（2）$y = e^x \cos x$，求 $y^{(4)}$.

第四节   隐函数及由参数方程所确定的函数的导数

一、隐函数的导数

函数 $y = f(x)$ 是数集 D 到 $\mathbf{R}$ 的映射，表示两个变量 y 和 x 之间的对应关系，这种对应关系可以有多种不同的表达方式. 前面我们所遇到的函数，例如 $y = e^{-x^2}$，$y = x^2 \cos x$ 等，这种函数表达方式的特点是：等号左端是因变量的符号，而右端是仅含自变量的式子，当自变量取定义域内任意值时，由这个式子能直接确定对应的函数值. 用这种方式表达的函数叫做**显函数**.

但在解决实际问题时，有些函数的表达方式不是这样的，常常只能得到变量

x 和 y 所满足的方程,如:

$$x + y^3 - 1 = 0, \quad x^2 + y^2 = 25, \quad x^3 + y^3 = 6xy,$$

$$\ln y + \sin y = x^2 y,$$

等等. 在一定的条件下,它们也可能表示一个函数. 例如,对于方程 $x + y^3 - 1 = 0$,当 x 在 $(-\infty, +\infty)$ 内取值时,变量 y 有确定的值与之对应,$x = 0$ 时,$y = 1$;$x = -1$ 时,$y = \sqrt[3]{2}$,等等. 这样的函数称为**隐函数**.

一般地,在一定的条件下,若对给定数集 D 中的每一个数 x,由变量 x 和 y 所满足的方程 $F(x, y) = 0$ 可以唯一地确定一个数 y 与之对应,由这种对应关系所确定的函数 $y = y(x)$ 就称为该方程所确定的隐函数.

某些特殊情形的隐函数可以化为显函数,称为**隐函数的显化**. 例如,解方程

$$x^2 + y^2 = 25$$

可以得到 $y = \pm\sqrt{25 - x^2}$,因而由方程

$$x^2 + y^2 = 25$$

确定的隐函数化成了显函数

$$f(x) = \sqrt{25 - x^2} \text{ 和 } g(x) = -\sqrt{25 - x^2}.$$

$f(x)$ 和 $g(x)$ 的图形分别是圆 $x^2 + y^2 = 25$ 的上、下部分,如图 3-5 所示.

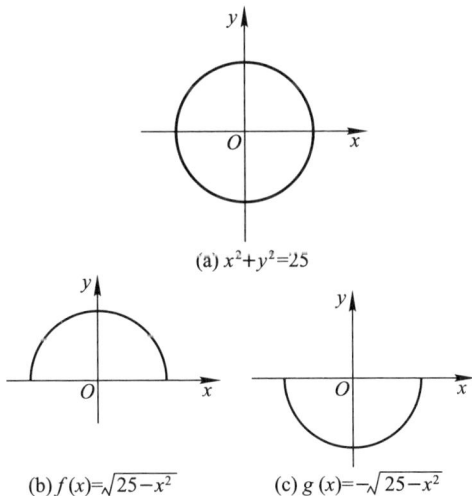

(a) $x^2 + y^2 = 25$

(b) $f(x) = \sqrt{25 - x^2}$　　(c) $g(x) = -\sqrt{25 - x^2}$

图 3-5

对于方程

$$x^3 + y^3 = 6xy$$

确定的隐函数 $y(x)$，要把其显化就非常困难，这要涉及三次方程的求根. 有些方程确定的隐函数是无法显化为初等函数的. 因此希望有一种方法可以直接通过方程求所确定的隐函数的导数，而并不关心隐函数的显化.

隐函数的求导方法的基本思想是将方程

$$F(x, y) = 0$$

中的 y 看做 x 的函数 $y(x)$，该函数满足恒等式

$$F(x, y(x)) \equiv 0.$$

在恒等式两边对 x 求导，就可得到 $y'(x)$ 应满足的恒等式，然后再将 $y'(x)$ 解出即可.

例 1 求由方程 $x^3 + y^3 = 6xy$ 所确定的隐函数 $y(x)$ 的导数 $\dfrac{\mathrm{d}y}{\mathrm{d}x}$.

解 方程两边分别对 x 求导，注意 y 是 x 的函数 $y(x)$，得

$$3x^2 + 3y^2 \frac{\mathrm{d}y}{\mathrm{d}x} = 6y + 6x \frac{\mathrm{d}y}{\mathrm{d}x},$$

解得

$$\frac{\mathrm{d}y}{\mathrm{d}x} = \frac{2y - x^2}{y^2 - 2x} \quad (y^2 - 2x \neq 0).$$

在这个结果中，分式中的 y 是由方程 $x^3 + y^3 = 6xy$ 所确定的隐函数.

例 2 求由方程 $y^5 + 2y - x - 3x^7 = 0$ 所确定的隐函数 y 在 $x = 0$ 处的导数 $\dfrac{\mathrm{d}y}{\mathrm{d}x}\Big|_{x=0}$.

解 方程两边分别对 x 求导得

$$5y^4 \frac{\mathrm{d}y}{\mathrm{d}x} + 2 \frac{\mathrm{d}y}{\mathrm{d}x} - 1 - 21x^6 = 0,$$

由此得

$$\frac{\mathrm{d}y}{\mathrm{d}x} = \frac{1 + 21x^6}{5y^4 + 2}.$$

因为当 $x = 0$ 时，从原方程得 $y = 0$，所以

$$\frac{\mathrm{d}y}{\mathrm{d}x}\Big|_{x=0} = \frac{1}{2}.$$

例 3 求由方程 $\mathrm{e}^y = xy$ 所确定的隐函数 $y(x)$ 的二阶导数 $\dfrac{\mathrm{d}^2 y}{\mathrm{d}x^2}$.

解　应用隐函数的求导方法,得

$$\mathrm{e}^y \frac{\mathrm{d}y}{\mathrm{d}x} = y + x \frac{\mathrm{d}y}{\mathrm{d}x},$$

于是

$$\frac{\mathrm{d}y}{\mathrm{d}x} = \frac{y}{\mathrm{e}^y - x} \quad (\mathrm{e}^y - x \neq 0).$$

上式两边再对 x 求导,得

$$\frac{\mathrm{d}^2 y}{\mathrm{d}x^2} = \frac{\dfrac{\mathrm{d}y}{\mathrm{d}x}(\mathrm{e}^y - x) - y\left(\mathrm{e}^y \dfrac{\mathrm{d}y}{\mathrm{d}x} - 1\right)}{(\mathrm{e}^y - x)^2}$$

$$= \frac{\dfrac{y}{\mathrm{e}^y - x}(\mathrm{e}^y - x) - y\left(\mathrm{e}^y \dfrac{y}{\mathrm{e}^y - x} - 1\right)}{(\mathrm{e}^y - x)^2}$$

$$= \frac{2(\mathrm{e}^y - x)y - y^2 \mathrm{e}^y}{(\mathrm{e}^y - x)^3} \quad (\mathrm{e}^y - x \neq 0).$$

上式右端分式中的 y 是由方程 $\mathrm{e}^y = xy$ 所确定的隐函数.

在某些场合,利用所谓对数求导法求导数比用通常的方法简便些. 这种方法是先在 $y = f(x)$ 的两边取对数,然后再求出 y 的导数,我们通过下面的例子来说明这种方法.

例 4　求 $y = x^x\,(x > 0)$ 的导数.

解　这函数是幂指函数,为了求这函数的导数,可以先两边取对数,得

$$\ln y = x \ln x.$$

上式两边对 x 求导,注意到 y 是 x 的函数,得

$$\frac{1}{y} y' = \ln x + x \cdot \frac{1}{x} = \ln x + 1,$$

于是

$$y' = y(\ln x + 1) = x^x(\ln x + 1).$$

对于一般形式的幂指函数

$$y = u^v \quad (u > 0), \tag{1}$$

如果 $u = u(x), v = v(x)$ 都可导,则可像例 4 那样利用对数求导法求出幂指函数 (1) 的导数如下:

先在两边取对数,得

$$\ln y = v \cdot \ln u.$$

上式两边对 x 求导,注意到 y, u, v 都是 x 的函数,得

$$\frac{1}{y}y' = v'\ln u + v \cdot \frac{1}{u} \cdot u',$$

于是

$$y' = y\left(v' \cdot \ln u + \frac{vu'}{u}\right) = u^v\left(v' \cdot \ln u + \frac{vu'}{u}\right).$$

幂指函数(1)也可表示为

$$y = e^{v\ln u},$$

这样,便可直接求得

$$y' = e^{v\ln u}\left(v' \cdot \ln u + v \cdot \frac{u'}{u}\right)$$

$$= u^v\left(v' \cdot \ln u + \frac{vu'}{u}\right).$$

例 5   求 $y = (3x - 1)^{\frac{5}{3}}\sqrt{\dfrac{x - 1}{x - 2}}$ 的导数.

解   先在等式两边取绝对值后再取对数,有

$$\ln |y| = \frac{5}{3}\ln |3x - 1| + \frac{1}{2}\ln |x - 1| - \frac{1}{2}\ln |x - 2|,$$

两边对 x 求导,由第二节的例 15,有

$$\frac{1}{y}y' = \frac{5}{3} \cdot \frac{3}{3x - 1} + \frac{1}{2} \cdot \frac{1}{x - 1} - \frac{1}{2} \cdot \frac{1}{x - 2},$$

于是

$$y' = (3x - 1)^{\frac{5}{3}}\sqrt{\frac{x - 1}{x - 2}}\left[\frac{5}{3x - 1} + \frac{1}{2(x - 1)} - \frac{1}{2(x - 2)}\right].$$

容易验证,例 5 的解法中省略取绝对值一步所得的结果不变,因此习惯上使用对数求导法,常略去取绝对值的步骤.

二、由参数方程所确定的函数的导数

有些函数关系可以用参数方程

$$\begin{cases} x = \varphi(t), \\ y = \psi(t), \end{cases} \quad \alpha \le t \le \beta \tag{2}$$

来确定. 例如圆 $x^2 + y^2 = R^2$ 的参数方程是

$$\begin{cases} x = R\cos t, \\ y = R\sin t, \end{cases} \quad 0 \le t \le 2\pi,$$

通过参数 t, 确定了变量 x 与 y 之间的函数关系.

　　在实际问题中, 需要计算由参数方程(2)所确定的函数的导数, 但从(2)中消去参数 t 有时会有困难. 因此, 我们希望有一种方法能直接由参数方程(2)算出它所确定的函数的导数来, 下面就来讨论由参数方程(2)所确定的函数的求导方法.

　　在(2)式中, 假定函数 $x = \varphi(t), y = \psi(t)$ 都可导, 且 $\varphi'(t) \ne 0$, 则 $x = \varphi(t)$ 具有反函数 $t = \varphi^{-1}(x)$, 且此反函数能与函数 $y = \psi(t)$ 构成复合函数, 那么由参数方程(2)所确定的函数可以看成是由函数 $y = \psi(t), t = \varphi^{-1}(x)$ 复合而成的函数 $y = \psi[\varphi^{-1}(x)]$, 于是根据复合函数的求导法则与反函数的求导法则, 就有

$$\frac{\mathrm{d}y}{\mathrm{d}x} = \frac{\mathrm{d}y}{\mathrm{d}t} \cdot \frac{\mathrm{d}t}{\mathrm{d}x} = \frac{\mathrm{d}y}{\mathrm{d}t} \cdot \frac{1}{\dfrac{\mathrm{d}x}{\mathrm{d}t}} = \frac{\psi'(t)}{\varphi'(t)},$$

即

$$\frac{\mathrm{d}y}{\mathrm{d}x} = \frac{\psi'(t)}{\varphi'(t)}. \tag{3}$$

上式也可写成

$$\frac{\mathrm{d}y}{\mathrm{d}x} = \frac{\dfrac{\mathrm{d}y}{\mathrm{d}t}}{\dfrac{\mathrm{d}x}{\mathrm{d}t}}.$$

(3)式就是由参数方程(2)所确定的 x 的函数的导数公式[①].

　　如果 $x = \varphi(t)$, $y = \psi(t)$ 二阶可导且 $\varphi'(t) \ne 0$, 那么从(3)式又可得到函数

---

　　① 因为 $\dfrac{\mathrm{d}y}{\mathrm{d}x}$ 是 x 的函数, 所以应表示为

$$\begin{cases} x = \varphi(t), \\ \dfrac{\mathrm{d}y}{\mathrm{d}x} = \dfrac{\psi'(t)}{\varphi'(t)}. \end{cases}$$

但为了方便起见, 通常把 $x = \varphi(t)$ 省去, 后面的公式(4) 也作类似的理解.

的二阶导数公式

$$\frac{\mathrm{d}^2 y}{\mathrm{d}x^2} = \frac{\mathrm{d}}{\mathrm{d}x}\left(\frac{\mathrm{d}y}{\mathrm{d}x}\right) = \frac{\mathrm{d}}{\mathrm{d}t}\left[\frac{\psi'(t)}{\varphi'(t)}\right] \cdot \frac{\mathrm{d}t}{\mathrm{d}x}$$

$$= \frac{\psi''(t)\varphi'(t) - \psi'(t)\varphi''(t)}{[\varphi'(t)]^2} \cdot \frac{1}{\varphi'(t)},$$

即

$$\frac{\mathrm{d}^2 y}{\mathrm{d}x^2} = \frac{\psi''(t)\varphi'(t) - \psi'(t)\varphi''(t)}{[\varphi'(t)]^3}. \tag{4}$$

例 6 已知椭圆的参数方程为

$$\begin{cases} x = a\cos t, \\ y = b\sin t, \end{cases}$$

求椭圆在 $t = \dfrac{\pi}{4}$ 的相应点 $M_0(x_0, y_0)$ 处的切线方程(图 3 - 6).

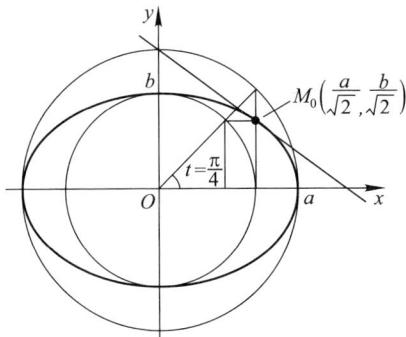

图 3 - 6

解 由 $t = \dfrac{\pi}{4}$ 得到

$$x_0 = a\cos\frac{\pi}{4} = \frac{\sqrt{2}}{2}a, \quad y_0 = b\sin\frac{\pi}{4} = \frac{\sqrt{2}}{2}b.$$

椭圆在点 M_0 的切线的斜率为

$$y'\big|_{t=\frac{\pi}{4}} = \frac{(b\sin t)'}{(a\cos t)'}\bigg|_{t=\frac{\pi}{4}} = \frac{b\cos t}{-a\sin t}\bigg|_{t=\frac{\pi}{4}} = -\frac{b}{a},$$

所以,所求的切线方程为

$$y = -\frac{b}{a}\left(x - \frac{\sqrt{2}}{2}a\right) + \frac{\sqrt{2}}{2}b,$$

即

$$bx + ay - \sqrt{2}ab = 0.$$

例 7 计算由摆线(图 3 - 7)的参数方程

$$\begin{cases} x = a(t - \sin t), \\ y = a(1 - \cos t) \end{cases}$$

所确定的函数 $y = y(x)$ 的二阶导数.

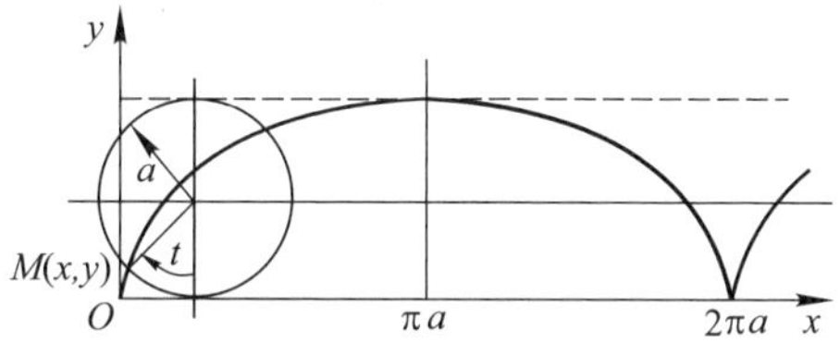

图 3 - 7

解 $\dfrac{\mathrm{d}y}{\mathrm{d}x} = \dfrac{\dfrac{\mathrm{d}y}{\mathrm{d}t}}{\dfrac{\mathrm{d}x}{\mathrm{d}t}} = \dfrac{a\sin t}{a(1 - \cos t)} = \dfrac{\sin t}{1 - \cos t} = \cot\dfrac{t}{2}$ $(t \neq 2n\pi, n \in \mathbf{Z})$,

$$\frac{\mathrm{d}^2 y}{\mathrm{d}x^2} = \frac{\mathrm{d}}{\mathrm{d}t}\left(\cot\frac{t}{2}\right) \cdot \frac{1}{\dfrac{\mathrm{d}x}{\mathrm{d}t}} = -\frac{1}{2\sin^2\dfrac{t}{2}} \cdot \frac{1}{a(1 - \cos t)}$$

$$= -\frac{1}{a(1 - \cos t)^2} \quad (t \neq 2n\pi, n \in \mathbf{Z}).$$

习题 3 - 4

1. 求由下列方程所确定的隐函数 y 的导数 $\dfrac{\mathrm{d}y}{\mathrm{d}x}$:

(1) $y^2 - 2xy + b^2 = 0$; (2) $\sqrt{x} + \sqrt{y} = 4$;

(3) $y = \cos x + \dfrac{1}{2}\sin y$; (4) $x^2 y - \mathrm{e}^{2x} = \sin y$;

(5) $xy = \mathrm{e}^{x+y}$; (6) $x^y = y^x$.

2. 求由方程 $\sin(xy) + \ln(y-x) = x$ 所确定的隐函数 y 在 $x=0$ 处的导数 $\dfrac{\mathrm{d}y}{\mathrm{d}x}\Big|_{x=0}$.

3. 求由下列方程所确定的隐函数 y 的二阶导数 $\dfrac{\mathrm{d}^2 y}{\mathrm{d}x^2}$:

(1) $x^2 - y^2 = 4$;   (2) $x - y + \dfrac{1}{2}\sin y = 0$;

(3) $y = \tan(x+y)$;   (4) $y = 1 + xe^y$.

4. 用对数求导法求下列函数的导数:

(1) $y = (x^2+1)^3 (x+2)^2 x^6$;   (2) $y = \dfrac{(2x+1)^2 \sqrt[3]{2-3x}}{\sqrt[3]{(x-3)^2}}$;

(3) $y = x^{x^x}$;   (4) $y = (1+\cos x)^{\frac{1}{x}}$.

5. 写出下列曲线在所给参数值相应的点处的切线方程和法线方程.

(1) $\begin{cases} x = 2e^t, \\ y = e^{-t}, \end{cases}$ 在 $t=0$ 处;

(2) $\begin{cases} x = a\cos^3\theta, \\ y = a\sin^3\theta, \end{cases}$ 在 $\theta = \dfrac{\pi}{4}$ 处.

6. 求下列参数方程所确定的函数 $y = f(x)$ 的一阶和二阶导数:

(1) $\begin{cases} x = \cos t, \\ y = \sin t; \end{cases}$ (2) $\begin{cases} x = a\cos t, \\ y = at\sin t; \end{cases}$

(3) $\begin{cases} x = 1 - t^3, \\ y = t - t^3; \end{cases}$ (4) $\begin{cases} x = \ln(1+t^2), \\ y = t - \arctan t; \end{cases}$

(5) $\begin{cases} x = at^2, \\ y = bt^3; \end{cases}$ (6) $\begin{cases} x = e^t \sin t, \\ y = e^t \cos t; \end{cases}$

(7) $\begin{cases} x = f'(t), \\ y = tf'(t) - f(t), \end{cases}$ 设 $f''(t)$ 存在且不为 0.

第五节   函数的微分

一、微分的定义

先分析一个具体问题:一块正方形金属薄片受温度变化的影响,其边长由 x_0 变到 $x_0 + \Delta x$(图 3-8),问此薄片的面积改变了多少?

设此薄片的边长为 x,面积为 A,则 A 是 x 的函数:$A = x^2$. 薄片受温度变化的影响时,面积的增量可以看成是当自变量 x 自 x_0 取得增量 Δx 时,函数 A 相应的增量 ΔA,即

$$\Delta A = (x_0 + \Delta x)^2 - x_0^2 = 2x_0\Delta x + (\Delta x)^2.$$

从上式可以看出，ΔA 分成两部分，第一部分 $2x_0\Delta x$ 是 Δx 的线性函数，即图 3-8 中带有斜线的两个矩形面积之和，第二部分 $(\Delta x)^2$ 在图 3-8 中是带有交叉斜线的小正方形的面积，当 $\Delta x \to 0$ 时，第二部分 $(\Delta x)^2$ 是比 Δx 高阶的无穷小，即 $(\Delta x)^2 = o(\Delta x)$. 由此可见，如果边长改变很微小，即 $|\Delta x|$ 很小时，面积的增量 ΔA 可近似地用第一部分来代替.

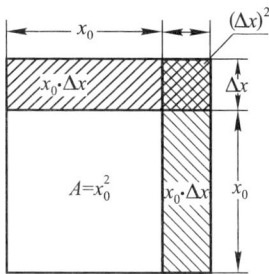

图 3-8

一般地，如果函数 $y = f(x)$ 满足一定条件，则函数的增量 Δy 可表示为

$$\Delta y = A\Delta x + o(\Delta x),$$

其中 A 是不依赖于 Δx 的常数，因此 $A\Delta x$ 是 Δx 的线性函数，且它与 Δy 之差

$$\Delta y - A\Delta x = o(\Delta x)$$

是比 Δx 高阶的无穷小. 所以，当 $A \neq 0$，且 $|\Delta x|$ 很小时，我们就可以近似地用 Δx 的线性函数 $A\Delta x$ 来代替 Δy.

定义 设函数 $y = f(x)$ 在某区间内有定义，x_0 及 $x_0 + \Delta x$ 在这区间内，如果函数的增量

$$\Delta y = f(x_0 + \Delta x) - f(x_0)$$

可表示为

$$\Delta y = A\Delta x + o(\Delta x), \tag{1}$$

其中 A 是不依赖于 Δx 的常数，那么称函数 $y = f(x)$ 在点 x_0 **可微**，而 $A\Delta x$ 叫做函数 $y = f(x)$ 在点 x_0 的**微分**，记作 dy，即

$$dy = A\Delta x.$$

下面讨论函数可微的条件. 设函数 $y = f(x)$ 在点 x_0 可微，则按定义有 (1) 式成立. (1) 式两边除以 Δx，得

$$\frac{\Delta y}{\Delta x} = A + \frac{o(\Delta x)}{\Delta x},$$

于是，当 $\Delta x \to 0$ 时，由上式就得到

$$A = \lim_{\Delta x \to 0} \frac{\Delta y}{\Delta x} = f'(x_0).$$

因此，如果函数 $f(x)$ 在点 x_0 可微，则 $f(x)$ 在点 x_0 也一定可导（即 $f'(x_0)$ 存在），且 $A = f'(x_0)$.

反之,如果 $y = f(x)$ 在点 x_0 可导,即

$$\lim_{\Delta x \to 0} \frac{\Delta y}{\Delta x} = f'(x_0)$$

存在,根据极限与无穷小的关系(第二章第三节定理 1),上式可写成

$$\frac{\Delta y}{\Delta x} = f'(x_0) + \alpha,$$

其中 $\alpha \to 0$(当 $\Delta x \to 0$),由此又有

$$\Delta y = f'(x_0)\Delta x + \alpha\Delta x.$$

因 $\alpha\Delta x = o(\Delta x)$,且 $f'(x_0)$ 不依赖于 Δx,故上式相当于(1)式,所以 $f(x)$ 在点 x_0 也是可微的.

由此可见,函数 $f(x)$ 在点 x_0 可微的充分必要条件是函数 $f(x)$ 在点 x_0 可导,且当 $f(x)$ 在点 x_0 可微时,其微分一定是

$$dy = f'(x_0)\Delta x. \tag{2}$$

当 $f'(x_0) \neq 0$ 时,有

$$\lim_{\Delta x \to 0} \frac{\Delta y}{dy} = \lim_{\Delta x \to 0} \frac{\Delta y}{f'(x_0)\Delta x} = \frac{1}{f'(x_0)} \lim_{\Delta x \to 0} \frac{\Delta y}{\Delta x} = 1.$$

从而,当 $\Delta x \to 0$ 时,Δy 与 dy 是等价无穷小,于是由第二章第六节定理 1 可知,这时有

$$\Delta y = dy + o(dy), \tag{3}$$

即 dy 是 Δy 的主部[①]. 又由于 $dy = f'(x_0)\Delta x$ 是 Δx 的线性函数,所以在 $f'(x_0) \neq 0$ 的条件下,我们说 dy 是 Δy 的线性主部(当 $\Delta x \to 0$). 于是我们得到结论:在 $f'(x_0) \neq 0$ 的条件下,以微分 $dy = f'(x_0)\Delta x$ 近似代替增量 $\Delta y = f(x_0 + \Delta x) - f(x_0)$ 时,其误差为 $o(dy)$. 因此,在 $|\Delta x|$ 很小时,有近似等式

$$\Delta y \approx dy.$$

例 1 求函数 $y = e^x$ 分别在点 $x = 0$ 与 $x = 1$ 处的微分.

解 函数 $y = e^x$ 在 $x = 0$ 处的微分为

$$dy = (e^x)'\big|_{x=0}\Delta x = \Delta x,$$

在 $x = 1$ 处的微分为

$$dy = (e^x)'\big|_{x=1}\Delta x = e\Delta x.$$

———————————

① 设 α 及 β 都是在同一个自变量的变化过程中的无穷小,如果 $\beta = \alpha + o(\alpha)$,则称 α 是 β 的主部.

函数 $f(x)$ 在任意点 x 的微分,称为函数的微分,记作 $\mathrm{d}y$ 或 $\mathrm{d}f(x)$,即

$$\mathrm{d}y = f'(x)\Delta x.$$

例如,函数 $y = \sin x$ 的微分为

$$\mathrm{d}y = (\sin x)'\Delta x = \cos x\Delta x,$$

函数 $y = x^3$ 的微分为

$$\mathrm{d}y = (x^3)'\Delta x = 3x^2\Delta x.$$

显然,函数的微分 $\mathrm{d}y = f'(x)\Delta x$ 与 x 和 Δx 有关.

例 2　设函数 $y = x^2$.

(1) 求函数的微分;

(2) 求函数在 $x = 3$ 处的微分;

(3) 求函数在 $x = 3$ 处当 $\Delta x = 0.01$ 时的微分,并讨论微分与函数增量的误差.

解　(1)　$\qquad\qquad \mathrm{d}y = (x^2)'\Delta x = 2x\Delta x;$

(2)　$\qquad\qquad\qquad \mathrm{d}y = 2x\big|_{x=3}\Delta x = 6\Delta x;$

(3)　$\qquad \mathrm{d}y\big|_{\substack{x=3\\\Delta x=0.01}} = 2x\cdot\Delta x\big|_{\substack{x=3\\\Delta x=0.01}} = 6\times 0.01 = 0.06.$

而 $\Delta y = (3 + 0.01)^2 - 3^2 = 0.0601$,所以 $\Delta y - \mathrm{d}y = 0.0001$,可见用 $\mathrm{d}y$ 近似 Δy,其误差为 10^{-4}.

通常把自变量 x 的增量 Δx 称为**自变量的微分**,记作 $\mathrm{d}x$,即 $\mathrm{d}x = \Delta x$,于是函数 $y = f(x)$ 的微分又可记作

$$\mathrm{d}y = f'(x)\mathrm{d}x,$$

从而有

$$\frac{\mathrm{d}y}{\mathrm{d}x} = f'(x).$$

这就是说,函数的微分 $\mathrm{d}y$ 与自变量的微分 $\mathrm{d}x$ 之商等于该函数的导数,因此,导数也叫做"微商".

二、微分的几何意义

为了对微分有比较直观的了解,我们来说明微分的几何意义.

在直角坐标系中,函数 $y = f(x)$ 的图形是一条曲线. 对于某一固定的 x_0 值,曲线上有一个确定点 $M(x_0, y_0)$,当自变量 x 有微小增量 Δx 时,就得到曲线上另一点 $N(x_0 + \Delta x, y_0 + \Delta y)$. 从图 3-9 可知:

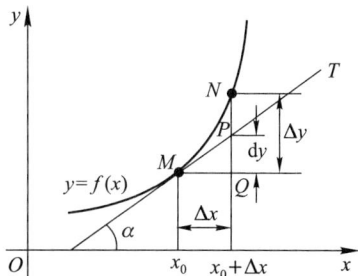

图 3-9

$$MQ = \Delta x,$$

$$QN = \Delta y,$$

过点 M 作曲线的切线 MT,它的倾角为 α,则

$$QP = MQ \cdot \tan \alpha = \Delta x \cdot f'(x_0),$$

即

$$dy = QP.$$

由此可见,对于可微函数 $y = f(x)$ 而言,当 Δy 是曲线 $y = f(x)$ 上点的纵坐标的增量时,dy 就是曲线的切线上点的纵坐标的相应增量. 当 $|\Delta x|$ 很小时,$|\Delta y - dy|$ 比 $|\Delta x|$ 小得多. 因此在点 M 的邻近,我们可以用切线段来近似代替曲线段,数学上称之为非线性函数的局部线性化.

三、基本初等函数的微分公式与微分运算法则

从函数的微分的表达式

$$dy = f'(x)dx$$

可以看出,要计算函数的微分,只要计算函数的导数,再乘以自变量的微分. 因此,可得如下的微分公式和微分运算法则.

1. 基本初等函数的微分公式

由基本初等函数的导数公式,可以直接写出基本初等函数的微分公式. 为了便于对照,列表于下:

导 数 公 式	微 分 公 式
$(x^\mu)' = \mu x^{\mu-1}$	$d(x^\mu) = \mu x^{\mu-1} dx$
$(\sin x)' = \cos x$	$d(\sin x) = \cos x dx$
$(\cos x)' = -\sin x$	$d(\cos x) = -\sin x dx$
$(\tan x)' = \sec^2 x$	$d(\tan x) = \sec^2 x dx$
$(\cot x)' = -\csc^2 x$	$d(\cot x) = -\csc^2 x dx$
$(\sec x)' = \sec x \tan x$	$d(\sec x) = \sec x \tan x dx$
$(\csc x)' = -\csc x \cot x$	$d(\csc x) = -\csc x \cot x dx$
$(a^x)' = a^x \ln a \quad (a > 0,\text{且 } a \neq 1)$	$d(a^x) = a^x \ln a dx \quad (a > 0,\text{且 } a \neq 1)$

导　数　公　式	微　分　公　式
$(e^x)' = e^x$	$d(e^x) = e^x dx$
$(\log_a x)' = \dfrac{1}{x\ln a}$　$(a > 0,$且$a \neq 1)$	$d(\log_a x) = \dfrac{1}{x\ln a}dx$　$(a > 0,$且$a \neq 1)$
$(\ln x)' = \dfrac{1}{x}$	$d(\ln x) = \dfrac{1}{x}dx$
$(\arcsin x)' = \dfrac{1}{\sqrt{1-x^2}}$	$d(\arcsin x) = \dfrac{1}{\sqrt{1-x^2}}dx$
$(\arccos x)' = -\dfrac{1}{\sqrt{1-x^2}}$	$d(\arccos x) = -\dfrac{1}{\sqrt{1-x^2}}dx$
$(\arctan x)' = \dfrac{1}{1+x^2}$	$d(\arctan x) = \dfrac{1}{1+x^2}dx$
$(\text{arccot } x)' = -\dfrac{1}{1+x^2}$	$d(\text{arccot } x) = -\dfrac{1}{1+x^2}dx$

2. 函数和、差、积、商的微分法则

由函数和、差、积、商的求导法则,可推得相应的微分法则. 为了便于对照,列成下表(表中 $u = u(x)$,$v = v(x)$ 都可导).

函数和、差、积、商的求导法则	函数和、差、积、商的微分法则
$(u \pm v)' = u' \pm v'$	$d(u \pm v) = du \pm dv$
$(Cu)' = Cu'$	$d(Cu) = Cdu$
$(uv)' = u'v + uv'$	$d(uv) = vdu + udv$
$\left(\dfrac{u}{v}\right)' = \dfrac{u'v - uv'}{v^2}(v \neq 0)$	$d\left(\dfrac{u}{v}\right) = \dfrac{vdu - udv}{v^2}(v \neq 0)$

现在我们以乘积的微分法则为例加以证明.

根据函数微分的表达式,有

$$d(uv) = (uv)'dx.$$

再根据乘积的求导法则,有

$$(uv)' = u'v + uv',$$

于是

$$d(uv) = (u'v + uv')dx = u'vdx + uv'dx.$$

由于
$$u'\mathrm{d}x = \mathrm{d}u, \quad v'\mathrm{d}x = \mathrm{d}v,$$

所以
$$\mathrm{d}(uv) = v\mathrm{d}u + u\mathrm{d}v.$$

其他法则都可以用类似的方法证明.

3. 复合函数的微分法则

与复合函数的求导法则相对应的复合函数的微分法则可推导如下:

设 $y = f(u)$ 及 $u = g(x)$ 都可导,则复合函数 $y = f[g(x)]$ 的微分为
$$\mathrm{d}y = y'_x \mathrm{d}x = f'(u)g'(x)\mathrm{d}x.$$

由于 $g'(x)\mathrm{d}x = \mathrm{d}u$,所以,复合函数 $y = f[g(x)]$ 的微分公式也可以写成
$$\mathrm{d}y = f'(u)\mathrm{d}u \text{ 或 } \mathrm{d}y = y'_u \mathrm{d}u.$$

由此可见,无论 u 是自变量还是另一个变量的可微函数,微分形式 $\mathrm{d}y = f'(u)\mathrm{d}u$ 保持不变. 这一性质称为**微分形式不变性**. 这性质表示,当变换自变量时(即设 u 为另一变量的任一可微函数时),微分形式 $\mathrm{d}y = f'(u)\mathrm{d}u$ 并不改变.

例 3 $y = \sin(x^2 + \mathrm{e}^x + 1)$,求 $\mathrm{d}y$.

解 把 $x^2 + \mathrm{e}^x + 1$ 看成中间变量 u,则
$$\begin{aligned}
\mathrm{d}y &= \mathrm{d}(\sin u) = \cos u \mathrm{d}u \\
&= \cos(x^2 + \mathrm{e}^x + 1)\mathrm{d}(x^2 + \mathrm{e}^x + 1) \\
&= (2x + \mathrm{e}^x)\cos(x^2 + \mathrm{e}^x + 1)\mathrm{d}x.
\end{aligned}$$

在求复合函数的导数时,可以不写出中间变量. 在求复合函数的微分时,类似地也可以不写出中间变量,运用一阶微分形式不变性层层微分,下面我们用这种方法来求函数的微分.

例 4 $y = \mathrm{e}^{\sin(x^2 + \sqrt{x})}$,求 $\mathrm{d}y, y'$.

解
$$\begin{aligned}
\mathrm{d}y &= \mathrm{d}\mathrm{e}^{\sin(x^2 + \sqrt{x})} = \mathrm{e}^{\sin(x^2 + \sqrt{x})}\mathrm{d}\sin(x^2 + \sqrt{x}) \\
&= \mathrm{e}^{\sin(x^2 + \sqrt{x})}\cos(x^2 + \sqrt{x})\mathrm{d}(x^2 + \sqrt{x}) \\
&= \mathrm{e}^{\sin(x^2 + \sqrt{x})}\cos(x^2 + \sqrt{x})[\mathrm{d}(x^2) + \mathrm{d}(\sqrt{x})] \\
&= \mathrm{e}^{\sin(x^2 + \sqrt{x})}\cos(x^2 + \sqrt{x})\left(2x + \frac{1}{2\sqrt{x}}\right)\mathrm{d}x,
\end{aligned}$$

故

$$y' = e^{\sin(x^2+\sqrt{x})}\cos(x^2+\sqrt{x})\left(2x+\frac{1}{2\sqrt{x}}\right).$$

例 5　证明参数式函数的求导公式 $\dfrac{dy}{dx}=\dfrac{\dfrac{dy}{dt}}{\dfrac{dx}{dt}}$.

证　设参数方程 $x=\varphi(t),y=\psi(t)$ 确定函数 $y=y(x)$,且 $\varphi(t),\psi(t)$ 可导, $\varphi'(t)\neq0$.

由导数与微分的关系和一阶微分形式不变性,有

$$\frac{dy}{dx}=\frac{y_t'\,dt}{x_t'\,dt}=\frac{\psi'(t)}{\varphi'(t)}.$$

这正是第四节的求导公式(3),请读者用微分求 $\dfrac{d^2y}{dx^2}$.

例 6　求由方程 $y+xe^y=1$ 确定的隐函数 $y=y(x)$ 的微分 dy.

解　方程两端分别求微分,有

$$dy+d(xe^y)=0,$$

即

$$dy+e^y dx+xe^y dy=0,$$

从而

$$dy=\frac{-e^y}{1+xe^y}dx.$$

例 7　在下列等式左端的括号中填入适当的函数,使等式成立:

(1) d( )$=xdx$;

(2) d( )$=\cos\omega t dt$.

解　(1)我们知道

$$d(x^2)=2xdx,$$

可见

$$xdx=\frac{1}{2}d(x^2)=d\left(\frac{x^2}{2}\right),$$

即

$$d\left(\frac{x^2}{2}\right)=xdx.$$

一般地,有

$$d\left(\frac{x^2}{2} + C\right) = x dx \quad (C \text{ 为任意常数}).$$

(2) 因为

$$d(\sin \omega t) = \omega \cos \omega t dt,$$

可见

$$\cos \omega t dt = \frac{1}{\omega} d(\sin \omega t) = d\left(\frac{1}{\omega}\sin \omega t\right),$$

即

$$d\left(\frac{1}{\omega}\sin \omega t\right) = \cos \omega t dt.$$

一般地,有

$$d\left(\frac{1}{\omega}\sin \omega t + C\right) = \cos \omega t dt \quad (C \text{ 为任意常数}).$$

例 8 某工厂的日产量为 $Q(L) = 900L^{\frac{1}{3}}$,其中 L 是工人的数量,现有 1 000 个工人,若想使日产量增加 15 单位,应增加多少工人?

解 $$dQ = 900 \times \frac{1}{3}L^{-\frac{2}{3}}dL = 300L^{-\frac{2}{3}}dL,$$

由于 $dQ = 15$,故

$$dL = \frac{L^{\frac{2}{3}}}{300}dQ = \frac{1}{300} \times (1\ 000)^{\frac{2}{3}} \times 15 = 5.$$

所以我们的结论是:增加 5 名工人.

四、微分在近似计算中的应用

在工程问题中,经常会遇到一些复杂的计算公式. 如果直接用这些公式进行计算,那是很费力的. 利用微分往往可以把一些复杂的计算公式用简单的近似公式来代替.

前面说过,如果 $y = f(x)$ 在点 x_0 处的导数 $f'(x_0) \neq 0$,且 $|\Delta x|$ 很小时,我们有

$$\Delta y \approx dy = f'(x_0)\Delta x.$$

这个式子也可以写为

$$\Delta y = f(x_0 + \Delta x) - f(x_0) \approx f'(x_0)\Delta x \tag{4}$$

或

$$f(x_0 + \Delta x) \approx f(x_0) + f'(x_0)\Delta x. \tag{5}$$

在(5)式中令 $x = x_0 + \Delta x$，即 $\Delta x = x - x_0$，那么(5)式可改写为

$$f(x) \approx f(x_0) + f'(x_0)(x - x_0). \tag{6}$$

如果 $f(x_0)$ 与 $f'(x_0)$ 都容易计算，那么可利用(4)式来近似计算 Δy，利用 (5)式来近似计算 $f(x_0 + \Delta x)$，或利用(6)式来近似计算 $f(x)$. 这种近似计算的实质就是用 x 的线性函数 $f(x_0) + f'(x_0)(x - x_0)$ 来近似表达函数 $f(x)$. 从导数的几何意义可知，这也就是用曲线 $y = f(x)$ 在点 $(x_0, f(x_0))$ 处的切线近似代替该曲线（就切点邻近部分来说）.

例 9 一个外直径为 10 cm 的球，球壳厚度为 $\dfrac{1}{16}$ cm. 试求球壳体积的近似值.

解 半径为 r 的球体积为

$$V = f(r) = \frac{4}{3}\pi r^3.$$

球壳体积为 ΔV，用 $\mathrm{d}V$ 作为其近似值.

$$\mathrm{d}V = f'(r)\mathrm{d}r = 4\pi r^2 \mathrm{d}r = 4\pi \cdot 5^2 \cdot \left(-\frac{1}{16}\right)$$

$$\approx -19.63 \left(\text{其中 } r = 5, \mathrm{d}r = -\frac{1}{16}\right).$$

所求球壳体积 $|\Delta V|$ 的近似值 $|\mathrm{d}V|$ 为 19.63 cm³.

例 10 求 $\sqrt[3]{1.02}$ 的近似值.

解 我们将这个问题看成求函数 $f(x) = \sqrt[3]{x}$ 在点 $x = 1.02$ 处的函数值的近似值问题，由(6)式得

$$f(x) \approx f(x_0) + f'(x_0)\Delta x = \sqrt[3]{x_0} + \frac{1}{3\sqrt[3]{x_0^2}}\Delta x.$$

令 $x_0 = 1, \Delta x = 0.02$，便有

$$\sqrt[3]{1.02} \approx \sqrt[3]{1} + \frac{1}{3\sqrt[3]{1^2}} \cdot 0.02 \approx 1.0067.$$

例 11 "70 年规则"是一笔钱在银行的存款翻倍所需时间的经验说法. 如

果存入银行的钱为 P_0,银行的年复利率为 $r = i\%$,则当 i 很小时,大约需要 $\dfrac{70}{i}$ 年,这笔钱就会翻一番,变成 $2P_0$. 试利用微分解释此经验说法.

解 t 年后这笔存款变为

$$P(t) = P_0(1 + r)^t,$$

令 $P(t) = P_0(1 + r)^t = 2P_0$,解得

$$t = \frac{\ln 2}{\ln(1 + r)}.$$

令 $f(r) = \ln(1 + r)$,若 r 很小,$f(r) \approx f(0) + f'(0)r$,即

$$\ln(1 + r) \approx r,$$

于是

$$t = \frac{\ln 2}{\ln(1 + r)} \approx \frac{\ln 2}{r} = \frac{100\ln 2}{i} \approx \frac{69.3}{i} \approx \frac{70}{i}.$$

因此,在银行年利率很低的情况下,经过大约 $\dfrac{70}{i}$ 年,银行中的一笔钱就会翻一番. 事实上,如果年利率在 10% 之内,这种近似结果是非常精确的.

习题 3 – 5

1. 设函数 $y = x^3$,计算在 $x = 2$ 处,Δx 分别等于 $-0.1, 0.01$ 时的增量 Δy 及微分 $\mathrm{d}y$.

2. 设函数 $y = f(x)$ 的图形如图 3 – 10,试在图 3 – 10(a)、(b)、(c)、(d) 中分别标出在点 x_0 的 $\mathrm{d}y$,Δy 及 $\Delta y - \mathrm{d}y$,并说明其正负.

3. 求下列函数的微分 $\mathrm{d}y$:

(1) $y = \dfrac{x}{1 - x}$; (2) $y = \ln\left(\sin\dfrac{x}{2}\right)$;

(3) $y = \arcsin\sqrt{1 - x^2}$; (4) $y = \mathrm{e}^{-x}\cos(3 - x)$;

(5) $y = x^2\mathrm{e}^{2x}$; (6) $y = \tan^2(1 + 2x^2)$.

4. 将适当的函数填入下列括号内,使等式成立:

(1) $\mathrm{d}(\quad) = 3\mathrm{d}x$; (2) $\mathrm{d}(\quad) = 5x\mathrm{d}x$;

(3) $\mathrm{d}(\quad) = \sin 2x\mathrm{d}x$; (4) $\mathrm{d}(\quad) = \mathrm{e}^{-3x}\mathrm{d}x$;

(5) $\mathrm{d}(\quad) = \dfrac{1}{1 + x}\mathrm{d}x$; (6) $\mathrm{d}(\quad) = \dfrac{1}{\sqrt{x}}\mathrm{d}x$;

(7) $\mathrm{d}(\quad) = \sec^2 4x\mathrm{d}x$; (8) $\mathrm{d}(\quad) = \csc^2 2x\mathrm{d}x$.

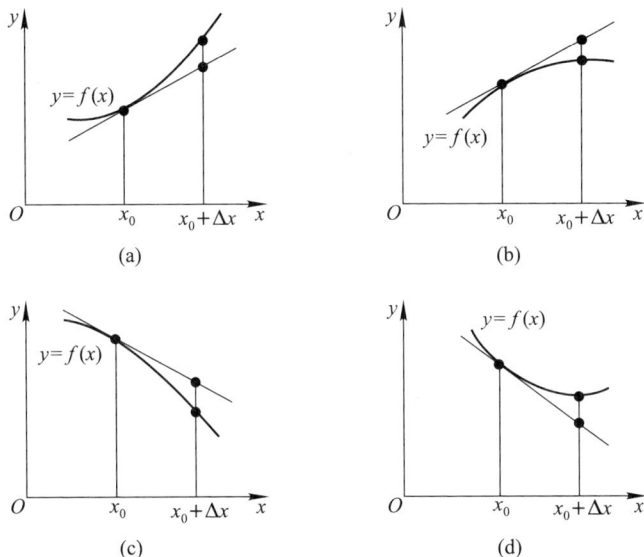

图 3 – 10

5. 用微分求由方程 $x + y = \arctan(x - y)$ 确定的函数 $y = y(x)$ 的微分与导数.

6. 用微分求参数方程 $x = t - \arctan t$，$y = \ln(1 + t^2)$ 确定的函数 $y = y(x)$ 的一阶导数和二阶导数.

7. 利用微分求近似值:

(1) $\tan 46°$;　　　　　　　　(2) $e^{1.01}$;

(3) $\sqrt[3]{996}$;　　　　　　　　(4) $\ln 1.001$;

(5) $\arctan 1.02$.

8. 当 $|x|$ 很小时,证明下列近似公式:

(1) $\ln(1 + x) \approx x$;　　　　　　(2) $\dfrac{1}{1 + x} \approx 1 - x$.

9. 设扇形的圆心角 $\alpha = 60°$,半径 $R = 100$ cm,如果 R 不变,α 减少 $30'$,问扇形的面积大约改变多少? 又如果 α 不变,R 增加 1 cm,问扇形的面积大约改变多少?

10. 一正方体的棱长 $x = 10$ m,如果棱长增加 0.1 m,求此正方体体积增加的精确值和近似值.

第六节　边际与弹性

一、边际概念

在经济问题中,常常会使用变化率的概念,而变化率又分为平均变化率和瞬时变化率. 平均变化率就是函数增量与自变量增量之比,函数 $y = f(x)$ 在以 x_0 和 $x_0 + \Delta x$ 为端点的区间上的平均变化率为 $\dfrac{\Delta y}{\Delta x}$;而瞬时变化率就是函数对自变量的导数,即如果函数 $y = f(x)$ 在 x_0 处可导,其在 $x = x_0$ 处的瞬时变化率为

$$\lim_{\Delta x \to 0} \frac{f(x_0 + \Delta x) - f(x_0)}{\Delta x} = f'(x_0),$$

经济学中称它为 $f(x)$ 在 $x = x_0$ 处的边际函数值.

设在点 $x = x_0$ 处,x 从 x_0 改变一个单位时 y 的增量 Δy 的准确值为 $\Delta y \Big|_{\substack{x = x_0 \\ \Delta x = 1}}$,由于实际的经济问题中,$x$ 一般是一个比较大的量,而 $\Delta x = 1$ 就可以看成是一个相对较小的量,由微分学可知,Δy 的近似值为

$$\Delta y \Big|_{\substack{x = x_0 \\ \Delta x = 1}} \approx \mathrm{d}y = f'(x)\Delta x \Big|_{\substack{x = x_0 \\ \Delta x = 1}} = f'(x_0).$$

这说明 $f(x)$ 在点 x_0 处,当 x 产生一个单位的改变时,y 近似改变 $f'(x_0)$ 个单位. 在应用问题中解释边际函数值的具体意义时我们略去"近似"二字. 于是,有如下定义:

定义 1 设经济函数 $y = f(x)$ 在点 x 处可导,则称导数 $f'(x)$ 为 $f(x)$ 的**边际函数**. $f'(x)$ 在点 x_0 处的值 $f'(x_0)$ 为边际函数值.

边际函数值 $f'(x_0)$ 表示当 $x = x_0$ 时,x 改变一个单位,y 改变 $f'(x_0)$ 个单位.

例 1 设函数 $y = 2x^2$,试求 y 在 $x = 5$ 时的边际函数值.

解 因为 $y' = 4x$,所以 $y'|_{x=5} = 20$. 该值表明:当 $x = 5$ 时,x 改变一个单位(增加或减少一个单位),y 改变 20 个单位(增加或减少 20 个单位).

二、经济学中常见的边际函数

1. 边际成本

总成本函数 $C(Q)$ 的导数 $C'(Q)$ 称为**边际成本**,记为 $MC = C'(Q)$,它(近似地)表示:假定已经生产了 Q 件产品,再生产一件产品所增加的成本.

由于生产 Q 件产品的边际成本近似等于多生产一件产品(第 $Q + 1$ 件产品)的成本,所以,如果将边际成本与平均成本 $\dfrac{C(Q)}{Q}$ 相比较,若边际成本小于平均成本,则应考虑增加产量以降低单件产品的成本;若边际成本大于平均成本,则应考虑减少产量以降低单件产品的成本.

例 2 设生产某产品 Q 单位的总成本为 $C(Q) = 1\,100 + \dfrac{Q^2}{1\,200}$,求:

（1）生产 900 个单位时的总成本和平均成本；

（2）生产 900 个单位到 1 000 个单位时的总成本的平均变化率；

（3）生产 900 个单位的边际成本，并解释其经济意义.

解　（1）生产 900 个单位时的总成本为

$$C(Q)\big|_{Q=900} = 1\ 100 + \frac{900^2}{1\ 200} = 1\ 775,$$

平均成本为

$$\overline{C}(Q)\big|_{Q=900} = \frac{1\ 775}{900} \approx 1.97.$$

（2）生产 900 个单位到 1 000 个单位时总成本的平均变化率为

$$\frac{\Delta C(Q)}{\Delta Q} = \frac{C(1\ 000) - C(900)}{1\ 000 - 900} = \frac{1\ 933 - 1\ 775}{100} = 1.58.$$

（3）边际成本函数 $C'(Q) = \dfrac{2Q}{1\ 200} = \dfrac{Q}{600}$，当 $Q = 900$ 时的边际成本为

$$C'(Q)\big|_{Q=900} = 1.5.$$

它表示当产量为 900 个单位时，再增产（或减产）一个单位，需增加（或减少）成本 1.5 个单位.

本题中边际成本小于平均成本，故可以增加产量以降低单件产品的成本.

2. 边际收益

总收益函数 $R(Q)$ 的导数 $R'(Q)$ 称为**边际收益**，记为 $MR = R'(Q)$. 它（近似地）表示：假定已经销售了 Q 单位产品，再销售一个单位产品所增加的总收益.

设 P 为价格，且 P 也是销售量 Q 的函数，即 $P = P(Q)$，因此 $R(Q) = PQ = Q \cdot P(Q)$，则边际收益为 $R'(Q) = P(Q) + Q \cdot P'(Q)$.

例 3　设某产品的需求函数为 $P = 20 - \dfrac{Q}{5}$，其中 P 为价格，Q 为销售量，求销售量为 15 个单位时的总收益、平均收益与边际收益. 并求销售量从 15 个单位增加到 20 个单位时收益的平均变化率.

解　总收益

$$R = QP(Q) = 20Q - \frac{Q^2}{5}.$$

销售 15 个单位时，总收益

$$R\big|_{Q=15} = \left(20Q - \frac{Q^2}{5}\right)\bigg|_{Q=15} = 255.$$

平均收益

$$\overline{R}\Big|_{Q=15} = \frac{R(Q)}{Q}\Big|_{Q=15} = \frac{255}{15} = 17.$$

边际收益

$$R'(Q)\Big|_{Q=15} = \left(20 - \frac{2}{5}Q\right)\Big|_{Q=15} = 14.$$

当销售量从 15 个单位增加到 20 个单位时收益的平均变化率为

$$\frac{\Delta R}{\Delta Q} = \frac{R(20) - R(15)}{20 - 15} = \frac{320 - 255}{5} = 13.$$

3. 边际利润

总利润 $L(Q)$ 的导数 $L'(Q)$ 称为**边际利润**,记为 $ML = L'(Q)$. 它(近似地)表示:若已经生产了 Q 单位产品,再生产一个单位产品所增加的总利润.

一般情况下,总利润函数 $L(Q)$ 等于总收益函数 $R(Q)$ 与总成本函数 $C(Q)$ 之差,即 $L(Q) = R(Q) - C(Q)$,则边际利润为

$$L'(Q) = R'(Q) - C'(Q).$$

显然,边际利润可由边际收入与边际成本决定,且当

$$R'(Q)\begin{cases} > C'(Q) \\ = C'(Q) \\ < C'(Q) \end{cases} 时, \quad L'(Q)\begin{cases} > 0, \\ = 0, \\ < 0. \end{cases}$$

当 $R'(Q) > C'(Q)$ 时,$L'(Q) > 0$,其经济意义是,如产量已达到 Q,再多生产一个单位产品,所增加的收益大于所增加的成本,因而总利润有所增加;而当 $R'(Q) < C'(Q)$ 时,$L'(Q) < 0$,此时,再增加产量,所增加的收益要小于所增加的生产成本,从而总利润将减少.(学了第四章第三节中函数的单调性之后,读者回过头对这里的经济意义会有更深的理解.)

例 4 某工厂对其产品的情况进行了大量统计分析后,得出总利润 $L(Q)$(单位:元)与每月产量 Q(单位:t)的关系为 $L = L(Q) = 250Q - 5Q^2$,试确定每月生产20 t,25 t,35 t 的边际利润,并给出经济解释.

解 边际利润函数为 $L'(Q) = 250 - 10Q$,则

$$L'(Q)\Big|_{Q=20} = L'(20) = 50,$$

$$L'(Q)\Big|_{Q=25} = L'(25) = 0,$$

$$L'(Q)\Big|_{Q=35} = L'(35) = -100.$$

上述结果表明当生产量为每月 20 t 时,再增加 1 t,利润将增加 50 元,当产量为每月 25 t 时,再增加 1 t,利润不变;当产量为 35 t 时,再增加 1 t 利润将减少 100 元. 此处亦说明,对厂家来说,并非生产的产品数量越多,利润就越高.

三、弹性概念

1. 弹性概念

我们在边际分析中,讨论的函数变化率与函数改变量均属于绝对量范围的讨论. 在经济问题中,仅仅用绝对量的概念是不足以深入分析问题的. 例如:甲商品每单位价格 5 元,涨价 1 元;乙商品每单位价格 200 元,也涨价 1 元,两种商品价格的绝对改变量都是 1 元,哪个商品的涨价幅度更大呢? 我们只要用它们与其原价相比就能得到问题的解答. 甲商品涨价百分比为 20% ,乙商品涨价百分比为 0.5% ,显然甲商品的涨价幅度比乙商品的涨价幅度更大. 为此,我们有必要研究函数的相对改变量与相对变化率.

例 5　函数 $y = x^2$,当 x 从 8 增加到 10 时,相应的 y 从 64 增加到 100,即自变量 x 的绝对增量 $\Delta x = 2$,函数 y 的绝对增量 $\Delta y = 36$,又

$$\frac{\Delta x}{x} = \frac{2}{8} = 25\% , \qquad \frac{\Delta y}{y} = \frac{36}{64} = 56.25\% ,$$

即当 $x = 8$ 增加到 $x = 10$ 时,x 增加了 25% ,y 相应地增加了 56.25% . 我们分别称 $\dfrac{\Delta x}{x}$ 与 $\dfrac{\Delta y}{y}$ 为自变量与函数的**相对改变量**(或**相对增量**). 如果在本例中,再引入下式

$$\frac{\dfrac{\Delta y}{y}}{\dfrac{\Delta x}{x}} = \frac{56.25\%}{25\%} = 2.25 ,$$

则该式表示在开区间 $(8,10)$ 内,从 $x = 8$ 时起,x 每增加 1% ,则相应的 y 便平均改变 2.25% ,我们称之为从 $x = 8$ 到 $x = 10$ 时,函数 $y = x^2$ 的平均相对变化率. 因此我们有如下定义.

定义 2　设函数 $y = f(x)$ 在点 $x = x_0 (\neq 0)$ 处可导,函数的相对改变量 $\dfrac{\Delta y}{y_0} = \dfrac{f(x_0 + \Delta x) - f(x_0)}{f(x_0)}$ 与自变量的相对改变量 $\dfrac{\Delta x}{x_0}$ 之比 $\dfrac{\dfrac{\Delta y}{y_0}}{\dfrac{\Delta x}{x_0}}$ 称为函数 $f(x)$ 从 $x = x_0$ 到

$x = x_0 + \Delta x$ 两点间的平均相对变化率,亦称**两点间的弹性**或**弧弹性**. 当 $\Delta x \to 0$

时,如果 $\dfrac{\dfrac{\Delta y}{y_0}}{\dfrac{\Delta x}{x_0}}$ 的极限存在,则该极限值称为 $f(x)$ 在 $x = x_0$ 处的相对变化率,也就

是相对导数,或称为在点 x_0 的**点弹性**. 记作

$$\frac{Ey}{Ex}\bigg|_{x=x_0} \quad 或 \quad \frac{E}{Ex}f(x_0) \text{ 或 } E_x\bigg|_{x=x_0},$$

即

$$\frac{Ey}{Ex}\bigg|_{x=x_0} = \lim_{\Delta x \to 0} \frac{\dfrac{\Delta y}{y_0}}{\dfrac{\Delta x}{x_0}} = \lim_{\Delta x \to 0} \frac{\Delta y}{\Delta x} \cdot \frac{x_0}{y_0} = f'(x_0)\frac{x_0}{f(x_0)}.$$

当 x_0 为定值时,$\dfrac{Ey}{Ex}\bigg|_{x=x_0}$ 为定值,且当 $|\Delta x|$ 很小时,

$$\frac{Ey}{Ex}\bigg|_{x=x_0} \approx \frac{\dfrac{\Delta y}{y_0}}{\dfrac{\Delta x}{x_0}}(\,=\text{弧弹性}).$$

对一般的 x,若 $f(x)$ 可导且 $f(x) \neq 0$,则有

$$\frac{Ey}{Ex} = \lim_{\Delta x \to 0} \frac{\dfrac{\Delta y}{y}}{\dfrac{\Delta x}{x}} = \lim_{\Delta x \to 0} \frac{\Delta y}{\Delta x} \cdot \frac{x}{y} = y'\frac{x}{y}$$

是 x 的函数,称为 $f(x)$ 的**弹性函数**(简称**弹性**),其也记为 $\dfrac{E}{Ex}f(x)$ 或 E_x.

函数的弹性(点弹性或弧弹性)与量纲无关,函数 $f(x)$ 在点 x 处的弹性 $\dfrac{E}{Ex}f(x)$ 反映了 x 的变化幅度 $\dfrac{\Delta x}{x}$ 对 $f(x)$ 的变化幅度 $\dfrac{\Delta y}{y}$ 的大小影响,也就是 $f(x)$ 对 x 变化反应的强烈程度或灵敏度.

$\dfrac{E}{Ex}f(x_0)$ 表示在点 $x = x_0$ 处,当 x 产生 1% 的变化时,$f(x)$ 近似地改变 $\dfrac{E}{Ex}f(x_0)\%$. 在应用问题中解释弹性的具体意义时,我们也略去"近似"二字.

由弹性的定义可知：

$$\frac{Ey}{Ex} = y' \cdot \frac{x}{y} = \frac{y'}{\dfrac{y}{x}} = \frac{边际函数}{平均函数}.$$

这样,弹性在经济学上又可理解为边际函数与平均函数之比.

例 6　求函数 $y = x^{\alpha}$（α 为常数）的弹性函数.

解　直接计算得到所求的弹性函数为

$$\frac{Ey}{Ex} = \frac{x}{y} \cdot y' = \frac{x}{x^{\alpha}} \cdot (x^{\alpha})' = \frac{x}{x^{\alpha}} \cdot \alpha \cdot x^{\alpha-1} = \alpha.$$

由此例题可知,幂函数的弹性函数为常数,因此称之为不变弹性函数.

弹性的运算性质可参见本节习题 7.

2. 函数弹性的图解方法

在实际问题中,有时往往知道可微函数 $y = f(x)$ 所示的曲线,但不知道其表达式,我们也可以按如下图解方法求弹性.

对于给定的函数 $y = f(x)$,由定义知,弹性应为边际函数 $\dfrac{\mathrm{d}y}{\mathrm{d}x}$ 与平均函数 $\dfrac{y}{x}$ 之比,而边际函数的几何意义为 $y = f(x)$ 所示曲线上各点的切线斜率, 即 $\tan(\pi - \theta_m) = -\tan\theta_m$（图 3 – 11）.

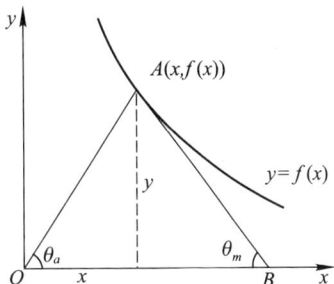

图 3 – 11

又平均函数为 $\dfrac{f(x)}{x} = \tan\theta_a$,因而

$$\frac{Ey}{Ex} = -\frac{\tan\theta_m}{\tan\theta_a}.$$

若我们仅考虑弹性的绝对值,则

$$\left|\frac{Ey}{Ex}\right| = \frac{\tan\theta_m}{\tan\theta_a}.$$

因而,如果我们知道函数 $y = f(x)$ 的曲线,则要求在曲线上任一点 A 处对应的弹性,只要通过 A 作曲线的切线 AB 和线段 OA,就可得夹角 θ_m 和 θ_a,进而就可求得 $\left|\dfrac{Ey}{Ex}\right|$.

四、经济学中常见的弹性函数

1. 需求的价格弹性

（1）基本概念

当弹性定义中的 y 被定义为需求量时就是需求弹性. 所谓需求的价格弹性是指当价格变化一定的百分比以后引起的需求量的反应程度. 设需求函数 $Q_d = Q(P)$ 可导,则需求的价格弹性可用公式表示为

$$E_d = \frac{EQ}{EP} = \lim_{\Delta P \to 0} \frac{\Delta Q}{\Delta P} \cdot \frac{P}{Q} = \frac{\mathrm{d}Q}{\mathrm{d}P} \cdot \frac{P}{Q}.$$

而 $\dfrac{\dfrac{\Delta Q}{Q}}{\dfrac{\Delta P}{P}}$ 称为该商品在 P 与 $P + \Delta P$ 两点间的需求价格弹性或弧弹性.

例 7 若某需求函数为 $Q = -100P + 3\,000$,求当 $P = 20$ 时需求的价格弹性.

解 $$\frac{\mathrm{d}Q}{\mathrm{d}P} = -100.$$

当 $P = 20$ 时, $Q = 1\,000$,所以 $E_d = -100 \times \dfrac{20}{1\,000} = -2$.

一般来说,需求函数是价格的单调减函数,故需求函数的弧弹性为负值,从而当 $\Delta P \to 0$ 时,其极限值 E_d 总是小于或等于零,并且实际中一般取负值,有时为讨论方便,将其取绝对值,也称之为需求的价格弹性,并记为 η,即

$$\eta = \eta(P) = |E_d| = -\frac{P}{Q} \cdot \frac{\mathrm{d}Q}{\mathrm{d}P}.$$

若 $\eta = |E_d| = 1$,此时商品需求量变动的百分比与价格变动的百分比相等,称为**单位弹性**或**单一弹性**.

若 $\eta = |E_d| < 1$,此时商品需求量变动的百分比低于价格变动的百分比,价格的变动对需求量的影响不大,称为**缺乏弹性**或**低弹性**.

若 $\eta = |E_d| > 1$,此时商品需求量变动的百分比高于价格变动的百分比,价格的变动对需求量的影响较大,称为**富于弹性**或**高弹性**.

例 8 设某产品的需求函数为 $Q = 100 - 2P, 0 \leqslant P \leqslant 50$,其中 P 为价格,Q 为需求量. 问

① 当 $P = 10$,且价格上涨 1% 时,需求量 Q 是增加还是减少,变化百分之几?

② 讨论商品价格变化时,需求量变化的情况.

解　① $\eta(P) = -\dfrac{P}{Q} \cdot \dfrac{\mathrm{d}Q}{\mathrm{d}P} = -\dfrac{P}{100 - 2P} \cdot (-2) = \dfrac{P}{50 - P}$,

故 $\eta(10) = 0.25$.

由于 P 和 Q 是按相反方向变化的,在 $P = 10$,且价格上涨 1% 时,需求量 Q 减少 $\eta\% = 0.25\%$.(注意:价格上涨 1%,需求量减少 $\eta\%$,因此不能误认为减少 $0.25 = 25\%$.)

② 当 $0 < \eta < 1$,即 $0 < \dfrac{P}{50 - P} < 1$ 时,因 $P \geqslant 0$,故 $50 - P > 0$,从而 $P < 50 - P$,即 $P < 25$,因而当价格 P 在 0 与 25 之间变化,且价格上涨(下降)1% 时,需求量减少(增加)$\eta\%$,这时需求量减少(增加)的百分比小于价格上涨(下降)的百分比(因 $\eta < 1$);

当 $\eta = 1$,即 $\dfrac{P}{50 - P} = 1$ 时,得 $P = 25$,这表明当 $P = 25$ 时,需求量的变动与价格变动按相同的百分比进行;

当 $\eta > 1$,即 $\dfrac{P}{50 - P} > 1$ 时,有 $P > 25$,于是当 $25 < P < 50$ 且价格 P 上涨(下降)1% 时,需求量减少(增加)$\eta\%$,这时需求量减少(增加)的百分比大于价格上涨(下降)的百分比(因 $\eta > 1$).

(2) 需求弹性与总收益(市场销售总额)的关系

在市场经济中,商品经营者关心的是提价($\Delta P > 0$)或降价($\Delta P < 0$)对总收益的影响.利用需求弹性的概念,可以分析价格变动是如何影响销售收益的.

总收益 R 是商品价格 P 与销售量 Q 的乘积,即
$$R = P \cdot Q = PQ(P).$$

边际总收益
$$R' = PQ'(P) + Q(P) = Q(P)\left[1 + Q'(P) \cdot \frac{P}{Q(P)}\right]$$
$$= Q(P)(1 - |E_d|) = Q(P)(1 - \eta).$$

① 若 $\eta < 1$,表示需求变动的幅度小于价格变动的幅度.此时 $R' > 0$,即边际收益大于 0,价格上涨,总收益增加;价格下跌,总收益减少.商品的价格和厂商的销售收入呈同方向变动.

② 若 $\eta > 1$,表示需求变动的幅度大于价格变动的幅度.此时 $R' < 0$,即边际收益小于 0,价格上涨,总收益减少;价格下跌,总收益增加.商品的价格和厂商的销售收入呈反方向变动.

③ 若 $\eta = 1$,表示需求变动的幅度等于价格变动的幅度,此时 $R' = 0$,总收益保持不变,降低价格或提高价格对厂商销售收益都没有影响.

综上所述,总收益的变化受需求弹性的制约,随商品需求弹性的变化而变化.

2. 供给弹性

供给弹性,通常指的是供给的价格弹性,设供给函数 $Q_s = Q(P)$ 可导,则供给的价格弹性为

$$E_s = \frac{\mathrm{d}Q}{\mathrm{d}P}\frac{P}{Q}.$$

例 9 设某产品的供给函数为 $Q = 2\mathrm{e}^P$,求供给的价格弹性函数及当 $P = 1$ 时的供给的价格弹性.

解 供给的价格弹性函数为

$$E_s(P) = \frac{P}{2\mathrm{e}^P}(2\mathrm{e}^P)' = \frac{P}{2\mathrm{e}^P}2\mathrm{e}^P = P.$$

因此,当 $P = 1$ 时

$$E_s(P) = 1.$$

这表明当 $P = 1$ 时,如果价格上涨 1%,供给量也相应增加 1%.

3. 收益弹性

借助弹性的定义,我们容易定义收益的价格弹性、收益的销售弹性等.用公式表示为

$$\frac{ER}{EP} = \frac{\mathrm{d}R}{\mathrm{d}P}\frac{P}{R},$$

$$\frac{ER}{EQ} = \frac{\mathrm{d}R}{\mathrm{d}Q}\frac{Q}{R},$$

式中 $\dfrac{ER}{EP}$ 为收益的价格弹性;$\dfrac{ER}{EQ}$ 为收益的销售弹性.

例 10 设 R, P, Q 分别为销售总收益、商品价格、销售量.

(1)试分别求出收益的价格弹性 $\dfrac{ER}{EP}$,收益的销售弹性 $\dfrac{ER}{EQ}$ 与需求的价格弹性 η 的关系;

(2)试分别解出关于价格 P 的边际收益 $\dfrac{\mathrm{d}R}{\mathrm{d}P}$,关于需求 Q 的边际收益 $\dfrac{\mathrm{d}R}{\mathrm{d}Q}$ 与需求价格弹性 η 的关系.

解 （1）设 $Q = f(P), R = PQ$，故

$$\frac{ER}{EP} = \frac{E(PQ)}{EP} = \frac{P}{PQ} \cdot \frac{\mathrm{d}(PQ)}{\mathrm{d}P} = \frac{1}{Q}\left(Q + P\frac{\mathrm{d}Q}{\mathrm{d}P}\right)$$

$$= 1 + \frac{P}{Q} \cdot \frac{\mathrm{d}Q}{\mathrm{d}P} = 1 - \eta,$$

$$\frac{ER}{EQ} = \frac{E(PQ)}{EQ} = \frac{Q}{PQ} \cdot \frac{\mathrm{d}(PQ)}{\mathrm{d}Q} = \frac{1}{P} \cdot \frac{\mathrm{d}(PQ)}{\mathrm{d}Q}$$

$$= \frac{1}{P} \cdot \left(P + Q\frac{\mathrm{d}P}{\mathrm{d}Q}\right) = 1 - \left(\frac{1}{-\dfrac{P}{Q} \cdot \dfrac{\mathrm{d}Q}{\mathrm{d}P}}\right) = 1 - \frac{1}{\eta}.$$

（2）由（1）知，

$$\frac{ER}{EP} = \frac{P}{R} \cdot \frac{\mathrm{d}R}{\mathrm{d}P} = \frac{P}{PQ} \cdot \frac{\mathrm{d}R}{\mathrm{d}P} = 1 - \eta,$$

故

$$\frac{\mathrm{d}R}{\mathrm{d}P} = Q(1 - \eta) = f(P)(1 - \eta).$$

又由（1）知

$$\frac{ER}{EQ} = \frac{Q}{R} \cdot \frac{\mathrm{d}R}{\mathrm{d}Q} = \frac{Q}{PQ} \cdot \frac{\mathrm{d}R}{\mathrm{d}Q} = 1 - \frac{1}{\eta},$$

故

$$\frac{\mathrm{d}R}{\mathrm{d}Q} = P\left(1 - \frac{1}{\eta}\right).$$

习题 3－6

1. 求下列函数的边际函数与弹性函数：

（1）$y = x^2 \mathrm{e}^{-x}$；   （2）$y = \dfrac{\mathrm{e}^x}{x}$；

（3）$y = x^a \mathrm{e}^{-b(x+c)}$.

2. 设某商品的总收益 R 关于销售量 Q 的函数为

$$R(Q) = 104Q - 0.4Q^2,$$

求：（1）销售量为 Q 时总收入的边际收入；

(2) 销售量 $Q = 50$ 个单位时总收入的边际收入；

(3) 销售量 $Q = 100$ 个单位时总收入对 Q 的弹性.

3. 某化工厂日产能力最高为 1 000 t，每日产品的总成本 C（单位：元）是日产量 x（单位：t）的函数

$$C = C(x) = 1\,000 + 7x + 50\sqrt{x}, x \in [0, 1\,000].$$

(1) 求当日产量为 100 t 时的边际成本；

(2) 求当日产量为 100 t 时的平均单位成本.

4. 某商品的价格 P 关于需求量 Q 的函数为 $P = 10 - \dfrac{Q}{5}$，求：

(1) 总收益函数、平均收益函数和边际收益函数；

(2) 当 $Q = 20$ 个单位时的总收益、平均收益和边际收益.

5. 某厂每周生产 Q 单位（单位：百件）产品的总成本 C（单位：千元）是产量的函数

$$C = C(Q) = 100 + 12Q + Q^2.$$

如果每百件产品销售价格为 4 万元，试写出利润函数及边际利润为零时的每周产量.

6. 设巧克力每周的需求量 Q（单位：kg）是价格 P（单位：元）的函数

$$Q = f(P) = \frac{1\,000}{(2P + 1)^2}.$$

求当 $P = 10$ 元时巧克力的边际需求量，并说明其经济意义.

7. 证明：若 $f(x), g(x)$ 是可导函数，则

(1) $\dfrac{E[f(x) \pm g(x)]}{Ex} = \dfrac{f(x)\dfrac{Ef(x)}{Ex} \pm g(x)\dfrac{Eg(x)}{Ex}}{f(x) \pm g(x)}$；

(2) $\dfrac{E[f(x) \cdot g(x)]}{Ex} = \dfrac{Ef(x)}{Ex} + \dfrac{Eg(x)}{Ex}$；

(3) 当 $g(x) \neq 0$ 时，$\dfrac{E\left[\dfrac{f(x)}{g(x)}\right]}{Ex} = \dfrac{Ef(x)}{Ex} - \dfrac{Eg(x)}{Ex}$；

(4) 若 $y = f(u), u = \varphi(x)$ 都可导，则

$$\frac{Ef[\varphi(x)]}{Ex} = \frac{Ef(u)}{Eu} \cdot \frac{E\varphi(x)}{Ex}.$$

8. 设某商品的需求函数为 $Q = e^{-\frac{P}{5}}$，求：

(1) 需求弹性函数；

(2) $P = 3, 5, 6$ 时的需求弹性，并说明其经济意义.

9. 设某商品的需求函数为 $Q = 100 - 5P$，其中 Q, P 分别表示需求量和价格，试分别求出需求弹性大于 1，等于 1 的商品价格的取值范围.

10. 某商品需求函数为 $Q = f(P) = 12 - \dfrac{P}{2}$.

（1）求需求弹性函数；

（2）求 $P = 6$ 时的需求弹性；

（3）在 $P = 6$ 时,若价格上涨 1%,总收益增加还是减少？将变化百分之几？

11. 设某商品的供给函数 $Q = 4 + 5P$,求供给弹性函数及 $P = 2$ 时的供给弹性.

12. 设某产品的需求函数为 $Q = Q(P)$,收益函数为 $R = PQ$,其中 P 为产品价格,Q 为需求量（产量）,$Q(P)$ 为单调减少函数. 如果当价格为 P_0 对应产量为 Q_0 时,边际收益 $\dfrac{\mathrm{d}R}{\mathrm{d}Q}\bigg|_{Q=Q_0} = a > 0$,收益对价格的边际收益为 $\dfrac{\mathrm{d}R}{\mathrm{d}P}\bigg|_{P=P_0} = c < 0$,需求对价格的弹性为 $\eta = b > 1$,求 P_0 与 Q_0.

13. 某企业生产一种商品,年需求量是价格 P 的线性函数 $Q = a - bP$,其中 $a, b > 0$,试求：
（1）需求弹性；（2）需求弹性等于 1 时的价格.

14. 已知某产品需求弹性为 2.1,如果该产品准备明年降价 10%,问这种商品的销量预期会增加多少？ 总收益预期会增加多少？

总习题三

1. 在"充分""必要"和"充分必要"三者中选择一个正确的填入下列空格内：

（1）$f(x)$ 在点 x_0 可导是 $f(x)$ 在点 x_0 连续的_____条件,$f(x)$ 在点 x_0 连续是 $f(x)$ 在点 x_0 可导的_____条件；

（2）$f(x)$ 在点 x_0 的左导数 $f'_-(x_0)$ 及右导数 $f'_+(x_0)$ 都存在且相等是 $f(x)$ 在点 x_0 可导的_____条件；

（3）$f(x)$ 在点 x_0 可导是 $f(x)$ 在点 x_0 可微的_____条件.

2. 设 $f(x)$ 可导且下列各极限均存在,则（　　）成立.

A. $\lim\limits_{x \to 0} \dfrac{f(x) - f(0)}{x} = f'(0)$ 　　　　B. $\lim\limits_{h \to 0} \dfrac{f(a + 2h) - f(a)}{h} = f'(a)$

C. $\lim\limits_{\Delta x \to 0} \dfrac{f(x_0) - f(x_0 - \Delta x)}{\Delta x} = f'(x_0)$ 　　D. $\lim\limits_{\Delta x \to 0} \dfrac{f(x_0 + \Delta x) - f(x_0 - \Delta x)}{2\Delta x} = f'(x_0)$

3. 设 $f'(a) = b$,求：

（1）$\lim\limits_{x \to a} \dfrac{xf(a) - af(x)}{x - a}$；　　　　（2）$\lim\limits_{x \to a} \dfrac{f(x) - f(a)}{\sqrt{x} - \sqrt{a}} \ (a > 0)$；

（3）$\lim\limits_{x \to 0} \dfrac{f(a) - f(a - 3x)}{5x}$.

4. （1）设 $f(x) = x(x - 1)(x - 2)\cdots(x - 2\,009)$,求 $f'(0)$；

（2）设 $f(x) = (2^x - 1)\varphi(x)$,其中 $\varphi(x)$ 在 $x = 0$ 处连续,求 $f'(0)$.

5. 确定 a, b 的值,使得

$$f(x) = \begin{cases} \sin x, & x \leqslant \dfrac{\pi}{4}, \\[2mm] ax + b, & x > \dfrac{\pi}{4} \end{cases}$$

在 $x = \dfrac{\pi}{4}$ 处可导.

6. 设 $f(x)$ 在 $x = 0$ 处可导,且 $f'(0) = \dfrac{1}{3}$,又对任意的 x 有 $f(3 + x) = 3f(x)$,求 $f'(3)$.

7. 求下列函数 $f(x)$ 的 $f'_{-}(0)$ 及 $f'_{+}(0)$,又 $f'(0)$ 是否存在?

(1) $f(x) = \begin{cases} e^x, & x \geqslant 0, \\ x^2 + 1, & x < 0; \end{cases}$

(2) $f(x) = \begin{cases} \dfrac{x}{1 - e^{\frac{1}{x}}}, & x \neq 0, \\[3mm] 0, & x = 0. \end{cases}$

8. 当 λ 为何值时,可使函数

$$f(x) = \begin{cases} x^{\lambda} \cos \dfrac{1}{x}, & x > 0, \\[3mm] 0, & x \leqslant 0 \end{cases}$$

在 $x = 0$ 处(1) 连续但不可导;(2) 既连续又可导.

9. 求下列函数的导数与微分:

(1) $y = x \arcsin \dfrac{x}{3} + \sqrt{9 - x^2} + \ln 2$,求 $\mathrm{d}y$;

(2) $y = \tan(e^{-2x} + 1) + \cos \dfrac{\pi}{4}$,求 y';

(3) $y = \ln(e^x + \sqrt{1 + e^{2x}})$,求 y';

(4) $y = (\cos x)^{\sin x} (\cos x > 0)$,求 y';

(5) $y = \dfrac{\sqrt{x + 2}(2 - x)^3}{(1 - x)^5}$,求 y';

(6) $y = \ln \tan \dfrac{x}{2} - \cot x \cdot \ln(1 + \sin x) - x$,求 $\mathrm{d}y$.

10. 设 $\arctan \dfrac{y}{x} = \dfrac{1}{2} \ln(x^2 + y^2)$ 确定函数 $y = y(x)$,已知 $x = 1$ 时,$y = 0$,求 $\dfrac{\mathrm{d}y}{\mathrm{d}x}\bigg|_{x=1}, \dfrac{\mathrm{d}^2 y}{\mathrm{d}x^2}\bigg|_{x=1}$.

11. 设 $e^y + xy = e$ 确定函数 $y = y(x)$,求 $y''(0)$.

12. 求下列函数的二阶导数:

（1）$y = x\sin 3x$；　　　　　　（2）$y = \ln\sqrt{\dfrac{1-x}{1+x^2}}$.

13. 求下列由参数方程所确定的函数的一阶导数 $\dfrac{\mathrm{d}y}{\mathrm{d}x}$ 及二阶导数 $\dfrac{\mathrm{d}^2 y}{\mathrm{d}x^2}$：

（1）$\begin{cases} x = \ln\tan t, \\ y = \ln\tan\dfrac{t}{2}; \end{cases}$　　　　（2）$\begin{cases} x = (t^2+1)\mathrm{e}^t, \\ y = t^2\mathrm{e}^{2t}, \end{cases}$ 在 $t = 0$ 处.

14. 求曲线 $\begin{cases} x = \ln(1+t^2), \\ y = \dfrac{\pi}{2} - \arctan t \end{cases}$ 上一点的坐标，使在该点处的切线平行于直线 $x + 2y = 0$.

15. 求下列函数的 n 阶导数：

（1）$y = \dfrac{1-x}{1+x}$；　　　　　　（2）$y = \dfrac{1}{x^2 - 3x + 2}$；

（3）$y = \ln\dfrac{a+bx}{a-bx}$.

16. 利用函数的微分代替函数的增量求 $\cos 151°$ 的近似值.

17. 设某产品的成本函数和收入函数分别为 $C(x) = 100 + 5x + 2x^2$，$R(x) = 200x + x^2$，其中 x 表示产品的产量，求：

（1）边际成本函数、边际收入函数、边际利润函数；

（2）已生产并销售 25 个单位产品，第 26 个单位产品会有多少利润？

18. 某商品的需求量 Q 为价格 P 的函数

$$Q = 150 - 2P^2.$$

求：（1）当 $P = 6$ 时的边际需求，并说明其经济意义；

（2）当 $P = 6$ 时的需求弹性，并说明其经济意义；

（3）当 $P = 6$ 时，若价格下降 2%，总收益将变化百分之几？是增加还是减少？

19. 设生产某产品的固定成本为 60 000 元，可变成本为 20 元/件，价格函数为 $P = 60 - \dfrac{Q}{1\,000}$（$P$ 是单价，单位：元，Q 是销量，单位：件），已知产销平衡，求：

（1）该商品的边际利润；

（2）当 $P = 50$ 时的边际利润，并解释其经济意义；

（3）使得利润最大的单价 P.

第四章　中值定理及导数的应用

在这一章,我们将把上一章所学的导数作为工具来研究函数的某些性态,并利用这些知识来解决一些实际问题,为此,我们先要学习微分学的几个中值定理,它们是导数应用的基础.

第一节　中值定理

我们先讲罗尔定理,然后由它推出拉格朗日中值定理和柯西中值定理.

一、罗尔定理

罗尔(Rolle)定理　如果函数 $f(x)$ 满足下列条件:

(1) 在闭区间 $[a,b]$ 上连续;

(2) 在开区间 (a,b) 内可导;

(3) 在区间端点的函数值相等,即 $f(a)=f(b)$,

那么在 (a,b) 内至少有一点 ξ,使得

$$f'(\xi) = 0.$$

罗尔定理的几何意义是:如果连续曲线 $y=f(x)$ 在 A、B 处的纵坐标相等且除端点外处处有不垂直于 x 轴的切线,那么弧 $\overset{\frown}{AB}$ 上至少有一点 $C(\xi,f(\xi))$ 使得曲线在该点处的切线是水平的(平行于 x 轴),如图 $4-1$.

我们再对罗尔定理的条件作如下几点说明.

1° 条件是缺一不可的(图 $4-2$).

(1) $y=f(x)$ 在 $x=b$ 不连续;

(2) $y=f(x)$ 在 $x=c$ 不连续;

(3) $y=f(x)$ 在 $x=c$ 不可导;

(4) $f(a)\neq f(b)$.

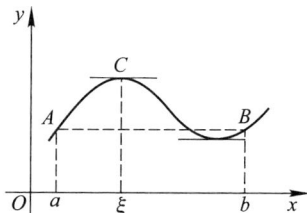

图 $4-1$

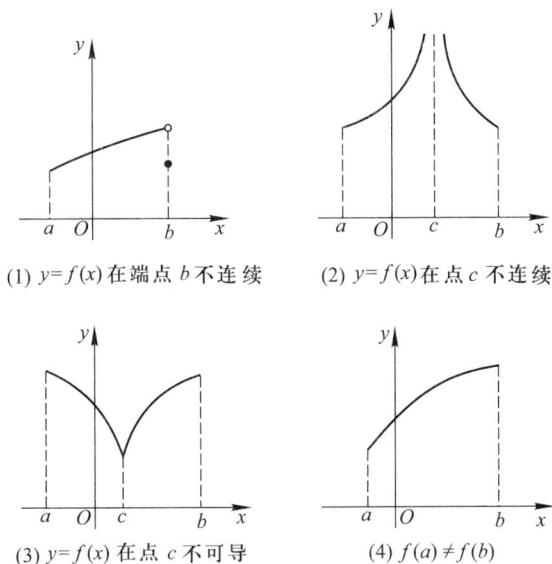

(1) $y=f(x)$ 在端点 b 不连续　　(2) $y=f(x)$ 在点 c 不连续

(3) $y=f(x)$ 在点 c 不可导　　(4) $f(a)\neq f(b)$

图 4 - 2

图 4 - 2 中的四个图形均不存在 ξ，使 $f'(\xi)=0$.

2° 条件不是必要的（图 4 - 3）.

图 4 - 3 中的函数 $y=f(x)$ 对定理中的三个条件均不满足，但也存在一点 ξ，使 $f'(\xi)=0$.

3° 条件是充分的，我们给出它的证明：

证　由于函数 $f(x)$ 在 $[a,b]$ 上连续，所以它在 $[a,b]$ 上必能取得最大值 M 和最小值 m（见第二章）.

图 4 - 3

下面分两种情况分别证明：

（1）若 $M=m$，则 $f(x)$ 在 $[a,b]$ 上恒为常数，即

$$f(x) = C = M.$$

此时在整个区间 (a,b) 内，都有 $f'(x)=0$，因此，将 (a,b) 内任意一点取作 ξ，均有 $f'(\xi)=0$.

（2）若 $M>m$，则有 $f(a)<M$ 或 $f(a)>m$，不妨设 $f(a)<M$，于是在 (a,b) 内必存在一点 ξ，使 $f(\xi)=M$，下面我们来证 $f'(\xi)=0$.

因为　　　　　$$f'(\xi) = \lim_{\Delta x \to 0} \frac{f(\xi+\Delta x) - f(\xi)}{\Delta x}$$

存在，必有 $f'_+(\xi)=f'_-(\xi)=f'(\xi)$.

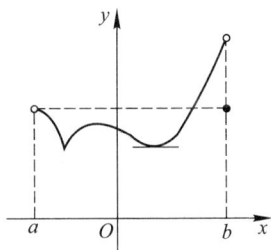

又 $f(\xi)=M$ 为最大值,所以 Δx 无论取正还是取负,总有

$$f(\xi+\Delta x)-f(\xi)\leqslant 0.$$

当 $\Delta x>0$ 时,有

$$f'_+(\xi)=\lim_{\Delta x\to 0^+}\frac{f(\xi+\Delta x)-f(\xi)}{\Delta x}\leqslant 0.$$

当 $\Delta x<0$ 时,有

$$f'_-(\xi)=\lim_{\Delta x\to 0^-}\frac{f(\xi+\Delta x)-f(\xi)}{\Delta x}\geqslant 0.$$

从而得到 $f'_+(\xi)=f'_-(\xi)=0$,即 $f'(\xi)=0$.

通常称导数为零的点为函数的**驻点**(或**稳定点**,**临界点**).

例 1　设 $f(x)=x^2-2x-3=(x+1)(x-3)$,则

$$f'(x)=2x-2=2(x-1),$$

$$f(-1)=f(3)=0.$$

显然 $f(x)$ 在 $[-1,3]$ 上满足罗尔定理的三个条件,而 $f'(1)=0$ 正符合罗尔定理的结论($\xi=1$).

例 2　不求出导数,判别函数 $f(x)=(x-1)(x-2)(x-3)$ 的导数 $f'(x)=0$ 有几个实根.

解　$f(1)=f(2)=f(3)=0$.

显然 $f(x)$ 在闭区间 $[1,2]$、$[2,3]$ 上满足罗尔定理的三个条件,根据罗尔定理,在区间 $(1,2)$ 内存在 ξ_1,在区间 $(2,3)$ 内存在 ξ_2,使

$$f'(\xi_1)=0,\quad f'(\xi_2)=0.$$

所以 $f'(x)=0$ 至少有两个实根.

又 $f'(x)$ 为二次多项式,至多只有两个实根.从而 $f'(x)=0$ 有且仅有两个实根.

二、拉格朗日中值定理

罗尔定理中的第三个条件 $f(a)=f(b)$ 是非常特殊的,它使罗尔定理的应用受到了限制.如果取消条件 $f(a)=f(b)$,仍保留另外两个条件,那么,罗尔定理的结论不能成立.但我们对结论做相应的修改,就得到微分学中的一个十分重要的定理——拉格朗日(Lagrange)中值定理.

拉格朗日中值定理　如果函数 $f(x)$ 满足如下两个条件:

(1) 在闭区间 $[a,b]$ 上连续;

（2）在开区间(a,b)内可导，

那么在(a,b)内至少有一点ξ，使得

$$f'(\xi) = \frac{f(b) - f(a)}{b - a}$$

或　　　　　　　　　$f(b) - f(a) = f'(\xi)(b - a).$　　　　　　（1）

拉格朗日中值定理的几何意义是：如果连续曲线$y = f(x)$的弧$\overset{\frown}{AB}$上除端点外处处有不垂直于x轴的切线，那么这弧上至少有一点$C(\xi, f(\xi))$，使得在C点处的切线平行于弦AB. 其中AB为连接$A(a, f(a))$，$B(b, f(b))$的线段. 其斜率显然为$\dfrac{f(b) - f(a)}{b - a}$（图4-4）.

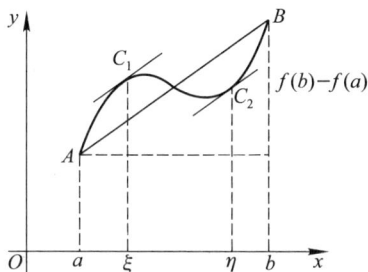

图4-4

与罗尔定理相似，拉格朗日中值定理的两个条件是缺一不可的，不是必要的，而是充分的.

我们将利用罗尔定理来证明拉格朗日中值定理. 为此，希望构造一个新的函数$\varphi(x)$，使它满足罗尔定理的三个条件，同时要使罗尔定理的结论$\varphi'(\xi) = 0$正好是拉格朗日中值定理的结论. 这个方法称为**辅助函数法**.

具体分析如下：

要证$f(b) - f(a) = f'(\xi)(b - a)$，即证

$$f'(\xi)(b - a) - [f(b) - f(a)] = 0.$$

也就是

$$\varphi'(\xi) = f'(\xi)(b - a) - [f(b) - f(a)] = 0.$$　　　（2）

显然，如果函数

$$\varphi(x) = f(x)(b - a) - [f(b) - f(a)]x$$

满足罗尔定理的三个条件，那么式（2）就能成立. 前两个条件是显然的，又

$$\varphi(a) = f(a)(b - a) - [f(b) - f(a)]a = bf(a) - af(b),$$

$$\varphi(b) = f(b)(b - a) - [f(b) - f(a)]b = bf(a) - af(b),$$

从而第三个条件 $\varphi(a) = \varphi(b)$ 也满足.

拉格朗日中值定理的证明如下：

证 引入辅助函数

$$\varphi(x) = f(x)(b - a) - [f(b) - f(a)]x.$$

显然 $\varphi(x)$ 在 $[a,b]$ 上连续，在 (a,b) 内可导. 又

$$\varphi(a) = \varphi(b) = bf(a) - af(b).$$

$\varphi(x)$ 在 $[a,b]$ 上满足罗尔定理的三个条件，由罗尔定理推得，在 (a,b) 内至少有一点 ξ，使

$$\varphi'(\xi) = f'(\xi)(b - a) - [f(b) - f(a)] = 0,$$

从而 $\qquad\qquad f(b) - f(a) = f'(\xi)(b - a)$ 成立.

注意：我们把辅助函数 $\varphi(x)$ 加上几个常数，显然不会改变条件与结论，但可简化条件的验证. 比如：设

$$\varphi(x) = f(x)(b - a) - f(a)(b - a) + [f(b) - f(a)]a - [f(b) - f(a)]x$$
$$= [f(x) - f(a)](b - a) - [f(b) - f(a)](x - a),$$

则有 $\varphi(a) = \varphi(b) = 0$.

从而可以看出，用罗尔定理证明拉格朗日中值定理所作的辅助函数不是唯一的. 我们只需构造其中最容易找到的一个就行了.

显然，公式(1)对 $b < a$ 也成立. (1)式称为**拉格朗日中值公式**. 使用变量代换法，可得到其他形式.

因为 ξ 在 (a,b) 之内，可令

$$\xi = a + \theta(b - a), \quad \text{其中 } 0 < \theta < 1,$$

即得 $\qquad\qquad f(b) - f(a) = f'[a + \theta(b - a)](b - a). \qquad\qquad (1')$

在公式(1')中再令 $a = x_0, b = x_0 + \Delta x$，即得

$$f(x_0 + \Delta x) - f(x_0) = f'(x_0 + \theta \Delta x)\Delta x \qquad\qquad (1'')$$

或 $\qquad\qquad \Delta y = f'(x_0 + \theta \Delta x)\Delta x, \quad 0 < \theta < 1. \qquad\qquad (1''')$

在学习微分时，我们曾有表达式

$$\Delta y = f'(x_0)\Delta x + o(\Delta x)$$

或 $\qquad\qquad \Delta y \approx dy = f'(x_0)\Delta x,$

它表明，函数的微分 $dy = f'(x_0)\Delta x$ 是函数的增量 Δy 的近似表达式，一般说来，以 dy 近似代替 Δy 时所产生的误差只有当 $\Delta x \to 0$ 时才趋于零，而 (1''') 式中，尽

管 θ 存在而未给出,但它给出了自变量取得有限增量 Δx($|\Delta x|$ 不一定很小)时,函数增量 Δy 的准确表达式.从而拉格朗日中值定理又称为**有限增量定理**.它在微分学中占有重要地位,有时也称为**微分中值定理**.它精确地表达了函数在一个区间上的增量与函数在这个区间内的某点处的导数之间的关系.

前面讲到,拉格朗日中值定理中的 ξ 只是存在而未具体给出,似乎不太令人满意,但在使用时,常常只要知道存在性也就足够了,下面的定理或例题的证明都说明了这一点.

定理　如果函数 $f(x)$ 在区间 I 上的导数恒为零,那么 $f(x)$ 在区间 I 上是一个常数.即

$$f'(x) = 0 \Rightarrow f(x) = C \quad (x \in I, C \text{ 为某个常数}).$$

证　设 x_1, x_2 为 I 内任意两点 $(x_1 < x_2)$.在 $[x_1, x_2]$ 上应用拉格朗日中值定理,有

$$f(x_2) - f(x_1) = f'(\xi)(x_2 - x_1) \quad (x_1 < \xi < x_2).$$

因为 $f'(x) = 0$,所以 $f'(\xi) = 0$,从而 $f(x_2) - f(x_1) = 0$,　即 $f(x_2) = f(x_1)$.由于任意两点的函数值相等,必有 $f(x) = C$.

上述定理在不定积分中十分有用,在它的证明中,ξ 的准确值不知道,但并不妨碍公式(1)的应用.有时,我们在应用公式(1)时,只要知道 ξ 的范围,对 ξ 适当放大或缩小,还可以把等式变为不等式.

例 3　证明当 $x > 0$ 时,

$$\frac{x}{x+1} < \ln(1+x) < x.$$

证　引入辅助函数 $f(x) = \ln(1+x)$ $(x > 0)$,显然 $f(x)$ 在 $[0, x]$ 上满足拉格朗日中值定理的条件,根据定理,应有

$$f(x) - f(0) = f'(\xi)x \quad (0 < \xi < x),$$

即

$$\ln(1+x) = \frac{x}{\xi+1}.$$

又

$$0 < \xi < x, \quad 1 < \xi + 1 < 1 + x,$$

所以

$$\frac{x}{1+x} < \frac{x}{1+\xi} < x,$$

从而

$$\frac{x}{1+x} < \ln(1+x) < x.$$

三、柯西中值定理

柯西中值定理 如果函数 $f(x)$ 和 $g(x)$ 满足条件:

(1) 在闭区间 $[a,b]$ 上连续;

(2) 在开区间 (a,b) 内可导;

(3) $g'(x)$ 在 (a,b) 内每点处均不为零,

那么在 (a,b) 内至少有一点 ξ,使得

$$\frac{f'(\xi)}{g'(\xi)} = \frac{f(b) - f(a)}{g(b) - g(a)}. \tag{3}$$

证 显然 $g(b) \neq g(a)$,否则由罗尔定理,有 $\xi_1 \in (a,b)$ 使 $g'(\xi_1) = 0$. 与条件矛盾.

仿照证明拉格朗日中值定理的方法,引入辅助函数

$$\varphi(x) = f(x)[g(b) - g(a)] - g(x)[f(b) - f(a)].$$

显然 $\varphi(x)$ 在 $[a,b]$ 上连续,在 (a,b) 内可导,又

$$\varphi(a) = \varphi(b) = f(a)g(b) - f(b)g(a),$$

从而 $\varphi(x)$ 在 $[a,b]$ 上满足罗尔定理的三个条件. 由罗尔定理,在 (a,b) 内至少有一点 ξ,使

$$\varphi'(\xi) = f'(\xi)[g(b) - g(a)] - g'(\xi)[f(b) - f(a)] = 0,$$

整理即得

$$\frac{f'(\xi)}{g'(\xi)} = \frac{f(b) - f(a)}{g(b) - g(a)}.$$

很明显在公式(3)中令 $g(x) = x$,就得到了公式(1),在公式(1)中令 $f(a) = f(b)$,就得到了罗尔定理的结论.

习题 4-1

1. 验证下列各题,确定 ξ 的值:

(1) 对函数 $y = \sin x$ 在区间 $\left[\frac{\pi}{6}, \frac{5\pi}{6}\right]$ 上验证罗尔定理;

(2) 对函数 $y = 4x^3 - 6x^2 - 2$ 在区间 $[0,1]$ 上验证拉格朗日中值定理;

(3) 对函数 $f(x) = x^3$ 及 $g(x) = x^2 + 1$ 在区间 $[0,1]$ 上验证柯西中值定理.

2. 证明下列不等式:

(1) 当 $a > b > 0$ 时,

$$3b^2(a-b) < a^3 - b^3 < 3a^2(a-b);$$

（2）当 $a > b > 0$ 时，

$$\frac{a-b}{a} < \ln\frac{a}{b} < \frac{a-b}{b};$$

（3）$|\arctan a - \arctan b| \leqslant |a-b|$；

（4）当 $x > 1$ 时，$e^x > ex$.

3. 证明恒等式：

$$\arctan x + \operatorname{arccot} x = \frac{\pi}{2} \quad (-\infty < x < +\infty).$$

4. 证明方程 $x^3 + x - 1 = 0$ 有且只有一个正实根.

5. 不用求出函数 $f(x) = x(x-1)(x-2)(x-3)$ 的导数，试判别方程 $f''(x) = 0$ 的根的个数.

6. 若函数 $f(x)$ 在 $(-\infty, +\infty)$ 内满足关系式 $f'(x) = f(x)$ 且 $f(0) = 1$. 证明：$f(x) = e^x$.

第二节　洛必达法则

我们曾经在无穷小的比较中讨论过两个无穷小的商的极限问题，它们有的存在，有的不存在，如极限 $\lim\limits_{x\to 0}\dfrac{\sin x}{x}$ 存在且等于 1，而极限 $\lim\limits_{x\to 0}\dfrac{\sin x}{x^3}$ 不存在. 我们把这类极限称为 $\dfrac{0}{0}$ **型未定式**. 类似地，两个无穷大的商的极限也是有的存在，有的不存在，我们称之为 $\dfrac{\infty}{\infty}$ **型未定式**. 这类极限不能用函数商的极限运算法则来计算. 我们介绍一种求这类极限的既简便又重要的方法——洛必达法则.

一、$x\to a$ 时的 $\dfrac{0}{0}$ 型未定式

定理 设

（1）$\lim\limits_{x\to a} f(x) = 0, \lim\limits_{x\to a} g(x) = 0$；

（2）在点 a 的某去心邻域，$f'(x), g'(x)$ 都存在，且 $g'(x) \neq 0$；

（3）$\lim\limits_{x\to a}\dfrac{f'(x)}{g'(x)} = A$（或为 ∞），

那么
$$\lim_{x\to a}\frac{f(x)}{g(x)} = \lim_{x\to a}\frac{f'(x)}{g'(x)} = A(\text{或}\ \infty).$$

证 补充定义 $f(a) = g(a) = 0$ 不会影响极限，从而 $f(x), g(x)$ 在以 a 和 x

为端点的闭区间上满足柯西中值定理的条件,因此有

$$\frac{f'(\xi)}{g'(\xi)} = \frac{f(x) - f(a)}{g(x) - g(a)} = \frac{f(x)}{g(x)} \quad (\xi\,在\,a\,与\,x\,之间).$$

显然当 $x \to a$ 时,$\xi \to a$,对上式取极限,有

$$\lim_{x \to a} \frac{f(x)}{g(x)} = \lim_{x \to a} \frac{f'(\xi)}{g'(\xi)} = \lim_{\xi \to a} \frac{f'(\xi)}{g'(\xi)},$$

即

$$\lim_{x \to a} \frac{f(x)}{g(x)} = \lim_{x \to a} \frac{f'(x)}{g'(x)}.$$

从而定理得证.

如果 $\lim\limits_{x \to a} \dfrac{f'(x)}{g'(x)}$ 仍为 $\dfrac{0}{0}$ 型未定式,且这时 $f'(x)$,$g'(x)$ 满足定理中 $f(x)$、$g(x)$ 所要满足的条件,那么有

$$\lim_{x \to a} \frac{f(x)}{g(x)} = \lim_{x \to a} \frac{f'(x)}{g'(x)} = \lim_{x \to a} \frac{f''(x)}{g''(x)},$$

而且可以以此类推. 这种用导数商的极限来计算函数商的极限的方法称为**洛必达法则**.

例 1　求 $\lim\limits_{x \to 0} \dfrac{\sin 2x}{\sin 3x}$.

解

$$\lim_{x \to 0} \frac{\sin 2x}{\sin 3x} = \lim_{x \to 0} \frac{2\cos 2x}{3\cos 3x} = \frac{2}{3}.$$

例 2　求 $\lim\limits_{x \to 1} \dfrac{x^3 - 3x + 2}{x^3 - 2x^2 + x}$.

解

$$\lim_{x \to 1} \frac{x^3 - 3x + 2}{x^3 - 2x^2 + x} = \lim_{x \to 1} \frac{3x^2 - 3}{3x^2 - 4x + 1}$$

$$= \lim_{x \to 1} \frac{6x}{6x - 4} = 3.$$

注意:上式中的 $\lim\limits_{x \to 1} \dfrac{6x}{6x - 4}$ 已不是未定式,不能对它应用洛必达法则,否则会导致错误结果.

例 3　求 $\lim\limits_{x \to 0} \dfrac{x - \sin x}{x^3}$.

解
$$\lim_{x\to 0}\frac{x-\sin x}{x^3}=\lim_{x\to 0}\frac{1-\cos x}{3x^2}=\lim_{x\to 0}\frac{\sin x}{6x}$$

$$=\lim_{x\to 0}\frac{\cos x}{6}=\frac{1}{6}.$$

二、$x\to\infty$ 时的 $\dfrac{0}{0}$ 型未定式及 $x\to a$ 或 $x\to\infty$ 时的 $\dfrac{\infty}{\infty}$ 型未定式

对于 $x\to\infty$ 时的未定式 $\dfrac{0}{0}$,及 $x\to a$ 或 $x\to\infty$ 时的未定式 $\dfrac{\infty}{\infty}$,都有相应的洛必

达法则,如 $x\to a$ 时的 $\dfrac{\infty}{\infty}$ 型未定式的洛必达法则为:

如果

(1) $\lim\limits_{x\to a}f(x)=\lim\limits_{x\to a}g(x)=\infty$;

(2) $f(x)$、$g(x)$ 在点 a 的某去心邻域内可导,且 $g'(x)\neq 0$;

(3) $\lim\limits_{x\to a}\dfrac{f'(x)}{g'(x)}=A$(或 ∞),

那么

$$\lim_{x\to a}\frac{f(x)}{g(x)}=\lim_{x\to a}\frac{f'(x)}{g'(x)}.$$

例 4 求 $\lim\limits_{x\to +\infty}\dfrac{\ln\,(x+2)-\ln x}{\dfrac{1}{x}}$.

解 该极限是 $\dfrac{0}{0}$ 型的.

$$\lim_{x\to +\infty}\frac{\ln\,(x+2)-\ln x}{\dfrac{1}{x}}=\lim_{x\to +\infty}\frac{-\dfrac{2}{x^2+2x}}{-\dfrac{1}{x^2}}=2.$$

例 5 求 $\lim\limits_{x\to +\infty}\dfrac{\ln x}{\sqrt{x}}$.

解 该极限是 $\dfrac{\infty}{\infty}$ 型的,由洛必达法则,有

$$\lim_{x \to +\infty} \frac{\ln x}{\sqrt{x}} = \lim_{x \to +\infty} \frac{\frac{1}{x}}{\frac{1}{2\sqrt{x}}} = \lim_{x \to +\infty} \frac{2}{\sqrt{x}} = 0.$$

一般地,对于任何实数 $n > 0$,均有

$$\lim_{x \to +\infty} \frac{\ln x}{x^n} = 0.$$

例 6　求 $\lim\limits_{x \to +\infty} \dfrac{x^n}{e^x}$ （n 为正整数）.

解　　　　$\lim\limits_{x \to +\infty} \dfrac{x^n}{e^x} = \lim\limits_{x \to +\infty} \dfrac{nx^{n-1}}{e^x} = \cdots = \lim\limits_{x \to +\infty} \dfrac{n!}{e^x} = 0.$

注意,例 6 中 n 不是正整数而是任意正数,那么极限仍为零.

对数函数 $\ln x$,幂函数 $x^n (n > 0)$,指数函数 e^x 均为当 $x \to +\infty$ 时的无穷大,但从例 5、例 6 可以看出,这三个函数增大的"速度"是不一样的,幂函数增大的"速度"比对数函数快得多,而指数函数增大的"速度"又比幂函数快得多.

下表列出了 $x = 10, 100, 1\,000$ 时,函数 $\ln x, \sqrt{x}, x^2$,及 e^x 相应的函数值. 从中可以看出当 x 增大时这几个函数增大"速度"快慢的情况.

x	10	100	1 000
$\ln x$	2.3	4.6	6.9
$\sqrt{x}$	3.2	10	31.6
x^2	100	10^4	10^6
e^x	2.20×10^4	2.69×10^{43}	1.97×10^{434}

三、$0 \cdot \infty$、$\infty - \infty$、0^0、1^∞、∞^0 型未定式

例 7　求 $\lim\limits_{x \to 0^+} x \ln x.$

解　该极限是 $0 \cdot \infty$ 型的.

$$\lim_{x \to 0^+} x \ln x = \lim_{x \to 0^+} \frac{\ln x}{\frac{1}{x}} = \lim_{x \to 0^+} \frac{\frac{1}{x}}{-\frac{1}{x^2}} = \lim_{x \to 0^+} (-x) = 0.$$

例 8 求 $\lim\limits_{x\to 0}\left[\dfrac{1}{x}-\dfrac{1}{\ln(1+x)}\right]$.

解 该极限是 $\infty-\infty$ 型的.

$$\lim_{x\to 0}\left[\frac{1}{x}-\frac{1}{\ln(1+x)}\right]=\lim_{x\to 0}\frac{\ln(1+x)-x}{x\ln(1+x)}$$

$$=\lim_{x\to 0}\frac{\ln(1+x)-x}{x^{2}}\qquad（因为当 x\to 0 时，\ln(1+x)\sim x）$$

$$=\lim_{x\to 0}\frac{\dfrac{1}{1+x}-1}{2x}=\lim_{x\to 0}\frac{1-(1+x)}{2x(1+x)}=-\frac{1}{2}.$$

一般地，$0\cdot\infty$、$\infty-\infty$ 型未定式必须变为 $\dfrac{0}{0}$ 或 $\dfrac{\infty}{\infty}$ 型未定式，再使用洛必达法则.

例 9 求 $\lim\limits_{x\to 0^{+}}x^{x}$. （$0^{0}$ 型）

解 设 $y=x^{x}$，则 $\ln y=x\ln x$，

$$\lim_{x\to 0^{+}}\ln y=\lim_{x\to 0^{+}}x\ln x=0,$$

从而

$$\lim_{x\to 0^{+}}y=\lim_{x\to 0^{+}}x^{x}=\lim_{x\to 0^{+}}e^{\ln y}=e^{\lim\limits_{x\to 0^{+}}\ln y}=e^{0}=1.$$

例 10 求 $\lim\limits_{x\to 1}x^{\frac{x}{x-1}}$. （$1^{\infty}$ 型）

解 设 $y=x^{\frac{x}{x-1}}$，则 $\ln y=\dfrac{x\ln x}{x-1}$.

$$\lim_{x\to 1}\ln y=\lim_{x\to 1}\frac{x\ln x}{x-1}=\lim_{x\to 1}\frac{\ln x+1}{1}=1,$$

从而

$$\lim_{x\to 1}y=\lim_{x\to 1}x^{\frac{x}{x-1}}=\lim_{x\to 1}e^{\ln y}=e^{\lim\limits_{x\to 1}\ln y}=e^{1}=e.$$

例 11 求 $\lim\limits_{x\to +\infty}x^{\frac{1}{x}}$. （$\infty^{0}$ 型）

解 设 $y=x^{\frac{1}{x}}$，则 $\ln y=\dfrac{\ln x}{x}$.

$$\lim_{x\to +\infty}\ln y=\lim_{x\to +\infty}\frac{\ln x}{x}=\lim_{x\to +\infty}\frac{1}{x}=0,$$

从而 $$\lim_{x\to+\infty} y = \lim_{x\to+\infty} x^{\frac{1}{x}} = \lim_{x\to+\infty} e^{\ln y} = e^{\lim_{x\to+\infty}\ln y} = e^0 = 1.$$

例 9、例 10、例 11 的方法叫做**取对数求极限法**.

最后,值得指出的是,本节定理给出的是求未定式的一种方法. 当定理的条件满足时,所求的极限当然存在(或为∞),但当定理的条件不满足时,所求极限不一定不存在,也就是说当 $\lim\dfrac{f'(x)}{g'(x)}$ 不存在时(等于无穷大的情况除外) $\lim\dfrac{f(x)}{g(x)}$ 仍有可能存在(见本节习题).

习题 4 – 2

1. 用洛必达法则求下列各极限:

(1) $\lim\limits_{x\to0}\dfrac{\ln(1+x)}{x}$;

(2) $\lim\limits_{x\to0}\dfrac{e^x - e^{-x}}{\sin x}$;

(3) $\lim\limits_{x\to a}\dfrac{\cos x - \cos a}{x - a}$;

(4) $\lim\limits_{x\to0}\dfrac{\sin ax}{\tan bx}$ $(b\neq0)$;

(5) $\lim\limits_{x\to\frac{\pi}{2}}\dfrac{\ln\sin x}{(\pi - 2x)^2}$;

(6) $\lim\limits_{x\to a}\dfrac{x^5 - a^5}{x^3 - a^3}$;

(7) $\lim\limits_{x\to0^+}\dfrac{\ln\tan 3x}{\ln\tan 4x}$;

(8) $\lim\limits_{x\to\frac{\pi}{2}}\dfrac{\tan x}{\tan 5x}$;

(9) $\lim\limits_{x\to+\infty}\dfrac{\ln\left(1 + \dfrac{2}{x}\right)}{\operatorname{arccot} x}$;

(10) $\lim\limits_{x\to0}\dfrac{\ln(1 + x^2)}{\sec x - \cos x}$;

(11) $\lim\limits_{x\to0} x\cot 3x$;

(12) $\lim\limits_{x\to0} x^2 e^{\frac{1}{x^2}}$;

(13) $\lim\limits_{x\to1}\left(\dfrac{2}{x^2 - 1} - \dfrac{1}{x - 1}\right)$;

(14) $\lim\limits_{x\to\infty}\left(1 + \dfrac{3}{x}\right)^x$;

(15) $\lim\limits_{x\to0^+} x^{\tan x}$;

(16) $\lim\limits_{x\to0^+}\left(\dfrac{1}{x}\right)^{\sin x}$.

2. 验证极限 $\lim\limits_{x\to\infty}\dfrac{x + \sin x}{x - \sin x}$ 存在,但不能用洛必达法则求出.

第三节 导数的应用

一、函数的单调性

在第一章,我们介绍了函数在区间上单调性的概念,下面利用导数来对函数的单调性进行研究.

先从几何直观分析一下.假设函数 $f(x)$ 在闭区间 $[a,b]$ 上连续,在开区间 (a,b) 内可导.如果 $y=f(x)$ 在 $[a,b]$ 上单调增加(单调减小),那么它的图形是一条沿 x 轴正向上升(下降)的曲线.其切线的斜率为非负的(非正的),即导数 $y'=f'(x) \geq 0 (\leq 0)$(图 $4-5$).由此可见,函数的单调性与导数的符号有着密切的关系.

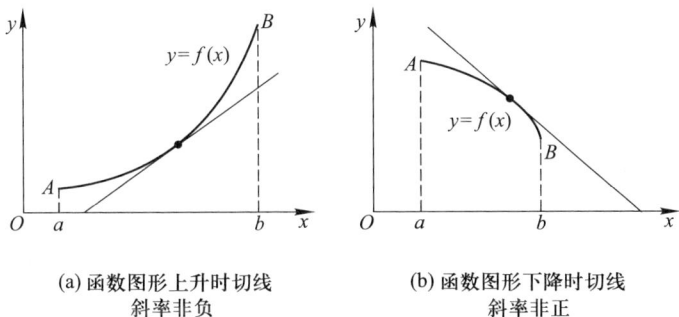

(a) 函数图形上升时切线
斜率非负

(b) 函数图形下降时切线
斜率非正

图 $4-5$

反过来,我们可以用导数的符号来判别函数的单调性,下面我们用拉格朗日中值定理来讨论这个问题.

因为 $f(x)$ 在 $[a,b]$ 上连续,在 (a,b) 内可导.在 $[a,b]$ 上任取两点 (x_1,x_2),由拉格朗日中值定理,我们有 $\dfrac{f(x_2)-f(x_1)}{x_2-x_1}=f'(\xi)$ $(x_1<\xi<x_2)$ 或 $f(x_2)-f(x_1)=f'(\xi)(x_2-x_1)$.因为 $x_2-x_1>0$,所以当 $f'(x)>0$ 时,$f(x_2)-f(x_1)>0$,即 $f(x_2)>f(x_1)$,$f(x)$ 单调增加;当 $f'(x)<0$ 时,$f(x_2)-f(x_1)<0$,即 $f(x_2)<f(x_1)$,$f(x)$ 单调减少.

此外,如果存在 $c\in(a,b)$,使得 $f'(c)=0$,而在其余各点 $f'(x)>0(f'(x)<0)$,那么 $f(x)$ 在 $[a,c]$ 和 $[c,b]$ 上都单调增加(减少)从而在区间 $[a,b]$ 上单调增加(减少).据此可知,如果 $f(x)$ 在 (a,b) 内仅有有限个零点,而在其余各点处

保持定号,那么,$f(x)$ 在 $[a,b]$ 上仍是单调的.

我们将上述讨论归纳为如下定理.

定理 1(函数单调性的判别法) 设 $y = f(x)$ 在 $[a,b]$ 上连续,在 (a,b) 内可导.

(1) 如果在 (a,b) 内 $f'(x) \geqslant 0$,且等号仅在有限多个点成立,则 $f(x)$ 在 $[a,b]$ 上单调增加;

(2) 如果在 (a,b) 内 $f'(x) \leqslant 0$,且等号仅在有限多个点成立,则 $f(x)$ 在 $[a,b]$ 上单调减少.

定理 1 中的闭区间换成其他各种区间后(无穷区间要求在其任一有限的子区间上满足定理条件),结论仍成立.

例 1 判断函数 $y = x - \sin x$ 在 $[-\pi, \pi]$ 内的单调性.

解 所给函数在 $[-\pi, \pi]$ 上连续,在 $(-\pi, \pi)$ 内 $y' = 1 - \cos x \geqslant 0$,等号仅在 $x = 0$ 成立,故函数在 $[-\pi, \pi]$ 内单调增加.

例 2 讨论函数 $y = e^x - x - 1$ 的单调性.

解 $y' = e^x - 1$.

当 $x < 0$ 时,$y' < 0$,函数在 $x \leqslant 0$ 时单调减少;当 $x > 0$ 时,$y' > 0$,函数在 $x \geqslant 0$ 时单调增加.

例 3 讨论函数 $y = x^{\frac{2}{3}}$ 的单调性.

解 $y' = \frac{2}{3} x^{-\frac{1}{3}}$.

当 $x > 0$ 时,$y' > 0$,函数在 $x \geqslant 0$ 时单调增加;当 $x < 0$ 时,$y' < 0$,函数在 $x \leqslant 0$ 时单调减少(图4-6).

从例 2 看到,有些函数在它的整个定义区间上不是单调的,但是当我们用函数的驻点来划分定义区间后,就可使函数在各个部分区间上单调. 从例 3 看到,如果函数在某些点处不可导,则划分函数定义区间的分点,还应包括这些导数不存在的点.

于是,我们有如下结论:

如果函数在定义区间上连续,除去有限个导数不存在的点外,导数存在且在区间内只有有限个驻点,那么用这些驻点和导数不存在的点来划分函数 $f(x)$ 的定义区间,就能保证 $f'(x)$ 在各个固定区间内保持固定符号,从而函数在每个部分区间上单调,由此可以进一步确定函数的**单调区间**. 驻点和导数不存在的点就可能是单调区间的**分界点**.

例 4 求函数 $y = x^3 - 3x$ 的单调区间.

解 函数 $y = x^3 - 3x$ 在它的定义区间 $(-\infty, +\infty)$ 内有连续的导数

$$y' = 3x^2 - 3 = 3(x - 1)(x + 1).$$

令 $y' = 0$，得它在定义区间内的两个根 $x_1 = -1, x_2 = 1$. 这两个根把 $(-\infty, +\infty)$ 分成三个部分区间 $(-\infty, -1], (-1, 1), [1, +\infty)$，列表讨论如下：

x	$(-\infty, -1)$	$(-1, 1)$	$(1, +\infty)$
$f'(x)$	+	-	+
$y = f(x)$	↗	↘	↗

因此 $f(x)$ 在区间 $(-\infty, -1], [1, +\infty)$ 上单调增加，在区间 $[-1, 1]$ 上单调减少. 函数 $y = x^3 - 3x$ 的图形如图 4-7 所示. (这里符号 ↗ 表示 $f(x)$ 在相应的区间上单调增加，符号 ↘ 表示 $f(x)$ 在相应的区间上单调减少.)

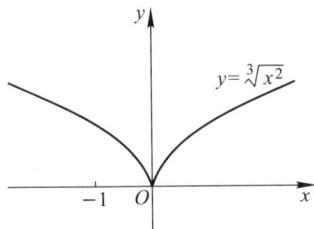

图 4-6

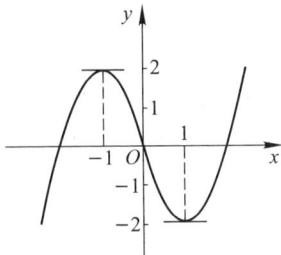

图 4-7

最后，举一个利用函数的单调性证明不等式的例子.

例5　试证对任何实数 x，有 $e^x \geq 1 + x$.

证　令 $f(x) = e^x - 1 - x$，则 $f'(x) = e^x - 1$，且 $f(0) = 0$.

当 $x > 0$ 时，$f(x)$ 单调增加，故 $f(x) > f(0) = 0$，即 $e^x > 1 + x$；当 $x < 0$ 时，$f(x)$ 单调减少，故 $f(x) > f(0) = 0$，即 $e^x > 1 + x$. 于是对任意 $x \neq 0$，有 $e^x > 1 + x$. 显然，$x = 0$ 时，等式成立. 所以对任何实数 x，$e^x \geq 1 + x$.

二、函数的极值

在例4中我们看到点 $x = 1, x = -1$ 是函数 $f(x) = x^3 - 3x$ 的单调区间的分界点.

当 x 从 $x = -1$ 左边邻近变到右边邻近时，函数值由单调增加变为单调减少，即点 $x = -1$ 是函数由增加变为减少的转折点. 因此在 $x = -1$ 的某个去心邻域恒有 $f(x) < f(-1)$，我们称 $f(-1)$ 为 $f(x)$ 的一个极大值.

类似地,$x = 1$ 是函数由减少变为增加的转折点,在 $x = 1$ 的某去心邻域恒有 $f(x) > f(1)$,我们称 $f(1)$ 为 $f(x)$ 的一个极小值.

定义 1 设函数 $f(x)$ 在 (a, b) 内有定义,x_0 是 (a, b) 内的一个点,如果存在着点 x_0 的一个去心邻域,对这个去心邻域内的任何 x,总有 $f(x) < f(x_0)$,称 $f(x_0)$ 是函数 $f(x)$ 的一个**极大值**. 如果存在 x_0 的一个去心邻域,对这个去心邻域内的任何 x,总有 $f(x) > f(x_0)$,称 $f(x_0)$ 是 $f(x)$ 的一个**极小值**.

函数的极大值和极小值统称为**极值**. 使函数取得极值的点称为**极值点**. 例 4 中的函数

$$f(x) = x^3 - 3x$$

有极大值 $f(-1) = 2$ 和极小值 $f(1) = -2$,$x = -1$ 和 $x = 1$ 都是 $f(x)$ 的极值点.

函数的极大值和极小值的概念是局部性的. 如果 $f(x_0)$ 是函数 $f(x)$ 的一个极大值,那只是就 x_0 附近的一个局部范围来说,$f(x_0)$ 是 $f(x)$ 的一个最大值. 如果就 $f(x)$ 的整个定义域来说,$f(x_0)$ 不一定是最大值. 关于极小值情况也类似.

图 4 - 8 中的函数 $f(x)$ 有两个极大值 $f(x_1)$,$f(x_3)$,两个极小值 $f(x_2)$,$f(x_4)$. 其中极小值 $f(x_4)$ 比极大值 $f(x_1)$ 还大. 就整个定义域来说,只有一个极小值是最小值,而没有一个极大值是最大值.

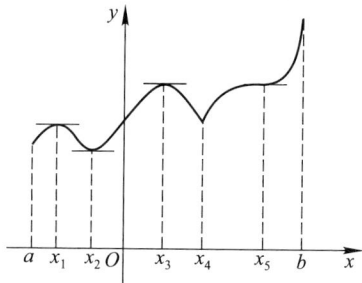

图 4 - 8

从图中还可以看到,在函数取得极值处,曲线的切线都是水平的(当切线存在时)或者没有切线,如曲线在 $x = x_4$ 处. 但有水平切线的点不一定是极值点,如曲线在 $x = x_5$ 处.

现在,我们来讨论极值存在的必要条件和充分条件.

定理 2(极值存在的必要条件) 设函数 $f(x)$ 在点 x_0 处可导,且在 x_0 处取得极值,那么函数在点 x_0 处的导数为 0,即 $f'(x_0) = 0$.

证 不妨设 $f(x_0)$ 为极小值. 在点 x_0 的某个去心邻域内的一切 x 都有

$$f(x) > f(x_0).$$

当 $x < x_0$ 时,$\dfrac{f(x) - f(x_0)}{x - x_0} < 0$,因此

$$f'_-(x_0) = \lim_{x \to x_0^-} \frac{f(x) - f(x_0)}{x - x_0} \leqslant 0;$$

当 $x > x_0$ 时,$\dfrac{f(x) - f(x_0)}{x - x_0} > 0$,因此

$$f'_+(x_0) = \lim_{x \to x_0^+} \frac{f(x) - f(x_0)}{x - x_0} \geqslant 0.$$

从而 $f'(x_0) = 0$.

类似地可证,$f(x_0)$ 为极大值时亦有 $f'(x_0) = 0$.

定理 2 告诉我们,可导函数的极值点必定是它的驻点,但反过来函数的驻点却不一定是极值点. 例如函数

$$f(x) = x^3,$$

我们有 $f'(x) = 3x^2$,$f'(0) = 0$,因此 $x = 0$ 是可导函数的驻点,但显然 $x = 0$ 不是极值点.

注意:定理 2 要求"函数 $f(x)$ 在点 x_0 处可导",如果"$f(x)$ 在点 x_0 处不可导",图 4-9 的两种情况给出了 $f(x_0)$ 可能是极值,也可能不是极值的两个例子.

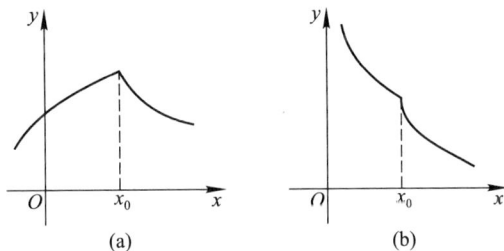

图 4-9

因此,在没有可导性的假设下.极值存在的必要条件应修正为:

如果 $f(x)$ 在点 x_0 处连续,且 $f(x_0)$ 为极值,那么必有 $f'(x_0) = 0$ 或 $f'(x_0)$ 不存在.

但是 $f'(x_0) = 0$ 或 $f'(x_0)$ 不存在时,$f(x_0)$ 究竟是否为极值?如果是的话,究竟是极大值还是极小值?

定理 3(判别极值的第一充分条件) 设函数 $f(x)$ 在点 x_0 连续,且在 x_0 的

一个去心邻域 $\overset{\circ}{U}(x_0,\delta)$ 内可导,

（1）如果当 $x \in (x_0 - \delta, x_0)$ 时, $f'(x) > 0$, 而当 $x \in (x_0, x_0 + \delta)$ 时 $f'(x) < 0$, 那么 $f(x_0)$ 为 $f(x)$ 的一个极大值；

（2）如果当 $x \in (x_0 - \delta, x_0)$ 时, $f'(x) < 0$, 而当 $x \in (x_0, x_0 + \delta)$ 时 $f'(x) > 0$, 那么 $f(x_0)$ 为 $f(x)$ 的一个极小值；

（3）如果当 $x \in \overset{\circ}{U}(x_0,\delta)$ 时, $f'(x)$ 不变号, 那么 $f(x_0)$ 不是 $f(x)$ 的极值.

证 （1）当 $x \in (x_0 - \delta, x_0)$ 时, $f'(x) > 0$, 函数单调增加；当 $x \in (x_0, x_0 + \delta)$ 时, $f'(x) < 0$, 函数单调减少, 又由于函数 $f(x)$ 在 x_0 处连续, 故当 $x \in \overset{\circ}{U}(x_0,\delta)$ 时, 总有 $f(x) < f(x_0)$. 从而 $f(x_0)$ 为 $f(x)$ 的一个极大值；

（2）可仿照（1）类似地证明；

（3）因为 $f'(x)$ 不变号, 所以当 $x \in \overset{\circ}{U}(x_0,\delta)$ 时恒有 $f'(x) > 0$ 或 $f'(x) < 0$, 即函数在 $U(x_0,\delta)$ 内单调增加或单调减少. 因此, $f(x_0)$ 不可能为极值.

例 6 求函数 $f(x) = x^3 - 3x^2 - 9x + 5$ 的极值.

解 （1）$f'(x) = 3x^2 - 6x - 9 = 3(x + 1)(x - 3)$.

（2）令 $f'(x) = 0$ 得 $x_1 = -1, x_2 = 3$.

（3）当 $-\infty < x < -1$ 时, $f'(x) > 0$；当 $-1 < x < 3$ 时, $f'(x) < 0$；当 $3 < x < +\infty$ 时, $f'(x) > 0$.

因此 $f(-1) = 10$ 为 $f(x)$ 的一个极大值；$f(3) = -22$ 为 $f(x)$ 的一个极小值.

例 7 求函数 $f(x) = 1 - (x - 2)^{\frac{2}{3}}$ 的极值.

解 （1）$f'(x) = -\dfrac{2}{3}(x - 2)^{-\frac{1}{3}}$.

（2）当 $x = 2$ 时, $f'(2)$ 不存在.

（3）当 $x < 2$ 时, $f'(x) > 0$；当 $x > 2$ 时, $f'(x) < 0$.

因此 $f(2) = 1$ 为 $f(x)$ 的一个极大值（图 4 - 10）.

当 $f(x)$ 在驻点处二阶导数存在且不为零时, 也可以用下述定理来判定 $f(x)$ 在驻点处取得极大值还是极小值.

定理 4（判别极值的第二充分条件） 设函数 $f(x)$ 在 x_0 处具有二阶导数, 且

$$f'(x_0) = 0, \quad f''(x_0) \neq 0,$$

那么

（1）当 $f''(x_0) < 0$ 时, $f(x_0)$ 为函数 $f(x)$ 的一个极大值；

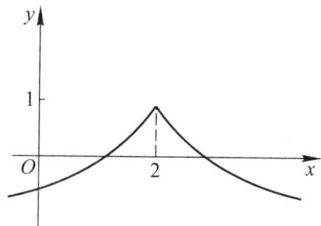

图 4 - 10

(2) 当 $f''(x_0) > 0$ 时，$f(x_0)$ 为函数 $f(x)$ 的一个极小值.

证 (1) 由于 $f''(x_0) < 0$，按二阶导数定义及 $f'(x_0) = 0$，得

$$f''(x_0) = \lim_{x \to x_0} \frac{f'(x) - f'(x_0)}{x - x_0} = \lim_{x \to x_0} \frac{f'(x)}{x - x_0} < 0.$$

由极限的局部保号性，存在 x_0 的一个去心邻域使 $\dfrac{f'(x)}{x - x_0} < 0$. 于是，当 $x < x_0$ 时，

$f'(x) > 0$；当 $x > x_0$ 时，$f'(x) < 0$.

由定理 3，$f(x_0)$ 为函数 $f(x)$ 的一个极大值. 类似地可证明(2).

例 8 求函数 $f(x) = x^3 - 3x$ 的极值.

解 (1) $f'(x) = 3x^2 - 3 = 3(x-1)(x+1)$，$f''(x) = 6x$；

(2) 令 $f'(x) = 0$ 得驻点 $x_1 = -1$，$x_2 = 1$；

(3) $f''(-1) = -6 < 0$，$f(-1) = 2$ 为函数 $f(x)$ 的一个极大值；$f''(1) = 6 > 0$，$f(1) = -2$ 为函数 $f(x)$ 的一个极小值.

注意：如果 $f''(x_0) = 0$，定理 4 的判别方法失效，可改用定理 3 用更高阶导数来判别(见习题 4 - 5 题 *7).

例 9 求 $f(x) = (x^2 - 1)^3 + 1$ 的极值.

解 (1) $f'(x) = 6x(x^2 - 1)^2$，
$f''(x) = 6(x^2 - 1)(5x^2 - 1)$；

(2) 令 $f'(x) = 0$，得驻点 $x_1 = 0$，$x_2 = 1$，$x_3 = -1$；

(3) $f''(0) = 6 > 0$，$f(0) = 0$ 为函数 $f(x)$ 的一个极

小值. 但因 $f''(-1) = f''(1) = 0$，改用定理 3 判别.

当 $-\infty < x < 0$ 时，$f'(x) \leqslant 0$（仅当 $x = -1$ 时，

$f'(x) = 0$），$f(x)$ 单调减少；当 $0 < x < +\infty$ 时，$f'(x) \geqslant 0$

（仅当 $x = 1$ 时，$f'(x) = 0$），$f(x)$ 单调增加. 因此 $x =$

1 和 $x - 1$ 都不是极值点(图 4 - 11).

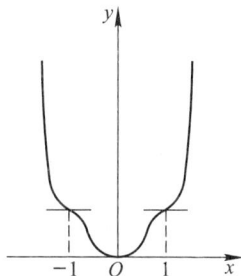

图 4 - 11

我们对极值的求法做如下总结：

(1) 求出 $f'(x)$，$f''(x)$；

(2) 令 $f'(x) = 0$，求出驻点 x_0，并求出 $f'(x)$ 不存在的点 x_0；

(3) 若 $f''(x_0)$ 存在且 $f''(x_0) \neq 0$，用定理 4 判别；若 $f''(x_0) = 0$ 或 $f''(x_0)$ 不存在，用定理 3 判别.

注意：一般情况下可以用定理 3 判别.

三、曲线的凹凸性与拐点

在研究函数图形的变化状况时，知道它的上升和下降是有好处的，但还不能

完全反映它的变化规律. 如图 4 – 12 所示函数
$y = f(x)$ 的图形,在区间 (a,b) 内虽然一直上升,但却
有不同的弯曲状况. 从左向右,曲线先是凹的,后是凸
的,而 P 点是弯曲状况的转折点. 因此,研究函数图形
时,考察它的弯曲方向以及扭转弯曲方向的点,是很
必要的.

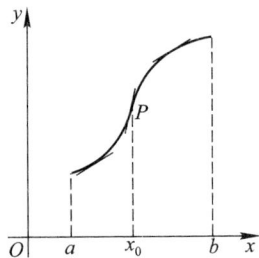

与单调性类似,我们对凸凹性给一个准确
的定义.

从几何上看(图 4 – 13),在凹的曲线段上任取两点 x_1, x_2,联结这两点的弦
总在曲线弧的上方,即有 $f\left(\dfrac{x_1+x_2}{2}\right) < \dfrac{1}{2}[f(x_1)+f(x_2)]$. 类似地,在凸的曲线段
上任意取两点 x_1, x_2,则有 $f\left(\dfrac{x_1+x_2}{2}\right) > \dfrac{1}{2}[f(x_1)+f(x_2)]$,于是很自然地得到了
凹凸性的定义.

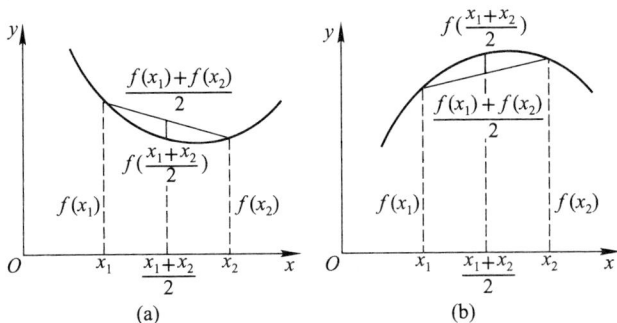

图 4 – 13

定义 2 设 $f(x)$ 在区间 I 上连续,如果对 I 上任意两点 x_1, x_2,恒有

$$f\left(\frac{x_1+x_2}{2}\right) < \frac{1}{2}[f(x_1)+f(x_2)], \tag{1}$$

那么称 $f(x)$ 在 I 上的**图形是凹的**(或凹弧);如果恒有

$$f\left(\frac{x_1+x_2}{2}\right) > \frac{1}{2}[f(x_1)+f(x_2)], \tag{2}$$

那么称 $f(x)$ 在 I 上的**图形是凸的**(或凸弧)[①].

---

① 有些经济学教科书上,把满足(1)式的函数称为凸函数,而把满足(2)式的函数称为凹函数.

下面讨论凹凸性的判别方法.

从图 4 – 14(a)、(b)可以看出,当曲线凹时,从左到右,切线的斜率 $\tan\alpha$ 由小变到大,即 $f'(x)$ 单调增加. 如果二阶导数存在,必有 $f''(x)>0$. 类似地从图 4 – 14(c)、(d)可以看出,当曲线凸时,从左到右,切线的斜率 $\tan\alpha$ 由大变到小,即 $f'(x)$ 单调减少. 如果二阶导数存在,必有 $f''(x)<0$. 这就启发我们得到下面有关凹凸性的判别定理.

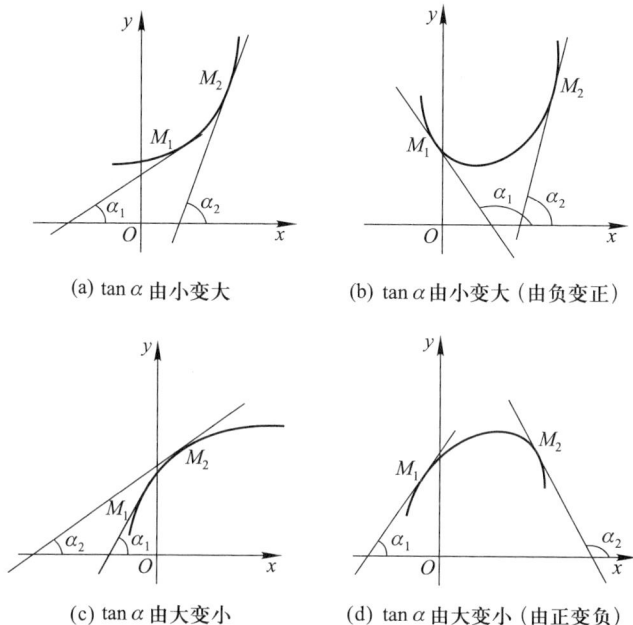

(a) $\tan\alpha$ 由小变大

(b) $\tan\alpha$ 由小变大(由负变正)

(c) $\tan\alpha$ 由大变小

(d) $\tan\alpha$ 由大变小(由正变负)

图 4 – 14

定理 5 设函数在区间 I 内具有二阶导数,

(1) 如果在 I 内 $f''(x)>0$,那么曲线 $y=f(x)$ 在 I 内是凹弧;

(2) 如果在 I 内 $f''(x)<0$,那么曲线 $y=f(x)$ 在 I 内是凸弧.

定理 5 的严格证明略去.

定义 3 连续曲线上凹弧与凸弧的分界点称为**拐点**.

一般地,若 $y=f(x)$ 的二阶导数存在,在拐点 $(x_0,f(x_0))$ 处,$f''(x_0)=0$,但反过来,使 $f''(x_0)=0$ 的点 x_0 对应的曲线上的点 $(x_0,f(x_0))$ 不一定是拐点.

例 10 求 $y=x^4-2x^3+1$ 的凹凸性与拐点.

解 因为

$$y'=4x^3-6x^2,$$

$$y'' = 12x^2 - 12x = 12x(x-1).$$

所以当 $-\infty < x < 0$ 时,$y'' > 0$,曲线是凹弧;当 $0 < x < 1$ 时,$y'' < 0$,曲线是凸弧;当 $1 < x < +\infty$ 时,$y'' > 0$,曲线是凹弧.

从而 $(0, f(0)), (1, f(1))$ 即 $(0,1), (1,0)$ 是曲线的两个拐点.

例 11 讨论 $y = \sqrt[3]{x}$ 的凹凸性并求其拐点.

解 因为

$$y' = \frac{1}{3}x^{-\frac{2}{3}}, \quad y'' = -\frac{2}{9}x^{-\frac{5}{3}}.$$

所以当 $x = 0$ 时,一阶、二阶导数均不存在;当 $x < 0$ 时,$y'' > 0$,曲线是凹弧;当 $x > 0$ 时,$y'' < 0$,曲线是凸弧.

从而 $(0,0)$ 是曲线的一个拐点.

由例 11 可知,如果 $f(x)$ 在点 x_0 处的二阶导数不存在,那么点 $(x_0, f(x_0))$ 也可能是曲线的拐点.

例 12 某市环保局就该市某化工厂排放污染物的情况进行检测. 在几个月的时间里,环保局测得该厂每天的排放量,并画出了排放图(图 $4-15(a)$ 或图 $4-15(b)$). 试就两个不同的排放图所示情况,分别说明该厂在排污方面取得的进展和存在的问题.

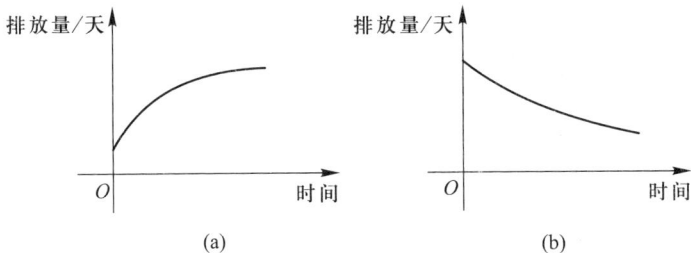

图 $4-15$

解 对于图 $4-15(a)$ 所表示的情况,其所表示的函数 $y = f(x)$ 的一、二阶导数均存在,且 $f'(x) > 0, f''(x) < 0$,即 $f(x)$ 单调增加,$f'(x)$ 单调减少,因此该厂在排污方面取得的进展是每天的排放量的增加量持续减少;存在的问题是每天的排放量在持续增加.

对于图 $4-15(b)$ 所表示的情况,其所表示的函数 $y = g(x)$ 的一、二阶导数均存在,且 $g'(x) < 0, g''(x) > 0$,即 $g(x)$ 单调减少,$g'(x)$ 单调增加,因此该厂在排污方面取得的进展是每天的排放量在持续减少;存在的问题是每天的排放量的减少量在持续降低.

四、函数图形的描绘

如果在函数 $f(x)$ 的定义域上的某个小区间中,

(1) 曲线是上升(或下降)的;

(2) 曲线是凹的(或凸的);

(3) 区间端点的位置已知或变化趋势已知,

那么,我们很容易画出函数在这个区间内的图形.

显然,借助于一阶导数 $f'(x)$ 可以确定曲线的升降性和极值点,借助于二阶导数 $f''(x)$ 可以确定曲线的凹凸性与拐点,关于变化趋势,一般地有渐近线、无穷趋势等. 所谓无穷趋势就是

$$\lim_{x \to \infty} f(x) = \infty.$$

下面先介绍有关渐近线的知识.

1. 曲线的渐近线

有些函数的定义域与值域都是有限区间,其图形局限在一定的范围内;有些函数的定义域或值域是无限区间,其图形向无穷远处延伸. 有些向无穷远处延伸的曲线,呈现出越来越接近某一直线的性态,这种直线就称为曲线的渐近线.

定义 4　如果曲线上的一动点沿着曲线趋于无穷远时,该点与某直线的距离趋于 0,则称此直线为该曲线的**渐近线**.

若给定曲线的方程为 $y=f(x)$,可按下列方式确定该曲线是否有渐近线,并在渐近线存在时,求出渐近线.

1° 水平渐近线

若 $\lim\limits_{\substack{x \to \infty \\ (\substack{x \to -\infty \\ x \to +\infty})}} f(x) = A$,则直线 $y=A$ 为曲线 $y=f(x)$ 当 $x \to \infty$(或 $x \to -\infty$,$x \to +\infty$)时的水平渐近线.

2° 铅直渐近线

若 $\lim\limits_{\substack{x \to x_0 \\ (\substack{x \to x_0^- \\ x \to x_0^+})}} f(x) = \infty$,则直线 $x=x_0$ 为曲线 $y=f(x)$ 的铅直渐近线.

关于 1°,2° 的情形,我们在第二章已经讨论过.

3° 斜渐近线

如图 4 - 16 所示,如果

$$\lim_{x \to +\infty} [f(x) - (ax + b)] = 0 \text{ 或 } \lim_{x \to -\infty} [f(x) - (ax + b)] = 0, \quad (3)$$

其中 a 和 b 为常数,且 $a \neq 0$,则称直线 $y=ax+b$ 为曲线 $y=f(x)$ 的斜渐近线.

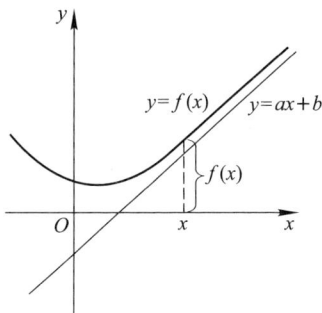

图 4 – 16

如果曲线 $y = f(x)$ 有斜渐近线 $y = ax + b$,则由(3)式可知,必有

$$\lim_{x \to +\infty} [f(x) - ax] = b \quad \text{或} \quad \lim_{x \to -\infty} [f(x) - ax] = b,$$

以及

$$\lim_{x \to +\infty} \left[\frac{f(x)}{x} - a\right] = 0 \quad \text{或} \quad \lim_{x \to -\infty} \left[\frac{f(x)}{x} - a\right] = 0.$$

即

$$\lim_{x \to +\infty} \frac{f(x)}{x} = a \quad \text{或} \quad \lim_{x \to -\infty} \frac{f(x)}{x} = a.$$

于是,我们得到求曲线 $y = f(x)$ 的斜渐近线 $y = ax + b$ 的两组公式:

$$a = \lim_{x \to +\infty} \frac{f(x)}{x}, \quad b = \lim_{x \to +\infty} [f(x) - ax] \tag{4}$$

或

$$a = \lim_{x \to -\infty} \frac{f(x)}{x}, \quad b = \lim_{x \to -\infty} [f(x) - ax]. \tag{5}$$

注意:若(4)中两个极限有一个不存在,则 $x \to +\infty$ 时,曲线 $y = f(x)$ 无斜渐近线;若(5)中两个极限有一个不存在,则 $x \to -\infty$ 时,曲线 $y = f(x)$ 无斜渐近线.

例 13 求曲线 $y = \dfrac{x^2}{2x - 1}$ 的渐近线.

解 由于

$$\lim_{x \to \frac{1}{2}} \frac{x^2}{2x - 1} = \infty, \quad \lim_{x \to \infty} \frac{x^2}{2x - 1} = \infty,$$

可见该曲线有铅直渐近线 $x = \dfrac{1}{2}$,而无水平渐近线. 又由于

$$\lim_{x \to \infty} \frac{f(x)}{x} = \lim_{x \to \infty} \frac{x^2}{x(2x-1)} = \frac{1}{2} = a,$$

$$\lim_{x \to \infty} \left[f(x) - \frac{1}{2}x \right] = \lim_{x \to \infty} \frac{x}{2(2x-1)} = \frac{1}{4} = b,$$

故该曲线有斜渐近线

$$y = \frac{1}{2}x + \frac{1}{4}.$$

2. 函数图形的描绘

现在我们可以应用前面所学的知识来描绘函数的图形,具体步骤如下:

(1)确定函数的定义域,求出 $f'(x)$ 和 $f''(x)$;

(2)求出使 $f'(x)=0$,$f''(x)=0$ 和 $f'(x)$,$f''(x)$ 不存在的点,以及函数的间断点,用这些点将函数的定义域划分为若干个部分区间;

(3)用列表的方式,确定在每个部分区间内函数的 $f'(x)$,$f''(x)$ 的符号,以及单调性、凹凸性、极值、拐点;

(4)确定函数图形的渐近线及其他变化趋势;

(5)建立坐标系并描点作图,其中描点包括:①极值点;②拐点;③辅助作图点.

例 14　作函数 $y = x^3 - 3x^2 + 6$ 的图形.

解　(1)函数的定义域为 $(-\infty, +\infty)$,而

$$y' = 3x^2 - 6x = 3x(x-2),$$

$$y'' = 6x - 6 = 6(x-1).$$

(2)令 $y'=0$ 得 $x_1=0$,$x_2=2$;令 $y''=0$ 得 $x_3=1$.

(3)单调性、凹凸性、极值和拐点列表如下:

x	$(-\infty,0)$	0	$(0,1)$	1	$(1,2)$	2	$(2,+\infty)$
y'	+	0		−	−	0	+
y''	−	−	−	0	+	+	+
y	⌒↗	极大值6	↘	拐点(1,4)	↘	极小值2	↗

这里,符号"⌒↗"表示函数的图形在这个部分区间是上升且是凸的,其余类同.

(4)变化趋势为:当 $x \to -\infty$ 时,$y \to -\infty$;当 $x \to +\infty$ 时,$y \to +\infty$;

(5)描点:$A(0,6)$,$B(1,4)$,$C(2,2)$,为了确定函数在 $(-\infty,0)$ 和 $(2,$

$+\infty$)上的图形,增加辅助作图点 $D(-1,2)$, $E(3,6)$,作出函数的图形如图 4 – 17.

例 15 作函数 $y = \dfrac{1}{\sqrt{2\pi}}\mathrm{e}^{-\frac{x^2}{2}}$ 的图形.

解 (1)函数的定义域为 $(-\infty, +\infty)$,而

$$y' = \frac{-x}{\sqrt{2\pi}}\mathrm{e}^{-\frac{x^2}{2}},$$

$$y'' = \frac{1}{\sqrt{2\pi}}\mathrm{e}^{-\frac{x^2}{2}}(x^2 - 1).$$

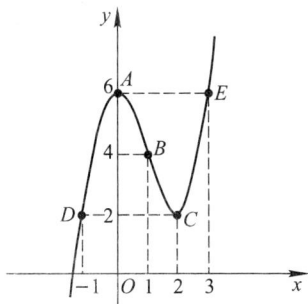

图 4 – 17

(2)令 $y' = 0$ 得 $x_1 = 0$,令 $y'' = 0$ 得 $x_2 = 1, x_3 = -1$.

(3)单调性、凹凸性、极值和拐点列表如下:

x	$(-\infty, -1)$	-1	$(-1,0)$	0	$(0,1)$	1	$(1, +\infty)$
y'	$+$	$+$	$+$	0	$-$	$-$	$-$
y''	$+$	0	$-$	$-$	$-$	0	$+$
y	↗	拐点 $\left(-1, \dfrac{1}{\sqrt{2\pi\mathrm{e}}}\right)$	↗	极大值 $\dfrac{1}{\sqrt{2\pi}}$	↘	拐点 $\left(1, \dfrac{1}{\sqrt{2\pi\mathrm{e}}}\right)$	↘

(4)变化趋势为:因为 $\lim\limits_{x\to\infty} y = 0$,所以有水平渐近线 $y = 0$.

(5)描点 $A\left(-1, \dfrac{1}{\sqrt{2\pi\mathrm{e}}}\right)$,$B\left(0, \dfrac{1}{\sqrt{2\pi}}\right)$,$C\left(1, \dfrac{1}{\sqrt{2\pi\mathrm{e}}}\right)$,作出函数的图形如图 4 – 18.

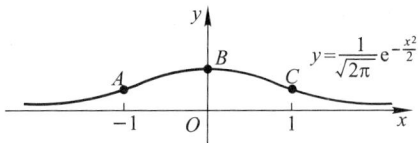

图 4 – 18

例 16 作函数 $y = \dfrac{4(x+1)}{x^2} - 2$ 的图形.

解 (1)函数的定义域为 $(-\infty, 0) \cup (0, +\infty)$,而

$$y' = -\frac{4(x+2)}{x^3}, \quad y'' = \frac{8(x+3)}{x^4}.$$

（2）令 $y' = 0$ 得 $x_1 = -2$，令 $y'' = 0$ 得 $x_2 = -3$.

（3）单调性、凹凸性、极值和拐点列表如下：

x	$(-\infty, -3)$	-3	$(-3, -2)$	-2	$(-2, 0)$	$(0, +\infty)$
y'	$-$	$-$	$-$	0	$+$	$+$
y''	$-$	0	$+$	$+$	$+$	$+$
y	↘	拐点 $\left(-3, -\dfrac{26}{9}\right)$	↘	极小值 -3	↗	↘

（4）渐近趋势为：因为 $\lim\limits_{x \to 0} y = +\infty$，所以有垂直渐近线 $x = 0$；

又 $\lim\limits_{x \to \infty} y = -2$，所以有水平渐近线 $y = -2$；

（5）描点：$A\left(-3, -\dfrac{26}{9}\right)$，$B(-2,$ $-3)$，$C(-1, -2)$，$D(1, 6)$，$E(2, 1)$，$F\left(3, -\dfrac{2}{9}\right)$，作出函数的图形如图 4-19.

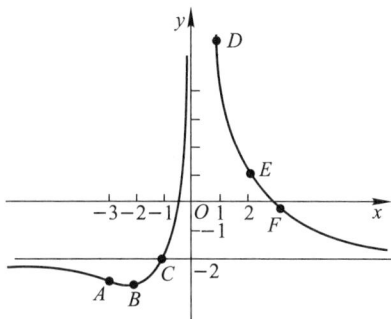

图 4-19

例 17　作出函数 $y = \dfrac{c}{1 + be^{-ax}}$（$a, b, c$ 均为大于 0 的常数）的图形.

解　（1）定义域为 $(-\infty, +\infty)$，

$$y' = \frac{abce^{-ax}}{(1 + be^{-ax})^2} > 0,$$

函数单调增加.

$$y'' = \frac{a^2 bce^{-ax}(be^{-ax} - 1)}{(1 + be^{-ax})^3}.$$

（2）方程 $y' = 0$ 无解，令 $y'' = 0$ 得 $x = \dfrac{\ln b}{a}$.

（3）单调性、凹凸性、拐点列表如下：

x	$\left(-\infty, \dfrac{\ln b}{a}\right)$	$\dfrac{\ln b}{a}$	$\left(\dfrac{\ln b}{a}, +\infty\right)$
y'	$+$	$+$	$+$
y''	$+$	0	$-$
y	↗	拐点 $\left(\dfrac{\ln b}{a}, \dfrac{c}{2}\right)$	↗

（4）变化趋势为：$\lim\limits_{x \to -\infty} y = 0$，所以有水平渐近线 $y = 0$，又 $\lim\limits_{x \to +\infty} y = c$，所以有水平渐近线 $y = c$.

（5）描点 $A\left(\dfrac{\ln b}{a}, \dfrac{c}{2}\right)$，作出函数的图形如图 4 - 20.

这条曲线称为逻辑斯谛曲线，是实际应用中的一条重要曲线.

例 18　作出函数 $y = f(x) = \dfrac{x^2}{2x - 1}$ 的图形.

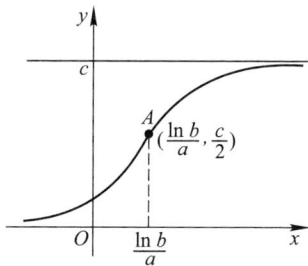

图 4 - 20

解　（1）函数的定义域为 $\left(-\infty, \dfrac{1}{2}\right) \cup \left(\dfrac{1}{2}, +\infty\right)$.

$x_1 = \dfrac{1}{2}$ 为无穷间断点.

（2）$y' = \dfrac{2x(x - 1)}{(2x - 1)^2}$，令 $y' = 0$，得驻点 $x_2 = 0, x_3 = 1$.

$$y'' = \frac{2}{(2x - 1)^3} \neq 0 \left(x \neq \frac{1}{2}\right).$$

（3）以 x_1, x_2, x_3 为分点，将函数定义域划分为四个子区间，并讨论 y' 和 y'' 在各子区间内的符号，将其结果列于下表.

x	$(-\infty, 0)$	0	$\left(0, \dfrac{1}{2}\right)$	$\dfrac{1}{2}$	$\left(\dfrac{1}{2}, 1\right)$	1	$(1, +\infty)$
y'	+	0	−		−	0	+
y''	−	−	−		+	+	+
$y = f(x)$	↗	极大值 0	↘	无定义	↘	极小值 1	↗

（4）由例 13 可知，有

垂直渐近线 $x = \dfrac{1}{2}$；

斜渐近线 $y = \dfrac{1}{2}x + \dfrac{1}{4}$.

（5）画出两条渐近线，并描出点 $(0, 0)$ 与 $(1, 1)$，然后按上表列出的函数的单调性和曲线的凹凸性以及曲线的渐近趋向作图，如图 4 - 21 所示.

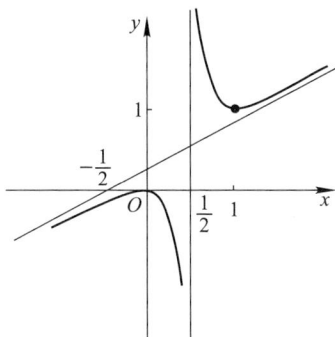

图 4 - 21

习题 4 - 3

1. 确定下列函数的单调区间:

（1）$y = \arctan x - x$;　　　　　　（2）$f(x) = x + \sin x$;

（3）$y = 2x^3 - 6x^2 - 18x + 7$;　　　（4）$y = 2x + \dfrac{8}{x}(x > 0)$;

（5）$y = x^2 \mathrm{e}^x$;　　　　　　　（6）$y = \ln(x + \sqrt{4 + x^2})$;

（7）$y = x^3 + x^2 - x - 1$;　　　　　（8）$y = x + |\sin 2x|$.

2. 证明下列不等式:

（1）当 $x > 0$ 时,$1 + \dfrac{1}{2}x > \sqrt{1 + x}$;

（2）当 $x > 0$ 时,$\mathrm{e}^x > 1 + x + \dfrac{x^2}{2}$;

（3）当 $0 < x < \dfrac{\pi}{2}$ 时,$\sin x + \tan x > 2x$;

（4）当 $0 < x < \dfrac{\pi}{2}$ 时,$\sin x > x - \dfrac{x^3}{6}$;

（5）当 $x > 4$ 时,$3^x > x^3$.

3. 讨论下列方程的根的情况:

（1）$\sin x = x$;　　　　　　　　　（2）$\ln x = \dfrac{1}{3}x$.

4. 求下列函数的极值:

（1）$y = x^2 - 2x + 5$;　　　　　　（2）$y = 2x^3 - 3x^2 + 6$;

（3）$y = 2x^3 - 6x^2 - 18x$;　　　　（4）$y = x - \ln(1 + x)$;

（5）$y = 2x^2 - x^4 + 6$;　　　　　　（6）$y = x + \sqrt{1 - x}$;

(7) $y = e^x \sin x$;   (8) $y = x^{\frac{1}{x}}$;

(9) $y = e^x + e^{-x}$;   (10) $y = 2 - (x+1)^{\frac{2}{3}}$;

(11) $y = 5 - 2(x-1)^{\frac{1}{3}}$;   (12) $y = x + \cos x$.

5. 求下列曲线的凹凸区间和拐点:

(1) $y = 3x - 2x^2$;   (2) $y = 1 + \dfrac{1}{x}\ (x > 0)$;

(3) $y = x^3 - 6x^2 + 3x$;   (4) $y = xe^{-x}$;

(5) $y = (x+1)^2 + e^x$;   (6) $y = \ln(x^2 + 1)$.

6. 利用函数图形的凹凸性证明下列不等式:

(1) $\dfrac{1}{2}(x^3 + y^3) > \left(\dfrac{x+y}{2}\right)^3\ (x, y > 0, x \neq y)$;

(2) $\dfrac{1}{2}(\ln x + \ln y) < \ln \dfrac{x+y}{2}\ (x > 0, y > 0, x \neq y)$;

(3) $xe^x + ye^y > (x+y)e^{\frac{x+y}{2}}\ (x > 0, y > 0, x \neq y)$.

7. 解下列各题:

(1) 问 a, b 为何值时,点 $(1, 3)$ 为曲线 $y = ax^3 + bx^2$ 的拐点?

(2) 试确定曲线 $y = ax^3 + bx^2 + cx + d$ 中的 a, b, c, d,使得 $x = -2$ 处曲线的切线是水平的,点 $(1, -10)$ 为拐点,且点 $(-2, 44)$ 在曲线上;

(3) 试确定 $y = k(x^2 - 3)^2$ 中 k 的值,使曲线在拐点处的法线通过原点 $(0, 0)$.

8. 描绘下列函数的图形:

(1) $y = x^4 - 6x^2 + 8x$;   (2) $y = \dfrac{x}{1 + x^2}$;

(3) $y = e^{-(x+1)^2}$;   (4) $y = x^2 + \dfrac{1}{x}$;

(5) $y = \dfrac{x^2}{x+1}$.

第四节   函数的最大值和最小值及其在经济中的应用

一、函数的最大值与最小值

在经济问题中,我们经常会遇到这样的问题,怎样才能使"产品最多","用料最省","成本最低","效益最高",等等. 这样的问题在数学中有时可归结为求某一函数(通常称为**目标函数**)的最大值或最小值问题. 我们分两种情况来讨论这种问题.

1. 目标函数在闭区间上连续

由闭区间上连续函数的最大值和最小值定理知,目标函数一定有最大值和最小值,具体求法步骤如下:

第一步,求出所有可能取得最大值和最小值的点,包括使 $f'(x)=0$ 和 $f'(x)$ 不存在的点及区间端点.

第二步,计算所求出的各点的函数值,比较其大小,选出最大值和最小值.

例 1 求函数 $y=2x^3+3x^2$ 在 $[-2,1]$ 上的最大值和最小值.

解 (1) $y'=6x^2+6x=6x(x+1)$,令 $y'=0$ 得 $x=0$,$x=-1$.

(2) $f(0)=0$,$f(-1)=1$,$f(-2)=-4$,$f(1)=5$.

所以函数的最大值为 $f(1)=5$,最小值为 $f(-2)=-4$.

例 2 铁路线上 AB 段的距离为 100 km,工厂 C 在距 A 20 km 处,$AC \perp AB$ (图 4-22).为了运输需要,要在 AB 线上选定一点 D 向工厂 C 修筑一条公路,已知铁路与公路每千米货运的运费之比为 3:5,为了使产品从工厂运到消费点 B 的运费最省,问 D 点应选在何处?

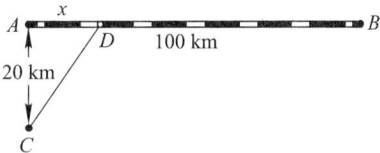

图 4-22

解 设 D 点在铁路上距 A 点 x km 处,则

$$BD = 100 - x(\mathrm{km}), \quad CD = \sqrt{20^2 + x^2}(\mathrm{km}).$$

又设每千米铁路运费为 $3k$,公路运费为 $5k$(k 为常数,$k>0$),则总运费 W 为

$$W = 3k(100 - x) + 5k\sqrt{x^2 + 20^2} \quad (0 \leqslant x \leqslant 100).$$

令

$$W' = -3k + \frac{5kx}{\sqrt{x^2 + 20^2}} = 0,$$

得 $x=15$.

$$W(0) = 400k, \quad W(15) = 380k,$$

$$W(100) = 5k\sqrt{100^2 + 20^2} = 500k\sqrt{1 + 0.2^2}.$$

从而当 $x=15$ 时 W 最小,所以 D 点应选在距离 A 点 15 km 处.

2. 目标函数在开区间内连续

开区间内的连续函数不一定有最大、最小值.即使有最大、最小值,也不能用上述方法求出.若函数满足下列两个条件:

（1）$f(x)$ 在开区间内有且仅有最大（小）值；

（2）$f(x)$ 在开区间内只有一个可能取得极值的点，那么我们就可断定这个极值点一定是函数的最大（小）值点.

例 3 在半径为 R 的半圆内，内接一个一边与直径平行的矩形，求矩形的最大面积（图 4 - 23）.

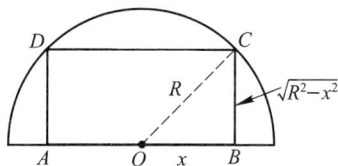

图 4 - 23

解 如图设 $OB = x$，则 $BC = \sqrt{R^2 - x^2}$. 矩形的面积为

$$S = 2x\sqrt{R^2 - x^2} \quad (0 < x < R).$$

显然，在开区间 $(0, R)$ 内面积 S 有最大值而没有最小值. 令

$$S' = 2\sqrt{R^2 - x^2} - 2x^2 \frac{1}{\sqrt{R^2 - x^2}} = 0,$$

得 $x = \dfrac{1}{\sqrt{2}}R$（负值已舍去）. 从而当 $x = \dfrac{1}{\sqrt{2}}R$ 时，矩形面积最大，最大面积为 $S = R^2$.

二、经济应用问题举例

1. 最大利润问题

例 4 某工厂在一个月生产某产品 Q 件时，总成本为 $C(Q) = 5Q + 200$（万元），得到的收益为 $R(Q) = 10Q - 0.01Q^2$（万元），问一个月生产多少产品时，所获利润最大？

解 由题设，知利润为

$$
\begin{aligned}
L(Q) &= R(Q) - C(Q) \\
&= 10Q - 0.01Q^2 - 5Q - 200 \\
&= 5Q - 0.01Q^2 - 200 \quad (0 < Q < +\infty).
\end{aligned}
$$

显然最大利润一定在 $(0, +\infty)$ 内取得. 令

$$L'(Q) = 5 - 0.02Q = 0,$$

得 $Q = 250$. 又

$$L''(Q) = -0.02 < 0, \quad L''(250) < 0,$$

所以 $L(250) = 425$（万元）为 L 的一个极大值.

从而一个月生产 250 件产品时，取得最大利润 425 万元.

在第三章第六节中讨论边际利润时,我们已指出 $L'(Q) > 0$,即 $R'(Q) > C'(Q)$ 及 $L'(Q) < 0$,即 $R'(Q) < C'(Q)$ 的经济意义.

由于 $L(Q)$ 取得最大值的必要条件为

$$L'(Q) = 0,$$

即

$$R'(Q) = C'(Q),$$

于是取得最大利润的必要条件为

$$边际收益 = 边际成本.$$

又 $L(Q)$ 取得最大值的充分条件是:$L''(Q) < 0$,即 $R''(Q) < C''(Q)$,故取得最大利润的充分条件为

$$边际收益的变化率 < 边际成本的变化率,$$

此即为 **最大利润原则**.

2. 最大收益问题

例 5　某商品的需求量 Q 是价格 P 的函数,$Q = Q(P) = 75 - P^2$,问 P 为何值时,总收益最大?

解　总收益

$$R(P) = PQ = 75P - P^3 \quad (P > 0).$$

令

$$R'(P) = 75 - 3P^2 = 0,$$

得 $P = 5$,又

$$R''(P) = -6P, \quad R''(5) < 0,$$

从而 $R(5) = 250$ 为收益 $R(P)$ 的极大值. 即当价格为 5 时,有最大收益 250.

3. 经济批量问题

例 6　某商场每年销售某商品 a 件,分为 x 批采购进货.已知每批采购费用为 b 元,而未售商品的库存费用为 c 元/(年·件).设销售商品是均匀的,问分多少批进货时,才能使以上两种费用的总和为最省?(a, b, c 为常数且 $a, b, c > 0$.)

解　显然,采购进货的费用

$$W_1(x) = bx.$$

因为销售均匀,所以平均库存的商品数应为每批进货的商品数 $\dfrac{a}{x}$ 的一半 $\dfrac{a}{2x}$,因而商品的库存费用

$$W_2(x) = \frac{ac}{2x},$$

总费用　　　$W(x) = W_1(x) + W_2(x) = bx + \frac{ac}{2x} \quad (x > 0).$

令　　　　　$W'(x) = b - \frac{ac}{2x^2} = 0,$

得 $x = \sqrt{\dfrac{ac}{2b}}.$ 又

$$W''(x) = \frac{ac}{x^3} > 0,$$

所以 $W\left(\sqrt{\dfrac{ac}{2b}}\right)$ 为 $W(x)$ 的一个最小值.

从而当批数 x 取一个最接近于 $\sqrt{\dfrac{ac}{2b}}$ 的自然数时,才能使采购与库存费用之和最省.

4. 最大税收问题

例 7　某种商品的平均成本 $\overline{C}(x) = 2$,价格函数为 $P(x) = 20 - 4x$(x 为商品数量),国家向企业每件商品征税为 t.

(1) 生产多少商品时,利润最大?

(2) 在企业取得最大利润的情况下,t 为何值时才能使总税收最大?

解　(1) 总成本　　　$C(x) = x\overline{C}(x) = 2x,$

总收益　　　$R(x) = xP(x) = 20x - 4x^2,$

总税收　　　　　　$T(x) = tx,$

总利润　　　$L(x) = R(x) - C(x) - T(x)$

$$= (18 - t)x - 4x^2.$$

令　　　　　$L'(x) = 18 - t - 8x = 0,$

得 $x = \dfrac{18 - t}{8}.$ 又

$$L''(x) = -8 < 0,$$

所以 $L\left(\dfrac{18-t}{8}\right) = \dfrac{(18-t)^2}{16}$ 为最大利润.

(2) 取得最大利润时的税收为

$$T = tx = \frac{t(18 - t)}{8} = \frac{18t - t^2}{8} \quad (x > 0).$$

令
$$T' = \frac{9 - t}{4} = 0,$$

得 $t = 9$. 又

$$T'' = -\frac{1}{4} < 0,$$

所以当 $t = 9$ 时,总税收取得最大值

$$T(9) = \frac{9(18 - 9)}{8} = \frac{81}{8},$$

此时的总利润为

$$L = \frac{(18 - 9)^2}{16} = \frac{81}{16}.$$

习题 4 − 4

1. 求下列函数的最大值、最小值:

(1) $y = 2x^3 - 3x^2 - 80, \quad -1 \leqslant x \leqslant 4$;

(2) $y = x^4 - 8x^2, \quad -1 \leqslant x \leqslant 3$;

(3) $y = x + \sqrt{1 - x}, \quad -5 \leqslant x \leqslant 1$;

(4) $y = 2x^3 - 6x^2 - 18x, \quad 1 \leqslant x \leqslant 4$.

2. 讨论下列函数的最大值、最小值:

(1) $y = x^2 - 2x - 1, \quad -\infty < x < +\infty$;

(2) $y = 2x - 5x^2, \quad -\infty < x < +\infty$;

(3) $y = x^2 - \dfrac{54}{x}, \quad x < 0$;

(4) $y = \dfrac{x}{x^2 + 1}, \quad 0 \leqslant x < +\infty$.

3. 求下列经济应用问题中的最大值或最小值:

(1) 假设某种商品的需求量 Q 是单价 P 的函数 $Q = 12\,000 - 80P$,商品的总成本 C 是需求量 Q 的函数 $C = 25\,000 + 50Q$,每单位商品需纳税 2. 试求使销售利润最大的商品价格和最大利润;

(2) 设价格函数为 $P = 15\mathrm{e}^{-\frac{x}{3}}$($x$ 为产量),求最大收益时的产量、价格和收益;

(3) 某工厂生产某种商品,其年销售量为 100 万件,分为 N 批生产,每批需要增加生产准

备费 1 000 元,而每件商品的一年库存费为 0.05 元,如果年销售率是均匀的,且上批售完后立即生产出下批(此时商品的库存量的平均值为商品批量的一半).问 N 为何值时,才能使生产准备费与库存费两项之和最小?

(4) 设某企业在生产一种商品 x 件时的总收益为 $R(x) = 100x - x^2$,总成本函数为 $C(x) = 200 + 50x + x^2$,问政府对每件商品征收货物税为多少时,在企业获得最大利润的情况下,总税额最大?

(5) 设生产某商品的总成本为 $C(x) = 10\ 000 + 50x + x^2$($x$ 为产量),问产量为多少时,每件产品的平均成本最低?

第五节 泰勒公式

无论是就函数性态而言,还是进行近似计算,多项式函数

$$P_n(x) = a_0 + a_1 x + a_2 x^2 + \cdots + a_n x^n$$

总是比较简单的.这一节我们将要建立一个复杂函数与一个多项式之间的关系,即在一个局部范围内用多项式来近似地表示一个复杂的函数.

在微分的应用中我们已经知道,当 $|x|$ 很小时,有如下近似等式:

$$e^x \approx 1 + x.$$

实际上,函数 $f(x) = e^x$ 与多项式

$$P_1(x) = 1 + x$$

在 $x = 0$ 处有相同的函数值

$$f(0) = P_1(0) = 1$$

和相同的一阶导数

$$f'(0) = P_1'(0) = 1.$$

如果将 $P_1(x) = 1 + x$ 换成

$$P_2(x) = 1 + x + \frac{x^2}{2},$$

那么函数 $f(x) = e^x$ 与多项式 $P_2(x)$ 在 $x = 0$ 处不仅有相同的函数值与相同的一阶导数,而且还有相同的二阶导数

$$f''(0) = P_2''(0) = 1,$$

因此在 $x = 0$ 附近,$P_2(x)$ 与 e^x 更为近似(图 4 - 24).

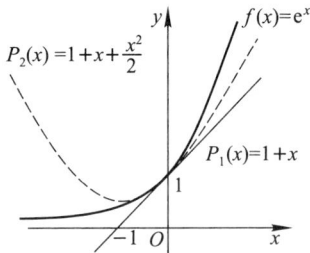

图 4 - 24

试问,是否有一个更高次数的多项式 $P_n(x)$,它在 $x=0$ 处与 e^x 的直到 n 阶的导数都相等,从而近似程度更高? 即

$$\mathrm{e}^x \approx a_0 + a_1 x + a_2 x^2 + \cdots + a_n x^n.$$

进而我们还要问:一个比 e^x 更复杂的函数,是否也有类似的近似表示法?

为了解决这个问题,我们先假定 $f(x)$ 在 $x=0$ 的某邻域内有直到 $(n+1)$ 阶的导数,令

$$f(x) \approx P_n(x) = a_0 + a_1 x + a_2 x^2 + \cdots + a_n x^n,$$

再令 $f(0) = P_n(0)$,得 $a_0 = f(0)$. 令 $f'(0) = P_n'(0)$,得 $a_1 = f'(0)$. 令 $f''(0) = P_n''(0)$,得 $a_2 = \dfrac{f''(0)}{2!}$,$\cdots\cdots$ 令 $f^{(n)}(0) = P_n^{(n)}(0)$,得 $a_n = \dfrac{f^{(n)}(0)}{n!}$.

于是我们有

$$f(x) \approx P_n(x) = f(0) + f'(0)x + \frac{f''(0)}{2!}x^2 + \cdots + \frac{f^{(n)}(0)}{n!}x^n. \tag{1}$$

将上式应用于 $f(x) = \mathrm{e}^x$,因为

$$f(x) = f'(x) = f''(x) = \cdots = f^{(n)}(x) = \mathrm{e}^x,$$

所以

$$f(0) = f'(0) = f''(0) = \cdots = f^{(n)}(0) = 1,$$

从而

$$\mathrm{e}^x \approx 1 + x + \frac{x^2}{2} + \cdots + \frac{x^n}{n!}.$$

在上式中令 $x=1$($x=1$ 在 $x=0$ 的某邻域内),得

$$\mathrm{e} \approx 1 + 1 + \frac{1}{2} + \cdots + \frac{1}{n!}.$$

经简单计算我们有

当 $n=1$ 时,$\mathrm{e} \approx 2.000$;

当 $n=2$ 时,$\mathrm{e} \approx 2.500$;

当 $n=3$ 时,$\mathrm{e} \approx 2.667$;

当 $n=4$ 时,$\mathrm{e} \approx 2.708$;

当 $n=5$ 时,$\mathrm{e} \approx 2.717$;

当 $n=6$ 时,$\mathrm{e} \approx 2.718$.

不难看出这的确是一个有效的方法.

式(1)只是一个近似公式,$f(x)$ 与 $P_n(x)$ 的差别会随着 x 的取值及 n 的大小

而改变,我们把这个差别记作 $R_n(x)$,即

$$f(x) - P_n(x) = R_n(x)$$

或

$$f(x) = P_n(x) + R_n(x) = \sum_{i=0}^{n} \frac{f^{(i)}(0)}{i!}x^i + R_n(x).$$

$R_n(x)$被称为**余项**.

我们将以上讨论归纳为一个定理.

定理 1(麦克劳林公式) 如果函数 $f(x)$ 在含有 $x = 0$ 的某个开区间 (a,b) 内具有直到 $(n+1)$ 阶的导数,则当 x 在 (a,b) 内时,$f(x)$ 可以表示为 x 的一个 n 次多项式与一个余项 $R_n(x)$ 之和,

$$f(x) = f(0) + f'(0)x + \frac{f''(0)}{2!}x^2 + \cdots + \frac{f^{(n)}(0)}{n!}x^n + R_n(x), \qquad (2)$$

其中

$$R_n(x) = \frac{f^{(n+1)}(\theta x)}{(n+1)!}x^{n+1} \quad (0 < \theta < 1). \qquad (3)$$

证 我们只需证明

$$f(x) - P_n(x) = R_n(x) = \frac{f^{(n+1)}(\theta x)}{(n+1)!}x^{n+1} \quad (0 < \theta < 1).$$

由前面讨论知,$R_n(x)$ 在 (a,b) 内有直到 $(n+1)$ 阶的导数,且

$$R_n(0) = R_n'(0) = \cdots = R_n^{(n)}(0) = 0.$$

对两个函数 $R_n(x)$ 和 $g(x) = x^{n+1}$ 连续使用 $(n+1)$ 次柯西中值定理,我们有

$$\frac{R_n(x)}{x^{n+1}} = \frac{R_n(x) - R_n(0)}{x^{n+1} - 0^{n+1}} = \frac{R_n'(\xi_1)}{(n+1)\xi_1^n}$$

$$= \frac{R_n'(\xi_1) - R_n'(0)}{(n+1)\xi_1^n} = \frac{R_n''(\xi_2)}{(n+1)n\xi_2^{n-1}} = \cdots$$

$$= \frac{R_n^{(n+1)}(\xi_{n+1})}{(n+1)!} = \frac{f^{(n+1)}(\xi_{n+1})}{(n+1)!} = \frac{f^{(n+1)}(\theta x)}{(n+1)!}$$

(ξ_{n+1}介于 0 与 x 之间,因此可令 $\xi_{n+1} = \theta x$,$0 < \theta < 1$)(其中 $0 < \xi_{n+1} < \xi_n < \cdots < \xi_1 < x$ 或 $x < \xi_1 < \xi_2 < \cdots < \xi_{n+1} < 0$),从而

$$R_n(x) = \frac{f^{(n+1)}(\theta x)}{(n+1)!}x^{n+1}.$$

当 $|x|$ 很小时, x^{n+1} 也很小, 而当 $x \in (a,b)$, $f^{(n+1)}(x)$ 有界时, 我们可记为

$$R_n(x) = o(x^n).$$

例1　写出函数 $f(x) = e^x$ 的 n 阶麦克劳林公式.

解　因为

$$f^{(n+1)}(\theta x) = e^{\theta x},$$

再由式 (2) 得

$$e^x = 1 + x + \frac{x^2}{2} + \cdots + \frac{x^n}{n!} + \frac{e^{\theta x}}{(n+1)!} x^{n+1} \quad (0 < \theta < 1).$$

注: 用这个公式计算 e^x 时产生的误差为

$$\left| \frac{e^{\theta x}}{(n+1)!} x^{n+1} \right| < \frac{e^{|x|}}{(n+1)!} |x|^{n+1}.$$

例2　求 $f(x) = \sin x$ 的 $2n$ 阶麦克劳林公式.

解　因为

$$f'(x) = \cos x, \quad f''(x) = -\sin x, \quad f'''(x) = -\cos x, \cdots,$$

$$f^{(n)}(x) = \sin\left(x + \frac{n\pi}{2}\right),$$

所以 $f(0) = 0, f'(0) = 1, f''(0) = 0, f'''(0) = -1, f^{(4)}(0) = 0, \cdots$, 得

$$\sin x = x - \frac{x^3}{3!} + \frac{x^5}{5!} - \frac{x^7}{7!} + \cdots + (-1)^{n-1} \frac{x^{2n-1}}{(2n-1)!} + R_{2n}(x),$$

其中

$$R_{2n}(x) = \frac{\sin\left(\theta x + \frac{2n+1}{2}\pi\right)}{(2n+1)!} x^{2n+1} \quad (0 < \theta < 1).$$

如果取 $n = 1$, 得近似公式

$$\sin x \approx x,$$

这时的误差为

$$|R_2| = \left| \frac{\sin\left(\theta x + \frac{3}{2}\pi\right)}{3!} x^3 \right| \leqslant \frac{|x|^3}{6} \quad (0 < \theta < 1).$$

如果取 $n = 2$ 和 3, 可得近似公式

$$\sin x \approx x - \frac{x^3}{3!} \quad 和 \quad \sin x \approx x - \frac{x^3}{3!} + \frac{x^5}{5!},$$

这时的误差分别不超过 $\dfrac{|x^5|}{5!}$ 和 $\dfrac{|x^7|}{7!}$.

我们将这三个近似公式及正弦函数的图形画在图 4-25 中,以便于比较.

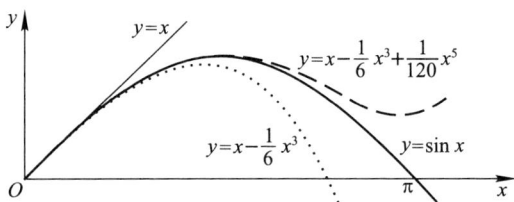

图 4-25

麦克劳林公式是一个很有用的公式,但由于在 $x=0$ 的某邻域的限制而缩小了它的使用范围. 如果有一个对任一 x_0 的邻域的相应公式就更好了. 为此,我们把公式(2)中的 x 换为 $(x-x_0)$,相应的导数 $f^{(n)}(0)$ 也换为 $f^{(n)}(x_0)$ 就得到了著名的泰勒公式.

定理 2(泰勒公式) 如果函数 $f(x)$ 在含有 x_0 的某开区间 (a,b) 内有直到 $(n+1)$ 阶的导数,则当 x 在 (a,b) 内时,$f(x)$ 可以表示为 $(x-x_0)$ 的一个 n 次多项式与一个余项 $R_n(x)$ 之和:

$$f(x) = f(x_0) + f'(x_0)(x-x_0) + \frac{f''(x_0)}{2!}(x-x_0)^2 + \cdots +$$

$$\frac{f^{(n)}(x_0)}{n!}(x-x_0)^n + R_n(x),$$

其中

$$R_n(x) = \frac{f^{(n+1)}(\xi)}{(n+1)!}(x-x_0)^{n+1} \quad (\xi 在 x 与 x_0 之间).$$

这个公式的推导和证明完全与麦克劳林公式类似.

习题 4-5

1. 按 $(x-4)$ 的乘幂展开多项式:

$$f(x) = x^4 - 5x^3 + x^2 - 3x.$$

2. 应用麦克劳林公式,按 x 的乘幂展开函数:

$$f(x) = (x^2 - 3x + 1)^3.$$

3. 求函数 $f(x) = \tan x$ 的二阶麦克劳林公式.

4. 求函数 $f(x) = xe^{-x}$ 的 n 阶麦克劳林公式.

5. 应用三阶泰勒公式计算下列各函数的近似值,并估计误差:

(1) $\sqrt[3]{30}$; (2) $\sin 18°$.

*6. 证明:如果函数 $f(x)$ 在 $x = 0$ 处具有 n 阶导数,那么存在 $x = 0$ 的一个邻域,对邻域内的任一 x,有 $f(x) = f(0) + f'(0)x + \dfrac{f''(0)}{2!}x^2 + \cdots + \dfrac{f^{(n)}(0)}{n!}x^n + R_n(x)$,其中 $R_n(x) = o(x^n)$.

*7. 设函数 $f(x)$ 在点 x_0 有 n 阶导数,且 $f'(x_0) = f''(x_0) = \cdots = f^{(n-1)}(x_0) = 0, f^{(n)}(x_0) \neq 0$,证明:(1) 当 n 为奇数时,$f(x)$ 在点 x_0 不取极值;(2) 当 n 为偶数时,$f(x)$ 在点 x_0 取得极值,且当 $f^{(n)}(x_0) < 0$ 时,$f(x_0)$ 为极大值;当 $f^{(n)}(x_0) > 0$ 时,$f(x_0)$ 为极小值.

总习题四

1. 求下列极限:

(1) $\displaystyle\lim_{x \to 0} \dfrac{e^x + e^{-x} - 2}{x^2}$; (2) $\displaystyle\lim_{x \to +\infty} \left(\dfrac{2}{\pi} \arctan x \right)^{2x}$;

(3) $\displaystyle\lim_{x \to \infty} \left(\dfrac{2^{\frac{1}{x}} + 3^{\frac{1}{x}} + \cdots + 100^{\frac{1}{x}} + 1}{100} \right)^{100x}$.

2. 证明下列不等式:

(1) 当 $0 < x_1 < x_2 < \dfrac{\pi}{2}$ 时,$\dfrac{x_1}{x_2} < \dfrac{\sin x_1}{\sin x_2}$; (2) 当 $x > 0$ 时,$\ln(1 + x) > \dfrac{\arctan x}{1 + x}$.

3. 讨论方程的根:

(1) $x^3 - 5x - 2 = 0$,在 $(0, +\infty)$ 内;

(2) $a_0 + a_1 x + \cdots + a_n x^n = 0$,在 $(0, 1)$ 内,其中 $a_0 + \dfrac{a_1}{2} + \cdots + \dfrac{a_n}{n+1} = 0$.

4. 用中值定理证明下列各题:

(1) 设 $f(x)$ 在 $[0, a]$ 上连续,在 $(0, a)$ 内可导,且 $f(a) = 0$,证明存在一点 $\xi \in (0, a)$,使得 $3f(\xi) + \xi f'(\xi) = 0$.

(2) 设 $0 < a < b$,函数 $f(x)$ 在 $[a, b]$ 上连续,在 (a, b) 内可导,证明存在一点 $\xi \in (a, b)$,使得 $f(b) - f(a) = e^{-\xi} f'(\xi)(e^b - e^a)$.

(3) 设 $f(x)$、$g(x)$ 都是可导函数,且 $|f'(x)| < g'(x)$,证明当 $x > a$ 时,

$$\left| f(x) - f(a) \right| < g(x) - g(a).$$

5. 求下列函数的极值与最值：

(1) $f(x) = \begin{cases} x^{3x}, & x > 0, \\ x + 2, & x \leqslant 0, \end{cases}$ 求 $f(x)$ 的极值.

(2) 求数列 $\{\sqrt[n]{n}\}$ 的最大项.

6. 写出 $f(x) = \ln x$ 在 $x = 2$ 处的 n 阶泰勒公式 $(n > 3)$.

7. 求下列经济应用问题的最大、最小值：

(1) 某商场一年内要分批购进某商品 2 400 件，每件商品批发价为 6 元 (购进)，每件商品每年占用银行资金的利率为 10%，每批商品的采购费用为 160 元，问分几批购进时，才能使上述两项开支之和最少 (不包括商品批发价)？

(2) 某企业生产产品 x 件时，总成本函数为 $C(x) = ax^2 + bx + c$，总收益函数为 $R(x) = \alpha x^2 + \beta x (a, b, c, \alpha, \beta > 0, a > \alpha)$，当企业按最大利润投产时，对每件产品征收税额为多少才能使总税额最大？

8. 设函数 $f(x)$ 在定义域内可导，$y = f(x)$ 的图形如图 4 - 26 所示，则导函数 $f'(x)$ 的图形为图 4 - 27 中所示的四个图形中的哪一个？

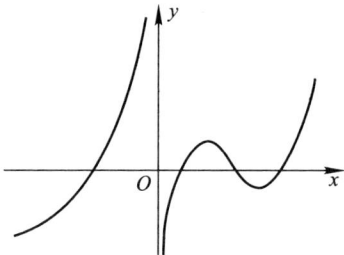

图 4 - 26

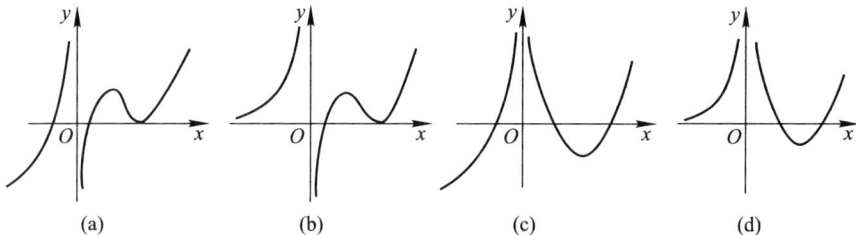

| (a) | (b) | (c) | (d) |

图 4 - 27

9. 设水以常速 (即单位时间注入的水的体积为常数) 注入图 4 - 28 所示的罐中，直至将水罐注满.

(1) 画出水位高度随时间变化的函数 $y = y(t)$ 的图形 (不要求精确图形，但应画出曲线的凸性并表示出拐点)；

(2) $y = y(t)$ 在何处增长最快，何处最慢？估计这两个增长率的比值.

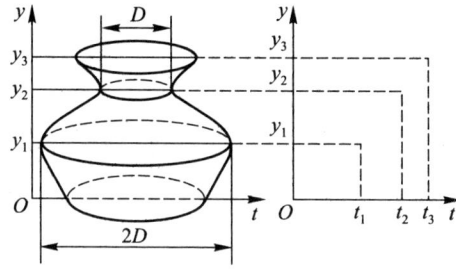

图 4 - 28

第五章 不定积分

在微分学中,我们讨论了求已知函数的导数的问题,本章将讨论它的反问题,即要寻求一个可导函数,使它的导数等于已知函数,这是微积分学的基本问题之一.

第一节 不定积分的概念、性质

一、原函数与不定积分的概念

定义 1 若定义在区间 I 上的函数 $f(x)$ 及可导函数 $F(x)$ 满足关系:对任一 $x \in I$,都有

$$F'(x) = f(x) \text{ 或 } \mathrm{d}F(x) = f(x)\mathrm{d}x,$$

则称 $F(x)$ 为 $f(x)$ 在区间 I 上的一个**原函数**.

例如,因 $(\sin x)' = \cos x$,故 $\sin x$ 是 $\cos x$ 的一个原函数.

又如,当 $x \in (1, +\infty)$ 时,

$$\left[\ln(x + \sqrt{x^2 - 1})\right]' = \frac{1}{\sqrt{x^2 - 1}},$$

故 $\ln(x + \sqrt{x^2 - 1})$ 是 $\dfrac{1}{\sqrt{x^2 - 1}}$ 在 $(1, +\infty)$ 内的一个原函数.

函数可导要具备一定的条件,那么要保证一个函数的原函数存在,需具备什么条件呢? 这个问题将在下一章中讨论,这里先介绍一个结论.

原函数存在定理 如果函数 $f(x)$ 在区间 I 上连续,则在区间 I 上存在可导函数 $F(x)$,使对任一 $x \in I$,都有

$$F'(x) = f(x).$$

简单地说,连续函数一定有原函数.

这是原函数存在的一个充分条件,但初等连续函数的原函数不一定是初等

函数,这与可导初等函数的导数一定是初等函数是有区别的.

下面还要说明两点:

(1) 如果一个函数 $f(x)$ 有一个原函数,那么 $f(x)$ 就有无限多个原函数.

这是因为:若 $F'(x) = f(x)$,则对任一常数 C,

$$[F(x) + C]' = f(x).$$

上式说明,若 $F(x)$ 是 $f(x)$ 的一个原函数,则对任意常数 C,$F(x) + C$ 都是 $f(x)$ 的原函数.

(2) 如果 $F(x)$ 是 $f(x)$ 的一个原函数,那么 $f(x)$ 的其他原函数 $G(x)$ 与 $F(x)$ 的关系是

$$G(x) = F(x) + C_0 \quad (C_0\ 为某个常数).$$

这是因为:$F'(x) = f(x)$,$G'(x) = f(x)$,于是

$$[G(x) - F(x)]' = G'(x) - F'(x) = 0.$$

在上一章已证明了导数恒为零的函数必为常数,所以

$$G(x) - F(x) = C_0 \quad (C_0\ 为某个常数).$$

也就是说,$f(x)$ 的任意两个原函数只差一个常数,因此,当 C 为任意常数时,

$$F(x) + C$$

就表示 $f(x)$ 的所有原函数,$f(x)$ 的全体原函数组成的集合

$$\{F(x) + C \mid -\infty < C < +\infty\}$$

称为 $f(x)$ 的**原函数族**.

由以上两点说明,我们引进下述定义.

定义 2　在区间 I 上,函数 $f(x)$ 的全体原函数称为 $f(x)$ 在区间 I 上的**不定积分**,记作

$$\int f(x)\,\mathrm{d}x,$$

其中记号 $\int$ 称为**积分号**,$f(x)$ 称为**被积函数**,$f(x)\mathrm{d}x$ 称为**被积表达式**,x 称为**积分变量**.

由此定义及前面的说明可知,若 $F(x)$ 是 $f(x)$ 在区间 I 上的一个原函数,则 $f(x)$ 的不定积分可表为

$$\int f(x)\,\mathrm{d}x = F(x) + C,$$

上式可以表示 $f(x)$ 在区间 I 上的任意一个原函数.

例 1 求 $\int 3x^2 \mathrm{d}x$.

解 由 $(x^3)' = 3x^2$,知 x^3 是 $3x^2$ 的一个原函数,所以

$$\int 3x^2 \mathrm{d}x = x^3 + C.$$

例 2 求 $\int \dfrac{1}{x} \mathrm{d}x$.

解 当 $x > 0$ 时,$(\ln x)' = \dfrac{1}{x}$,所以

$$\int \frac{1}{x} \mathrm{d}x = \ln x + C.$$

当 $x < 0$ 时,$[\ln(-x)]' = \dfrac{1}{x}$,所以

$$\int \frac{1}{x} \mathrm{d}x = \ln(-x) + C.$$

故

$$\int \frac{1}{x} \mathrm{d}x = \ln|x| + C \quad (x \neq 0).$$

例 3 某商品的边际成本为 $100 - 2x$,求总成本函数 $C(x)$.

解

$$C(x) = \int (100 - 2x) \mathrm{d}x = 100x - x^2 + C,$$

其中的任意常数 C 可由固定成本来确定为某一个常数.

二、不定积分的几何意义

由例 1,$3x^2$ 的不定积分为 $x^3 + C$,对每一个给定的 C,都有一个 $3x^2$ 的原函数,在几何上对应于一条曲线,称为**积分曲线**. 因为 C 可任意取值,所以 $x^3 + C$ 对应于一簇曲线,称为**积分曲线族**,而 $3x^2$ 正是积分曲线在 x 点处的斜率. 在同一横坐标 $x = x_0$ 处,任一曲线的切线有相同的斜率,即它们的切线平行,只是它们的纵坐标差一常数,所以任一曲线都可以由 $y = x^3$ 在纵轴方向平移一个常数而得到. 对于一般函数 $f(x)$ 的不定积分同样有以上的结论(图 5-1).

例 4 求经过点 $(1,2)$,且其切线的斜率为 $2x$ 的曲线方程.

解 由

$$\int 2x \mathrm{d}x = x^2 + C$$

得积分曲线族 $y = x^2 + C$,将 $x = 1$,$y = 2$ 代入,得 $C = 1$,所以

$$y = x^2 + 1$$

就是所求曲线(图 5 - 2). 其中 $x = 1$, $y = 2$ 又称为曲线的**初始条件**.

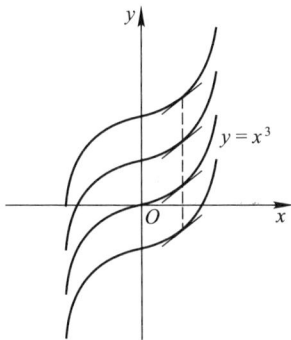

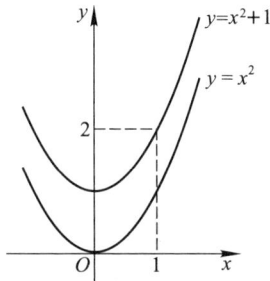

图 5 - 1   图 5 - 2

三、基本积分表

由不定积分的定义可知,求原函数或不定积分与求导数或求微分互为逆运算,但与以前学过的算术中的逆运算有所不同,比如把某数先加后减同一个数后,还原到原来的数,但把某函数先求导数再求原函数就不一定是原来的函数,它们的关系是:

(1)先积分后求导(或微分),还原.

$$\frac{d}{dx}\left[\int f(x)\,dx\right] = f(x)$$

或

$$d\left[\int f(x)\,dx\right] = f(x)\,dx. \tag{1}$$

(2)先求导(或微分)后积分,差一常数.

$$\int F'(x)\,dx = F(x) + C$$

或

$$\int dF(x) = F(x) + C. \tag{2}$$

由此可见,微分运算(记号 d)与积分运算(记号 $\int$)是互逆的,当 d 与 $\int$ 连在一起时,"d $\int$"使函数还原,"$\int$d"使函数差一常数.

这里的积分运算是指求原函数即求不定积分的简称.

既然积分运算与微分运算是互逆的,那么很自然地从导数公式可以得到相应的积分公式.

例如

$$\left(\frac{x^{\mu+1}}{\mu+1}\right)' = x^{\mu},$$

即 $\dfrac{x^{\mu+1}}{\mu+1}$ 是 x^{μ} 的一个原函数, 于是有积分公式

$$\int x^{\mu} \mathrm{d}x = \frac{1}{\mu+1} x^{\mu+1} + C \quad (\mu \neq -1).$$

类似地可以得到其他积分公式, 下面我们把一些基本的积分公式列成一个表, 这个表通常叫做**基本积分表**.

① $\int k \mathrm{d}x = kx + C \quad (k \text{ 是常数})$;

② $\int x^{\mu} \mathrm{d}x = \dfrac{1}{\mu+1} x^{\mu+1} + C \quad (\mu \neq -1)$;

③ $\int \dfrac{\mathrm{d}x}{x} = \ln|x| + C$;

④ $\int \dfrac{\mathrm{d}x}{1+x^2} = \arctan x + C$;

⑤ $\int \dfrac{\mathrm{d}x}{\sqrt{1-x^2}} = \arcsin x + C$;

⑥ $\int \cos x \mathrm{d}x = \sin x + C$;

⑦ $\int \sin x \mathrm{d}x = -\cos x + C$;

⑧ $\int \dfrac{\mathrm{d}x}{\cos^2 x} = \int \sec^2 x \mathrm{d}x = \tan x + C$;

⑨ $\int \dfrac{\mathrm{d}x}{\sin^2 x} = \int \csc^2 x \mathrm{d}x = -\cot x + C$;

⑩ $\int \sec x \tan x \mathrm{d}x = \sec x + C$;

⑪ $\int \csc x \cot x \mathrm{d}x = -\csc x + C$;

⑫ $\int \mathrm{e}^x \mathrm{d}x = \mathrm{e}^x + C$;

⑬ $\int a^x \mathrm{d}x = \dfrac{1}{\ln a} a^x + C \quad (a > 0 \text{ 且 } a \neq 1)$.

以上 13 个基本积分公式,是求不定积分的基础,必须熟记,下面举出几个应用积分公式②的例子.

例 5　求 $\displaystyle\int \frac{\mathrm{d}x}{x^3}$.

解　$\displaystyle\int \frac{\mathrm{d}x}{x^3} = \int x^{-3}\,\mathrm{d}x = \frac{1}{-3+1}x^{-3+1} + C = -\frac{1}{2x^2} + C.$

例 6　求 $\displaystyle\int x^2\sqrt{x}\,\mathrm{d}x$.

解　$\displaystyle\int x^2\sqrt{x}\,\mathrm{d}x = \int x^{\frac{5}{2}}\,\mathrm{d}x = \frac{x^{\frac{5}{2}+1}}{\frac{5}{2}+1} + C = \frac{2}{7}x^{\frac{7}{2}} + C.$

例 7　求 $\displaystyle\int \frac{\mathrm{d}x}{x\sqrt[3]{x}}$.

解　$\displaystyle\int \frac{\mathrm{d}x}{x\sqrt[3]{x}} = \int x^{-\frac{4}{3}}\,\mathrm{d}x = \frac{x^{-\frac{4}{3}+1}}{-\frac{4}{3}+1} + C = -\frac{3}{\sqrt[3]{x}} + C.$

上面三个例子表明,有时被积函数实际是幂函数,但用分式或根式表示,遇到这种情况,应先把它化成幂函数的形式 x^μ,然后应用幂函数的积分公式②求出不定积分.

四、不定积分的性质

根据不定积分的定义,可以推得它有如下两个性质:

性质 1　函数代数和的不定积分等于各个函数的不定积分的代数和,即

$$\int [f(x) \pm g(x)]\,\mathrm{d}x = \int f(x)\,\mathrm{d}x \pm \int g(x)\,\mathrm{d}x. \tag{3}$$

性质 2　求不定积分时,被积函数不为 0 的常数因子可以提到积分号外,即

$$\int kf(x)\,\mathrm{d}x = k\int f(x)\,\mathrm{d}x \quad (k \neq 0, k\ \text{为常数}). \tag{4}$$

以上两条性质不难证明,只要将等式的两边分别求导数,可以验证两边有相等的导数,读者不妨自行证明.其中的性质 1 还可以推广到有限个函数的代数和的情况.

利用基本积分表以及不定积分的这两个性质,可以求出一些简单函数的不定积分.

例 8 求 $\int \sqrt{x}(x^2 - 5)\,dx$.

解
$$\int \sqrt{x}(x^2 - 5)\,dx = \int \left(x^{\frac{5}{2}} - 5x^{\frac{1}{2}}\right)dx = \int x^{\frac{5}{2}}dx - \int 5x^{\frac{1}{2}}dx$$

$$= \int x^{\frac{5}{2}}dx - 5\int x^{\frac{1}{2}}dx = \frac{2}{7}x^{\frac{7}{2}} - 5\cdot\frac{2}{3}x^{\frac{3}{2}} + C$$

$$= \frac{2}{7}x^{\frac{7}{2}} - \frac{10}{3}x^{\frac{3}{2}} + C.$$

注意：积分运算的结果是否正确，可以通过它的逆运算——求导运算来加以验证. 如果它的导数等于被积函数，那么积分结果是正确的，否则积分结果是错误的，由于

$$\left(\frac{2}{7}x^{\frac{7}{2}} - \frac{10}{3}x^{\frac{3}{2}} + C\right)' = x^{\frac{5}{2}} - 5x^{\frac{1}{2}} = \sqrt{x}(x^2 - 5).$$

所以这个结果是正确的.

例 9 求 $\int \dfrac{(x-1)^3}{x^2}\,dx$.

解
$$\int \frac{(x-1)^3}{x^2}\,dx = \int \frac{x^3 - 3x^2 + 3x - 1}{x^2}\,dx$$

$$= \int \left(x - 3 + \frac{3}{x} - \frac{1}{x^2}\right)dx$$

$$= \int x\,dx - 3\int dx + 3\int \frac{dx}{x} - \int \frac{dx}{x^2}$$

$$= \frac{x^2}{2} - 3x + 3\ln|x| + \frac{1}{x} + C.$$

例 10 求 $\int (e^x - 3\cos x)\,dx$.

解
$$\int (e^x - 3\cos x)\,dx = \int e^x\,dx - 3\int \cos x\,dx$$

$$= e^x - 3\sin x + C.$$

例 11 求 $\int 2^x e^x\,dx$.

解
$$\int 2^x e^x\,dx = \int (2e)^x\,dx = \frac{1}{\ln 2e}(2e)^x + C$$

$$= \frac{1}{\ln 2 + 1} 2^x e^x + C.$$

注意：这里我们使用了关系式

$$2^x e^x = (2e)^x,$$

并且把 $2e$ 看成公式⑬中的 a，再用这个公式.

例 12　求 $\int \frac{1 + x + x^2}{x(1 + x^2)} dx$.

解　$\int \frac{1 + x + x^2}{x(1 + x^2)} dx = \int \frac{x + (1 + x^2)}{x(1 + x^2)} dx = \int \left(\frac{1}{1 + x^2} + \frac{1}{x} \right) dx$

$$= \int \frac{dx}{1 + x^2} + \int \frac{dx}{x} = \arctan x + \ln | x | + C.$$

注意：这个例子中的被积函数在基本积分表中没有，我们可以通过简单的变化把它进行分项（或拆项）后，再逐项积分，下面再举一个分项的例子.

例 13　求 $\int \frac{x^4}{1 + x^2} dx$.

解　$$\int \frac{x^4}{1 + x^2} dx = \int \frac{x^4 - 1 + 1}{1 + x^2} dx$$

$$= \int \frac{(x^2 - 1)(x^2 + 1) + 1}{1 + x^2} dx$$

$$= \int \left(x^2 - 1 + \frac{1}{1 + x^2} \right) dx$$

$$= \int x^2 dx - \int dx + \int \frac{dx}{1 + x^2}$$

$$= \frac{1}{3} x^3 - x + \arctan x + C.$$

当被积函数是三角函数时，对某些积分表中没有而又比较特别的情况，可以通过三角函数恒等变形，化为基本积分表中已有的类型，然后再积分.

例 14　求 $\int \tan^2 x dx$.

解　$\int \tan^2 x dx = \int (\sec^2 x - 1) dx = \int \sec^2 x dx - \int dx$

$$= \tan x - x + C.$$

例 15 求 $\int \sin^2 \dfrac{x}{2} \mathrm{d}x.$

解
$$\int \sin^2 \frac{x}{2} \mathrm{d}x = \int \frac{1}{2}(1 - \cos x)\mathrm{d}x$$
$$= \frac{1}{2}\int \mathrm{d}x - \frac{1}{2}\int \cos x \mathrm{d}x$$
$$= \frac{1}{2}x - \frac{1}{2}\sin x + C.$$

例 16 求 $\int \dfrac{1}{\sin^2 \dfrac{x}{2}\cos^2 \dfrac{x}{2}} \mathrm{d}x.$

解
$$\int \frac{\mathrm{d}x}{\sin^2 \dfrac{x}{2}\cos^2 \dfrac{x}{2}} = \int \frac{\mathrm{d}x}{\left(\dfrac{\sin x}{2}\right)^2} = 4\int \frac{1}{\sin^2 x}\mathrm{d}x$$
$$= -4\cot x + C.$$

习题 5–1

1. 求下列不定积分：

(1) $\int \dfrac{\mathrm{d}x}{x^3}$;

(2) $\int x^2 \sqrt{x}\mathrm{d}x$;

(3) $\int \dfrac{\mathrm{d}x}{x^2 \sqrt{x}}$;

(4) $\int \sqrt{x \sqrt{x\sqrt{x}}}\mathrm{d}x$;

(5) $\int \dfrac{\mathrm{d}h}{\sqrt{2h}}$;

(6) $\int \sqrt[m]{x^n}\mathrm{d}x$ (m,n 为非零常数);

(7) $\int 5x^4 \mathrm{d}x$;

(8) $\int (x^2 + 3x + 2)\mathrm{d}x$;

(9) $\int (x^2 - 1)^2 \mathrm{d}x$;

(10) $\int (x + 2)^2 \mathrm{d}x$;

(11) $\int \sqrt{x}(x - 3)\mathrm{d}x$;

(12) $\int (\sqrt{x} + 1)(\sqrt{x^3} + 1)\mathrm{d}x$;

(13) $\int \dfrac{(t + 1)^2}{t^2}\mathrm{d}t$;

(14) $\int \dfrac{(1 + x)}{\sqrt{x}}\mathrm{d}x$;

(15) $\int \dfrac{x^2}{1 + x^2}\mathrm{d}x$;

(16) $\int \dfrac{3x^4 + 3x^2 + 2}{x^2 + 1}\mathrm{d}x$;

$(17)\ \int\left(\dfrac{3}{1+x^2}+\dfrac{5}{\sqrt{1-x^2}}\right)\mathrm{d}x;$　　$(18)\ \int\dfrac{x^2+\sqrt{x^3}+3}{\sqrt[3]{x}}\mathrm{d}x;$

$(19)\ \int\left(2\mathrm{e}^x-\dfrac{3}{x}\right)\mathrm{d}x;$　　$(20)\ \int\mathrm{e}^x\left(1+\dfrac{\mathrm{e}^{-x}}{\sqrt{x}}\right)\mathrm{d}x;$

$(21)\ \int 5^x\mathrm{e}^x\mathrm{d}x;$　　$(22)\ \int\dfrac{2\cdot 3^x+5\cdot 2^x}{3^x}\mathrm{d}x;$

$(23)\ \int\dfrac{\mathrm{d}x}{x^2(1+x^2)};$　　$(24)\ \int\dfrac{\mathrm{e}^{2x}-1}{\mathrm{e}^x-1}\mathrm{d}x;$

$(25)\ \int\sec x(\sec x+\tan x)\mathrm{d}x;$　　$(26)\ \int\cos^2\dfrac{x}{2}\mathrm{d}x;$

$(27)\ \int\dfrac{\cos 2x}{\sin x+\cos x}\mathrm{d}x;$　　$(28)\ \int\dfrac{\cos 2x}{\sin^2 x\cos^2 x}\mathrm{d}x;$

$(29)\ \int\dfrac{\mathrm{d}x}{1+\cos 2x};$　　$(30)\ \int\cot^2 x\mathrm{d}x.$

2. 一曲线通过点 $(\mathrm{e}^2,3)$，且在任一点处的切线的斜率等于该点横坐标的倒数，求曲线的方程.

3. 已知某产品产量的变化率是时间 t 的函数 $f(t)=at+b(a,b$ 为常数$)$. 设此产品的产量为函数 $P(t)$，且 $P(0)=0$，求 $P(t)$.

第二节　换元积分法

利用基本积分表与积分的性质，所能计算的不定积分是非常有限的. 因此，有必要进一步研究不定积分的求法. 这一节我们将把复合函数的微分法反过来用于求不定积分，利用中间变量的代换，得到复合函数的积分法，称为**换元积分法**，简称**换元法**. 换元法通常分为两类，第一类是把积分变量 x 作为自变量，引入中间变量 $u=\varphi(x)$；第二类是把积分变量 x 作为中间变量，引入自变量 t，作变换 $x=\varphi(t)$，从而将复杂的被积函数化为较简单的类型，进一步利用基本积分表与积分性质求出积分. 下面先讨论第一类换元积分法.

一、第一类换元积分法

设 $f(u)$ 具有原函数 $F(u)$，即

$$F'(u)=f(u),\quad \int f(u)\mathrm{d}u=F(u)+C.$$

如果要求的积分具有以下形式

$$\int f[\varphi(x)]\varphi'(x)\mathrm{d}x,$$

设 $u = \varphi(x)$ 且要求 $\varphi(x)$ 可微,根据复合函数微分法则,有

$$\mathrm{d}F[\varphi(x)] = f[\varphi(x)]\varphi'(x)\mathrm{d}x = f[\varphi(x)]\mathrm{d}\varphi(x),$$

从而

$$\int f[\varphi(x)]\varphi'(x)\mathrm{d}x = F[\varphi(x)] + C = \left[\int f(u)\mathrm{d}u\right]_{u=\varphi(x)}$$

$$= \int f[\varphi(x)]\mathrm{d}\varphi(x).$$

这就是第一类换元积分法,又称凑微分法.

从而有下述定理:

定理 1 设 $f(u)$ 具有原函数,$u = \varphi(x)$ 可导,则有换元公式

$$\int f[\varphi(x)]\varphi'(x)\mathrm{d}x = \left[\int f(u)\mathrm{d}u\right]_{u=\varphi(x)}. \tag{1}$$

由此定理可见,虽然 $\int f[\varphi(x)]\varphi'(x)\mathrm{d}x$ 是一个整体的记号,但从形式上看,被积表达式中的 $\mathrm{d}x$ 也可当作变量 x 的微分来对待,从而微分等式 $\varphi'(x)\mathrm{d}x = \mathrm{d}u$ 可以方便地应用到被积表达式中来,我们在上节(2)式中已经这样用了,那里把积分 $\int F'(x)\mathrm{d}x$ 记作 $\int \mathrm{d}F(x)$,就是按微分 $F'(x)\mathrm{d}x = \mathrm{d}F(x)$ 把被积表达式 $F'(x)\mathrm{d}x$ 记作 $\mathrm{d}F(x)$.

如何应用公式(1)来求不定积分呢?如果要求 $\int g(x)\mathrm{d}x$,必须同时考虑两个问题:

(1) 把 $g(x)$ 改写为 $f[\varphi(x)]\varphi'(x)$(凑微分);

(2) $f(u)$ 具有原函数 $F(u)$;

这是一件比较困难的事情,我们由简到难地分三种情况加以介绍.

1. 基本的凑微分法

利用基本积分表中的积分公式把被积函数中的一部分凑成中间变量的微分. 常用的有

① $\mathrm{d}x = \dfrac{1}{a}\mathrm{d}(ax+b)$;

② $x^{n-1}\mathrm{d}x = \dfrac{1}{n}\mathrm{d}(x^n)$;

③ $\dfrac{\mathrm{d}x}{x} = \mathrm{d}(\ln|x|) = \ln a\,\mathrm{d}(\log_a|x|)\ (a>0\ 且\ a\neq1)$;

④ $\mathrm{e}^x\mathrm{d}x = \mathrm{d}(\mathrm{e}^x)$;

⑤ $a^x \mathrm{d}x = \dfrac{1}{\ln a}\mathrm{d}(a^x)\,(a>0 \text{ 且 } a \neq 1)$;

⑥ $\cos x \mathrm{d}x = \mathrm{d}(\sin x)$;

⑦ $\sin x \mathrm{d}x = -\mathrm{d}(\cos x)$;

⑧ $\dfrac{\mathrm{d}x}{\cos^2 x} = \sec^2 x \mathrm{d}x = \mathrm{d}(\tan x)$;

⑨ $\dfrac{\mathrm{d}x}{\sin^2 x} = \csc^2 x \mathrm{d}x = -\mathrm{d}(\cot x)$;

⑩ $\dfrac{\mathrm{d}x}{\sqrt{1-x^2}} = \mathrm{d}(\arcsin x) = -\mathrm{d}(\arccos x)$;

⑪ $\dfrac{\mathrm{d}x}{1+x^2} = \mathrm{d}(\arctan x) = -\mathrm{d}(\operatorname{arccot} x)$.

例 1 求 $\displaystyle\int 2\cos 2x \mathrm{d}x$.

解
$$\int 2\cos 2x \mathrm{d}x = \int \cos 2x \mathrm{d}(2x) = \left[\int \cos u \mathrm{d}u\right]_{u=2x}$$
$$= \sin u + C = \sin 2x + C.$$

例 2 求 $\displaystyle\int \dfrac{\mathrm{d}x}{3x+2}$.

解
$$\int \dfrac{\mathrm{d}x}{3x+2} = \dfrac{1}{3}\int \dfrac{\mathrm{d}(3x+2)}{3x+2} = \left[\dfrac{1}{3}\int \dfrac{\mathrm{d}u}{u}\right]_{u=3x+2}$$
$$= \dfrac{1}{3}\ln|u| + C$$
$$= \dfrac{1}{3}\ln|3x+2| + C.$$

例 3 求 $\displaystyle\int x\mathrm{e}^{x^2}\mathrm{d}x$.

解
$$\int x\mathrm{e}^{x^2}\mathrm{d}x = \dfrac{1}{2}\int \mathrm{e}^{x^2}\mathrm{d}(x^2) = \left[\dfrac{1}{2}\int \mathrm{e}^u \mathrm{d}u\right]_{u=x^2}$$
$$= \dfrac{1}{2}\mathrm{e}^u + C$$
$$= \dfrac{1}{2}\mathrm{e}^{x^2} + C.$$

例 4 求 $\int x \sqrt{1 - x^2}\,dx$.

解

$$\int x \sqrt{1 - x^2}\,dx = -\frac{1}{2}\int (1 - x^2)^{\frac{1}{2}}(-2x)\,dx$$

$$= -\frac{1}{2}\int (1 - x^2)^{\frac{1}{2}}\,d(1 - x^2)$$

$$= \left[-\frac{1}{2}\int u^{\frac{1}{2}}\,du \right]_{u = 1 - x^2}$$

$$= -\frac{1}{2}\cdot\frac{2}{3}u^{\frac{3}{2}} + C$$

$$= -\frac{1}{3}(1 - x^2)^{\frac{3}{2}} + C.$$

例 5 求 $\int \tan x\,dx$.

解

$$\int \tan x\,dx = \int \frac{\sin x}{\cos x}\,dx = -\int \frac{1}{\cos x}\,d(\cos x)$$

$$= \left[-\int \frac{1}{u}\,du \right]_{u = \cos x} = -\ln |u| + C$$

$$= -\ln |\cos x| + C.$$

注: $\int \tan x\,dx = -\ln |\cos x| + C$ 可以补充到基本积分表中.

类似地, $\int \cot x\,dx = \ln |\sin x| + C$ 也可以补充到基本积分表中.

例 6 求 $\int \dfrac{dx}{a^2 + x^2}$.

解

$$\int \frac{dx}{a^2 + x^2} = \int \frac{1}{a}\cdot\frac{1}{1 + \left(\dfrac{x}{a}\right)^2}\frac{1}{a}\,dx$$

$$= \int \frac{1}{a}\cdot\frac{1}{1 + \left(\dfrac{x}{a}\right)^2}\,d\frac{x}{a}$$

$$= \left[\frac{1}{a}\int \frac{du}{1 + u^2} \right]_{u = \frac{x}{a}}$$

$$= \frac{1}{a}\arctan u + C$$

$$= \frac{1}{a}\arctan \frac{x}{a} + C.$$

类似地,当 $a > 0$ 时,有

$$\int \frac{\mathrm{d}x}{\sqrt{a^2 - x^2}} = \arcsin \frac{x}{a} + C.$$

此式可作为一个公式使用.

对变量代换比较熟练以后,就不一定要写出 u,把"$\varphi(x)$"当作"u"就行了.

例 7　求 $\int \dfrac{\mathrm{d}x}{x^2 - a^2}$.

解　因为　　　　　$\dfrac{1}{x^2 - a^2} = \dfrac{1}{2a}\left(\dfrac{1}{x - a} - \dfrac{1}{x + a}\right),$

所以

$$\int \frac{\mathrm{d}x}{x^2 - a^2} = \frac{1}{2a}\int\left(\frac{1}{x - a} - \frac{1}{x + a}\right)\mathrm{d}x$$

$$= \frac{1}{2a}\left(\int \frac{1}{x - a}\mathrm{d}x - \int \frac{1}{x + a}\mathrm{d}x\right)$$

$$= \frac{1}{2a}\left[\int \frac{\mathrm{d}(x - a)}{x - a} - \int \frac{\mathrm{d}(x + a)}{x + a}\right]$$

$$= \frac{1}{2a}(\ln|x - a| - \ln|x + a|) + C$$

$$= \frac{1}{2a}\ln\left|\frac{x - a}{x + a}\right| + C.$$

例 8　求 $\int \mathrm{e}^{\arctan x}\dfrac{\mathrm{d}x}{1 + x^2}$.

解　　　　　$\int \mathrm{e}^{\arctan x}\dfrac{\mathrm{d}x}{1 + x^2} = \int \mathrm{e}^{\arctan x}\mathrm{d}(\arctan x)$

$$= \mathrm{e}^{\arctan x} + C.$$

例 9　求 $\int (\arccos x)^2 \dfrac{\mathrm{d}x}{\sqrt{1 - x^2}}$.

解
$$\int (\arccos x)^2 \frac{\mathrm{d}x}{\sqrt{1-x^2}} = \int (\arccos x)^2 (-1)\mathrm{d}(\arccos x)$$

$$= -\frac{1}{3}(\arccos x)^3 + C.$$

2. 多步凑微分法

利用基本积分表中的一个或多个积分公式,作两步或两步以上的凑微分.

例 10 求 $\displaystyle\int \frac{\mathrm{d}x}{x(1+2\ln x)}$.

解
$$\int \frac{\mathrm{d}x}{x(1+2\ln x)} = \int \frac{\mathrm{d}(\ln x)}{1+2\ln x}$$

$$= \frac{1}{2}\int \frac{\mathrm{d}(2\ln x)}{1+2\ln x}$$

$$= \frac{1}{2}\int \frac{\mathrm{d}(1+2\ln x)}{1+2\ln x}$$

$$= \frac{1}{2}\ln|1+2\ln x| + C.$$

例 11 求 $\displaystyle\int \frac{\mathrm{d}x}{\cos x}\left(=\int \sec x\,\mathrm{d}x\right)$.

解
$$\int \frac{\mathrm{d}x}{\cos x} = \int \frac{\cos x}{\cos^2 x}\mathrm{d}x = \int \frac{\cos x}{1-\sin^2 x}\mathrm{d}x$$

$$= \int \frac{\mathrm{d}(\sin x)}{1-\sin^2 x} = \int \frac{\mathrm{d}(\sin x)}{(1-\sin x)(1+\sin x)}$$

$$= \frac{1}{2}\int \frac{\mathrm{d}(\sin x)}{1+\sin x} + \frac{1}{2}\int \frac{\mathrm{d}(\sin x)}{1-\sin x}$$

$$= \frac{1}{2}\int \frac{\mathrm{d}(1+\sin x)}{1+\sin x} - \frac{1}{2}\int \frac{\mathrm{d}(1-\sin x)}{1-\sin x}$$

$$= \frac{1}{2}\ln|1+\sin x| - \frac{1}{2}\ln|1-\sin x| + C$$

$$= \frac{1}{2}\ln\left|\frac{1+\sin x}{1-\sin x}\right| + C$$

$$= \frac{1}{2}\ln\left|\frac{(1+\sin x)^2}{1-\sin^2 x}\right| + C$$

$$= \frac{1}{2}\ln\left|\frac{1 + \sin x}{\cos x}\right|^2 + C$$

$$= \ln|\sec x + \tan x| + C.$$

同法可求

$$\int \frac{\mathrm{d}x}{\sin x} = \int \csc x \mathrm{d}x = \ln|\csc x - \cot x| + C.$$

例 12　求 $\displaystyle\int \frac{\mathrm{d}x}{x\ln x\ln \ln x}$.

解

$$\int \frac{\mathrm{d}x}{x\ln x\ln \ln x} = \int \frac{1}{\ln \ln x} \cdot \frac{\mathrm{d}\ln x}{\ln x} = \int \frac{\mathrm{d}\ln \ln x}{\ln \ln x}$$

$$= \ln|\ln \ln x| + C.$$

3. 联合凑微分法

同时利用两个或两个以上的积分公式凑成一个和、差、积、商的微分.

例 13　求 $\displaystyle\int \frac{1 - \sin x}{x + \cos x}\mathrm{d}x$.

解

$$\int \frac{1 - \sin x}{x + \cos x}\mathrm{d}x = \int \frac{\mathrm{d}(x + \cos x)}{x + \cos x}$$

$$= \ln|x + \cos x| + C.$$

例 14　求 $\displaystyle\int \frac{\cos 2x}{(\sin x + \cos x)^3}\mathrm{d}x$.

解

$$\int \frac{\cos 2x}{(\sin x + \cos x)^3}\mathrm{d}x = \int \frac{\cos^2 x - \sin^2 x}{(\sin x + \cos x)^3}\mathrm{d}x$$

$$= \int \frac{\cos x - \sin x}{(\sin x + \cos x)^2}\mathrm{d}x$$

$$= \int \frac{\mathrm{d}(\sin x + \cos x)}{(\sin x + \cos x)^2}$$

$$= -\frac{1}{\sin x + \cos x} + C.$$

例 15　求 $\displaystyle\int \frac{(1 + x)\mathrm{e}^x}{1 + x\mathrm{e}^x}\mathrm{d}x$.

解

$$\int \frac{(1 + x)\mathrm{e}^x}{1 + x\mathrm{e}^x}\mathrm{d}x = \int \frac{\mathrm{d}(x\mathrm{e}^x)}{1 + x\mathrm{e}^x} = \int \frac{\mathrm{d}(1 + x\mathrm{e}^x)}{1 + x\mathrm{e}^x}$$

$$= \ln | 1 + xe^x | + C.$$

当被积函数含有三角函数时,往往要利用三角恒等式进行变换后,再用凑微分法.

例 16　求 $\int \sin^3 x \, \mathrm{d}x$.

解
$$\int \sin^3 x \, \mathrm{d}x = \int \sin^2 x \sin x \, \mathrm{d}x$$
$$= - \int (1 - \cos^2 x) \, \mathrm{d}(\cos x)$$
$$= - \cos x + \frac{1}{3} \cos^3 x + C.$$

例 17　求 $\int \sin^2 x \cos^5 x \, \mathrm{d}x$.

解
$$\int \sin^2 x \cos^5 x \, \mathrm{d}x = \int \sin^2 x \cos^4 x \cos x \, \mathrm{d}x$$
$$= \int \sin^2 x (1 - \sin^2 x)^2 \, \mathrm{d}(\sin x)$$
$$= \int (\sin^2 x - 2 \sin^4 x + \sin^6 x) \, \mathrm{d}(\sin x)$$
$$= \frac{1}{3} \sin^3 x - \frac{2}{5} \sin^5 x + \frac{1}{7} \sin^7 x + C.$$

例 18　求 $\int \cos^2 x \, \mathrm{d}x$.

解
$$\int \cos^2 x \, \mathrm{d}x = \int \frac{1}{2} (1 + \cos 2x) \, \mathrm{d}x$$
$$= \frac{1}{2} \int \mathrm{d}x + \frac{1}{4} \int \cos 2x \, \mathrm{d}(2x)$$
$$= \frac{x}{2} + \frac{1}{4} \sin 2x + C.$$

例 19　求 $\int \sin^4 x \, \mathrm{d}x$.

解
$$\int \sin^4 x \, \mathrm{d}x = \frac{1}{4} \int (1 - \cos 2x)^2 \, \mathrm{d}x$$
$$= \frac{1}{4} \int (1 - 2\cos 2x + \cos^2 2x) \, \mathrm{d}x$$

$$= \frac{1}{4} \int \mathrm{d}x - \frac{1}{4} \int \cos 2x \mathrm{d}(2x) + \frac{1}{4} \int \cos^2 2x \mathrm{d}x$$

$$= \frac{x}{4} - \frac{1}{4} \sin 2x + \frac{1}{8} \int (1 + \cos 4x) \mathrm{d}x$$

$$= \frac{x}{4} - \frac{1}{4} \sin 2x + \frac{x}{8} + \frac{1}{32} \sin 4x + C$$

$$= \frac{3}{8} x - \frac{1}{4} \sin 2x + \frac{1}{32} \sin 4x + C.$$

例 20　求 $\int \cos 3x \cos 2x \mathrm{d}x$.

解
$$\int \cos 3x \cos 2x \mathrm{d}x = \frac{1}{2} \int (\cos x + \cos 5x) \mathrm{d}x$$

$$= \frac{1}{2} \int \cos x \mathrm{d}x + \frac{1}{10} \int \cos 5x \mathrm{d}(5x)$$

$$= \frac{1}{2} \sin x + \frac{1}{10} \sin 5x + C.$$

　　上面所举的例子,使我们认识到凑微分法在求不定积分中的作用. 同时也看到,求复合函数的不定积分要比求复合函数的导数困难得多,因为其中需要一定的技巧. 如何选择中间变量 $u = \varphi(x)$ 没有一般途径可循,要想掌握这个方法,不仅要熟悉一些典型的例子,还要做较多的练习才行.

　　上述各例用的都是第一类换元法,但在很多情形下用上述方法积分将是困难的,所以我们还要掌握一些其他积分方法,下面我们来学习所谓的第二类换元积分法,即利用代换 $x = \varphi(t)$ 的方法.

二、第二类换元积分法

　　假设不定积分 $\int f(x) \mathrm{d}x$ 在基本积分表中没有这类积分,适当地选择变量代换

$$x = \varphi(t)$$

化积分为下列形式:

$$\int f(x) \mathrm{d}x = \int f[\varphi(t)] \varphi'(t) \mathrm{d}t,$$

如果上式右端的被积函数具有原函数

$$\int f[\varphi(t)]\varphi'(t)\mathrm{d}t = \Phi(t) + C,$$

那么把 t 回代成 $x = \varphi(t)$ 的反函数 $t = \varphi^{-1}(x)$ 即得所求的不定积分

$$\int f(x)\mathrm{d}x = \Phi[\varphi^{-1}(x)] + C,$$

其中 $\varphi^{-1}(x) = t$ 是 $x = \varphi(t)$ 的反函数,这就要求 $x = \varphi(t)$ 不但要可导,而且必须是单调的且 $\varphi'(t) \neq 0$,即反函数存在.

我们把以上叙述归纳为下面的定理.

定理 2 设 $x = \varphi(t)$ 是单调的可导函数,并且 $\varphi'(t) \neq 0$. 又设 $f[\varphi(t)]\varphi'(t)$ 具有原函数,则有换元公式

$$\int f(x)\mathrm{d}x = \left\{ \int f[\varphi(t)]\varphi'(t)\mathrm{d}t \right\}_{t = \varphi^{-1}(x)}, \tag{2}$$

其中 $t = \varphi^{-1}(x)$ 是 $x = \varphi(t)$ 的反函数.

(2)式可直接用复合函数及反函数求导法则予以验证.

利用公式(2)来进行积分运算的变量代换法非常多. 如果选择得当,会使积分运算非常容易,常用的主要有**三角函数代换**、**倒代换**和**简单无理函数代换**. 对那些技巧性很强的一般想不到的特殊代换,我们不作过多的介绍,只举几个简单的例子.

1. 三角函数代换法

当被积函数含有形如

$$\sqrt{a^2 - x^2}, \qquad \sqrt{a^2 + x^2}, \qquad \sqrt{x^2 - a^2}$$

的二次根式时,我们将上述三式连同 x 和 a 根据著名的勾股定理作为一个直角三角形三条边的边长(如 $\sqrt{a^2 - x^2}, x, a$ 可设为图 5–3 的三角形),再令其中一个锐角为 t,那么 x 和根式均可表示为 t 的三角函数(图中 $x = a\sin t$, $\sqrt{a^2 - x^2} = a\cos t$),从而化去了被积函数中的根式.

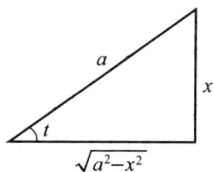

图 5–3

例 21 求 $\int \sqrt{a^2 - x^2}\,\mathrm{d}x \quad (a > 0)$.

解 设 $x = a\sin t\left(-\dfrac{\pi}{2} \leqslant t \leqslant \dfrac{\pi}{2}\right)$,则 $\mathrm{d}x = a\cos t\mathrm{d}t$.

$$\int \sqrt{a^2 - x^2}\,\mathrm{d}x = \left[\int a\cos t \cdot a\cos t\mathrm{d}t \right]_{x = a\sin t}$$

$$= a^2 \int \cos^2 t \mathrm{d}t = \frac{a^2}{2} \int (1 + \cos 2t) \mathrm{d}t$$

$$= \frac{a^2}{2} \left(t + \frac{1}{2} \sin 2t \right) + C$$

$$= \frac{a^2}{2} t + \frac{a^2}{2} \sin t \cos t + C$$

$$= \frac{a^2}{2} \arcsin \frac{x}{a} + \frac{1}{2} x \sqrt{a^2 - x^2} + C.$$

注：利用三角函数代换时，我们总是默认其反函数在主值范围且在被积函数的定义域内.

例 22 求 $\displaystyle\int \frac{\mathrm{d}x}{\sqrt{a^2 + x^2}}$ $(a > 0)$.

解 利用图 5 – 4，可设 $x = a\tan t \left(-\dfrac{\pi}{2} < t < \dfrac{\pi}{2} \right)$，则

$$\sqrt{a^2 + x^2} = a\sec t, \quad \mathrm{d}x = a\sec^2 t \mathrm{d}t.$$

$$\int \frac{\mathrm{d}x}{\sqrt{a^2 + x^2}} = \int \frac{a\sec^2 t}{a\sec t} \mathrm{d}t = \int \sec t \mathrm{d}t$$

$$= \ln | \sec t + \tan t | + C_1$$

$$= \ln \left| \frac{\sqrt{a^2 + x^2}}{a} + \frac{x}{a} \right| + C_1$$

$$= \ln(x + \sqrt{a^2 + x^2}) - \ln a + C_1$$

$$- \ln(x + \sqrt{a^2 + x^2}) + C.$$

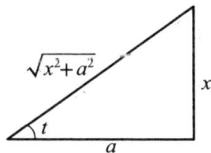

图 5 – 4

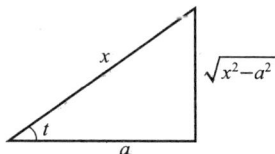

图 5 – 5

例 23 求 $\displaystyle\int \frac{\mathrm{d}x}{\sqrt{x^2 - a^2}}$ $(a > 0)$.

解 利用图 5-5,当 $x > 0$ 时,可设 $x = a\sec t\left(0 < t < \dfrac{\pi}{2}\right)$,则

$$\sqrt{x^2 - a^2} = a\tan t, \quad dx = a\sec t\tan t\,dt.$$

$$\int \frac{dx}{\sqrt{x^2 - a^2}} = \int \frac{a\sec t\tan t\,dt}{a\tan t} = \int \sec t\,dt$$

$$= \ln|\sec t + \tan t| + C_1$$

$$= \ln\left|\frac{x}{a} + \frac{\sqrt{x^2 - a^2}}{a}\right| + C_1$$

$$= \ln\left|x + \sqrt{x^2 - a^2}\right| - \ln a + C_1$$

$$= \ln\left|x + \sqrt{x^2 - a^2}\right| + C_2.$$

当 $x < 0$ 时,可设 $x = -u$,那么 $u > 0$,利用上段结果,

$$\int \frac{dx}{\sqrt{x^2 - a^2}} = -\int \frac{du}{\sqrt{u^2 - a^2}}$$

$$= -\ln(u + \sqrt{u^2 - a^2}) + C_2$$

$$= -\ln(-x + \sqrt{x^2 - a^2}) + C_2$$

$$= \ln\frac{-x - \sqrt{x^2 - a^2}}{a^2} + C_2$$

$$= \ln(-x - \sqrt{x^2 - a^2}) + C_2 - \ln a^2$$

$$= \ln|x + \sqrt{x^2 - a^2}| + C,$$

从而

$$\int \frac{dx}{\sqrt{x^2 - a^2}} = \ln|x + \sqrt{x^2 - a^2}| + C.$$

例 24 求 $\displaystyle\int \frac{\sqrt{a^2 - x^2}}{x^4}dx$.

解 利用图 5-3,可设 $x = a\sin t\left(-\dfrac{\pi}{2} < t < 0 \text{ 或 } 0 < t < \dfrac{\pi}{2}\right)$,则

$$\sqrt{a^2 - x^2} = a\cos t, \quad dx = a\cos t\,dt,$$

$$\int \frac{\sqrt{a^2 - x^2}}{x^4} dx = \int \frac{a\cos t}{a^4 \sin^4 t} a\cos t dt = \frac{1}{a^2} \int \cot^2 t \frac{dt}{\sin^2 t}$$

$$= \frac{-1}{a^2} \int \cot^2 t d\cot t = \frac{-1}{3a^2} \cot^3 t + C$$

$$= -\frac{1}{3a^2} \cdot \frac{(a^2 - x^2)^{\frac{3}{2}}}{x^3} + C.$$

2. 倒代换法

所谓倒代换,即设 $x = \dfrac{1}{t}$ 或 $t = \dfrac{1}{x}$,使用倒代换时,会使被积函数产生显著变化,能否使变化有利于积分运算,这就需要一些经验.

例 25 求 $\displaystyle\int \frac{dx}{x(x^n + 1)}$ $(n \in \mathbf{N}^+)$.

解 令 $x = \dfrac{1}{t}, dx = -\dfrac{1}{t^2} dt$,

$$\int \frac{dx}{x(x^n + 1)} = \int \frac{-\dfrac{1}{t^2} dt}{\dfrac{1}{t}\left(\dfrac{1}{t^n} + 1\right)} = -\int \frac{t^{n-1}}{1 + t^n} dt$$

$$= -\frac{1}{n} \int \frac{1}{1 + t^n} d(1 + t^n)$$

$$= -\frac{1}{n} \ln|1 + t^n| + C$$

$$= -\frac{1}{n} \ln\left|1 + \frac{1}{x^n}\right| + C.$$

例 26 求 $\displaystyle\int \frac{dx}{x\sqrt{x^{2n} - 1}}$ $(x > 1, n \in \mathbf{N}^+)$.

解 令 $x = \dfrac{1}{t}, dx = -\dfrac{1}{t^2} dt$,

$$\int \frac{dx}{x\sqrt{x^{2n} - 1}} = \int \frac{-\dfrac{1}{t^2} dt}{\dfrac{1}{t}\sqrt{\dfrac{1}{t^{2n}} - 1}} = -\int \frac{t^{n-1} dt}{\sqrt{1 - t^{2n}}}$$

$$= -\frac{1}{n}\int \frac{\mathrm{d}(t^n)}{\sqrt{1-(t^n)^2}}$$

$$= -\frac{1}{n}\arcsin t^n + C$$

$$= -\frac{1}{n}\arcsin \frac{1}{x^n} + C.$$

3. 简单无理函数代换法

当 n 次根式内的函数为如下形式时:

$$\sqrt[n]{ax+b} \quad 或 \quad \sqrt[n]{\frac{ax+b}{cx+d}} \quad \left(\frac{a}{c} \neq \frac{b}{d}\right),$$

我们可直接令其为 t,再解出 x 为 t 的有理函数

$$x = \frac{1}{a}(t^n - b)$$

或

$$x = \frac{b - dt^n}{ct^n - a},$$

从而化去了被积函数中的 n 次根式.

例 27　求 $\int \frac{\sqrt{x-1}}{x}\mathrm{d}x.$

解　令 $t = \sqrt{x-1}$,则 $x = t^2 + 1$,$\mathrm{d}x = 2t\mathrm{d}t$,

$$\int \frac{\sqrt{x-1}}{x}\mathrm{d}x = \int \frac{t}{t^2+1}\cdot 2t\mathrm{d}t = 2\int \frac{t^2}{t^2+1}\mathrm{d}t$$

$$= 2\int\left(1 - \frac{1}{t^2+1}\right)\mathrm{d}t$$

$$= 2t - 2\arctan t + C$$

$$= 2\sqrt{x-1} - 2\arctan\sqrt{x-1} + C.$$

例 28　求 $\int \frac{\mathrm{d}x}{(1+\sqrt[3]{x})\sqrt{x}}.$

解　令 $t = \sqrt[6]{x}$,则 $x = t^6$,$\mathrm{d}x = 6t^5\mathrm{d}t$,

$$\int \frac{\mathrm{d}x}{(1+\sqrt[3]{x})\sqrt{x}} = \int \frac{6t^5}{(1+t^2)t^3}\mathrm{d}t = 6\int \frac{t^2}{1+t^2}\mathrm{d}t$$

$$= 6(t - \arctan t) + C$$

$$= 6(\sqrt[6]{x} - \arctan \sqrt[6]{x}) + C.$$

例 29　求 $\int \dfrac{1}{x} \sqrt{\dfrac{1+x}{x}} \mathrm{d}x$.

解　令 $t = \sqrt{\dfrac{1+x}{x}}, t^2 = \dfrac{1+x}{x}$, 则 $x = \dfrac{1}{t^2 - 1}, \mathrm{d}x = \dfrac{-2t}{(t^2 - 1)^2} \mathrm{d}t$.

$$\int \dfrac{1}{x} \sqrt{\dfrac{1+x}{x}} \mathrm{d}x = \int \dfrac{1}{\dfrac{1}{t^2 - 1}} \cdot t \cdot \dfrac{-2t}{(t^2 - 1)^2} \mathrm{d}t$$

$$= -2 \int \dfrac{t^2}{t^2 - 1} \mathrm{d}t = -2 \int \left(1 + \dfrac{1}{t^2 - 1}\right) \mathrm{d}t$$

$$= -2 \left(t + \dfrac{1}{2} \ln \left| \dfrac{t-1}{t+1} \right| \right) + C$$

$$= -2 \sqrt{\dfrac{1+x}{x}} - \ln \left| \dfrac{\sqrt{\dfrac{x+1}{x}} - 1}{\sqrt{\dfrac{x+1}{x}} + 1} \right| + C$$

$$= -2 \sqrt{\dfrac{x+1}{x}} - \ln \left| \dfrac{\sqrt{x+1} - \sqrt{x}}{\sqrt{x+1} + \sqrt{x}} \right| + C$$

$$= -2 \sqrt{\dfrac{1+x}{x}} + 2\ln \left(\sqrt{\dfrac{x+1}{x}} + 1 \right) + \ln |x| + C,$$

其中最后一式由对数中分式有理化后而得.

在本节的例题中,有几个积分是以后经常会遇到的,所以它们通常也被当作公式使用. 常用的积分公式,除了基本积分表中的几个外,再添加下面的几个(其中常数 $a > 0$).

⑭ $\displaystyle\int \tan x \mathrm{d}x = -\ln |\cos x| + C$;

⑮ $\displaystyle\int \cot x \mathrm{d}x = \ln |\sin x| + C$;

⑯ $\displaystyle\int \sec x \mathrm{d}x = \ln |\sec x + \tan x| + C$;

⑰ $\displaystyle\int \csc x \mathrm{d}x = \ln |\csc x - \cot x| + C$;

⑱ $\displaystyle\int \frac{\mathrm{d}x}{\sqrt{a^2 - x^2}} = \arcsin \frac{x}{a} + C;$

⑲ $\displaystyle\int \frac{\mathrm{d}x}{a^2 + x^2} = \frac{1}{a}\arctan \frac{x}{a} + C;$

⑳ $\displaystyle\int \frac{\mathrm{d}x}{x^2 - a^2} = \frac{1}{2a}\ln\left|\frac{x - a}{x + a}\right| + C;$

㉑ $\displaystyle\int \frac{\mathrm{d}x}{\sqrt{x^2 + a^2}} = \ln\left(x + \sqrt{x^2 + a^2}\right) + C;$

㉒ $\displaystyle\int \frac{\mathrm{d}x}{\sqrt{x^2 - a^2}} = \ln\left|x + \sqrt{x^2 - a^2}\right| + C.$

　　实际上,当我们计算出一个有代表性的积分后,都可以收集到积分表中. 可以构造一个含有几百个甚至几千个积分公式的积分表.

习题 5-2

1. 求下列不定积分:

(1) $\displaystyle\int e^{5x}\mathrm{d}x;$

(2) $\displaystyle\int (3 + 2x)^3\mathrm{d}x;$

(3) $\displaystyle\int \frac{\mathrm{d}x}{3 + 2x};$

(4) $\displaystyle\int \frac{\mathrm{d}x}{\sqrt[3]{2 - 3x}};$

(5) $\displaystyle\int \frac{\sin\sqrt{t}}{\sqrt{t}}\mathrm{d}t;$

(6) $\displaystyle\int x\sin x^2\mathrm{d}x;$

(7) $\displaystyle\int x e^{-x^2}\mathrm{d}x;$

(8) $\displaystyle\int \frac{x}{\sqrt{2 - 3x^2}}\mathrm{d}x;$

(9) $\displaystyle\int \frac{3x^3}{1 + x^4}\mathrm{d}x;$

(10) $\displaystyle\int \tan^8 x \sec^2 x\mathrm{d}x;$

(11) $\displaystyle\int \frac{\mathrm{d}x}{\sin x\cos x};$

(12) $\displaystyle\int \cos^2(\omega t + \varphi)\sin(\omega t + \varphi)\mathrm{d}t \ (\omega \neq 0);$

(13) $\displaystyle\int \frac{\sin x}{\cos^5 x}\mathrm{d}x;$

(14) $\displaystyle\int \cos^3 x\mathrm{d}x;$

(15) $\displaystyle\int \sin^2(\omega t + \varphi)\mathrm{d}t \ (\omega \neq 0);$

(16) $\displaystyle\int \tan^3 t\sec t\mathrm{d}t;$

(17) $\displaystyle\int \sin 2x\cos 3x\mathrm{d}x;$

(18) $\displaystyle\int \cos x\cos \frac{x}{2}\mathrm{d}x;$

(19) $\displaystyle\int \sin 4x\sin 8x\mathrm{d}x;$

(20) $\displaystyle\int \frac{\sin x - \cos x}{\sqrt[3]{\sin x + \cos x}}\mathrm{d}x;$

$(21)\ \displaystyle\int \frac{1+x}{\sqrt{9-4x^2}}\mathrm{d}x\,;$　　$(22)\ \displaystyle\int \frac{x^3}{1+x^2}\mathrm{d}x\,;$

$(23)\ \displaystyle\int \frac{\mathrm{d}x}{3x^2-1}\,;$　　$(24)\ \displaystyle\int \frac{\mathrm{d}x}{(x+1)(x+2)}\,;$

$(25)\ \displaystyle\int \tan\sqrt{1+x^2}\ \frac{x}{\sqrt{1+x^2}}\mathrm{d}x\,;$　$(26)\ \displaystyle\int \frac{\arctan\sqrt{x}}{\sqrt{x}(1+x)}\mathrm{d}x\,;$

$(27)\ \displaystyle\int \frac{10^{\arccos x}}{\sqrt{1-x^2}}\mathrm{d}x\,;$　　$(28)\ \displaystyle\int \frac{1}{(\arcsin x)^2}\ \frac{\mathrm{d}x}{\sqrt{1-x^2}}\,;$

$(29)\ \displaystyle\int \frac{\ln\tan x}{\cos x\sin x}\mathrm{d}x\,;$　　$(30)\ \displaystyle\int \frac{1+\ln x}{(x\ln x)^2}\mathrm{d}x\,;$

$(31)\ \displaystyle\int \frac{x^2\mathrm{d}x}{\sqrt{4-x^2}}\,;$　　$(32)\ \displaystyle\int \frac{\mathrm{d}x}{x\sqrt{x^2-1}}\,;$

$(33)\ \displaystyle\int \frac{\mathrm{d}x}{\sqrt{(x^2+1)^3}}\,;$　　$(34)\ \displaystyle\int \frac{\sqrt{x^2-4}}{x}\mathrm{d}x\,;$

$(35)\ \displaystyle\int \frac{\mathrm{d}x}{1+\sqrt{1-x^2}}\,;$　　$(36)\ \displaystyle\int \frac{\mathrm{d}x}{x+\sqrt{1-x^2}}\,;$

$(37)\ \displaystyle\int \frac{\mathrm{d}x}{1+\sqrt{2x}}\,;$　　$(38)\ \displaystyle\int \frac{\mathrm{d}x}{1+\sqrt[3]{x+1}}\,;$

$(39)\ \displaystyle\int \frac{\sqrt{1+x}-1}{\sqrt{1+x}+1}\mathrm{d}x\,;$　　$(40)\ \displaystyle\int \frac{\mathrm{d}x}{\sqrt{x}+\sqrt[4]{x}}\,;$

$(41)\ \displaystyle\int \frac{1}{x}\sqrt{\frac{1-x}{1+x}}\mathrm{d}x\,;$　　$(42)\ \displaystyle\int \frac{\mathrm{d}x}{\sqrt[3]{(x+1)^2(x-1)^4}}\,.$

2. 用指定的换元法求下列不定积分：

$(1)\ \displaystyle\int \frac{\mathrm{d}x}{\sqrt{x(1-x)}},$ 令 $x=\sin^2 t\,;$

$(2)\ \displaystyle\int \frac{\mathrm{d}x}{\sqrt{x^2+2x+2}},$ 令 $x=\tan t-1\,;$

$(3)\ \displaystyle\int \frac{\mathrm{d}x}{\sqrt{x^2-4x}},$ 令 $x=2+2\sec t\,;$

$(4)\ \displaystyle\int \frac{x\mathrm{d}x}{\sqrt{1-x^4}},$ 令 $x^2=\sin t\,.$

第三节　分部积分法

上一节我们在复合函数求导法则的基础上研究了复合函数的积分方法，即换元积分法. 这一节我们将在乘积求导公式的基础上研究函数乘积的积分方法, 即**分部积分法**.

设函数 $u = u(x)$ 及 $v = v(x)$ 具有连续导数, 那么两个函数乘积的导数或微分公式为

$$(uv)' = u'v + uv'$$

或

$$d(uv) = vdu + udv,$$

两边积分得

$$uv = \int vdu + \int udv$$

或

$$uv = \int u'vdx + \int uv'dx.$$

如果等式右端两个积分有一个 $\left(\int udv \right)$ 较难而另一个 $\left(\int vdu \right)$ 较易. 那么较难的积分就可以转化为较易的积分加上一个函数. 即

$$\int udv = uv - \int vdu \tag{1}$$

或

$$\int uv'dx = uv - \int vu'dx. \tag{2}$$

这两个等价的公式被称为**分部积分公式**. 实际应用时用公式(1) 比较容易记忆, 使用公式(1) 时要分以下几个步骤:

(1) 把被积函数 $f(x)$ 适当分为两部分 u 和 v', 并把 $v'dx$ 凑成 dv(即把 v 积分);

(2) 代入公式 $\int udv = uv - \int vdu$, 公式两端的积分中的 u, v 恰好交换了位置;

(3) 计算 du, 即 $\int vdu = \int vu'dx$(即把 u 微分);

(4) 计算 $\int vu'dx$, 只要这个积分比原来的积分容易, 就奏效了.

比较分部积分公式左、右两个积分的被积函数. 实际上就是把被积函数分解为两部分, 一部分积分, 另一部分微分, 这个"一积一微"的方法被称为分部积分法.

如何正确选取 u、v 是关键所在, 下面分四种情况来介绍分部积分法的四个基本方法.

一、降次法

当被积函数为多项式与三角函数或指数函数的乘积时, 就选多项式为 u 进

行微分,选三角函数或指数函数为 v' 进行积分. 多项式通过微分后次数降低一次,所以称为**降次法**.

例 1 求 $\int x\cos x\mathrm{d}x$.

解
$$\int x\cos x\mathrm{d}x = \int x(\sin x)'\mathrm{d}x = \int x\mathrm{d}(\sin x)$$
$$= x\sin x - \int \sin x\mathrm{d}x$$
$$= x\sin x + \cos x + C.$$

例 2 求 $\int x\mathrm{e}^x\mathrm{d}x$.

解
$$\int x\mathrm{e}^x\mathrm{d}x = \int x(\mathrm{e}^x)'\mathrm{d}x = \int x\mathrm{d}(\mathrm{e}^x)$$
$$= x\mathrm{e}^x - \int \mathrm{e}^x\mathrm{d}x = x\mathrm{e}^x - \mathrm{e}^x + C$$
$$= (x-1)\mathrm{e}^x + C.$$

例 3 求 $\int x^2\mathrm{e}^x\mathrm{d}x$.

解
$$\int x^2\mathrm{e}^x\mathrm{d}x = \int x^2\mathrm{d}\mathrm{e}^x = x^2\mathrm{e}^x - \int \mathrm{e}^x\mathrm{d}(x^2)$$
$$= x^2\mathrm{e}^x - 2\int x\mathrm{e}^x\mathrm{d}x \quad (\text{降为一次})$$
$$= x^2\mathrm{e}^x - 2\int x\mathrm{d}\mathrm{e}^x$$
$$= x^2\mathrm{e}^x - 2\left(x\mathrm{e}^x - \int \mathrm{e}^x\mathrm{d}x\right)$$
$$= x^2\mathrm{e}^x - 2(x\mathrm{e}^x - \mathrm{e}^x) + C$$
$$= (x^2 - 2x + 2)\mathrm{e}^x + C.$$

二、转换法

当被积函数为反三角函数或对数函数与其他函数的乘积时,就选反三角函数或对数函数为 u 进行微分,选其他函数为 v' 进行积分. 反三角函数或对数函数微分后转变成别的函数,故称为**转换法**.

例 4 求 $\int x\ln x\mathrm{d}x$.

解
$$\int x\ln x \mathrm{d}x = \int \ln x \mathrm{d}\left(\frac{x^2}{2}\right) = \frac{x^2}{2}\ln x - \int \frac{x^2}{2}\mathrm{d}(\ln x)$$

$$= \frac{x^2}{2}\ln x - \frac{1}{2}\int x^2 \cdot \frac{1}{x}\mathrm{d}x$$

$$= \frac{x^2}{2}\ln x - \frac{x^2}{4} + C.$$

例 5 求 $\int x\arctan x \mathrm{d}x$.

解
$$\int x\arctan x \mathrm{d}x = \int \arctan x \mathrm{d}\left(\frac{x^2+1}{2}\right)$$

$$= \frac{x^2+1}{2}\arctan x - \int \frac{x^2+1}{2}\mathrm{d}(\arctan x)$$

$$= \frac{x^2+1}{2}\arctan x - \int \frac{x^2+1}{2} \cdot \frac{\mathrm{d}x}{x^2+1}$$

$$= \frac{x^2+1}{2}\arctan x - \frac{x}{2} + C.$$

注：把 $x\mathrm{d}x$ 凑成 $\mathrm{d}\dfrac{x^2}{2}$ 也行，只是计算 $\int v\mathrm{d}u$ 稍微麻烦一点.

例 6 求 $\int \arcsin x \mathrm{d}x$.

解 这里被积函数只有一部分，我们就把 $\mathrm{d}x$ 看成 $\mathrm{d}v$. 公式中的 v 必须用 x 代替，这一点往往是初学者容易漏掉的.

$$\int \arcsin x \mathrm{d}x = x\arcsin x - \int x\mathrm{d}(\arcsin x)$$

$$= x\arcsin x - \int \frac{x}{\sqrt{1-x^2}}\mathrm{d}x$$

$$= x\arcsin x + \frac{1}{2}\int \frac{\mathrm{d}(1-x^2)}{\sqrt{1-x^2}}$$

$$= x\arcsin x + \sqrt{1-x^2} + C.$$

三、循环法

当被积函数为指数函数与正弦（或余弦）函数的乘积时，需要分部积分两次才行. 任意选定一类函数为 u 微分两次,另一类为 v' 积分两次. 这两类函数无论是微分两次还是积分两次,都会还原到原来的函数,只是系数有些变化,等式两边含有不同系数的同一类积分,故称为**循环法**. 我们通过移项,就可以解出所求积分,不过一定不要忘记,积分完右边要加上一个任意常数"C".

例 7　求 $\int e^x \sin x \, dx$.

解
$$\int e^x \sin x \, dx = \int e^x d(-\cos x) = -e^x \cos x + \int \cos x \, d(e^x)$$
$$= -e^x \cos x + \int e^x d(\sin x)$$
$$= -e^x \cos x + e^x \sin x - \int \sin x \, d(e^x)$$
$$= -e^x \cos x + e^x \sin x - \int e^x \sin x \, dx.$$

因为
$$2\int e^x \sin x \, dx = e^x(\sin x - \cos x) + 2C,$$

所以
$$\int e^x \sin x \, dx = \frac{1}{2}e^x(\sin x - \cos x) + C.$$

四、递推法

当被积函数是某一简单函数的高次幂函数时,我们可以适当选取 u、v',通过分部积分后,得到该函数的高次幂函数与低次幂函数的关系,即所谓**递推公式**,故称**递推法**.

例 8　求 $I_n = \int (\ln x)^n dx$ 的递推公式(其中 n 为正整数,且 $n > 2$),并用公式计算 $\int (\ln x)^3 dx$.

解
$$I_n = \int (\ln x)^n dx = x(\ln x)^n - \int x \, d(\ln x)^n$$
$$= x(\ln x)^n - \int x \cdot n(\ln x)^{n-1} \frac{1}{x} dx$$
$$= x(\ln x)^n - n\int (\ln x)^{n-1} dx$$
$$= x(\ln x)^n - nI_{n-1},$$

所求的递推公式为

$$I_n = x(\ln x)^n - nI_{n-1}.$$

用此公式计算 $I_3 = \int (\ln x)^3 \mathrm{d}x$，有

$$
\begin{aligned}
I_3 &= x(\ln x)^3 - 3I_2 \\
&= x(\ln x)^3 - 3[x(\ln x)^2 - 2I_1] \\
&= x(\ln x)^3 - 3x(\ln x)^2 + 6I_1 \\
&= x(\ln x)^3 - 3x(\ln x)^2 + 6(x\ln x - I_0) \\
&= x(\ln x)^3 - 3x(\ln x)^2 + 6x\ln x - 6x + C,
\end{aligned}
$$

其中 $I_0 = x + C$ 是显而易见的.

例 9 求 $\int \sec^3 x \mathrm{d}x$.

解

$$
\begin{aligned}
\int \sec^3 x \mathrm{d}x &= \int \sec x \cdot \sec^2 x \mathrm{d}x = \int \sec x \mathrm{d}\tan x \\
&= \sec x\tan x - \int \tan x \mathrm{d}(\sec x) \\
&= \sec x\tan x - \int \sec x\tan^2 x \mathrm{d}x \\
&= \sec x\tan x - \int \sec x(\sec^2 x - 1)\mathrm{d}x \\
&= \sec x\tan x - \int \sec^3 x \mathrm{d}x + \int \sec x \mathrm{d}x \\
&= \sec x\tan x - \int \sec^3 x \mathrm{d}x + \ln|\sec x + \tan x|,
\end{aligned}
$$

所以

$$\int \sec^3 x \mathrm{d}x = \frac{1}{2}\sec x\tan x + \frac{1}{2}\ln|\sec x + \tan x| + C.$$

在求不定积分的过程中，有时要同时使用换元积分法和分部积分法，如例 6. 下面我们再举一例.

例 10 求 $\int \mathrm{e}^{\sqrt{x}}\mathrm{d}x$.

解 令 $t = \sqrt{x}$，则 $x = t^2$，$\mathrm{d}x = 2t\mathrm{d}t$，

$$
\begin{aligned}
\int \mathrm{e}^{\sqrt{x}}\mathrm{d}x &= \int \mathrm{e}^t \cdot 2t\mathrm{d}t = 2\int t\mathrm{d}(\mathrm{e}^t) = 2\left(t\mathrm{e}^t - \int \mathrm{e}^t\mathrm{d}t\right) \\
&= 2(t\mathrm{e}^t - \mathrm{e}^t) + C = 2\mathrm{e}^{\sqrt{x}}(\sqrt{x} - 1) + C.
\end{aligned}
$$

习题 5-3

1. 求下列不定积分:

(1) $\int x\sin x\mathrm{d}x$;

(2) $\int \ln x\mathrm{d}x$;

(3) $\int \arccos x\mathrm{d}x$;

(4) $\int xe^{-x}\mathrm{d}x$;

(5) $\int x^3\ln x\mathrm{d}x$;

(6) $\int x\cos \dfrac{x}{3}\mathrm{d}x$;

(7) $\int x\tan^2 x\mathrm{d}x$;

(8) $\int x^2\sin x\mathrm{d}x$;

(9) $\int x^2\arctan x\mathrm{d}x$;

(10) $\int x\sin x\cos x\mathrm{d}x$;

(11) $\int x\cos^2 \dfrac{x}{2}\mathrm{d}x$;

(12) $\int (x^2+1)\sin 2x\mathrm{d}x$;

(13) $\int x\ln(x+1)\mathrm{d}x$;

(14) $\int \dfrac{\ln^2 x}{x^2}\mathrm{d}x$;

(15) $\int (\arcsin x)^2\mathrm{d}x$;

(16) $\int e^{x^{\frac{1}{3}}}\mathrm{d}x$;

(17) $\int e^x\cos x\mathrm{d}x$;

(18) $\int e^{-x}\cos^2 x\mathrm{d}x$.

2. 利用指定的变量代换求下列不定积分:

(1) $\int \cos(\ln x)\mathrm{d}x$, 令 $x=e^t$;

(2) $\int (\arccos x)^2\mathrm{d}x$, 令 $x=\cos t$.

第四节 有理函数的积分

有理函数是指由两个多项式的商所表示的函数, 即具有如下形式的函数

$$\frac{P(x)}{Q(x)}=\frac{a_n x^n+a_{n-1}x^{n-1}+\cdots+a_1 x+a_0}{b_m x^m+b_{m-1}x^{m-1}+\cdots+b_1 x+b_0},$$

其中 m,n 为正整数, $a_n,b_m\neq 0$. 另外, 不妨设 $P(x),Q(x)$ 没有公因子且 $n<m$, 即 $\dfrac{P(x)}{Q(x)}$ 为真分式.

一、六个基本积分

理论上任何一个有理函数(真分式)的积分都可以分为以下 6 个类型的基

本积分的代数和.

(1) $\displaystyle\int \frac{\mathrm{d}x}{x + a} = \ln |x + a| + C$;

(2) $\displaystyle\int \frac{\mathrm{d}x}{(x + a)^n} = \frac{1}{(1 - n)(x + a)^{n-1}} + C \quad (n \geqslant 2)$;

(3) $\displaystyle\int \frac{\mathrm{d}x}{x^2 + a^2} = \frac{1}{a}\arctan \frac{x}{a} + C$;

(4) $\displaystyle\int \frac{x\mathrm{d}x}{x^2 + a^2} = \frac{1}{2}\ln(x^2 + a^2) + C$;

(5) $\displaystyle\int \frac{x\mathrm{d}x}{(x^2 + a^2)^n} = \frac{1}{2(1 - n)(x^2 + a^2)^{n-1}} + C \quad (n \geqslant 2)$;

(6) $\displaystyle\int \frac{\mathrm{d}x}{(x^2 + a^2)^n} \quad (n \geqslant 2)$ 可用递推法求出.

二、待定系数法举例

例 1 求 $\displaystyle\int \frac{x + 3}{x^2 - 5x + 6}\mathrm{d}x$.

解 令 $\displaystyle \frac{x + 3}{x^2 - 5x + 6} = \frac{x + 3}{(x - 2)(x - 3)} = \frac{A}{x - 2} + \frac{B}{x - 3}$

$$= \frac{A(x - 3) + B(x - 2)}{(x - 2)(x - 3)}$$

$$= \frac{(A + B)x + (-3A - 2B)}{(x - 2)(x - 3)},$$

则 $\begin{cases} A + B = 1, \\ -3A - 2B = 3, \end{cases}$ 得 $\begin{cases} A = -5, \\ B = 6, \end{cases}$ 故

$$\int \frac{x + 3}{x^2 - 5x + 6}\mathrm{d}x = \int \left(\frac{-5}{x - 2} + \frac{6}{x - 3} \right)\mathrm{d}x$$

$$= -5\ln |x - 2| + 6\ln |x - 3| + C.$$

例 2 求 $\displaystyle\int \frac{\mathrm{d}x}{x(x - 1)^2}$.

解 令 $\displaystyle \frac{1}{x(x - 1)^2} = \frac{A}{x} + \frac{B}{x - 1} + \frac{C}{(x - 1)^2}$

$$= \frac{A(x-1)^2 + Bx(x-1) + Cx}{x(x-1)^2}$$

$$= \frac{(A+B)x^2 + (-2A-B+C)x + A}{x(x-1)^2},$$

则 $\begin{cases} A+B=0, \\ -2A-B+C=0, \\ A=1, \end{cases}$ 得 $\begin{cases} A=1, \\ B=-1, \\ C=1, \end{cases}$ 故

$$\int \frac{\mathrm{d}x}{x(x-1)^2} = \int \left[\frac{1}{x} - \frac{1}{x-1} + \frac{1}{(x-1)^2} \right] \mathrm{d}x$$

$$= \ln|x| - \ln|x-1| - \frac{1}{x-1} + C.$$

例 3　求 $\int \dfrac{\mathrm{d}x}{(1+2x)(1+x^2)}$.

解　令 $\dfrac{1}{(1+2x)(1+x^2)} = \dfrac{A}{1+2x} + \dfrac{Bx+C}{1+x^2}$

$$= \frac{A(1+x^2) + (Bx+C)(1+2x)}{(1+2x)(1+x^2)}$$

$$= \frac{(A+2B)x^2 + (B+2C)x + (A+C)}{(1+2x)(1+x^2)},$$

则 $\begin{cases} A+2B=0, \\ B+2C=0, \\ A+C=1, \end{cases}$ 得 $\begin{cases} A=\dfrac{4}{5}, \\ B=-\dfrac{2}{5}, \\ C=\dfrac{1}{5}, \end{cases}$ 故

$$\int \frac{\mathrm{d}x}{(1+2x)(1+x^2)} = \int \left(\frac{\dfrac{4}{5}}{1+2x} + \frac{-\dfrac{2}{5}x + \dfrac{1}{5}}{1+x^2} \right) \mathrm{d}x$$

$$= \frac{4}{5} \int \frac{\mathrm{d}x}{1+2x} - \frac{2}{5} \int \frac{x\mathrm{d}x}{1+x^2} + \frac{1}{5} \int \frac{\mathrm{d}x}{1+x^2}$$

$$= \frac{2}{5} \ln|1+2x| - \frac{1}{5} \ln(1+x^2) + \frac{1}{5} \arctan x + C.$$

以上三个例子的求解过程中,我们都是先把被积函数分为若干个基本类型的分式函数,且分母都是一次因式或平方和因式.再分别进行积分,这种方法称为**待定系数法**.若分母是不能分解因式的二次三项式又怎么办呢? 我们就用**配平方法**.

例 4 求 $\int \dfrac{x-2}{x^2+2x+3}\mathrm{d}x$.

解

$$\int \frac{x-2}{x^2+2x+3}\mathrm{d}x = \int \frac{x+1-3}{(x+1)^2+2}\mathrm{d}(x+1) = \left(\int \frac{u-3}{u^2+2}\mathrm{d}u \right)_{u=x+1}$$

$$= \int \frac{u}{u^2+2}\mathrm{d}u - 3\int \frac{\mathrm{d}u}{u^2+2}$$

$$= \frac{1}{2}\ln|u^2+2| - \frac{3}{\sqrt{2}}\arctan\frac{u}{\sqrt{2}} + C$$

$$= \frac{1}{2}\ln(x^2+2x+3) - \frac{3}{\sqrt{2}}\arctan\frac{x+1}{\sqrt{2}} + C.$$

*三、部分分式法简介

在例 1、例 2、例 3 中,我们在把被积函数分为基本类型的函数进行积分时,总是先假定它们可以分为若干个基本分式,那么对于一般的有理函数(真分式)应该如何分,即分为多少个基本分式,每个基本分式的形式又如何呢? 下面从理论上我们介绍一种分法,称为**部分分式法**.

按照代数学的基本原理,我们总可以把分母 $Q(x)$ 在实数范围里分为若干个一次因式(可以重复)及若干个不可分解因式的二次因式(可以重复)的乘积,然后按照分母中因式的情况,写出部分分式的形式.

(1)当分母中含有因式 $(x+a)^k$ 时,部分分式形式中所含的对应项应为

$$\frac{A_1}{x+a} + \frac{A_2}{(x+a)^2} + \cdots + \frac{A_k}{(x+a)^k}.$$

(2)当分母中含有因式 $(x^2+px+q)^h(p^2-4q<0)$ 时,部分分式形式中所含的对应项应为

$$\frac{B_1x+C_1}{x^2+px+q} + \frac{B_2x+C_2}{(x^2+px+q)^2} + \cdots + \frac{B_hx+C_h}{(x^2+px+q)^h}.$$

我们把所有对应的项加在一起,即所谓部分分式形式,然后依照恒等关系求出待定系数.

也就是说,我们认为有理函数是由所分的部分分式相加得到的,我们只不过是在做分式加减法的逆运算.只是这种部分分式法比分式加减法更加麻烦.

最后指出:任何有理函数都有初等原函数,任何初等函数在其连续区间也有原函数,但并不是所有连续的初等函数都有初等原函数,如

$$\int \frac{\sin x}{x}\mathrm{d}x, \quad \int e^{-x^2}\mathrm{d}x, \quad \int \frac{\mathrm{d}x}{\ln x}, \quad \int \frac{\mathrm{d}x}{\sqrt{x^4+1}},$$

等等,都不是初等函数.

习题 5 – 4

计算下列积分:

(1) $\int \dfrac{x^3}{x+2}\mathrm{d}x$;　　　　(2) $\int \dfrac{3x+1}{x^2+3x-10}\mathrm{d}x$;

(3) $\int \dfrac{x^5+x^4-8}{x^3-x}\mathrm{d}x$;　　(4) $\int \dfrac{6}{x^3+1}\mathrm{d}x$;

(5) $\int \dfrac{(1-x)\mathrm{d}x}{(x+1)(x^2+1)}$;　(6) $\int \dfrac{x^2+1}{(x+1)^2(x-1)}\mathrm{d}x$;

(7) $\int \dfrac{2\mathrm{d}x}{(x+1)(x+2)(x+3)}$;　(8) $\int \dfrac{\mathrm{d}x}{x^4+1}$.

总习题五

1. 求下列不定积分(其中 a,b 为常数):

(1) $\int \dfrac{\mathrm{d}x}{e^x+e^{-x}}$;　　　(2) $\int \dfrac{1+x}{(1-x)^3}\mathrm{d}x$;

(3) $\int \dfrac{x^2}{1-x^6}\mathrm{d}x$;　　　　(4) $\int \dfrac{1-\cos x}{x-\sin x}\mathrm{d}x$;

(5) $\int \dfrac{\ln \ln x}{x}\mathrm{d}x$;　　　(6) $\int \dfrac{\mathrm{d}x}{x(x^9+1)}$;

(7) $\int \sqrt{\dfrac{2+x}{2-x}}\mathrm{d}x$;　　(8) $\int \dfrac{\mathrm{d}x}{\sqrt{x(x+1)}}$;

(9) $\int x\sin^2 x\mathrm{d}x$;　　　　(10) $\int e^{ax}\cos bx\mathrm{d}x$;

(11) $\displaystyle\int \frac{\mathrm{d}x}{\sqrt{1+\mathrm{e}^x}}$;

(12) $\displaystyle\int \frac{\mathrm{d}x}{x^2 \sqrt{x^2-1}}$;

(13) $\displaystyle\int \frac{\mathrm{d}x}{(1-x^2)^{\frac{5}{2}}}$;

(14) $\displaystyle\int \frac{\mathrm{d}x}{x^2 \sqrt{x^2+1}}$;

(15) $\displaystyle\int \sqrt{x}\sin\sqrt{x}\,\mathrm{d}x$;

(16) $\displaystyle\int \ln(1+x^2)\,\mathrm{d}x$;

(17) $\displaystyle\int \arctan\sqrt{x}\,\mathrm{d}x$;

(18) $\displaystyle\int \frac{\sqrt{1+\cos 2x}}{\sin 2x}\,\mathrm{d}x$;

(19) $\displaystyle\int \frac{x+2\sin x\cos x}{1+\cos 2x}\,\mathrm{d}x$;

(20) $\displaystyle\int \frac{\sin^2 x}{\cos^3 x}\,\mathrm{d}x$;

(21) $\displaystyle\int \frac{\sqrt[3]{x}}{x(\sqrt{x}+\sqrt[3]{x})}\,\mathrm{d}x$;

(22) $\displaystyle\int \frac{\mathrm{d}x}{(1+\mathrm{e}^x)^2}$;

(23) $\displaystyle\int \frac{\cos x}{1+\sin x}\,\mathrm{d}x$;

(24) $\displaystyle\int \frac{\cos x}{1+\cos x}\,\mathrm{d}x$;

(25) $\displaystyle\int x\sqrt{1-x^2}\arcsin x\,\mathrm{d}x$;

(26) $\displaystyle\int \frac{x\arccos x}{\sqrt{1-x^2}}\,\mathrm{d}x$;

(27) $\displaystyle\int \frac{\mathrm{d}x}{\sin^2 x\cos^4 x}$;

(28) $\displaystyle\int \frac{\mathrm{d}x}{\sin^3 x\cos^5 x}$;

(29) $\displaystyle\int \frac{\mathrm{d}x}{1+\tan x}$;

(30) $\displaystyle\int \frac{\mathrm{d}x}{\sqrt{x}+\sqrt{x+1}}$.

2. 设某商品的需求量 Q 是价格 P 的函数,该商品的最大需求量为 1 000(即 $P=0$ 时, $Q=1\,000$),已知需求量的变化率(边际需求)为

$$Q'(P) = -1\,000\ln 3 \cdot \left(\frac{1}{3}\right)^P,$$

求需求量关于价格的弹性.

第六章 定积分及其应用

本章我们将讨论微积分学的另一个基本问题——定积分问题,我们先从几何学、力学、经济学问题出发引入定积分的定义,然后讨论它的性质、计算方法及其应用. 在这一章,我们会学到一个重要定理——**微积分基本定理**,即**牛顿-莱布尼茨公式**,这个公式建立了定积分与原函数的重要关系,使得我们在上一章中所学的不定积分具有实质性的意义.

第一节 定积分的概念

一、面积、路程和收益问题

1. 曲边梯形的面积问题

例 1 求由 $y = x^2, y = 0, x = 1$ 所围平面图形的面积(图 6 - 1). 我们称这个图形为**曲边三角形**,$y = x^2$ 称为**曲边**.

解 没有现成的计算公式,我们采用下述过程进行计算,即

"**分割—近似—求和—取极限**".

① 在 $[0,1]$ 内插入 $n - 1$ 个分点 x_1, $x_2, \cdots, x_{n-1}$,把区间 $[0,1]$ 分为 n 等份,每个区间长 $\Delta x = \dfrac{1}{n}, x_i = \dfrac{i}{n} (i = 1, 2, \cdots, n-1)$(假设 $x_0 = 0, x_n = 1$).

② 直线 $x = \dfrac{i}{n} (i = 1, 2, \cdots, n-1)$ 把曲边

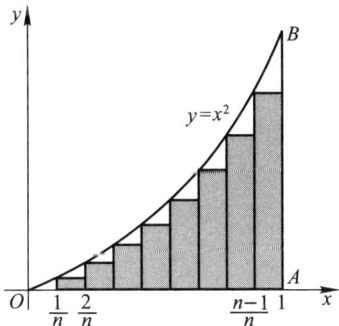

图 6 - 1

三角形分为 n 个小**曲边梯形**,我们把它们近似地看做长方形.

如果取每个小区间左端点对应函数值为矩形的高,则它们的面积依次为

$$0, \frac{1}{n^3}, \frac{2^2}{n^3}, \frac{3^2}{n^3}, \cdots, \frac{(n-1)^2}{n^3}.$$

如果取每个小区间右端点对应函数值为矩形的高,则它们的面积依次为

$$\frac{1}{n^3}, \frac{2^2}{n^3}, \frac{3^2}{n^3}, \frac{4^2}{n^3}, \cdots, \frac{n^2}{n^3}.$$

③ 我们把②中所计算的面积相加,分别是

$$0 + \frac{1}{n^3} + \frac{2^2}{n^3} + \frac{3^2}{n^3} + \cdots + \frac{(n-1)^2}{n^3}$$

$$= \frac{(n-1)n(2n-1)}{6} \cdot \frac{1}{n^3}$$

$$= \frac{(n-1)(2n-1)}{6n^2},$$

$$\frac{1}{n^3} + \frac{2^2}{n^3} + \frac{3^2}{n^3} + \frac{4^2}{n^3} + \cdots + \frac{n^2}{n^3}$$

$$= \frac{(n+1)n(2n+1)}{6} \cdot \frac{1}{n^3}$$

$$= \frac{(n+1)(2n+1)}{6n^2}.$$

显然,我们可以把它们看做曲边三角形面积的近似值,只是前者稍小,后者稍大.

④ 如果我们把区间分得无限细小,也就是当 $n \to \infty$ 时,两个面积的近似值都趋近于 $\frac{1}{3}$. 于是我们认定这个曲边三角形的面积就是 $\frac{1}{3}$.

我们把上述过程推广到一般的曲边梯形,即由连续曲线 $y = f(x)$ $(f(x) \geqslant 0)$, $y = 0$, $x = a$, $x = b$ 所围的平面图形(图 6-2),而且分点的插入也不再是等分 $[a, b]$,取的高度也不再限于小区间端点对应的函数值,也就是

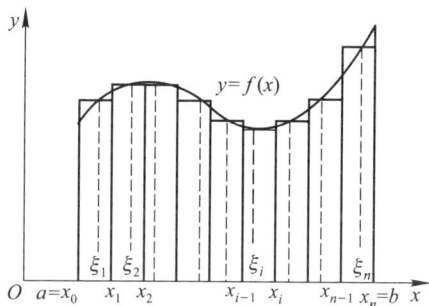

图 6-2

① 在 $[a,b]$ 内任意插入 $n-1$ 个分点

$$a = x_0 < x_1 < x_2 < \cdots < x_{n-1} < x_n = b,$$

所分的区间长 $\Delta x_i = x_i - x_{i-1}(i=1,2,\cdots,n)$；

② 在 $[x_{i-1},x_i]$ 上任取一点 $\xi_i(i=1,2,\cdots,n)$，作乘积 $f(\xi_i)\Delta x_i$，它表示以小区间 $[x_{i-1},x_i]$ 为底，$f(\xi_i)$ 为高的窄矩形的面积 $(i=1,2,\cdots,n)$；

③ 将上述乘积求和，得曲边梯形面积 A 的近似值，即

$$A \approx \sum_{i=1}^{n} f(\xi_i)\Delta x_i;$$

④ 取极限，令 $\lambda = \max_{1 \le i \le n} \{\Delta x_i\}$，则得曲边梯形面积

$$A = \lim_{\lambda \to 0} \sum_{i=1}^{n} f(\xi_i)\Delta x_i.$$

注意：我们在取极限时，要保证每个区间都无限缩小，使得当 $n \to \infty$ 时，不仅把区间分得无限多，而且保证每个区间长 Δx_i 无限小，所以，这里的极限才用这种特殊的取法.

2. 变速直线运动的路程

设有一质点做变速直线运动，在时刻 t 的速度 $v = v(t) \ge 0$ 是一已知的连续函数，我们来计算质点从时刻 α 到时刻 β 所通过的路程：

① 在 $[\alpha,\beta]$ 内任意插入 $n-1$ 个分点

$$\alpha = t_0 < t_1 < t_2 < \cdots < t_{n-1} < t_n = \beta,$$

把 $[\alpha,\beta]$ 分成 n 个时间间隔 $[t_{i-1},t_i](i=1,\cdots,n)$，每段间隔时间的长为 $\Delta t_i = t_i - t_{i-1}$，相应地，经过的路程为 $\Delta s_i(i=1,2,\cdots,n)$；

② 在 $[t_{i-1},t_i]$ 内任取一点 $\tau_i(i=1,2,\cdots,n)$，把乘积 $v(\tau_i)\Delta t_i$ 作为这段时间间隔的路程 Δs_i 的近似值，即把 $v(\tau_i)$ 作为在 $[t_{i-1},t_i]$ 上的速度近似值；

③ 把每段时间通过的路程的近似值相加，得

$$s \approx \sum_{i=1}^{n} v(\tau_i)\Delta t_i;$$

④ 取极限，令 $\lambda = \max_{1 \le i \le n} \{\Delta t_i\}$，则

$$s = \lim_{\lambda \to 0} \sum_{i=1}^{n} v(\tau_i)\Delta t_i,$$

这极限 s 就作为变速直线运动的路程.

3. 收益问题

设某商品的价格 P 是销售量 x 的函数 $P = P(x)$. 我们来计算：当销售量从 a 增长到 b 时的收益 R 为多少？（设 x 为连续变量.）

由于价格随销售量的变动而变动. 我们不能直接用销售量乘价格的方法计算收益,仿照上面的两个例子,我们用下述方法进行计算：

① 在 $[a,b]$ 内任意插入 $n-1$ 个分点

$$a = x_0 < x_1 < x_2 < \cdots < x_{n-1} < x_n = b,$$

每个销售量段 $[x_{i-1}, x_i]$ $(i = 1, 2, \cdots, n)$ 的销售量为

$$\Delta x_i = x_i - x_{i-1} \quad (i = 1, 2, \cdots, n);$$

② 在每个销售量段 $[x_{i-1}, x_i]$ 中任取一点 ξ_i,把 $P(\xi_i)$ 作为该段的近似价格,收益近似为

$$\Delta R_i \approx P(\xi_i) \Delta x_i \quad (i = 1, 2, \cdots, n);$$

③ 把 n 段的收益相加,得收益的近似值

$$R \approx \sum_{i=1}^{n} P(\xi_i) \Delta x_i;$$

④ 取极限,令 $\lambda = \max_{1 \leqslant i \leqslant n} \{\Delta x_i\}$,则

$$R = \lim_{\lambda \to 0} \sum_{i=1}^{n} P(\xi_i) \Delta x_i,$$

即得所求的收益.

二、定积分的定义

前面介绍的三个计算问题中,如果我们不去计较所用的函数记号,其结果是完全一致的.

面积 $\qquad\qquad A = \lim_{\lambda \to 0} \sum_{i=1}^{n} f(\xi_i) \Delta x_i;$

路程 $\qquad\qquad s = \lim_{\lambda \to 0} \sum_{i=1}^{n} v(\tau_i) \Delta x_i;$

收益 $\qquad\qquad R = \lim_{\lambda \to 0} \sum_{i=1}^{n} P(\xi_i) \Delta x_i.$

我们把这种相同结构的特定和的极限抽象为一个一般的数学概念——定积分,而且使 $f(x)$ 不再局限于非负连续函数,而是更一般的有界函数.

定义 设函数 $f(x)$ 在 $[a,b]$ 上有界.

① 在 $[a,b]$ 中任意插入 $n-1$ 个分点

$$a = x_0 < x_1 < x_2 < \cdots < x_{n-1} < x_n = b,$$

把区间 $[a,b]$ 分成 n 个小区间

$$[x_0,x_1],[x_1,x_2],\cdots,[x_{n-1},x_n],$$

每个小区间的长度依次为

$$\Delta x_1 = x_1 - x_0, \Delta x_2 = x_2 - x_1, \cdots, \Delta x_n = x_n - x_{n-1};$$

② 在每个小区间 $[x_{i-1},x_i]$ 上任取一点 ξ_i,作乘积

$$f(\xi_i)\Delta x_i \quad (i = 1,2,\cdots,n);$$

③ 作和式

$$\sum_{i=1}^{n} f(\xi_i)\Delta x_i; \tag{1}$$

④ 记 $\lambda = \max_{1 \le i \le n}\{\Delta x_i\}$,作极限

$$\lim_{\lambda \to 0} \sum_{i=1}^{n} f(\xi_i)\Delta x_i. \tag{2}$$

如果对 $[a,b]$ 的任意分法,对在小区间 $[x_{i-1},x_i]$ 上 ξ_i 的任意取法,极限(2) 总趋近于同一个定数 I,那么我们就称 $f(x)$ 在 $[a,b]$ 上**可积**,称这个极限值 I 为 $f(x)$ 在区间 $[a,b]$ 上的**定积分**,记作

$$\int_a^b f(x)\,\mathrm{d}x,$$

其中 $f(x)$ 叫做**被积函数**,$f(x)\mathrm{d}x$ 叫做**被积表达式**,x 叫做**积分变量**,a 叫做**积分下限**,b 叫做**积分上限**,$[a,b]$ 叫做**积分区间**.

按照定积分的定义,我们前面所举的例子可以分别表示如下:

由 $y = x^2, y = 0, x = 1$ 所围图形的面积

$$A = \int_0^1 x^2\,\mathrm{d}x = \frac{1}{3}.$$

由 $y = f(x) \geqslant 0, y = 0, x = a, x = b$ 所围图形的面积

$$A = \int_a^b f(x)\,\mathrm{d}x.$$

质点以速度 $v = v(t)$ 做直线运动时,从时刻 $t = \alpha$ 到时刻 $t = \beta$ 所通过的路程

$$s = \int_\alpha^\beta v(t)\,\mathrm{d}t.$$

价格为 $P = P(x)$(x 为销售量)的商品,销售量从 $x = a$ 增长到 $x = b$ 所得的收益

$$R = \int_a^b P(x)\,\mathrm{d}x.$$

关于定积分,我们还有如下几点重要说明:

(1) 关于可积性问题:也就是被积函数具有什么样的条件才可积,这个问题十分复杂,我们不作深入讨论,只是不加证明地给出如下两个充分条件:

定理 1   设 $f(x)$ 在 $[a,b]$ 上连续,则 $f(x)$ 在 $[a,b]$ 上可积.

定理 2   设 $f(x)$ 在 $[a,b]$ 上有界,且只有有限个间断点,则 $f(x)$ 在 $[a,b]$ 上可积.

(2) 关于积分区间问题:按照定积分的定义,当积分区间改变,和式 $\sum_{i=1}^{n} f(\xi_i)\Delta x_i$ 也会改变,所以定积分的值与积分区间是有关的,特别地,我们规定:

$$\int_a^a f(x)\,\mathrm{d}x = 0,$$

$$\int_a^b f(x)\,\mathrm{d}x = -\int_b^a f(x)\,\mathrm{d}x.$$

(3) 关于积分变量问题:当积分区间 $[a,b]$ 和被积函数都不改变时,定积分的值与选取的积分变量没有关系,即

$$\int_a^b f(x)\,\mathrm{d}x = \int_a^b f(t)\,\mathrm{d}t.$$

(4) 定积分的几何意义:显然当 $f(x) \geq 0$ 时,定积分 $\int_a^b f(x)\,\mathrm{d}x$ 表示由 $y = f(x), y = 0, x = a, x = b$ 所围图形的面积;如果 $f(x) \leq 0$,由 $y = f(x), y = 0,$ $x = a, x = b$ 所围图形在 x 轴下方,定积分 $\int_a^b f(x)\,\mathrm{d}x$ 的值是曲边梯形面积的负值;如果 $f(x)$ 在 $[a,b]$ 上的某一些区间取正,另一些区间取负,我们就将所围的面积按上述规律相应地赋予正、负号,则定积分 $\int_a^b f(x)\,\mathrm{d}x$ 的值就是这些面积的代数和(图 6 - 3).

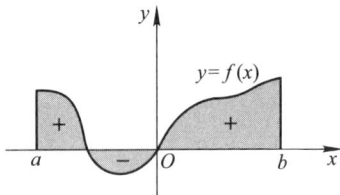

图 6 - 3

最后,我们再举一个按定义计算定积分的例子.

例 2　已知自由落体运动的速度 v 与时间 t 的关系为 $v = gt$(g 为重力加速度).我们来计算从时刻 $t = 8$ s 到 $t = 10$ s 通过的路程.

解　依题意我们有

$$s = \int_8^{10} gt \, dt.$$

① 在 $[8,10]$ 中插入 $n-1$ 个分点,把区间 n 等分,

$$8 = t_0 < t_1 < t_2 < \cdots < t_{n-1} < t_n = 10,$$

$$t_i = 8 + (10 - 8)\frac{i}{n} = \frac{2i}{n} + 8 \ (i = 1, 2, \cdots, n),$$

$$\Delta t_i = t_i - t_{i-1} = \frac{2}{n} \ (i = 1, 2, \cdots, n);$$

② 在每个区间 $[t_{i-1}, t_i]$ 中取右端点为

$$\xi_i = \frac{2i}{n} + 8,$$

$$\Delta s_i \approx g\left(\frac{2i}{n} + 8\right)\frac{2}{n} = 4g\left(\frac{i}{n^2} + \frac{4}{n}\right) \quad (i = 1, 2, \cdots, n);$$

③ 作和式

$$s \approx \sum_{i=1}^{n} 4g\left(\frac{i}{n^2} + \frac{4}{n}\right)$$

$$= 4g\left[\frac{1}{n^2} \cdot \frac{n(n+1)}{2} + 4\right]$$

$$= 2g\frac{n+1}{n} + 16g;$$

④ 取极限

$$s = \lim_{n \to \infty}\left(2g\frac{n+1}{n} + 16g\right) = 18g,$$

$$\int_8^{10} gt \, dt = 18g,$$

即从 8 s 到 10 s 通过的路程为 $18g$.

如果我们用自由落体运动的路程公式

$$s(t) = \frac{1}{2}gt^2$$

来计算,

$$s = s(10) - s(8) = \frac{1}{2}g \times 10^2 - \frac{1}{2}g \times 8^2 = 18g,$$

则更加简单,这两种不同的算法正好启示我们去寻求定积分的新算法,我们将在本章的第三节来讨论这个问题.

习题 6 – 1

1. 利用定积分的定义计算下列定积分:

(1) $\displaystyle\int_{-1}^{2} x\,\mathrm{d}x$;　　　　　　(2) $\displaystyle\int_{0}^{1} \mathrm{e}^x\,\mathrm{d}x$.

2. 利用定积分的几何意义,说明下列等式:

(1) $\displaystyle\int_{0}^{1} 2x\,\mathrm{d}x = 1$;　　　　(2) $\displaystyle\int_{0}^{1} \sqrt{1 - x^2}\,\mathrm{d}x = \frac{\pi}{4}$;

(3) $\displaystyle\int_{-\pi}^{\pi} \sin x\,\mathrm{d}x = 0$;　　(4) $\displaystyle\int_{-\frac{\pi}{2}}^{\frac{\pi}{2}} \cos x\,\mathrm{d}x = 2\int_{0}^{\frac{\pi}{2}} \cos x\,\mathrm{d}x$.

*3. 讨论狄利克雷函数: $D(x) = \begin{cases} 1, & x \text{ 为有理数} \\ 0, & x \text{ 为无理数} \end{cases}$ 在区间 $[0,1]$ 上的可积性.

*4. 用定积分表示下列极限:

(1) $\displaystyle\lim_{n \to \infty} \sum_{i=1}^{n} \frac{n}{n^2 + i^2}$;　　(2) $\displaystyle\lim_{n \to \infty} \sum_{i=1}^{n} \frac{1}{n + i}$.

第二节　定积分的性质

我们在上一章讨论了不定积分的两条性质,而定积分除这两条性质外还具有更多的性质,比如不定积分不能比较大小,而定积分是可以比较大小的,由此而引发的一系列性质我们将在本节予以讨论,我们还特别取消了积分上、下限大小的限制.下面假定各性质中所列出的定积分都是存在的.

性质 1　函数的和(差)的定积分等于它们的定积分的和(差),即

$$\int_{a}^{b} [f(x) \pm g(x)]\,\mathrm{d}x = \int_{a}^{b} f(x)\,\mathrm{d}x \pm \int_{a}^{b} g(x)\,\mathrm{d}x.$$

性质 2　被积函数的常数因子可以提到积分号外,即

$$\int_{a}^{b} kf(x)\,\mathrm{d}x = k\int_{a}^{b} f(x)\,\mathrm{d}x \quad (k \text{ 是常数}).$$

注意:这里取消了不定积分性质中 $k \neq 0$ 的限制,读者可以自己想想看,这

是为什么?

性质 3 如果将积分区间分为两部分,则在整个区间上的定积分等于这两部分区间上的定积分之和,即设 $a < c < b$,则

$$\int_a^b f(x)\,\mathrm{d}x = \int_a^c f(x)\,\mathrm{d}x + \int_c^b f(x)\,\mathrm{d}x. \tag{*}$$

当 $f(x) \geqslant 0$ 时,其几何意义如图 6 - 4 所示. 这种积分区间的"可加性"还可取消 a, b, c 大小的限制,即不管 a, b, c 的相对位置如何,总有(*)式成立.

性质 4 如果在区间 $[a, b]$ 上 $f(x) \equiv 1$,则

$$\int_a^b f(x)\,\mathrm{d}x = b - a$$

(图 6 - 5).

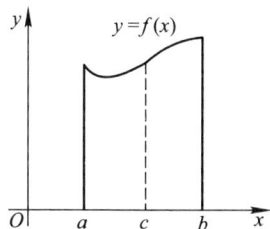

图 6 - 4

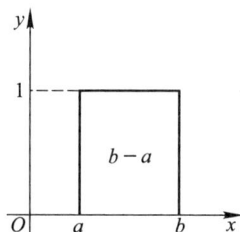

图 6 - 5

性质 5 如果在区间 $[a, b]$ 上 $f(x) \geqslant 0$,则

$$\int_a^b f(x)\,\mathrm{d}x \geqslant 0 \quad (a < b).$$

推论 1 如果在区间 $[a, b]$ 上,$f(x) \geqslant g(x)$,则

$$\int_a^b f(x)\,\mathrm{d}x \geqslant \int_a^b g(x)\,\mathrm{d}x \quad (a < b)$$

(图 6 - 6).

推论 2

$$\left| \int_a^b f(x)\,\mathrm{d}x \right| \leqslant \int_a^b |f(x)|\,\mathrm{d}x \quad (a < b)$$

(图 6 - 7).

性质 6 设 M, m 分别是函数 $f(x)$ 在区间 $[a, b]$ 上的最大值和最小值,则

$$m(b - a) \leqslant \int_a^b f(x)\,\mathrm{d}x \leqslant M(b - a) \quad (a < b)$$

(图 6 - 8).

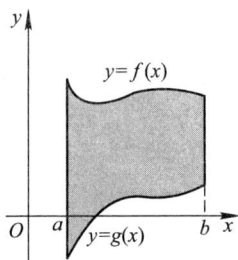

图 6 - 6

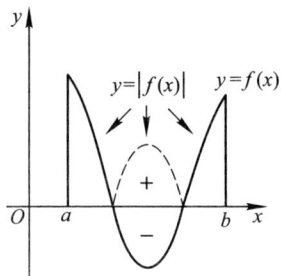

图 6 - 7

以上几条性质和推论利用定积分定义不难证明,这里给出了某几条性质和推论的几何意义(图形说明),读者自己可以选其中的几条试证一下.

性质 7(定积分中值定理)　如果函数 $f(x)$ 在区间 $[a,b]$ 上连续,则在积分区间 $[a,b]$ 上至少存在一点 ξ,使下式成立:

$$\int_a^b f(x)\,\mathrm{d}x = f(\xi)(b-a) \quad (a \leqslant \xi \leqslant b).$$

这个公式叫做积分中值公式(图 6 - 9).

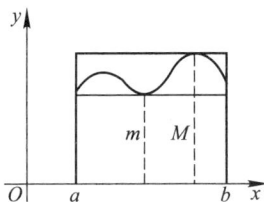

图 6 - 8

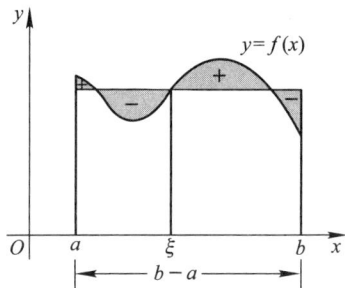

图 6 - 9

这个性质的几何意义是:如果 $y=f(x)$ 是 $[a,b]$ 上的一条连续曲线,我们总可以适当地选取数 $f(\xi)$,使得由 $y=f(\xi)$,$y=0$,$x=a$,$x=b$ 所围长方形的面积 $f(\xi)(b-a)$ 恰好等于由 $y=f(x)$,$y=0$,$x=a$,$x=b$ 所围曲边梯形的面积. 图 6 - 9 中的正负号是曲边梯形相对于长方形凸出和凹进的部分.

证　把性质 6 中的不等式各除以 $(b-a)(>0)$,则

$$m \leqslant \frac{1}{b-a}\int_a^b f(x)\,\mathrm{d}x \leqslant M.$$

这表明,确定的数值 $\dfrac{1}{b-a}\displaystyle\int_a^b f(x)\,\mathrm{d}x$ 是介于函数 $f(x)$ 的最大值 M、最小值 m 之间

的一个常数. 由闭区间上连续函数的介值定理(见第二章),在$[a,b]$上至少存在一点ξ,使得

$$f(\xi) = \frac{1}{b-a}\int_a^b f(x)\,\mathrm{d}x \quad (a \leqslant \xi \leqslant b),$$

两端各乘$(b-a)$即得所证.

显然,当$a > b$时,定积分中值定理仍然成立.

我们把按积分中值公式所得的

$$f(\xi) = \frac{1}{b-a}\int_a^b f(x)\,\mathrm{d}x$$

称为函数$f(x)$在$[a,b]$上的平均值.

下面,我们利用定积分的性质解答几个问题.

例 1 估计积分值$\int_{\frac{1}{2}}^1 x^4\,\mathrm{d}x$的大小.

解 因为$f(x) = x^4$在$\left[\frac{1}{2}, 1\right]$上单调增加,所以$f\left(\frac{1}{2}\right) \leqslant f(x) \leqslant f(1)$,即

$$\frac{1}{16} \leqslant f(x) \leqslant 1,$$

由性质6,

$$\frac{1}{16}\left(1 - \frac{1}{2}\right) \leqslant \int_{\frac{1}{2}}^1 x^4\,\mathrm{d}x \leqslant 1 \cdot \left(1 - \frac{1}{2}\right),$$

从而

$$\frac{1}{32} \leqslant \int_{\frac{1}{2}}^1 x^4\,\mathrm{d}x \leqslant \frac{1}{2}.$$

例 2 比较下面两个积分值的大小:

$$I_1 = \int_1^e \ln x\,\mathrm{d}x, \quad I_2 = \int_1^e (\ln x)^2\,\mathrm{d}x.$$

解 当$1 \leqslant x \leqslant e$时,$0 \leqslant \ln x \leqslant 1$,所以$\ln x \geqslant (\ln x)^2$. 根据性质5推论1,

$$\int_1^e \ln x\,\mathrm{d}x \geqslant \int_1^e (\ln x)^2\,\mathrm{d}x.$$

习题 6-2

1. 估计下列积分的值:

(1) $\int_1^4 (x^2 - 1) \, dx$;

(2) $\int_{\frac{\pi}{4}}^{\frac{5\pi}{4}} (1 + \cos^2 x) \, dx$;

(3) $\int_{\frac{1}{\sqrt{3}}}^{\sqrt{3}} x \arctan x \, dx$;

(4) $\int_2^0 e^{x^2 - x} \, dx$.

2. 比较下列各题中的两个积分的大小:

(1) $I_1 = \int_0^1 x^2 \, dx$, $\qquad I_2 = \int_0^1 x^4 \, dx$;

(2) $I_1 = \int_1^2 x^2 \, dx$, $\qquad I_2 = \int_1^2 x^4 \, dx$;

(3) $I_1 = \int_3^4 \ln x \, dx$, $\qquad I_2 = \int_3^4 (\ln x)^3 x \, dx$;

(4) $I_1 = \int_0^1 x \, dx$, $\qquad I_2 = \int_0^1 \ln(1 + x) \, dx$;

(5) $I_1 = \int_0^1 e^x \, dx$, $\qquad I_2 = \int_0^1 (1 + x) \, dx$.

*3. 设 $f(x)$ 及 $g(x)$ 在 $[a,b]$ 上连续 $(a < b)$,证明:

(1) 若在 $[a,b]$ 上,$f(x) \geq 0$,且 $f(x) \not\equiv 0$,则

$$\int_a^b f(x) \, dx > 0;$$

(2) 若在 $[a,b]$ 上,$f(x) \geq 0$,且

$$\int_a^b f(x) \, dx = 0,$$

则在 $[a,b]$ 上,$f(x) \equiv 0$;

(3) 若在 $[a,b]$ 上,$f(x) \leq g(x)$,且

$$\int_a^b f(x) \, dx = \int_a^b g(x) \, dx,$$

则在 $[a,b]$ 上,$f(x) \equiv g(x)$.

第三节 微积分的基本公式

在第一节中,我们举过应用定积分定义计算积分的例子,从这几个例子我们看到,直接按定义来计算定积分不是很容易的事,如果被积函数 $f(x)$ 是其他复杂的函数,其困难就更大了,因此我们必须寻求计算定积分的新方法.

下面我们先从实际问题中寻找解决问题的线索. 为此,我们对变速直线运动中遇到的位置函数 $s(t)$ 及速度函数 $v(t)$ 之间的联系做进一步的研究.

一、变速直线运动中位置函数与速度函数之间的关系

由本章第一节例 2 我们知道:求做自由落体运动的质点从第 8 s 到第 10 s

通过的路程 s,方法 1 是用速度函数 $v(t) = gt$ 计算

$$s = \int_8^{10} v(t)\,\mathrm{d}t = \int_8^{10} gt\,\mathrm{d}t = 18g.$$

方法 2 是用位置函数 $s(t) = \dfrac{1}{2}gt^2$ 计算

$$s = s(10) - s(8) = 18g,$$

即有

$$\int_8^{10} v(t)\,\mathrm{d}t = s(10) - s(8),$$

且

$$s'(t) = v(t).$$

一般地,以速度 $v = v(t)$ 做直线运动的物体从时刻 T_1 到 T_2 通过的路程为

$$\int_{T_1}^{T_2} v(t)\,\mathrm{d}t = s(T_2) - s(T_1),$$

其中 $s(t)$ 为位置函数,且

$$s'(t) = v(t).$$

对一般函数 $f(x)$,设 $F'(x) = f(x)$,是否也有

$$\int_a^b f(x)\,\mathrm{d}x = F(b) - F(a). \tag{1}$$

若上式成立,我们就找到了用 $f(x)$ 的原函数的数值差 $F(b) - F(a)$ 来计算 $f(x)$ 在 $[a,b]$ 上的定积分的方法,下面我们专门来讨论这个问题.

二、积分上限的函数及其导数

设函数 $f(x)$ 在 $[a,b]$ 上连续,并且设 x 为 $[a,b]$ 上的一点. 现在我们来考察 $f(x)$ 在部分区间 $[a,x]$ 上的定积分

$$\int_a^x f(x)\,\mathrm{d}x.$$

对于这个积分我们做以下几点说明:

(1) 因为 $f(x)$ 在 $[a,b]$ 上连续,所以 $f(x)$ 在 $[a,x]$ 上连续,从而 $f(x)$ 在 $[a,x]$ 上可积.

(2) x 在这里既作为积分变量又作为积分上限,为明确起见,我们把作为积分变量的 x 换为 t,即

$$\int_a^x f(x)\,\mathrm{d}x = \int_a^x f(t)\,\mathrm{d}t.$$

(3) 作为积分上限的 x,在 $[a,b]$ 上任意变动时,积分值也随之变动. 当 x 取

定一个值时,就有一个确定的积分值与之对应,由此我们就定义了一个函数关系,记作

$$\Phi(x) = \int_a^x f(t)\,dt \quad (a \leqslant x \leqslant b),$$

称它为**积分上限的函数**,这个函数 $\Phi(x)$ 具有下面定理 1 所指出的重要性质.

定理 1 如果函数 $f(x)$ 在区间 $[a,b]$ 上连续,则积分上限的函数

$$\Phi(x) = \int_a^x f(t)\,dt$$

在 $[a,b]$ 上可导,并且它的导数是

$$\Phi'(x) = \frac{d}{dx} \int_a^x f(t)\,dt = f(x) \quad (a \leqslant x \leqslant b). \tag{2}$$

证 若 $x \in (a,b)$,设 x 获得增量 Δx,$|\Delta x|$ 足够小,使 $x + \Delta x \in (a,b)$. 我们直接按导数定义来计算.

① 求增量 $\Delta\Phi(x)$,

$$\Delta\Phi(x) = \Phi(x + \Delta x) - \Phi(x)$$

$$= \int_a^{x+\Delta x} f(t)\,dt - \int_a^x f(t)\,dt$$

$$= \int_x^{x+\Delta x} f(t)\,dt \quad (\text{定积分性质 3})$$

$$= f(\xi)\Delta x \quad (\text{定积分中值定理},\xi \text{ 在 } x \text{ 与 } x + \Delta x \text{ 之间})$$

(图 6 – 10).

② 求增量比值 $\dfrac{\Delta\Phi}{\Delta x}$,

$$\frac{\Delta\Phi}{\Delta x} = f(\xi).$$

③ 取极限,令 $\Delta x \to 0$,则 $\xi \to x$.

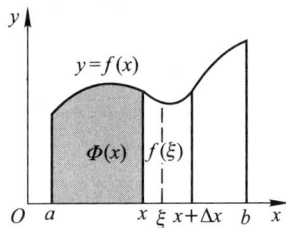

图 6 – 10

$$\lim_{\Delta x \to 0} \frac{\Delta\Phi}{\Delta x} = \lim_{\Delta x \to 0} f(\xi) = \lim_{\xi \to x} f(\xi)$$

$$= f(x) \quad (\text{由 } f(x) \text{ 的连续性}),$$

即

$$\Phi'(x) = \frac{d}{dx} \int_a^x f(t)\,dt = f(x).$$

若 $x = a$,取 $\Delta x > 0$,则同理可证 $\Phi'_+(a) = f(a)$;若 $x = b$,取 $\Delta x < 0$,则同理可

证 $\varPhi'_-(b) = f(b)$.

按照定理 1 中的公式(2),联想到原函数的定义.我们立即得到下面的重要定理——原函数存在定理.

定理 2 如果函数 $f(x)$ 在区间 $[a,b]$ 上连续,则函数

$$\varPhi(x) = \int_a^x f(t)\,\mathrm{d}t \tag{3}$$

就是 $f(x)$ 在 $[a,b]$ 上的一个原函数.

这个定理肯定了连续函数一定存在原函数,而且初步揭示了定积分与原函数之间的联系.因此,有可能利用原函数来计算定积分.

三、牛顿 – 莱布尼茨公式

下面我们利用定理 2 来证明一个重要定理,它给出了用原函数计算定积分的公式——牛顿 – 莱布尼茨公式.

定理 3 如果函数 $F(x)$ 是连续函数 $f(x)$ 在区间 $[a,b]$ 上的一个原函数,则

$$\int_a^b f(x)\,\mathrm{d}x = F(b) - F(a). \tag{4}$$

证 设

$$\varPhi(x) = \int_a^x f(t)\,\mathrm{d}t.$$

因为 $F(x)$ 与 $\varPhi(x)$ 都是 $f(x)$ 的原函数.由第五章第一节我们有

$$F(x) = \varPhi(x) + C \quad (C\text{ 为某个常数})$$

或写为

$$\varPhi(x) = F(x) - C,$$

所以

$$\int_a^x f(t)\,\mathrm{d}t = F(x) - C.$$

上式中令 $x = a$,得

$$\int_a^a f(t)\,\mathrm{d}t = F(a) - C = 0,$$

所以

$$C = F(a),$$

即

$$\int_a^x f(t)\,\mathrm{d}t = F(x) - F(a).$$

再令 $x = b$,即得

$$\int_a^b f(t)\,\mathrm{d}t = F(b) - F(a).$$

显然(4)式对 $a > b$ 的情形同样成立.

我们把上式中的积分变量 t 换为 x，并且把 $F(b) - F(a)$ 记作 $[F(x)]_a^b$，得

$$\int_a^b f(x)\,\mathrm{d}x = [F(x)]_a^b.$$

公式（4）叫做**牛顿**（Newton）**－莱布尼茨**（Leibniz）**公式**，通常也叫做**微积分基本公式**，它给出了计算定积分的一个有效的简便方法：连续函数 $f(x)$ 在 $[a, b]$ 上的定积分等于它的任意一个原函数 $F(x)$ 在区间 $[a,b]$ 上的增量.

下面我们利用公式（4）来计算几个简单的定积分.

例 1   计算 $\int_0^1 x^2\,\mathrm{d}x.$

解   由于 $\dfrac{x^3}{3}$ 是 x^2 的一个原函数，所以

$$\int_0^1 x^2\,\mathrm{d}x = \left[\frac{1}{3}x^3\right]_0^1 = \frac{1}{3}.$$

我们在第一节按定义法计算过这个积分，现在又用牛顿－莱布尼茨公式重新计算，两种方法相比较，用公式（4）计算简单多了.

例 2   计算 $\int_{-1}^{\sqrt{3}} \dfrac{\mathrm{d}x}{1 + x^2}.$

解
$$\int_{-1}^{\sqrt{3}} \frac{\mathrm{d}x}{1 + x^2} = [\arctan x]_{-1}^{\sqrt{3}}$$

$$= \arctan \sqrt{3} - \arctan(-1)$$

$$= \frac{\pi}{3} - \left(-\frac{\pi}{4}\right) = \frac{7}{12}\pi.$$

例 3   计算 $\int_{-2}^{-1} \dfrac{\mathrm{d}x}{x}.$

解
$$\int_{-2}^{-1} \frac{\mathrm{d}x}{x} = [\ln|x|]_{-2}^{-1}$$

$$= \ln|-1| - \ln|-2|$$

$$= -\ln 2.$$

例 4   计算 $\int_0^\pi \sin x\,\mathrm{d}x.$

解
$$\int_0^\pi \sin x\,\mathrm{d}x = [-\cos x]_0^\pi = -\cos \pi + \cos 0$$

$$= -(-1) + 1 = 2.$$

这个例子的几何意义是：在区间$[0,\pi]$上$y = \sin x$与$y = 0$所围图形的面积是2(图$6-11$).

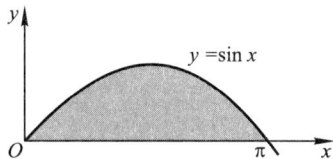

图 6 – 11

例 5　计算$\int_{-1}^{3} |x-2| \, dx$.

解　$|x-2| = \begin{cases} 2-x, & x \leqslant 2, \\ x-2, & x > 2, \end{cases}$ 函数在$[-1,3]$上连续,故

$$\int_{-1}^{3} |x-2| \, dx = \int_{-1}^{2} (2-x) \, dx + \int_{2}^{3} (x-2) \, dx$$

$$= \left[2x - \frac{x^2}{2}\right]_{-1}^{2} + \left[\frac{x^2}{2} - 2x\right]_{2}^{3}$$

$$= \left(4 - 2 + 2 + \frac{1}{2}\right) + \left(\frac{9}{2} - 6 - 2 + 4\right)$$

$$= 5.$$

下面我们再举几个应用公式(2)的例子.

例 6　计算$\lim\limits_{x \to 0} \dfrac{\int_0^{\sin x} e^{-t^2} \, dt}{x}$.

解　这是一个$\dfrac{0}{0}$型的未定式. 我们用洛必达法则来计算这个极限,把分子中的积分上限看成$u = \sin x$,即

$$\int_0^{\sin x} e^{-t^2} \, dt = \int_0^{u} e^{-t^2} \, dt \quad (u = \sin x),$$

所以

$$\frac{d}{dx} \int_0^{\sin x} e^{-t^2} \, dt = \frac{d}{du} \int_0^{u} e^{-t^2} \, dt \cdot \frac{du}{dx}$$

$$= e^{-u^2} \cos x = e^{-\sin^2 x} \cdot \cos x,$$

从而

$$\lim_{x \to 0} \frac{\displaystyle\int_0^{\sin x} \mathrm{e}^{-t^2}\,\mathrm{d}t}{x} = \lim_{x \to 0} \frac{\mathrm{e}^{-\sin^2 x}\cos x}{1} = 1.$$

*例7 设 $f(x)$ 在 $(0, +\infty)$ 内连续,且 $f(x) > 0$,证明函数

$$F(x) = \frac{\displaystyle\int_0^x tf(t)\,\mathrm{d}t}{\displaystyle\int_0^x f(t)\,\mathrm{d}t}$$

在 $(0, +\infty)$ 内为单调增加函数.

证 由公式(2),

$$\frac{\mathrm{d}}{\mathrm{d}x}\int_0^x tf(t)\,\mathrm{d}t = xf(x), \qquad \frac{\mathrm{d}}{\mathrm{d}x}\int_0^x f(t)\,\mathrm{d}t = f(x).$$

再由商的导数公式得

$$F'(x) = \frac{xf(x)\displaystyle\int_0^x f(t)\,\mathrm{d}t - f(x)\displaystyle\int_0^x tf(t)\,\mathrm{d}t}{\left(\displaystyle\int_0^x f(t)\,\mathrm{d}t\right)^2}$$

$$= \frac{f(x)\displaystyle\int_0^x (x - t)f(t)\,\mathrm{d}t}{\left(\displaystyle\int_0^x f(t)\,\mathrm{d}t\right)^2}.$$

显然 $f(x) > 0, f(t) > 0, x - t \geqslant 0$,所以 $f(x)\displaystyle\int_0^x (x - t)f(t)\,\mathrm{d}t > 0$(习题 6 - 2,第 3 题第(1)小题). 又

$$\left(\int_0^x f(t)\,\mathrm{d}t\right)^2 > 0,$$

从而 $\qquad\qquad\qquad F'(x) > 0, \quad x \in (0, +\infty),$

所以 $F(x)$ 在 $(0, +\infty)$ 内单调增加.

例8 函数 $y = f(x)$ 的图形如图 6 - 12 所示,问下列四个积分是正值,负值还是零?

$$\int_1^{10} f(x)\,\mathrm{d}x, \quad \int_1^{10} f'(x)\,\mathrm{d}x, \quad \int_1^{10} f''(x)\,\mathrm{d}x, \quad \int_1^{10} f'''(x)\,\mathrm{d}x.$$

解 由定积分的几何意义可知 $\displaystyle\int_1^{10} f(x)\,\mathrm{d}x > 0$;由微积分基本公式,有

$$\int_1^{10} f'(x)\,\mathrm{d}x = f(10) - f(1) = 3 - 3 = 0;$$

$$\int_1^{10} f''(x)\,\mathrm{d}x = f'(10) - f'(1) > 0(因为 f'(10) = 0, f'(1) < 0);$$

$$\int_1^{10} f'''(x)\,\mathrm{d}x = f''(10) - f''(1) > 0(因为 f''(10) > 0, f''(1) < 0).$$

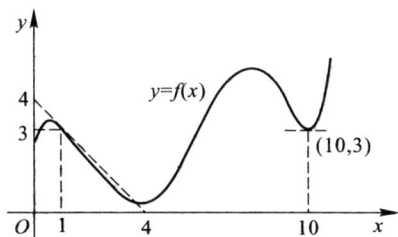

图 6 – 12

例 9　证明改进的积分中值定理:若函数 $f(x)$ 在闭区间 $[a,b]$ 上连续,则在开区间 (a,b) 内至少存在一点 ξ,使得

$$\int_a^b f(x)\,\mathrm{d}x = f(\xi)(b - a) \quad (a < \xi < b).$$

证　因函数 $f(x)$ 连续,故它的原函数 $F(x)$ 存在,即在 $[a,b]$ 上有 $F'(x) = f(x)$,由牛顿 – 莱布尼茨公式,有

$$\int_a^b f(x)\,\mathrm{d}x = F(b) - F(a).$$

显然 $F(x)$ 在闭区间 $[a,b]$ 上满足微分中值定理的条件,因此在开区间 (a,b) 内至少存在一点 ξ,使得

$$F(b) - F(a) = F'(\xi)(b - a), \quad \xi \in (a,b),$$

即

$$\int_a^b f(x)\,\mathrm{d}x = f(\xi)(b - a) \quad (u < \xi < b).$$

从本例的证明过程中不难看到积分中值定理和微分中值定理的联系.

习题 6 – 3

1. 计算下列各导数:

(1) $\dfrac{\mathrm{d}}{\mathrm{d}x} \displaystyle\int_0^{x^3} \sqrt{1 + t^2}\,\mathrm{d}t$;　　　　(2) $\dfrac{\mathrm{d}}{\mathrm{d}x} \displaystyle\int_{x^2}^{x^4} \dfrac{\mathrm{d}t}{\sqrt{1 + t^2}}$;

(3) $\dfrac{\mathrm{d}}{\mathrm{d}x}\displaystyle\int_{\sin x}^{\cos x}\cos(\pi t^2)\,\mathrm{d}t.$

2. 计算下列各积分:

(1) $\displaystyle\int_0^a(3x^2-x)\,\mathrm{d}x;$

(2) $\displaystyle\int_1^2\left(x^2+\dfrac{1}{x^4}\right)\mathrm{d}x;$

(3) $\displaystyle\int_1^0\sqrt{x}\,(1+\sqrt{x})\,\mathrm{d}x;$

(4) $\displaystyle\int_{\frac{1}{\sqrt{3}}}^0\dfrac{\mathrm{d}x}{1+x^2};$

(5) $\displaystyle\int_0^{\frac{1}{2}}\dfrac{\mathrm{d}x}{\sqrt{1-x^2}};$

(6) $\displaystyle\int_0^{\sqrt{3}a}\dfrac{\mathrm{d}x}{a^2+x^2};$

(7) $\displaystyle\int_0^1\dfrac{\mathrm{d}x}{\sqrt{4-x^2}};$

(8) $\displaystyle\int_{-1}^0\dfrac{3x^4+3x^2+2}{x^2+1}\,\mathrm{d}x;$

(9) $\displaystyle\int_{-e-1}^{-2}\dfrac{\mathrm{d}x}{1+x};$

(10) $\displaystyle\int_0^{\frac{\pi}{4}}\tan^2\theta\,\mathrm{d}\theta;$

(11) $\displaystyle\int_0^{2\pi}|\sin x|\,\mathrm{d}x;$

(12) $\displaystyle\int_0^2 f(x)\,\mathrm{d}x$,其中 $f(x)=\begin{cases}x, & x<1,\\ x^2, & x\geqslant 1.\end{cases}$

3. 求下列极限:

(1) $\displaystyle\lim_{x\to 0}\dfrac{\displaystyle\int_0^x \mathrm{e}^{t^2}\,\mathrm{d}t}{x};$

(2) $\displaystyle\lim_{x\to 0}\dfrac{\left(\displaystyle\int_0^x\sin t^2\,\mathrm{d}t\right)^2}{\displaystyle\int_0^x t^2\sin t^3\,\mathrm{d}t}.$

4. 设 $f(x)=\displaystyle\int_0^x\sin t\,\mathrm{d}t$,求 $f'(0),f'\left(\dfrac{\pi}{4}\right).$

5. 求由方程 $\displaystyle\int_0^y \mathrm{e}^t\,\mathrm{d}t+\int_0^x\cos t\,\mathrm{d}t=0$ 所确定的隐函数 $y=y(x)$ 的导数 $\dfrac{\mathrm{d}y}{\mathrm{d}x}.$

6. 求函数 $f(x)=\displaystyle\int_0^x t\mathrm{e}^{-t^2}\,\mathrm{d}t$ 的极值.

7. 设 $f(x)$ 在 $[a,b]$ 上连续,在 (a,b) 内可导且 $f'(x)<0$,证明函数

$$F(x)=\dfrac{1}{x-a}\int_a^x f(t)\,\mathrm{d}t$$

在 (a,b) 内的一阶导数 $F'(x)<0.$

8. 设 $f(x)$ 在 $[0,1]$ 上连续,且满足

$$f(x)=x\int_0^1 f(t)\,\mathrm{d}t-1,$$

求 $\displaystyle\int_0^1 f(x)\,\mathrm{d}x$ 及 $f(x).$

(提示:设 $\displaystyle\int_0^1 f(t)\,\mathrm{d}t=A$,在所给关系式中对 $f(x)$ 从 0 到 1 作定积分,即可得出一个关于

A 的方程,由此可求出 A 及 $f(x)$. ⌉

9. 设 $f(x)$ 在 $[0,+\infty)$ 内连续,且 $\lim\limits_{x\to+\infty}f(x)=1$,证明函数 $y=\mathrm{e}^{-x}\displaystyle\int_0^x\mathrm{e}^t f(t)\mathrm{d}t$ 满足方程 $\dfrac{\mathrm{d}y}{\mathrm{d}x}+y=f(x)$,并求 $\lim\limits_{x\to+\infty}y(x)$.

10. 图 6-13 是函数 $y=f(x)$ 的图形,$f(x)$ 具有三阶连续导数.问下列积分是正值,负值还是零?

$$\int_0^5 f(x)\,\mathrm{d}x,\qquad \int_0^5 f'(x)\,\mathrm{d}x,\qquad \int_0^5 f''(x)\,\mathrm{d}x,\qquad \int_0^5 f'''(x)\,\mathrm{d}x.$$

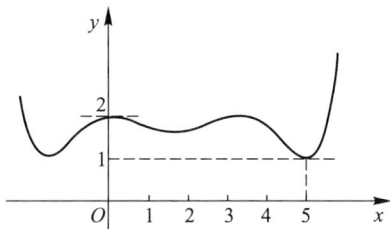

图 6-13

11. 设

$$f(x)=\begin{cases}\dfrac{1}{2}\sin x, & 0\leqslant x\leqslant\pi,\\[2mm] 0, & x<0\text{ 或 }x>\pi,\end{cases}$$

求 $\Phi(x)=\displaystyle\int_0^x f(t)\,\mathrm{d}t$ 在 $(-\infty,+\infty)$ 内的表达式.

第四节 定积分的换元积分法

在上一章我们用换元法计算不定积分时,没有考虑原变量 x 与新变量 t 的取值范围,如果要用换元法计算定积分,原积分变量 x 与新积分变量 t 的变化区间会有所不同,即积分区间会随之改变,而且我们还必须要求新的积分区间应该是唯一的,这就要求代换函数 $x=\varphi(t)$ 具有连续导数且反函数有单调性.我们用下面的定理来介绍这个方法.

定理 设 $f(x)$ 在 $[a,b]$ 上连续,函数 $x=\varphi(t)$ 满足

(1) $\varphi(\alpha)=a,\varphi(\beta)=b$;

(2) $\varphi(t)$ 在 $[\alpha,\beta]$ 或 $[\beta,\alpha]$ 上具有连续导数且值域为 $[a,b]$,则有

$$\int_a^b f(x)\,\mathrm{d}x=\int_\alpha^\beta f[\varphi(t)]\varphi'(t)\,\mathrm{d}t.\qquad(*)$$

公式(＊)称为定积分的**换元公式**,与不定积分的换元公式不同的是:我们只要计算在新的积分变量下,新的被积函数在新的积分区间内的积分值,从而避免了积分后新变量要代回到原变量的麻烦.

证 如果

$$\int f(x)\,\mathrm{d}x = F(x) + C,$$

则

$$\int f[\varphi(t)]\varphi'(t)\,\mathrm{d}t = F[\varphi(t)] + C,$$

于是

$$\int_a^b f(x)\,\mathrm{d}x = F(b) - F(a)$$

$$= F[\varphi(\beta)] - F[\varphi(\alpha)]$$

$$= \int_\alpha^\beta f[\varphi(t)]\varphi'(t)\,\mathrm{d}t.$$

注:换元公式对 $a > b$ 也适用.

例1 计算 $\displaystyle\int_0^a \sqrt{a^2 - x^2}\,\mathrm{d}x\,(a > 0)$.

解 令 $x = a\sin t$,则 $\mathrm{d}x = a\cos t\,\mathrm{d}t$,且当 $x = 0$ 时,$t = 0$,当 $x = a$ 时,$t = \dfrac{\pi}{2}$,

所以

$$\int_0^a \sqrt{a^2 - x^2}\,\mathrm{d}x = \int_0^{\frac{\pi}{2}} a\cos t \cdot a\cos t\,\mathrm{d}t$$

$$= \frac{a^2}{2}\int_0^{\frac{\pi}{2}} (1 + \cos 2t)\,\mathrm{d}t$$

$$= \frac{a^2}{2}\left[t + \frac{1}{2}\sin 2t\right]_0^{\frac{\pi}{2}} = \frac{\pi}{4}a^2.$$

例2 计算 $\displaystyle\int_0^4 \frac{x + 2}{\sqrt{2x + 1}}\,\mathrm{d}x$.

解 令 $t = \sqrt{2x + 1}$,则 $x = \dfrac{t^2 - 1}{2}$,$\mathrm{d}x = t\,\mathrm{d}t$,且当 $x = 0$ 时,$t = 1$,当 $x = 4$ 时,

$t = 3$,

$$\int_0^4 \frac{x + 2}{\sqrt{2x + 1}}\,\mathrm{d}x = \int_1^3 \frac{\dfrac{t^2 - 1}{2} + 2}{t} \cdot t\,\mathrm{d}t$$

$$= \int_1^3 \left(\frac{t^2}{2} + \frac{3}{2} \right) \mathrm{d}t = \left[\frac{t^3}{6} + \frac{3}{2}t \right]_1^3$$

$$= \left(\frac{27}{6} + \frac{9}{2} \right) - \left(\frac{1}{6} + \frac{3}{2} \right) = \frac{22}{3}.$$

我们还可以把公式（ ∗ ）从右到左应用. 即

$$\int_\alpha^\beta f[\varphi(x)]\varphi'(x)\mathrm{d}x = \int_a^b f(t)\mathrm{d}t.$$

上式是把公式（ ∗ ）中的 x 改记为 t，而 t 改记为 x，及 $t = \varphi(x)$，同时变换 $\alpha = \varphi(a), \beta = \varphi(b)$.

例 3　计算 $\displaystyle\int_0^{\frac{\pi}{2}} \sin^2 x\cos x\mathrm{d}x$.

解　令 $t = \sin x$，则 $\mathrm{d}t = \cos x\mathrm{d}x$，且当 $x = 0$ 时，$t = 0$，当 $x = \dfrac{\pi}{2}$ 时，$t = 1$，

$$\int_0^{\frac{\pi}{2}} \sin^2 x\cos x\mathrm{d}x = \int_0^1 t^2\mathrm{d}t = \left[\frac{1}{3}t^3 \right]_0^1 = \frac{1}{3}.$$

例 3 中也可不写出中间变量，直接用凑微分法

$$\int_0^{\frac{\pi}{2}} \sin^2 x\cos x\mathrm{d}x = \int_0^{\frac{\pi}{2}} \sin^2 x\mathrm{d}(\sin x) = \left[\frac{1}{3}\sin^3 x \right]_0^{\frac{\pi}{2}} = \frac{1}{3}.$$

例 4　计算 $\displaystyle\int_0^\pi \sqrt{\sin^3 x - \sin^5 x}\,\mathrm{d}x$.

解

$$\int_0^\pi \sqrt{\sin^3 x - \sin^5 x}\,\mathrm{d}x = \int_0^\pi \sin^{\frac{3}{2}} x \mid \cos x \mid \mathrm{d}x$$

$$= \int_0^{\frac{\pi}{2}} \sin^{\frac{3}{2}} x\cos x\mathrm{d}x - \int_{\frac{\pi}{2}}^\pi \sin^{\frac{3}{2}} x\cos x\mathrm{d}x$$

$$= \int_0^{\frac{\pi}{2}} \sin^{\frac{3}{2}} x\mathrm{d}(\sin x) - \int_{\frac{\pi}{2}}^\pi \sin^{\frac{3}{2}} x\mathrm{d}(\sin x)$$

$$= \left[\frac{2}{5}\sin^{\frac{5}{2}} x \right]_0^{\frac{\pi}{2}} - \left[\frac{2}{5}\sin^{\frac{5}{2}} x \right]_{\frac{\pi}{2}}^\pi$$

$$= \frac{2}{5} - \left(-\frac{2}{5} \right) = \frac{4}{5}.$$

例 4 中如果忽略了 $\cos x$ 在 $\left[\dfrac{\pi}{2},\pi\right]$ 上非正,而按 $\sqrt{\sin^3 x - \sin^5 x} = \sin^{\frac{3}{2}} x \cos x$ 就错了.

一般地,利用公式(1)后,新积分的积分变量、被积函数、积分区间都会改变. 显然积分变量仍可采用原变量,即

$$\int_a^b f(x)\,\mathrm{d}x = \int_\alpha^\beta f[\varphi(t)]\varphi'(t)\,\mathrm{d}t = \int_\alpha^\beta f[\varphi(x)]\varphi'(x)\,\mathrm{d}x.$$

有两种特殊的情况可以被我们用来进行某些特殊的计算或证明.

(1) 被积函数不变,积分区间改变;

(2) 被积函数改变,积分区间不变.

例 5 证明

(1) 若 $f(x)$ 在 $[-a,a]$ 上连续且为偶函数,则

$$\int_{-a}^a f(x)\,\mathrm{d}x = 2\int_0^a f(x)\,\mathrm{d}x.$$

(2) 若 $f(x)$ 在 $[-a,a]$ 上连续且为奇函数,则

$$\int_{-a}^a f(x)\,\mathrm{d}x = 0.$$

证 (1) 因为

$$\int_{-a}^a f(x)\,\mathrm{d}x = \int_{-a}^0 f(x)\,\mathrm{d}x + \int_0^a f(x)\,\mathrm{d}x,$$

对积分 $\displaystyle\int_{-a}^0 f(x)\,\mathrm{d}x$ 作代换 $x = -t$,得

$$\int_{-a}^0 f(x)\,\mathrm{d}x = \int_a^0 f(-t)(-\mathrm{d}t) = \int_0^a f(t)\,\mathrm{d}t = \int_0^a f(x)\,\mathrm{d}x,$$

从而

$$\int_{-a}^a f(x)\,\mathrm{d}x = 2\int_0^a f(x)\,\mathrm{d}x.$$

(2) 令 $x = -t$,得

$$\int_{-a}^a f(x)\,\mathrm{d}x = \int_a^{-a} f(-t)(-\mathrm{d}t)$$

$$= -\int_{-a}^a [-f(t)](-\mathrm{d}t) = -\int_{-a}^a f(t)\,\mathrm{d}t$$

$$= -\int_{-a}^a f(x)\,\mathrm{d}x,$$

从而

$$\int_{-a}^a f(x)\,\mathrm{d}x = 0.$$

利用例 5 的结论,我们可以简化奇、偶函数在关于原点对称的区间上的积分.

例 6 若 $f(x)$ 在 $[0,1]$ 上连续,证明:

(1) $\displaystyle\int_0^{\frac{\pi}{2}} f(\sin x)\,\mathrm{d}x = \int_0^{\frac{\pi}{2}} f(\cos x)\,\mathrm{d}x;$

(2) $\displaystyle\int_0^{\pi} x f(\sin x)\,\mathrm{d}x = \frac{\pi}{2}\int_0^{\pi} f(\sin x)\,\mathrm{d}x.$

证 (1) 令 $x = \dfrac{\pi}{2} - t$,则

$$\int_0^{\frac{\pi}{2}} f(\sin x)\,\mathrm{d}x = \int_{\frac{\pi}{2}}^{0} f\left[\sin\left(\frac{\pi}{2} - t\right)\right](-\mathrm{d}t)$$

$$= -\int_0^{\frac{\pi}{2}} f(\cos t)(-\mathrm{d}t) = \int_0^{\frac{\pi}{2}} f(\cos t)\,\mathrm{d}t.$$

我们立即可得

$$\int_0^{\frac{\pi}{2}} \sin^n x\,\mathrm{d}x = \int_0^{\frac{\pi}{2}} \cos^n x\,\mathrm{d}x.$$

(2) 令 $x = \pi - t$,则

$$\int_0^{\pi} x f(\sin x)\,\mathrm{d}x = \int_{\pi}^{0} (\pi - t) f[\sin(\pi - t)](-\mathrm{d}t)$$

$$= -\int_0^{\pi} (\pi - t) f(\sin t)(-\mathrm{d}t)$$

$$= \int_0^{\pi} (\pi - x) f(\sin x)\,\mathrm{d}x$$

$$= \pi \int_0^{\pi} f(\sin x)\,\mathrm{d}x - \int_0^{\pi} x f(\sin x)\,\mathrm{d}x,$$

从而

$$\int_0^{\pi} x f(\sin x)\,\mathrm{d}x = \frac{\pi}{2}\int_0^{\pi} f(\sin x)\,\mathrm{d}x.$$

利用上述结论,我们有

$$\int_0^{\pi} \frac{x\sin x}{1 + \cos^2 x}\,\mathrm{d}x = \frac{\pi}{2}\int_0^{\pi} \frac{\sin x}{1 + \cos^2 x}\,\mathrm{d}x = -\frac{\pi}{2}\int_0^{\pi} \frac{\mathrm{d}(\cos x)}{1 + \cos^2 x}$$

$$= -\frac{\pi}{2}\big[\arctan(\cos x)\big]_0^{\pi}$$

$$= -\frac{\pi}{2}\big[\arctan(-1) - \arctan 1\big] = \frac{\pi^2}{4}.$$

习题 6 - 4

1. 计算下列定积分:

(1) $\displaystyle\int_{\frac{\pi}{3}}^{\pi} \sin\left(x + \frac{\pi}{3}\right)dx$;

(2) $\displaystyle\int_{-2}^{1} \frac{dx}{(9 + 4x)^3}$;

(3) $\displaystyle\int_{0}^{\frac{\pi}{2}} \sin\varphi\cos^2\varphi\,d\varphi$;

(4) $\displaystyle\int_{0}^{\pi} (1 - \cos^2\theta)\,d\theta$;

(5) $\displaystyle\int_{0}^{\sqrt{2}} x\sqrt{2 - x^2}\,dx$;

(6) $\displaystyle\int_{0}^{1} x^2\sqrt{1 - x^2}\,dx$;

(7) $\displaystyle\int_{-1}^{1} \frac{x\,dx}{\sqrt{5 - 4x}}$;

(8) $\displaystyle\int_{1}^{4} \frac{dx}{1 + \sqrt{x}}$;

(9) $\displaystyle\int_{0}^{1} te^{-t^2}\,dt$;

(10) $\displaystyle\int_{1}^{2} \frac{dx}{x\sqrt{1 + \ln x}}$;

(11) $\displaystyle\int_{-2}^{-1} \frac{dx}{x^2 + 4x + 5}$;

(12) $\displaystyle\int_{-\frac{\pi}{2}}^{\frac{\pi}{2}} \cos x\cos 2x\,dx$;

(13) $\displaystyle\int_{-\frac{\pi}{2}}^{\frac{\pi}{2}} \sqrt{\cos x - \cos^3 x}\,dx$;

(14) $\displaystyle\int_{0}^{\pi} \sqrt{1 + \cos 2x}\,dx$.

2. 利用函数奇偶性计算下列定积分:

(1) $\displaystyle\int_{-\frac{1}{2}}^{\frac{1}{2}} \frac{(\arcsin x)^2}{\sqrt{1 - x^2}}\,dx$;

(2) $\displaystyle\int_{-5}^{5} \frac{x^2\sin x^3}{x^4 + 2x^2 + 1}\,dx$.

3. 证明下列各题:

(1) $\displaystyle\int_{x}^{1} \frac{dx}{1 + x^2} = \int_{1}^{\frac{1}{x}} \frac{dx}{1 + x^2}$ $(x > 0)$;

(2) $\displaystyle\int_{0}^{1} x^m(1 - x)^n\,dx = \int_{0}^{1} x^n(1 - x)^m\,dx$;

(3) $\displaystyle\int_{0}^{\pi} \cos^{10}x\,dx = 2\int_{0}^{\frac{\pi}{2}} \cos^{10}x\,dx$.

第五节 定积分的分部积分法

设函数 $u = u(x)$ 与 $v = v(x)$ 在 $[a, b]$ 上有连续导数,则 $(uv)' = vu' + uv'$,即

$$uv' = (uv)' - vu'.$$

等式两端取 x 由 a 到 b 的积分,即得

$$\int_a^b uv'\mathrm{d}x = [uv]_a^b - \int_a^b vu'\mathrm{d}x,$$

或写为 $$\int_a^b u(x)\mathrm{d}[v(x)] = [u(x)v(x)]_a^b - \int_a^b v(x)\mathrm{d}[u(x)].$$

这就是**定积分的分部积分公式**.

例1 计算 $\int_1^2 \ln x\mathrm{d}x$.

解 $\int_1^2 \ln x\mathrm{d}x = [x\ln x]_1^2 - \int_1^2 x\mathrm{d}(\ln x)$

$$= 2\ln 2 - \int_1^2 \mathrm{d}x = 2\ln 2 - [x]_1^2 = 2\ln 2 - 1.$$

例2 计算 $\int_0^1 e^{\sqrt{x}}\mathrm{d}x$.

解 令 $t = \sqrt{x}, x = t^2, \mathrm{d}x = 2t\mathrm{d}t$,

$$\int_0^1 e^{\sqrt{x}}\mathrm{d}x = \int_0^1 2te^t\mathrm{d}t = 2\int_0^1 t\mathrm{d}(e^t)$$

$$= 2[te^t]_0^1 - 2\int_0^1 e^t\mathrm{d}t$$

$$= 2e - 2[e^t]_0^1 = 2.$$

例3 证明定积分公式

$$I_n = \int_0^{\frac{\pi}{2}} \sin^n x\mathrm{d}x \left(= \int_0^{\frac{\pi}{2}} \cos^n x\mathrm{d}x\right)$$

$$= \begin{cases} \dfrac{n-1}{n}\cdot\dfrac{n-3}{n-2}\cdot\cdots\cdot\dfrac{3}{4}\cdot\dfrac{1}{2}\cdot\dfrac{\pi}{2}, & n \text{ 为正偶数}, \\ \dfrac{n-1}{n}\cdot\dfrac{n-3}{n-2}\cdot\cdots\cdot\dfrac{4}{5}\cdot\dfrac{2}{3}, & n \text{ 为大于 1 的正奇数}. \end{cases}$$

证

$$I_n = \int_0^{\frac{\pi}{2}} \sin^{n-1} x\mathrm{d}(-\cos x)$$

$$= [-\cos x\sin^{n-1} x]_0^{\frac{\pi}{2}} + \int_0^{\frac{\pi}{2}} \cos x\mathrm{d}(\sin^{n-1} x)$$

$$= (n-1)\int_0^{\frac{\pi}{2}} \cos^2 x\sin^{n-2} x\mathrm{d}x$$

$$= (n-1) \int_0^{\frac{\pi}{2}} (1 - \sin^2 x) \sin^{n-2} x \mathrm{d}x$$

$$= (n-1) \int_0^{\frac{\pi}{2}} \sin^{n-2} x \mathrm{d}x - (n-1) \int_0^{\frac{\pi}{2}} \sin^n x \mathrm{d}x$$

$$= (n-1)I_{n-2} - (n-1)I_n,$$

$$I_n = \frac{n-1}{n} I_{n-2}.$$

上式叫做积分 I_n 关于下标的递推公式. 如果把 n 换成 $n-2$, 就有

$$I_{n-2} = \frac{n-3}{n-2} I_{n-4},$$

于是我们就一直递推到下标为 0 或 1,

$$I_{2m} = \frac{2m-1}{2m} \cdot \frac{2m-3}{2m-2} \cdot \cdots \cdot \frac{3}{4} \cdot \frac{1}{2} I_0,$$

$$I_{2m+1} = \frac{2m}{2m+1} \cdot \frac{2m-2}{2m-1} \cdot \cdots \cdot \frac{4}{5} \cdot \frac{2}{3} I_1 \qquad (m = 1, 2, \cdots).$$

又

$$I_0 = \int_0^{\frac{\pi}{2}} \sin^0 x \mathrm{d}x = \frac{\pi}{2},$$

$$I_1 = \int_0^{\frac{\pi}{2}} \sin x \mathrm{d}x = 1,$$

所以

$$I_{2m} = \int_0^{\frac{\pi}{2}} \sin^{2m} x \mathrm{d}x = \frac{2m-1}{2m} \cdot \frac{2m-3}{2m-2} \cdot \cdots \cdot \frac{3}{4} \cdot \frac{1}{2} \cdot \frac{\pi}{2},$$

$$I_{2m+1} = \int_0^{\frac{\pi}{2}} \sin^{2m+1} x \mathrm{d}x = \frac{2m}{2m+1} \cdot \frac{2m-2}{2m-1} \cdot \cdots \cdot \frac{4}{5} \cdot \frac{2}{3} \qquad (m = 1, 2, \cdots).$$

从而

$$I_n = \begin{cases} \dfrac{n-1}{n} \cdot \dfrac{n-3}{n-2} \cdot \cdots \cdot \dfrac{3}{4} \cdot \dfrac{1}{2} \cdot \dfrac{\pi}{2}, & \text{当 } n \text{ 为正偶数}, \\[3mm] \dfrac{n-1}{n} \cdot \dfrac{n-3}{n-2} \cdot \cdots \cdot \dfrac{4}{5} \cdot \dfrac{2}{3}, & \text{当 } n \text{ 为大于 1 的正奇数}. \end{cases}$$

习题 6－5

1. 计算下列定积分:

(1) $\int_0^1 x \mathrm{e}^x \mathrm{d}x$;

(2) $\int_1^e x \ln x \mathrm{d}x$;

(3) $\int_0^{2\pi} x \sin x \mathrm{d}x$;

(4) $\int_0^{\frac{\pi}{3}} \dfrac{x}{\cos^2 x} \mathrm{d}x$;

(5) $\int_1^4 \dfrac{\ln x}{\sqrt{x}} \mathrm{d}x$;

(6) $\int_0^1 x \arctan x \mathrm{d}x$;

(7) $\int_0^{\frac{\pi}{2}} \mathrm{e}^{2x} \cos x \mathrm{d}x$;

(8) $\int_1^e \sin(\ln x) \mathrm{d}x$;

(9) $\int_1^2 \ln(x+1) \mathrm{d}x$;

(10) $\int_0^{\pi^2} \sin \sqrt{x} \mathrm{d}x$;

(11) $\int_{\frac{1}{e}}^e | \ln x | \mathrm{d}x$.

2. 利用递推公式计算:

(1) $J_{100} = \int_0^{\pi} x \sin^{100} x \mathrm{d}x$;

(2) $I_{99} = \int_0^1 (1 - x^2)^{\frac{99}{2}} \mathrm{d}x$.

第六节　反常积分与 Γ 函数

我们在前面所学的定积分是在积分区间有限、被积函数有界的基础上定义的. 但在一些实际问题中,我们会遇到积分区间无限或被积函数无界的积分,这类积分已不属于定积分,我们对定积分作如下两种推广.

一、无穷限的反常积分

定义 1　设函数 $f(x)$ 在 $[a, +\infty)$ 上连续,如果

$$\lim_{b \to +\infty} \int_a^b f(x) \mathrm{d}x \quad (b > a)$$

存在,就称此极限为 $f(x)$ 在区间 $[a, +\infty)$ 上的**反常积分**,记作

$$\int_a^{+\infty} f(x) \mathrm{d}x = \lim_{b \to +\infty} \int_a^b f(x) \mathrm{d}x, \tag{1}$$

这时也称**反常积分** $\int_a^{+\infty} f(x) \mathrm{d}x$ **收敛**. 如果上述极限不存在,就称**反常积分**

$\int_a^{+\infty} f(x)\,\mathrm{d}x$ **发散**.

类似地,设函数 $f(x)$ 在 $(-\infty, b]$ 上连续,如果

$$\lim_{a \to -\infty} \int_a^b f(x)\,\mathrm{d}x \quad (b > a)$$

存在,就称此极限为 $f(x)$ 在区间 $(-\infty, b]$ 上的**反常积分**,记作

$$\int_{-\infty}^b f(x)\,\mathrm{d}x = \lim_{a \to -\infty} \int_a^b f(x)\,\mathrm{d}x, \tag{2}$$

这时也称**反常积分** $\int_{-\infty}^b f(x)\,\mathrm{d}x$ **收敛**,如果上述极限不存在,就称**反常积分** $\int_{-\infty}^b f(x)\,\mathrm{d}x$ **发散**.

设函数 $f(x)$ 在 $(-\infty, +\infty)$ 上连续,如果反常积分

$$\int_{-\infty}^0 f(x)\,\mathrm{d}x \ \text{和} \int_0^{+\infty} f(x)\,\mathrm{d}x$$

都收敛,则称**反常积分** $\int_{-\infty}^{+\infty} f(x)\,\mathrm{d}x$ **收敛**. 上述两个反常积分之和为 $f(x)$ 在 $(-\infty, +\infty)$ 上的**反常积分**,即

$$\int_{-\infty}^{+\infty} f(x)\,\mathrm{d}x = \int_{-\infty}^0 f(x)\,\mathrm{d}x + \int_0^{+\infty} f(x)\,\mathrm{d}x$$

$$= \lim_{a \to -\infty} \int_a^0 f(x)\,\mathrm{d}x + \lim_{b \to +\infty} \int_0^b f(x)\,\mathrm{d}x, \tag{3}$$

否则称**反常积分** $\int_{-\infty}^{+\infty} f(x)\,\mathrm{d}x$ **发散**.

上述定义的反常积分统称为**无穷限的反常积分**.

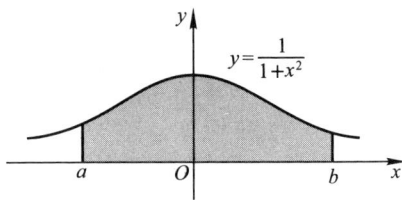

图 6 - 14

例 1 计算 $\int_{-\infty}^{+\infty} \dfrac{\mathrm{d}x}{1 + x^2}$(图 6 - 14).

解

$$\int_{-\infty}^{+\infty} \frac{\mathrm{d}x}{1 + x^2} = \int_{-\infty}^0 \frac{\mathrm{d}x}{1 + x^2} + \int_0^{+\infty} \frac{\mathrm{d}x}{1 + x^2}$$

$$= \lim_{a \to -\infty} \int_a^0 \frac{\mathrm{d}x}{1 + x^2} + \lim_{b \to +\infty} \int_0^b \frac{\mathrm{d}x}{1 + x^2}$$

$$= \lim_{a \to -\infty} \left[\arctan x\right]_a^0 + \lim_{b \to +\infty} \left[\arctan x\right]_0^b$$

$$= \lim_{a \to -\infty} (-\arctan a) + \lim_{b \to +\infty} \arctan b$$

$$= -\left(-\frac{\pi}{2}\right) + \frac{\pi}{2} = \pi.$$

例2　计算 $\displaystyle\int_0^{+\infty} t e^{-t} dt.$

解　$\displaystyle\int_0^{+\infty} t e^{-t} dt = \lim_{b \to +\infty} \int_0^b t e^{-t} dt = \lim_{b \to +\infty} \int_0^b t d(-e^{-t})$

$$= \lim_{b \to +\infty} \left\{ \left[-t e^{-t} \right]_0^b + \int_0^b e^{-t} dt \right\}$$

$$= \lim_{b \to +\infty} \left\{ (-b e^{-b}) - \left[e^{-t} \right]_0^b \right\}$$

$$= \lim_{b \to +\infty} (-b e^{-b} - e^{-b} + 1) = 1.$$

注意：式中的极限 $\displaystyle\lim_{b \to +\infty} b e^{-b}$ 可用洛必达法则确定.

如果记

$$F(+\infty) = \lim_{x \to +\infty} F(x), \quad \left[F(x) \right]_a^{+\infty} = F(+\infty) - F(a),$$

则当 $F(+\infty)$ 存在时，

$$\int_a^{+\infty} f(x) dx = \left[F(x) \right]_a^{+\infty};$$

当 $F(+\infty)$ 不存在时，反常积分 $\displaystyle\int_a^{+\infty} f(x) dx$ 发散. 其他情形类似.

例3　证明反常积分 $\displaystyle\int_a^{+\infty} \frac{dx}{x^p} (a > 0)$ 当 $p > 1$ 时收敛，当 $p \leqslant 1$ 时发散.

证　当 $p = 1$ 时，

$$\int_a^{+\infty} \frac{dx}{x^p} = \int_a^{+\infty} \frac{dx}{x} = \left[\ln x \right]_a^{+\infty} = +\infty.$$

当 $p \neq 1$ 时，

$$\int_a^{+\infty} \frac{dx}{x^p} = \left[\frac{1}{1-p} x^{1-p} \right]_a^{+\infty} = \begin{cases} +\infty, & p < 1, \\ \dfrac{a^{1-p}}{p-1}, & p > 1. \end{cases}$$

因此当 $p > 1$ 时反常积分收敛，其值为 $\dfrac{a^{1-p}}{p-1}$，当 $p \leqslant 1$ 时反常积分发散.

二、无界函数的反常积分

定义2　设函数 $f(x)$ 在 $(a, b]$ 上连续，且 $\displaystyle\lim_{x \to a^+} f(x) = \infty$，如果极限

$\lim\limits_{\varepsilon \to 0^+} \int_{a+\varepsilon}^{b} f(x)\,\mathrm{d}x\,(\varepsilon > 0)$ 存在,就称此极限为**无界函数** $f(x)$ **在区间**$(a,b]$**上的反常积分**,记作

$$\int_a^b f(x)\,\mathrm{d}x = \lim\limits_{\varepsilon \to 0^+} \int_{a+\varepsilon}^b f(x)\,\mathrm{d}x. \tag{4}$$

这时也称**反常积分** $\int_a^b f(x)\,\mathrm{d}x$ **收敛**,如果上述极限不存在,就称**反常积分** $\int_a^b f(x)\,\mathrm{d}x$ **发散**.

类似地,设函数 $f(x)$ 在 $[a,b)$ 上连续,且 $\lim\limits_{x \to b^-} f(x) = \infty$,如果极限 $\lim\limits_{\varepsilon \to 0^+} \int_a^{b-\varepsilon} f(x)\,\mathrm{d}x\,(\varepsilon > 0)$ 存在,就定义**反常积分**

$$\int_a^b f(x)\,\mathrm{d}x = \lim\limits_{\varepsilon \to 0^+} \int_a^{b-\varepsilon} f(x)\,\mathrm{d}x, \tag{5}$$

否则称**反常积分** $\int_a^b f(x)\,\mathrm{d}x$ **发散**.

设函数 $f(x)$ 在 $[a,b]$ 上除 $x = c\,(a < c < b)$ 外连续,且 $\lim\limits_{x \to c} f(x) = \infty$,如果两个反常积分

$$\int_a^c f(x)\,\mathrm{d}x \text{ 和} \int_c^b f(x)\,\mathrm{d}x$$

都收敛,就定义**反常积分**

$$\int_a^b f(x)\,\mathrm{d}x = \int_a^c f(x)\,\mathrm{d}x + \int_c^b f(x)\,\mathrm{d}x$$

$$= \lim\limits_{\varepsilon \to 0^+} \int_a^{c-\varepsilon} f(x)\,\mathrm{d}x + \lim\limits_{\varepsilon' \to 0^+} \int_{c+\varepsilon'}^b f(x)\,\mathrm{d}x, \tag{6}$$

否则称**反常积分** $\int_a^b f(x)\,\mathrm{d}x$ **发散**.

上述定义的反常积分统称为**无界函数的反常积分**.

例 4 计算 $\int_0^a \dfrac{\mathrm{d}x}{\sqrt{a^2 - x^2}}\,(a > 0)$(图 6 - 15).

解 $\displaystyle\int_0^a \dfrac{\mathrm{d}x}{\sqrt{a^2 - x^2}} = \lim\limits_{\varepsilon \to 0^+} \int_0^{a-\varepsilon} \dfrac{\mathrm{d}x}{\sqrt{a^2 - x^2}}$

$= \lim\limits_{\varepsilon \to 0^+} \left[\arcsin \dfrac{x}{a} \right]_0^{a-\varepsilon}$

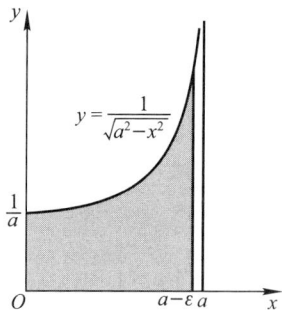

图 6 - 15

$$= \lim_{\varepsilon \to 0^+} \arcsin \frac{a - \varepsilon}{a} = \frac{\pi}{2}.$$

例 5 讨论反常积分 $\int_{-1}^{1} \frac{dx}{x^2}$ 的收敛性.

解
$$\int_{-1}^{1} \frac{dx}{x^2} = \int_{-1}^{0} \frac{dx}{x^2} + \int_{0}^{1} \frac{dx}{x^2},$$

其中

$$\int_{0}^{1} \frac{dx}{x^2} = \lim_{\varepsilon \to 0^+} \int_{\varepsilon}^{1} \frac{dx}{x^2} = \lim_{\varepsilon \to 0^+} \left[-\frac{1}{x} \right]_{\varepsilon}^{1}$$

$$= \lim_{\varepsilon \to 0^+} \left(-1 + \frac{1}{\varepsilon} \right) = +\infty,$$

所以反常积分发散.

注意:此题若疏忽了 $\lim_{x \to 0} \frac{1}{x} = \infty$ 而直接计算

$$\int_{-1}^{1} \frac{dx}{x^2} = \left[-\frac{1}{x} \right]_{-1}^{1} = -1 - \left(-\frac{1}{-1} \right) = -2,$$

就错了.

例 6 证明反常积分 $\int_{0}^{a} \frac{dx}{x^q} (a > 0)$ 当 $q < 1$ 时收敛,当 $q \geq 1$ 时发散.

证 当 $q = 1$ 时,

$$\int_{0}^{a} \frac{dx}{x^q} = \int_{0}^{a} \frac{dx}{x} = \lim_{\varepsilon \to 0^+} \int_{\varepsilon}^{a} \frac{dx}{x}$$

$$- \lim_{\varepsilon \to 0^+} \left[\ln x \right]_{\varepsilon}^{a} - \lim_{\varepsilon \to 0^+} (\ln a - \ln \varepsilon) = +\infty;$$

当 $q \neq 1$ 时,

$$\int_{0}^{a} \frac{dx}{x^q} = \lim_{\varepsilon \to 0^+} \int_{\varepsilon}^{a} \frac{dx}{x^q} = \lim_{\varepsilon \to 0^+} \left[\frac{1}{1-q} x^{1-q} \right]_{\varepsilon}^{a}$$

$$= \lim_{\varepsilon \to 0^+} \left(\frac{a^{1-q}}{1-q} - \frac{\varepsilon^{1-q}}{1-q} \right) = \begin{cases} \frac{a^{1-q}}{1-q}, & q < 1, \\ +\infty, & q > 1. \end{cases}$$

所以当 $q < 1$ 时,反常积分收敛于 $\frac{a^{1-q}}{1-q}$,当 $q \geq 1$ 时,反常积分发散.

三、Γ 函数

定义3 含参变量 $r(r>0)$ 的反常积分

$$\Gamma(r) = \int_0^{+\infty} x^{r-1} e^{-x} dx \tag{7}$$

称为 Γ 函数.

Γ 函数是一个重要的反常积分,可以证明它是收敛的,下面我们介绍它的一个递推公式

$$\Gamma(r+1) = r\Gamma(r) \quad (r>0). \tag{8}$$

这是因为

$$\Gamma(r+1) = \int_0^{+\infty} x^r e^{-x} dx = \int_0^{+\infty} x^r d(-e^{-x})$$

$$= [-x^r e^{-x}]_0^{+\infty} + \int_0^{+\infty} e^{-x} d(x^r)$$

$$= r\int_0^{+\infty} e^{-x} \cdot x^{r-1} dx$$

$$= r\Gamma(r).$$

特别地,当 r 取正整数时,我们有

$$\Gamma(n+1) = n!. \tag{9}$$

这是因为

$$\Gamma(n+1) = n\Gamma(n) = n(n-1)\Gamma(n-1)$$

$$= \cdots = n!\Gamma(1),$$

又

$$\Gamma(1) = \int_0^{+\infty} e^{-x} dx = [-e^{-x}]_0^{+\infty} = 1.$$

例7 计算下列各值:

$$(1)\ \frac{\Gamma(6)}{2\Gamma(3)}; \qquad\qquad (2)\ \frac{\Gamma\left(\dfrac{5}{2}\right)}{\Gamma\left(\dfrac{1}{2}\right)}.$$

解 (1) $\Gamma(6) = 5\Gamma(5) = 5 \cdot 4\Gamma(4) = 5 \cdot 4 \cdot 3\Gamma(3)$,

$$\frac{\Gamma(6)}{2\Gamma(3)} = 30;$$

(2)
$$\Gamma\left(\frac{5}{2}\right) = \frac{3}{2}\Gamma\left(\frac{3}{2}\right) = \frac{3}{2}\cdot\frac{1}{2}\Gamma\left(\frac{1}{2}\right),$$

$$\frac{\Gamma\left(\dfrac{5}{2}\right)}{\Gamma\left(\dfrac{1}{2}\right)} = \frac{3}{4}.$$

例 8　计算积分:

(1) $\displaystyle\int_0^{+\infty} x^3 e^{-x}\,dx$;　　　　　　(2) $\displaystyle\int_0^{+\infty} x^{-\frac{1}{2}} e^{-x}\,dx$.

解　(1) $\displaystyle\int_0^{+\infty} x^3 e^{-x}\,dx = \Gamma(4) = 3! = 6$;

(2) 令 $x = y^2$, $dx = 2y\,dy$,

$$\int_0^{+\infty} x^{-\frac{1}{2}} e^{-x}\,dx = \int_0^{+\infty} y^{-1} e^{-y^2}\cdot 2y\,dy$$

$$= 2\int_0^{+\infty} e^{-x^2}\,dx = \int_{-\infty}^{+\infty} e^{-x^2}\,dx,$$

即

$$\Gamma\left(\frac{1}{2}\right) = \int_{-\infty}^{+\infty} e^{-x^2}\,dx \quad (= \sqrt{\pi}).$$

这个积分是概率论中的一个重要积分,其结果我们将在二重积分中给出.

习题 6 - 6

1. 判别下列各反常积分的收敛性,如果收敛,计算反常积分的值:

(1) $\displaystyle\int_1^{+\infty} \frac{dx}{x^3}$;　　　　　　(2) $\displaystyle\int_1^{+\infty} \frac{dx}{\sqrt[3]{x}}$;

(3) $\displaystyle\int_0^{+\infty} e^{-4x}\,dx$;　　　　　　(4) $\displaystyle\int_0^{+\infty} e^{-x}\sin x\,dx$;

(5) $\displaystyle\int_{-\infty}^{+\infty} \frac{dx}{x^2 + 4x + 5}$;　　　　(6) $\displaystyle\int_0^1 \frac{x}{\sqrt{1-x^2}}\,dx$;

(7) $\displaystyle\int_0^2 \frac{dx}{(1-x)^3}$;　　　　　　(8) $\displaystyle\int_1^2 \frac{x}{\sqrt{x-1}}\,dx$.

2. 当 k 为何值时,反常积分 $\displaystyle\int_2^{+\infty} \frac{dx}{x(\ln x)^k}$ 收敛?当 k 为何值时,这反常积分发散?当 k 为何

值时,这反常积分取得最小值?

3. 用 Γ 函数表示下列积分,并计算积分值$\left(已知 \Gamma\left(\dfrac{1}{2}\right) = \sqrt{\pi}\right)$:

(1) $\displaystyle\int_0^{+\infty} x^m e^{-x} dx$ (m 为正整数);

(2) $\displaystyle\int_0^{+\infty} \sqrt{x} e^{-x} dx$;

(3) $\displaystyle\int_0^{+\infty} x^5 e^{-x^2} dx$.

第七节 定积分的几何应用

一、定积分的元素法

在定积分的应用中,经常采用所谓**元素法**,为了说明这种方法,我们先看一个例子.

例 1 求圆 $x^2 + y^2 \leqslant R^2$ 的面积.

解 ① 在$[-R,R]$上任取一点 x 及增量 Δx.

② 计算当自变量 x 由 x 变到 $x + \Delta x$ 时面积 A 的增量 ΔA 的近似值

$$\Delta A \approx 2\sqrt{R^2 - x^2}\,\Delta x.$$

用微分表示就是

$$dA = 2\sqrt{R^2 - x^2}\,dx \quad (= A'(x)dx).$$

③ 上式从 $-R$ 到 R 积分,得所求面积为

$$A = \int_{-R}^{R} 2\sqrt{R^2 - x^2}\,dx = \pi R^2$$

$$(= A(R) - A(-R))$$

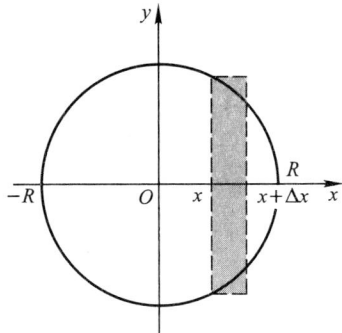

图 6-16

(图 6-16).

注意:例 1 中的积分可用换元法求出.

我们把例 1 的解法总结为元素法,并且与定积分的定义加以比较,列表如下:

定积分的定义	定积分的元素法	注
分割区间：把$[a,b]$任意分为若干个小区间$[x_{i-1},x_i]$，区间长 $\Delta x_i = x_i - x_{i-1}$	取代表元：在$[a,b]$上任取小区间$[x,x+\Delta x]$，区间长 Δx	$[x,x+\Delta x]$具有任意性
求近似值：在$[x_{i-1},x_i]$上任取一点ξ_i，作乘积$f(\xi_i)\Delta x_i$	求近似值：取端点x，作近似值$f(x)\Delta x$	$f(x)\Delta x$具有代表性
求和：$\sum\limits_{i=1}^{n} f(\xi_i)\Delta x_i$ 取极限： $\lim\limits_{\lambda\to 0}\sum\limits_{i=1}^{n} f(\xi_i)\Delta x_i = \int_a^b f(x)\,\mathrm{d}x$	求积分： $\int_a^b f(x)\,\mathrm{d}x$	一般$f(x)$应连续

例2　求半径为 R 的球的体积.

解　① 建立坐标系如图 6 – 17 所示，取 x 为变量，变化范围为$[-R,R]$.

② 在$[-R,R]$上任取$[x,x+\Delta x]$截得一个薄片，在计算近似体积时，把薄片近似看成一个圆柱体. 此圆柱体的底面半径为 $\sqrt{R^2-x^2}$，高为 Δx，体积为

$$\Delta V \approx \pi(R^2 - x^2)\Delta x,$$

即

$$\mathrm{d}V = \pi(R^2 - x^2)\,\mathrm{d}x.$$

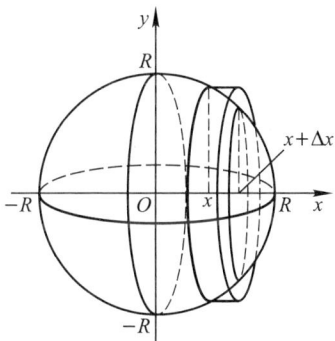

图 6 – 17

③ 把上式从 $-R$ 到 R 积分，即得所求体积为

$$V = \pi\int_{-R}^{R}(R^2 - x^2)\,\mathrm{d}x$$

$$= \pi\left[R^2 x - \frac{x^3}{3}\right]_{-R}^{R} = \frac{4}{3}\pi R^3.$$

下面我们采用这个方法讨论几何中常用的面积、体积的计算问题.

二、平面图形的面积

1. 由 $x=a,x=b,y=\varphi_1(x),y=\varphi_2(x)(\varphi_1(x)\leqslant\varphi_2(x),x\in[a,b])$所围平

面图形的面积(图 6 - 18).

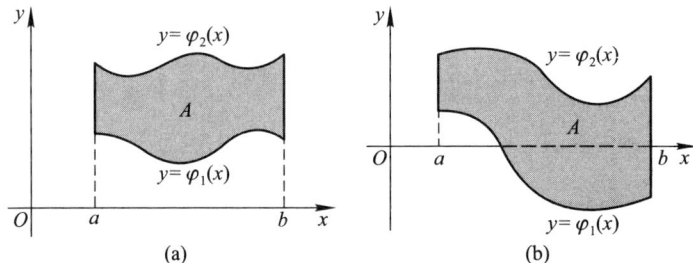

图 6 - 18

在 $[a,b]$ 上任取位于 $[x, x + \Delta x]$ 区间的部分图形,把截取的部分图形看成长方形计算近似值,这个长方形的长为 $\varphi_2(x) - \varphi_1(x)$,宽为 Δx,面积的近似值为

$$\Delta A \approx [\varphi_2(x) - \varphi_1(x)]\Delta x,$$

即

$$dA = [\varphi_2(x) - \varphi_1(x)]dx.$$

把上式从 a 到 b 积分,即得

$$A = \int_a^b [\varphi_2(x) - \varphi_1(x)]dx. \tag{1}$$

公式(1)就是平面图形的面积计算公式. 如果 $\varphi_1(x), \varphi_2(x)$ 的大小不能确定,可改写为

$$A = \int_a^b |\varphi_2(x) - \varphi_1(x)|dx$$

(图 6 -19).

实际使用上式时,必须按 $\varphi_2(x), \varphi_1(x)$ 的大小把 $[a,b]$ 分为若干个小区间再计算积分.

例 3 求椭圆 $\dfrac{x^2}{a^2} + \dfrac{y^2}{b^2} \leq 1$ 的面积(图 6 - 20).

解 由对称性,只需求第一象限部分的面积后乘 4,即所求面积为

$$A = 4\int_0^a \frac{b}{a}\sqrt{a^2 - x^2}dx = \pi ab.$$

注:积分可用代换 $x = a\sin t$ 求出.

例 4 求由 $x = 0, x = \pi, y = \sin x, y = \cos x$ 所围平面图形的面积(图 6 - 21).

解 所求面积为

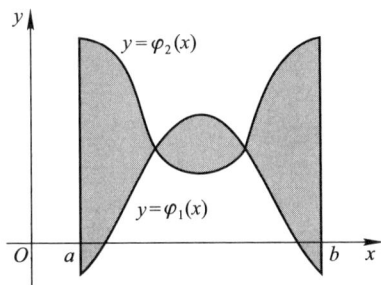

图 6 – 19

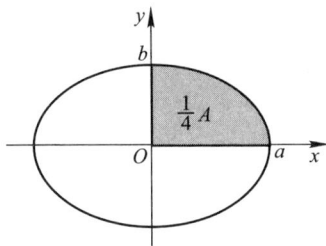

图 6 – 20

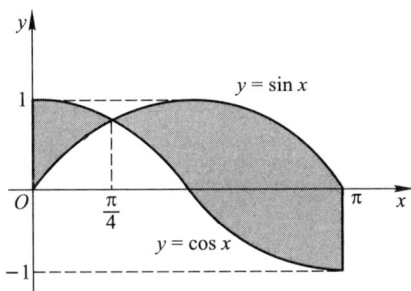

图 6 – 21

$$A = \int_0^\pi \left| \sin x - \cos x \right| \mathrm{d}x$$

$$= \int_0^{\frac{\pi}{4}} (\cos x - \sin x) \mathrm{d}x + \int_{\frac{\pi}{4}}^{\pi} (\sin x - \cos x) \mathrm{d}x$$

$$= \left[\sin x + \cos x \right]_0^{\frac{\pi}{4}} + \left[- \cos x - \sin x \right]_{\frac{\pi}{4}}^{\pi}$$

$$= \left(\frac{\sqrt{2}}{2} + \frac{\sqrt{2}}{2} - 1 \right) + \left[1 + \left(\frac{\sqrt{2}}{2} + \frac{\sqrt{2}}{2} \right) \right]$$

$$= 2\sqrt{2}.$$

例 5　求由 $y = \dfrac{x^2}{2}$ 与 $y = \dfrac{1}{1 + x^2}$ 所围平面图形的面积(图 6 – 22).

解　由 $\dfrac{x^2}{2} = \dfrac{1}{1 + x^2}$ 解得两曲线的交点的横坐标为 $x = \pm 1$, 则所求面积为

$$A = \int_{-1}^{1} \left(\frac{1}{1 + x^2} - \frac{x^2}{2} \right) \mathrm{d}x$$

$$= \left[\arctan x - \frac{x^3}{6} \right]_{-1}^{1}$$

$$= \left(\frac{\pi}{4} - \frac{1}{6} \right) - \left(-\frac{\pi}{4} + \frac{1}{6} \right)$$

$$= \frac{\pi}{2} - \frac{1}{3}.$$

2. 由 $y = c, y = d, x = \varphi_1(y), x = \varphi_2(y)$ 所围平面图形的面积(图 6 - 23). 仿照前面的讨论可得面积计算公式

$$A = \int_c^d [\varphi_2(y) - \varphi_1(y)] \mathrm{d}y \qquad (2)$$

或

$$A = \int_c^d | \varphi_2(y) - \varphi_1(y) | \mathrm{d}y.$$

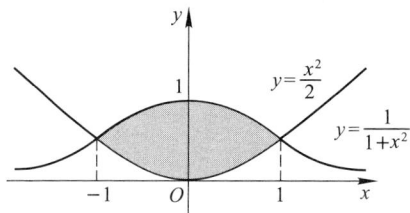

图 6 - 22

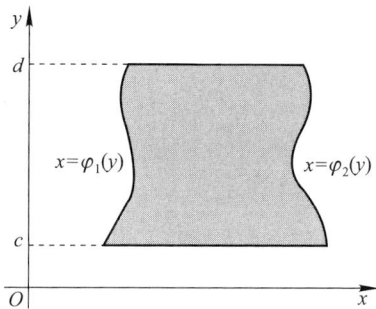

图 6 - 23

例 6　求由 $y^2 = 2x$ 与 $y = x - 4$ 所围平面图形的面积(图 6 - 24).

解　由 $\frac{1}{2}y^2 = 4 + y$ 解得两条曲线的交点的

纵坐标为 $y = -2, y = 4$,则所求面积为

$$A = \int_{-2}^4 \left(y + 4 - \frac{1}{2}y^2 \right) \mathrm{d}y$$

$$= \left[\frac{1}{2}y^2 + 4y - \frac{1}{6}y^3 \right]_{-2}^4$$

$$= 18.$$

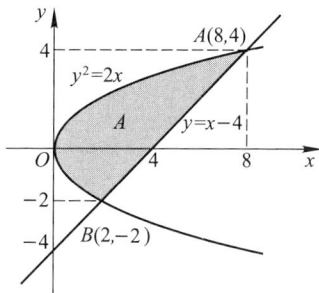

图 6 - 24

三、旋转体的体积

旋转体是由一个平面图形绕这个平面内一条直线旋转一周而成的立体,这直线叫做旋转轴.比如圆柱可以看成矩形绕它的一条边、圆锥可以看成直角三角形绕它的一条直角边、圆台可以看成直角梯形绕它的直角腰、球可以看成半圆绕它的直径旋转一周而成的立体,它们都是**旋转体**.

1. 由 $x=a, x=b, y=f(x), y=0$ 所围平面图形绕 x 轴旋转的旋转体体积.

把在 $[a,b]$ 上任取区间 $[x, x+\Delta x]$ 截得的部分立体近似看成是底面半径为 $y=f(x)$,高为 Δx 的一个圆柱体,体积为

$$\Delta V \approx \pi [f(x)]^2 \Delta x,$$

即

$$dV = \pi [f(x)]^2 dx.$$

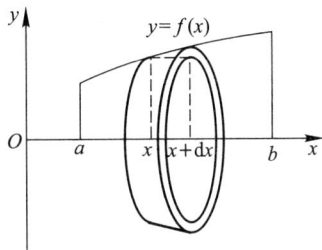

图 6-25

两边积分后即得旋转体体积公式

$$V = \pi \int_a^b [f(x)]^2 dx \qquad (3)$$

(图 6-25).

例 7 求底面半径为 R,高为 H 的圆锥体的体积.

解 这个圆锥体可以看成以点 $O(0,0), A(H,0), B(H,R)$ 为顶点的直角三角形绕 x 轴旋转一周而成,三角形的斜边 OB 的方程为

$$y = \frac{R}{H} x.$$

利用公式(3) 即得所求体积为

$$V = \pi \int_0^H \left(\frac{R}{H} x\right)^2 dx = \frac{\pi R^2}{H^2} \left[\frac{1}{3} x^3\right]_0^H$$

$$= \frac{1}{3} \pi R^2 H$$

(图 6-26).

例 8 求椭圆 $\dfrac{x^2}{a^2} + \dfrac{y^2}{b^2} \leqslant 1$ 绕 x 轴旋转而成的旋转椭球体的体积.

解 此旋转椭球体可以看成上半椭圆 $y = \dfrac{b}{a} \sqrt{a^2 - x^2}$ 与 x 轴($y=0$)所围图

形绕 x 轴旋转而成,则所求体积为

$$V = \int_{-a}^{a} \pi \left(\frac{b}{a} \sqrt{a^2 - x^2} \right)^2 \mathrm{d}x$$

$$= \frac{\pi b^2}{a^2} \int_{-a}^{a} (a^2 - x^2) \mathrm{d}x$$

$$= \frac{\pi b^2}{a^2} \left[a^2 x - \frac{x^3}{3} \right]_{-a}^{a}$$

$$= \frac{4}{3} \pi a b^2$$

(图 6 – 27).

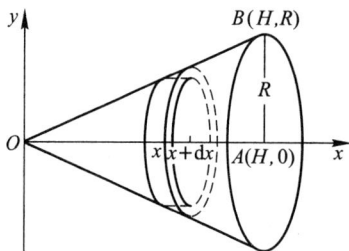

图 6 – 26

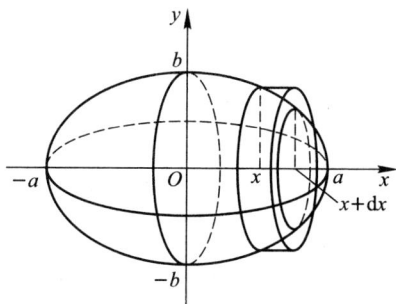

图 6 – 27

2. 由 $y = c, y = d, x = \varphi(y), x = 0$ 所围平面图形绕 y 轴旋转的旋转体体积. 类似地可得旋转体体积公式为

$$V = \pi \int_{c}^{d} [\varphi(y)]^2 \mathrm{d}y \tag{4}$$

(图 6 – 28).

例 9　求由 $x = 0, y = 0, y = \cos x \left(0 \leqslant x \leqslant \dfrac{\pi}{2} \right)$ 所围平面图形绕 y 轴旋转的旋转体的体积(图 6 – 29).

解　因 $y = \cos x$ 的反函数为 $x = \arccos y$,则所求体积为

$$V = \pi \int_{0}^{1} (\arccos y)^2 \mathrm{d}y$$

$$= - \pi \int_{0}^{\frac{\pi}{2}} t^2 \mathrm{d}(\cos t) \quad (\text{令 } t = \arccos y)$$

$$= \left[- \pi t^2 \cos t \right]_0^{\frac{\pi}{2}} + 2\pi \int_0^{\frac{\pi}{2}} t \cos t \, \mathrm{d}t$$

$$= 2\pi \int_0^{\frac{\pi}{2}} t \mathrm{d}(\sin t) = \left[2\pi t \sin t \right]_0^{\frac{\pi}{2}} - 2\pi \int_0^{\frac{\pi}{2}} \sin t \, \mathrm{d}t$$

$$= \pi^2 + \left[2\pi \cos t \right]_0^{\frac{\pi}{2}} = \pi^2 - 2\pi.$$

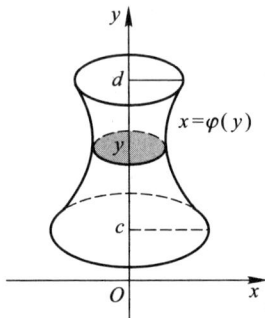

图 6 – 28

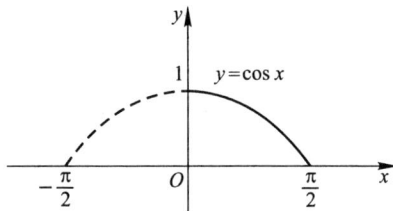

图 6 – 29

四、平行截面面积已知的立体的体积

图 6 – 30 是位于过点 $x = a$ 及点 $x = b$ 且垂直于 x 轴的两平面之间的立体图形,任意一个垂直于 x 轴的平面所截得的立体的截面积为 $A(x)$,$x \in [a,b]$,如果 $A(x)$ 已知(或可求出),那么这个立体的体积计算公式可用元素法推出.

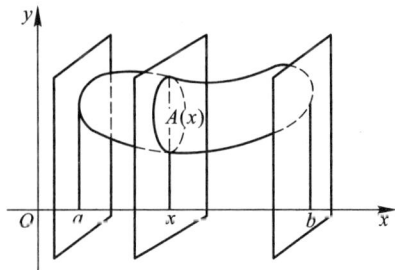

在 $[a,b]$ 上任取 $[x, x + \Delta x]$,截得的薄片可近似地看成一个底面积为 $A(x)$,高为 Δx 的小柱体,其体积为

$$\Delta V \approx A(x) \Delta x,$$

即

图 6 – 30

$$\mathrm{d}V = A(x) \mathrm{d}x,$$

两边积分即得体积公式

$$V = \int_a^b A(x) \mathrm{d}x. \tag{5}$$

回忆公式(3)中的被积函数 $\pi [f(x)]^2$,正是所截得的圆的面积,它就是公式(5)中的 $A(x)$,因此旋转体是平行截面面积已知的立体的一种特例,我们把

公式(3)、(4)、(5)统一起来,就是

平行截面面积的积分等于体积.

例 10 一平面经过半径为 R 的圆柱体的底圆中心,并与底面交成角 α(图 6-31),计算这个平面截圆柱体所得立体的体积.

解 建立如图 6-31 所示的坐标系,取底直径为 x 轴,x 的变化区间为 $[-R,R]$,在 $[-R,R]$ 上任取一 x,作与 x 轴垂直的平面,截得一直角三角形,它的两条直角边分别为 y 和 $y\tan\alpha$,面积为

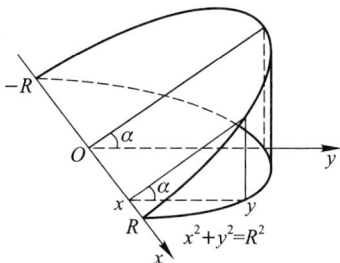

$$A(x) = \frac{1}{2}y^2\tan\alpha = \frac{1}{2}(R^2 - x^2)\tan\alpha,$$

图 6-31

(注:底圆方程为 $x^2 + y^2 = R^2$),则所求体积为

$$V = \frac{1}{2}\int_{-R}^{R}(R^2 - x^2)\tan\alpha\,dx = \frac{2}{3}R^3\tan\alpha.$$

习题 6-7

1. 求由下列各曲线所围图形的面积:

(1) $y = \sqrt{x}, y = x$;

(2) $y = e^x, x = 0, y = e$;

(3) $y = 3 - x^2, y = 2x$;

(4) $y = \dfrac{x^2}{2}, y^2 + x^2 = 8$(两部分都要计算);

(5) $y = \dfrac{1}{x}$ 与 $y = x, x = 2$;

(6) $y = e^x, y = e^{-x}, x = 1$;

(7) $y = \ln x, x = 0, y = \ln a, y = \ln b(b > a > 0)$.

2. 求下列各题中的曲线所围平面图形绕指定轴旋转的旋转体的体积:

(1) $y = x^3, y = 0, x = 2$,绕 x 轴、y 轴;

(2) $y = x^2, x = y^2$,绕 y 轴;

(3) $x^2 + (y - 5)^2 = 16$,绕 x 轴;

(4) $x^2 + y^2 = a^2$,绕 $x = b(b > a > 0)$.

3. 用平行截面面积已知的立体体积公式计算下列各题中立体的体积:

(1) 以半径为 R 的圆为底,平行且等于底圆直径的线段为顶,高为 H 的正劈锥体(图

6－32）；

（2）半径为 R 的球体中高为 $H(H<R)$ 的球缺（图 6－33）.

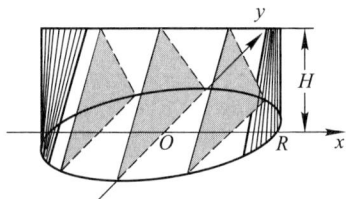

图 6－32

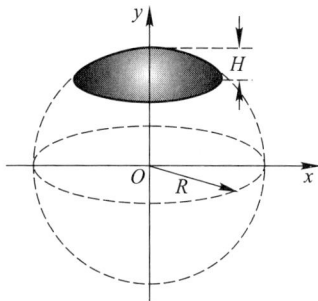

图 6－33

（3）底面为椭圆 $\dfrac{x^2}{a^2}+\dfrac{y^2}{b^2}\leqslant 1$ 的椭圆柱体被通过 x 轴且与底面夹角为 $\alpha\left(0<\alpha<\dfrac{\pi}{2}\right)$ 的平面所截的劈形立体（图 6－34）.

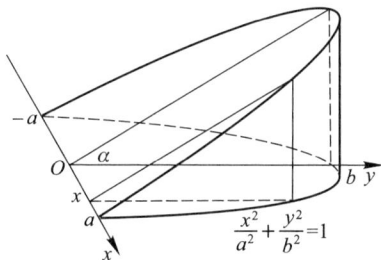

图 6－34

第八节　定积分的经济应用

一、由边际函数求原函数

设经济应用函数 $u(x)$ 的边际函数为 $u'(x)$，则有

$$\int_0^x u'(x)\,\mathrm{d}x = u(x) - u(0),$$

于是

$$u(x) = u(0) + \int_0^x u'(x)\,\mathrm{d}x. \tag{1}$$

例1　生产某产品的边际成本函数为

$$C'(x) = 3x^2 - 14x + 100,$$

固定成本 $C(0) = 10\ 000$, 求生产 x 个产品的总成本函数.

解
$$C(x) = C(0) + \int_0^x C'(x)\,dx$$

$$= 10\ 000 + \int_0^x (3x^2 - 14x + 100)\,dx$$

$$= 10\ 000 + \left[x^3 - 7x^2 + 100x \right]_0^x$$

$$= 10\ 000 + x^3 - 7x^2 + 100x.$$

例 2 已知边际收益为 $R'(x) = 78 - 2x$, 设 $R(0) = 0$, 求收益函数 $R(x)$.

解
$$R(x) = R(0) + \int_0^x (78 - 2x)\,dx$$

$$= 78x - x^2.$$

二、由变化率求总量

例 3 某工厂生产某商品在时刻 t 的总产量 x 的变化率为 $x'(t) = (100 + 12t)$ 单位/小时. 求由 $t = 2$ 到 $t = 4$ 这两小时的总产量.

解 总产量

$$Q = \int_2^4 x'(t)\,dt = \int_2^4 (100 + 12t)\,dt$$

$$= \left[100t + 6t^2 \right]_2^4 = 272 (单位).$$

例 4 生产某产品的边际成本为 $C'(x) = 150 - 0.2x$. 当产量由 200 增加到 300 时, 需追加成本为多少?

解 追加成本

$$C = \int_{200}^{300} (150 - 0.2x)\,dx$$

$$= \left[150x - 0.1x^2 \right]_{200}^{300} = 10\ 000.$$

例 5 某地区当消费者个人收入为 x 时, 消费支出 $W(x)$ 的变化率 $W'(x) = \dfrac{15}{\sqrt{x}}$, 当个人收入由 900 增加到 1 600 时, 消费支出增加多少?

解
$$W = \int_{900}^{1\ 600} \frac{15}{\sqrt{x}}\,dx = \left[30\sqrt{x} \right]_{900}^{1\ 600} = 300.$$

三、收益流的现值和将来值

将来值是指货币资金未来的价值,即一定量的资金在将来某一时点的价值,表现为本利和.

现值是指货币资金的现在价值,即将来某一时点的一定资金折合成现在的价值.

我们知道,若以连续复利率 r 计息,单笔 P 元人民币从现在起存入银行,t 年末的价值(将来值)

$$B = Pe^{rt}.$$

若 t 年末得到 B 元人民币,则现在需要存入银行的金额(现值)

$$P = Be^{-rt}.$$

类似地,读者可以计算以年复利计息的单笔资金的将来值和现值.

下面讨论收益流的现值和将来值.

先介绍收益流和收益流量(收益率)的概念.若某公司的收益可以近似看成是连续发生的,为便于计算,则可将其收益看成是一种随时间连续变化的收益流.而收益流对时间的变化率称为收益流量,收益流量实际上可以理解为收益的"速率",它表示的是 t 时刻的单位时间内的收益,因此也称为收益率,一般用 $P(t)$ 表示;若时间 t 以年为单位,收益以元为单位,则收益流量(收益率)的单位为:元/年.若 $P(t) = b$ 为常数,则称该收益流具有常数收益流量(收益率).

如果不考虑利息,则从 $t = 0$ 时刻开始,以 $P(t)$ 为收益率的收益流到 T 时刻的总收益为 $\int_0^T P(t) \mathrm{d}t$.

如果考虑利息,为简单起见,假设以连续复利率 r 计息. 对于 笔收益率为 $P(t)$ (元/年)的收益流,下面计算其现值及将来值.

考虑从现在开始($t = 0$)到 T 年后这一时间段. 利用元素法,在区间 $[0, T]$ 内,任取一小区间 $[t, t + \mathrm{d}t]$,该时间段内的收益近似为 $P(t)\mathrm{d}t$ 元,而这一金额是从现在($t = 0$)算起到 t 年后所获得,将其近似看成单笔收益,其

$$现值 \approx [P(t)\mathrm{d}t] e^{-rt} = P(t) e^{-rt} \mathrm{d}t,$$

从而 $$总现值 = \int_0^T P(t) e^{-rt} \mathrm{d}t. \tag{2}$$

在计算将来值时,收入 $P(t)\mathrm{d}t$ 在以后的 $(T - t)$ 年期间内获息,故在 $[t, t + \mathrm{d}t]$ 内,

$$\text{收益流的将来值} \approx [P(t)\mathrm{d}t]\mathrm{e}^{r(T-t)} = P(t)\mathrm{e}^{r(T-t)}\mathrm{d}t,$$

从而
$$\text{将来值} = \int_0^T P(t)\mathrm{e}^{r(T-t)}\mathrm{d}t. \tag{3}$$

例 6 假设以年连续复利率 $r = 0.1$ 计息.

（1）求收益流量为 100 元/年的收益流在 20 年期间的现值和将来值；

（2）将来值和现值的关系如何？解释这一关系.

解 （1）现值 $= \displaystyle\int_0^{20} 100\mathrm{e}^{-0.1t}\mathrm{d}t = 1\,000(1 - \mathrm{e}^{-2}) \approx 864.66(\text{元})$，

$$\text{将来值} = \int_0^{20} 100\mathrm{e}^{0.1(20-t)}\mathrm{d}t = \int_0^{20} 100\mathrm{e}^2\mathrm{e}^{-0.1t}\mathrm{d}t$$

$$= 1\,000\mathrm{e}^2(1 - \mathrm{e}^{-2}) \approx 6\,389.06(\text{元}).$$

（2）显然

$$\text{将来值} = \text{现值} \cdot \mathrm{e}^2.$$

若在 $t = 0$ 时刻以现值 $1\,000(1 - \mathrm{e}^{-2})$ 作为一笔款项存入银行，以年连续复利率 $r = 0.1$ 计息，则 20 年中这笔单独款项的将来值为

$$1\,000(1 - \mathrm{e}^{-2})\mathrm{e}^{0.1\times20} = 1\,000(1 - \mathrm{e}^{-2})\mathrm{e}^2.$$

而这正好是上述收益流在 20 年期间的将来值.

一般来说，以年连续复利率 r 计息，则在从现在起到 T 年后该收益流的将来值等于将该收益流的现值作为单笔款项存入银行 T 年后的将来值.

例 7 设有一项计划现在 $(t = 0)$ 需要投入 $1\,000$ 万元，在 10 年中每年收益为 200 万元. 若连续利率为 5%，求收益资本价值 W.（设购置的设备 10 年后完全失去价值.）

解 资本价值 = 收益流的现值 − 投入资金的现值，得

$$W = \int_0^{10} 200\mathrm{e}^{-0.05t}\mathrm{d}t - 1\,000$$

$$= \left[\frac{-200}{0.05}\mathrm{e}^{-0.05t}\right]_0^{10} - 1\,000$$

$$= 4\,000(1 - \mathrm{e}^{-0.5}) - 1\,000$$

$$\approx 573.88(\text{万元}).$$

例 8 某企业一项为期 10 年的投资需购置成本 80 万元，每年的收益流量为 10 万元，求内部利率 μ（注：内部利率是使收益价值等于成本的利率）.

解　由收益流的现值等于成本,得

$$80 = \int_0^{10} 10 \mathrm{e}^{-\mu t} \mathrm{d}t = \left[-\frac{10}{\mu} \mathrm{e}^{-\mu t} \right]_0^{10} = \frac{10}{\mu} (1 - \mathrm{e}^{-10\mu}).$$

可用近似计算得 $\mu \approx 0.04$.

习题 6－8

1. 已知边际成本为 $C'(x) = 7 + \dfrac{25}{\sqrt{x}}$,固定成本为 1 000,求总成本函数.

2. 已知边际收益 $R'(x) = a - bx$,求收益函数.

3. 已知边际成本为 $C'(x) = 100 - 2x$,求当产量由 $x = 20$ 增加到 $x = 30$ 时,应追加的成本数.

4. 已知边际成本 $C'(x) = 30 + 4x$,边际收益为 $R'(x) = 60 - 2x$,求最大利润(设固定成本为 0).

5. 某地区居民购买冰箱的消费支出 $W(x)$ 的变化率是居民总收入 x 的函数,$W'(x) = \dfrac{1}{200\sqrt{x}}$,当居民收入由 4 亿元增加至 9 亿元时,购买冰箱的消费支出增加多少?

6. 某公司按利率 10%(连续复利)贷款 100 万元购买某设备,该设备使用 10 年后报废,公司每年可收入 b 万元.

(1) b 为何值时,公司不会亏本?

(2) 当 $b = 20$ 万元时,求内部利率(应满足的方程);

(3) 当 $b = 20$ 万元时,求收益的资本价值.

7. 一对夫妇准备为孩子存款积攒学费,假设银行存款的年利率为 5%,以连续复利计算,若他们打算 10 年后攒够 5 万元,计算这对夫妇每年应等额地为其孩子存入多少钱?

总习题六

1. 计算下列极限:

(1) $\displaystyle\lim_{x \to 1} \frac{1}{x - 1} \int_1^x \mathrm{e}^{\frac{1}{t}} \mathrm{d}t$;

(2) $\displaystyle\lim_{x \to +\infty} \frac{\displaystyle\int_0^x f(t) \mathrm{d}t}{\sqrt{x^2 + 1}}$,其中 $f(t)$ 连续且 $\displaystyle\lim_{t \to +\infty} f(t) = 1$.

2. 计算下列积分:

(1) $\displaystyle\int_0^{\frac{\pi}{2}} \frac{x + \sin x}{1 + \cos x} \mathrm{d}x$;　　　　(2) $\displaystyle\int_0^2 \frac{\mathrm{d}x}{2 + \sqrt{4 - x^2}}$;

$(3) \int_0^{\frac{\pi}{2}} \sqrt{1 - \sin 2x} \, \mathrm{d}x;$ $(4) \int_0^{\frac{\pi}{2}} \frac{\mathrm{d}x}{1 + \sin^2 x}.$

*3. 证明下列各题:

(1) 设 $f(x)$ 在 $[a,b]$ 上连续,且 $f(x) > 0$,则

$$\int_a^b f(x) \, \mathrm{d}x \cdot \int_a^b \frac{\mathrm{d}x}{f(x)} \geqslant (b - a)^2;$$

(2) 设 $f(x)$ 为连续函数,则

$$\int_0^x f(t)(x - t) \, \mathrm{d}t = \int_0^x \left[\int_0^t f(u) \, \mathrm{d}u \right] \mathrm{d}t;$$

(3) 设 $f(x)$ 在 $[a,b]$ 上连续,且 $f(x) > 0$,

$$F(x) = \int_a^x f(t) \, \mathrm{d}t + \int_b^x \frac{\mathrm{d}t}{f(t)}, \quad x \in [a,b],$$

则① $F'(x) \geqslant 2$,② 方程 $F(x) = 0$ 在 (a,b) 内有且仅有一个根.

4. 指出下列计算中的错误且说明理由:

$(1) \int_{-1}^1 \frac{\mathrm{d}x}{1 + x^2} = -\int_{-1}^1 \frac{\mathrm{d}\left(\frac{1}{x}\right)}{1 + \left(\frac{1}{x}\right)^2} = -\left[\arctan \frac{1}{x} \right]_{-1}^1 = -\frac{\pi}{2};$

$(2) \int_{-1}^1 \frac{\mathrm{d}x}{x^2 + 1} \xlongequal{x = \frac{1}{t}} -\int_{-1}^1 \frac{\mathrm{d}t}{t^2 + 1},$ 所以 $\int_{-1}^1 \frac{\mathrm{d}x}{x^2 + 1} = 0;$

$(3) \int_{-\infty}^{+\infty} \frac{x^3}{1 + x^4} \, \mathrm{d}x = \lim_{b \to +\infty} \int_{-b}^b \frac{x^3}{1 + x^4} \, \mathrm{d}x = 0.$

5. 解下列几何问题:

(1) 求由 $y = x^{\frac{3}{2}}, x = 4, y = 0$ 所围图形绕 y 轴旋转的旋转体的体积;

(2) 求圆盘 $(x - 2)^2 + y^2 \leqslant 1$ 绕 y 轴旋转的旋转体的体积;

(3) 设抛物线 $y = ax^2 + bx + c$ 通过原点 $(0,0)$,且当 $x \in [0,1]$ 时,$y \geqslant 0$. 试确定 a, b, c 的值,使得抛物线 $y = ax^2 + bx + c$ 与直线 $x = 1, y = 0$ 所围图形的面积为 $\frac{4}{9}$,且使图形绕 x 轴旋转而成的旋转体体积最小;

(4) 已知直线 $y = ax + b$ 过 $(0,1)$ 点,当直线 $y = ax + b$ 与抛物线 $y = x^2$ 所围图形面积最小时,a, b 应取何值?

6. 解下列经济应用问题:

(1) 已知生产某种产品的边际成本为 $C'(x) = 3x^2 - 18x + 30$,问当产量 x 由 12 单位减少到 3 单位时,总成本减少多少?

(2) 某企业投资 232 万元扩建一个工厂,该厂投产为期 20 年,每年可收益 20 万元,求内部利率(只需求出应满足的方程);

（3）已知某商场销售某商品的边际利润为 $L'(x) = 250 - \dfrac{x}{10}(x \geqslant 20)$，试求

① 售出 40 件商品的总利润，

② 售出 60 件商品时，前 30 件与后 30 件的平均利润各为多少？

（4）城市人口数的分布规律是：离市中心越近人口密度越大，离市中心越远人口密度越小. 若假设该城市的边缘处人口密度为 0，且以市中心为圆心，r 为半径的圆形区域上人口的分布密度为 $\rho(r) = 10\,000(20 - r)$（人/平方千米）. 试求出这个城市的人口总数 N.

第七章　向量代数与空间解析几何

自然界中的很多量既有大小、又有方向,对它们进行抽象、研究和发展,就得到了数学中的向量.向量在自然科学与工程技术中有着广泛的应用,是一种重要的数学工具.平面解析几何使一元函数微积分有了直观的几何意义,为学习多元函数微积分,必须先了解空间解析几何的知识.

第一节　空间直角坐标系

一、空间点的直角坐标

要用代数方法研究空间图形,首先要找到空间的点与有序数组之间的联系.依照平面解析几何的方法,可以通过建立空间直角坐标系来实现.

过空间一个定点 O,作三条互相垂直的数轴,分别叫做 x 轴(横轴),y 轴(纵轴)和 z 轴(竖轴).这三条数轴都以 O 为原点且有相同的长度单位,它们的正方向符合右手法则,即右手握住 z 轴,当右手的四个手指从 x 轴的正向转过 $\dfrac{\pi}{2}$ 角度后指向 y 轴的正向时,竖起的大拇指的指向就是 z 轴的正向(图 7 - 1).这样三条坐标轴就组成了空间直角坐标系,称为 $Oxyz$ **直角坐标系**,点 O 称为该坐标系的**原点**.

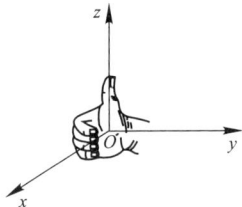

图 7 - 1

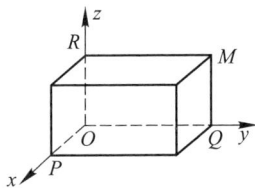

图 7 - 2

设 M 是空间的一点,过 M 作三个平面分别垂直于 x 轴、y 轴和 z 轴并交 x 轴、y 轴和 z 轴于 P、Q、R 三点.点 P、Q、R 分别称为点 M 在 x 轴、y 轴和 z 轴上的投影.设这三个投影在 x 轴、y 轴和 z 轴上的坐标依次为 x、y 和 z,于是空间一点 M 唯一地确定了一个有序数组 x,y,z.反过来,对给定的有序数组 x,y,z,可以在 x 轴上取坐标为 x 的点 P,在 y 轴上取坐标为 y 的点 Q,在 z 轴上取坐标为 z 的点 R,过点 P、Q、R 分别作垂直于 x 轴、y 轴和 z 轴的三个平面,这三个平面的交点 M 就是由有序数组 x,y,z 确定的唯一的点(如图 7-2).这样,空间的点与有序数组 x,y,z 之间就建立了一一对应的关系.这组数 x,y,z 称为点 M 的坐标,依次称 x,y 和 z 为点 M 的**横坐标**、**纵坐标**和**竖坐标**,并可把点 M 记为 $M(x,y,z)$.

　　三条坐标轴中每两条可以确定一个平面,称为**坐标面**,由 x 轴和 y 轴确定的坐标面简称为 xOy **面**,类似地还有 yOz **面**与 zOx **面**.这三个坐标面把空间分成八个部分,每一部分叫做一个**卦限**.如图 7-3 所示,八个卦限分别用罗马数字 I,II,$\cdots$,VIII 表示,第一、二、三、四卦限均在 xOy 面的上方,按逆时针方向排定,其中在 xOy 面上方并在 yOz 面前方、zOx 面右方的是第一卦限;第五、六、七、八卦限均在 xOy 面的下方,也按逆时针方向排定,它们依次分别在第一至四卦限的下方.

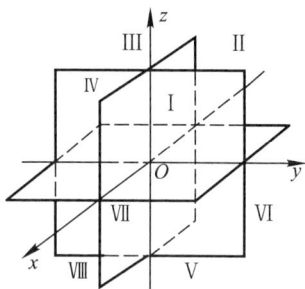

图 7-3

　　坐标面和坐标轴上的点,其坐标具有一定特征.如 xOy 面上的点,有 $z=0$;xOz 面上的点,有 $y=0$;yOz 面上的点,有 $x=0$.又如 x 轴上的点,有 $y=z=0$;y 轴上的点,有 $x=z=0$;z 轴上的点,有 $x=y=0$.而坐标原点 O 的坐标为 $x=y=z=0$.

　　例 1 求点 (x_1,y_1,z_1) 关于(1) xOy 面;(2) z 轴;(3) 坐标原点;(4) 点 (a,b,c) 对称的点的坐标.

　　解 设所求对称点的坐标为 (x_2,y_2,z_2),则

　　(1) $x_2=x_1,y_2=y_1,z_1+z_2=0$,即所求点的坐标为 $(x_1,y_1,-z_1)$.

　　(2) $x_1+x_2=0,y_1+y_2=0,z_2=z_1$,即所求点的坐标为 $(-x_1,-y_1,z_1)$.

　　(3) $x_1+x_2=0,y_1+y_2=0,z_1+z_2=0$,即所求点的坐标为 $(-x_1,-y_1,-z_1)$.

　　(4) $\dfrac{x_1+x_2}{2}=a,\dfrac{y_1+y_2}{2}=b,\dfrac{z_1+z_2}{2}=c$,即所求点的坐标为 $(2a-x_1,2b-y_1,2c-z_1)$.

二、空间两点间的距离

　　设 $P_1(x_1,y_1,z_1)$、$P_2(x_2,y_2,z_2)$ 是空间两点,为了表达 P_1 与 P_2 之间的距离,我们过 P_1 和 P_2 各作三个分别垂直于 x 轴、y 轴、z 轴的平面.这六个平面围成一

个以 P_1P_2 为对角线的长方体(图 7 - 4). 从图中
易见该长方体各棱的长度分别是

$$|x_2 - x_1|, \quad |y_2 - y_1|, \quad |z_2 - z_1|,$$

于是得对角线 P_1P_2 的长度,亦即空间两点 P_1, P_2
的距离公式为

$$d = |P_1P_2|$$
$$= \sqrt{(x_2 - x_1)^2 + (y_2 - y_1)^2 + (z_2 - z_1)^2}.$$

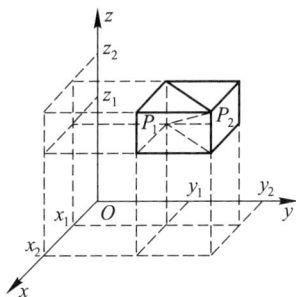

图 7 - 4

特别地,点 $M(x, y, z)$ 与坐标原点 $O(0, 0, 0)$
的距离为

$$d = |OM| = \sqrt{x^2 + y^2 + z^2}.$$

例 2 在 y 轴上求与点 $A(3, -1, 1)$ 和点 $B(0, 1, 2)$ 等距离的点.

解 因所求点 M 在 y 轴上,可设其坐标为 $(0, y, 0)$,依题意有

$$|MA| = |MB|,$$

即 $\sqrt{(0 - 3)^2 + (y + 1)^2 + (0 - 1)^2} = \sqrt{(0 - 0)^2 + (y - 1)^2 + (0 - 2)^2}$,

解之得 $y = -\dfrac{3}{2}$,故所求点为 $M\left(0, -\dfrac{3}{2}, 0\right)$.

三、曲面方程的概念

像在平面解析几何中把平面曲线当作动点的轨迹一样,在空间解析几何中,
任何曲面或曲线都看做点的几何轨迹. 在这样的意
义下,如果曲面 Σ 与三元方程

$$F(x, y, z) = 0 \qquad (1)$$

有下述关系:

(1) 曲面 Σ 上任一点的坐标都满足方程(1);

(2) 不在曲面 Σ 上的点的坐标都不满足方程
(1),那么,方程(1)就叫做**曲面 Σ 的方程**,而曲面 Σ
就叫做**方程(1)的图形**(图 7 - 5).

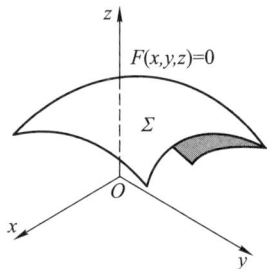

图 7 - 5

例 3 求三个坐标平面的方程.

解 容易看到 xOy 平面上任一点的坐标必有 $z = 0$,满足 $z = 0$ 的点也必然在
xOy 平面上,所以 xOy 平面的方程为 $z = 0$.

同理,yOz 平面的方程为 $x = 0$. zOx 平面的方程为 $y = 0$.

例 4 作 $z = c$(c 为常数)的图形.

解 方程 $z = c$ 中不含 x, y,这意味着 x 与 y 可取任意值而总有 $z = c$,其图形是平行于 xOy 平面的平面. 可由 xOy 平面向上($c > 0$)或向下($c < 0$)移动 $|c|$ 个单位得到,见图 7 – 6.

同理,$x = a$ 和 $y = b$ 分别表示平行于 yOz 平面和 zOx 平面的平面.

例 5 设有点 $A(1, 2, 3)$ 和 $B(2, -1, 4)$,求线段 AB 的垂直平分面的方程.

解 由题意知道,所求的平面就是与 A 和 B 等距离的点的几何轨迹. 设 $M(x, y, z)$ 为所求平面上的任一点,由于

$$|AM| = |BM|,$$

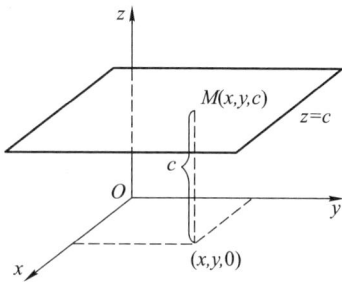

图 7 – 6

所以

$$\sqrt{(x-1)^2 + (y-2)^2 + (z-3)^2}$$
$$= \sqrt{(x-2)^2 + (y+1)^2 + (z-4)^2}.$$

等式两边平方,然后化简便得

$$2x - 6y + 2z - 7 = 0.$$

这就是所求平面上的点的坐标所满足的方程,而不在此平面上的点的坐标都不满足这个方程,所以这个方程就是所求平面的方程.

前面三个例子中,所讨论的方程都是一次方程,所考察的图形都是平面. 可以证明空间中任意一个平面的方程为三元一次方程

$$Ax + By + Cz + D = 0,$$

其中 A, B, C, D 均为常数,且 A, B, C 不全为 0.

例 6 求球心为点 $M_0(x_0, y_0, z_0)$,半径为 R 的球面方程.

解 设球面上任一点为 $M(x, y, z)$,那么有

$$|MM_0| = R.$$

由距离公式有

$$\sqrt{(x-x_0)^2 + (y-y_0)^2 + (z-z_0)^2} = R,$$

化简得球面方程为

$$(x-x_0)^2 + (y-y_0)^2 + (z-z_0)^2 = R^2. \tag{2}$$

特别是当球心为原点,即 $x_0 = y_0 = z_0 = 0$ 时,球面方程为

$$x^2 + y^2 + z^2 = R^2.$$

$z = \sqrt{R^2 - x^2 - y^2}$ 是球面的上半部,见图 7-7.

$z = -\sqrt{R^2 - x^2 - y^2}$ 是球面的下半部,见图 7-8.

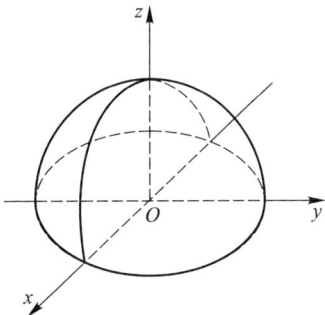

图 7-7

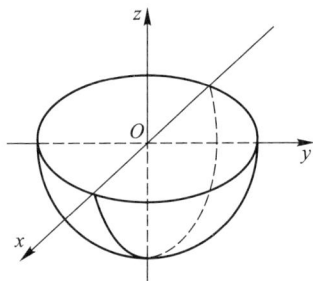

图 7-8

一般地,设有三元二次方程

$$Ax^2 + Ay^2 + Az^2 + Dx + Ey + Fz + G = 0 (A \neq 0),$$

这个方程的特点是缺 xy, yz, zx 各项,而且平方项系数相同,只要将方程经过配方可以化成方程(2)的形式,那么它的图形就是一个球面.

四、空间曲线方程的概念

空间曲线可以看成两个曲面的交线. 设

$$F(x,y,z) = 0 \quad 和 \quad G(x,y,z) = 0$$

是两个曲面的方程,它们的交线为 $\varGamma$(图 7-9).
因为曲线 $\varGamma$ 上的任何点的坐标应同时满足这两
个曲面的方程,所以应满足方程组

$$\begin{cases} F(x,y,z) = 0, \\ G(x,y,z) = 0. \end{cases} \quad (3)$$

反过来,如果点 M 不在曲线 $\varGamma$ 上,那么它不可能
同时在两个曲面上,所以它的坐标不满足方程组
(3).因此,方程组(3)便是**空间曲线 $\varGamma$ 的方程**,
而曲线 $\varGamma$ 便是方程组(3)的**图形**.

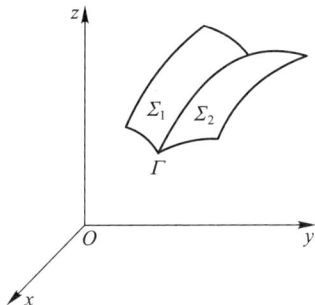

图 7-9

若方程组(3)中的两个曲面方程分别是两个不平行的平面方程,即

$$\begin{cases} A_1 x + B_1 y + C_1 z + D_1 = 0, \\ A_2 x + B_2 y + C_2 z + D_2 = 0, \end{cases} \tag{3'}$$

这就是空间直线的方程,其图形为空间直线.

五、n 维点集 $\mathbf{R}^n$

现在我们知道,数轴上的点与实数有一一对应的关系,实数全体表示数轴上一切点的集合. 在平面直角坐标系中,平面上的点与二元有序数组(x, y)一一对应,二元有序数组(x, y)的全体表示平面上一切点的集合. 在空间直角坐标系中,空间的点与三元有序数组(x, y, z)一一对应,三元有序数组(x, y, z)的全体表示空间一切点的集合.

一般地,设 n 为一个取定的自然数,我们用 $\mathbf{R}^n$ 表示 n 元有序实数组$(x_1, x_2, \cdots, x_n)$的全体构成的集合,即

$$\mathbf{R}^n = \{(x_1, x_2, \cdots, x_n) \mid x_i \in \mathbf{R}, \quad i = 1, 2, \cdots, n\}$$

称之为 n 维点集,而每个 n 元有序数组$(x_1, x_2, \cdots, x_n)$称为 $\mathbf{R}^n$ 中的一个点,数 x_i 称为该点的第 i 个坐标. $\mathbf{R}^n$ 中两点 $P(x_1, x_2, \cdots, x_n)$ 及 $Q(y_1, y_2, \cdots, y_n)$ 间的距离规定为

$$|PQ| = \sqrt{(y_1 - x_1)^2 + (y_2 - x_2)^2 + \cdots + (y_n - x_n)^2}.$$

容易验知,当 $n = 1, 2, 3$ 时,上式即是数轴、平面及空间两点间的距离公式.

习题 7-1

1. 指出下列各点所在的坐标轴、坐标面或卦限.

$$A(2, -3, -5); \quad B(0, 4, 3); \quad C(0, \ 3, 0); \quad D(2, 3, -5).$$

2. 自点 $P_0(x_0, y_0, z_0)$分别作各坐标面和各坐标轴的垂线,写出各垂足的坐标.

3. 过点 $P_0(x_0, y_0, z_0)$分别作平行于 z 轴的直线和平行于 xOy 面的平面,问它们上面的点的坐标各有什么特点?

4. 求点$(1, -3, -2)$关于点$(-1, 2, 1)$的对称点坐标.

5. 求点 $M(-4, 3, -5)$到各坐标轴的距离.

6. 在 yOz 面上,求与已知点 $A(3, 1, 2)$,$B(4, -2, -2)$ 和 $C(0, 5, 1)$ 等距离的点的坐标.

7. 求与 zOx 和 yOz 两坐标面的距离相等的点的轨迹.

8. 求球面 $x^2 + y^2 + z^2 - 2x = 0$ 的中心和半径,并作图.

第二节　柱面与旋转曲面

一、柱面

平行于定直线 L 并沿定曲线 C 移动的直线所形成的曲面叫做**柱面**（图 7-10），定曲线 C 叫做柱面的**准线**，动直线叫做柱面的**母线**.

设柱面 Σ 的母线平行于 z 轴，准线 C 是 xOy 平面上的一条曲线，其方程为 $F(x,y)=0$. 在空间直角坐标系 $Oxyz$ 中，因为这个方程不含竖坐标 z，故对空间的点 $M(x,y,z)$，如果其横坐标 x 和纵坐标 y 满足方程 $F(x,y)=0$，则说明点 $M_1(x,y,0)$ 在准线 C 上，于是推得点 $M(x,y,z)$ 就在过 M_1 的母线上，即 M 在柱面 Σ 上（图 7-11）. 反之，对柱面 Σ 上的任一点 $M(x,y,z)$，因为它在 xOy 平面上的垂足 $M_1(x,y,0)$ 在准线 C 上，故点 M 的横坐标 x 和纵坐标 y 满足方程 $F(x,y)=0$. 因此，柱面 Σ 的方程是

$$F(x,y)=0. \tag{1}$$

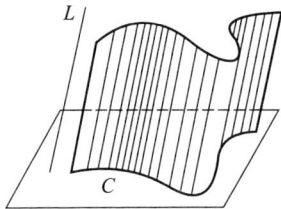

图 7-10

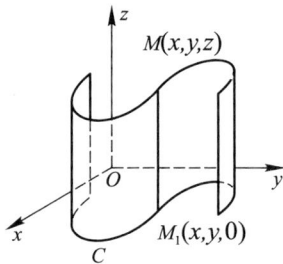

图 7-11

一般地，只含 x,y 而缺 z 的方程 $F(x,y)=0$ 在空间直角坐标系中表示母线平行于 z 轴的柱面，其准线为 xOy 面上的曲线 $F(x,y)=0,z=0$.

类似地，只含 x,z 而缺 y 的方程 $G(x,z)=0$ 与只含 y,z 而缺 x 的方程 $H(y,z)=0$ 分别表示母线平行于 y 轴和 x 轴的柱面.

例如，$\dfrac{x^2}{a^2}+\dfrac{y^2}{b^2}=1$ 表示母线平行于 z 轴的椭圆柱面（图 7-12(a)）；$x^2=2pz$ 表示母线平行于 y 轴的抛物柱面（图 7-12(b)）.

二、旋转曲面

平面上的曲线 C 绕该平面上一条定直线 l 旋转而形成的曲面叫做**旋转曲**

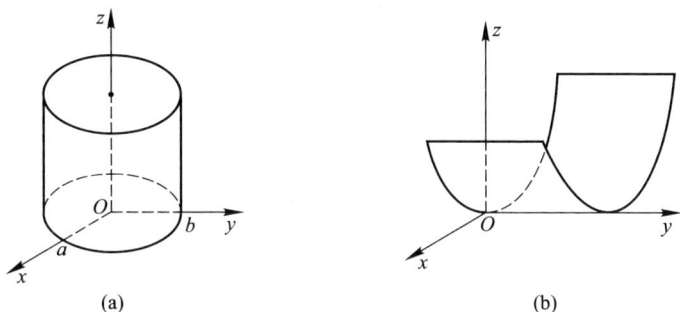

(a)   (b)

图 7 – 12

面,该平面曲线 C 叫做旋转曲面的**母线**,定直线 l 叫做旋转曲面的**轴**.

设 C 为 yOz 面上的已知曲线,其方程为 $f(y,z)=0$,C 围绕 z 轴旋转一周得一旋转曲面(图 7 – 13). 在此旋转面上任取一点 $P_0(x_0,y_0,z_0)$,并过点 P_0 作平面 $z=z_0$,它和旋转曲面的交线为一圆周,圆周的半径 $R=\sqrt{x_0^2+y_0^2}$.

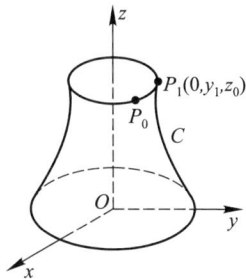

图 7 – 13

因为 P_0 是由曲线 C 上的点 $P_1(0,y_1,z_0)$ 旋转而得,故 $|y_1|=R$,即

$$y_1 = \pm R = \pm\sqrt{x_0^2+y_0^2}.$$

又因为 $P_1(0,y_1,z_0)$ 满足方程 $f(y,z)=0$,即 $f(y_1,z_0)=0$,因此得

$$f(\pm\sqrt{x_0^2+y_0^2},z_0)=0.$$

由此可知,旋转曲面上的任一点 $M(x,y,z)$ 适合方程

$$f(\pm\sqrt{x^2+y^2},z)=0. \tag{2}$$

显然,若点 $M(x,y,z)$ 不在此旋转曲面上,则其坐标 x,y,z 不满足(2)式,所以(2)式是此旋转曲面的方程.

一般地,若在曲线 C 的方程 $f(y,z)=0$ 中 z 保持不变,而将 y 改写成 $\pm\sqrt{x^2+y^2}$,就得到曲线 C 绕 z 轴旋转而成的曲面的方程

$$f(\pm\sqrt{x^2+y^2},z)=0.$$

若在 $f(y,z)=0$ 中 y 保持不变,将 z 改写成 $\pm\sqrt{x^2+z^2}$,就得到曲线 C 绕 y 轴旋转而成的曲面的方程

$$f(y,\pm\sqrt{x^2+z^2})=0.$$

例 1 （1）yOz 面上的抛物线 $y^2 = 2pz$ 绕 z 轴旋转而成的曲面的方程是

$$x^2 + y^2 = 2pz.$$

该曲面叫做**旋转抛物面**（图 7 – 14（a））.

（2）yOz 面上的椭圆 $\dfrac{y^2}{a^2} + \dfrac{z^2}{b^2} = 1$ 绕 y 轴旋转而成的曲面的方程是

$$\frac{y^2}{a^2} + \frac{x^2 + z^2}{b^2} = 1.$$

该曲面叫做**旋转椭球面**（图 7 – 14（b））.

（3）zOx 面上的双曲线 $\dfrac{x^2}{a^2} - \dfrac{z^2}{b^2} = 1$ 绕 z 轴和 x 轴旋转而成的曲面的方程分别是

$$\frac{x^2 + y^2}{a^2} - \frac{z^2}{b^2} = 1$$

与

$$\frac{x^2}{a^2} - \frac{y^2 + z^2}{b^2} = 1.$$

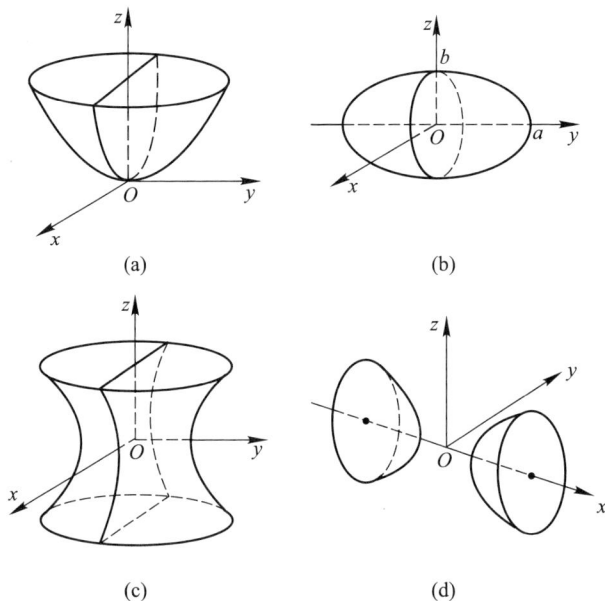

(a)　　　　(b)

(c)　　　　(d)

图 7 – 14

两曲面分别叫做**单叶旋转双曲面**(图 7 - 14(c))与**双叶旋转双曲面**(图 7 - 14(d)).

例 2 直线 L 绕另一条与它相交的直线 l 旋转一周,所得曲面叫做**圆锥面**,两直线的交点叫做圆锥的顶点.试建立顶点在原点,旋转轴为 z 轴的圆锥面(图 7 - 15)的方程.

解 设在 yOz 平面上,直线 L 的方程为 $z = ky(k > 0)$,因为旋转轴是 z 轴,故得圆锥面方程为

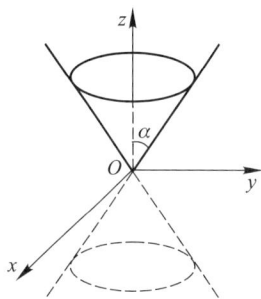

图 7 - 15

$$z = \pm k \sqrt{x^2 + y^2},$$

即

$$z^2 = k^2(x^2 + y^2).$$

图 7 - 15 中所示 $\alpha = \arctan \dfrac{1}{k}$ 叫做圆锥面半顶角.

习题 7-2

1. 指出下列方程在平面解析几何与空间解析几何中分别表示什么几何图形?

(1) $x + 2y = 1$;   (2) $x^2 + y^2 = 1$;

(3) $x^2 - y^2 = 1$;   (4) $1 + x^2 = 2y$.

2. 写出下列曲线绕指定轴旋转而成的旋转曲面的方程:

(1) yOz 面上的抛物线 $z^2 = 2y$ 绕 y 轴旋转;

(2) xOy 面上的双曲线 $2x^2 - 3y^2 = 6$ 绕 x 轴旋转;

(3) zOx 面上的直线 $x - 2z + 1 = 0$ 绕 z 轴旋转.

3. 指出下列方程所表示的曲面哪些是旋转曲面,这些旋转曲面是如何形成的?

(1) $x + y^2 + z^2 = 1$;   (2) $x^2 + y^2 + z = 1$;

(3) $x^2 - \dfrac{y^2}{4} + z^2 = 1$;   (4) $-x^2 - y^2 + z^2 - 2z = 1$.

第三节 空间曲线及其在坐标面上的投影

一、空间曲线的一般方程

在第一节中我们已经指出,空间曲线总可看成两个曲面的交线,曲面 $F(x, y, z) = 0$ 与 $G(x, y, z) = 0$ 的交线 Γ 可以用方程组

$$\begin{cases} F(x, y, z) = 0, \\ G(x, y, z) = 0 \end{cases} \tag{1}$$

来表示.方程组(1)称为**曲线 Γ 的一般方程**.

例 1 方程组

$$\begin{cases} x^2 + y^2 = 1, \\ 2x + 3z = 6 \end{cases}$$

表示怎样的曲线?

解 方程组中第一个方程表示母线平行于 z 轴的圆柱面,其准线是 xOy 面上的圆,圆心在原点 O,半径为 1.方程组中第二个方程表示一个母线平行于 y 轴的柱面,由于它的准线是 zOx 面上的直线,因此它是一个平面.方程组就表示上述平面与圆柱面的交线,如图 7-16 所示.

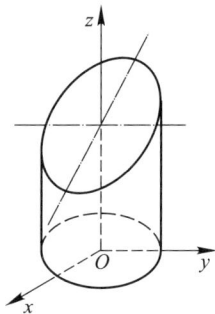

图 7-16

例 2 方程组

$$\begin{cases} z = \sqrt{a^2 - x^2 - y^2}, \\ \left(x - \dfrac{a}{2}\right)^2 + y^2 = \left(\dfrac{a}{2}\right)^2 \end{cases}$$

表示怎样的曲线?

解 方程组中第一个方程表示球心在坐标原点 O,半径为 a 的上半球面.第二个方程表示母线平行于 z 轴的圆柱面,它的准线是 xOy 面上的圆,这圆的圆心在点 $\left(\dfrac{a}{2}, 0\right)$,半径为 $\dfrac{a}{2}$.方程组就表示上述半球面与圆柱面的交线,如图 7-17 所示.

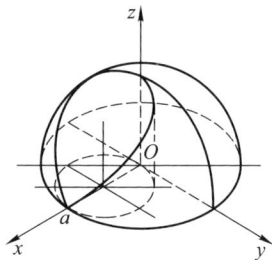

图 7-17

二、空间曲线在坐标面上的投影

以空间曲线 Γ 为准线,母线垂直于 xOy 面的柱面叫做 Γ 对 xOy 面的投影柱面.投影柱面与 xOy 面的交线叫做 Γ 在 xOy 面上的投影曲线(图 7-18).

设空间曲线 Γ 的一般方程是

$$\begin{cases} F(x,y,z) = 0, \\ G(x,y,z) = 0. \end{cases} \tag{2}$$

现在我们来研究由方程组(2)消去变量 z 后所得的方程

$$H(x,y) = 0. \qquad (3)$$

　　由于当点 $M(x,y,z) \in \Gamma$ 时,其坐标 x,y,z 满足方程组(2),而方程(3)是由方程组(2)消去 z 而得的结果,故点 M 的前两个坐标 x,y 必满足方程(3),因此点 M 在 $H(x,y) = 0$ 所表示的柱面上,这说明该柱面包含了曲线 Γ. 从而柱面 $H(x,y) = 0$ 与 xOy 面($z=0$)的交线

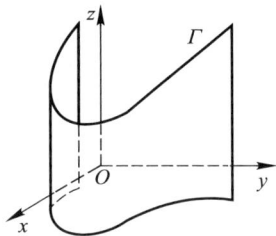

图 7-18

$$\begin{cases} H(x,y) = 0, \\ z = 0 \end{cases}$$

必然包含了空间曲线 Γ 在 xOy 面上的**投影曲线**.

　　类似地,消去方程组(2)中的变量 x 或 y,得 $R(y,z) = 0$ 或 $T(x,z) = 0$,再分别与 $x = 0$ 或 $y = 0$ 联立,就得到包含 Γ 在 yOz 面或 zOx 面上的投影曲线的曲线方程

$$\begin{cases} R(y,z) = 0, \\ x = 0 \end{cases}$$

或

$$\begin{cases} T(x,z) = 0, \\ y = 0. \end{cases}$$

　　例 3　求曲线 Γ: $\begin{cases} x^2 + y^2 + z^2 = 36, \\ y + z = 0 \end{cases}$ 在 xOy 面和 yOz 面上的投影曲线的方程.

　　解　先由所给方程组消去 z,有

$$x^2 + 2y^2 = 36,$$

故 Γ 在 xOy 面上的投影曲线方程为

$$\begin{cases} x^2 + 2y^2 = 36, \\ z = 0. \end{cases}$$

又由于 Γ 的第二个方程 $y + z = 0$ 不含 x,故 $y + z = 0$ 即为 Γ 关于 yOz 面的柱面,它在 yOz 面上表示一条直线,而 Γ 在 yOz 面上的投影只是该直线的一部分,即

$$\begin{cases} y + z = 0 \, (-3\sqrt{2} \leqslant y \leqslant 3\sqrt{2}), \\ x = 0. \end{cases}$$

例 4 设一个立体由两个旋转抛物面 $z = 2x^2 + 2y^2$ 与 $z = 3 - x^2 - y^2$ 所围成, 求它在 xOy 面上的投影区域.

解 两曲面的交线为

$$\Gamma: \begin{cases} z = 2x^2 + 2y^2, \\ z = 3 - x^2 - y^2. \end{cases}$$

由方程组消去 z, 得 $x^2 + y^2 = 1$.

Γ 在 xOy 面上的投影曲线就是

$$\begin{cases} x^2 + y^2 = 1, \\ z = 0, \end{cases}$$

于是所求立体在 xOy 面上的投影区域为

$$\begin{cases} x^2 + y^2 \leqslant 1, \\ z = 0. \end{cases}$$

习题 7-3

1. 指出下列方程表示的曲线:

$(1) \begin{cases} (x-1)^2 + (y+4)^2 + z^2 = 25, \\ y + 1 = 0; \end{cases}$ $(2) \begin{cases} x^2 - 4y^2 = 3z^2, \\ z = 2. \end{cases}$

2. 求下列两曲面的交线在各坐标面上的投影方程:

(1) $z = \sqrt{4 - x^2 - y^2}, x^2 + y^2 = 2x$;

(2) $x^2 + y^2 = a^2, y^2 + z^2 = a^2$.

3. 求准线为 $\begin{cases} x^2 + y^2 + 4z^2 = 1, \\ x^2 = y^2 + z^2, \end{cases}$ 母线平行于 z 轴的柱面方程.

4. 求下列曲面所围成的立体在三个坐标面上的投影:

(1) $z = x^2 + y^2$ 与 $z = 2 - x^2 - y^2$;

(2) $z = \sqrt{x^2 + y^2}, x^2 + y^2 = 1$ 与 $z = 0$.

第四节 二 次 曲 面

与平面解析几何中规定的二次曲线相类似, 我们把三元二次方程 $F(x,y,z) = 0$ 所表示的曲面称为**二次曲面**. 而把平面称为**一次曲面**.

二次曲面有九种,适当选取空间直角坐标系,可得它们的标准方程.下面就九种二次曲面的标准方程来讨论二次曲面的形状.

（1）**椭圆锥面**

$$\frac{x^2}{a^2} + \frac{y^2}{b^2} = z^2. \tag{1}$$

以垂直于 z 轴的平面 $z = t$ 截此曲面,当 $t = 0$ 时得一点 $(0,0,0)$；当 $t \neq 0$ 时,得平面 $z = t$ 上的椭圆

$$\frac{x^2}{(at)^2} + \frac{y^2}{(bt)^2} = 1.$$

当 t 变化时,上式表示一族长短轴比例不变的椭圆,当 $|t|$ 从大到小并变为 0 时,这族椭圆从大到小并缩为一点.综合上述讨论,可得椭圆锥面（1）的形状如图 7 – 19 所示.

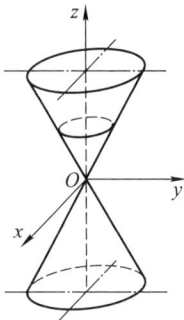

图 7 – 19

平面 $z = t$ 与曲面 $F(x,y,z) = 0$ 的交线称为**截痕**.通过综合截痕的变化来了解曲面形状的方法称为**截痕法**.

我们还可以用伸缩变形的方法来得出椭圆锥面（1）的形状.

先说明 xOy 平面上的图形伸缩变形的方法.在 xOy 平面上,把点 $M(x,y)$ 变为点 $M'(x,\lambda y)$,从而把点 M 的轨迹 C 变为点 M' 的轨迹 C',称为把图形 C 沿 y 轴方向伸缩 λ 倍变成图形 C'.假如 C 为曲线 $F(x,y) = 0$,点 $M(x_1,y_1) \in C$,点 M 变为点 $M'(x_2,y_2)$,其中 $x_2 = x_1, y_2 = \lambda y_1$,即 $x_1 = x_2, y_1 = \frac{1}{\lambda} y_2$,因点 $M \in C$,有 $F(x_1,y_1) = 0$,故 $F\left(x_2, \frac{1}{\lambda} y_2\right) = 0$,因此点 $M'(x_2,y_2)$ 的轨迹 C' 的方程为 $F\left(x, \frac{1}{\lambda} y\right) = 0$.例如把圆 $x^2 + y^2 = a^2$ 沿 y 轴方向伸缩 $\frac{b}{a}$ 倍,就变为椭圆 $\frac{x^2}{a^2} + \frac{y^2}{b^2} = 1$.

类似地,把空间图形沿 y 轴方向伸缩 $\frac{b}{a}$ 倍,那么圆锥面 $\frac{x^2 + y^2}{a^2} = z^2$（图 7 – 15）即变为椭圆锥面 $\frac{x^2}{a^2} + \frac{y^2}{b^2} = z^2$（图 7 – 19）.

利用圆锥面（旋转曲面）的伸缩变形来得出椭圆锥面的形状,这种方法是研究曲面形状的一种较方便的方法.

（2）**椭球面**

$$\frac{x^2}{a^2} + \frac{y^2}{b^2} + \frac{z^2}{c^2} = 1. \tag{2}$$

把 xOz 面上的椭圆 $\frac{x^2}{a^2} + \frac{z^2}{c^2} = 1$ 绕 z 轴旋转,所得曲面称为**旋转椭球面**,其方程为

$$\frac{x^2 + y^2}{a^2} + \frac{z^2}{c^2} = 1.$$

再把旋转椭球面沿 y 轴方向伸缩 $\frac{b}{a}$ 倍,便得椭球面(2)的形状如图 7 – 20 所示.

当 $a = b = c$ 时,椭球面(2)成为 $x^2 + y^2 + z^2 = a^2$, 这是球心在原点、半径为 a 的球面. 显然,球面是旋转椭球面的特殊情形,旋转椭球面是椭球面的特殊情形. 把球面 $x^2 + y^2 + z^2 = a^2$ 沿 z 轴方向伸缩 $\frac{c}{a}$ 倍,即得旋转椭球面 $\frac{x^2 + y^2}{a^2} + \frac{z^2}{c^2} = 1$;再沿 y 轴方向伸缩 $\frac{b}{a}$ 倍,即得椭球面(2).

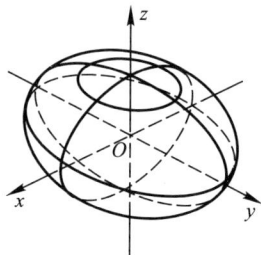

图 7 – 20

(3) **单叶双曲面**

$$\frac{x^2}{a^2} + \frac{y^2}{b^2} - \frac{z^2}{c^2} = 1. \tag{3}$$

把 zOx 面上的双曲线 $\frac{x^2}{a^2} - \frac{z^2}{c^2} = 1$ 绕 z 轴旋转,得旋转单叶双曲面 $\frac{x^2 + y^2}{a^2} - \frac{z^2}{c^2} = 1$ (图 7 – 14(c)). 把此旋转曲面沿 y 轴方向伸缩 $\frac{b}{a}$ 倍,即得单叶双曲面(3).

(4) **双叶双曲面**

$$\frac{x^2}{a^2} - \frac{y^2}{b^2} - \frac{z^2}{c^2} = 1. \tag{4}$$

把 zOx 面上的双曲线 $\frac{x^2}{a^2} - \frac{z^2}{c^2} = 1$ 绕 x 轴旋转,得旋转双叶双曲面 $\frac{x^2}{a^2} - \frac{y^2 + z^2}{c^2} = 1$ (图 7 – 14(d)),把此旋转曲面沿 y 轴方向伸缩 $\frac{b}{c}$ 倍,即得双叶双曲面(4).

（5）**椭圆抛物面**

$$\frac{x^2}{a^2} + \frac{y^2}{b^2} = z. \tag{5}$$

把 zOx 面上的抛物线 $\frac{x^2}{a^2} = z$ 绕 z 轴旋转，所得曲面叫做 **旋 转 抛 物 面**，如

图 7–14(a)所示.把此旋转曲面沿 y 轴方向伸缩 $\frac{b}{a}$ 倍，即得椭圆抛物面(5).

（6）**双曲抛物面**

$$\frac{x^2}{a^2} - \frac{y^2}{b^2} = z. \tag{6}$$

双曲抛物面又称**马鞍面**，我们用截痕法来讨论它的形状.

用平面 $x = t$ 截此曲面，所得截痕 l 为平面 $x = t$ 上的抛物线

$$-\frac{y^2}{b^2} = z - \frac{t^2}{a^2},$$

此抛物线开口朝下，其顶点坐标为

$$x = t, \quad y = 0, \quad z = \frac{t^2}{a^2}.$$

当 t 变化时，l 的形状不变，位置只作平移，而 l 的顶点的轨迹 L 为平面 $y = 0$ 上的
抛物线

$$z = \frac{x^2}{a^2}.$$

因此，以 l 为母线，L 为准线，母线 l 的顶点在准线 L 上滑动，且母线作平行移动，
这样得到的曲面便是双曲抛物面(6)，如图 7–21 所示.

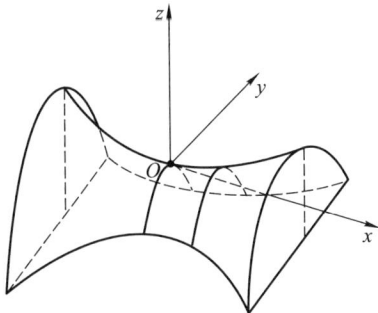

图 7–21

还有三种二次曲面是以三种二次曲线为准线的柱面

$$\frac{x^2}{a^2}+\frac{y^2}{b^2}=1, \quad \frac{x^2}{a^2}-\frac{y^2}{b^2}=1, \quad x^2=ay,$$

依次称为**椭圆柱面**、**双曲柱面**、**抛物柱面**. 柱面的形状在第二节中已经讨论过,这里不再赘述.

习题 7-4

1. 画出下列方程所表示的曲面:

(1) $4x^2+y^2-z^2=4$；　　　　　　(2) $x^2-y^2-4z^2=4$；

(3) $\dfrac{z}{3}=\dfrac{x^2}{4}+\dfrac{y^2}{9}$.

2. 求曲线 $\begin{cases} y^2+z^2-2x=0, \\ z=3 \end{cases}$ 在 xOy 面上的投影曲线的方程,并指出原曲线是什么曲线.

3. 指出下列方程所表示的曲线:

(1) $\begin{cases} x^2+y^2+z^2=25, \\ x=3; \end{cases}$　　　　　　(2) $\begin{cases} x^2+4y^2+9z^2=36, \\ y=1; \end{cases}$

(3) $\begin{cases} x^2-4y^2+z^2=25, \\ x=-3; \end{cases}$　　　　　　(4) $\begin{cases} y^2+z^2-4x+8=0, \\ y=4; \end{cases}$

(5) $\begin{cases} \dfrac{y^2}{9}-\dfrac{z^2}{4}=1, \\ x-2=0. \end{cases}$

*第五节　向量及其线性运算

一、向量及其几何表示

在自然科学和社会科学中,人们常把所研究的事物与数联系起来,然后以数字为工具来分析、处理. 用数字来表示的量很多,如某一群体的数量,某两点的距离,某一物体的长、宽、高度及其体积与质量,某一物品的生产成本、收益、利润等,通常把这些量称为纯量. 然而,有些量却不是一个数字所能表达的,例如一枚导弹从 A 点朝某个方向发射,飞行 100 km 到 B 点,如果仅以飞行距离 $AB=100$ km 来描述是不充分的,还需描述导弹飞行的方向. 诸如此类的量,单纯地用一个数字不足以描述它们,因为这些量除了有数量的属性外,还具有方向的属性,我们把这种既有大小、又有方向的量称为**向量**(或**矢量**).

例如,位移、速度(线速度与角速度)、加速度(线加速度与角加速度)、力、力矩、动量、冲量等都是向量.向量通常用黑体字母来表示,如 s、v、a、f (也可用上方加有箭头的字母来表示,如 $\vec{s}$、$\vec{v}$、$\vec{a}$、$\vec{f}$). 从定义可知,向量的两个要素是大小和方向.由于具有这两个要素的最简单的几何图形是有向线段,故在数学中往往用一个有方向的线段来表示向量.如果线段的起点是 M_0,终点是 M,那么这个有向线段可以记为 $\overrightarrow{M_0M}$,它代表一个确定的向量.线段的长度表示向量的大小,线段的方向表示向量的方向.

以坐标原点 O 为起点,向一个点 M 引向量 $\overrightarrow{OM}$,这个向量叫做点 M 对于点 O 的**向径**,常用黑体字母 r 或 $\vec{r}$ 表示.

定义　如果两个向量 a 与 b 的大小相同,方向一致,就称 a 与 b **相等**,并记作 $a = b$.

这个定义是说,如果两个有向线段的大小与方向是相同的,则不论它们的起点是否相同,我们就认为它们表示同一个向量.这样理解的向量叫做**自由向量**.除了另有说明外,本书中研究的均为自由向量.

向量的大小叫做向量的**模**.向量 $\overrightarrow{M_1M_2}$,a,$\vec{a}$ 的模依次记作 $|\overrightarrow{M_1M_2}|$,$|a|$,$|\vec{a}|$.模等于 1 的向量叫做**单位向量**.模等于零的向量叫做**零向量**,记作 $\mathbf{0}$ 或 $\vec{0}$. 零向量的起点和终点重合,它的方向可以看做是任意的.

设有两个非零向量 a,b,任取空间一点 O,作 $\overrightarrow{OA} = a$,$\overrightarrow{OB} = b$,规定不超过 π 的 $\angle AOB$ (设 $\varphi = \angle AOB$,$0 \leqslant \varphi \leqslant \pi$)为**向量 a 与 b 的夹角** (图 7 – 22),记作 $(\widehat{a,b})$ 或 $(\widehat{b,a})$,即 $(\widehat{a,b}) = \varphi$. 如果向量 a 与 b 中有一个是零向量,规定它们的夹角可在区间 $[0,\pi]$ 上任意取值.

如果两个向量的夹角为零或 π,就称这两个向量**平行**.

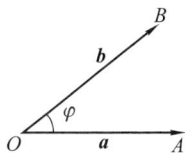

图 7 – 22

向量 a 与 b 平行,记作 $a /\!/ b$. 由于零向量与另一向量的夹角可以在区间 $[0,\pi]$ 上任意取值,因此可以认为零向量与任何向量都平行.

如果 $(\widehat{a,b}) = \dfrac{\pi}{2}$,就称向量 a 与 b **垂直**,记作 $a \perp b$. 由于零向量与另一向量的夹角可以在区间 $[0,\pi]$ 上任意取值,因此可以认为零向量与任何向量都垂直.

当两个平行向量的起点放在同一点时,它们的终点和公共起点应在一条直线上.因此,两向量平行,又称两向量**共线**.

类似还有向量共面的概念.设有 k ($k \geqslant 3$)个向量,当把它们的起点放在同一点时,如果 k 个终点和公共起点在一个平面上,就称这 k 个向量**共面**.

二、向量的线性运算

在实际问题中,向量与向量之间常发生一定的联系,并产生出另一个向量,把这种联系抽象成数学形式,就是向量的运算.在本节中我们先定义向量的加法运算以及向量与数的乘法运算,这两种运算统称为向量的**线性运算**.

1. 向量的加法

从物理与力学中我们知道,两个力、两个速度均能合成,得到合力与合速度,并且合力与合速度都符合平行四边形法则.由此实际背景出发,我们定义向量的加法如下:

设向量 a 与 b,任取一点 A,作 $\overrightarrow{AB} = a, \overrightarrow{AD} = b$,以 AB、AD 为邻边的平行四边形 $ABCD$ 的对角线是 AC,则向量 $\overrightarrow{AC}$ 称为向量 a 与 b 的和,记为 $a + b$(图$7-23$).

以上规则叫做向量相加的**平行四边形法则**,但此法则对两个平行向量的加法没有做说明,故我们再给出一个蕴含了平行四边形法则的加法定义:

设有两个向量 a 与 b,任取一点 A,作 $\overrightarrow{AB} = a$,再以 B 为起点,作 $\overrightarrow{BC} = b$,联结 AC,则向量 $\overrightarrow{AC}$ 称为向量 a 与 b 的和,记为 $a + b$(图$7-24$).

这一规则叫做向量相加的**三角形法则**.

例 1 证明:对角线互相平分的四边形是平行四边形.

证 设四边形 $ABCD$ 的对角线相交于 E,如图 $7-25$ 所示,由于

$$\overrightarrow{AE} = \overrightarrow{EC}, \overrightarrow{BE} = \overrightarrow{ED},$$

故

$$\overrightarrow{AE} + \overrightarrow{ED} = \overrightarrow{BE} + \overrightarrow{EC},$$

即

$$\overrightarrow{AD} = \overrightarrow{BC}.$$

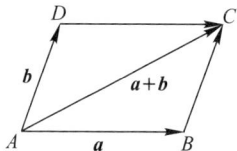

图 $7-23$

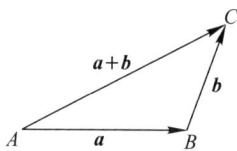

图 $7-24$

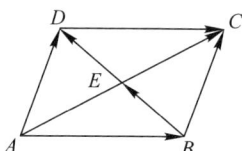

图 $7-25$

这说明线段 AD 与 BC 平行且长度相同,因此四边形 $ABCD$ 是平行四边形.

向量的加法符合下列运算规律:

(1) **交换律** $a + b = b + a$;

(2) **结合律** $(a + b) + c = a + (b + c)$.

这可以由向量加法的三角形法则证明,略去.

由于向量的加法符合交换律与结合律,故 n 个向量 $a_1, a_2, \cdots, a_n (n \geqslant 3)$ 相加可写成

$$a_1 + a_2 + \cdots + a_n,$$

并按向量相加的三角形法则,可得 n 个向量相加的法则如下:使前一向量的终点作为次一向量的起点,相继作向量 $a_1, a_2, \cdots, a_n$,再以第一向量的起点为起点,最后一向量的终点为终点作一向量,这个向量即为所求的和.如图 7 - 26,有

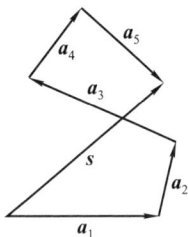

$$s = a_1 + a_2 + a_3 + a_4 + a_5.$$

图 7 - 26

设 a 为一向量,与 a 的模相同而方向相反的向量叫做 a 的**负向量**,记作 $-a$.由此,规定两个向量 b 与 a 的差

$$b - a = b + (-a).$$

即把向量 $-a$ 加到向量 b 上,便得 b 与 a 的差 $b - a$ (图 7 - 27(a)).

特别地,当 $b = a$ 时,有

$$a - a = a + (-a) = 0.$$

显然,任给向量 $\overrightarrow{AB}$ 及点 O,有

$$\overrightarrow{AB} = \overrightarrow{AO} + \overrightarrow{OB} = \overrightarrow{OB} - \overrightarrow{OA},$$

因此,若把向量 a 与 b 移到同一起点 O,则从 a 的终点 A 向 b 的终点 B 所引向量 $\overrightarrow{AB}$ 便是向量 b 与 a 的差 $b - a$ (图 7 - 27(b)).

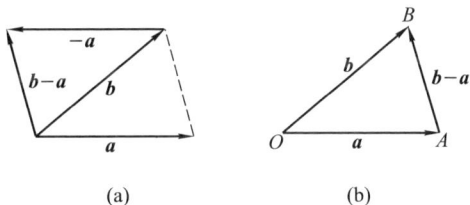

(a)　　　　　　(b)

图 7 - 27

由三角形两边之和大于第三边的原理,有

$$|a + b| \leqslant |a| + |b| \quad \text{及} \quad |a - b| \leqslant |a| + |b|,$$

其中等号在 a 与 b 同向或反向时成立.

2. 向量与数的乘法

向量 a 与实数 λ 的**乘积**记作 λa,规定 λa 是一个向量,它的模

$$|\lambda a| = |\lambda| |a|,$$

它的方向当 $\lambda > 0$ 时与 a 相同,当 $\lambda < 0$ 时与 a 相反.

当 $\lambda = 0$ 时,$|\lambda a| = 0$,即 λa 为零向量,这时它的方向可以是任意的.

特别地,当 $\lambda = \pm 1$ 时,有

$$1a = a, \quad (-1)a = -a.$$

向量与数的乘积符合下列运算规律:

(1) **结合律** $\lambda(\mu a) = \mu(\lambda a) = (\lambda\mu)a$;

这是因为由向量与数的乘积的规定可知,向量 $\lambda(\mu a)$,$\mu(\lambda a)$,$(\lambda\mu)a$ 都是平行的向量,它们的指向也是相同的,而且

$$\left|\lambda(\mu a)\right| = \left|\mu(\lambda a)\right| = \left|(\lambda\mu)a\right| = |\lambda\mu|\,|a|,$$

所以 $\lambda(\mu a) = \mu(\lambda a) = (\lambda\mu)a.$

(2) **分配律** $(\lambda + \mu)a = \lambda a + \mu a$; $\lambda(a + b) = \lambda a + \lambda b.$

这个规律同样可以按向量与数的乘积的规定来证明,从略.

例 2   在平行四边形 $ABCD$ 中,设 $\overrightarrow{AB} = a$,$\overrightarrow{AD} = b$. 试用 a 和 b 表示向量 $\overrightarrow{MA}$、$\overrightarrow{MB}$、$\overrightarrow{MC}$ 和 $\overrightarrow{MD}$,这里 M 是平行四边形对角线的交点(图 7–28).

解   由于平行四边形的对角线互相平分,所以

$$a + b = \overrightarrow{AC} = 2\overrightarrow{AM},$$

即 $-(a + b) = 2\overrightarrow{MA},$

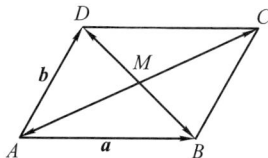

图 7 – 28

于是 $\overrightarrow{MA} = -\dfrac{1}{2}(a + b).$

因为 $\overrightarrow{MC} = -\overrightarrow{MA}$,所以 $\overrightarrow{MC} = \dfrac{1}{2}(a + b).$

又因 $-a + b = \overrightarrow{BD} = 2\overrightarrow{MD}$,所以 $\overrightarrow{MD} = \dfrac{1}{2}(b - a).$

由于 $\overrightarrow{MB} = -\overrightarrow{MD}$,所以 $\overrightarrow{MB} = \dfrac{1}{2}(a - b).$

前面已经讲过,模等于 1 的向量叫做单位向量. 设 e_a 表示与非零向量 a 同方向的单位向量,那么按照向量与数的乘积的规定,由于 $|a| > 0$,所以 $|a|e_a$ 与 e_a 的方向相同,即 $|a|e_a$ 与 a 的方向相同. 又因 $|a|e_a$ 的模是

$$\left||a|e_a\right| = |a| \cdot 1 = |a|,$$

即 $|a|e_a$ 与 a 的模也相同,因此,

$$a = |a|e_a.$$

我们规定,当 $\lambda \neq 0$ 时, $\dfrac{a}{\lambda} = \dfrac{1}{\lambda} a$. 由此,上式又可写成

$$\frac{a}{|a|} = e_a.$$

这表示一个非零向量除以它的模就得到与原向量同方向的单位向量.

由于向量 λa 与 a 平行,因此我们常用向量与数的乘积来说明两个向量的平行关系. 即有

定理　设向量 $a \neq 0$,那么向量 b 平行于 a 的充分必要条件是: 存在唯一的实数 λ,使 $b = \lambda a$.

证　条件的充分性是显然的,下面证明条件的必要性.

设 $b /\!/ a$. 取 $|\lambda| = \dfrac{|b|}{|a|}$,当 b 与 a 同向时 λ 取正值,当 b 与 a 反向时 λ 取负值,即有 $b = \lambda a$. 这是因为此时 b 与 λa 同向,且

$$|\lambda a| = |\lambda| \, |a| = \frac{|b|}{|a|} |a| = |b|.$$

再证数 λ 的唯一性. 设 $b = \lambda a$,又设 $b = \mu a$,两式相减,便得

$$(\lambda - \mu)a = 0, \quad \text{即} \ |\lambda - \mu| \, |a| = 0.$$

因 $|a| \neq 0$,故 $|\lambda - \mu| = 0$,即 $\lambda = \mu$. 证毕.

上述定理是建立数轴的理论依据. 我们知道,给定一个点、一个方向及单位长度,就确定了一条数轴. 由于一个单位向量既确定了方向又确定了单位长度,因此,给定一个点及一个单位向量,就确定了一条数轴. 设点 O 及单位向量 i 确定了数轴 Ox (图 7 – 29),对于轴上任一点 P,对应

图 7 – 29

一个向量 $\overrightarrow{OP}$,由于 $\overrightarrow{OP} /\!/ i$,根据上述定理,必有唯一的实数 x,使 $\overrightarrow{OP} = xi$ (实数 x 称为数轴上有向线段 $\overrightarrow{OP}$ 的值),并知 $\overrightarrow{OP}$ 与实数 x 一一对应. 于是

$$\text{点 } P \longleftrightarrow \text{向量} \overrightarrow{OP} = xi \longleftrightarrow \text{实数 } x,$$

从而数轴上的点 P 与实数 x 有一一对应的关系. 据此,定义实数 x 为轴上点 P 的坐标.

由此可知,数轴上点 P 的坐标为 x 的充分必要条件是 $\overrightarrow{OP} = xi$.

三、向量的坐标

在第一节中所定义的空间直角坐标系 $Oxyz$ 中,将与 x 轴, y 轴, z 轴的正向一致的单位向量分别记作 i, j, k,那么由原点 O 和单位向量 i, j, k 就能完全确定

坐标系 $Oxyz$,因此又可将 $Oxyz$ 坐标系记为 $[O;\boldsymbol{i},\boldsymbol{j},\boldsymbol{k}]$,见图 7–30.

任给向量 $\boldsymbol{r}$,对应有点 M,使 $\overrightarrow{OM}=\boldsymbol{r}$. 以 OM 为对角线、三条坐标轴为棱作出长方体 $RHMK$ – $OPNQ$,如图 7–31 所示,有

$$\boldsymbol{r}=\overrightarrow{OM}=\overrightarrow{OP}+\overrightarrow{PN}+\overrightarrow{NM}=\overrightarrow{OP}+\overrightarrow{OQ}+\overrightarrow{OR},$$

设

$$\overrightarrow{OP}=x\boldsymbol{i},\quad \overrightarrow{OQ}=y\boldsymbol{j},\quad \overrightarrow{OR}=z\boldsymbol{k},$$

则

$$\boldsymbol{r}=\overrightarrow{OM}=x\boldsymbol{i}+y\boldsymbol{j}+z\boldsymbol{k}.$$

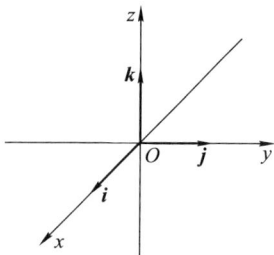

图 7–30

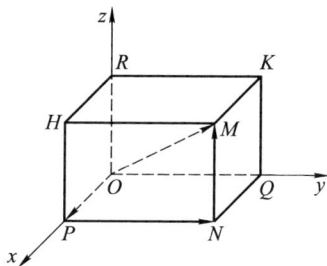

图 7–31

显然,给定向量 $\boldsymbol{r}$,就确定了点 M 及 $\overrightarrow{OP}$,$\overrightarrow{OQ}$,$\overrightarrow{OR}$ 三个向量,进而确定了 x,y,z 三个有序数;反之,给定三个有序数 x,y,z,也就确定了向量 $\boldsymbol{r}$ 和点 M. 于是点 M、向量 $\boldsymbol{r}$ 与三个有序数 x,y,z 之间有一一对应的关系

$$M\longleftrightarrow\boldsymbol{r}=\overrightarrow{OM}=x\boldsymbol{i}+y\boldsymbol{j}+z\boldsymbol{k}\longleftrightarrow(x,y,z),$$

据此,定义:有序数 x,y,z 称为向量 $\boldsymbol{r}$ 在坐标系 $Oxyz$ 中的坐标,记作 $\boldsymbol{r}=(x,y,z)$;有序数 x,y,z 也称为点 M 在坐标系 $Oxyz$ 中的坐标,记作 $M(x,y,z)$.

向量 $\boldsymbol{r}=\overrightarrow{OM}$ 称为点 M 关于原点 O 的**向径**. 上述定义表明,一个点与该点的向径有相同的坐标. 记号 (x,y,z) 既表示点 M,又表示向量 $\overrightarrow{OM}$.

四、利用坐标作向量的线性运算

设

$$\boldsymbol{a}=(a_x,a_y,a_z),\quad \boldsymbol{b}=(b_x,b_y,b_z),$$

即

$$\boldsymbol{a}=a_x\boldsymbol{i}+a_y\boldsymbol{j}+a_z\boldsymbol{k},\quad \boldsymbol{b}=b_x\boldsymbol{i}+b_y\boldsymbol{j}+b_z\boldsymbol{k}.$$

利用向量加法的交换律与结合律,以及向量与数的乘法的结合律与分配律,有

$$\boldsymbol{a}+\boldsymbol{b}=(a_x+b_x)\boldsymbol{i}+(a_y+b_y)\boldsymbol{j}+(a_z+b_z)\boldsymbol{k},$$

$$\boldsymbol{a}-\boldsymbol{b}=(a_x-b_x)\boldsymbol{i}+(a_y-b_y)\boldsymbol{j}+(a_z-b_z)\boldsymbol{k},$$

$$\lambda\boldsymbol{a}=(\lambda a_x)\boldsymbol{i}+(\lambda a_y)\boldsymbol{j}+(\lambda a_z)\boldsymbol{k}\ (\lambda\ \text{为数}),$$

即

$$\boldsymbol{a}+\boldsymbol{b}=(a_x+b_x,a_y+b_y,a_z+b_z),$$

$$a - b = (a_x - b_x, a_y - b_y, a_z - b_z),$$
$$\lambda a = (\lambda a_x, \lambda a_y, \lambda a_z).$$

由此可见,对向量进行加、减及与数相乘,只需对向量的各个坐标分别进行相应的数量运算就行了.

定理指出,当向量 $a \neq 0$ 时,向量 $b /\!/ a$ 相当于 $b = \lambda a$,按坐标表示式即为

$$(b_x, b_y, b_z) = \lambda(a_x, a_y, a_z),$$

这也就相当于向量 b 与 a 对应的坐标成比例:

$$\frac{b_x}{a_x} = \frac{b_y}{a_y} = \frac{b_z}{a_z}. ① \tag{$*$}$$

例 3　设点 M_1 的坐标为 (x_1, y_1, z_1),点 M_2 的坐标为 (x_2, y_2, z_2),求向量 $\overrightarrow{M_1M_2}$ 的坐标表示式.

解　由于　　　　　　　　$\overrightarrow{M_1M_2} = \overrightarrow{OM_2} - \overrightarrow{OM_1},$

而　　　　　$\overrightarrow{OM_2} = (x_2, y_2, z_2),\quad \overrightarrow{OM_1} = (x_1, y_1, z_1),$

故　　　$\overrightarrow{M_1M_2} = (x_2, y_2, z_2) - (x_1, y_1, z_1) = (x_2 - x_1, y_2 - y_1, z_2 - z_1).$

例 4　已知两点 $A(x_1, y_1, z_1)$ 和 $B(x_2, y_2, z_2)$ 以及实数 $\lambda \neq -1$,在直线 AB 上求点 M,使

$$\overrightarrow{AM} = \lambda \overrightarrow{MB}.$$

解　由于　　　　　$\overrightarrow{AM} = \overrightarrow{OM} - \overrightarrow{OA},\quad \overrightarrow{MB} = \overrightarrow{OB} - \overrightarrow{OM},$

代入关系式 $\overrightarrow{AM} = \lambda \overrightarrow{MB}$,即有

$$\overrightarrow{OM} - \overrightarrow{OA} = \lambda(\overrightarrow{OB} - \overrightarrow{OM}),$$

解得　　　　　　　　$\overrightarrow{OM} = \frac{1}{1+\lambda}(\overrightarrow{OA} + \lambda \overrightarrow{OB}).$

以 $\overrightarrow{OA}$、$\overrightarrow{OB}$ 的坐标(即点 A、点 B 的坐标)代入,即得

---

① 当 a_x, a_y, a_z 有一个为零,例如 $a_x = 0, a_y, a_z \neq 0$,这时 $(*)$ 式应理解为

$$\begin{cases} b_x = 0, \\ \dfrac{b_y}{a_y} = \dfrac{b_z}{a_z}; \end{cases}$$

当 a_x, a_y, a_z 有两个为零,例如 $a_x = a_y = 0, a_z \neq 0$,这时 $(*)$ 式应理解为

$$\begin{cases} b_x = 0, \\ b_y = 0. \end{cases}$$

$$\overrightarrow{OM} = \frac{1}{1+\lambda} \left[(x_1, y_1, z_1) + \lambda (x_2, y_2, z_2) \right]$$

$$= \left(\frac{x_1 + \lambda x_2}{1+\lambda}, \frac{y_1 + \lambda y_2}{1+\lambda}, \frac{z_1 + \lambda z_2}{1+\lambda} \right),$$

这就是点 M 的坐标.

本例中的点 M 叫做**有向线段** $\overrightarrow{AB}$ **的 λ 分点**. 特别地,当 $\lambda = 1$ 时,得线段 AB 的中点为 $M\left(\dfrac{x_1 + x_2}{2}, \dfrac{y_1 + y_2}{2}, \dfrac{z_1 + z_2}{2} \right)$.

通过本例,读者应注意:一方面,由于点 M 与向量 $\overrightarrow{OM}$ 有相同的坐标,因此,求点 M 的坐标,就是求向量 $\overrightarrow{OM}$ 的坐标. 另一方面,由于记号 (x, y, z) 既可表示向量 $\overrightarrow{OM}$,又可表示点 M,在几何中向量与点是两个不同的概念,不可混淆. 因此,在看到记号 (x, y, z) 时,需从上下文去认清它究竟是表示向量还是表示点. 当 (x, y, z) 表示向量时,可对它进行运算,当 (x, y, z) 表示点时,就不能进行运算.

五、向量的模、方向角、投影

1. 向量的模

设向量 $\boldsymbol{r} = (x, y, z)$,作 $\overrightarrow{OM} = \boldsymbol{r}$,按图 7 – 31,有

$$\boldsymbol{r} = \overrightarrow{OM} = \overrightarrow{OP} + \overrightarrow{OQ} + \overrightarrow{OR},$$

得 $$|\boldsymbol{r}| = |OM| = \sqrt{|OP|^2 + |OQ|^2 + |OR|^2}.$$

由 $$\overrightarrow{OP} = x\boldsymbol{i}, \quad \overrightarrow{OQ} = y\boldsymbol{j}, \quad \overrightarrow{OR} = z\boldsymbol{k},$$

有 $$|OP| = |x|, \quad |OQ| = |y|, \quad |OR| = |z|,$$

于是 $$|\boldsymbol{r}| = \sqrt{x^2 + y^2 + z^2}.$$

(该公式亦可直接由两点间的距离公式来得到.)

例 5 已知两点 $A(4, 0, 5)$ 和 $B(7, 1, 3)$,求方向和 $\overrightarrow{AB}$ 相同的单位向量.

解 因 $$\overrightarrow{AB} = (7 - 4, 1 - 0, 3 - 5) = (3, 1, -2),$$

于是 $$|\overrightarrow{AB}| = \sqrt{3^2 + 1^2 + (-2)^2} = \sqrt{14}.$$

设 $\boldsymbol{e}$ 为和 $\overrightarrow{AB}$ 方向相同的单位向量,由于

$$\boldsymbol{e} = \frac{\overrightarrow{AB}}{|\overrightarrow{AB}|},$$

即得

$$e = \left(\frac{3}{\sqrt{14}}, \frac{1}{\sqrt{14}}, -\frac{2}{\sqrt{14}} \right).$$

2. 方向角与方向余弦

非零向量 r 与三条坐标轴的夹角 α, β, γ 称为向量 r 的**方向角**(图 7 - 32). 设 $r = (x, y, z)$, 从图 7 - 32 可看出, 由于 $MP \perp OP$, 而坐标 x 是有向线段 $\overrightarrow{OP}$ 的值, 故

$$\cos \alpha = \frac{x}{|OM|} = \frac{x}{|r|}.$$

类似可知

图 7 - 32

$$\cos \beta = \frac{y}{|r|}, \quad \cos \gamma = \frac{z}{|r|}.$$

从而

$$(\cos \alpha, \cos \beta, \cos \gamma) = \left(\frac{x}{|r|}, \frac{y}{|r|}, \frac{z}{|r|} \right)$$

$$= \frac{1}{|r|}(x, y, z) = \frac{r}{|r|} = e_r.$$

$\cos \alpha, \cos \beta, \cos \gamma$ 称为向量 r 的**方向余弦**. 上式表明, 以向量 r 的方向余弦为坐标的向量就是与 r 方向相同的单位向量 e_r, 并由此可得

$$\cos^2 \alpha + \cos^2 \beta + \cos^2 \gamma = 1.$$

例 6　已知两点 $A(2, 2, \sqrt{2})$ 和 $B(1, 3, 0)$, 求向量 $\overrightarrow{AB}$ 的模、方向余弦和方向角.

解　由

$$\overrightarrow{AB} = (1 - 2, 3 - 2, 0 - \sqrt{2})$$

$$= (-1, 1, -\sqrt{2}),$$

则

$$|\overrightarrow{AB}| = \sqrt{1 + 1 + 2} = \sqrt{4} = 2;$$

$$\cos \alpha = -\frac{1}{2}, \quad \cos \beta = \frac{1}{2}, \quad \cos \gamma = -\frac{\sqrt{2}}{2};$$

$$\alpha = \frac{2\pi}{3}, \quad \beta = \frac{\pi}{3}, \quad \gamma = \frac{3\pi}{4}.$$

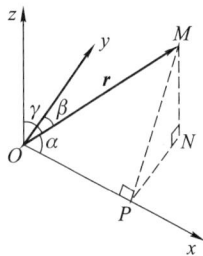

3. 向量在轴上的投影

如果撇开 y 轴和 z 轴, 单独考虑 x 轴与向量 $r = \overrightarrow{OM}$ 的关系, 那么从图 7 - 32 可看出, 点 P 是过点 M 向 x 轴所作垂线的垂足, 作出点 P, 即得向量 r 在 x 轴上

的分向量 $\overrightarrow{OP}$,进而由 $\overrightarrow{OP} = x\boldsymbol{i}$,即得向量 $\boldsymbol{r}$ 在 x 轴上的分量 x,且 $x = |\boldsymbol{r}| \cdot \cos\alpha$.

一般地,设点 O 及单位向量 $\boldsymbol{e}$ 决定 u 轴(图 7-33),任给向量 $\boldsymbol{r}$,作 $\overrightarrow{OM} = \boldsymbol{r}$,再过点 M 作与 u 轴垂直的平面交 u 轴于点 M'(即 $MM' \perp OM'$,点 M' 称为**点 M 在 u 轴上的投影**),则 $\overrightarrow{OM'}$ 称为向量 $\boldsymbol{r}$ 在 u 轴上的**分向量**,设 $\overrightarrow{OM'} = \lambda\boldsymbol{e}$,则数 λ 称为向量 $\boldsymbol{r}$ 在 u 轴上的**投影**(或**分量**),记作 $\mathrm{Prj}_u\boldsymbol{r}$ 或 $(\boldsymbol{r})_u$.

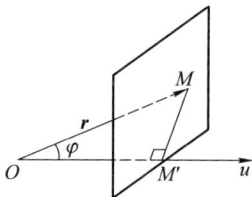

图 7-33

按上述定义可知,向量 $\boldsymbol{a}$ 在坐标系 $Oxyz$ 中的坐标 a_x、a_y、a_z 就是 $\boldsymbol{a}$ 在三条坐标轴上的投影,即

$$a_x = \mathrm{Prj}_x\boldsymbol{a}, \quad a_y = \mathrm{Prj}_y\boldsymbol{a}, \quad a_z = \mathrm{Prj}_z\boldsymbol{a},$$

或记作

$$a_x = (\boldsymbol{a})_x, \quad a_y = (\boldsymbol{a})_y, \quad a_z = (\boldsymbol{a})_z.$$

习惯上也用投影的记号 $(\boldsymbol{r})_x, (\boldsymbol{r})_y, (\boldsymbol{r})_z$ 来表示向量 $\boldsymbol{r}$ 在坐标系 $Oxyz$ 中的三个坐标,对向量的投影与向量的坐标两个概念不加区分.

由此可知,向量的投影具有与坐标相同的性质:

性质 1 $(\boldsymbol{a})_u = |\boldsymbol{a}|\cos\varphi$ (或记作 $\mathrm{Prj}_u\boldsymbol{a} = |\boldsymbol{a}|\cos\varphi$),其中 φ 为 $\boldsymbol{a}$ 与 u 轴的夹角;

性质 2 $(\boldsymbol{a}+\boldsymbol{b})_u = (\boldsymbol{a})_u + (\boldsymbol{b})_u$ (或记作 $\mathrm{Prj}_u(\boldsymbol{a}+\boldsymbol{b}) = \mathrm{Prj}_u\boldsymbol{a} + \mathrm{Prj}_u\boldsymbol{b}$);

性质 3 $(\lambda\boldsymbol{a})_u = \lambda(\boldsymbol{a})_u$ (或记作 $\mathrm{Prj}_u(\lambda\boldsymbol{a}) = \lambda\mathrm{Prj}_u\boldsymbol{a}$).

*习题 7-5

1. 已知菱形两邻边 $\overrightarrow{OA} = \boldsymbol{a}, \overrightarrow{OB} = \boldsymbol{b}$,对角线的交点为 D,求 $\overrightarrow{OD}$.

2. 一向量的起点为 $A(1,4,-2)$,终点为 $B(-1,5,0)$,求 $\overrightarrow{AB}$ 在 x 轴、y 轴、z 轴上的投影,并求 $|\overrightarrow{AB}|$.

3. 一向量的终点为 $B(2,-1,7)$,它在坐标轴上的投影分别为 $4,-4,7$,求这向量的起点坐标.

4. 已知两点 $M_1(4,\sqrt{2},1)$ 和 $M_2(3,0,2)$,计算向量 $\overrightarrow{M_1M_2}$ 的模、方向余弦和方向角.

5. 已知 $\boldsymbol{a} = (3,5,4), \boldsymbol{b} = (-6,1,2), \boldsymbol{c} = (0,-3,-4)$,求 $2\boldsymbol{a} - 3\boldsymbol{b} + 4\boldsymbol{c}$ 及其单位向量.

6. 设 $\boldsymbol{a} = 3\boldsymbol{i} + 5\boldsymbol{j} + 8\boldsymbol{k}, \boldsymbol{b} = 2\boldsymbol{i} - 4\boldsymbol{j} - 7\boldsymbol{k}, \boldsymbol{c} = 5\boldsymbol{i} + \boldsymbol{j} - 4\boldsymbol{k}$,求向量 $\boldsymbol{l} = 4\boldsymbol{a} + 3\boldsymbol{b} - \boldsymbol{c}$ 在 x 轴上的投影以及在 y 轴上的分向量.

7. 一向量与 x 轴、y 轴的夹角相等,而与 z 轴的夹角是前者的两倍,求该向量的方向角.

8. 用向量法证明:三角形两边中点的连线平行于第三边,且长度等于第三边的长度的一半.

*第六节 数量积 向量积

一、向量的数量积

如果某物体在常力 f 的作用下沿直线从点 M_0 移动至 M,用 s 表示物体的位移 $\overrightarrow{M_0M}$,那么力 f 所做的功是

$$W = |f| \cdot |s| \cos \theta,$$

其中 θ 是 f 与 s 的夹角(图 7 – 34). 由此实际背景出发,我们来定义向量的一种乘法运算.

设 a 与 b 是两个向量,$\theta = (\widehat{a,b})$,规定向量 a 与 b 的**数量积**(记作 $a \cdot b$)(图 7 – 35)是由下式确定的一个数:

$$a \cdot b = |a| \cdot |b| \cos \theta. \tag{1}$$

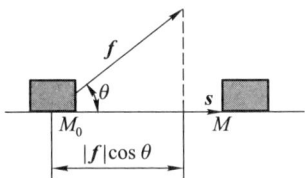

图 7 – 34

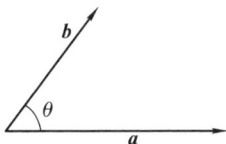

图 7 – 35

向量的数量积也叫**点积**或**内积**. 按数量积的定义,力 f 所做的功就可以表示为 $W = f \cdot s$.

显然,对任何向量 a,有 $a \cdot 0 = 0 \cdot a = 0$.

当 $a \neq 0$ 时,由于 $|b| \cos \theta = |b| \cos (\widehat{a,b})$ 是向量 b 在向量 a 的方向上的投影 $\mathrm{Prj}_a b$,因此有

$$a \cdot b = |a| \mathrm{Prj}_a b,$$

同理,当 $b \neq 0$ 时有

$$a \cdot b = |b| \mathrm{Prj}_b a.$$

这就是说,两向量的数量积等于其中一个向量的模和另一个向量在这向量的方向上的投影的乘积.

由此可知,若 $|a| \neq 0$,则

$$\mathrm{Prj}_a b = |b| \cos \theta = \frac{a \cdot b}{|a|} = e_a \cdot b,$$

上式表明, b 在 a 上的投影就是 b 与 e_a 的数量积.

由数量积的定义可以推得:

(1) $a \cdot a = |a|^2$.

这是因为此时 $\theta = 0$, 所以

$$a \cdot a = |a|^2 \cos 0 = |a|^2.$$

(2) 对于两个非零向量, 若 $a \cdot b = 0$, 则 $a \perp b$ $\left(\text{即 } a \text{ 与 } b \text{ 的夹角为 } \dfrac{\pi}{2}\right)$; 反之, 若 $a \perp b$, 则 $a \cdot b = 0$.

这是因为, 若 $a \perp b$, 则 $\theta = \dfrac{\pi}{2}$, $\cos \theta = 0$, 于是

$$a \cdot b = |a| \cdot |b| \cos \theta = 0.$$

反之, 如果 $a \cdot b = 0$, 若 a 与 b 中有一个是零向量, 则由零向量的方向是任意的可知, $a \perp b$, 若 a 与 b 都不是零向量, 则由 $|a| \neq 0$, $|b| \neq 0$ 可知 $\cos \theta = 0$, $\theta = \dfrac{\pi}{2}$, 即 $a \perp b$.

容易验证, 数量积符合下列运算规律:

(1) 交换律 $a \cdot b = b \cdot a$;

(2) 分配律 $(a + b) \cdot c = a \cdot c + b \cdot c$;

(3) 数乘结合律 $(\lambda a) \cdot (\mu b) = \lambda \mu (a \cdot b)$, λ, μ 为数.

例 1 试用向量证明三角形的余弦定理.

证 设在 $\triangle ABC$ 中, $\angle BCA = \theta$ (图 7 - 36), $|\overrightarrow{CB}| = a$, $|\overrightarrow{CA}| = b$, $|\overrightarrow{AB}| = c$, 要证

$$c^2 = a^2 + b^2 - 2ab\cos \theta.$$

记 $\overrightarrow{CB} = a$, $\overrightarrow{CA} = b$, $\overrightarrow{AB} = c$, 则有

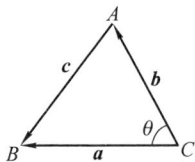

图 7 - 36

$$c = a - b,$$

从而

$$|c|^2 = c \cdot c = a \cdot a - 2a \cdot b + b \cdot b$$

$$= |a|^2 + |b|^2 - 2|a||b|\cos(\widehat{a, b}),$$

即得

$$c^2 = a^2 + b^2 - 2ab\cos \theta.$$

下面我们来推导数量积的坐标表达式.

设 $\boldsymbol{a} = a_x\boldsymbol{i} + a_y\boldsymbol{j} + a_z\boldsymbol{k}, \boldsymbol{b} = b_x\boldsymbol{i} + b_y\boldsymbol{j} + b_z\boldsymbol{k}$，则

$$\boldsymbol{a} \cdot \boldsymbol{b} = a_x\boldsymbol{i} \cdot (b_x\boldsymbol{i} + b_y\boldsymbol{j} + b_z\boldsymbol{k}) + a_y\boldsymbol{j} \cdot (b_x\boldsymbol{i} + b_y\boldsymbol{j} + b_z\boldsymbol{k}) +$$

$$a_z\boldsymbol{k} \cdot (b_x\boldsymbol{i} + b_y\boldsymbol{j} + b_z\boldsymbol{k})$$

$$= a_xb_x\boldsymbol{i} \cdot \boldsymbol{i} + a_xb_y\boldsymbol{i} \cdot \boldsymbol{j} + a_xb_z\boldsymbol{i} \cdot \boldsymbol{k} +$$

$$a_yb_x\boldsymbol{j} \cdot \boldsymbol{i} + a_yb_y\boldsymbol{j} \cdot \boldsymbol{j} + a_yb_z\boldsymbol{j} \cdot \boldsymbol{k} +$$

$$a_zb_x\boldsymbol{k} \cdot \boldsymbol{i} + a_zb_y\boldsymbol{k} \cdot \boldsymbol{j} + a_zb_z\boldsymbol{k} \cdot \boldsymbol{k}.$$

由于 $\boldsymbol{i}, \boldsymbol{j}, \boldsymbol{k}$ 互相垂直，所以

$$\boldsymbol{i} \cdot \boldsymbol{j} = \boldsymbol{j} \cdot \boldsymbol{k} = \boldsymbol{k} \cdot \boldsymbol{i} = 0, \quad \boldsymbol{j} \cdot \boldsymbol{i} = \boldsymbol{k} \cdot \boldsymbol{j} = \boldsymbol{i} \cdot \boldsymbol{k} = 0,$$

又由于 $\boldsymbol{i}, \boldsymbol{j}, \boldsymbol{k}$ 的模均为 1，所以

$$\boldsymbol{i} \cdot \boldsymbol{i} = \boldsymbol{j} \cdot \boldsymbol{j} = \boldsymbol{k} \cdot \boldsymbol{k} = 1.$$

因而

$$\boldsymbol{a} \cdot \boldsymbol{b} = a_xb_x + a_yb_y + a_zb_z. \tag{2}$$

由于 $\boldsymbol{a} \cdot \boldsymbol{b} = |\boldsymbol{a}| \, |\boldsymbol{b}| \cos\theta$，所以当 $\boldsymbol{a}, \boldsymbol{b}$ 都不是零向量时，有

$$\cos\theta = \frac{\boldsymbol{a} \cdot \boldsymbol{b}}{|\boldsymbol{a}| \, |\boldsymbol{b}|} \quad (0 \leqslant \theta \leqslant \pi) \tag{3}$$

$$= \frac{a_xb_x + a_yb_y + a_zb_z}{\sqrt{a_x^2 + a_y^2 + a_z^2} \cdot \sqrt{b_x^2 + b_y^2 + b_z^2}}. \tag{4}$$

例 2　已知点 $A(1,1,1), B(2,2,1), C(2,1,2)$，求 $\angle BAC$ 的大小及 $\triangle ABC$ 的面积 S.

解　$\angle BAC$ 是向量 $\overrightarrow{AB}$ 和 $\overrightarrow{AC}$ 的夹角，由于

$$\overrightarrow{AB} = (1,1,0), \quad \overrightarrow{AC} = (1,0,1),$$

则

$$\overrightarrow{AB} \cdot \overrightarrow{AC} = 1 \cdot 1 + 1 \cdot 0 + 0 \cdot 1 = 1,$$

$$|\overrightarrow{AB}| = \sqrt{1^2 + 1^2 + 0^2} = \sqrt{2},$$

$$|\overrightarrow{AC}| = \sqrt{1^2 + 0^2 + 1^2} = \sqrt{2},$$

于是

$$\cos\angle BAC = \frac{\overrightarrow{AB} \cdot \overrightarrow{AC}}{|\overrightarrow{AB}| \, |\overrightarrow{AC}|} = \frac{1}{2},$$

所以 $\angle BAC = \dfrac{\pi}{3}$，

$$S = \frac{1}{2} |\overrightarrow{AB}| \, |\overrightarrow{AC}| \sin\angle BAC$$

$$= \frac{1}{2} \cdot \sqrt{2} \cdot \sqrt{2} \cdot \sin \frac{\pi}{3} = \frac{\sqrt{3}}{2}.$$

二、向量的向量积

在研究物体的转动问题时,要考虑作用在物体上的力所产生的力矩.下面举一个简单的例子来说明表示力矩的方法.设 O 是一杠杆的支点,力 f 作用在杠杆上的 P 点处,f 与 $\overrightarrow{OP}$ 的夹角为 θ(图 7 – 37).力学中规定,力 f 对支点 O 的力矩 M 是一个向量,它的大小等于力的大小与支点到力线的距离之积,即

$$|M| = |f| |\overrightarrow{OQ}| = |f| |\overrightarrow{OP}| \sin \theta,$$

它的方向垂直于 $\overrightarrow{OP}$ 与 f 确定的平面,并且 $\overrightarrow{OP}$,f,M 三者的方向符合右手法则(有序向量组 a,b,c 符合右手法则,是指当右手的四指从 a 以不超过 π 的转角转向 b 时,竖起的大拇指的指向是 c 的方向,见图 7 – 38).由此实际背景出发,我们定义向量的另一种乘积,即两个向量的向量积.

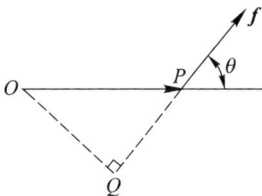

图 7 – 37

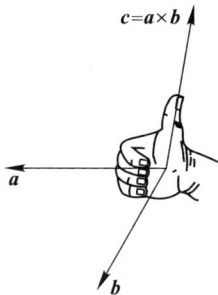

图 7 – 38

设 a,b 是两个向量,规定 a 与 b 的**向量积**是一个向量,记作 $a \times b$,它的模与方向分别为:

(1) $|a \times b| = |a| |b| \sin \theta \quad (\theta = (\widehat{a,b}))$;

(2) $a \times b$ 同时垂直于 a 和 b,并且 a,b,$a \times b$ 符合右手规则.

向量的向量积也叫**叉积**或**外积**.有了这一概念,力矩就可表示为 $M = \overrightarrow{OP} \times f$.由向量积的定义可以推得:

(1) $\mathbf{0} \times a = a \times \mathbf{0} = \mathbf{0}$;

(2) $a \times a = \mathbf{0}$;

(3) $a // b \Leftrightarrow a \times b = \mathbf{0}$.

当 a,b 中至少有一个为零向量时,该结论显然正确.

当 a,b 均为非零向量时,

$$a \times b = 0 \Leftrightarrow |a \times b| = 0 \Leftrightarrow |a| |b| \sin \theta = 0$$

$$\Leftrightarrow \sin \theta = 0 \Leftrightarrow \theta = 0 \text{ 或 } \pi \Leftrightarrow a /\!/ b.$$

向量积符合下列运算律：

（1）反交换律　$a \times b = -b \times a$；

（2）分配律　$(a + b) \times c = a \times c + b \times c$；

（3）结合律　$(\lambda a) \times b = a \times (\lambda b) = \lambda(a \times b)$，$\lambda$ 为数.

下面来推导向量积的坐标表达式.

设 $a = a_x i + a_y j + a_z k, b = b_x i + b_y j + b_z k$，按向量积的运算律，有

$$a \times b = (a_x i + a_y j + a_z k) \times (b_x i + b_y j + b_z k)$$

$$= a_x b_x (i \times i) + a_x b_y (i \times j) + a_x b_z (i \times k) +$$

$$a_y b_x (j \times i) + a_y b_y (j \times j) + a_y b_z (j \times k) +$$

$$a_z b_x (k \times i) + a_z b_y (k \times j) + a_z b_z (k \times k).$$

由于

$$i \times i = j \times j = k \times k = 0,$$

并容易算得

$$i \times j = k, \quad j \times k = i, \quad k \times i = j,$$

$$j \times i = -k, \quad k \times j = -i, \quad i \times k = -j,$$

故整理可得

$$a \times b = (a_y b_z - a_z b_y)i + (a_z b_x - a_x b_z)j + (a_x b_y - a_y b_x)k, \tag{5}$$

或用二阶行列式记号，得

$$a \times b = \begin{vmatrix} a_y & a_z \\ b_y & b_z \end{vmatrix} i + \begin{vmatrix} a_z & a_x \\ b_z & b_x \end{vmatrix} j + \begin{vmatrix} a_x & a_y \\ b_x & b_y \end{vmatrix} k, \tag{6}$$

也可利用三阶行列式，写成

$$a \times b = \begin{vmatrix} i & j & k \\ a_x & a_y & a_z \\ b_x & b_y & b_z \end{vmatrix}. \tag{7}$$

例 3　设 $a = (2,1,-1), b = (1,-1,2)$，计算 $a \times b$.

解

$$a \times b = \begin{vmatrix} i & j & k \\ 2 & 1 & -1 \\ 1 & -1 & 2 \end{vmatrix} = i - 5j - 3k.$$

两向量的向量积有如下的几何意义:

(1) $a \times b$ 的模:由于

$$|a \times b| = |a| |b| \sin\theta = |a| h (h = |b| \sin\theta),$$

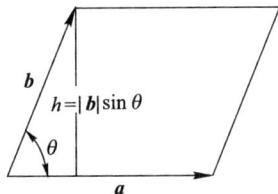

图 7 - 39

从图 7 - 39 可以看出, $|a \times b|$ 表示以 a 和 b 为邻边的平行四边形的面积.

(2) $a \times b$ 的方向:由定义知, $a \times b$ 与一切既平行于 a 又平行于 b 的平面相垂直.

向量积的几何意义在空间解析几何中有着重要的应用.

例 4 已知 $\triangle ABC$ 的顶点分别是 $A(1,2,3)$, $B(3,4,5)$ 和 $C(2,4,7)$,求 $\triangle ABC$ 的面积 $S_{\triangle ABC}$ 及 A 到 BC 边上的高 h.

解 由于 $\overrightarrow{AB} = (2,2,2)$, $\overrightarrow{AC} = (1,2,4)$,则

$$\overrightarrow{AB} \times \overrightarrow{AC} = \begin{vmatrix} i & j & k \\ 2 & 2 & 2 \\ 1 & 2 & 4 \end{vmatrix} = 4i - 6j + 2k.$$

于是,三角形 ABC 的面积

$$S_{\triangle ABC} = \frac{1}{2} |\overrightarrow{AB}| |\overrightarrow{AC}| \sin\angle A$$

$$= \frac{1}{2} |\overrightarrow{AB} \times \overrightarrow{AC}|$$

$$= \frac{1}{2} \sqrt{4^2 + (-6)^2 + 2^2} = \sqrt{14}.$$

又 $$S_{\triangle ABC} = \frac{1}{2} |\overrightarrow{BC}| \cdot h,$$

所以 $$h = \frac{|\overrightarrow{AB} \times \overrightarrow{AC}|}{|\overrightarrow{BC}|} = \frac{\sqrt{4^2 + (-6)^2 + 2^2}}{\sqrt{(-1)^2 + 0 + 2^2}} = \frac{2\sqrt{70}}{5}.$$

*习题 7–6

1. 设 $a = (3, -1, -2), b = (1, 2, -1)$，求：

(1) $a \cdot b$；(2) $a \times b$；(3) $\cos(\widehat{a, b})$；(4) $\mathrm{Prj}_a b$；(5) $\mathrm{Prj}_b a$.

2. 设 $a = (2, -3, 1), b = (1, -1, 3), c = (1, -2, 0)$，求：

(1) $(a \times b) \cdot c$；　　　　(2) $(a \times b) \times c$；

(3) $a \times (b \times c)$；　　　　(4) $(a \cdot b)c - (a \cdot c)b$.

3. 已知 $a + b + c = \mathbf{0}$，$|a| = 3$，$|b| = 4$，$|c| = 5$，求 $a \cdot b + b \cdot c + c \cdot a$.

4. 已知 $A(1, -1, 2), B(5, -6, 2), C(1, 3, -1)$，求：

(1) 同时与 $\overrightarrow{AB}$ 及 $\overrightarrow{AC}$ 垂直的单位向量；

(2) $\triangle ABC$ 的面积；

(3) 从顶点 A 到边 BC 的高的长度.

5. 利用向量证明不等式：

$$\sqrt{a_1^2 + a_2^2 + a_3^2} \cdot \sqrt{b_1^2 + b_2^2 + b_3^2} \geqslant |a_1 b_1 + a_2 b_2 + a_3 b_3|,$$

其中 $a_i, b_i (i = 1, 2, 3)$ 均为实数，并指出等式成立的条件.

6. 设 $a = (3, 5, -2), b = (2, 1, 9)$，试求 λ 的值，使得：

(1) $\lambda a + b$ 与 z 轴垂直；

(2) $\lambda a + b$ 与 a 垂直，并证明此时 $|\lambda a + b|$ 取最小值.

7. 已知 $|a| = 3$，$|b| = 36$，$|a \times b| = 72$，求 $a \cdot b$.

*第七节　平面与空间直线

在前面我们已经介绍了曲面和空间曲线的概念. 在这一节里，我们以向量为工具，在空间直角坐标系中讨论最简单的曲面和空间曲线——平面与空间直线.

一、平面及其方程

1. 平面的点法式方程

垂直于平面的非零向量叫做该平面的**法向量**(简称法向)，一般记作 n. 因为过空间的一个已知点，可以作且只能作一个平面 Π 垂直于已知直线，所以当平面 Π 上的一点 $M_0(x_0, y_0, z_0)$ 及其法向量 $n = (A, B, C)$ 为已知时，平面 Π 的位置就完全确定了. 下面我们按上述已知条件来建立平面 Π 的方程.

设 $M(x, y, z)$ 是平面 Π 上的任一点，则 $\overrightarrow{M_0 M} \perp n$，即有 $\overrightarrow{M_0 M} \cdot n = 0$

（图 7 - 40）. 由于 $\boldsymbol{n} = (A, B, C), \overrightarrow{M_0M} = (x - x_0, y - y_0, z - z_0)$，故有

$$A(x - x_0) + B(y - y_0) + C(z - z_0) = 0. \qquad (1)$$

而当点 $M(x, y, z)$ 不在平面 Π 上时，向量 $\overrightarrow{M_0M}$ 不垂直于 $\boldsymbol{n}$. 因此 M 的坐标 x, y, z 不满足方程(1). 所以(1)式就是平面 Π 的方程. 因为方程(1)由 Π 上的已知点 $M_0(x_0, y_0, z_0)$ 和它的法向量 $\boldsymbol{n} = (A, B, C)$ 确定，故把方程(1)称为平面的**点法式方程**.

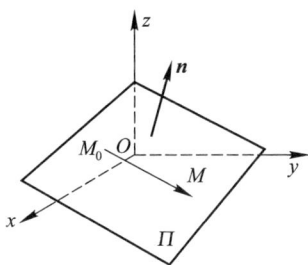

图 7 - 40

例 1   求过点 $(2, -3, 0)$ 且以 $\boldsymbol{n} = (1, -2, 3)$ 为法向量的平面方程.

解   由点法式方程(1)，得所求平面的方程是

$$1 \cdot (x - 2) - 2 \cdot (y + 3) + 3 \cdot (z - 0) = 0,$$

即

$$x - 2y + 3z - 8 = 0.$$

2. 平面的一般方程

在点法式方程(1)中若把 $-(Ax_0 + By_0 + Cz_0)$ 记为 D，则方程(1)就成为三元一次方程

$$Ax + By + Cz + D = 0; \qquad (2)$$

反之，对给定的三元一次方程(2)(其中 A, B, C 不同时为零)，设 x_0, y_0, z_0 是满足方程(2)的一组数，即 $Ax_0 + By_0 + Cz_0 + D = 0$，把它与(2)式相减就得

$$A(x - x_0) + B(y - y_0) + C(z - z_0) = 0.$$

由此可见，方程(2)是过点 $M_0(x_0, y_0, z_0)$ 并以 $\boldsymbol{n} = (A, B, C)$ 为法向量的平面方程，我们把方程(2)称为平面的**一般方程**.

对于一些特殊的三元一次方程，读者要熟悉它们所表示的平面的特点，例如，

当 $D = 0$ 时，$Ax + By + Cz = 0$ 表示过原点的平面；

当 $C = 0$ 时，因为法向量 $\boldsymbol{n} = (A, B, 0)$ 垂直 z 轴，故方程 $Ax + By + D = 0$ 表示平行于 z 轴的平面；

当 $B = C = 0$ 时，因为法向量 $\boldsymbol{n} = (A, 0, 0)$ 同时垂直于 y 轴与 z 轴，故方程 $Ax + D = 0$，即 $x = -\dfrac{D}{A}$ 是平行于 yOz 面，也就是垂直于 x 轴的平面.

例 2   求过 y 轴和点 $M_0(4, -3, -1)$ 的平面方程.

解　平面过 y 轴,即法向量 $\boldsymbol{n}$ 垂直于 y 轴,它在 y 轴上的投影为零,即 $\boldsymbol{n} =$ $(A,0,C)$,又平面也过原点,故可设平面方程为

$$Ax + Cz = 0.$$

将点 $(4,-3,-1)$ 代入有 $4A - C = 0, C = 4A.$ 代入方程 $Ax + Cz = 0$ 并消去 A ,可得所求平面的方程

$$x + 4z = 0.$$

例 3　设一平面与 x、y、z 轴的交点依次为 $P(a,0,0),Q(0,b,0),R(0,0,c)$ (图 $7-41$) ,求这平面的方程(其中 $a\neq0,b\neq0,c\neq0$).

解　设所求平面的方程为

$$Ax + By + Cz + D = 0. \tag{2}$$

因为 $P(a,0,0),Q(0,b,0),R(0,0,c)$ 三点都在这平面上,所以点 P、Q、R 的坐标都满足方程(2);即有

$$\begin{cases} aA + D = 0, \\ bB + D = 0, \\ cC + D = 0, \end{cases}$$

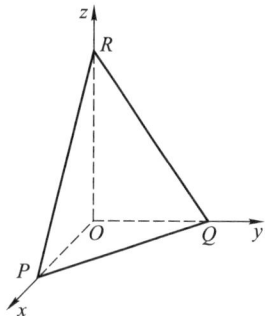

图 $7-41$

得 $A = -\dfrac{D}{a}, B = -\dfrac{D}{b}, C = -\dfrac{D}{c}.$ 以此代入(2)并除以 $D(D\neq0)$,便得所求的平面方程为

$$\frac{x}{a} + \frac{y}{b} + \frac{z}{c} = 1. \tag{3}$$

方程(3)叫做**平面的截距式方程**,而 a,b,c 依次叫做平面在 x、y、z 轴上的截距.

3. 两平面的相互关系

设有平面 $\Pi_1: A_1x + B_1y + C_1z + D_1 = 0$,平面 $\Pi_2: A_2x + B_2y + C_2z + D_2 = 0.$ 它们的法向量分别为 $\boldsymbol{n}_1 = (A_1, B_1, C_1), \boldsymbol{n}_2 = (A_2, B_2, C_2)$,则有

(1) Π_1 与 Π_2 平行 $\Leftrightarrow \dfrac{A_1}{A_2} = \dfrac{B_1}{B_2} = \dfrac{C_1}{C_2}.$ 这是因为, Π_1 与 Π_2 平行等价于 $\boldsymbol{n}_1 // \boldsymbol{n}_2.$

(2) Π_1 与 Π_2 重合 $\Leftrightarrow \dfrac{A_1}{A_2} = \dfrac{B_1}{B_2} = \dfrac{C_1}{C_2} = \dfrac{D_1}{D_2}.$

(3) Π_1 与 Π_2 相交时,称两平面法向量的夹角为两平面的夹角(通常不取钝角)(图 $7-42$),有

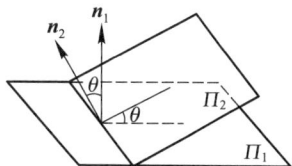

图 $7-42$

$$\cos \theta = \left| \frac{\boldsymbol{n}_1 \cdot \boldsymbol{n}_2}{|\boldsymbol{n}_1| \, |\boldsymbol{n}_2|} \right| = \frac{|A_1 A_2 + B_1 B_2 + C_1 C_2|}{\sqrt{A_1^2 + B_1^2 + C_1^2} \cdot \sqrt{A_2^2 + B_2^2 + C_2^2}}. \tag{4}$$

特别地,$\varPi_1$ 与 $\varPi_2$ 垂直$\Leftrightarrow A_1 A_2 + B_1 B_2 + C_1 C_2 = 0$.

例 4 已知两平面分别为 $\varPi_1 : x + 3y + z + 2 = 0$ 和 $\varPi_2 : x - y - 3z - 2 = 0$,判定两平面的相互位置.

解 两平面的法向量分别为

$$\boldsymbol{n}_1 = (1,3,1), \quad \boldsymbol{n}_2 = (1,-1,-3).$$

由于 $\boldsymbol{n}_1 \not\parallel \boldsymbol{n}_2$,所以两平面必相交,其夹角满足

$$\cos \theta = \frac{|1 \cdot 1 + 3 \cdot (-1) + 1 \cdot (-3)|}{\sqrt{1^2 + 3^2 + 1^2} \cdot \sqrt{1^2 + (-1)^2 + (-3)^2}} = \frac{5}{11},$$

故两平面的夹角为 $\theta = \arccos \dfrac{5}{11}$.

4. 点到平面的距离

设 $P_0(x_0, y_0, z_0)$ 是平面 $\varPi : Ax + By + Cz + D = 0$ 外一点,任取 $\varPi$ 上一点 $P_1(x_1, y_1, z_1)$,并作向量 $\overrightarrow{P_1 P_0}$. 由图 7-43 看到 P_0 到平面 $\varPi$ 的距离 $d = |\overrightarrow{P_1 P_0}| \, |\cos \theta|$($\theta$ 是 $|\overrightarrow{P_1 P_0}|$ 与 $\varPi$ 的法向量 $\boldsymbol{n}$ 之夹角),即

$$d = \frac{|\overrightarrow{P_1 P_0} \cdot \boldsymbol{n}|}{|\boldsymbol{n}|}.$$

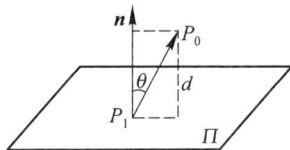

图 7-43

由于

$$\overrightarrow{P_1 P_0} \cdot \boldsymbol{n} = A x_0 + B y_0 + C z_0 - (A x_1 + B y_1 + C z_1),$$

而 $A x_1 + B y_1 + C z_1 + D = 0$,即 $-(A x_1 + B y_1 + C z_1) = D$,故

$$\overrightarrow{P_1 P_0} \cdot \boldsymbol{n} = A x_0 + B y_0 + C z_0 + D.$$

于是得到点 $P_0(x_0, y_0, z_0)$ 到平面 $Ax + By + Cz + D = 0$ 的距离为

$$d = \frac{|A x_0 + B y_0 + C z_0 + D|}{\sqrt{A^2 + B^2 + C^2}}. \tag{5}$$

二、空间直线及其方程

1. 空间直线的参数方程与对称式方程

平行于直线的非零向量称为该直线的**方向向量**(或简称直线的方向),一般

记为 s,由于过空间一已知点可作且只能作一条直线与已知直线平行,故当直线 L 上的一点 $M_0(x_0,y_0,z_0)$ 及其方向向量 $s=(m,n,p)$ 为已知时(m,n,p 称为直线 L 的一组方向数),直线 L 的位置就完全确定了.下面我们按上述已知条件来建立直线 L 的方程.

因为空间一点 $M(x,y,z)$ 在直线 L 上的充分必要条件是向量 $\overrightarrow{M_0M}/\!/s$,即 $\overrightarrow{M_0M}=ts(t\in\mathbf{R})$.现 $\overrightarrow{M_0M}=(x-x_0,y-y_0,z-z_0)$,$ts=(tm,tn,tp)$,从而有 $x-x_0=tm$,$y-y_0=tn$,$z-z_0=tp$,即得过 $M_0(x_0,y_0,z_0)$ 且以 $s=(m,n,p)$ 为方向向量的直线 L 的方程为

$$\begin{cases} x=x_0+tm,\\ y=y_0+tn,\\ z=z_0+tp, \end{cases} \tag{6}$$

或

$$\frac{x-x_0}{m}=\frac{y-y_0}{n}=\frac{z-z_0}{p}. \tag{7}$$

方程组(6)叫做直线的**参数方程**(其中 t 为参数),方程组(7)叫做直线的**对称式方程**或**点向式方程**.(在方程(7)中,若 m,n,p 中有某个数为零,则它对应的分子应理解为零.)

例 5　求过点 $(1,-2,3)$ 且与平面 $2x+y-5z=1$ 垂直的直线的参数方程与对称式方程.

解　由于所求直线与平面 $2x+y-5z=1$ 垂直,故可取平面的法向量作为直线的方向向量,即取 $s=n=(2,1,-5)$,可得直线的参数方程

$$\begin{cases} x=1+2t,\\ y=-2+t,\\ z=3-5t \end{cases}$$

及对称式方程

$$\frac{x-1}{2}=\frac{y+2}{1}=\frac{z-3}{-5}.$$

2. 空间直线的一般方程

直线 L 可以看成是两个平面 $\Pi_1:A_1x+B_1y+C_1z+D_1=0$ 与 $\Pi_2:A_2x+B_2y+C_2z+D_2=0$ 的交线.空间一点 $M(x,y,z)$ 在直线 L 上,当且仅当它的坐标 x,y,z 同时满足 Π_1 与 Π_2 的方程,由此得下列形式的直线方程(称为直线的**一般方**

程）：

$$\begin{cases} A_1 x + B_1 y + C_1 z + D_1 = 0, \\ A_2 x + B_2 y + C_2 z + D_2 = 0. \end{cases} \tag{8}$$

如果直线 L 由一般方程(8)给出,由于 L 是平面 $\Pi_1 : A_1 x + B_1 y + C_1 z + D_1 = 0$ 与 $\Pi_2 : A_2 x + B_2 y + C_2 z + D_2 = 0$ 的交线,故 L 应同时垂直于 Π_1 与 Π_2 的法向量 $\boldsymbol{n}_1$ 与 $\boldsymbol{n}_2$,于是可取 L 的方向向量

$$\boldsymbol{s} = \boldsymbol{n}_1 \times \boldsymbol{n}_2$$

(图 7-44),再任取满足方程组(8)的一组数 x_0, y_0, z_0. 这样,由点 (x_0, y_0, z_0) 与方向向量 $\boldsymbol{s}$ 就可写出直线的参数方程或对称式方程了.

例 6 用参数方程和对称式方程表示直线

$$\begin{cases} x + y + z + 1 = 0, \\ 2x - y + 3z + 4 = 0. \end{cases}$$

解 方程组中两个方程所表示的平面之法向量分别是 $\boldsymbol{n}_1 = (1, 1, 1), \boldsymbol{n}_2 = (2, -1, 3)$,取

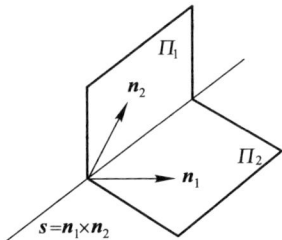

图 7-44

$$\boldsymbol{s} = \boldsymbol{n}_1 \times \boldsymbol{n}_2 = \begin{vmatrix} \boldsymbol{i} & \boldsymbol{j} & \boldsymbol{k} \\ 1 & 1 & 1 \\ 2 & -1 & 3 \end{vmatrix} = 4\boldsymbol{i} - \boldsymbol{j} - 3\boldsymbol{k},$$

再任取直线上一点 (x_0, y_0, z_0),不妨取 $x_0 = 1$,代入方程组,得

$$\begin{cases} y_0 + z_0 = -2, \\ y_0 - 3z_0 = 6, \end{cases}$$

进而解得 $y_0 = 0, z_0 = -2$. 根据公式(6)和公式(7),得直线的参数方程

$$\begin{cases} x = 1 + 4t, \\ y = -t, \\ z = -2 - 3t \end{cases}$$

和直线的对称式方程

$$\frac{x-1}{4} = \frac{y}{-1} = \frac{z+2}{-3}.$$

3. 空间两直线的关系

设空间两直线的方程分别为

$$L_1 : \frac{x - x_1}{m_1} = \frac{y - y_1}{n_1} = \frac{z - z_1}{p_1},$$

$$L_2 : \frac{x - x_2}{m_2} = \frac{y - y_2}{n_2} = \frac{z - z_2}{p_2},$$

它们的方向向量分别是 $s_1 = (m_1, n_1, p_1), s_2 = (m_2, n_2, p_2)$, 称两直线的方向向量的夹角为两直线的夹角 (通常不取钝角), 可由下式计算:

$$\cos \varphi = \frac{|s_1 \cdot s_2|}{|s_1||s_2|} = \frac{|m_1 m_2 + n_1 n_2 + p_1 p_2|}{\sqrt{m_1^2 + n_1^2 + p_1^2} \cdot \sqrt{m_2^2 + n_2^2 + p_2^2}}. \tag{9}$$

从而有

$$L_1 \perp L_2 \Leftrightarrow m_1 m_2 + n_1 n_2 + p_1 p_2 = 0,$$

$$L_1 // L_2 \Leftrightarrow \frac{m_1}{m_2} = \frac{n_1}{n_2} = \frac{p_1}{p_2}.$$

例 7　求直线 $L_1 : \dfrac{x-1}{1} = \dfrac{y}{-4} = \dfrac{z+3}{1}$ 和 $L_2 : \dfrac{x}{2} = \dfrac{y+2}{-2} = \dfrac{z}{-1}$ 的夹角.

解　直线 L_1 的方向向量为 $s_1 = (1, -4, 1)$; 直线 L_2 的方向向量为 $s_2 = (2, -2, -1)$. 设直线 L_1 和 L_2 的夹角为 φ, 那么由公式 (9) 有

$$\cos \varphi = \frac{|1 \times 2 + (-4) \times (-2) + 1 \times (-1)|}{\sqrt{1^2 + (-4)^2 + 1^2} \cdot \sqrt{2^2 + (-2)^2 + (-1)^2}}$$

$$= \frac{1}{\sqrt{2}} = \frac{\sqrt{2}}{2},$$

所以

$$\varphi = \frac{\pi}{4}.$$

例 8　直线 L 过点 $(1, 2, 1)$, 且与下列两直线

$$L_1 : \begin{cases} x + 2y + 5z = 0, \\ 2x - y + z - 1 = 0, \end{cases} \qquad L_2 : \frac{x-1}{2} = \frac{y+2}{0} = \frac{z}{3}$$

垂直, 求 L 的方程.

解　过直线 L_1 的两平面法向量为 $n_1 = (1, 2, 5), n_2 = (2, -1, 1)$, 则 L_1 的方向向量为

$$s_1 = n_1 \times n_2 = \begin{vmatrix} i & j & k \\ 1 & 2 & 5 \\ 2 & -1 & 1 \end{vmatrix} = (7, 9, -5).$$

又直线 L_2 的方向向量为

$$s_2 = (2,0,3),$$

故 L 的方向向量 s 应为

$$s = s_1 \times s_2 = \begin{vmatrix} i & j & k \\ 7 & 9 & -5 \\ 2 & 0 & 3 \end{vmatrix} = (27, -31, -18).$$

从而所求直线方程为

$$\frac{x-1}{27} = \frac{y-2}{-31} = \frac{z-1}{-18}.$$

4. 直线与平面的关系

设有直线

$$L: \frac{x-x_0}{m} = \frac{y-y_0}{n} = \frac{z-z_0}{p},$$

平面

$$\Pi: Ax + By + Cz + D = 0,$$

它们的方向向量与法向量分别为 $s = (m,n,p)$ 和 $n = (A,B,C)$,则

（1）L 与 Π 相交于一点 $\Leftrightarrow Am + Bn + Cp \neq 0$;

（2）L 与 Π 平行或 L 含于 $\Pi \Leftrightarrow Am + Bn + Cp = 0$.

我们称直线和它在平面上的投影直线的夹角 φ 为直线与平面的夹角（通常不取钝角）.

因为 φ 不取钝角,故 s 与 n 的夹角 $\theta = \dfrac{\pi}{2} - \varphi$

或 $\theta = \dfrac{\pi}{2} + \varphi$（图 7-45）. 故

$$\begin{aligned} \sin \varphi &= \cos\left(\frac{\pi}{2} - \varphi\right) \\ &= \left| \cos\left(\frac{\pi}{2} + \varphi\right) \right| = |\cos \theta|. \end{aligned}$$

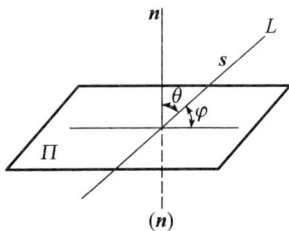

图 7-45

因此,直线与平面的夹角 φ 满足公式

$$\sin \varphi = \frac{|n \cdot s|}{|n||s|} = \frac{|Am + Bn + Cp|}{\sqrt{A^2 + B^2 + C^2}\sqrt{m^2 + n^2 + p^2}}. \tag{10}$$

特别地,

$$L \perp \Pi \Leftrightarrow \frac{A}{m} = \frac{B}{n} = \frac{C}{p}.$$

例 9 求直线 $\dfrac{x-2}{1} = \dfrac{y-3}{1} = \dfrac{z-4}{2}$ 与平面 $2x + y + z - 6 = 0$ 的交点与夹角.

解 直线的参数方程为

$$x = 2 + t, \quad y = 3 + t, \quad z = 4 + 2t,$$

代入平面方程得

$$2(2 + t) + (3 + t) + (4 + 2t) - 6 = 0,$$

解上述方程得 $t = -1$. 把 $t = -1$ 代入直线的参数方程,即得所求交点的坐标 $x = 1, y = 2, z = 2$.

其次,因为直线的方向向量 $s = (1,1,2)$,平面的法向量 $n = (2,1,1)$,由公式(10),

$$\sin \varphi = \frac{|2 \cdot 1 + 1 \cdot 1 + 1 \cdot 2|}{\sqrt{1^2 + 1^2 + 2^2} \sqrt{2^2 + 1^2 + 1^2}} = \frac{5}{6},$$

故直线与平面的夹角 $\varphi = \arcsin \dfrac{5}{6}$.

*习题 7-7

1. 求满足下列条件的平面方程:

(1) 过点 $(3,1,-2)$ 且与平面 $2x + y - 7z + 10 - 0$ 平行;

(2) 过点 $(1,1,-1),(-2,-2,2)$ 和 $(1,-1,2)$;

(3) 过点 $(2,0,1)$ 和点 $(5,1,3)$ 且平行于 z 轴

2. 求平面 $2x - 2y + z + 5 = 0$ 与平面 $x + 3y - 2z + 7 = 0$ 的夹角的余弦.

3. 求两平行平面 $Ax + By + Cz + D_1 = 0$ 与 $Ax + By + Cz + D_2 = 0$ 之间的距离.

4. 求过 z 轴且与平面 $\sqrt{5}x + 2y + z - 18 = 0$ 的夹角为 $\dfrac{\pi}{3}$ 的平面方程.

5. 一平面平行于平面 $2x - y + 3z - 1 = 0$ 且与此平面的距离为 $\sqrt{14}$,求此平面方程.

6. 求下列直线的方程:

(1) 过点 $(-2,3,1)$ 且平行于直线 $\dfrac{x-1}{3} = \dfrac{y}{2} = \dfrac{z+2}{1}$;

(2) 过点 $(1,1,5)$ 且垂直于平面 $2y - z = 0$;

（3）过点$(1,2,-3)$和$(2,1,4)$.

7. 写出下列直线的对称式及参数方程：

$$\begin{cases} x+y-z=0, \\ x-y+z=0. \end{cases}$$

8. 判别下列直线 L_1 和 L_2 的相互位置，并求夹角的余弦：

$$L_1: \frac{x}{2}=\frac{y+3}{3}=\frac{z}{4}, \quad L_2: \frac{x-1}{1}=\frac{y+2}{1}=\frac{z-2}{2}.$$

9. 求下列投影点的坐标：

（1）点$(-1,2,0)$在平面 $x+2y-z+1=0$ 上的投影点；

（2）点$(2,3,1)$在直线$\frac{x+7}{1}=\frac{y+2}{2}=\frac{z+2}{3}$上的投影点.

10. 求点$(1,-2,3)$关于平面 $x+4y+z-14=0$ 的对称点坐标.

11. 求 k 值，使直线$\frac{x-3}{2k}=\frac{y+1}{k+1}=\frac{z-3}{5}$与直线$\frac{x-1}{3}=y+5=\frac{z+2}{k-2}$垂直.

12. 求距离：

（1）点$(1,-4,5)$到平面 $x-2y+4z-1=0$；

（2）点$(3,-1,2)$到直线$\begin{cases} 2x-y+z-4=0, \\ x+y-z+1=0. \end{cases}$

总习题七

1. 已知动点 $M(x,y,z)$ 到 xOy 平面的距离与点 M 到点$(3,-2,2)$的距离相等，求点 M 的轨迹的方程.

2. 求曲线$\begin{cases} z=2-x^2-y^2, \\ z=(x-1)^2+(y-1)^2 \end{cases}$在三个坐标面上的投影曲线的方程.

3. 求锥面 $z=\sqrt{x^2+y^2}$ 与柱面 $z^2=2x$ 所围立体在三个坐标面上的投影.

4. 分别求母线平行于 x 轴及 y 轴而且通过曲线$\begin{cases} 2x^2+y^2+z^2=16, \\ x^2+z^2-y^2=0 \end{cases}$的柱面方程.

5. 画出下列各曲面所围立体的图形：

（1）抛物柱面 $2y^2=x$，平面 $z=0$ 及 $\frac{x}{4}+\frac{y}{2}+\frac{z}{2}=1$；

（2）抛物柱面 $x^2=1-z$，平面 $y=0$，$z=0$ 及 $x+y=1$；

（3）圆锥面 $z=\sqrt{x^2+y^2}$ 及旋转抛物面 $z=2-x^2-y^2$；

（4）旋转抛物面 $x^2+y^2=z$，柱面 $y^2=x$，平面 $z=0$ 及 $x=1$.

*6. 设 $\boldsymbol{a}\neq\boldsymbol{0}$，试问：

（1）若 $\boldsymbol{a}\cdot\boldsymbol{b}=\boldsymbol{a}\cdot\boldsymbol{c}$，能否推知 $\boldsymbol{b}=\boldsymbol{c}$？

(2) 若 $a \times b = a \times c$, 能否推知 $b = c$?

(3) 若 $a \cdot b = a \cdot c$ 且 $a \times b = a \times c$, 能否推知 $b = c$?

*7. 设 $a \neq 0, b \neq 0$, 试问在什么条件下才能保证下列等式成立:

(1) $|a + b| = |a - b|$;　　　　　(2) $|a + b| = |a| + |b|$;

(3) $|a + b| = |a| - |b|$;　　　　　(4) $|a - b| = |a| + |b|$;

(5) $|a - b| = |a| - |b|$.

*8. 以向量 a 与 b 为边作平行四边形, 试用 a 和 b 表示与 a 和 b 夹角的平分线方向相同的单位向量.

*9. 已知 $\triangle ABC$ 的顶点为 $A(3,2,1), B(5,-4,7), C(2,1,5)$, 求从点 C 向 AB 边所引中线的长度.

*10. 在边长为 1 的立方体中, 设 OM 为对角线, OA 为棱, 求 $\overrightarrow{OA}$ 在 $\overrightarrow{OM}$ 上的投影.

*11. 甲烷分子 CH_4 由四个氢原子与一个碳原子组成, 四个氢原子位于正四面体的四个顶点处, 一个碳原子位于四面体的形心处, 由 $H-C-H$ 构成的角称为甲烷分子的键角, 试求键角的大小.

*12. 设 $|a + b| = |a - b|, a = (-2,1,3), b = (x,-2,0)$, 求 x.

*13. 设 $|a| = \sqrt{3}, |b| = 1, (\widehat{a,b}) = \dfrac{\pi}{6}$, 计算:

(1) $a + b$ 与 $a - b$ 之间的夹角;

(2) 以 $a + 2b$ 与 $a - 3b$ 为邻边的平行四边形的面积.

*14. 设 $(a + 2b) \perp (4a - b), (2a - b) \perp (2a + 3b)$, 求 $(\widehat{a,b})$.

*15. 设 a, b 为非零向量, 且 $|b| = 1, (\widehat{a,b}) = \dfrac{\pi}{3}$, 求 $\lim\limits_{x \to 0} \dfrac{|a + xb| - |a|}{x}$.

*16. 设 $a = (2,-1,-2), b = (1,1,z)$, 问 z 为何值时 $(\widehat{a,b})$ 最小? 并求出此最小值.

*17. 设 $a = (2,-3,1), b = (1,-2,3), c = (2,1,2)$, 向量 r 满足 $r \perp a, r \perp b, \mathrm{Prj}_c r = 21$, 求 r.

*18. 已知点 $A(-1,0,0)$ 和 $B(0,3,2)$, 试在 z 轴上求一点 C, 使 $\triangle ABC$ 的面积最小.

*19. 求通过点 $A(3,0,0)$ 和 $B(0,0,1)$ 且与 xOy 面成 $\dfrac{\pi}{4}$ 角的平面方程.

*20. 设一平面过原点及从点 $(1,-1,0)$ 到直线 $\begin{cases} y - 2x + 3 = 0, \\ x - z - 3 = 0 \end{cases}$ 的垂线, 求此平面的方程.

*21. 证明直线 $\begin{cases} x - y = 1, \\ x + z = 0 \end{cases}$ 与直线 $\begin{cases} x + y = 1, \\ z = -1 \end{cases}$ 相交, 并求出交点的坐标.

*22. 求过点 $(-1,0,4)$ 且平行于平面 $3x - 4y + z - 10 = 0$, 又与直线 $x + 1 = y - 3 = \dfrac{z}{2}$ 相交的直线的方程.

*23. 设一直线过点$(2,-1,2)$且与两条直线

$$L_1: \frac{x-1}{1} = \frac{y-1}{0} = \frac{z-1}{1}, \quad L_2: \frac{x-2}{1} = \frac{y-1}{1} = \frac{z+3}{-1}$$

同时相交,求此直线的方程.

*24. 证明:平面 $2x-12y-z+16=0$ 与双曲抛物面 $x^2-4y^2=2z$ 的交线是两条相交的直线,并写出它们的对称式方程.

第八章　多元函数微分学

前面我们研究了一元函数及其微积分. 但在自然科学、工程技术和经济生活的众多领域中,往往涉及多个因素之间关系的问题. 这在数学上就表现为一个变量依赖于多个变量的情形,因而导出了多元函数的概念及其微分和积分的问题.

本章在一元函数微分学的基础上,讨论多元函数的微分法及其应用. 我们以二元函数为主,但所得到的概念、性质与结论都可以很自然地推广到二元以上的多元函数. 同时,我们还需特别注意一些与一元函数微分学显著不同的性质和特点,而从二元函数到二元以上的多元函数则可类推.

第一节　多元函数的基本概念

一、区域

在一元函数中,我们曾使用过邻域和区间的概念. 由于讨论多元函数的需要,下面我们把这些概念进行推广,同时引进一些其他概念.

1. 邻域

设 $P_0(x_0, y_0) \in \mathbf{R}^2$, δ 为某一正数,在 $\mathbf{R}^2$ 中与点 $P_0(x_0, y_0)$ 的距离小于 δ 的点 $P(x, y)$ 的全体,称为点 $P_0(x_0, y_0)$ 的 **δ 邻域**,记作 $U(P_0, \delta)$,即

$$U(P_0, \delta) = \{ P \in \mathbf{R}^2 \mid |P_0P| < \delta \}$$

$$= \{ (x, y) \mid \sqrt{(x - x_0)^2 + (y - y_0)^2} < \delta \}.$$

在几何上, $U(P_0, \delta)$ 就是平面上以点 $P_0(x_0, y_0)$ 为中心,以 δ 为半径的圆盘(不包括圆周).

$U(P_0, \delta)$ 中除去点 $P_0(x_0, y_0)$ 后所剩部分,称为点 $P_0(x_0, y_0)$ 的去心 δ 邻域,记作 $\mathring{U}(P_0, \delta)$.

如果不需要强调邻域的半径,通常就用 $U(P_0)$ 或 $\mathring{U}(P_0)$ 分别表示点 P_0 的

某个邻域或某个去心邻域.

2. 内点、边界点和聚点

设集合 $E \subset \mathbf{R}^2$,点 $P \in \mathbf{R}^2$,如果存在 $\delta > 0$,使得 $U(P,\delta) \subset E$,则称 P 是 E 的**内点**(图 8-1). 若在点 P 的任一邻域内,都既有集合 E 的点,又有余集 E^c 的点,则称 P 是 E 的**边界点**(图 8-2),E 的边界点的全体称为 E 的边界,记作 ∂E. 如果对任意给定的 $\delta > 0$,P 的去心邻域 $\mathring{U}(P,\delta)$ 中总有 E 中的点(P 本身可属于 E,也可不属于 E),则称 P 是 E 的**聚点**.

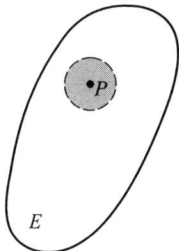
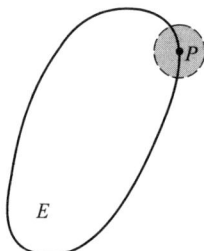

图 8-1   图 8-2

例如,设点集 $E = \{(x,y) \mid 1 \leqslant x^2 + y^2 < 4\}$,点 $P(x_0,y_0) \in \mathbf{R}^2$. 若 $1 < x_0^2 + y_0^2 < 4$,则点 P 为 E 的内点,也是 E 的聚点;若 $x_0^2 + y_0^2 = 1$ 或 $x_0^2 + y_0^2 = 4$,则点 P 为 E 的边界点,也是 E 的聚点. E 的边界 $\partial E = \{(x,y) \mid x^2 + y^2 = 1 \text{ 或 } x^2 + y^2 = 4\}$.

又如,在点集 $E = \{(x,y) \mid x^2 + y^2 = 0 \text{ 或 } x^2 + y^2 \geqslant 1\}$ 中,原点 $(0,0)$ 是 E 的边界点,但不是 E 的聚点.

3. 开集与闭集

设集合 $E \subset \mathbf{R}^2$,如果 E 中每一点都是 E 的内点,则称 E 是 $\mathbf{R}^2$ 中的**开集**;如果 E 的余集 E^c 是 $\mathbf{R}^2$ 中的开集,则称 E 是 $\mathbf{R}^2$ 中的**闭集**.

例如,$\{(x,y) \mid 1 < x^2 + y^2 < 4\}$ 是 $\mathbf{R}^2$ 中的开集;$\{(x,y) \mid 1 \leqslant x^2 + y^2 \leqslant 4\}$ 是 $\mathbf{R}^2$ 中的闭集;而 $\{(x,y) \mid 1 \leqslant x^2 + y^2 < 4\}$ 既不是 $\mathbf{R}^2$ 中的开集,也不是 $\mathbf{R}^2$ 中的闭集.

4. 有界集与无界集

设集合 $E \subset \mathbf{R}^2$,如果存在常数 $k > 0$,使得对所有的 $P(x,y) \in E$,都有 $|OP| = \sqrt{x^2 + y^2} \leqslant k$,则称 E 是 $\mathbf{R}^2$ 中的**有界集**. 一个集合如果不是有界集,就称为**无界集**.

5. 区域、闭区域

设 E 是 $\mathbf{R}^2$ 中的非空开集,如果对于 E 中任意两点 P_1 与 P_2,总存在 E 中的

折线把 P_1 与 P_2 联结起来,则称 E 是 $\mathbf{R}^2$ 中的**区域**(或**开区域**). 可见,区域即为"连通"的开集. 开区域连同它的边界一起,称为**闭区域**.

例如,$\{(x,y)\mid x+y>0\}$ 以及 $\{(x,y)\mid 1<x^2+y^2<2\}$ 都是 $\mathbf{R}^2$ 中的开区域; $\{(x,y)\mid x+y\geqslant0\}$ 以及 $\{(x,y)\mid 1\leqslant x^2+y^2\leqslant2\}$ 都是 $\mathbf{R}^2$ 中的闭区域.

读者不难将上述这些概念逐一推广到 n 维空间 $\mathbf{R}^n$ 中去. 例如,设 P_0 是 $\mathbf{R}^n$ 中一点,δ 为某正数,则点 P_0 的 δ 邻域就是

$$U(P_0,\delta) = \{P \mid \mid P_0P \mid < \delta, P \in \mathbf{R}^n\}.$$

二、多元函数的概念

客观事物往往是由多种因素确定的,例如,圆柱体的体积 V 与底半径 r 及高度 h 有关,所以 V 是两个变量 r 和 h 的函数,若将这两个变量排个序,那么 V 就是二元有序实数组 (r,h) 的函数. 又如长方体的体积 V 与长 x、宽 y、高 z 有关,所以 V 就是三个变量 x、y 和 z 的函数. 或者说 V 是三元有序实数组 (x,y,z) 的函数. 这种依赖于两个或更多个变量的函数,就是多元函数.

定义 1　设 D 是 $\mathbf{R}^n$ 的一个非空子集,从 D 到实数集 $\mathbf{R}$ 的任一映射 f 称为定义在 D 上的一个 n 元(实值)函数,记作

$$f: D \subset \mathbf{R}^n \to \mathbf{R}$$

或
$$y = f(\boldsymbol{x}) = f(x_1, x_2, \cdots, x_n), \boldsymbol{x} \in D,$$

其中 $x_1, x_2, \cdots, x_n$ 称为自变量,y 称为因变量,D 称为函数 f 的**定义域**,$f(D) = \{f(\boldsymbol{x})\mid\boldsymbol{x}\in D\}$ 称为函数 f 的**值域**,并且称 $\mathbf{R}^{n+1}$ 中的子集

$$\{(x_1, x_2, \cdots, x_n, y) \mid y = f(x_1, x_2, \cdots, x_n), (x_1, x_2, \cdots, x_n) \in D\}$$

为函数 $y-f(x_1, x_2, \cdots, x_n)$(在 D 上)的**图形**(或**图像**).

在 n 等于 2 与 3 时,习惯上将点 (x_1, x_2) 与点 (x_1, x_2, x_3) 分别写成 (x,y) 与 (x,y,z). 这时若用字母表示 $\mathbf{R}^2$ 或 $\mathbf{R}^3$ 中的点,则通常写成 $P(x,y)$ 或 $M(x,y,z)$ 等. 相应地,二元函数及三元函数也可简记为 $z=f(P)$ 或 $u=f(M)$.

一个二元函数 $z=f(x,y)$,$(x,y) \in D$ 的图像

$$\{(x, y, f(x,y)) \mid (x,y) \in D\}$$

在几何上表示了空间中的一张曲面. 在直角坐标下,这张曲面在 xOy 坐标面上的投影就是函数 $f(x,y)$ 的定义域 D(图 8-3). 例如函数 $z = \sqrt{1-x^2-y^2}$ $(x^2+y^2\leqslant1)$

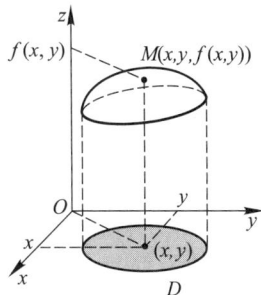

图 8-3

的图像是一张半球面,它在 xOy 坐标面上的投影是圆域 $D = \{(x,y) \mid x^2 + y^2 \leqslant 1\}$,$D$ 就是函数 $z = \sqrt{1 - x^2 - y^2}$ 的定义域.

与一元函数相类似,当我们用某个算式表达多元函数时,凡是使算式有意义的自变量所组成的点集称为这个多元函数的自然定义域. 例如,二元函数 $z = \ln(x+y)$ 的自然定义域为

$$\{(x,y) \mid x+y > 0\}$$

(图 8 – 4). 又如,二元函数 $z = \arcsin(x^2 + y^2)$ 的自然定义域为

$$\{(x,y) \mid x^2 + y^2 \leqslant 1\}$$

(图 8 – 5). 我们约定,凡用算式表达的多元函数,除另有说明外,其定义域是指自然定义域.

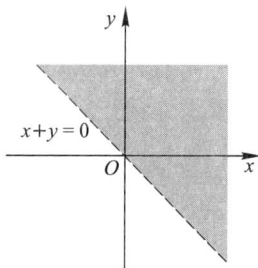

图 8 – 4

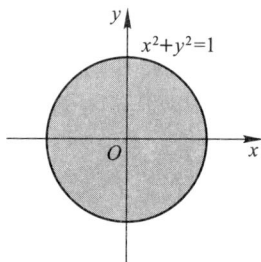

图 8 – 5

一元函数的单调性、奇偶性、周期性等性质的定义在多元函数中不再适用,但有界性的定义仍然适用:

设有 n 元函数 $y = f(\boldsymbol{x})$,其定义域为 $D \subset \mathbf{R}^n$,集合 $X \subset D$. 若存在正数 M,使对任一元素 $\boldsymbol{x} \in X$,有 $|f(\boldsymbol{x})| \leqslant M$,则称 $f(\boldsymbol{x})$ 在 X 上有界,M 称为 $f(\boldsymbol{x})$ 在 X 上的一个界.

三、多元函数的极限

现在利用邻域概念来定义二元函数的极限.

定义 2 设二元函数 $f(P) = f(x,y)$ 的定义域为 D,$P_0(x_0, y_0)$ 是 D 的聚点,如果存在常数 A,使得对于任意给定的正数 ε,总存在正数 δ,只要点 $P(x,y) \in D \cap \mathring{U}(P_0, \delta)$,就有

$$|f(P) - A| = |f(x,y) - A| < \varepsilon,$$

则称 A 为函数 $f(x,y)$ 当 $P(x,y)$(在 D 上)趋于 $P_0(x_0, y_0)$ 时的**极限**,记作

$$\lim_{\substack{P \to P_0 \\ P \in D}} f(P) = A \ \text{或} \lim_{\substack{(x,y) \to (x_0,y_0) \\ (x,y) \in D}} f(x,y) = A,$$

也记作

$$f(P) \to A(P \to P_0) \ \text{或} f(x,y) \to A((x,y) \to (x_0,y_0)).$$

为了区别一元函数的极限,我们把二元函数的极限叫做**二重极限**.

仿此可以定义 n 元函数的极限.

例 1　设 $f(x,y) = (x^2 + y^2) \sin \dfrac{1}{x^2 + y^2}$,证明 $\lim\limits_{(x,y) \to (0,0)} f(x,y) = 0$.

证　用 O 和 P 分别表示点 $(0,0)$ 与 (x,y),$f(x,y)$ 的定义域为 $D = \mathbf{R}^2 \setminus \{(0,0)\}$,点 $O(0,0)$ 为 D 的一个聚点. 因为

$$|f(x,y) - 0| = \left| (x^2 + y^2) \sin \frac{1}{x^2 + y^2} \right| \leqslant x^2 + y^2,$$

则对任给 $\varepsilon > 0$,取 $\delta = \sqrt{\varepsilon}$,当 $P \in D \cap \mathring{U}(O, \delta)$ 时,就有

$$|f(x,y) - 0| < \varepsilon.$$

所以结论成立.

这里应当指出,按照二重极限的定义,当动点 $P(x,y)$ 在 D 上以任何方式趋于定点 $P_0(x_0, y_0)$ 时,$f(x,y)$ 都以常数 A 为极限,才有

$$\lim_{(x,y) \to (x_0,y_0)} f(x,y) = A.$$

如果仅当 $P(x,y)$ 在 D 上以某种特殊方式趋于 $P_0(x_0, y_0)$ 时,$f(x,y)$ 趋于常数 A,那么还不能断定 $f(x,y)$ 存在极限. 但是如果当 $P(x,y)$ 在 D 上以不同方式趋于 $P_0(x_0, y_0)$ 时,$f(x,y)$ 趋于不同的常数,那么便能断定 $f(x,y)$ 的极限不存在.

例 2　设 $f(x,y) = \dfrac{xy}{x^2 + y^2}$,证明:当 $(x,y) \to (0,0)$ 时,$f(x,y)$ 的极限不存在.

证　当 (x,y) 沿直线 $y = kx$(k 为任意实常数)趋向于 $(0,0)$ 时,有

$$\lim_{\substack{x \to 0 \\ y = kx}} f(x,y) = \lim_{x \to 0} \frac{kx^2}{x^2 + k^2 x^2} = \frac{k}{1 + k^2}.$$

显然,极限值随直线斜率 k 的不同而不同,因此 $\lim\limits_{(x,y) \to (0,0)} f(x,y)$ 不存在.

多元函数极限的定义与一元函数极限的定义有着完全相同的形式,因而有关一元函数的极限运算法则和方法都可以平行地推广到多元函数上来(洛必达

法则及单调有界法则等除外).

例 3 求 $\lim\limits_{(x,y)\to(0,2)}\dfrac{\sin xy}{x}$.

解 函数的定义域 $D=\{(x,y)\mid x\neq0,y\in\mathbf{R}\}$，$P_0(0,2)$ 为 D 的聚点，所以

$$\text{原式}=\lim_{(x,y)\to(0,2)}\frac{\sin xy}{xy}\cdot y=1\cdot 2=2.$$

例 4 求 $\lim\limits_{(x,y)\to(0,1)}xy\sin\dfrac{1}{x^2+y^2}$.

解 由于 $\lim\limits_{(x,y)\to(0,1)}xy=0\cdot 1=0$，而

$$\left|\sin\frac{1}{x^2+y^2}\right|\leqslant 1,$$

所以

$$\lim_{(x,y)\to(0,1)}xy\sin\frac{1}{x^2+y^2}=0.$$

四、多元函数的连续性

有了多元函数的极限概念，就可以定义多元函数的连续性.

定义 3 设二元函数 $f(P)=f(x,y)$ 的定义域为 D，$P_0(x_0,y_0)$ 是 D 的聚点，且 $P_0(x_0,y_0)\in D$，如果

$$\lim_{(x,y)\to(x_0,y_0)}f(x,y)=f(x_0,y_0),$$

则称函数 $f(x,y)$ **在点** $P_0(x_0,y_0)$ **处连续**. 如果 $f(x,y)$ 在 D 的每一点处都连续，则称函数 $f(x,y)$ **在** D **上连续**，或称 $f(x,y)$ 是 D **上的连续函数**.

若函数 $f(x,y)$ 在点 $P_0(x_0,y_0)$ 不连续，则 P_0 称为函数 $f(x,y)$ 的间断点. 这里需要指出：函数 $f(x,y)$ 在间断点 P_0 处可以没有定义. 另外，$f(x,y)$ 不但可以有间断点，有时间断点还可以形成一条曲线，称之为间断线.

例如，$(0,0)$ 是函数 $f(x,y)=\dfrac{1}{x^2+y^2}$ 的间断点；$x^2+y^2=1$ 是函数 $f(x,y)=\dfrac{1}{x^2+y^2-1}$ 的间断线.

仿此可以定义 n 元函数的连续性与间断点.

和一元函数一样，利用多元函数的极限运算法则可以证明，多元连续函数的和、差、积、商（在分母不为零处）仍是连续函数，多元连续函数的复合函数也是连续函数.

与一元初等函数相类似,一个多元初等函数是指能用一个算式表示的多元函数,这个算式由常量及具有不同自变量的一元基本初等函数经过有限次的四则运算和复合运算而得到. 例如, $x + y^2, \dfrac{x - y}{1 + x^2}, e^{xy^2}, \sin(x^2 + y^2 + z)$ 等都是多元初等函数. 根据上面的分析,即可得到下述结论:一切多元初等函数在定义区域内是连续的. 所谓**定义区域**,是指包含在自然定义域内的区域或闭区域.

在求多元初等函数 $f(P)$ 在点 P_0 处的极限时,如果点 P_0 在函数的定义区域内,则由函数的连续性,该极限值就等于函数在点 P_0 的函数值,即

$$\lim_{P \to P_0} f(P) = f(P_0).$$

例如,设 $f(x,y) = \dfrac{2 + \sqrt{xy + 2}}{xy}$,则

$$\lim_{(x,y) \to (1,2)} f(x,y) = f(1,2) = 2.$$

最后我们列举有界闭区域上多元连续函数的几个性质,这些性质分别与有界闭区间上一元连续函数的性质相对应.

性质 1 有界闭区域 D 上的多元连续函数是 D 上的有界函数.

性质 2 有界闭区域 D 上的多元连续函数在 D 上存在最大值和最小值.

性质 3 有界闭区域 D 上的多元连续函数必取得介于最大值和最小值之间的任何值.

习题 8 – 1

1. 求下列各函数表达式:

(1) $f(x,y) = x^2 - y^2$,求 $f\left(x + y, \dfrac{y}{x}\right)$;

(2) $f\left(x + y, \dfrac{y}{x}\right) = x^2 - y^2$,求 $f(x,y)$.

2. 求下列函数的定义域,并绘出定义域的图形:

(1) $z = \sqrt{4x^2 + y^2 - 1}$;　　　　　　(2) $z = \ln(xy)$;

(3) $z = \sqrt{1 - x^2} + \sqrt{y^2 - 1}$;　　　(4) $z = \ln(1 - |x| - |y|)$.

*3. 证明下列极限不存在:

(1) $\displaystyle\lim_{(x,y) \to (0,0)} \dfrac{x^2 y}{x^3 - y^3}$;　　　　(2) $\displaystyle\lim_{(x,y) \to (0,0)} \dfrac{xy}{x + y}$.

4. 求下列极限:

$$(1) \lim_{(x,y)\to(1,3)} \frac{xy}{\sqrt{xy+1}-1};$$

$$(2) \lim_{(x,y)\to(0,0)} \frac{2-\sqrt{xy+4}}{xy};$$

$$(3) \lim_{(x,y)\to(0,0)} \left(x\sin\frac{1}{y} + y\sin\frac{1}{x}\right);$$

$$*(4) \lim_{(x,y)\to(0,0)} \frac{x^3+y^3}{x^2+y^2}.$$

5. 下列函数在何处是间断的?

$$(1) z = \frac{y^2+x}{y^2-x};$$

$$(2) z = \frac{1}{\sin x \cos y}.$$

*6. 设 Ω 为 $\mathbf{R}^3$ 中一有界闭区域, $M_0(x_0, y_0, z_0)$ 为 Ω 外一点,证明 Ω 上一定有到 M_0 距离最远及最近的点存在.

第二节 偏导数及其在经济分析中的应用

一、偏导数的定义及其计算方法

大家知道,一元函数的导数定义为函数增量与自变量增量的比值的极限,它刻画了函数对于自变量的变化率. 对于多元函数来说,由于自变量个数的增多,函数关系就更为复杂,但是我们仍然可以考虑函数对于某一个自变量的变化率,也就是在其中一个自变量发生变化,而其余自变量都保持不变的情形下,考虑函数对于该自变量的变化率. 例如在经济学中,某商品的销售量与该商品的广告费支出 S 及该商品的定价 P 有关. 为了研究这种联系,我们可以观察在广告费支出 S 一定的前提下销售量 Q 对定价 P 的变化率,也可以分析在定价 P 一定的前提下销售量 Q 对广告费支出 S 的变化率. 多元函数对于某一个自变量的变化率引出了多元函数的偏导数的概念.

定义 设函数 $z = f(x, y)$ 在点 (x_0, y_0) 的某邻域内有定义,当 y 固定在 y_0,而 x 在 x_0 处取得增量 Δx 时,函数相应地取得增量 $f(x_0 + \Delta x, y_0) - f(x_0, y_0)$,如果

$$\lim_{\Delta x \to 0} \frac{f(x_0 + \Delta x, y_0) - f(x_0, y_0)}{\Delta x} \tag{1}$$

存在,则称此极限为函数 $z = f(x, y)$ 在点 (x_0, y_0) **对 x 的偏导数**,记作

$$\frac{\partial z}{\partial x}\bigg|_{(x_0, y_0)}, \quad z_x(x_0, y_0), \quad \frac{\partial f}{\partial x}\bigg|_{(x_0, y_0)} \quad \text{或} f_x(x_0, y_0).$$

类似地,如果

$$\lim_{\Delta y \to 0} \frac{f(x_0, y_0 + \Delta y) - f(x_0, y_0)}{\Delta y} \tag{2}$$

存在,则称此极限为函数 $z = f(x,y)$ 在点 (x_0,y_0) **对 y 的偏导数**,记作

$$\left.\frac{\partial z}{\partial y}\right|_{(x_0,y_0)},\ z_y(x_0,y_0),\quad \left.\frac{\partial f}{\partial y}\right|_{(x_0,y_0)}\quad \text{或}\ f_y(x_0,y_0).$$

二元函数 $z = f(x,y)$ 表示两个因素 x 和 y 共同影响一个结果 z. $\left.\dfrac{\partial z}{\partial x}\right|_{(x_0,y_0)}$ 表示 z 对于因素 x 在点 (x_0,y_0) 的微小变化的**敏感程度**. 同样,$\left.\dfrac{\partial z}{\partial y}\right|_{(x_0,y_0)}$ 反映了 z 对于因素 y 在点 (x_0,y_0) 的微小变化的**敏感程度**.

当函数 $z = f(x,y)$ 在点 (x_0,y_0) 同时存在对 x 与对 y 的偏导数时,简称 $f(x,y)$ 在点 (x_0,y_0) 可偏导.

如果函数 $z = f(x,y)$ 在某平面区域 D 内的每一点 (x,y) 处都存在对 x 及对 y 的偏导数,那么这些偏导数仍然是 x,y 的函数,我们称它们为 $f(x,y)$ 的偏导函数,记作 $\dfrac{\partial z}{\partial x},\dfrac{\partial f}{\partial x},f_x(x,y),f_y(x,y),z_x,z_y$ 等. 在不致产生误解时,偏导函数也简称为偏导数.

从偏导数的定义可以看出,计算多元函数的偏导数并不需要新的方法. 例如当我们计算 $f(x,y)$ 对 x 的偏导数时,因为已将 y 视为常数,故若令 $\varphi(x) = f(x,y)$,那么

$$f_x(x,y) = \varphi'(x),$$

所以 $f(x,y)$ 对 x 的偏导数就是 $\varphi(x)$ 的导数. 这样,一元函数的求导公式和求导法则都可移用到多元函数偏导数的计算上来. 而 $f(x,y)$ 在点 (x_0,y_0) 处对 x 的偏导数 $f_x(x_0,y_0)$ 显然就是偏导函数 $f_x(x,y)$ 在点 (x_0,y_0) 处的函数值;$f_y(x_0,y_0)$ 就是偏导函数 $f_y(x,y)$ 在 (x_0,y_0) 处的函数值.

例 1 求函数 $z = x^2\sin y$ 在点 $\left(2,\dfrac{\pi}{6}\right)$ 处的偏导数.

解 将 y 视为常数,对 x 求导得

$$\frac{\partial z}{\partial x} = 2x\sin y.$$

将 x 视为常数,对 y 求导得

$$\frac{\partial z}{\partial y} = x^2\cos y.$$

所以

$$\frac{\partial z}{\partial x}\bigg|_{\left(2,\frac{\pi}{6}\right)} = 2, \quad \frac{\partial z}{\partial y}\bigg|_{\left(2,\frac{\pi}{6}\right)} = 2\sqrt{3}.$$

例 2 设 $z = x^y \, (x > 0, x \neq 1)$,求证

$$\frac{x}{y}\frac{\partial z}{\partial x} + \frac{1}{\ln x}\frac{\partial z}{\partial y} = 2z.$$

证 因为

$$\frac{\partial z}{\partial x} = yx^{y-1}, \quad \frac{\partial z}{\partial y} = x^y \ln x,$$

于是

$$\frac{x}{y}\frac{\partial z}{\partial x} + \frac{1}{\ln x}\frac{\partial z}{\partial y} = \frac{x}{y} \cdot yx^{y-1} + \frac{1}{\ln x} \cdot x^y \ln x$$

$$= 2x^y = 2z.$$

偏导数的概念容易推广到三元及三元以上的函数中去,例如三元函数 $u = f(x,y,z)$ 在点 (x,y,z) 处对 x 的偏导数就是

$$f_x(x,y,z) = \lim_{\Delta x \to 0} \frac{f(x + \Delta x, y, z) - f(x,y,z)}{\Delta x}.$$

而计算 $f(x,y,z)$ 对 x 的偏导函数时,只需视 y,z 为常数,对 x 用一元函数求导方法即可.

例 3 已知一定量理想气体的状态方程为 $pV = RT$(R 为常数),证明

$$\frac{\partial p}{\partial V} \cdot \frac{\partial V}{\partial T} \cdot \frac{\partial T}{\partial p} = -1.$$

证 因

$$p = \frac{RT}{V}, \quad \frac{\partial p}{\partial V} = -\frac{RT}{V^2},$$

$$V = \frac{RT}{p}, \quad \frac{\partial V}{\partial T} = \frac{R}{p},$$

$$T = \frac{pV}{R}, \quad \frac{\partial T}{\partial p} = \frac{V}{R},$$

所以

$$\frac{\partial p}{\partial V} \cdot \frac{\partial V}{\partial T} \cdot \frac{\partial T}{\partial p} = -\frac{RT}{V^2} \cdot \frac{R}{p} \cdot \frac{V}{R} = -\frac{RT}{pV} = -1.$$

例 3 表明,用作偏导数记号的 $\dfrac{\partial p}{\partial V},\dfrac{\partial V}{\partial T}$ 与 $\dfrac{\partial T}{\partial p}$ 应当作为整体记号来看待,不能看成分子与分母之商.

二、偏导数的几何意义及函数偏导数存在与函数连续的关系

设二元函数 $z = f(x,y)$ 在点 (x_0,y_0) 有偏导数.

如图 8 – 6 所示,设 $M_0(x_0,y_0,f(x_0,y_0))$ 为曲面 $z = f(x,y)$ 上一点,过点 M_0 作平面 $y = y_0$,此平面与曲面相交得一曲线,曲线的方程为

$$\begin{cases} z = f(x,y), \\ y = y_0. \end{cases}$$

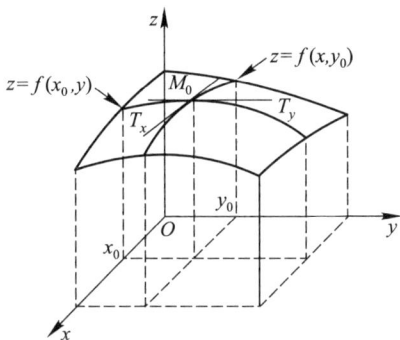

图 8 – 6

由于偏导数 $f_x(x_0,y_0)$ 等于一元函数 $f(x,y_0)$ 的导数 $f'(x,y_0)\big|_{x=x_0}$,故由函数导数的几何意义可知:

$f_x(x_0,y_0)$ 表示曲线 $\begin{cases} z = f(x,y), \\ y = y_0 \end{cases}$ 在点 M_0 处的切线对 x 轴的斜率;同样

$f_y(x_0,y_0)$ 表示曲线 $\begin{cases} z = f(x,y), \\ x = x_0 \end{cases}$ 在点 M_0 处的切线对 y 轴的斜率.

我们知道,一元函数如果在某一点可导,那么函数在该点一定连续,但对多元函数来说,如果它在某一点可偏导,并不能保证它在该点连续. 这是因为,偏导数的存在只能保证点 $P(x,y)$ 沿着平行于相应坐标轴的方向趋于点 $P_0(x_0,y_0)$ 时,函数值 $f(x,y)$ 趋于 $f(x_0,y_0)$,但不能保证点 P 以任意方式趋于点 P_0 时,函数值 $f(x,y)$ 趋于 $f(x_0,y_0)$.

例 4 设 $f(x,y) = \begin{cases} \dfrac{xy}{x^2+y^2}, & x^2+y^2 \neq 0, \\ 0, & x^2+y^2 = 0, \end{cases}$ 求 $f(x,y)$ 的偏导数并讨论 $f(x,y)$

在 $(0,0)$ 处的连续性.

解 当 $x^2+y^2 \neq 0$ 时,

$$f_x(x,y) = \frac{y(x^2+y^2) - xy \cdot 2x}{(x^2+y^2)^2} = \frac{y(y^2-x^2)}{(x^2+y^2)^2},$$

$$f_y(x,y) = \frac{x(x^2+y^2) - xy \cdot 2y}{(x^2+y^2)^2} = \frac{x(x^2-y^2)}{(x^2+y^2)^2}.$$

当 $x^2+y^2=0$ 时,

$$f_x(0,0) = \lim_{\Delta x \to 0} \frac{f(\Delta x,0) - f(0,0)}{\Delta x} = \lim_{\Delta x \to 0} \frac{0-0}{\Delta x} = 0,$$

$$f_y(0,0) = \lim_{\Delta y \to 0} \frac{f(0,\Delta y) - f(0,0)}{\Delta y} = \lim_{\Delta y \to 0} \frac{0-0}{\Delta y} = 0.$$

又由第一节例 2 可知, $\lim\limits_{(x,y)\to(0,0)} f(x,y)$ 不存在,故 $f(x,y)$ 在 $(0,0)$ 处不连续.
此例说明,函数在一点偏导数存在时不一定连续.

三、高阶偏导数

设函数 $z=f(x,y)$ 在平面区域 D 内处处存在偏导数 $f_x(x,y)$ 与 $f_y(x,y)$,如果这两个偏导函数仍可求偏导,则称它们的偏导数为函数 $z=f(x,y)$ 的**二阶偏导数**,按照求导次序的不同,我们有下列四种不同的二阶偏导数.

函数 $f(x,y)$ 关于 x 的二阶偏导数,记作 $\dfrac{\partial^2 z}{\partial x^2}$,$f_{xx}(x,y)$,$z_{xx}$ 等,由下式定义:

$$\frac{\partial^2 z}{\partial x^2}\left[\text{或} \frac{\partial^2 f}{\partial x^2} \text{或} z_{xx} \text{或} f_{xx}(x,y) \right] = \frac{\partial}{\partial x}\left(\frac{\partial z}{\partial x} \right).$$

类似地,可定义其他三种二阶偏导数,其记号和定义分别为

$$\frac{\partial^2 z}{\partial x \partial y}\left[\text{或} \frac{\partial^2 f}{\partial x \partial y} \text{或} z_{xy} \text{或} f_{xy}(x,y) \right] = \frac{\partial}{\partial y}\left(\frac{\partial z}{\partial x} \right),$$

$$\frac{\partial^2 z}{\partial y \partial x}\left[\text{或} \frac{\partial^2 f}{\partial y \partial x} \text{或} z_{yx} \text{或} f_{yx}(x,y) \right] = \frac{\partial}{\partial x}\left(\frac{\partial z}{\partial y} \right),$$

$$\frac{\partial^2 z}{\partial y^2}\left[\text{或} \frac{\partial^2 f}{\partial y^2} \text{或} z_{yy} \text{或} f_{yy}(x,y) \right] = \frac{\partial}{\partial y}\left(\frac{\partial z}{\partial y} \right),$$

其中偏导数 $\dfrac{\partial^2 z}{\partial x \partial y}$ 和 $\dfrac{\partial^2 z}{\partial y \partial x}$ 称为函数 $z = f(x, y)$ 的**二阶混合偏导数**. 仿此可继续定义多元函数的更高阶的偏导数, 并且可仿此引入相应的记号.

例 5　求函数 $z = xy^3 - 2x^3 y^2 + x + y + 1$ 的四个二阶偏导数及三阶偏导数 $\dfrac{\partial^3 z}{\partial y^3}$.

解　因为

$$\frac{\partial z}{\partial x} = y^3 - 6x^2 y^2 + 1, \qquad \frac{\partial z}{\partial y} = 3xy^2 - 4x^3 y + 1,$$

所以

$$\frac{\partial^2 z}{\partial x^2} = -12xy^2, \qquad \frac{\partial^2 z}{\partial x \partial y} = 3y^2 - 12x^2 y,$$

$$\frac{\partial^2 z}{\partial y \partial x} = 3y^2 - 12x^2 y, \qquad \frac{\partial^2 z}{\partial y^2} = 6xy - 4x^3,$$

$$\frac{\partial^3 z}{\partial y^3} = 6x.$$

注意到例 5 中有 $\dfrac{\partial^2 z}{\partial x \partial y} = \dfrac{\partial^2 z}{\partial y \partial x}$, 这不是偶然的, 下面的定理说明了原因.

定理　如果函数 $z = f(x, y)$ 的两个二阶混合偏导数 $f_{xy}(x, y)$ 与 $f_{yx}(x, y)$ 在区域 D 内连续, 那么在该区域内

$$f_{xy}(x, y) = f_{yx}(x, y).$$

证明从略.

此定理说明, 二阶混合偏导数在连续的条件下与求导次序无关. 这个性质还可进一步推广: 高阶混合偏导数在其连续的条件下与求导次序无关.

例 6　证明: 若 $u = \dfrac{1}{r}$, $r = \sqrt{(x-a)^2 + (y-b)^2 + (z-c)^2}$, 则

$$\frac{\partial^2 u}{\partial x^2} + \frac{\partial^2 u}{\partial y^2} + \frac{\partial^2 u}{\partial z^2} = 0.$$

证

$$\frac{\partial u}{\partial x} = -\frac{1}{r^2} \cdot \frac{\partial r}{\partial x} = -\frac{1}{r^2} \cdot \frac{x-a}{r} = -\frac{x-a}{r^3},$$

$$\frac{\partial^2 u}{\partial x^2} = -\frac{1}{r^3} + \frac{3(x-a)}{r^4} \cdot \frac{\partial r}{\partial x} = -\frac{1}{r^3} + \frac{3(x-a)^2}{r^5}.$$

由于函数关于自变量的对称性,所以

$$\frac{\partial^2 u}{\partial y^2} = -\frac{1}{r^3} + \frac{3(y-b)^2}{r^5}, \quad \frac{\partial^2 u}{\partial z^2} = -\frac{1}{r^3} + \frac{3(z-c)^2}{r^5},$$

因此

$$\frac{\partial^2 u}{\partial x^2} + \frac{\partial^2 u}{\partial y^2} + \frac{\partial^2 u}{\partial z^2}$$

$$= -\frac{3}{r^3} + \frac{3\left[(x-a)^2 + (y-b)^2 + (z-c)^2\right]}{r^5}$$

$$= -\frac{3}{r^3} + \frac{3r^2}{r^5} = 0.$$

四、偏导数在经济分析中的应用——偏边际与偏弹性

与一元经济函数边际分析和弹性分析相类似,可建立多元函数的边际分析和弹性分析,称其为偏边际和偏弹性,它们在经济学中有广泛的应用. 我们仅以需求函数为例予以讨论.

1. 需求函数的边际分析

假设 A,B 两种商品彼此相关,那么 A 与 B 的需求量 Q_1 和 Q_2 分别是两种商品的价格 P_1 和 P_2 及消费者的收入 y 的函数,即

$$\begin{cases} Q_1 = f(P_1, P_2, y), \\ Q_2 = g(P_1, P_2, y). \end{cases} \tag{3}$$

可以求得六个偏导数:

$$\frac{\partial Q_1}{\partial P_1}, \frac{\partial Q_1}{\partial P_2}, \frac{\partial Q_1}{\partial y}, \frac{\partial Q_2}{\partial P_1}, \frac{\partial Q_2}{\partial P_2}, \frac{\partial Q_2}{\partial y},$$

其中 $\dfrac{\partial Q_1}{\partial P_1}$ 称为商品 A 的需求函数**关于价格 P_1 的偏边际需求**,它表示当商品 B 的价格 P_2 和消费者的收入 y 固定时,商品 A 的价格变化一个单位时商品 A 的需求量的近似改变量. $\dfrac{\partial Q_1}{\partial y}$ 称为商品 A 的需求函数**关于消费者收入 y 的偏边际需求**,表示当 P_1,P_2 固定时,消费者的收入变化一个单位时商品 A 的需求量的近似改变量. 同理可得其他偏导数的经济意义.

对于一般的需求函数,如果 P_2, y 固定而 P_1 上升时,商品 A 的需求量 Q_1 将减少,将有 $\dfrac{\partial Q_1}{\partial P_1} < 0$;当 P_1, P_2 固定而消费者的收入 y 增加时,一般 Q_1 将增大,将有 $\dfrac{\partial Q_1}{\partial y} > 0$. 其他情形可类似讨论.

如果 $\dfrac{\partial Q_1}{\partial P_2} > 0$ 和 $\dfrac{\partial Q_2}{\partial P_1} > 0$,说明两种商品中任意一个价格减少,都将使其中一个需求量增加,另一个需求量减少,这时称 A, B 两种商品为**替代品**. 例如,苹果和香蕉就是替代品. 如果 $\dfrac{\partial Q_1}{\partial P_2} < 0$ 和 $\dfrac{\partial Q_2}{\partial P_1} < 0$,说明两种商品中任意一个价格减少,都将使需求量 Q_1 和 Q_2 同时增加,这时称 A, B 两种商品为**互补品**. 例如,汽车和汽油就是互补品.

例 7 设 A, B 两种商品是彼此相关的,它们的需求函数分别为

$$Q_A = \frac{50 \sqrt[3]{P_B}}{\sqrt{P_A}}, \quad Q_B = \frac{75 P_A}{\sqrt[3]{P_B^2}},$$

试确定 A, B 两种商品的关系.

解 由于函数中不含有收入 y,可以求出四个偏导数:

$$\frac{\partial Q_A}{\partial P_A} = -25 P_A^{-\frac{3}{2}} P_B^{\frac{1}{3}}, \quad \frac{\partial Q_A}{\partial P_B} = \frac{50}{3} P_A^{-\frac{1}{2}} P_B^{-\frac{2}{3}},$$

$$\frac{\partial Q_B}{\partial P_B} = -50 P_A P_B^{-\frac{5}{3}}, \quad \frac{\partial Q_B}{\partial P_A} = 75 P_B^{-\frac{2}{3}},$$

因为 $P_A > 0, P_B > 0$,所以

$$\frac{\partial Q_A}{\partial P_B} > 0, \quad \frac{\partial Q_B}{\partial P_A} > 0.$$

这说明 A, B 两种商品是替代品.

2. 需求函数的偏弹性

设 A, B 两种商品的需求量函数由 (3) 式表示,当商品 B 的价格 P_2 和消费者收入 y 保持不变,而商品 A 的价格 P_1 发生变化时,需求量 Q_1 和 Q_2 对价格 P_1 的偏弹性分别定义为

$$E_{AA} = E_{11} = \lim_{\Delta P_1 \to 0} \frac{\Delta_1 Q_1 / Q_1}{\Delta P_1 / P_1} = \frac{P_1}{Q_1} \frac{\partial Q_1}{\partial P_1},$$

$$E_{BA} = E_{21} = \lim_{\Delta_1 P_1 \to 0} \frac{\Delta_1 Q_2 / Q_2}{\Delta P_1 / P_1} = \frac{P_1}{Q_2} \frac{\partial Q_2}{\partial P_1},$$

其中 $\Delta_1 Q_i = Q_i(P_1 + \Delta P_1, P_2, y) - Q_i(P_1, P_2, y)(i = 1, 2)$.

当 P_1 和 y 不变而 P_2 变动时,有偏弹性

$$E_{AB} = E_{12} = \lim_{\Delta P_2 \to 0} \frac{\Delta_2 Q_1 / Q_1}{\Delta P_2 / P_2} = \frac{P_2}{Q_1} \frac{\partial Q_1}{\partial P_2},$$

$$E_{BB} = E_{22} = \lim_{\Delta P_2 \to 0} \frac{\Delta_2 Q_2 / Q_2}{\Delta P_2 / P_2} = \frac{P_2}{Q_2} \frac{\partial Q_2}{\partial P_2},$$

其中 $\Delta_2 Q_i = Q_i(P_1, P_2 + \Delta P_2, y) - Q_i(P_1, P_2, y)(i = 1, 2)$.

E_{11}, E_{22} 依次是商品 A、B 的需求量对自身价格的偏弹性,称为**直接价格偏弹性**(或**自价格弹性**),而 E_{12}, E_{21} 则是商品 A、B 的需求量对商品 B、A 的价格的偏弹性,它们称为**交叉价格偏弹性**(或**互价格弹性**). 相应地,$\dfrac{\Delta_2 Q_1 / Q_1}{\Delta P_2 / P_2}$ 称为 Q_1 由点 P_2 到 $P_2 + \Delta P_2$ 的关于 P_2 的**区间(弧)交叉价格弹性**,$\dfrac{\Delta_1 Q_2 / Q_2}{\Delta P_1 / P_1}$ 称为 Q_2 由点 P_1 到 $P_1 + \Delta P_1$ 的关于 P_1 的**区间(弧)交叉价格弹性**.

偏弹性 $E_{ij}(i, j = 1, 2)$ 具有明确的经济意义. 例如 E_{11} 表示 A,B 两种商品的价格为 P_1 和 P_2 时,A 商品的价格 P_1 改变 1% 时其销售量 Q_1 改变的百分数;E_{12} 表示 A,B 两种商品的价格为 P_1 和 P_2 时,B 商品的价格 P_2 改变 1% 时 A 商品销售量 Q_1 改变的百分数. 对 E_{21}, E_{22} 可作类似的解释.

这里需要注意的是,与在一元函数中所述的价格弹性不同,偏弹性 $E_{ij}(i, j = 1, 2)$ 可能有正有负,一般 $E_{ii} < 0 (i = 1, 2)$,即一种商品提价时其需求量会下降. 若 $|E_{ii}| > 1$,则表明该商品提价的百分数小于其需求量下降的百分数,通常可认为它是"奢侈品";若 $|E_{ii}| < 1$,则这种商品为"必需品". 又若 $E_{12} > 0$,则表明 B 商品提价时 A 商品的需求量也随之增加,所以 A 商品可作为 B 商品的替代品;而若 $E_{12} < 0$,则 A 商品为 B 商品的互补品. E_{21} 的符号也有类似的经济意义.

除了上述 4 种偏弹性,还有需求对收入的偏弹性

$$E_{iy} = \frac{y}{Q_i} \frac{\partial Q_i}{\partial y} \ (i = 1, 2).$$

若 $E_{1y} > 0$,它表明随着消费者收入的增加,商品 A 的需求量也增加,所以 A 为正常品,而 $E_{1y} < 0$ 则表明 A 为低档品或劣质品. E_{2y} 的符号也有类似的意义.

例 8 已知两种相关商品 A、B 的需求量 Q_1、Q_2 和价格 P_1、P_2 之间的需求函数分别为

$$Q_1 = \frac{P_2}{P_1}, \quad Q_2 = \frac{P_1^2}{P_2}.$$

求需求的直接价格偏弹性 E_{11} 和 E_{22},交叉价格偏弹性 E_{21} 和 E_{12}.

解　因为

$$\frac{\partial Q_1}{\partial P_1} = -\frac{P_2}{P_1^2}, \quad \frac{\partial Q_1}{\partial P_2} = \frac{1}{P_1},$$

$$\frac{\partial Q_2}{\partial P_1} = \frac{2P_1}{P_2}, \quad \frac{\partial Q_2}{\partial P_2} = -\frac{P_1^2}{P_2^2},$$

所以

$$E_{11} = \frac{P_1}{Q_1} \frac{\partial Q_1}{\partial P_1} = \frac{P_1^2}{P_2} \cdot \left(-\frac{P_2}{P_1^2} \right) = -1,$$

$$E_{12} = \frac{P_2}{Q_1} \frac{\partial Q_1}{\partial P_2} = P_1 \cdot \frac{1}{P_1} = 1,$$

$$E_{21} = \frac{P_1}{Q_2} \frac{\partial Q_2}{\partial P_1} = \frac{P_2}{P_1} \cdot \frac{2P_1}{P_2} = 2,$$

$$E_{22} = \frac{P_2}{Q_2} \frac{\partial Q_2}{\partial P_2} = \frac{P_2^2}{P_1^2} \cdot \left(-\frac{P_1^2}{P_2^2} \right) = -1.$$

由 $E_{12} > 0$ 和 $E_{21} > 0$ 可知,这两种商品是替代品.

例 9　某种数码相机的销售量 Q_A,除与它自身的价格 P_A 有关外,还与彩色喷墨打印机的价格 P_B 有关,具体为

$$Q_A = 120 + \frac{250}{P_A} - 10P_B - P_B^2.$$

求 $P_A = 50, P_B = 5$ 时,(1) Q_A 对 P_A 的弹性;(2) Q_A 对 P_B 的交叉弹性.

解　(1) Q_A 对 P_A 的弹性为

$$E_{AA} = \frac{\partial Q_A}{\partial P_A} \cdot \frac{P_A}{Q_A}$$

$$= -\frac{250}{P_A^2} \cdot \frac{P_A}{120 + \dfrac{250}{P_A} - 10P_B - P_B^2}$$

$$= -\frac{250}{120P_A + 250 - P_A(10P_B + P_B^2)}.$$

当 $P_A = 50, P_B = 5$ 时,

$$E_{AA} = -\frac{250}{120 \cdot 50 + 250 - 50(50 + 25)} = -\frac{1}{10}.$$

（2）Q_A 对 P_B 的交叉弹性为

$$E_{AB} = \frac{\partial Q_A}{\partial P_B} \cdot \frac{P_B}{Q_A}$$

$$= -(10 + 2P_B) \cdot \frac{P_B}{120 + \dfrac{250}{P_A} - 10P_B - P_B^2}.$$

当 $P_A = 50, P_B = 5$ 时，

$$E_{AB} = -20 \cdot \frac{5}{120 + 5 - 50 - 25} = -2.$$

习题 8 - 2

1. 求下列函数的偏导数：

（1）$z = \dfrac{3}{y^2} - \dfrac{1}{\sqrt[3]{x}} + \ln 5$；

（2）$z = \sqrt{\ln(xy)}$；

（3）$S = \dfrac{u + v}{u - v}$；

（4）$z = \ln \tan \dfrac{x}{y}$；

（5）$u = \sin \dfrac{x}{y} \cos \dfrac{y}{x} + z$；

（6）$u = x^{\frac{y}{z}}$；

（7）$z = (1 + xy)^y$；

（8）$f(\rho, \varphi, t) = \rho e^{t\varphi} + e^{-\varphi} + t$.

2. 求曲线 $\begin{cases} z = \dfrac{1}{4}(x^2 + y^2)，\\ y = 4 \end{cases}$ 在点 $(2, 4, 5)$ 处的切线对于 x 轴的倾角.

3. 是否存在一个函数 $f(x, y)$，使得 $f_x(x, y) = x + 4y, f_y(x, y) = 3x - y$？

4. 设 $r = \sqrt{x^2 + y^2 + z^2}$，证明：

（1）$\left(\dfrac{\partial r}{\partial x}\right)^2 + \left(\dfrac{\partial r}{\partial y}\right)^2 + \left(\dfrac{\partial r}{\partial z}\right)^2 = 1$；

（2）$\dfrac{\partial^2 r}{\partial x^2} + \dfrac{\partial^2 r}{\partial y^2} + \dfrac{\partial^2 r}{\partial z^2} = \dfrac{2}{r}$.

5. 求下列函数的二阶偏导数 $\dfrac{\partial^2 z}{\partial x^2}, \dfrac{\partial^2 z}{\partial x \partial y}, \dfrac{\partial^2 z}{\partial y^2}$：

（1）$z = x^{2y}$；

（2）$z = \arctan \dfrac{y}{x}$.

6. 设 $z = y\ln(xy)$,求 $\dfrac{\partial^3 z}{\partial x^2 \partial y}, \dfrac{\partial^3 z}{\partial x \partial y^2}$.

7. 设 $z = 2\cos^2\left(x - \dfrac{t}{2}\right)$,证明: $2\dfrac{\partial^2 z}{\partial t^2} + \dfrac{\partial^2 z}{\partial x \partial t} = 0$.

8. X 公司和 Y 公司是机床行业的两个竞争对手,这两家公司的主要产品的供给函数分别为

$$P_X = 1\,000 - 5Q_X; \quad P_Y = 1\,600 - 4Q_Y.$$

X 公司和 Y 公司现在的销售量分别是 100 个单位和 250 个单位.

(1) X 公司和 Y 公司的自价格弹性是多少?

(2) 假定 Y 降价后,使 Q_Y 增加到 300 个单位,同时导致 X 的销售量 Q_X 下降到 75 个单位,试问 X 公司产品的交叉价格弹性是多少?

9. 设一商品的需求量 Q_1 与其价格 P_1 和另一相关商品的价格 P_2 及消费者收入 y 有以下关系: $Q_1 = CP_1^{-\alpha} P_2^{-\beta} y^{\gamma}$,其中 C, α, β, γ 是正常数,求直接价格偏弹性 E_{11}、交叉价格偏弹性 E_{12} 及需求收入偏弹性 E_{1y}.

第三节 全微分及其应用

一、全微分

在定义二元函数 $f(x,y)$ 的偏导数时,我们曾经考虑了函数的下述两个增量

$$f(x + \Delta x, y) - f(x,y),$$
$$f(x, y + \Delta y) - f(x,y),$$

它们分别称为函数 $z = f(x,y)$ 在点 (x,y) 处对 x 与对 y 的**偏增量**. 当 $f(x,y)$ 在点 (x,y) 的偏导数存在时,这两个偏增量可以分别表示为

$$f(x + \Delta x, y) - f(x,y) = f_x(x,y)\Delta x + o(\Delta x),$$
$$f(x, y + \Delta y) - f(x,y) = f_y(x,y)\Delta y + o(\Delta y).$$

两式右端的第一项分别称为函数 $z = f(x,y)$ 在点 (x,y) 处对 x 与对 y 的**偏微分**. 在许多实际问题中,我们还需要研究 $f(x,y)$ 的形如

$$f(x + \Delta x, y + \Delta y) - f(x,y)$$

的**全增量**.

一般地,计算全增量比较复杂. 与一元函数的情形一样,我们希望用自变量的增量 $\Delta x, \Delta y$ 的线性函数来近似代替函数的全增量,从而引入如下定义.

定义 设函数 $z = f(x,y)$ 在点 (x,y) 的某邻域内有定义. 如果函数 $z = f(x,y)$ 在点 (x,y) 的全增量

$$\Delta z = f(x + \Delta x, y + \Delta y) - f(x,y)$$

可以表示为

$$\Delta z = A\Delta x + B\Delta y + o(\rho), \qquad (1)$$

其中 A、B 不依赖于 Δx、Δy 而仅与 x、y 有关，$\rho = \sqrt{(\Delta x)^2 + (\Delta y)^2}$，则称函数 $z = f(x,y)$ 在点 (x,y) **可微分**，而 $A\Delta x + B\Delta y$ 称为函数 $z = f(x,y)$ 在点 (x,y) 的**全微分**，记作 $\mathrm{d}z$，即

$$\mathrm{d}z = A\Delta x + B\Delta y.$$

习惯上，自变量的增量 Δx 与 Δy 常写成 $\mathrm{d}x$ 与 $\mathrm{d}y$，并分别称为自变量 x,y 的**微分**. 这样，函数 $z = f(x,y)$ 的全微分也可写为

$$\mathrm{d}z = A\mathrm{d}x + B\mathrm{d}y. \qquad (2)$$

当函数 $z = f(x,y)$ 在区域 D 内各点处都可微分时，那么称 $z = f(x,y)$ 在 D 内**可微分**.

由上述定义，我们容易得到函数 $z = f(x,y)$ 在点 (x,y) 可微分的条件.

定理 1（必要条件） 若函数 $z = f(x,y)$ 在点 (x,y) 可微分，则

（1）$f(x,y)$ 在点 (x,y) 处连续；

（2）$f(x,y)$ 在点 (x,y) 处可偏导，且有 $A = \dfrac{\partial z}{\partial x}, B = \dfrac{\partial z}{\partial y}$，即 $z = f(x,y)$ 在点 (x,y) 的全微分为

$$\mathrm{d}z = \frac{\partial z}{\partial x}\mathrm{d}x + \frac{\partial z}{\partial y}\mathrm{d}y. \qquad (3)$$

证 （1）由假设，在(1)式中令 $\rho \to 0$，得

$$\lim_{\rho \to 0} \Delta z = 0,$$

即

$$\lim_{\rho \to 0} f(x + \Delta x, y + \Delta y) = f(x,y),$$

所以 $f(x,y)$ 在点 (x,y) 处连续.

（2）在(1)式中令 $\Delta y = 0$，即取 $\rho = |\Delta x|$，则有

$$f(x + \Delta x, y) - f(x,y) = A\Delta x + o(|\Delta x|).$$

等式两边同除以 Δx，并令 $\Delta x \to 0$，得

$$\lim_{\Delta x \to 0} \frac{f(x + \Delta x, y) - f(x,y)}{\Delta x} = A,$$

从而偏导数 $\dfrac{\partial z}{\partial x}$ 存在，且等于 A. 同样可证 $\dfrac{\partial z}{\partial y} = B$. 证毕.

我们知道,一元函数在某点的导数存在是微分存在的充分必要条件.但对于多元函数来说,情形就不同了.当函数的各偏导数都存在时,虽然能形式地写出 $\dfrac{\partial z}{\partial x}\Delta x + \dfrac{\partial z}{\partial y}\Delta y$,但它与 Δz 之差并不一定是较 ρ 高阶的无穷小,因此它不一定是函数的全微分.换句话说,各偏导数的存在只是全微分存在的必要条件而不是充分条件.例如,函数

$$f(x,y) = \sqrt{\,|\,xy\,|\,}$$

在点 $(0,0)$ 处有 $f_x(0,0)=0$ 及 $f_y(0,0)=0$,所以

$$\Delta z - \left[f_x(0,0) \cdot \Delta x + f_y(0,0) \cdot \Delta y \right] = \sqrt{\,|\,\Delta x \Delta y\,|\,}.$$

如果考虑点 $P'(\Delta x, \Delta y)$ 沿着直线 $y=x$ 趋于 $(0,0)$,则

$$\frac{\sqrt{\,|\,\Delta x \Delta y\,|\,}}{\rho} = \frac{\sqrt{\,|\,\Delta x \Delta y\,|\,}}{\sqrt{(\Delta x)^2 + (\Delta y)^2}} = \frac{|\,\Delta x\,|}{\sqrt{2}\,|\,\Delta x\,|} = \frac{1}{\sqrt{2}}.$$

它不能随 $\rho \to 0$ 而趋于 0,这表示 $\rho \to 0$ 时,

$$\Delta z - \left[f_x(0,0)\Delta x + f_y(0,0)\Delta y \right].$$

并不是较 ρ 高阶的无穷小,因此该函数在点 $(0,0)$ 处的全微分并不存在,即该函数在点 $(0,0)$ 处是不可微分的.

由定理 1 及这个例子可知,偏导数存在是可微分的必要条件而不是充分条件.但是,如果再假定函数的各个偏导数连续,则可以证明函数是可微分的,即有下面的定理.

定理 2(充分条件)　如果函数 $z=f(x,y)$ 的偏导数 $\dfrac{\partial z}{\partial x},\dfrac{\partial z}{\partial y}$ 在点 (x,y) 连续[①],则函数在该点可微分.

证明略去.

以上关于二元函数全微分的定义及可微分的必要条件和充分条件,可以完全类似地推广到三元和三元以上的多元函数.

通常我们把二元函数的全微分等于它的两个偏微分之和这件事称为二元函数的微分符合**叠加原理**.

叠加原理也适用于二元以上的函数的情形.例如,如果三元函数 $u = f(x,y,z)$ 可微分,那么它的全微分就等于它的三个偏微分之和,即

---

①　多元函数的偏导数在一点连续是指:偏导数在该点的某个邻域内存在,于是偏导数在此邻域内有定义,而偏导函数在该点连续.

$$\mathrm{d}u = \frac{\partial u}{\partial x}\mathrm{d}x + \frac{\partial u}{\partial y}\mathrm{d}y + \frac{\partial u}{\partial z}\mathrm{d}z.$$

例 1   求函数 $z = x^2 y + \dfrac{x}{y}$ 的全微分.

解   因为

$$\frac{\partial z}{\partial x} = 2xy + \frac{1}{y}, \quad \frac{\partial z}{\partial y} = x^2 - \frac{x}{y^2},$$

所以

$$\mathrm{d}z = \left(2xy + \frac{1}{y}\right)\mathrm{d}x + \left(x^2 - \frac{x}{y^2}\right)\mathrm{d}y.$$

例 2   求函数 $z = x^2 \mathrm{e}^y + y^2 \sin x$ 在点 $(\pi, 0)$ 处的全微分.

解   因为

$$\frac{\partial z}{\partial x} = 2x\mathrm{e}^y + y^2 \cos x, \quad \frac{\partial z}{\partial y} = x^2 \mathrm{e}^y + 2y\sin x,$$

所以

$$\mathrm{d}z \big|_{(\pi, 0)} = 2\pi \mathrm{d}x + \pi^2 \mathrm{d}y.$$

例 3   求函数 $u = \left(\dfrac{y}{x}\right)^{\frac{1}{z}}$ 的全微分.

解   因为

$$\frac{\partial u}{\partial x} = \frac{1}{z}\left(\frac{y}{x}\right)^{\frac{1}{z}-1} \cdot \left(-\frac{y}{x^2}\right) = -\frac{y}{x^2 z}\left(\frac{y}{x}\right)^{\frac{1}{z}-1},$$

$$\frac{\partial u}{\partial y} = \frac{1}{z}\left(\frac{y}{x}\right)^{\frac{1}{z}-1} \cdot \frac{1}{x} = \frac{1}{xz}\left(\frac{y}{x}\right)^{\frac{1}{z}-1},$$

$$\frac{\partial u}{\partial z} = \left(\frac{y}{x}\right)^{\frac{1}{z}}\ln\frac{y}{x} \cdot \left(-\frac{1}{z^2}\right) = -\frac{1}{z^2}\ln\frac{y}{x} \cdot \left(\frac{y}{x}\right)^{\frac{1}{z}},$$

所以

$$\mathrm{d}u = \left(\frac{y}{x}\right)^{\frac{1}{z}}\left(-\frac{\mathrm{d}x}{xz} + \frac{\mathrm{d}y}{yz} - \frac{1}{z^2}\ln\frac{y}{x}\mathrm{d}z\right).$$

例 4   经济学中的威尔逊(Wilson)公式表明：一个商店的货物最经济的订购量 Q 由公式

$$Q = \sqrt{\frac{2KM}{h}}$$

给定,其中 K 是发出订单的成本, M 是每周销出的货物量, h 是每周保存每件货物的成本. 在点 $(K_0, M_0, h_0) = (1, 20, 0.05)$ 附近, Q 对于 K, M 和 h 中的哪一个变量最为敏感?

解
$$\mathrm{d}Q = \sqrt{\frac{M}{2Kh}}\,\mathrm{d}K + \sqrt{\frac{K}{2Mh}}\,\mathrm{d}M - \sqrt{\frac{KM}{2h^3}}\,\mathrm{d}h,$$

$$\mathrm{d}Q\,\big|_{(1,20,0.05)} = \sqrt{200}\,\mathrm{d}K + \sqrt{0.5}\,\mathrm{d}M - \sqrt{80\,000}\,\mathrm{d}h,$$

由于 $\mathrm{d}h$ 前面的系数的绝对值最大,因此,在点 $(K_0, M_0, h_0) = (1, 20, 0.05)$ 附近,最经济的订购量 Q 对于变量 h 的变化最为敏感.

二、全微分在近似计算中的应用

由二元函数的全微分的定义及关于全微分存在的充分条件可知,当二元函数 $z = f(x, y)$ 在点 $P(x, y)$ 的两个偏导数 $f_x(x, y), f_y(x, y)$ 连续,并且 $|\Delta x|, |\Delta y|$ 都较小时,就有近似等式

$$\Delta z \approx \mathrm{d}z = f_x(x, y)\Delta x + f_y(x, y)\Delta y. \tag{4}$$

上式也可以写成

$$f(x + \Delta x, y + \Delta y) \approx f(x, y) + f_x(x, y)\Delta x + f_y(x, y)\Delta y. \tag{5}$$

与一元函数的情形相类似,我们可以利用(4)式或(5)式对二元函数作近似计算和误差估计,举例如下.

例 5　计算 $(1.04)^{2.02}$ 的近似值.

解　设函数 $f(x, y) = x^y$. 显然,要计算的值就是函数在 $x = 1.04, y = 2.02$ 时的函数值 $f(1.04, 2.02)$.

取 $x = 1, y = 2, \Delta x = 0.04, \Delta y = 0.02$. 由丁

$$f(1, 2) = 1,$$

$$f_x(x, y) = yx^{y-1}, \quad f_y(x, y) = x^y \ln x,$$

$$f_x(1, 2) = 2, \quad f_y(1, 2) = 0,$$

所以,应用公式(5)便有

$$(1.04)^{2.02} \approx 1 + 2 \times 0.04 + 0 \times 0.02 = 1.08.$$

例 6　一直角三角形的斜边长为 $1.9\ \mathrm{m}$,一个锐角为 $31°$,求这个锐角所对边长的近似值.

解　设所求的边长为 a,则 $a = 1.9\sin 31°$,设二元函数

$$z = f(x,y) = x\sin y,$$

取 $x = 2, y = 30° = \dfrac{\pi}{6}, \Delta x = -0.1, \Delta y = 1° = \dfrac{\pi}{180}.$

因为 $\qquad f_x(x,y) = \sin y, \quad f_y(x,y) = x\cos y,$

故由公式(5)有

$$a = f\left(2 - 0.1, \frac{\pi}{6} + \frac{\pi}{180}\right)$$

$$\approx f\left(2, \frac{\pi}{6}\right) + f_x\left(2, \frac{\pi}{6}\right) \times (-0.1) + f_y\left(2, \frac{\pi}{6}\right) \times \frac{\pi}{180}$$

$$= 1 - 0.1 \times \frac{1}{2} + 2 \times \frac{\sqrt{3}}{2} \times \frac{\pi}{180}$$

$$= 0.95 + \frac{\sqrt{3}}{180}\pi \approx 0.98.$$

故所求边长的近似值为 0.98 m.

例 7　要在高为 $H = 20$ cm, 半径为 $R = 4$ cm 的圆柱体表面均匀地镀上一层厚度为 0.1 cm 的黄铜, 问需要准备多少黄铜?

解　设黄铜的密度为 8.5 g/cm³.

圆柱体的体积为

$$V = \pi R^2 H.$$

依题意, 当 $R = 4, H = 20, \Delta R = 0.1, \Delta H = 0.2$ 时, 要求 ΔV. 由于

$$\frac{\partial V}{\partial R} = 2\pi RH, \qquad \frac{\partial V}{\partial H} = \pi R^2,$$

于是
$$\Delta V \approx \mathrm{d}V = \frac{\partial V}{\partial R} \cdot \Delta R + \frac{\partial V}{\partial H} \cdot \Delta H$$

$$= 160\pi \cdot 0.1 + 16\pi \cdot 0.2$$

$$= 19.2\pi,$$

$$W = \Delta V \cdot \rho = 19.2\pi \times 8.5 = 163.2\pi,$$

从而所需准备的黄铜为 163.2πg.

习题 8 - 3

1. 求下列函数的全微分:

(1) $z = 3xe^{-y} - 2\sqrt{x} + \ln 5$;

(2) $z = e^{\frac{y}{x}}$;

(3) $u = y^{xz}$.

2. 求函数 $z = \ln(1 + x^2 + y^2)$ 当 $x = 1, y = 2$ 时的全微分.

3. 求函数 $z = e^{xy}$ 当 $x = 1, y = 1, \Delta x = 0.1, \Delta y = -0.2$ 时的全微分.

4. 求下列数的近似值:

(1) $(1.97)^{1.05}$(注: $\ln 2 = 0.693$);

(2) $\sqrt{(1.02)^3 + (1.97)^3}$.

5. 设矩形的边长 $x = 6$ m, $y = 8$ m. 若 x 增加 2 mm, 而 y 减少 5 mm, 求矩形的对角线和面积变化的近似值.

6. 设有一无盖圆柱形容器, 容器的壁与底的厚度均为 0.1 cm, 内高为 20 cm, 内半径为 4 cm, 求容器外壳体积的近似值.

第四节 多元复合函数的求导法则

在一元函数微分学中, 复合函数的求导法则起着重要的作用. 现在我们把它推广到多元复合函数的情形.

下面按照多元复合函数不同的复合情形, 分三种情况讨论.

1. 复合函数的中间变量均为一元函数的情形

定理 1 如果函数 $u = \varphi(t)$ 及 $v = \psi(t)$ 都在点 t 可导, 函数 $z = f(u,v)$ 在对应点 (u,v) 具有连续偏导数, 则复合函数 $z = f[\varphi(t), \psi(t)]$ 在点 t 可导, 且有

$$\frac{dz}{dt} = \frac{\partial z}{\partial u} \frac{du}{dt} + \frac{\partial z}{\partial v} \frac{dv}{dt}. \tag{1}$$

该定理可推广到复合函数的中间变量多于两个的情形. 例如, 设 $z = f(u,v,w)$, $u = \varphi(t)$, $v = \psi(t)$, $w = \omega(t)$ 复合而得复合函数

$$z = f[\varphi(t), \psi(t), \omega(t)],$$

则在与定理 1 类似的条件下, 这复合函数在点 t 可导, 且其导数可用下列公式计算:

$$\frac{dz}{dt} = \frac{\partial z}{\partial u} \frac{du}{dt} + \frac{\partial z}{\partial v} \frac{dv}{dt} + \frac{\partial z}{\partial w} \frac{dw}{dt}. \tag{2}$$

在公式(1)及(2)中的导数 $\dfrac{\mathrm{d}z}{\mathrm{d}t}$ 称为**全导数**.

例1 设 $z = \mathrm{e}^{2u-3v}$，其中 $u = x^2, v = \cos x$，求 $\dfrac{\mathrm{d}z}{\mathrm{d}x}$.

解 因为

$$\frac{\partial z}{\partial u} = 2\mathrm{e}^{2u-3v}, \qquad \frac{\partial z}{\partial v} = -3\mathrm{e}^{2u-3v},$$

$$\frac{\mathrm{d}u}{\mathrm{d}x} = 2x, \qquad \frac{\mathrm{d}v}{\mathrm{d}x} = -\sin x,$$

所以

$$\frac{\mathrm{d}z}{\mathrm{d}x} = \frac{\partial z}{\partial u} \cdot \frac{\mathrm{d}u}{\mathrm{d}x} + \frac{\partial z}{\partial v} \cdot \frac{\mathrm{d}v}{\mathrm{d}x}$$

$$= \mathrm{e}^{2u-3v}(4x + 3\sin x)$$

$$= \mathrm{e}^{2x^2 - 3\cos x}(4x + 3\sin x).$$

例2 若可微函数 $f(x,y)$ 对任意正实数 λ 满足关系式

$$f(\lambda x, \lambda y) = \lambda^k f(x,y),$$

则称 $f(x,y)$ 为 k **次齐次函数**. 证明 k 次齐次函数满足方程

$$x \frac{\partial f}{\partial x} + y \frac{\partial f}{\partial y} = kf(x,y).$$

证 设 $u = \lambda x, v = \lambda y$，则由已知条件有等式

$$f(u,v) = \lambda^k f(x,y).$$

上式等式左端看成以 u, v 为中间变量，λ 为自变量的函数，等式两端对 λ 求导数，得

$$\frac{\partial f}{\partial u} \cdot \frac{\mathrm{d}u}{\mathrm{d}\lambda} + \frac{\partial f}{\partial v} \cdot \frac{\mathrm{d}v}{\mathrm{d}\lambda} = k\lambda^{k-1}f(x,y),$$

即

$$x \frac{\partial f}{\partial u} + y \frac{\partial f}{\partial v} = k\lambda^{k-1}f(x,y),$$

上式对任意正实数 λ 都成立，特别取 $\lambda = 1$，即得所证等式

$$x \frac{\partial f}{\partial x} + y \frac{\partial f}{\partial y} = kf(x,y).$$

2. 复合函数的中间变量均为多元函数的情形

定理2 如果函数 $u=\varphi(x,y)$ 及 $v=\psi(x,y)$ 都在点 (x,y) 具有对 x 及对 y 的偏导数,函数 $z=f(u,v)$ 在对应点 (u,v) 具有连续偏导数,则复合函数 $z=f[\varphi(x,y),\psi(x,y)]$ 在点 (x,y) 的两个偏导数存在,且有

$$\frac{\partial z}{\partial x}=\frac{\partial z}{\partial u}\frac{\partial u}{\partial x}+\frac{\partial z}{\partial v}\frac{\partial v}{\partial x},\tag{3}$$

$$\frac{\partial z}{\partial y}=\frac{\partial z}{\partial u}\frac{\partial u}{\partial y}+\frac{\partial z}{\partial v}\frac{\partial v}{\partial y}.\tag{4}$$

事实上,这里求 $\frac{\partial z}{\partial x}$ 时,将 y 看成常量,因此中间变量 u 及 v 仍可看成一元函数而应用定理1.但由于复合函数 $z=f[\varphi(x,y),\psi(x,y)]$ 以及 $u=\varphi(x,y)$ 和 $v=\psi(x,y)$ 都是 x,y 的二元函数,所以应把(1)式中的 d 改为 ∂,再把 t 换成 x,这样便由(1)式得(3)式.同理由(1)式可得(4)式.

类似地,可把中间变量和自变量推广到多于两个的情形,而设 $u=\varphi(x,y)$,$v=\psi(x,y)$ 及 $w=\omega(x,y)$ 都在点 (x,y) 具有对 x 及对 y 的偏导数,函数 $z=f(u,v,w)$ 在对应点 (u,v,w) 具有连续偏导数,则复合函数

$$z=f[\varphi(x,y),\psi(x,y),\omega(x,y)]$$

在点 (x,y) 的两个偏导数都存在,且可用下列公式计算:

$$\frac{\partial z}{\partial x}=\frac{\partial z}{\partial u}\frac{\partial u}{\partial x}+\frac{\partial z}{\partial v}\frac{\partial v}{\partial x}+\frac{\partial z}{\partial w}\frac{\partial w}{\partial x},\tag{5}$$

$$\frac{\partial z}{\partial y}=\frac{\partial z}{\partial u}\frac{\partial u}{\partial y}+\frac{\partial z}{\partial v}\frac{\partial v}{\partial y}+\frac{\partial z}{\partial w}\frac{\partial w}{\partial y}.\tag{6}$$

例3 设 $z=u^2\ln v,u=\dfrac{x}{y},v=3x-2y$,求 $\dfrac{\partial z}{\partial x}$ 及 $\dfrac{\partial z}{\partial y}$.

解 $\dfrac{\partial z}{\partial x}=\dfrac{\partial z}{\partial u}\cdot\dfrac{\partial u}{\partial x}+\dfrac{\partial z}{\partial v}\cdot\dfrac{\partial v}{\partial x}=2u\ln v\cdot\dfrac{1}{y}+\dfrac{u^2}{v}\cdot 3$

$$=\frac{2x}{y^2}\ln(3x-2y)+\frac{3x^2}{(3x-2y)y^2},$$

$\dfrac{\partial z}{\partial y}=\dfrac{\partial z}{\partial u}\cdot\dfrac{\partial u}{\partial y}+\dfrac{\partial z}{\partial v}\cdot\dfrac{\partial v}{\partial y}=2u\ln v\cdot\left(-\dfrac{x}{y^2}\right)+\dfrac{u^2}{v}\cdot(-2)$

$$=-\frac{2x^2}{y^3}\ln(3x-2y)-\frac{2x^2}{(3x-2y)y^2}.$$

例 4　设 $w = f(x + y + z, xyz)$，f 具有二阶连续偏导数，求 $\dfrac{\partial w}{\partial x}$ 及 $\dfrac{\partial^2 w}{\partial x \partial z}$.

解　令 $u = x + y + z$，$v = xyz$，则 $w = f(u, v)$.

为表达简便起见，引入以下记号：

$$f_1' = \frac{\partial f(u, v)}{\partial u}, \quad f_{12}'' = \frac{\partial^2 f(u, v)}{\partial u \partial v}.$$

这里下标 1 表示对第一个变量 u 求偏导数，下标 2 表示对第二个变量 v 求偏导数. 同理有 f_2'，f_{11}''，f_{22}'' 等.

因所给函数由 $w = f(u, v)$ 及 $u = x + y + z$，$v = xyz$ 复合而成，根据复合函数求导法则，有

$$\frac{\partial w}{\partial x} = \frac{\partial f}{\partial u} \frac{\partial u}{\partial x} + \frac{\partial f}{\partial v} \frac{\partial v}{\partial x} = f_1' + yz f_2',$$

$$\frac{\partial^2 w}{\partial x \partial z} = \frac{\partial}{\partial z}(f_1' + yz f_2') = \frac{\partial f_1'}{\partial z} + y f_2' + yz \frac{\partial f_2'}{\partial z}.$$

求 $\dfrac{\partial f_1'}{\partial z}$ 及 $\dfrac{\partial f_2'}{\partial z}$ 时，应注意 f_1' 及 f_2' 仍旧是复合函数，根据复合函数求导法则，有

$$\frac{\partial f_1'}{\partial z} = \frac{\partial f_1'}{\partial u} \frac{\partial u}{\partial z} + \frac{\partial f_1'}{\partial v} \frac{\partial v}{\partial z} = f_{11}'' + xy f_{12}'',$$

$$\frac{\partial f_2'}{\partial z} = \frac{\partial f_2'}{\partial u} \frac{\partial u}{\partial z} + \frac{\partial f_2'}{\partial v} \frac{\partial v}{\partial z} = f_{21}'' + xy f_{22}''.$$

于是

$$\frac{\partial^2 w}{\partial x \partial z} = f_{11}'' + xy f_{12}'' + y f_2' + yz f_{21}'' + xy^2 z f_{22}''$$

$$= f_{11}'' + y(x + z) f_{12}'' + xy^2 z f_{22}'' + y f_2'.$$

3. 复合函数的中间变量既有一元函数又有多元函数的情形

定理 3　如果函数 $u = \varphi(x, y)$ 在点 (x, y) 具有对 x 及对 y 的偏导数，函数 $v = \psi(y)$ 在点 y 可导，函数 $z = f(u, v)$ 在对应点 (u, v) 具有连续偏导数，则复合函数 $z = f[\varphi(x, y), \psi(y)]$ 在点 (x, y) 的两个偏导数存在，且有

$$\frac{\partial z}{\partial x} = \frac{\partial z}{\partial u} \frac{\partial u}{\partial x}, \tag{7}$$

$$\frac{\partial z}{\partial y} = \frac{\partial z}{\partial u} \frac{\partial u}{\partial y} + \frac{\partial z}{\partial v} \frac{\mathrm{d} v}{\mathrm{d} y}. \tag{8}$$

上述情形实际上是情形 2 的一种特例, 即在情形 2 中, 如变量 v 与 x 无关, 从而 $\dfrac{\partial v}{\partial x}=0$; 在 v 对 y 求导时, 由于 v 是 y 的一元函数, 故 $\dfrac{\partial v}{\partial y}$ 换成了 $\dfrac{dv}{dy}$, 这就得到上述结果.

在情形 3 中, 还会遇到这样的情形: 复合函数的某些中间变量本身又是复合函数的自变量. 例如, 设 $z=f(u,x,y)$ 具有连续偏导数, 而 $u=\varphi(x,y)$ 具有偏导数, 则复合函数 $z=f\left[\varphi(x,y),x,y\right]$ 可看成情形 2 中当 $v=x,w=y$ 的特殊情形. 因此

$$\frac{\partial v}{\partial x}=1,\qquad \frac{\partial w}{\partial x}=0,$$

$$\frac{\partial v}{\partial y}=0,\qquad \frac{\partial w}{\partial y}=1.$$

从而复合函数 $z=f\left[\varphi(x,y),x,y\right]$ 具有对自变量 x 及 y 的偏导数, 且由公式 (5)、(6) 得

$$\frac{\partial z}{\partial x}=\frac{\partial f}{\partial u}\frac{\partial u}{\partial x}+\frac{\partial f}{\partial x}.$$

$$\frac{\partial z}{\partial y}=\frac{\partial f}{\partial u}\frac{\partial u}{\partial y}+\frac{\partial f}{\partial y}.$$

注意: 这里 $\dfrac{\partial z}{\partial x}$ 与 $\dfrac{\partial f}{\partial x}$ 是不同的, $\dfrac{\partial z}{\partial x}$ 是把复合函数 $z=f\left[\varphi(x,y),x,y\right]$ 中的 y 看做常量而对 x 的偏导数, $\dfrac{\partial f}{\partial x}$ 是把 $f(u,x,y)$ 中的 u 及 y 看做常量而对 x 的偏导数. $\dfrac{\partial z}{\partial y}$ 与 $\dfrac{\partial f}{\partial y}$ 也有类似的区别.

例 5　设 $u=f(x,y,z)=\mathrm{e}^{2x+3y+4z}$, $y=z^2\cos x$, 求 $\dfrac{\partial u}{\partial x}$ 和 $\dfrac{\partial u}{\partial z}$.

解
$$\frac{\partial u}{\partial x}=\frac{\partial f}{\partial x}+\frac{\partial f}{\partial y}\cdot\frac{\partial y}{\partial x}$$

$$=2\mathrm{e}^{2x+3y+4z}+3\mathrm{e}^{2x+3y+4z}\cdot(-z^2\sin x)$$

$$=(2-3z^2\sin x)\mathrm{e}^{2x+3y+4z}.$$

$$\frac{\partial u}{\partial z} = \frac{\partial f}{\partial y} \cdot \frac{\partial y}{\partial z} + \frac{\partial f}{\partial z}$$

$$= 3\mathrm{e}^{2x+3y+4z} \cdot 2z\cos x + 4\mathrm{e}^{2x+3y+4z}$$

$$= 2(3z\cos x + 2)\mathrm{e}^{2x+3y+4z}.$$

*例6 设 $z = f(u,v)$ 具有二阶连续偏导数,$u = x - y$,$v = x + y$,试用 z 关于 u,v 的偏导数表示方程 $\dfrac{\partial^2 z}{\partial x^2} + \dfrac{\partial^2 z}{\partial y^2} = 2$.

解 由复合函数的求导法则,有

$$\frac{\partial z}{\partial x} = \frac{\partial z}{\partial u} \cdot \frac{\partial u}{\partial x} + \frac{\partial z}{\partial v} \cdot \frac{\partial v}{\partial x} = \frac{\partial z}{\partial u} + \frac{\partial z}{\partial v},$$

两边再对 x 求偏导数,得

$$\frac{\partial^2 z}{\partial x^2} = \left(\frac{\partial^2 z}{\partial u^2} + \frac{\partial^2 z}{\partial v \partial u}\right) \cdot \frac{\partial u}{\partial x} + \left(\frac{\partial^2 z}{\partial u \partial v} + \frac{\partial^2 z}{\partial v^2}\right) \cdot \frac{\partial v}{\partial x}$$

$$= \frac{\partial^2 z}{\partial u^2} + 2\frac{\partial^2 z}{\partial u \partial v} + \frac{\partial^2 z}{\partial v^2}.$$

同样地,

$$\frac{\partial z}{\partial y} = \frac{\partial z}{\partial u} \cdot \frac{\partial u}{\partial y} + \frac{\partial z}{\partial v} \cdot \frac{\partial v}{\partial y} = -\frac{\partial z}{\partial u} + \frac{\partial z}{\partial v},$$

两边再对 y 求偏导数,得

$$\frac{\partial^2 z}{\partial y^2} = \left(-\frac{\partial^2 z}{\partial u^2} + \frac{\partial^2 z}{\partial v \partial u}\right) \cdot \frac{\partial u}{\partial y} + \left(-\frac{\partial^2 z}{\partial u \partial v} + \frac{\partial^2 z}{\partial v^2}\right) \cdot \frac{\partial v}{\partial y}$$

$$= \frac{\partial^2 z}{\partial u^2} - 2\frac{\partial^2 z}{\partial u \partial v} + \frac{\partial^2 z}{\partial v^2}.$$

由此得到

$$\frac{\partial^2 z}{\partial x^2} + \frac{\partial^2 z}{\partial y^2} = 2\left(\frac{\partial^2 z}{\partial u^2} + \frac{\partial^2 z}{\partial v^2}\right),$$

故所求方程为

$$\frac{\partial^2 z}{\partial u^2} + \frac{\partial^2 z}{\partial v^2} = 1.$$

全微分形式不变性 设函数 $z = f(u,v)$ 具有连续偏导数,则有全微分

$$dz = \frac{\partial z}{\partial u}du + \frac{\partial z}{\partial v}dv.$$

如果 u,v 又是 x,y 的函数,即 $u = \varphi(x,y)$,$v = \psi(x,y)$,且这两个函数也具有连续偏导数,则复合函数

$$z = f[\varphi(x,y),\psi(x,y)]$$

的全微分为

$$dz = \frac{\partial z}{\partial x}dx + \frac{\partial z}{\partial y}dy,$$

其中 $\dfrac{\partial z}{\partial x}$ 及 $\dfrac{\partial z}{\partial y}$ 分别由公式(3)及(4)给出,把公式(3)及(4)中的 $\dfrac{\partial z}{\partial x}$ 及 $\dfrac{\partial z}{\partial y}$ 代入上式,得

$$dz = \left(\frac{\partial z}{\partial u}\frac{\partial u}{\partial x} + \frac{\partial z}{\partial v}\frac{\partial v}{\partial x}\right)dx + \left(\frac{\partial z}{\partial u}\frac{\partial u}{\partial y} + \frac{\partial z}{\partial v}\frac{\partial v}{\partial y}\right)dy$$

$$= \frac{\partial z}{\partial u}\left(\frac{\partial u}{\partial x}dx + \frac{\partial u}{\partial y}dy\right) + \frac{\partial z}{\partial v}\left(\frac{\partial v}{\partial x}dx + \frac{\partial v}{\partial y}dy\right)$$

$$= \frac{\partial z}{\partial u}du + \frac{\partial z}{\partial v}dv.$$

由此可见,无论 z 是自变量 u,v 的函数或中间变量 u,v 的函数,它的全微分形式是一样的.这个性质叫做**全微分形式不变性**.

例 7　利用全微分形式不变性解本节的例3.

解
$$dz = d(u^2\ln v) = 2u\ln v\,du + \frac{u^2}{v}dv. \tag{9}$$

因
$$du = d\left(\frac{x}{y}\right) = \frac{y\,dx - x\,dy}{y^2},$$

$$dv = d(3x - 2y) = 3dx - 2dy,$$

代入(9)式后合并含 dx 及 dy 的项,得

$$dz = \left[\frac{2x}{y^2}\ln(3x - 2y) + \frac{3x^2}{(3x - 2y)y^2}\right]dx +$$

$$\left[-\frac{2x^2}{y^3}\ln(3x - 2y) - \frac{2x^2}{(3x - 2y)y^2}\right]dy.$$

将它和公式 $dz = \dfrac{\partial z}{\partial x}dx + \dfrac{\partial z}{\partial y}dy$ 比较,就可同时得到两个偏导数$\dfrac{\partial z}{\partial x}, \dfrac{\partial z}{\partial y}$,它们与例 3 的结果一致.

习题 8 - 4

1. 求下列函数的全导数:

(1) 设 $z = \dfrac{v}{u}$,而 $u = \ln x, v = e^x$,求$\dfrac{dz}{dx}$;

(2) 设 $z = \arctan(x - y)$,而 $x = 3t, y = 4t^3$,求$\dfrac{dz}{dt}$;

(3) 设 $z = xy + yt$,而 $y = 2^x, t = \sin x$,求$\dfrac{dz}{dx}$.

2. 求下列函数的一阶偏导数(其中 f 具有一阶连续偏导数):

(1) $z = u e^{\frac{u}{v}}$,而 $u = x^2 + y^2, v = xy$;

(2) $z = x^2 \ln y$,而 $x = \dfrac{u}{v}, y = 3u - 2v$;

(3) $z = f(x^2 - y^2, e^{xy})$;

(4) $u = f\left(\dfrac{x}{y}, \dfrac{y}{z}\right)$;

(5) $u = f(x, xy, xyz)$.

3. 设 $z = \dfrac{y}{f(x^2 - y^2)}$,其中 $f(u)$ 为可导函数,验证

$$\frac{1}{x}\frac{\partial z}{\partial x} + \frac{1}{y}\frac{\partial z}{\partial y} = \frac{z}{y^2}.$$

*4. 设 $u = F(x, y)$ 可微分,而 $x = r\cos\theta, y = r\sin\theta$,证明

$$\left(\frac{\partial u}{\partial r}\right)^2 + \left(\frac{1}{r}\frac{\partial u}{\partial \theta}\right)^2 = \left(\frac{\partial u}{\partial x}\right)^2 + \left(\frac{\partial u}{\partial y}\right)^2.$$

5. 求下列函数的二阶偏导数:

(1) $z = \sin^2(ax + by)$;　　　　(2) $z = \ln(y + \sqrt{x^2 + y^2})$.

6. 求下列函数的二阶偏导数(其中 f 具有二阶连续偏导数):

(1) $z = f\left(2x, \dfrac{x}{y}\right)$;　　　　(2) $z = f(x\ln y, y - x)$;

(3) $z = f(\sin x, \cos y, e^{2x - y})$.

*7. 设 f 与 g 有二阶连续导数,且 $z = f(x + at) + g(x - at)$,证明

$$\frac{\partial^2 z}{\partial t^2} = a^2 \frac{\partial^2 z}{\partial x^2}.$$

第五节　隐函数的求导公式

一、一个方程的情形

在一元函数微分学中,我们已经提出了隐函数的概念,并且指出了不经过显化直接由方程

$$F(x,y) = 0 \tag{1}$$

求它所确定的隐函数的导数的方法. 现在我们列出隐函数存在定理,并根据多元复合函数的求导法则来导出隐函数的求导公式.

隐函数存在定理 1　设函数 $F(x,y)$ 在点 $P(x_0,y_0)$ 的某一邻域内具有连续偏导数,且 $F(x_0,y_0)=0,F_y(x_0,y_0)\neq0$,则方程 $F(x,y)=0$ 在点 (x_0,y_0) 的某一邻域内恒能唯一确定一个具有连续导数的函数 $y=f(x)$,它满足条件 $y_0=f(x_0)$,并有

$$\frac{\mathrm{d}y}{\mathrm{d}x} = -\frac{F_x}{F_y}. \tag{2}$$

公式(2)就是隐函数的求导公式.

这个定理我们不证. 现仅就公式(2)作如下推导.

将方程(1)所确定的函数 $y=f(x)$ 代入(1),得恒等式

$$F(x,f(x)) \equiv 0,$$

其左端可以看做是 x 的一个复合函数,求这个函数的全导数,由于恒等式两端求导后仍然恒等,即得

$$\frac{\partial F}{\partial x} + \frac{\partial F}{\partial y}\frac{\mathrm{d}y}{\mathrm{d}x} = 0,$$

由于 F_y 连续,且 $F_y(x_0,y_0)\neq0$,所以存在 (x_0,y_0) 的一个邻域,在这个邻域内 $F_y\neq0$,于是得

$$\frac{\mathrm{d}y}{\mathrm{d}x} = -\frac{F_x}{F_y}.$$

如果 $F(x,y)$ 的二阶偏导数也都连续,我们可以把等式(2)的两端看做 x 的复合函数再一次求导,即得

$$\frac{\mathrm{d}^2y}{\mathrm{d}x^2} = \frac{\partial}{\partial x}\left(-\frac{F_x}{F_y}\right) + \frac{\partial}{\partial y}\left(-\frac{F_x}{F_y}\right)\frac{\mathrm{d}y}{\mathrm{d}x}$$

$$= - \frac{F_{xx}F_y - F_{yx}F_x}{F_y^2} - \frac{F_{xy}F_y - F_{yy}F_x}{F_y^2}\left(-\frac{F_x}{F_y}\right)$$

$$= - \frac{F_{xx}F_y^2 - 2F_{xy}F_xF_y + F_{yy}F_x^2}{F_y^3}.$$

例1　设 $\sin xy + e^x = y^2$，求 $\dfrac{dy}{dx}$.

解　设
$$F(x,y) = \sin xy + e^x - y^2,$$

因为
$$F_x = y\cos xy + e^x, \quad F_y = x\cos xy - 2y,$$

所以
$$\frac{dy}{dx} = -\frac{F_x}{F_y} = -\frac{y\cos xy + e^x}{x\cos xy - 2y}.$$

隐函数存在定理还可以推广到多元函数. 既然一个二元方程(1)可以确定一个一元隐函数，那么一个三元方程

$$F(x,y,z) = 0 \tag{3}$$

就有可能确定一个二元隐函数.

与定理1一样，我们同样可以由三元函数 $F(x,y,z)$ 的性质来断定由方程 $F(x,y,z)=0$ 所确定的二元函数 $z=f(x,y)$ 的存在以及这个函数的性质. 这就是下面的定理.

隐函数存在定理2　设函数 $F(x,y,z)$ 在点 $P(x_0,y_0,z_0)$ 的某一邻域内具有连续偏导数，且 $F(x_0,y_0,z_0)=0$，$F_z(x_0,y_0,z_0)\neq0$，则方程 $F(x,y,z)=0$ 在点 (x_0,y_0,z_0) 的某一邻域内恒能唯一确定一个具有连续偏导数的函数 $z=f(x,y)$，它满足条件 $z_0=f(x_0,y_0)$，并有

$$\frac{\partial z}{\partial x} = -\frac{F_x}{F_z}, \quad \frac{\partial z}{\partial y} = -\frac{F_y}{F_z}. \tag{4}$$

这个定理我们不证. 与定理1类似，仅就公式(4)作如下推导.

由于
$$F(x,y,f(x,y)) \equiv 0.$$

将上式两端分别对 x 和 y 求导，应用复合函数求导法则得

$$F_x + F_z\frac{\partial z}{\partial x} = 0, \quad F_y + F_z\frac{\partial z}{\partial y} = 0.$$

因为 F_z 连续，且 $F_z(x_0,y_0,z_0)\neq0$，所以存在点 (x_0,y_0,z_0) 的一个邻域，在这个邻域内 $F_z\neq0$，于是得

$$\frac{\partial z}{\partial x} = -\frac{F_x}{F_z}, \quad \frac{\partial z}{\partial y} = -\frac{F_y}{F_z}.$$

例2 设 $z^3 - 3xyz = 1$,求 $\dfrac{\partial^2 z}{\partial x \partial y}$.

解 设 $F(x,y,z) = z^3 - 3xyz - 1$,则

$$F_x = -3yz, \quad F_y = -3xz, \quad F_z = 3z^2 - 3xy,$$

从而

$$\frac{\partial z}{\partial x} = -\frac{F_x}{F_z} = \frac{yz}{z^2 - xy}, \quad \frac{\partial z}{\partial y} = -\frac{F_y}{F_z} = \frac{xz}{z^2 - xy}.$$

于是

$$\begin{aligned}
\frac{\partial^2 z}{\partial x \partial y} &= \frac{\partial}{\partial y}\left(\frac{yz}{z^2 - xy}\right) \\[2mm]
&= \frac{(z^2 - xy)\left(z + y\dfrac{\partial z}{\partial y}\right) - yz\left(2z\dfrac{\partial z}{\partial y} - x\right)}{(z^2 - xy)^2} \\[2mm]
&= \frac{z(z^4 - 2xyz^2 - x^2 y^2)}{(z^2 - xy)^3}.
\end{aligned}$$

*二、方程组的情形

下面我们将隐函数存在定理作另一方面的推广. 我们不仅增加方程中变量的个数,而且增加方程的个数. 例如,考虑方程组

$$\begin{cases} F(x,y,u,v) = 0, \\ G(x,y,u,v) = 0. \end{cases} \tag{5}$$

这时,在四个变量中,一般只能有两个变量独立变化,因此方程组(5)就有可能确定两个二元函数. 在这种情况下,我们可以由函数 F,G 的性质来断定由方程组(5)所确定的两个二元函数的存在以及它们的性质. 我们有下面的定理.

隐函数存在定理3 设 $F(x,y,u,v)$, $G(x,y,u,v)$ 在点 $P(x_0,y_0,u_0,v_0)$ 的某一邻域内具有对各个变量的连续偏导数,又 $F(x_0,y_0,u_0,v_0) = 0$, $G(x_0,y_0,u_0,v_0) = 0$,且偏导数所组成的函数行列式(或称雅可比(Jacobi)式):

$$J = \frac{\partial(F,G)}{\partial(u,v)} = \begin{vmatrix} \dfrac{\partial F}{\partial u} & \dfrac{\partial F}{\partial v} \\[2mm] \dfrac{\partial G}{\partial u} & \dfrac{\partial G}{\partial v} \end{vmatrix}$$

在点 $P(x_0,y_0,u_0,v_0)$ 不等于零,则方程组 $F(x,y,u,v)=0, G(x,y,u,v)=0$ 在点 (x_0,y_0,u_0,v_0) 的某一邻域内恒能唯一确定一组具有连续偏导数的函数 $u = u(x,y), v = v(x,y)$,它们满足条件 $u_0 = u(x_0,y_0), v_0 = v(x_0,y_0)$,并有

$$
\begin{aligned}
\frac{\partial u}{\partial x} &= -\frac{1}{J}\frac{\partial(F,G)}{\partial(x,v)} = -\frac{\begin{vmatrix} F_x & F_v \\ G_x & G_v \end{vmatrix}}{\begin{vmatrix} F_u & F_v \\ G_u & G_v \end{vmatrix}}, \\[4mm]
\frac{\partial v}{\partial x} &= -\frac{1}{J}\frac{\partial(F,G)}{\partial(u,x)} = -\frac{\begin{vmatrix} F_u & F_x \\ G_u & G_x \end{vmatrix}}{\begin{vmatrix} F_u & F_v \\ G_u & G_v \end{vmatrix}}, \\[4mm]
\frac{\partial u}{\partial y} &= -\frac{1}{J}\frac{\partial(F,G)}{\partial(y,v)} = -\frac{\begin{vmatrix} F_y & F_v \\ G_y & G_v \end{vmatrix}}{\begin{vmatrix} F_u & F_v \\ G_u & G_v \end{vmatrix}}, \\[4mm]
\frac{\partial v}{\partial y} &= -\frac{1}{J}\frac{\partial(F,G)}{\partial(u,y)} = -\frac{\begin{vmatrix} F_u & F_y \\ G_u & G_y \end{vmatrix}}{\begin{vmatrix} F_u & F_v \\ G_u & G_v \end{vmatrix}}.
\end{aligned}
\tag{6}
$$

这个定理我们不证. 与前两个定理类似,下面仅就公式(6)作如下推导.

由于

$$
\begin{cases}
F[x,y,u(x,y),v(x,y)] \equiv 0, \\
G[x,y,u(x,y),v(x,y)] \equiv 0,
\end{cases}
$$

将恒等式两边分别对 x 求导,应用复合函数求导法则得

$$\begin{cases} F_x + F_u \dfrac{\partial u}{\partial x} + F_v \dfrac{\partial v}{\partial x} = 0, \\[3mm] G_x + G_u \dfrac{\partial u}{\partial x} + G_v \dfrac{\partial v}{\partial x} = 0. \end{cases}$$

这是关于 $\dfrac{\partial u}{\partial x}, \dfrac{\partial v}{\partial x}$ 的线性方程组, 由假设可知在点 $P(x_0, y_0, u_0, v_0)$ 的一个邻域内,

系数行列式

$$J = \begin{vmatrix} F_u & F_v \\ G_u & G_v \end{vmatrix} \neq 0,$$

从而可解出 $\dfrac{\partial u}{\partial x}, \dfrac{\partial v}{\partial x}$, 得

$$\frac{\partial u}{\partial x} = -\frac{1}{J} \frac{\partial(F, G)}{\partial(x, v)}, \qquad \frac{\partial v}{\partial x} = -\frac{1}{J} \frac{\partial(F, G)}{\partial(u, x)}.$$

同理, 可得

$$\frac{\partial u}{\partial y} = -\frac{1}{J} \frac{\partial(F, G)}{\partial(y, v)}, \qquad \frac{\partial v}{\partial y} = -\frac{1}{J} \frac{\partial(F, G)}{\partial(u, y)}.$$

例 3　设 $\begin{cases} u^3 + xv = y, \\ v^3 + yu = x, \end{cases}$ 求 $\dfrac{\partial u}{\partial x}$ 和 $\dfrac{\partial v}{\partial x}, \dfrac{\partial u}{\partial y}$ 和 $\dfrac{\partial v}{\partial y}$.

解　令

$$\begin{cases} F(x, y, u, v) = u^3 + xv - y, \\ G(x, y, u, v) = v^3 + yu - x, \end{cases}$$

则

$$J = \frac{\partial(F, G)}{\partial(u, v)} = \begin{vmatrix} F_u & F_v \\ G_u & G_v \end{vmatrix} = \begin{vmatrix} 3u^2 & x \\ y & 3v^2 \end{vmatrix} = 9u^2 v^2 - xy.$$

而

$$\frac{\partial(F, G)}{\partial(x, v)} = \begin{vmatrix} F_x & F_v \\ G_x & G_v \end{vmatrix} = \begin{vmatrix} v & x \\ -1 & 3v^2 \end{vmatrix} = 3v^3 + x,$$

$$\frac{\partial(F, G)}{\partial(u, x)} = \begin{vmatrix} F_u & F_x \\ G_u & G_x \end{vmatrix} = \begin{vmatrix} 3u^2 & v \\ y & -1 \end{vmatrix} = -3u^2 - yv,$$

$$\frac{\partial(F,G)}{\partial(y,v)} = \begin{vmatrix} F_y & F_v \\ G_y & G_v \end{vmatrix} = \begin{vmatrix} -1 & x \\ u & 3v^2 \end{vmatrix} = -3v^2 - xu,$$

$$\frac{\partial(F,G)}{\partial(u,y)} = \begin{vmatrix} F_u & F_y \\ G_u & G_y \end{vmatrix} = \begin{vmatrix} 3u^2 & -1 \\ y & u \end{vmatrix} = 3u^3 + y,$$

从而

$$\frac{\partial u}{\partial x} = -\frac{1}{J}\frac{\partial(F,G)}{\partial(x,v)} = \frac{x+3v^3}{xy-9u^2v^2},$$

$$\frac{\partial v}{\partial x} = -\frac{1}{J}\frac{\partial(F,G)}{\partial(u,x)} = -\frac{3u^2+yv}{xy-9u^2v^2},$$

$$\frac{\partial u}{\partial y} = -\frac{1}{J}\frac{\partial(F,G)}{\partial(y,v)} = -\frac{3v^2+xu}{xy-9u^2v^2},$$

$$\frac{\partial v}{\partial y} = -\frac{1}{J}\frac{\partial(F,G)}{\partial(u,y)} = \frac{y+3u^3}{xy-9u^2v^2}.$$

事实上,对具体题目可以不用公式(6)计算,而直接用隐函数方程两边同时求偏导解方程组的方法来做.

习题 8 – 5

1. 设 $xy - \ln y = e$,求 $\dfrac{\mathrm{d}y}{\mathrm{d}x}$.

2. 设 $\ln \sqrt{x^2+y^2} = \arctan \dfrac{y}{x}$,求 $\dfrac{\mathrm{d}y}{\mathrm{d}x}$.

3. 设 $\sin(xy) + \cos(xz) + \tan(yz) = 0$,求 $\dfrac{\partial z}{\partial x}, \dfrac{\partial z}{\partial y}$.

4. 设 $x + z = yf(x^2 - z^2)$,其中 f 具有连续导数,求 $z\dfrac{\partial z}{\partial x} + y\dfrac{\partial z}{\partial y}$.

5. 设 $x = x(y,z)$,$y = y(x,z)$,$z = z(x,y)$ 都是由方程 $F(x,y,z) = 0$ 所确定的有连续偏导数的函数,证明

$$\frac{\partial x}{\partial y} \cdot \frac{\partial y}{\partial z} \cdot \frac{\partial z}{\partial x} = -1.$$

6. 设 $\dfrac{x}{z} = \ln\dfrac{z}{y}$,求 $\dfrac{\partial^2 z}{\partial x^2}, \dfrac{\partial^2 z}{\partial y^2}$.

7. 设 $e^z = xyz$,求 $\dfrac{\partial^2 z}{\partial x \partial y}$.

*8. 设 $\begin{cases} x + y + z = 1, \\ x^2 + y^2 + z^2 = 4, \end{cases}$ 求 $\dfrac{dx}{dz}, \dfrac{dy}{dz}.$

*9. 设 $\begin{cases} u = f(ux, v + y), \\ v = g(u - x, v^2 y), \end{cases}$ 其中 f, g 具有一阶连续偏导数, 求 $\dfrac{\partial u}{\partial x}, \dfrac{\partial v}{\partial x}.$

*10. 设变换 $\begin{cases} u = x - 2y \\ v = x + ay \end{cases}$ 可把方程

$$6 \frac{\partial^2 z}{\partial x^2} + \frac{\partial^2 z}{\partial x \partial y} - \frac{\partial^2 z}{\partial y^2} = 0$$

简化为 $\dfrac{\partial^2 z}{\partial u \partial v} = 0$, 求常数 a.

第六节　多元函数的极值及其应用

在管理科学、经济学和许多工程、科技问题中, 常常需要求一个多元函数的最大值或最小值, 它们统称为最值. 通常我们称实际问题中出现的需要求其最值的函数为 **目标函数**, 该函数的自变量被称为 **决策变量**. 相应的问题在数学上被称为 **优化问题**. 本节我们只讨论与多元函数的最值有关的最简单的优化问题.

与一元函数中的情形类似, 多元函数的最值也与其极值有密切关系, 所以我们首先研究最简单的多元函数——二元函数的极值问题. 所得到的结论, 大部分可以推广到三元及三元以上的多元函数中.

一、二元函数的极值

定义　设函数 $z = f(x, y)$ 的定义域为 $D, P_0(x_0, y_0)$ 为 D 的内点. 若存在 P_0 的某个邻域 $U(P_0) \subset D$, 使得对于该邻域内异于 P_0 的任何点 (x, y), 都有

$$f(x, y) < f(x_0, y_0),$$

则称函数 $f(x, y)$ 在点 (x_0, y_0) 有极大值 $f(x_0, y_0)$, 点 (x_0, y_0) 称为函数 $f(x, y)$ 的 **极大值点**; 若对于该邻域内异于 P_0 的任何点 (x, y), 都有

$$f(x, y) > f(x_0, y_0),$$

则称函数 $f(x, y)$ 在点 (x_0, y_0) 有极小值 $f(x_0, y_0)$, 点 (x_0, y_0) 称为函数 $f(x, y)$ 的 **极小值点**. 极大值、极小值统称为 **极值**. 使函数取得极值的点称为 **极值点**.

例 1　函数 $z = 2x^2 + 3y^2$ 在点 $(0, 0)$ 处有极小值. 因为对于点 $(0, 0)$ 的任一邻域内异于 $(0, 0)$ 的点, 函数值都为正, 而在点 $(0, 0)$ 处的函数值为零. 从几何上看这是显然的, 因为点 $(0, 0, 0)$ 是开口朝上的椭圆抛物面 $z = 2x^2 + 3y^2$ 的顶点.

例 2　函数 $z = 2 - \sqrt{x^2 + y^2}$ 在点 $(0, 0)$ 处有极大值. 因为在点 $(0, 0)$ 处函数

值为 2,而对于点 (0,0) 的任一邻域内异于 (0,0) 的点,函数值都小于 2. 点 (0,0,2) 是位于平面 $z=2$ 下方的圆锥面 $z=2-\sqrt{x^2+y^2}$ 的顶点.

例 3 函数 $z=xy$ 在点 (0,0) 处既不取得极大值也不取得极小值. 因为在点 (0,0) 处的函数值为零,而在点 (0,0) 的任一邻域内,总有使函数值为正的点,也有使函数值为负的点.

以上关于二元函数的极值概念,可推广到 n 元函数. 设 n 元函数 $u=f(P)$ 的定义域为 D,P_0 为 D 的内点. 若存在 P_0 的某个邻域 $U(P_0) \subset D$,使得该邻域内异于 P_0 的任何点 P,都有

$$f(P) < f(P_0) \quad (\text{或} f(P) > f(P_0)),$$

则称函数 $f(P)$ 在点 P_0 有极大值(或极小值)$f(P_0)$.

我们知道,对于可导的一元函数 $y=f(x)$,在点 x_0 处有极值的必要条件是 $f'(x_0)=0$. 对于多元函数我们也有类似的结论.

定理 1(必要条件) 设函数 $z=f(x,y)$ 在点 (x_0,y_0) 具有偏导数,且在点 (x_0,y_0) 处有极值,则有

$$f_x(x_0,y_0) = 0, \quad f_y(x_0,y_0) = 0.$$

证 不妨设 $z=f(x,y)$ 在点 (x_0,y_0) 处有极大值. 依极大值的定义,在点 (x_0,y_0) 的某邻域内异于 (x_0,y_0) 的点 (x,y) 都适合不等式

$$f(x,y) < f(x_0,y_0).$$

特殊地,在该邻域内取 $y=y_0$ 而 $x \neq x_0$ 的点,也适合不等式

$$f(x,y_0) < f(x_0,y_0).$$

这表明一元函数 $f(x,y_0)$ 在 $x=x_0$ 处取得极大值,因而必有

$$f_x(x_0,y_0) = 0.$$

同样可证

$$f_y(x_0,y_0) = 0.$$

类似地可推得,如果三元函数 $u=f(x,y,z)$ 在点 (x_0,y_0,z_0) 具有偏导数,则它在点 (x_0,y_0,z_0) 具有极值的必要条件为

$$f_x(x_0,y_0,z_0) = 0, \quad f_y(x_0,y_0,z_0) = 0, \quad f_z(x_0,y_0,z_0) = 0.$$

仿照一元函数,凡是能使 $f_x(x,y)=0$,$f_y(x,y)=0$ 同时成立的点 (x_0,y_0) 称为函数 $z=f(x,y)$ 的**驻点**. 从定理 1 可知,具有偏导数的函数的极值点必定是驻点. 但函数的驻点不一定是极值点,例如,点 (0,0) 是函数 $z=xy$ 的驻点,但函数在该点并无极值.

怎样判定一个驻点是否是极值点呢? 下面的定理回答了这个问题.

定理 2(充分条件) 设函数 $z = f(x,y)$ 在点 (x_0,y_0) 的某邻域内连续且有一阶及二阶连续偏导数, 又 $f_x(x_0,y_0) = 0$, $f_y(x_0,y_0) = 0$, 令

$$f_{xx}(x_0,y_0) = A, \quad f_{xy}(x_0,y_0) = B, \quad f_{yy}(x_0,y_0) = C,$$

则 $f(x,y)$ 在 (x_0,y_0) 处是否取得极值的条件如下:

(1) $AC - B^2 > 0$ 时具有极值, 且当 $A < 0$ 时有极大值, 当 $A > 0$ 时有极小值;

(2) $AC - B^2 < 0$ 时没有极值;

(3) $AC - B^2 = 0$ 时可能有极值, 也可能没有极值, 还需另作讨论.

定理证明从略. 为便于记忆该定理, 请读者注意: 只有当 A 与 C 同号时, 结论(1)才可能成立, 这时可根据任一个二阶偏导数(A 或 C)判断一元函数 $f(x,y_0)$ 与 $f(x_0,y)$ 在 (x_0,y_0) 处的极值情形, 从而知二元函数 $f(x,y)$ 在点 (x_0,y_0) 处的极值情形. 当 A 与 C 异号时, (2)一定成立, 此时由两个二阶偏导数可判定一元函数 $f(x,y_0)$ 与 $f(x_0,y)$ 在 (x_0,y_0) 处的极值情形相反, 从而二元函数 $f(x,y)$ 在点 (x_0,y_0) 处无极值.

利用上面两个定理, 对于具有二阶连续偏导数的函数 $z = f(x,y)$, 有如下求极值的步骤:

第一步 解方程组

$$f_x(x,y) = 0, \quad f_y(x,y) = 0$$

求得一切实数解, 即求得一切驻点.

第二步 对于每一个驻点 (x_0,y_0), 求出二阶偏导数的值 A,B 和 C.

第三步 定出 $AC - B^2$ 的符号, 按定理 2 的结论判定 $f(x_0,y_0)$ 是否是极值, 是极大值还是极小值.

例 4 求函数 $f(x,y) = x^3 - y^3 + 3x^2 + 3y^2 - 9x$ 的极值.

解 先解方程组

$$\begin{cases} f_x(x,y) = 3x^2 + 6x - 9 = 0, \\ f_y(x,y) = -3y^2 + 6y = 0, \end{cases}$$

求得驻点为 $(1,0),(1,2),(-3,0),(-3,2)$.

再求出二阶偏导数

$$f_{xx}(x,y) = 6x + 6, \quad f_{xy}(x,y) = 0, \quad f_{yy}(x,y) = -6y + 6.$$

在点 $(1,0)$ 处, $AC - B^2 = 12 \times 6 > 0$, 又 $A > 0$, 所以函数在 $(1,0)$ 处有极小值 $f(1,0) = -5$;

在点 $(1,2)$ 处, $AC - B^2 = 12 \times (-6) < 0$, 所以 $f(1,2)$ 不是极值;

在点$(-3,0)$处,$AC-B^2=-12\times6<0$,所以$f(-3,0)$不是极值;

在点$(-3,2)$处,$AC-B^2=-12\times(-6)>0$,又$A<0$,所以函数在$(-3,2)$处有极大值$f(-3,2)=31$.

讨论函数的极值问题时,如果函数在所讨论的区域内具有偏导数,则由定理1可知,极值只可能在驻点处取得.然而,如果函数在个别点处的偏导数不存在,这些点当然不是驻点,但也可能是极值点.如在例2中,函数$z=2-\sqrt{x^2+y^2}$在点$(0,0)$处的偏导数不存在,但该函数在点$(0,0)$处却具有极大值.因此,在考虑函数的极值问题时,除了考虑函数的驻点外,如果有偏导数不存在的点,那么对这些点也应当考虑.

二、二元函数的最大值与最小值

与一元函数相类似,我们可以利用函数的极值来求函数的最大值和最小值.在第一节中已经指出,如果$f(x,y)$在有界闭区域D上连续,则$f(x,y)$在D上必定能取得最大值和最小值.这种使函数取得最大值或最小值的点既可能在D的内部,也可能在D的边界上.我们假定,函数在D上连续、在D内可微分且只有有限个驻点,这时如果函数在D的内部取得最大值(最小值),则这个最大值(最小值)也是函数的极大值(极小值).因此,在上述假定下,求函数的最大值和最小值的一般方法是:将函数$f(x,y)$在D内的所有驻点处的函数值及在D的边界上的最大值和最小值相互比较,其中最大的就是最大值,最小的就是最小值.但这种做法,由于要求出$f(x,y)$在D的边界上的最大值和最小值,所以往往相当复杂.通常在实际问题中,如果根据问题的性质,知道函数$f(x,y)$的最大值(最小值)一定在D的内部取得,而函数在D内只有一个驻点,那么可以肯定该驻点处的函数值就是函数$f(x,y)$在D上的最大值(最小值).

例5　要挖一条灌溉渠道,其横截面是等腰梯形.由于事先对流量有要求,所以横截面积是一定的,应当怎样选择两岸边倾斜角θ以及高度h,使得湿周最小?(所谓湿周,是指断面上与水接触的各边总长.一般湿周越小,所用材料和修建工作量就越省.)

解　如图$8-7$,设水渠横截面积为S,湿周长为L,底边长为a,则

$$S=(a+h\cot\theta)h,$$

$$L=AB+BC+CD=a+\frac{2h}{\sin\theta},$$

于是

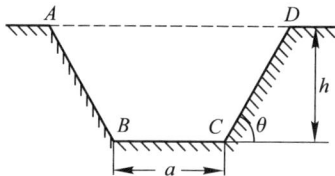

图$8-7$

$$L = \frac{S}{h} - h\cot\theta + \frac{2h}{\sin\theta}$$

$$= \frac{S}{h} + \frac{2 - \cos\theta}{\sin\theta}h \quad \left(h > 0, 0 < \theta \leq \frac{\pi}{2}\right).$$

可见湿周 L 是 h 与 θ 的二元函数,是本问题的目标函数,而称 h 与 θ 是其**决策变量**.下面求使 L 取最小值的点 (h, θ).

令

$$\begin{cases} L_h = -\dfrac{S}{h^2} + \dfrac{2 - \cos\theta}{\sin\theta} = 0, \\[3mm] L_\theta = \dfrac{\sin^2\theta - (2 - \cos\theta)\cos\theta}{\sin^2\theta}h = \dfrac{1 - 2\cos\theta}{\sin^2\theta}h = 0, \end{cases}$$

由于 $h > 0, 0 < \theta \leq \dfrac{\pi}{2}$,解上述方程组可得 $\theta = \dfrac{\pi}{3}, h = \dfrac{\sqrt{S}}{\sqrt[4]{3}}$.

从常识可以知道,一定有最小的湿周,且在 $D = \left\{(h, \theta) \mid h > 0, 0 < \theta \leq \dfrac{\pi}{2}\right\}$ 内

取得.通过计算得知, $\theta = \dfrac{\pi}{2}$ 时的 L 值比 $\theta = \dfrac{\pi}{3}, h = \dfrac{\sqrt{S}}{\sqrt[4]{3}}$ 时的 L 值大.又 L 在 D 内

只有一个驻点,因此可以断定,当 $\theta = \dfrac{\pi}{3}, h = \dfrac{\sqrt{S}}{\sqrt[4]{3}}$ 时,就能使湿周最小.

例 6　某工厂生产 A、B 两种型号的产品,A 型产品的售价为 1 000 元/件,B 型产品的售价为 900 元/件,生产 x 件 A 型产品和 y 件 B 型产品的总成本为 $40\,000 + 200x + 300y + 3x^2 + xy + 3y^2$ 元.求 A、B 两种产品各生产多少时,利润最大?

解　设 $L(x, y)$ 为生产 x 件 A 型产品和 y 件 B 型产品时获得的总利润,则

$$L(x, y) = 1\,000x + 900y - (40\,000 + 200x + 300y + 3x^2 + xy + 3y^2)$$

$$= -3x^2 - xy - 3y^2 + 800x + 600y - 40\,000.$$

令

$$\begin{cases} L_x(x, y) = -6x - y + 800 = 0, \\ L_y(x, y) = -x - 6y + 600 = 0, \end{cases}$$

解方程组,得 $x = 120, y = 80$.又由

$$L_{xx} = -6 < 0, \quad L_{xy} = -1, \quad L_{yy} = -6$$

可知

$$AC - B^2 = (-6) \cdot (-6) - (-1)^2 = 35 > 0,$$

故 $L(x,y)$ 在驻点 $(120,80)$ 处取得极大值. 又驻点唯一,因而可以断定,当 A、B 两种产品分别生产 120 和 80 件时,利润会最大,且最大利润为

$$L(120,80) = 32\,000(元).$$

三、条件极值、拉格朗日乘数法

上面所讨论的极值问题,对于函数的自变量,除了限制在函数的定义域内以外,并无其他条件,所以有时候称为无条件极值问题. 但在实际问题中,经常会遇到对函数的自变量还有附加条件的极值问题. 例如,例 5 中的目标函数本来是

$$L = a + \frac{2h}{\sin\theta},$$

其中 a, h, θ 均为自变量,即 L 是三元函数. 但由于横截面积 S 一定,故 a, h, θ 还应满足条件

$$S = (a + h\cot\theta)h.$$

像这种对自变量有附加条件的极值称为**条件极值**. 对于有些实际问题,可以把条件极值化为无条件极值,然后利用第二目中的方法加以解决,例 5 就是这样做的.

但在很多情形下,将条件极值化为无条件极值并不这样简单. 我们另有一种直接寻求条件极值的方法,可以不必先把问题化为无条件极值的问题,这就是下面要介绍的**拉格朗日乘数法**.

现在我们来寻求函数

$$z = f(x,y) \tag{1}$$

在条件

$$\varphi(x,y) = 0 \tag{2}$$

下取得极值的必要条件.

如果函数(1)在 (x_0, y_0) 取得所求的极值,那么首先有

$$\varphi(x_0, y_0) = 0. \tag{3}$$

我们假定在 (x_0, y_0) 的某一邻域内 $f(x,y)$ 与 $\varphi(x,y)$ 均有连续的一阶偏导数,且 $\varphi_y(x_0, y_0) \neq 0$. 由隐函数存在定理可知,方程(2)确定一个具有连续导数的函数 $y = \psi(x)$,将其代入(1)式,得到一个变量 x 的函数

$$z = f[x, \psi(x)]. \tag{4}$$

于是函数(1)在(x_0, y_0)取得所求的极值,也就是相当于函数(4)在$x = x_0$取得极值. 由一元可导函数取得极值的必要条件知道

$$\frac{dz}{dx}\bigg|_{x=x_0} = f_x(x_0, y_0) + f_y(x_0, y_0)\frac{dy}{dx}\bigg|_{x=x_0} = 0, \tag{5}$$

而由(2)用隐函数求导公式,有

$$\frac{dy}{dx}\bigg|_{x=x_0} = -\frac{\varphi_x(x_0, y_0)}{\varphi_y(x_0, y_0)}.$$

把上式代入(5)式,得

$$f_x(x_0, y_0) - f_y(x_0, y_0)\frac{\varphi_x(x_0, y_0)}{\varphi_y(x_0, y_0)} = 0. \tag{6}$$

(3)、(6)两式就是函数(1)在条件(2)下在(x_0, y_0)取得极值的必要条件.

设$\dfrac{f_y(x_0, y_0)}{\varphi_y(x_0, y_0)} = -\lambda$,上述必要条件就变为

$$\begin{cases} f_x(x_0, y_0) + \lambda\varphi_x(x_0, y_0) = 0, \\ f_y(x_0, y_0) + \lambda\varphi_y(x_0, y_0) = 0, \\ \varphi(x_0, y_0) = 0. \end{cases} \tag{7}$$

若引进辅助函数

$$L(x, y) = f(x, y) + \lambda\varphi(x, y),$$

则不难看出,(7)中前两式就是

$$L_x(x_0, y_0) = 0, \quad L_y(x_0, y_0) = 0.$$

函数$L(x, y)$称为**拉格朗日函数**,参数λ称为**拉格朗日乘子**.

由以上讨论,我们得到以下结论.

拉格朗日乘数法　要找函数$z = f(x, y)$在附加条件$\varphi(x, y) = 0$下的可能极值点,可以先作拉格朗日函数

$$L(x, y) = f(x, y) + \lambda\varphi(x, y),$$

其中λ为参数. 求其对x与y的一阶偏导数,并使之为零,然后与方程(2)联立起来:

$$\begin{cases} f_x(x, y) + \lambda\varphi_x(x, y) = 0, \\ f_y(x, y) + \lambda\varphi_y(x, y) = 0, \\ \varphi(x, y) = 0. \end{cases} \tag{8}$$

由此方程组解出 x,y 及 λ，这样得到的 (x,y) 就是函数 $f(x,y)$ 在附加条件 $\varphi(x,y)=0$ 下的可能极值点.

　　这方法还可以推广到自变量多于两个而条件多于一个的情形. 例如，要求函数

$$u = f(x,y,z,t)$$

在附加条件

$$\varphi(x,y,z,t) = 0, \quad \psi(x,y,z,t) = 0 \tag{9}$$

下的极值，可以先作拉格朗日函数

$$L(x,y,z,t) = f(x,y,z,t) + \lambda\varphi(x,y,z,t) + \mu\psi(x,y,z,t),$$

其中 λ,μ 均为参数，求其一阶偏导数，并使之为零，然后与(9)中的两个方程联立起来求解，这样得出的 (x,y,z,t) 就是函数 $f(x,y,z,t)$ 在附加条件(9)下的可能极值点.

　　至于如何确定所求得的点是否是极值点，在实际问题中往往可根据问题本身的性质来判定.

　　例7　经济学中有柯布－道格拉斯(Cobb－Douglas)生产函数模型

$$f(x,y) = Cx^a y^{1-a},$$

其中 x 表示劳动力的数量，y 表示资本数量，C 与 $a(0<a<1)$ 是常数，由不同企业的具体情形决定，函数值表示生产量. 现已知某生产商的柯布－道格拉斯生产函数为

$$f(x,y) = 100x^{\frac{3}{4}}y^{\frac{1}{4}},$$

其中每个劳动力与每单位资本的成本分别为 150 元及 250 元，该生产商的总预算是 50 000 元，问他该如何分配这笔钱用于雇佣劳动力及投入资本，以使生产量最高.

　　解　这是个条件极值问题，要求目标函数

$$f(x,y) = 100x^{\frac{3}{4}}y^{\frac{1}{4}}$$

在约束条件

$$150x + 250y = 50\,000$$

下的最大值.

　　作拉格朗日函数

$$L(x,y) = 100x^{\frac{3}{4}}y^{\frac{1}{4}} + \lambda(50\,000 - 150x - 250y).$$

令
$$L_x = 75x^{-\frac{1}{4}}y^{\frac{1}{4}} - 150\lambda = 0,$$
$$L_y = 25x^{\frac{3}{4}}y^{-\frac{3}{4}} - 250\lambda = 0,$$

与方程
$$150x + 250y = 50\,000,$$

联立解得 $x = 250, y = 50$.

　　这是目标函数在定义域 $D = \{(x,y) \mid x > 0, y > 0\}$ 内的唯一可能极值点，而由问题本身可知最高生产量一定存在. 故该制造商雇佣 250 个劳动力及投入 50 个单位资本时，可获得最大生产量.

　　例 8　设某电视机厂生产一台电视机的成本为 C，每台电视机的销售价格为 P，销售量为 Q. 假设该厂的生产处于平衡状态，即电视机的生产量等于销售量. 根据市场预测，销售量 Q 与销售价格 P 之间有下面的关系：

$$Q = Me^{-aP} \quad (M > 0, a > 0), \tag{10}$$

其中 M 为市场最大需求量，a 是价格系数. 同时，生产部门根据对生产环节的分析，对每台电视机的生产成本 C 有如下测算：

$$C = C_0 - k\ln Q \quad (k > 0, Q > 1), \tag{11}$$

其中 C_0 是只生产一台电视机时的成本，k 是规模系数.

　　根据上述条件，应如何确定电视机的售价 P，才能使该厂获得最大利润？

　　解　设厂家获得的利润为 u，每台电视机售价为 P，每台生产成本为 C，销售量为 Q，则

$$u = (P - C)Q.$$

于是问题化为求利润函数 $u = (P - C)Q$ 在附加条件 (10)、(11) 下的极值问题.

　　作拉格朗日函数

$$L(Q,P,C) = (P - C)Q + \lambda(Q - Me^{-aP}) + \mu(C - C_0 + k\ln Q).$$

令
$$L_Q = P - C + \lambda + k\frac{\mu}{Q} = 0,$$

$$L_P = Q + \lambda aMe^{-aP} = 0,$$

$$L_C = -Q + \mu = 0.$$

将 (10) 代入 (11)，得

$$C = C_0 - k(\ln M - aP). \tag{12}$$

由(10)及 $L_P = 0$ 知 $\lambda a = -1$,即

$$\lambda = -\frac{1}{a}. \tag{13}$$

由 $L_c = 0$ 知 $Q = \mu$,即

$$\frac{\mu}{Q} = 1. \tag{14}$$

将(12)、(13)、(14)代入 $L_Q = 0$,得

$$P - C_0 + k(\ln M - aP) - \frac{1}{a} + k = 0,$$

由此得

$$P^* = \frac{C_0 - k\ln M + \dfrac{1}{a} - k}{1 - ak}.$$

因为由问题本身可知最优价格必定存在,所以这个 P^* 就是电视机的最优价格.

*四、条件极值中的拉格朗日乘子 λ 的意义

为寻求函数 $z = f(x,y)$ 在附加条件 $g(x,y) = c$ 下的极值点,由拉格朗日乘数法,构造拉格朗日函数

$$L(x,y) = f(x,y) + \lambda(c - g(x,y)),$$

其中 λ 称为拉格朗日乘子. 通过求解方程组

$$\begin{cases} f_x = \lambda g_x, \\ f_y = \lambda g_y \end{cases}$$

得到可能的条件极值点. 一般情况下,求条件极值不需要解出 λ. 但是有一个问题很少考虑: λ 在条件极值中具有什么意义? 下面来研究这个问题.

上述条件极值问题的解 (x_0, y_0) 依赖于约束值 c,即 $x_0 = x_0(c), y_0 = y_0(c)$. 复合函数 $f(x_0(c), y_0(c))$ 关于 c 的导数为

$$\frac{\mathrm{d}f}{\mathrm{d}c} = f_x(x_0, y_0)\frac{\mathrm{d}x_0}{\mathrm{d}c} + f_y(x_0, y_0)\frac{\mathrm{d}y_0}{\mathrm{d}c},$$

由于在极值点处 $f_x = \lambda g_x, f_y = \lambda g_y$,于是

$$\frac{\mathrm{d}f}{\mathrm{d}c} = \lambda\left[g_x(x_0, y_0)\frac{\mathrm{d}x_0}{\mathrm{d}c} + g_y(x_0, y_0)\frac{\mathrm{d}y_0}{\mathrm{d}c}\right] = \lambda\frac{\mathrm{d}g}{\mathrm{d}c}.$$

另一方面，注意到 $g(x_0(c), y_0(c)) = c$，即有 $\dfrac{\mathrm{d}g}{\mathrm{d}c} = 1$，故

$$\frac{\mathrm{d}f}{\mathrm{d}c} = \lambda.$$

这样一来，拉格朗日乘子 λ 就有如下解释：

拉格朗日乘子 λ 是目标函数的约束极值对于约束条件值 c 的变化率.

回到前面的例 7，目标函数 $f(x,y) = 100x^{\frac{3}{4}}y^{\frac{1}{4}}$ 在约束条件 $150x + 250y = 50\,000$ 下的条件极值的解为 $(x_0, y_0) = (250, 50)$，而 $\lambda = \dfrac{1}{2}\left(\dfrac{1}{5}\right)^{\frac{1}{4}} \approx 0.334\,4$，这就是说 $\dfrac{\mathrm{d}f}{\mathrm{d}c} \approx 0.334\,4$，即若预算再增加 1 元，生产量会增加 0.334 4 个单位.

习题 8−6

1. 求函数 $f(x,y) = 4(x - y) - x^2 - y^2$ 的极值.

2. 求函数 $f(x,y) = e^{2x}(x + y^2 + 2y)$ 的极值.

3. 求函数 $z = x^2 - y^2$ 在闭区域 $x^2 + 4y^2 \leq 4$ 上的最大值和最小值.

4. 某厂家生产的一种产品同时在两个市场销售，售价分别为 P_1 和 P_2，销售量分别为 Q_1 和 Q_2，需求函数分别为 $Q_1 = 24 - 0.2P_1$，$Q_2 = 10 - 0.5P_2$；总成本函数为 $C = 34 + 40(Q_1 + Q_2)$，问厂家如何确定两个市场的售价，能使其获得的总利润最大？最大利润为多少？

5. 某养殖场饲养两种鱼，若甲种鱼放养 x 万尾，乙种鱼放养 y 万尾，收获时两种鱼的收获量分别为 $(3 - \alpha x - \beta y)x$，$(4 - \beta x - 2\alpha y)y(\alpha > \beta > 0)$，求使产鱼总量最大的放养数？

6. 假设某企业在两个相互分割的市场上出售同一种产品，两个市场的需求函数分别是 $P_1 = 18 - 2Q_1$，$P_2 = 12 - Q_2$，其中 P_1 和 P_2 分别表示该产品在两个市场的价格（单位：万元/吨），Q_1 和 Q_2 分别表示该产品在两个市场的销售量（即需求量，单位：t），并且该企业生产这种产品的总成本函数是 $C = 2Q + 5$，其中 Q 表示该产品在两个市场的销售总量，即 $Q = Q_1 + Q_2$.

（1）如果该企业实行价格差别策略，试确定两个市场上该产品的销售量和价格，使该企业获得最大利润；

（2）如果该企业实行价格无差别策略，试确定两个市场上该产品的销售量及其统一的价格，使该企业的总利润最大，并比较两种价格策略下的总利润大小.

7. 从斜边长为 l 的一切直角三角形中，求有最大周长的直角三角形.

8. 某公司可通过电台及报纸两种方式做销售某商品的广告. 根据统计资料，销售收入 R 万元与电台广告费用 x_1 万元及报纸广告费用 x_2 万元之间的关系有如下的经验公式：

$$R = 15 + 14x_1 + 32x_2 - 8x_1x_2 - 2x_1^2 - 10x_2^2.$$

（1）在广告费用不限的情况下，求最优广告策略；

（2）若提供的广告费用为 1.5 万元，求相应的最优广告策略.

9. 设生产某种产品需要投入两种要素，x_1 和 x_2 分别为两要素的投入量，Q 为产出量；若生产函数为 $Q = 2x_1^\alpha x_2^\beta$，其中 α,β 为正常数，且 $\alpha + \beta = 1$，假设两种要素的价格分别为 P_1 和 P_2，试问：当产出量为 12 时，两要素各投入多少可以使得投入总费用最小.

10. 求抛物线 $y = x^2$ 和直线 $x - y - 2 = 0$ 之间的最短距离.

11. 试求内接于椭球面 $\dfrac{x^2}{a^2} + \dfrac{y^2}{b^2} + \dfrac{z^2}{c^2} = 1(a > 0, b > 0, c > 0)$ 的有最大体积的长方体.

12. 抛物面 $z = x^2 + y^2$ 被平面 $x + y + z = 1$ 截成一椭圆，求原点到这椭圆的最长与最短距离.

*第七节　最小二乘法

许多工程和经济问题，常常需要根据两个变量的几组实验数值——实验数据，来找出这两个变量的函数关系的近似表达式. 通常把这样得到的函数的近似表达式叫做经验公式. 经验公式建立以后，就可以把生产或实验中所积累的某些经验，提高到理论上加以分析. 下面我们通过举例介绍常用的一种建立经验公式的方法.

例 1　为了弄清某企业利润和产值的函数关系，我们把该企业从 1999 年到 2008 年间的利润 y 和产值 x 的统计数据列表如下：

年　份	1999	2000	2001	2002	2003	2004	2005	2006	2007	2008
产值 x_i/万元	4.92	5.00	4.93	4.90	4.90	4.95	4.98	4.99	5.02	5.02
利润 y_i/万元	1.67	1.70	1.68	1.66	1.66	1.68	1.69	1.70	1.70	1.71

试根据上面的统计数据建立 y 与 x 之间的经验公式 $y = f(x)$.

解　首先，要确定 $f(x)$ 的类型. 为此，我们可按以下方法处理. 在直角坐标纸上取 x 为横坐标，y 为纵坐标，描出上述各对数据的对应点，如图 8-8 所示. 从图上可以看出，这些点的连线大致接近于一条直线. 于是，我们就可以认为 $y = f(x)$ 是线性函数，并设

$$f(x) = ax + b,$$

其中 a 和 b 是待定常数.

常数 a 和 b 如何确定呢？最理想的情形是选取这样的 a 和 b，能使直线 $y = ax + b$ 经过

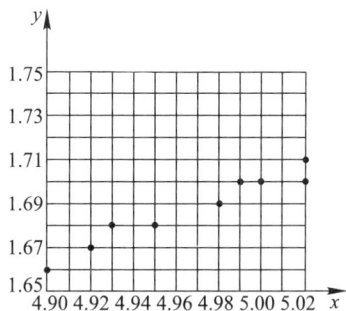

图 8-8

图 8 - 8 中所标出的各点. 但在实际上这是不可能的. 因为这些点本来就不在同
一条直线上. 因此, 我们只能要求先取这样的 a, b 使得 $f(x) = ax + b$ 在 $x_1, x_2,$
$x_3, \cdots, x_{10}$ 处的函数值与实验数据 $y_1, y_2, y_3, \cdots, y_{10}$ 相差都很小, 就是要使偏差
$y_i - f(x_i) (i = 1, 2, 3, \cdots, 10)$ 都很小. 那么如何达到这一要求呢? 能否设法使偏
差的和

$$\sum_{i=1}^{10} [y_i - f(x_i)]$$

很小来保证每个偏差很小呢? 不能, 因为偏差有正有负, 在求和时, 可能互相抵
消. 为了避免这种情形, 可对偏差取绝对值再求和, 只要

$$\sum_{i=1}^{10} |y_i - f(x_i)| = \sum_{i=1}^{10} |y_i - (ax_i + b)|$$

很小, 就可以保证每个偏差的绝对值都很小. 但是这个式子中有绝对值记号, 不
便于进一步分析讨论. 由于任何实数的平方都是正数或零, 因此我们可以考虑选
取常数 $a, b,$ 使

$$M = \sum_{i=1}^{10} [y_i - (ax_i + b)]^2$$

最小来保证每个偏差的绝对值都很小. 这种根据偏差的平方和为最小的条件来
选择常数 a, b 的方法在实际生活中常被采用, 叫做**最小二乘法**.

现在我们来研究, 经验公式 $y = ax + b$ 中, a 和 b 符合什么条件时, 可以使上
述的 M 为最小. 如果我们把 M 看成自变量 a 和 b 的一个二元函数, 那么问题就
可归结为求函数 $M = M(a, b)$ 在哪些点处取得最小值. 由第六节中的讨论可知,
上述问题可以通过求方程组

$$\begin{cases} M_a(a, b) = 0, \\ M_b(a, b) = 0 \end{cases}$$

的解来解决, 即令

$$\begin{cases} \dfrac{\partial M}{\partial a} = -2 \sum_{i=1}^{10} [y_i - (ax_i + b)]x_i = 0, \\ \dfrac{\partial M}{\partial b} = -2 \sum_{i=1}^{10} [y_i - (ax_i + b)] = 0, \end{cases}$$

亦即

$$\begin{cases} \sum_{i=1}^{10} x_i [y_i - (ax_i + b)] = 0, \\ \sum_{i=1}^{10} [y_i - (ax_i + b)] = 0. \end{cases}$$

将括号内各项进行整理合并,并把未知数 a 和 b 分离出来,便得

$$\begin{cases} a\sum_{i=1}^{10} x_i^2 + b\sum_{i=1}^{10} x_i = \sum_{i=1}^{10} x_i y_i, \\ a\sum_{i=1}^{10} x_i + 10b = \sum_{i=1}^{10} y_i. \end{cases} \tag{1}$$

下面我们通过列表来计算 $\sum_{i=1}^{10} x_i , \sum_{i=1}^{10} x_i^2 , \sum_{i=1}^{10} y_i$ 及 $\sum_{i=1}^{10} x_i y_i$.

年 份	x_i	y_i	x_i^2	$x_i y_i$
1999	4.92	1.67	24.21	8.22
2000	5.00	1.70	25.00	8.50
2001	4.93	1.68	24.30	8.28
2002	4.90	1.66	24.01	8.13
2003	4.90	1.66	24.01	8.13
2004	4.95	1.68	24.50	8.32
2005	4.98	1.69	24.80	8.42
2006	4.99	1.70	24.90	8.48
2007	5.02	1.70	25.20	8.53
2008	5.02	1.71	25.20	8.58
Σ	49.61	16.85	246.14	83.60

代入方程组(1)并解此方程组,得到 $a = 0.369\ 5, b = -0.148\ 3$. 这样便得到所求的经验公式

$$y = 0.369\ 5x - 0.148\ 3. \tag{2}$$

由(2)式算出的函数值 $f(x_i)$ 与实测的 y_i 有一定的偏差,现列表比较如下:

年份	1999	2000	2001	2002	2003	2004	2005	2006	2007	2008
实测的 y_i	1.67	1.70	1.68	1.66	1.66	1.68	1.69	1.70	1.70	1.71
算得的 $f(x_i)$	1.669 8	1.699 4	1.673 5	1.662 5	1.662 5	1.680 9	1.692 0	1.695 7	1.706 8	1.706 8
偏差 $y_i - f(x_i)$	0.000 2	0.000 6	0.006 5	-0.002 5	-0.002 5	-0.000 9	-0.002 0	0.004 3	-0.006 8	0.003 2

偏差的平方和 $M = 1.339 \times 10^{-4}$，它的平方根 $\sqrt{M} = 0.011\ 6$. 我们把 $\sqrt{M}$ 称为均方误差，它的大小在一定程度上反映了用经验公式来近似表达原来函数关系的近似程度的好坏.

在例 1 中，按实验数据描出的图形接近于一条直线. 在这种情形下，就可认为函数关系是线性函数类型的，从而问题可化为求解一个二元一次方程组，计算比较方便. 还有一些实际问题，经验公式的类型不是线性函数，但我们可以设法把它化成线性函数的类型来讨论. 举例说明如下：

例 2　在研究某单分子化学反应速度时，得到下列数据：

i	1	2	3	4	5	6	7	8
t_i	3	6	9	12	15	18	21	24
y_i	57.6	41.9	31.0	22.7	16.6	12.2	8.9	6.5

其中 t 表示从实验开始算起的时间，y 表示时刻 t 反应物的量. 试根据上述数据定出经验公式 $y = f(t)$.

解　由化学反应速度的理论知道，$y = f(t)$ 应是指数函数：$y = ke^{mt}$，其中 k 和 m 是待定常数. 对这批数据，我们先来验证这个结论. 为此，在 $y = ke^{mt}$ 的两边取常用对数，得

$$\lg y = (m \cdot \lg e)t + \lg k.$$

记 $m \cdot \lg e$ 即 $0.434\ 3m = a$，$\lg k = b$，则上式可写为

$$\lg y = at + b,$$

于是 $\lg y$ 就是 t 的线性函数. 所以，我们把表中各对数据 $(t_i, y_i)(i = 1, 2, \cdots, 8)$ 所对应的点描在半对数坐标纸上（半对数坐标纸的横轴上各点处所标明的数字与普通的直角坐标纸相同，而纵轴上各点处所标明的数字是这样的，它的常用对数就是该点到原点的距离），如图 8-9 所示. 从图上看出，这些点的连线非常接近于一条直线，这说明 $y = f(t)$ 确实可以认为是指数函数.

下面来具体定出 k 与 m 的值.

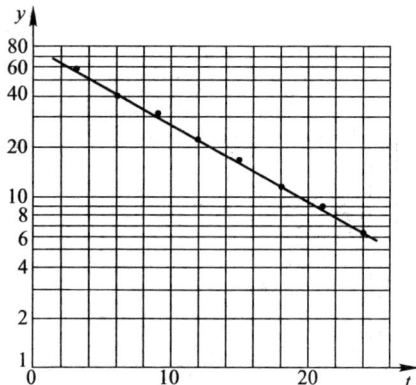

图 8 - 9

由于

$$\lg y = at + b,$$

所以可仿照例 1 中的讨论, 通过求方程组

$$\begin{cases} a \sum_{i=1}^{8} t_i^2 + b \sum_{i=1}^{8} t_i = \sum_{i=1}^{8} t_i \lg y_i, \\ a \sum_{i=1}^{8} t_i + 8b = \sum_{i=1}^{8} \lg y_i \end{cases} \tag{3}$$

的解, 把 a, b 确定出来.

下面通过列表来计算 $\sum_{i=1}^{8} t_i$, $\sum_{i=1}^{8} t_i^2$, $\sum_{i=1}^{8} \lg y_i$ 及 $\sum_{i=1}^{8} t_i \lg y_i$.

i	t_i	t_i^2	y_i	$\lg y_i$	$t_i \lg y_i$
1	3	9	57.6	1.760 4	5.281 2
2	6	36	41.9	1.622 2	9.733 2
3	9	81	31.0	1.491 4	13.422 6
4	12	144	22.7	1.356 0	16.272 0
5	15	225	16.6	1.220 1	18.301 5
6	18	324	12.2	1.086 4	19.555 2
7	21	441	8.9	0.949 4	19.937 4
8	24	576	6.5	0.812 9	19.509 6
$\sum$	108	1 836		10.298 8	122.012 7

将它们代入方程组(3) $\left(\text{其中取} \sum_{i=1}^{8} \lg y_i = 10.3, \sum_{i=1}^{8} t_i \lg y_i = 122\right)$,得

$$\begin{cases} 1\,836a + 108b = 122, \\ 108a + 8b = 10.3. \end{cases}$$

解这方程组,得

$$\begin{cases} a = 0.434\,3m = -0.045, \\ b = \lg k = 1.896\,4, \end{cases}$$

所以

$$m = -0.103\,6, \quad k = 78.78.$$

因此所求的经验公式为

$$y = 78.78\mathrm{e}^{-0.103\,6t}.$$

习题 8 - 7

1. 某市工商银行统计了去年各营业所储蓄人数 x 和存款额 y 的数据如下表所示:

营业所编号	储蓄人数 x/人	存款额 y/万元
1	2 900	270
2	5 100	490
3	1 200	135
4	1 300	119
5	1 250	140
6	920	84
7	722	64
8	1 100	171
9	476	60
10	780	103
11	5 300	515

试用最小二乘法建立 y 与 x 之间的经验公式 $y = ax + b$.

2. 已知一组实验数据

i	0	1	2	3	4
x_i	-2	-1	0	1	2
y_i	35.2	35.9	36.7	37.4	38.4

试用最小二乘法作二次多项式 $y = ax^2 + bx + c$ 拟合该组数据.

总习题八

1. 在"充分""必要"和"充分必要"三者中选择一个正确的填入下列空格内:

(1) $f(x,y)$ 在点 (x,y) 可微分是 $f(x,y)$ 在该点连续的_____条件. $f(x,y)$ 在点 (x,y) 连续是 $f(x,y)$ 在该点可微分的_____条件.

(2) $z = f(x,y)$ 在点 (x,y) 的偏导数 $\dfrac{\partial z}{\partial x}$ 及 $\dfrac{\partial z}{\partial y}$ 存在是 $f(x,y)$ 在该点可微分的_____条件. $z = f(x,y)$ 在点 (x,y) 可微分是函数在该点的偏导数 $\dfrac{\partial z}{\partial x}$ 及 $\dfrac{\partial z}{\partial y}$ 存在的_____条件.

(3) $z = f(x,y)$ 的偏导数 $\dfrac{\partial z}{\partial x}$ 及 $\dfrac{\partial z}{\partial y}$ 在点 (x,y) 存在且连续是 $f(x,y)$ 在该点可微分的_____条件.

(4) 函数 $z = f(x,y)$ 的两个二阶混合偏导数 $\dfrac{\partial^2 z}{\partial x \partial y}$ 及 $\dfrac{\partial^2 z}{\partial y \partial x}$ 在区域 D 内连续是这两个二阶混合偏导数在 D 内相等的_____条件.

*2. 证明极限 $\lim\limits_{(x,y)\to(0,0)} \dfrac{xy^3}{x^2+y^6}$ 不存在.

3. 设 $f(x,y) = \begin{cases} \dfrac{xy^2}{x^2+y^2}, & x^2+y^2 \neq 0, \\ 0, & x^2+y^2 = 0, \end{cases}$ 求 $f_x(x,y)$ 及 $f_y(x,y)$.

4. 设 $f(x,y)$ 有一阶连续偏导数,且 $f(x,x^2) = 1, f_x(x,x^2) = x$,求 $f_y(x,x^2)$.

5. 求下列各函数的二阶偏导数:

(1) $z = x\sin(x+y)$;　　　　　　(2) $z = x^y$.

*6. 设可微函数 $z = f(x,y)$ 满足方程 $x\dfrac{\partial f}{\partial x} + y\dfrac{\partial f}{\partial y} = 0$. 证明: $f(x,y)$ 在极坐标中只是 θ 的函数.

*7. 设可微函数 $F(x,y)$ 在直角坐标系中可表为 $F(x,y) = f(x) + g(y)$,在极坐标系中可表为 $F(x,y) = S(r)$($与 \theta$ 无关),求 $F(x,y)$.

*8. 设 $f(x,y) = \begin{cases} \dfrac{x^2y^2}{(x^2+y^2)^{\frac{3}{2}}}, & x^2+y^2 \neq 0, \\ 0, & x^2+y^2 = 0, \end{cases}$ 证明: $f(x,y)$ 在点 $(0,0)$ 处连续且偏导数存在,但不可微.

9. 设 $z = f(2x-y) + g(x,xy)$,其中 f 具有二阶导数,g 具有二阶连续偏导数,求 $\dfrac{\partial^2 z}{\partial x \partial y}$.

10. 设 $\begin{cases} u = f(x-ut, y-ut, z-ut), \\ g(x,y,z) = 0, \end{cases}$ 其中 f,g 具有一阶连续偏导数,求 $\dfrac{\partial u}{\partial x}, \dfrac{\partial u}{\partial y}$.

11. 设 a,b,c 是三角形三条边的长，A,B,C 是三边对应的三个角的度数，求 $\dfrac{\partial A}{\partial a}, \dfrac{\partial A}{\partial b}, \dfrac{\partial A}{\partial c}$.

12. 设 $f(x,y) = \displaystyle\int_0^{xy} \mathrm{e}^{-t^2} \mathrm{d}t$，求 $\dfrac{x}{y} \dfrac{\partial^2 f}{\partial x^2} - 2 \dfrac{\partial^2 f}{\partial x \partial y} + \dfrac{y}{x} \dfrac{\partial^2 f}{\partial y^2}$.

13. 试求椭圆 $5x^2 + 4xy + 2y^2 = 1$ 的面积.

14. 试求 a,b 的值，使得椭圆 $\dfrac{x^2}{a^2} + \dfrac{y^2}{b^2} = 1$ 包含圆 $x^2 + y^2 = 2y$ 并且面积为最小.（假设面积的最小值不在 $x=0$ 时取得.）

15. 求在圆锥面 $2z = 3\sqrt{x^2 + y^2}$ 和平面 $z = 3$ 所围圆锥体内所作出的底平面平行于 xOy 面的最大长方体的体积值.

16. 某企业在雇用 x 名技术工人、y 名非技术工人时，产品的产量 $Q = -8x^2 + 12xy - 3y^2$. 若企业只能雇用 230 人，那么该雇用多少技术工人、多少非技术工人才能使产量 Q 最大？

17. 设某种产品的产量是劳动力 x 和原料 y 的函数 $f(x,y) = 60x^{3/4} y^{1/4}$. 假定每单位劳动力费用 100 元，每单位原料费用 200 元，现有资金 30 000 元用于生产. 为得到最多的产品，应如何安排劳动力和原料？

18. 某企业生产一种产品，职工的工资福利费用及培训费用分别为 x 万元及 y 万元. 产品的产量 $Q = \dfrac{3\,125x}{4+x} + \dfrac{500y}{9+y}$，其利润是产量 Q 的 $\dfrac{1}{5}$ 再扣除工资福利费用及培训费用.

（1）求在企业资金充足时，x 和 y 分别为多少时，利润最大；

（2）在工资福利费用与培训费用总和不超过 55 万元时，应如何分配这两种费用，使企业所获利润最大.

第九章 二重积分 *三重积分

对面积、体积、质量等几何量或物理量的计算导出了定积分概念. 在一元函数定积分的基础上建立起来的重积分(二重积分,三重积分)因更接近于客观对象,故能处理更一般的问题.

重积分和定积分一样,都是用和式的极限定义的. 但是,由于定积分的积分区域通常只是区间,而重积分的积分区域则是平面或空间区域,所以积分区域的恰当表示和积分顺序的合理选择是保证重积分计算过程简捷正确的关键.

第一节 二重积分的概念与性质

一、二重积分的概念

1. 曲顶柱体的体积

设有一立体,它的底是 xOy 面上的闭区域 D①,它的侧面是以 D 的边界曲线为准线而母线平行于 z 轴的柱面,它的顶是曲面 $z = f(x, y)$,这里 $f(x, y) \geqslant 0$ 且在 D 上连续(图 9 – 1). 这种立体叫做曲顶柱体. 现在我们来讨论如何定义并计算上述曲顶柱体的体积 V.

我们知道,平顶柱体的高是不变的,它的体积可以用公式

$$体积 = 高 \times 底面积$$

来定义和计算. 关于曲顶柱体,当点 (x, y) 在区域 D 上变动时,高度 $f(x, y)$ 是个变量,因此它的体积不能直接用上式来定义和计算. 但如果回忆起第五章中求曲边梯形面积的问题,就不难想到,那里所采用的解决办法,原则上可以用来解决目前的问题.

首先,用一组曲线网把 D 分成 n 个小区域

——————————————

① 为简便起见,本章以后除特别说明外,都假定平面闭区域是有界的,且平面闭区域有有限面积.

$$\Delta\sigma_1, \Delta\sigma_2, \cdots, \Delta\sigma_n.$$

分别以这些小闭区域的边界曲线为准线,作母线平行于 z 轴的柱面,这些柱面把原来的曲顶柱体分为 n 个细曲顶柱体. 当这些小闭区域的直径[1]很小时,由于 $f(x,y)$ 连续,对同一个小闭区域来说,$f(x,y)$ 变化很小,这时细曲顶柱体可近似看做平顶柱体. 我们在每个 $\Delta\sigma_i$(这小闭区域的面积也记作 $\Delta\sigma_i$)中任取一点 (ξ_i, η_i),以 $f(\xi_i, \eta_i)$ 为高而底为 $\Delta\sigma_i$ 的平顶柱体(图 9-2)的体积为

$$f(\xi_i, \eta_i)\Delta\sigma_i \quad (i = 1, 2, \cdots, n).$$

这 n 个平顶柱体体积之和

$$\sum_{i=1}^{n} f(\xi_i, \eta_i)\Delta\sigma_i$$

可以认为是整个曲顶柱体体积的近似值. 令 n 个小闭区域的直径中的最大值(记作 λ)趋于零,取上述和的极限,所得的极限便自然地定义为所求曲顶柱体的体积 V,即

$$V = \lim_{\lambda \to 0} \sum_{i=1}^{n} f(\xi_i, \eta_i)\Delta\sigma_i.$$

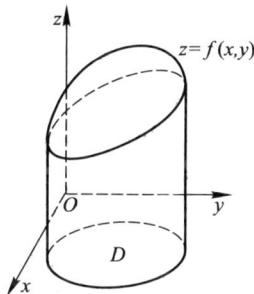

图 9-1

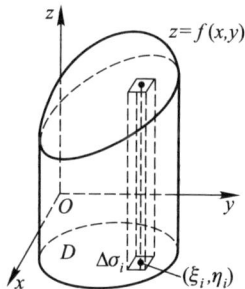

图 9-2

2. 平面薄片的质量

设有一平面薄片占有 xOy 面上的闭区域 D,它在点 (x,y) 处的面密度为 $\mu(x,y)$,这里 $\mu(x,y) > 0$ 且在 D 上连续. 现在要计算该薄片的质量 M.

我们知道,如果薄片是均匀的,即面密度是常数,那么薄片的质量可以用公式

$$\text{质量} = \text{面密度} \times \text{面积}$$

来计算. 现在面密度 $\mu(x,y)$ 是变量,薄片的质量就不能直接用上式来计算. 但是

---

[1]　一个闭区域的直径是指区域上任意两点间距离的最大值.

上面用来处理曲顶柱体体积问题的方法完全适用于本问题.

由于 $\mu(x,y)$ 连续,把薄片分成许多小块后,只要小块所占的小闭区域 $\Delta\sigma_i$ 的直径很小,这些小块就可以近似地看做均匀薄片. 在 $\Delta\sigma_i$ 上任取一点 (ξ_i, η_i),则

$$\mu(\xi_i, \eta_i)\Delta\sigma_i \quad (i = 1,2,\cdots,n)$$

可看做第 i 个小块的质量的近似值(图 $9-3$). 通过求和、取极限,便得出该平面薄片的质量

$$M = \lim_{\lambda \to 0} \sum_{i=1}^{n} \mu(\xi_i, \eta_i)\Delta\sigma_i.$$

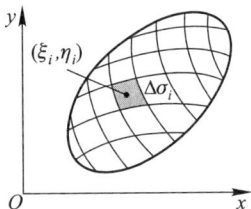

图 $9-3$

3. 二重积分的定义

上面两个问题的实际意义虽然不同,但所求量都归结为同一形式的和的极限. 在物理、力学、几何和工程技术中,有许多物理量或几何量都可归结为这一形式的和的极限. 因此我们要一般地研究这种和的极限,并抽象出下述二重积分的定义.

定义   设 $f(x,y)$ 是有界闭区域 D 上的有界函数. 将闭区域 D 任意分成 n 个小闭区域

$$\Delta\sigma_1, \Delta\sigma_2, \cdots, \Delta\sigma_n,$$

其中 $\Delta\sigma_i$ 表示第 i 个小闭区域,也表示它的面积. 在每个 $\Delta\sigma_i$ 上任取一点 (ξ_i, η_i),作乘积 $f(\xi_i, \eta_i)\Delta\sigma_i (i=1,2,\cdots,n)$,并作和 $\sum_{i=1}^{n} f(\xi_i, \eta_i)\Delta\sigma_i$. 如果当各小闭区域的直径中的最大值 λ 趋于零时,这和的极限总存在,则称此极限为函数 $f(x,y)$ 在闭区域 D 上的**二重积分**,记作 $\iint\limits_{D} f(x,y)\mathrm{d}\sigma$, 即

$$\iint\limits_{D} f(x,y)\mathrm{d}\sigma = \lim_{\lambda \to 0} \sum_{i=1}^{n} f(\xi_i, \eta_i)\Delta\sigma_i, \tag{1}$$

其中 $f(x,y)$ 叫做**被积函数**,$f(x,y)\mathrm{d}\sigma$ 叫做**被积表达式**,$\mathrm{d}\sigma$ 叫做**面积元素**,x 与 y 叫做**积分变量**,D 叫做**积分区域**,$\sum_{i=1}^{n} f(\xi_i, \eta_i)\Delta\sigma_i$ 叫做**积分和**.

在二重积分的定义中对闭区域 D 的划分是任意的,如果在直角坐标系中用平行于坐标轴的直线网来划分 D,那么除了包含边界点的一些小闭区域外[①],其余的小闭区域都是矩形闭区域. 设矩形闭区域 $\Delta\sigma_i$ 的边长为 Δx_j 和 Δy_k,则

———————————

① 求和的极限时,这些小闭区域所对应的项的和的极限为零,因此这些小闭区域可以略去不计.

$\Delta\sigma_i = \Delta x_j \cdot \Delta y_k$. 因此在直角坐标系中,有时也把面积元素 $\mathrm{d}\sigma$ 记作 $\mathrm{d}x\mathrm{d}y$,而把二重积分记作

$$\iint\limits_{D} f(x,y)\,\mathrm{d}x\mathrm{d}y,$$

其中 $\mathrm{d}x\mathrm{d}y$ 叫做**直角坐标系中的面积元素**.

由二重积分的定义可知,前面讨论的曲顶柱体的体积是函数 $f(x,y)$ 在底 D 上的二重积分

$$V = \iint\limits_{D} f(x,y)\,\mathrm{d}\sigma,$$

平面薄片的质量是它的面密度 $\mu(x,y)$ 在薄片所占闭区域 D 上的二重积分

$$M = \iint\limits_{D} \mu(x,y)\,\mathrm{d}\sigma.$$

4. 二重积分的存在性

当 $f(x,y)$ 在闭区域 D 上连续时,(1)式右端的和的极限必定存在,也就是说,函数 $f(x,y)$ 在 D 上的二重积分必定存在.我们总假定函数 $f(x,y)$ 在闭区域 D 上连续,所以 $f(x,y)$ 在 D 上的二重积分都是存在的,以后就不再每次加以说明了.

5. 二重积分的几何意义

一般地,如果 $f(x,y) \geqslant 0$,被积函数 $f(x,y)$ 可解释为曲顶柱体的顶在点 (x,y) 处的竖坐标,所以二重积分的几何意义就是曲顶柱体的体积.如果 $f(x,y)$ 是负的,柱体就在 xOy 面的下方,二重积分的绝对值仍等于柱体的体积,但二重积分的值是负的.如果 $f(x,y)$ 在 D 的若干部分区域上是正的,而在其他的部分区域上是负的,我们可以把 xOy 面上方的柱体体积取成正,xOy 面下方的柱体体积取成负,那么,$f(x,y)$ 在 D 上的二重积分就等于这些部分区域上的柱体体积的代数和.

二、二重积分的性质

比较定积分与二重积分的定义可以想到,二重积分与定积分有类似的性质,现叙述于下.

性质 1　设 α,β 为常数,则

$$\iint\limits_{D} [\alpha f(x,y) + \beta g(x,y)]\,\mathrm{d}\sigma = \alpha\iint\limits_{D} f(x,y)\,\mathrm{d}\sigma + \beta\iint\limits_{D} g(x,y)\,\mathrm{d}\sigma.$$

性质 2　如果闭区域 D 被有限条曲线分为有限个部分闭区域,则在 D 上的

二重积分等于在各部分闭区域上的二重积分的和. 例如 D 分为两个闭区域 D_1 与 D_2, 则

$$\iint_D f(x,y)\mathrm{d}\sigma = \iint_{D_1} f(x,y)\mathrm{d}\sigma + \iint_{D_2} f(x,y)\mathrm{d}\sigma.$$

这个性质表示二重积分对于积分区域具有可加性.

性质 3   如果在 D 上, $f(x,y)=1$, σ 为 D 的面积, 则

$$\sigma = \iint_D 1 \cdot \mathrm{d}\sigma = \iint_D \mathrm{d}\sigma.$$

这性质的几何意义是很明显的, 因为高为 1 的平顶柱体的体积在数值上就等于柱体的底面积.

性质 4   如果在 D 上, $f(x,y) \leqslant g(x,y)$, 则有

$$\iint_D f(x,y)\mathrm{d}\sigma \leqslant \iint_D g(x,y)\mathrm{d}\sigma.$$

特殊地, 由于

$$- |f(x,y)| \leqslant f(x,y) \leqslant |f(x,y)|,$$

又有

$$\left| \iint_D f(x,y)\mathrm{d}\sigma \right| \leqslant \iint_D |f(x,y)|\mathrm{d}\sigma.$$

性质 5   设 M, m 分别是 $f(x,y)$ 在闭区域 D 上的最大值和最小值, σ 是 D 的面积, 则有

$$m\sigma \leqslant \iint_D f(x,y)\mathrm{d}\sigma \leqslant M\sigma.$$

上述不等式是对于二重积分估值的不等式. 因为 $m \leqslant f(x,y) \leqslant M$, 所以由性质 4 有

$$\iint_D m\mathrm{d}\sigma \leqslant \iint_D f(x,y)\mathrm{d}\sigma \leqslant \iint_D M\mathrm{d}\sigma,$$

再应用性质 1 和性质 3, 便得此估值不等式.

性质 6 (二重积分的中值定理)   设函数 $f(x,y)$ 在闭区域 D 上连续, σ 是 D 的面积, 则在 D 上至少存在一点 (ξ,η), 使得

$$\iint_D f(x,y)\mathrm{d}\sigma = f(\xi,\eta) \cdot \sigma.$$

证   显然 $\sigma \neq 0$. 把性质 5 中不等式各除以 σ, 有

$$m \leqslant \frac{1}{\sigma} \iint\limits_{D} f(x,y) \mathrm{d}\sigma \leqslant M.$$

这就是说,确定的数值 $\dfrac{1}{\sigma} \iint\limits_{D} f(x,y) \mathrm{d}\sigma$ 是介于函数 $f(x,y)$ 的最大值 M 与最小值

m 之间的. 根据闭区域上连续函数的介值定理,在 D 上至少存在一点 (ξ,η),使得函数在该点的值与这个确定的数值相等,即

$$\frac{1}{\sigma} \iint\limits_{D} f(x,y) \mathrm{d}\sigma = f(\xi,\eta).$$

上式两端各乘 σ,就得所需要证明的公式.

例 比较 $\iint\limits_{D} (x+y)^2 \mathrm{d}\sigma$ 与 $\iint\limits_{D} (x+y)^3 \mathrm{d}\sigma$ 的大小,其中 $D = \{(x,y) \mid (x-2)^2 + (y-1)^2 \leqslant 2\}$.

解 考虑 $x+y$ 在 D 上的取值,见图 9-4.

由于点 $A(1,0)$ 在圆周 $(x-2)^2 + (y-1)^2 = 2$ 上,且过该点的切线方程为

$$x + y = 1,$$

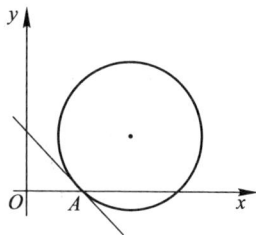

图 9-4

所以,在 D 上处处有 $x+y \geqslant 1$. 故在 D 上有

$$(x+y)^2 \leqslant (x+y)^3,$$

从而有

$$\iint\limits_{D} (x+y)^2 \mathrm{d}\sigma \leqslant \iint\limits_{D} (x+y)^3 \mathrm{d}\sigma.$$

习题 9-1

1. 设 $I_1 = \iint\limits_{D_1} (x^2+y^2)^3 \mathrm{d}\sigma$,其中 $D_1 = \{(x,y) \mid -1 \leqslant x \leqslant 1, -2 \leqslant y \leqslant 2\}$;又 $I_2 = \iint\limits_{D_2} (x^2 + y^2)^3 \mathrm{d}\sigma$,其中 $D_2 = \{(x,y) \mid 0 \leqslant x \leqslant 1, 0 \leqslant y \leqslant 2\}$,试利用二重积分的几何意义说明 I_1 与 I_2 之间的关系.

2. 利用二重积分的几何意义说明:

(1) 当积分区域 D 关于 y 轴对称,$f(x,y)$ 为 x 的奇函数,即 $f(-x,y) = -f(x,y)$ 时,有

$$\iint\limits_{D} f(x,y) \mathrm{d}\sigma = 0.$$

(2) 当积分区域 D 关于 y 轴对称,$f(x,y)$ 为 x 的偶函数,即 $f(-x,y) = f(x,y)$ 时,有

$$\iint\limits_{D} f(x,y)\,\mathrm{d}\sigma = 2\iint\limits_{D_1} f(x,y)\,\mathrm{d}\sigma,$$

其中 D_1 为 D 在 $x \geq 0$ 的部分.

并由此计算下列积分的值,其中 $D = \{(x,y) \mid x^2 + y^2 \leq R^2\}$.

（ Ⅰ ） $\iint\limits_{D} xy^4\,\mathrm{d}\sigma$；　　　　　　　（ Ⅱ ） $\iint\limits_{D} y\sqrt{R^2 - x^2 - y^2}\,\mathrm{d}\sigma$；

（ Ⅲ ） $\iint\limits_{D} \dfrac{y^3\cos x}{1 + x^2 + y^2}\,\mathrm{d}\sigma.$

3. 根据二重积分的性质,比较下列积分的大小:

（1） $I_1 = \iint\limits_{D}(x+y)^2\,\mathrm{d}\sigma$ 与 $I_2 = \iint\limits_{D}(x+y)^3\,\mathrm{d}\sigma$,其中积分区域 D 由 x 轴、y 轴与直线 $x + y = 1$ 所围成；

（2） $I_1 = \iint\limits_{D}\ln(x+y)\,\mathrm{d}\sigma$ 与 $I_2 = \iint\limits_{D}[\ln(x+y)]^2\,\mathrm{d}\sigma$,其中 $D = \{(x,y) \mid 3 \leq x \leq 5, 0 \leq y \leq 1\}$.

4. 利用二重积分的性质估计下列二重积分的值:

（1） $I = \iint\limits_{D} xy(x+y+1)\,\mathrm{d}\sigma$,其中 $D = \{(x,y) \mid 0 \leq x \leq 1, 0 \leq y \leq 2\}$；

（2） $I = \iint\limits_{D}(x^2 + 4y^2 + 9)\,\mathrm{d}\sigma$,其中 $D = \{(x,y) \mid x^2 + y^2 \leq 4\}$；

（3） $I = \iint\limits_{D} \dfrac{\mathrm{d}\sigma}{100 + \cos^2 x + \cos^2 y}$,其中 $D = \{(x,y) \mid |x| + |y| \leq 10\}$.

第二节　二重积分的计算

虽然二重积分是用和式的极限定义的,但和定积分一样,只有少数被积函数和积分区域都特别简单的二重积分才能用定义直接计算,而对一般的函数和区域,用这种方法很难求出结果. 本节我们介绍将二重积分化为两次定积分的计算方法.

一、利用直角坐标计算二重积分

下面先从几何上讨论二重积分 $\iint\limits_{D} f(x,y)\,\mathrm{d}\sigma$ 的计算问题. 在讨论中我们假定 $f(x,y) \geq 0$.

设积分区域 D 可以用不等式

$$\varphi_1(x) \leq y \leq \varphi_2(x), \quad a \leq x \leq b$$

来表示(图 9-5),其中函数 $\varphi_1(x),\varphi_2(x)$ 在区间 $[a,b]$ 上连续.

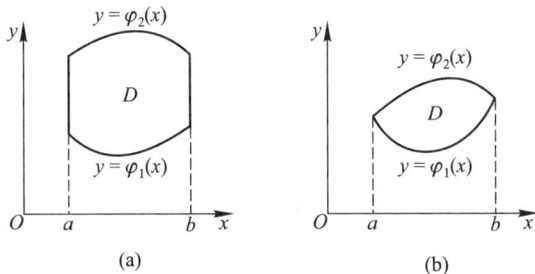

图 9-5

按照二重积分的几何意义,二重积分 $\displaystyle\iint\limits_{D}f(x,y)\mathrm{d}\sigma$ 的值等于以 D 为底,以曲

面 $z=f(x,y)$ 为顶的曲顶柱体(图 9-6)的体积.下面我们应用第六章中计算"平行截面面积已知的立体的体积"的方法,来计算这个曲顶柱体的体积.

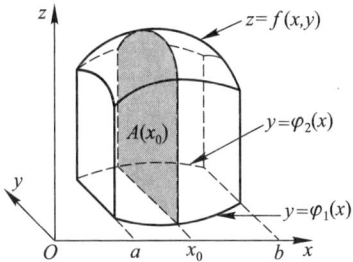

图 9-6

先计算截面面积.为此,在区间 $[a,b]$ 上任意取定一点 x_0,作平行于 yOz 面的平面 $x=x_0$.这平面截曲顶柱体所得的截面是一个以区间 $[\varphi_1(x_0),\varphi_2(x_0)]$ 为底、曲线 $z=f(x_0,y)$ 为曲边的曲边梯形(图 9-6 中阴影部分),所以这截面的面积为

$$A(x_0)=\int_{\varphi_1(x_0)}^{\varphi_2(x_0)}f(x_0,y)\mathrm{d}y.$$

一般地,过区间 $[a,b]$ 上任一点 x 且平行于 yOz 面的平面截曲顶柱体的截面的面积为

$$A(x)=\int_{\varphi_1(x)}^{\varphi_2(x)}f(x,y)\mathrm{d}y.$$

于是,应用计算平行截面面积为已知的立体体积的方法,得曲顶柱体体积为

$$V=\int_a^b A(x)\mathrm{d}x=\int_a^b\left[\int_{\varphi_1(x)}^{\varphi_2(x)}f(x,y)\mathrm{d}y\right]\mathrm{d}x.$$

这个体积也就是所求二重积分的值,从而有等式

$$\iint\limits_{D}f(x,y)\mathrm{d}\sigma=\int_a^b\left[\int_{\varphi_1(x)}^{\varphi_2(x)}f(x,y)\mathrm{d}y\right]\mathrm{d}x. \tag{1}$$

上式右端的积分叫做先对 y、后对 x 的二次积分.就是说,先把 x 看做常量,

把 $f(x,y)$ 只看做 y 的函数,并对 y 计算从 $\varphi_1(x)$ 到 $\varphi_2(x)$ 的定积分;然后把算得的结果(是 x 的函数)再对 x 计算在区间 $[a,b]$ 上的定积分. 这个先对 y、后对 x 的二次积分也常记作

$$\int_a^b \mathrm{d}x \int_{\varphi_1(x)}^{\varphi_2(x)} f(x,y)\,\mathrm{d}y.$$

因此,等式(1)也写成

$$\iint\limits_D f(x,y)\,\mathrm{d}\sigma = \int_a^b \mathrm{d}x \int_{\varphi_1(x)}^{\varphi_2(x)} f(x,y)\,\mathrm{d}y, \tag{1'}$$

这就是把二重积分化为先对 y、后对 x 的二次积分的公式.

在上述讨论中,我们假定 $f(x,y) \geqslant 0$,但实际上公式(1)的成立并不受此条件限制.

类似地,如果积分区域 D 可以用不等式

$$\psi_1(y) \leqslant x \leqslant \psi_2(y), \quad c \leqslant y \leqslant d.$$

来表示(图 9 - 7),其中函数 $\psi_1(y)$,$\psi_2(y)$ 在区间 $[c,d]$ 上连续,那么就有

$$\iint\limits_D f(x,y)\,\mathrm{d}\sigma = \int_c^d \left[\int_{\psi_1(y)}^{\psi_2(y)} f(x,y)\,\mathrm{d}x \right] \mathrm{d}y, \tag{2}$$

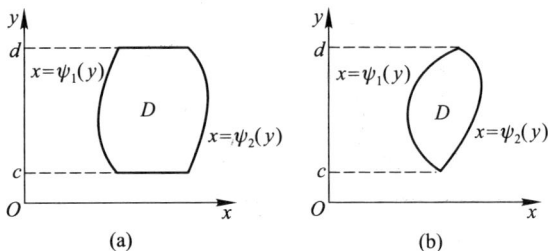

图 9 - 7

上式右端的积分叫做先对 x、后对 y 的二次积分,这个积分也常记作

$$\int_c^d \mathrm{d}y \int_{\psi_1(y)}^{\psi_2(y)} f(x,y)\,\mathrm{d}x.$$

因此,等式(2)也写成

$$\iint\limits_D f(x,y)\,\mathrm{d}\sigma = \int_c^d \mathrm{d}y \int_{\psi_1(y)}^{\psi_2(y)} f(x,y)\,\mathrm{d}x, \tag{2'}$$

这就是把二重积分化为先对 x、后对 y 的二次积分的公式.

以后我们称图 9 - 5 所示的积分区域为 X 型区域,图 9 - 7 所示的积分区域为 Y 型区域. 应用公式(1)时,积分区域必须是 X 型区域,X 型区域 D 的特点是:

穿过 D 内部且平行于 y 轴的直线与 D 的边界相交不多于两点;而用公式(2)时,积分区域必须是 Y 型区域,Y 型区域 D 的特点是:穿过 D 内部且平行于 x 轴的直线与 D 的边界相交不多于两点. 如果积分区域 D 如图 9-8 那样,既有一部分使穿过 D 内部且平行于 y 轴的直线与 D 的边界相交多于两点,又有一部分使穿过 D 内部且平行于 x 轴的直线与 D 的边界相交多于两点,即 D 既不是 X 型区域,又不是 Y 型区域. 对于这种情形,我们可以把 D 分成几部分,使每个部分是 X 型区域或是 Y 型区域. 例如,在图 9-8 中,把 D 分成三部分,它们都是 X 型区域,从而在这三部分上的二重积分都可以应用公式(1). 各部分上的二重积分求得后,根据二重积分的性质2,它们的和就是在 D 上的二重积分.

如果积分区域 D 既是 X 型的,可用不等式 $\varphi_1(x) \leqslant y \leqslant \varphi_2(x)$,$a \leqslant x \leqslant b$ 表示,又是 Y 型的,可用不等式 $\psi_1(y) \leqslant x \leqslant \psi_2(y)$,$c \leqslant y \leqslant d$ 表示(图 9-9),则由公式(1′)及(2′)就得

$$\int_a^b \mathrm{d}x \int_{\varphi_1(x)}^{\varphi_2(x)} f(x,y) \, \mathrm{d}y = \int_c^d \mathrm{d}y \int_{\psi_1(y)}^{\psi_2(y)} f(x,y) \, \mathrm{d}x. \tag{3}$$

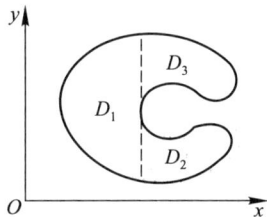

图 9-8

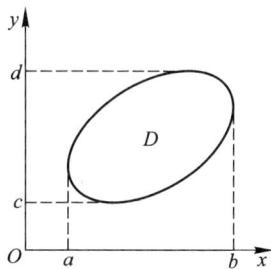

图 9-9

上式表明,这两个不同次序的二次积分相等,因为它们都等于同一个二重积分

$$\iint\limits_D f(x,y) \, \mathrm{d}\sigma.$$

将二重积分化为二次积分时,确定积分限是一个关键. 积分限是根据积分区域 D 来确定的,先画出积分区域 D 的图形. 假如积分区域 D 为 X 型的,如图 9-10 所示. 将 D 往 x 轴上投影,可得投影区间 $[a,b]$. 在区间 $[a,b]$ 上任意取定一个 x 值,积分区域上以这个 x 值为横坐标的点在一段直线上,这段直线平行于 y 轴,该线段上点的纵坐标从 $\varphi_1(x)$ 变到 $\varphi_2(x)$,这就是

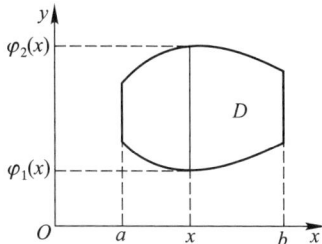

图 9-10

公式(1)中先把 x 看做常量而对 y 积分时的下限和上限. 因为上面的 x 值是在 $[a,b]$ 上任意取定的, 所以再把 x 看做变量而对 x 积分时, 积分区间就是 $[a,b]$.

例 1   求 $I = \iint\limits_{D} xy\mathrm{d}\sigma$, 其中 D 是由 $x=1$, $y=x$ 及 $y=2$ 所围成的闭区域.

解法 1   首先画出积分区域 D(图 9 – 11). D 是 X 型的, D 在 x 轴上的投影区间为 $[1,2]$. 在区间 $[1,2]$ 上任意取定一个 x 值, 则 D 上以这个 x 值为横坐标的点在一段直线上, 这段直线平行于 y 轴, 该线段上点的纵坐标从 $y=x$ 变到 $y=2$, 利用公式 $(1')$ 得

$$I = \int_1^2 \mathrm{d}x \int_x^2 xy\mathrm{d}y = \int_1^2 \Big[x \cdot \frac{y^2}{2} \Big]_x^2 \mathrm{d}x$$

$$= \int_1^2 \Big(2x - \frac{x^3}{2} \Big) \mathrm{d}x = \Big[x^2 - \frac{x^4}{8} \Big]_1^2 = \frac{9}{8}.$$

解法 2   如图 9 – 12, 积分区域 D 是 Y 型的, D 在 y 轴上的投影区间为 $[1,2]$, 在区间 $[1,2]$ 上任意取定一个 y 值, 则 D 上以这个 y 值为纵坐标的点在一段直线上, 这段直线平行于 x 轴, 该线段上点的横坐标从 $x=1$ 变到 $x=y$. 于是利用公式 $(2')$ 得

$$I = \int_1^2 \mathrm{d}y \int_1^y xy\mathrm{d}x = \int_1^2 \Big[y \cdot \frac{x^2}{2} \Big]_1^y \mathrm{d}y$$

$$= \int_1^2 \Big(\frac{y^3}{2} - \frac{y}{2} \Big) \mathrm{d}y = \Big[\frac{y^4}{8} - \frac{y^2}{4} \Big]_1^2 = \frac{9}{8}.$$

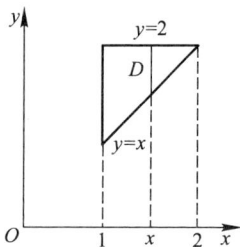

图 9 – 11

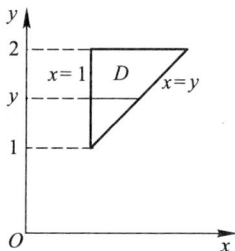

图 9 – 12

例 2   求 $I = \iint\limits_{D} xy\mathrm{d}\sigma$, 其中 D 是由抛物线 $y=x^2$ 及直线 $y=x+2$ 所围成的闭区域.

解   画出积分区域 D 如图 9 – 13 所示. D 既是 X 型又是 Y 型的. 若将 D 看成 X 型的, 则 D 可表示为 $D = \{ (x,y) \mid x^2 \leqslant y \leqslant x+2, -1 \leqslant x \leqslant 2 \}$, 于是

$$I = \int_{-1}^{2} dx \int_{x^2}^{x+2} xy dy = \int_{-1}^{2} \left[x \cdot \frac{y^2}{2} \right]_{x^2}^{x+2} dx$$

$$= \frac{1}{2} \int_{-1}^{2} [x(x+2)^2 - x^5] dx = \frac{45}{8}.$$

若将 D 看成 Y 型的,则由于在区间 $[0,1]$ 及 $[1,4]$ 上 x 的积分下限不同,所以要用直线 $y=1$ 把区域 D 分成 D_1 和 D_2 两部分(图 9－14),其中 $D_1 = \{(x,y) \mid -\sqrt{y} \leqslant x \leqslant \sqrt{y}, 0 \leqslant y \leqslant 1\}$, $D_2 = \{(x,y) \mid y-2 \leqslant x \leqslant \sqrt{y}, 1 \leqslant y \leqslant 4\}$,于是

$$I = \int_0^1 dy \int_{-\sqrt{y}}^{\sqrt{y}} xy dx + \int_1^4 dy \int_{y-2}^{\sqrt{y}} xy dx = \frac{45}{8}.$$

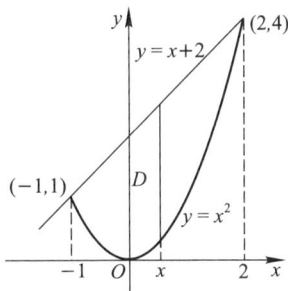

图 9－13

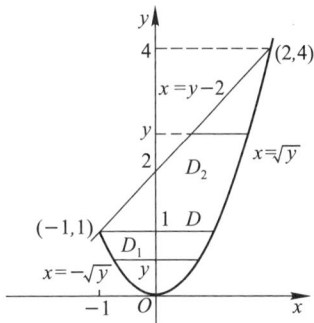

图 9－14

易见,将 D 看成 Y 型时计算比较麻烦.

例 3 求 $I = \iint\limits_{D} e^{-y^2} d\sigma$,其中 D 是由直线 $y = x, y = 1$ 及 y 轴所围成的闭区域.

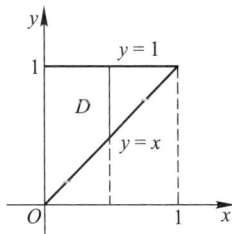

图 9－15

解 画出积分区域 D 如图 9－15 所示. D 既是 X 型又是 Y 型.若将 D 看成 X 型的,则 D 可表示为

$$D = \{(x,y) \mid x \leqslant y \leqslant 1, 0 \leqslant x \leqslant 1\},$$

于是

$$I = \int_0^1 dx \int_x^1 e^{-y^2} dy,$$

计算无法继续下去.

若将 D 看成 Y 型的,则 D 可表示为 $D = \{(x,y) \mid 0 \leqslant x \leqslant y, 0 \leqslant y \leqslant 1\}$,于是

$$I = \int_0^1 dy \int_0^y e^{-y^2} dx = \int_0^1 y e^{-y^2} dy = \frac{1}{2}(1 - e^{-1}).$$

由此可见,在化二重积分为二次积分时,需要选择恰当的二次积分次序.这时,既要考虑积分区域 D 的形状,又要考虑被积函数 $f(x,y)$ 的特性.

例 4 交换二次积分

$$I = \int_0^1 dx \int_{x^2}^1 \frac{xy}{\sqrt{1+y^3}} dy$$

的积分顺序,并求其值.

解 由二次积分可知,与它对应的二重积分

$$\iint\limits_D \frac{xy}{\sqrt{1+y^3}} d\sigma$$

的积分区域为 $D = \{(x,y) \mid x^2 \le y \le 1, 0 \le x \le 1\}$. 即为由 $y=x^2$, $y=1$ 与 $x=0$ 所围成的区域,如图 9-16 所示. 要交换积分次序,可将 D 表为 $D = \{(x,y) \mid 0 \le x \le \sqrt{y}, 0 \le y \le 1\}$,于是

$$I = \int_0^1 dy \int_0^{\sqrt{y}} \frac{xy}{\sqrt{1+y^3}} dx$$

$$= \frac{1}{2} \int_0^1 \frac{y^2}{\sqrt{1+y^3}} dy$$

$$= \frac{1}{3} \sqrt{1+y^3} \Big|_0^1 = \frac{1}{3}(\sqrt{2}-1).$$

例 5 求以 xOy 面上的圆域 $D = \{(x,y) \mid x^2+y^2 \le 1\}$ 为底,圆柱面 $x^2+y^2=1$ 为侧面,抛物面 $z = 2-x^2-y^2$ 为顶的曲顶柱体的体积.

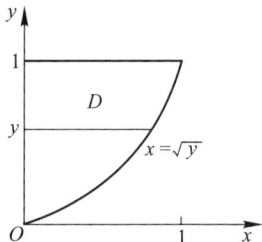

图 9-16

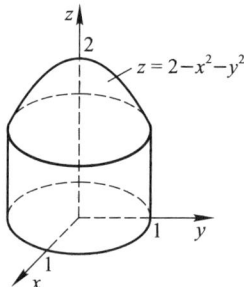

图 9-17

解 如图 9 - 17 所示,所求曲顶柱体的体积为

$$V = \iint_D (2 - x^2 - y^2) \, \mathrm{d}\sigma,$$

其中积分区域 D 可表示为 $D = \{(x,y) \mid -\sqrt{1-x^2} \leqslant y \leqslant \sqrt{1-x^2}, -1 \leqslant x \leqslant 1\}$. 由 D 的对称性及被积函数 $f(x,y) = 2 - x^2 - y^2$ 关于 x,y 均为偶函数可知

$$V = 4 \iint_{D_1} (2 - x^2 - y^2) \, \mathrm{d}\sigma,$$

其中 $D_1 = \{(x,y) \mid 0 \leqslant y \leqslant \sqrt{1-x^2}, 0 \leqslant x \leqslant 1\}$ 为 D 在第一象限的部分. 于是

$$V = 4 \int_0^1 \mathrm{d}x \int_0^{\sqrt{1-x^2}} (2 - x^2 - y^2) \, \mathrm{d}y$$

$$= 4 \int_0^1 \left[\sqrt{1-x^2} + \frac{2}{3}(1-x^2)^{\frac{3}{2}} \right] \mathrm{d}x$$

$$= 4 \int_0^{\frac{\pi}{2}} \left(\cos^2 t + \frac{2}{3}\cos^4 t \right) \mathrm{d}t$$

$$= 4 \left(\frac{1}{2} \cdot \frac{\pi}{2} + \frac{2}{3} \cdot \frac{3}{4} \cdot \frac{1}{2} \cdot \frac{\pi}{2} \right) = \frac{3}{2}\pi.$$

例 6 某地区受地理限制呈直角三角形分布,斜边临一条河. 由于交通关系,地区发展不太均衡,这一点可从税收状况反映出来. 若以两直角边为坐标轴建立直角坐标系,则位于 x 轴和 y 轴上的地区长度各为 16 km 和 12 km,且税收情况与地理位置的关系大体为

$$R(x,y) = 20x + 10y(\text{万元／平方千米}),$$

试计算该地区总的税收收入.

解 这是一个二重积分的应用问题. 其中积分区域 D 由 x 轴、y 轴及直线 $\dfrac{x}{16} + \dfrac{y}{12} = 1$ 围成,可表示为 $D = \left\{ (x,y) \mid 0 \leqslant y \leqslant 12 - \dfrac{3}{4}x, 0 \leqslant x \leqslant 16 \right\}$,于是所求总税收收入为

$$L = \iint_D R(x,y) \, \mathrm{d}\sigma$$

$$= \int_0^{16} \mathrm{d}x \int_0^{12-\frac{3}{4}x} (20x + 10y) \, \mathrm{d}y$$

$$= \int_0^{16} \left(720 + 150x - \frac{195}{16}x^2 \right) \mathrm{d}x$$

$$= 14\ 080(万元),$$

故该地区总的税收收入为 14 080 万元.

二、利用极坐标计算二重积分

有些二重积分,积分区域 D 的边界曲线用极坐标方程来表示比较方便,且被积函数用极坐标变量 r,θ 表示比较简单. 这时,我们就可以考虑利用极坐标来计算二重积分

$$\iint\limits_{D} f(x,y)\,\mathrm{d}\sigma.$$

按二重积分的定义

$$\iint\limits_{D} f(x,y)\,\mathrm{d}\sigma = \lim_{\lambda \to 0} \sum_{i=1}^{n} f(\xi_i,\eta_i)\Delta\sigma_i.$$

下面我们来研究这个和的极限在极坐标系中的形式.

假定从极点 O 出发且穿过闭区域 D 内部的射线与 D 的边界曲线相交不多于两点. 我们用以极点为中心的一族同心圆: $r =$ 常数,以及从极点出发的一族射线: $\theta =$ 常数,把 D 分为 n 个小闭区域(图 9-18). 除了包含边界点的一些小闭区域外,小闭区域的面积 $\Delta\sigma_i$ 可计算如下:

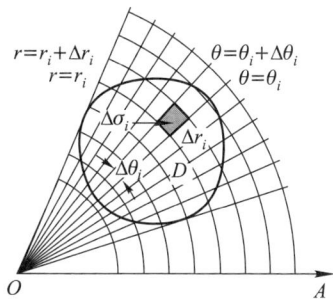

图 9-18

$$\begin{aligned}
\Delta\sigma_i &= \frac{1}{2}(r_i + \Delta r_i)^2 \cdot \Delta\theta_i - \frac{1}{2}r_i^2 \cdot \Delta\theta_i \\
&= \frac{1}{2}(2r_i + \Delta r_i)\Delta r_i \cdot \Delta\theta_i \\
&= \frac{r_i + (r_i + \Delta r_i)}{2} \cdot \Delta r_i \cdot \Delta\theta_i \\
&= \bar{r}_i \cdot \Delta r_i \cdot \Delta\theta_i,
\end{aligned}$$

其中 $\bar{r}_i$ 表示相邻两圆弧的半径的平均值. 在这小闭区域内取圆周 $r = \bar{r}_i$ 上的点 $(\bar{r}_i,\bar{\theta}_i)$,该点的直角坐标设为 (ξ_i,η_i),则由直角坐标与极坐标之间的关系有

$$\xi_i = \bar{r}_i\cos\bar{\theta}_i, \quad \eta_i = \bar{r}_i\sin\bar{\theta}_i.$$

于是

$$\lim_{\lambda \to 0} \sum_{i=1}^{n} f(\xi_i, \eta_i) \Delta \sigma_i = \lim_{\lambda \to 0} \sum_{i=1}^{n} f(\bar{r}_i \cos \bar{\theta}_i, \bar{r}_i \sin \bar{\theta}_i) \bar{r}_i \cdot \Delta r_i \cdot \Delta \theta_i,$$

即

$$\iint\limits_{D} f(x, y) \,\mathrm{d}\sigma = \iint\limits_{D} f(r\cos\theta, r\sin\theta) r \mathrm{d}r \mathrm{d}\theta.$$

由于在直角坐标系中 $\iint\limits_{D} f(x, y) \,\mathrm{d}\sigma$ 也常记作 $\iint\limits_{D} f(x, y) \,\mathrm{d}x\mathrm{d}y$，所以上式又可写成

$$\iint\limits_{D} f(x, y) \,\mathrm{d}x\mathrm{d}y = \iint\limits_{D} f(r\cos\theta, r\sin\theta) r \mathrm{d}r \mathrm{d}\theta. \tag{4}$$

这就是二重积分的变量从直角坐标变换为极坐标的变换公式，其中 $r\mathrm{d}r\mathrm{d}\theta$ 就是**极坐标系中的面积元素**.

公式(4)表明，要把二重积分中的变量从直角坐标变换为极坐标，只要把被积函数中的 x, y 分别换成 $r\cos\theta, r\sin\theta$，并把直角坐标系中的面积元素 $\mathrm{d}x\mathrm{d}y$ 换成极坐标系中的面积元素 $r\mathrm{d}r\mathrm{d}\theta$.

极坐标系中的二重积分同样可以化为二次积分来计算.

设积分区域 D 可以用不等式

$$\varphi_1(\theta) \leqslant r \leqslant \varphi_2(\theta), \quad \alpha \leqslant \theta \leqslant \beta$$

来表示(图 9 – 19)，其中函数 $\varphi_1(\theta), \varphi_2(\theta)$ 在区间 $[\alpha, \beta]$ 上连续.

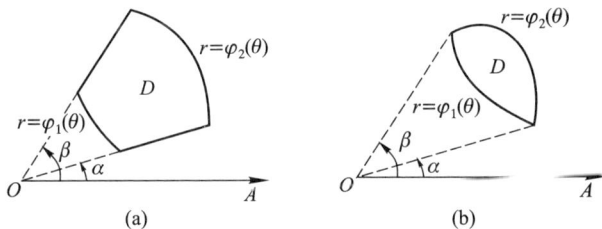

图 9 – 19

先在区间 $[\alpha, \beta]$ 上任意取一个 θ 值. 对应于这个 θ 值，D 上的点(图 9 – 20 中这些点在线段 EF 上)的极径 r 从 $\varphi_1(\theta)$ 变到 $\varphi_2(\theta)$. 又 θ 是在 $[\alpha, \beta]$ 上任意取定的，所以 θ 的变化范围是区间 $[\alpha, \beta]$. 这样就可看出，极坐标系中的二重积分化为二次积分的公式为

$$\iint\limits_{D} f(r\cos\theta, r\sin\theta) r \mathrm{d}r \mathrm{d}\theta = \int_{\alpha}^{\beta} \left[\int_{\varphi_1(\theta)}^{\varphi_2(\theta)} f(r\cos\theta, r\sin\theta) r \mathrm{d}r \right] \mathrm{d}\theta. \tag{5}$$

上式也写成

$$\iint_D f(r\cos\theta, r\sin\theta)r\mathrm{d}r\mathrm{d}\theta = \int_\alpha^\beta \mathrm{d}\theta \int_{\varphi_1(\theta)}^{\varphi_2(\theta)} f(r\cos\theta, r\sin\theta)r\mathrm{d}r. \qquad (5')$$

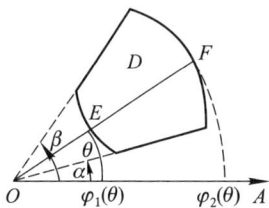

图 9 – 20

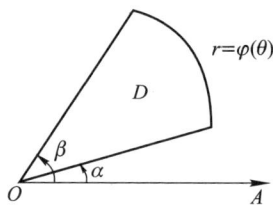

图 9 – 21

如果积分区域 D 是图 9 – 21 所示的曲边扇形，那么可以把它看成图 9 – 19(a) 中当 $\varphi_1(\theta) = 0, \varphi_2(\theta) = \varphi(\theta)$ 时的特例. 这时闭区域 D 可以用不等式

$$0 \leqslant r \leqslant \varphi(\theta), \quad \alpha \leqslant \theta \leqslant \beta$$

来表示，而公式 (5') 成为

$$\iint_D f(r\cos\theta, r\sin\theta)r\mathrm{d}r\mathrm{d}\theta = \int_\alpha^\beta \mathrm{d}\theta \int_0^{\varphi(\theta)} f(r\cos\theta, r\sin\theta)r\mathrm{d}r.$$

如果积分区域 D 如图 9 – 22 所示，极点在 D 的内部，那么可以把它看成图 9 – 21 中当 $\alpha = 0, \beta = 2\pi$ 时的特例. 这时闭区域 D 可以用不等式

$$0 \leqslant r \leqslant \varphi(\theta), \quad 0 \leqslant \theta \leqslant 2\pi$$

来表示，而公式 (5') 成为

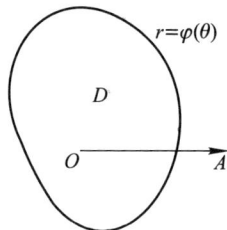

图 9 – 22

$$\iint_D f(r\cos\theta, r\sin\theta)r\mathrm{d}r\mathrm{d}\theta$$

$$= \int_0^{2\pi} \mathrm{d}\theta \int_0^{\varphi(\theta)} f(r\cos\theta, r\sin\theta)r\mathrm{d}r.$$

由二重积分的性质 3，闭区域 D 的面积 σ 可以表示为

$$\sigma = \iint_D \mathrm{d}\sigma.$$

在极坐标系中，面积元素 $\mathrm{d}\sigma = r\mathrm{d}r\mathrm{d}\theta$，上式成为

$$\sigma = \iint_D r\mathrm{d}r\mathrm{d}\theta.$$

如果闭区域 D 如图 9 – 19(a) 所示，则由公式 (5') 有

$$\sigma = \iint_D r\mathrm{d}r\mathrm{d}\theta = \int_\alpha^\beta \mathrm{d}\theta \int_{\varphi_1(\theta)}^{\varphi_2(\theta)} r\mathrm{d}r = \frac{1}{2}\int_\alpha^\beta [\varphi_2^2(\theta) - \varphi_1^2(\theta)]\mathrm{d}\theta.$$

特别地,如果闭区域 D 如图 $9-21$ 所示,则 $\varphi_1(\theta)=0, \varphi_2(\theta)=\varphi(\theta)$. 于是

$$\sigma = \frac{1}{2}\int_\alpha^\beta \varphi^2(\theta)\mathrm{d}\theta.$$

例 7 用极坐标求解例 5.

解 在极坐标系中,闭区域 D 可表示为 $D = \{(r,\theta) \mid 0 \leqslant r \leqslant 1, 0 \leqslant \theta \leqslant 2\pi\}$,于是所求曲顶柱体的体积

$$V = \int_0^{2\pi}\mathrm{d}\theta\int_0^1(2-r^2)r\mathrm{d}r$$

$$= \int_0^{2\pi}\left[r^2 - \frac{r^4}{4}\right]_0^1\mathrm{d}\theta$$

$$= \frac{3}{4}\int_0^{2\pi}\mathrm{d}\theta = \frac{3}{2}\pi.$$

很显然,此例选择极坐标求解会简单得多.

例 8 计算 $\iint\limits_D \mathrm{e}^{-x^2-y^2}\mathrm{d}x\mathrm{d}y$,其中 D 是由中心在原点、半径为 a 的圆周围成的闭区域.

解 在极坐标系中,闭区域 D 可表示为

$$0 \leqslant r \leqslant a, \quad 0 \leqslant \theta \leqslant 2\pi.$$

由公式(4)及(5)有

$$\iint\limits_D \mathrm{e}^{-x^2-y^2}\mathrm{d}x\mathrm{d}y = \iint\limits_D \mathrm{e}^{-r^2}r\mathrm{d}r\mathrm{d}\theta = \int_0^{2\pi}\left(\int_0^a \mathrm{e}^{-r^2}r\mathrm{d}r\right)\mathrm{d}\theta$$

$$= \int_0^{2\pi}\left[-\frac{1}{2}\mathrm{e}^{-r^2}\right]_0^a\mathrm{d}\theta - \frac{1}{2}(1-\mathrm{e}^{-a^2})\int_0^{2\pi}\mathrm{d}\theta$$

$$= \pi(1-\mathrm{e}^{-a^2}).$$

本题如果用直角坐标计算,由于积分 $\int \mathrm{e}^{-x^2}\mathrm{d}x$ 不能用初等函数表示,所以算不出来. 现在我们利用上面的结果来计算概率统计中常用的反常积分

$$\int_0^{+\infty}\mathrm{e}^{-x^2}\mathrm{d}x.$$

设

$$D_1 = \{(x,y) \mid x^2+y^2 \leqslant R^2, x \geqslant 0, y \geqslant 0\},$$

$$D_2 = \{(x,y) \mid x^2+y^2 \leqslant 2R^2, x \geqslant 0, y \geqslant 0\},$$

$$S = \{(x,y) \mid 0 \leqslant x \leqslant R, 0 \leqslant y \leqslant R\}.$$

显然 $D_1 \subset S \subset D_2$(图 9 – 23). 由于 $e^{-x^2-y^2} > 0$,从而在这些闭区域上的二重积分之间有不等式

$$\iint\limits_{D_1} e^{-x^2-y^2} \mathrm{d}x\mathrm{d}y < \iint\limits_{S} e^{-x^2-y^2} \mathrm{d}x\mathrm{d}y < \iint\limits_{D_2} e^{-x^2-y^2} \mathrm{d}x\mathrm{d}y.$$

因为

$$\iint\limits_{S} e^{-x^2-y^2} \mathrm{d}x\mathrm{d}y = \int_0^R e^{-x^2} \mathrm{d}x \cdot \int_0^R e^{-y^2} \mathrm{d}y$$

$$= \left(\int_0^R e^{-x^2} \mathrm{d}x \right)^2 ,$$

图 9 – 23

又应用上面已得的结果有

$$\iint\limits_{D_1} e^{-x^2-y^2} \mathrm{d}x\mathrm{d}y = \frac{\pi}{4}(1 - e^{-R^2}),$$

$$\iint\limits_{D_2} e^{-x^2-y^2} \mathrm{d}x\mathrm{d}y = \frac{\pi}{4}(1 - e^{-2R^2}),$$

于是上面的不等式可写成

$$\frac{\pi}{4}(1 - e^{-R^2}) < \left(\int_0^R e^{-x^2} \mathrm{d}x \right)^2 < \frac{\pi}{4}(1 - e^{-2R^2}).$$

令 $R \to +\infty$,上式两端趋于极限 $\dfrac{\pi}{4}$,从而

$$\int_0^{+\infty} e^{-x^2} \mathrm{d}x = \frac{\sqrt{\pi}}{2}.$$

三、无界区域上的反常二重积分

和一元函数类似,可以引入无界区域上的反常二重积分. 它是在概率统计中有广泛应用的一种积分形式,一般可先在有界区域内积分,然后令有界区域趋于原无界区域时取极限求解. 在前面计算 $\int_0^{+\infty} e^{-x^2} \mathrm{d}x$ 的过程中已经用到了这种方法,下面再举几个例子.

例 9 求反常二重积分 $I = \iint\limits_{D} \dfrac{\mathrm{d}\sigma}{(1 + x^2 + y^2)^\alpha}$,其中 $\alpha \neq 1$,D 是整个 xOy 平面.

解 先在圆域 $D' = \{(x,y) \mid x^2 + y^2 \leqslant R^2\}$ 内考虑,此时

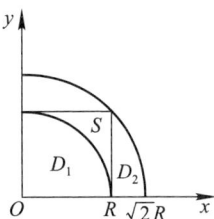

$$I(R) = \iint\limits_{D'} \frac{\mathrm{d}\sigma}{(1 + x^2 + y^2)^\alpha}$$

$$= \int_0^{2\pi} \mathrm{d}\theta \int_0^R \frac{r}{(1 + r^2)^\alpha} \mathrm{d}r$$

$$= \frac{\pi}{1 - \alpha} \Big[\frac{1}{(1 + R^2)^{\alpha-1}} - 1 \Big].$$

当 $\alpha > 1$ 时,因

$$\lim_{R \to +\infty} I(R) = \frac{\pi}{\alpha - 1},$$

故原积分收敛,且

$$I = \frac{\pi}{\alpha - 1}.$$

当 $\alpha < 1$ 时,因

$$\lim_{R \to +\infty} I(R) = \infty,$$

所以原积分发散.

例 10　计算二重积分 $\displaystyle\iint\limits_D x\mathrm{e}^{-y^2}\mathrm{d}x\mathrm{d}y$,其中积分区域 D 是曲线 $y = 4x^2$ 与 $y = 9x^2$ 在第一象限围成的无界区域.

解　区域 D 如图 9 – 24 所示. 设

$$D_b = \Big\{ (x,y) \mid \frac{1}{3}\sqrt{y} \leqslant x \leqslant \frac{1}{2}\sqrt{y}, 0 \leqslant y \leqslant b \Big\},$$

则

$$\iint\limits_{D_b} x\mathrm{e}^{-y^2}\mathrm{d}x\mathrm{d}y = \int_0^b \mathrm{c}^{-y^2}\mathrm{d}y \int_{\frac{1}{3}\sqrt{y}}^{\frac{1}{2}\sqrt{y}} x\mathrm{d}x$$

$$= \frac{1}{2} \int_0^b \Big(\frac{1}{4}y - \frac{1}{9}y \Big) \mathrm{e}^{-y^2}\mathrm{d}y$$

$$= \frac{5}{72} \int_0^b y\mathrm{e}^{-y^2}\mathrm{d}y = -\frac{5}{144}\mathrm{e}^{-y^2} \Big|_0^b$$

$$= \frac{5}{144}(1 - \mathrm{e}^{-b^2}).$$

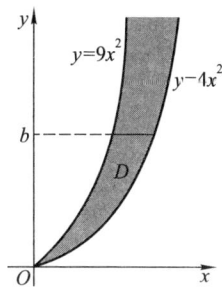

图 9 – 24

显然有 $D_b \to D(b \to +\infty)$. 于是有

$$\iint\limits_{D} x e^{-y^2} \mathrm{d}x\mathrm{d}y = \lim_{b \to +\infty} \iint\limits_{D_b} x e^{-y^2} \mathrm{d}x\mathrm{d}y$$

$$= \frac{5}{144} \lim_{b \to +\infty} (1 - e^{-b^2}) = \frac{5}{144}.$$

习题 9 – 2

1. 计算下列二重积分:

(1) $\iint\limits_{D} (x^2 + y^2) \mathrm{d}\sigma$,其中 D 是矩形闭区域: $|x| \leqslant 1, |y| \leqslant 1$;

(2) $\iint\limits_{D} x y e^{x^2+y^2} \mathrm{d}\sigma$,其中 $D = \{(x,y) \mid a \leqslant x \leqslant b, c \leqslant y \leqslant d\}$;

(3) $\iint\limits_{D} (3x + 2y) \mathrm{d}\sigma$,其中 D 是由两坐标轴及直线 $x + y = 2$ 所围成的闭区域;

(4) $\iint\limits_{D} x\cos(x + y) \mathrm{d}\sigma$,其中 D 是顶点分别为 $(0,0),(\pi,0)$ 和 (π,π) 的三角形闭区域.

2. 画出积分区域,并计算下列二重积分:

(1) $\iint\limits_{D} x\sqrt{y}\mathrm{d}\sigma$,其中 D 是由两条抛物线 $y = \sqrt{x}, y = x^2$ 所围成的闭区域;

(2) $\iint\limits_{D} \frac{y}{x}\mathrm{d}\sigma$,其中 D 是由直线 $y = x, y = 2x$ 及 $x = 1, x = 2$ 所围成的闭区域;

(3) $\iint\limits_{D} (2x + y)\mathrm{d}\sigma$,其中 D 是由 $y = x, y = \frac{1}{x}$ 及 $y = 2$ 所围成的闭区域;

(4) $\iint\limits_{D} e^{x+y}\mathrm{d}\sigma$,其中 D 是由 $|x| + |y| \leqslant 1$ 所确定的闭区域.

3. 如果二重积分 $\iint\limits_{D} f(x,y)\mathrm{d}x\mathrm{d}y$ 的被积函数 $f(x,y)$ 是两个函数 $f_1(x)$ 及 $f_2(y)$ 的乘积,即 $f(x,y) = f_1(x) \cdot f_2(y)$,积分区域 $D = \{(x,y) \mid a \leqslant x \leqslant b, c \leqslant y \leqslant d\}$,证明这个二重积分等于两个定积分的乘积,即

$$\iint\limits_{D} f_1(x) \cdot f_2(y)\mathrm{d}x\mathrm{d}y = \left[\int_a^b f_1(x)\mathrm{d}x \right] \cdot \left[\int_c^d f_2(y)\mathrm{d}y \right].$$

4. 化二重积分

$$I = \iint\limits_{D} f(x,y)\mathrm{d}\sigma$$

为二次积分(分别列出对两个变量先后次序不同的两个二次积分),其中积分区域 D 是:

(1) 由曲线 $y = \ln x$、直线 $x = 2$ 及 x 轴所围成的闭区域;

(2) 由 y 轴及右半圆 $x = \sqrt{a^2 - y^2}$ 所围成的闭区域;

（3）由抛物线 $y = x^2$ 与直线 $2x + y = 3$ 所围成的闭区域.

5. 交换下列二次积分的积分次序：

（1）$\int_0^1 dy \int_y^{\sqrt{y}} f(x,y) dx$；　　　　（2）$\int_0^1 dy \int_{e^y}^e f(x,y) dx$；

（3）$\int_0^1 dy \int_{2-y}^{1+\sqrt{1-y^2}} f(x,y) dx$；

（4）$\int_0^1 dx \int_0^{x^2} f(x,y) dy + \int_1^2 dx \int_0^{2-x} f(x,y) dy$；

（5）$\int_0^\pi dx \int_{-\sin\frac{x}{2}}^{\sin x} f(x,y) dy$；　　　　（6）$\int_0^{2a} dx \int_{\sqrt{2ax-x^2}}^{\sqrt{2ax}} f(x,y) dy$.

6. 设平面薄片所占的闭区域 D 由直线 $x + y = 2, y = x$ 和 x 轴所围成，它的面密度 $\rho(x,y) = x^2 + y^2$，求该薄片的质量.

7. 求由平面 $x=0, y=0, z=0, x+y=1$ 及 $z = 1 + x + y$ 所围成的立体的体积.

8. 为修建高速公路，要在一山坡中辟出一条长 500 m，宽 20 m 的通道. 据测量，以出发点一侧为原点，往另一侧方向为 x 轴（$0 \le x \le 20$），往公路延伸方向为 y 轴（$0 \le y \le 500$），且山坡的高度为

$$z = 10\left(\sin\frac{\pi}{500}y + \sin\frac{\pi}{20}x \right),$$

试计算所需挖掉的土方量.

9. 画出积分区域，把积分 $\iint_D f(x,y) dxdy$ 表示为极坐标形式的二次积分，其中积分区域 D 是：

（1）$\{(x,y) \mid x^2 + y^2 \le a^2, x \ge 0, a > 0\}$；

（2）$\{(x,y) \mid x^2 + y^2 \le 2y\}$；

（3）$\{(x,y) \mid a^2 \le x^2 + y^2 \le b^2, 其中 0 < a < b\}$；

（4）$\{(x,y) \mid 0 \le x \le 1, 0 \le y \le x^2\}$.

10. 化下列二次积分为极坐标形式的二次积分：

（1）$\int_0^1 dx \int_0^1 f(x,y) dy$，　　　　（2）$\int_0^1 dx \int_{1-x}^{\sqrt{1-x^2}} f(\sqrt{x^2 + y^2}) dy$.

11. 把下列积分化为极坐标形式，并计算积分值：

（1）$\int_0^{2a} dx \int_0^{\sqrt{2ax-x^2}} (x^2 + y^2) dy$；

（2）$\int_0^1 dx \int_x^{\sqrt{3}x} \frac{1}{\sqrt{x^2 + y^2}} dy$；

（3）$\int_0^{\frac{\sqrt{3}}{2}a} dx \int_{\frac{\sqrt{3}}{3}x}^x \sqrt{x^2 + y^2} dy + \int_{\frac{\sqrt{3}}{2}a}^a dx \int_0^{\sqrt{a^2-x^2}} \sqrt{x^2 + y^2} dy$.

12. 利用极坐标计算下列各题：

(1) $\iint\limits_{D} \sqrt{R^2 - x^2 - y^2}\mathrm{d}\sigma$，其中 D 为圆域 $x^2 + y^2 \leqslant Rx(R > 0)$；

(2) $\iint\limits_{D} \ln(1 + x^2 + y^2)\mathrm{d}\sigma$，其中 D 为圆 $x^2 + y^2 = 1$ 及坐标轴所围成的在第一象限内的闭区域；

(3) $\iint\limits_{D} \arctan\dfrac{y}{x}\mathrm{d}\sigma$，其中 D 是由圆周 $x^2 + y^2 = 1$，$x^2 + y^2 = 4$ 及直线 $y = 0$，$y = x$ 所围成的在第一象限内的闭区域.

13. 选用适当的坐标计算下列各题：

(1) $\iint\limits_{D} \dfrac{x^2}{y^2}\mathrm{d}\sigma$，其中 D 是直线 $x = 2$，$y = x$ 及曲线 $xy = 1$ 所围成的闭区域；

(2) $\iint\limits_{D} \sin\sqrt{x^2 + y^2}\mathrm{d}\sigma$，其中 D 是圆环域 $\pi^2 \leqslant x^2 + y^2 \leqslant 4\pi^2$；

(3) $\iint\limits_{D} (x^2 + y^2)\mathrm{d}\sigma$，其中 D 是由直线 $y = x$，$y = x + a$，$y = a$，$y = 3a(a > 0)$ 所围成的闭区域；

(4) $\iint\limits_{D} \left| 1 - x^2 - y^2 \right|\mathrm{d}\sigma$，其中 D 为圆域 $x^2 + y^2 \leqslant 4$.

14. 计算以 xOy 面上的圆周 $x^2 + y^2 = ax$ 围成的闭区域为底，而以曲面 $z = x^2 + y^2$ 为顶的曲顶柱体的体积.

15. 某水池呈圆形，半径为 $5\ \mathrm{m}$，以中心为坐标原点，距中心距离为 r 处的水深为 $\dfrac{5}{1 + r^2}\ \mathrm{m}$，试求该水池的蓄水量.

16. 讨论并计算下列反常二重积分：

(1) $\iint\limits_{D} \dfrac{\mathrm{d}\sigma}{x^p y^q}$，其中 $D = \{(x, y) \mid xy \geqslant 1, x \geqslant 1\}$；

(2) $\iint\limits_{D} \dfrac{\mathrm{d}\sigma}{(x^2 + y^2)^p}$，其中 $D = \{(x, y) \mid x^2 + y^2 \geqslant 1\}$.

*第三节 三重积分

一、三重积分的概念

定积分及二重积分作为和的极限的概念，可以很自然地推广到三重积分.

定义 设 $f(x, y, z)$ 是空间有界闭区域 Ω 上的有界函数. 将 Ω 任意分成 n 个小闭区域

$$\Delta v_1, \Delta v_2, \cdots, \Delta v_n,$$

其中 Δv_i 表示第 i 个小闭区域,也表示它的体积.在每个 Δv_i 上任取一点 $(\xi_i, \eta_i,$ $\zeta_i)$,作乘积 $f(\xi_i, \eta_i, \zeta_i)\Delta v_i (i = 1, 2, \cdots, n)$,并作和 $\sum\limits_{i=1}^{n} f(\xi_i, \eta_i, \zeta_i)\Delta v_i$.如果当各小闭区域的直径中的最大值 λ 趋于零时,这和的极限总存在,则称此极限为函数 $f(x, y, z)$ 在闭区域 Ω 上的**三重积分**,记作 $\iiint\limits_{\Omega} f(x, y, z)\mathrm{d}v$,即

$$\iiint\limits_{\Omega} f(x, y, z)\mathrm{d}v = \lim_{\lambda \to 0} \sum_{i=1}^{n} f(\xi_i, \eta_i, \zeta_i)\Delta v_i, \tag{1}$$

其中 $\mathrm{d}v$ 叫做**体积元素**.

在直角坐标系中,如果用平行于坐标面的平面来划分 Ω,那么除了包含 Ω 的边界点的一些不规则小闭区域外,得到的小闭区域 Δv_i 均为长方体.设长方体小闭区域 Δv_i 的边长为 $\Delta x_j, \Delta y_k, \Delta z_l$,则 $\Delta v_i = \Delta x_j \Delta y_k \Delta z_l$.因此在直角坐标系中,有时也把体积元素 $\mathrm{d}v$ 记作 $\mathrm{d}x\mathrm{d}y\mathrm{d}z$,而把三重积分记作

$$\iiint\limits_{\Omega} f(x, y, z)\mathrm{d}x\mathrm{d}y\mathrm{d}z,$$

其中 $\mathrm{d}x\mathrm{d}y\mathrm{d}z$ 叫做**直角坐标系中的体积元素**.

当函数 $f(x, y, z)$ 在闭区域 Ω 上连续时,(1)式右端的和的极限必定存在,也就是函数 $f(x, y, z)$ 在闭区域 Ω 上的三重积分必定存在.以后我们总假定函数 $f(x, y, z)$ 在闭区域 Ω 上是连续的.关于二重积分的一些术语,例如被积函数、积分区域等,也可相应地用到三重积分上.三重积分的性质也与第一节中所叙述的二重积分的性质类似,这里不再重复了.

二、三重积分的计算

计算三重积分的基本方法是将三重积分化为三次积分来计算.下面利用不同的坐标来分别讨论将三重积分化为三次积分的方法,且只限于叙述方法.

1. 利用直角坐标计算三重积分

假设平行于 z 轴且穿过闭区域 Ω 内部的直线与闭区域 Ω 的边界曲面 S 相交不多于两点.把闭区域 Ω 投影到 xOy 面上,得一平面闭区域 D_{xy}(图 9 – 25).以 D_{xy} 的边界为准线作母线平行于 z 轴的柱面.这柱面与曲面 S 的交线从 S 中分出上、下两部分,它们

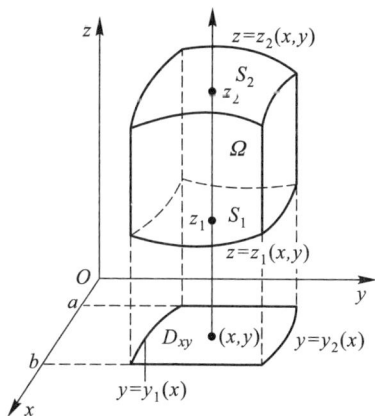

图 9 – 25

的方程分别为

$$S_1 : z = z_1(x,y),$$

$$S_2 : z = z_2(x,y),$$

其中 $z_1(x,y)$ 与 $z_2(x,y)$ 都是 D_{xy} 上的连续函数,且 $z_1(x,y) \leqslant z_2(x,y)$. 过 D_{xy} 内任一点 (x,y) 作平行于 z 轴的直线,这直线通过曲面 S_1 穿入 Ω 内,然后通过曲面 S_2 穿出 Ω 外,穿入点与穿出点的竖坐标分别为 $z_1(x,y)$ 与 $z_2(x,y)$.

在这种情形下,积分区域 Ω 可表示为

$$\Omega = \{(x,y,z) \mid z_1(x,y) \leqslant z \leqslant z_2(x,y), (x,y) \in D_{xy}\}.$$

先将 x,y 看做常量,将 $f(x,y,z)$ 只看做 z 的函数,在区间 $[z_1(x,y), z_2(x,y)]$ 上对 z 积分. 积分的结果是 x,y 的函数,记为 $F(x,y)$,即

$$F(x,y) = \int_{z_1(x,y)}^{z_2(x,y)} f(x,y,z)\,\mathrm{d}z.$$

然后计算 $F(x,y)$ 在闭区域 D_{xy} 上的二重积分

$$\iint\limits_{D_{xy}} F(x,y)\,\mathrm{d}\sigma = \iint\limits_{D_{xy}} \left[\int_{z_1(x,y)}^{z_2(x,y)} f(x,y,z)\,\mathrm{d}z \right] \mathrm{d}\sigma.$$

若闭区域

$$D_{xy} = \{(x,y) \mid y_1(x) \leqslant y \leqslant y_2(x), a \leqslant x \leqslant b\},$$

把这个二重积分化为二次积分,于是得到三重积分的计算公式

$$\iiint\limits_{\Omega} f(x,y,z)\,\mathrm{d}v = \int_a^b \mathrm{d}x \int_{y_1(x)}^{y_2(x)} \mathrm{d}y \int_{z_1(x,y)}^{z_2(x,y)} f(x,y,z)\,\mathrm{d}z. \qquad (2)$$

公式(2)把三重积分化为先对 z、次对 y、最后对 x 的**三次积分**.

如果平行于 x 轴或 y 轴且穿过闭区域 Ω 内部的直线与 Ω 的边界曲面 S 相交不多于两点,也可把闭区域 Ω 投影到 yOz 面上或 xOz 面上,这样便可把三重积分化为按其他顺序的三次积分. 如果平行于坐标轴且穿过闭区域 Ω 内部的直线与边界曲面 S 的交点多于两个,也可像处理二重积分那样,把 Ω 分成若干部分,使 Ω 上的三重积分可化为各部分闭区域上的三重积分的和.

例 1 计算三重积分 $\iiint\limits_{\Omega} x\,\mathrm{d}x\mathrm{d}y\mathrm{d}z$,其中 Ω 为由三个坐标面及平面 $x + 2y + z = 1$ 所围成的闭区域.

解 作闭区域 Ω 如图 9-26 所示.

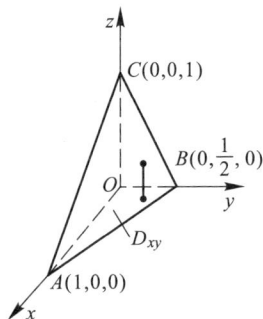

图 9-26

将 Ω 投影到 xOy 面上,得投影区域 D_{xy} 为三角形闭区域 OAB. 直线 OA,OB 及 AB 的方程依次为 $y=0,x=0$ 及 $x+2y=1$,所以

$$D_{xy} = \left\{ (x,y) \,\middle|\, 0 \leqslant y \leqslant \frac{1-x}{2}, 0 \leqslant x \leqslant 1 \right\}.$$

在 D_{xy} 内任取一点 (x,y),过此点作平行于 z 轴的直线,该直线通过平面 $z=0$ 穿入 Ω 内,然后通过平面 $z=1-x-2y$ 穿出 Ω 外.

于是,由公式(2)得

$$\iiint\limits_{\Omega} x\mathrm{d}x\mathrm{d}y\mathrm{d}z = \int_0^1 \mathrm{d}x \int_0^{\frac{1-x}{2}} \mathrm{d}y \int_0^{1-x-2y} x\mathrm{d}z$$

$$= \int_0^1 x\mathrm{d}x \int_0^{\frac{1-x}{2}} (1-x-2y)\mathrm{d}y$$

$$= \frac{1}{4} \int_0^1 (x - 2x^2 + x^3)\mathrm{d}x = \frac{1}{48}.$$

有时,我们计算一个三重积分也可以化为先计算一个二重积分、再计算一个定积分,即有下述计算公式.

设空间闭区域

$$\Omega = \{ (x,y,z) \,|\, (x,y) \in D_z, c_1 \leqslant z \leqslant c_2 \},$$

其中 D_z 是竖坐标为 z 的平面截闭区域 Ω 所得到的一个平面闭区域(图 9 - 27),则有

$$\iiint\limits_{\Omega} f(x,y,z)\mathrm{d}v = \int_{c_1}^{c_2} \mathrm{d}z \iint\limits_{D_z} f(x,y,z)\mathrm{d}x\mathrm{d}y. \qquad (3)$$

图 9 - 27

例 2　计算三重积分 $\iiint\limits_{\Omega} z^2 \mathrm{d}x\mathrm{d}y\mathrm{d}z$,其中 Ω 是由椭球面 $\dfrac{x^2}{a^2} + \dfrac{y^2}{b^2} + \dfrac{z^2}{c^2} = 1$ 所围成的空间闭区域.

解　空间闭区域 Ω 可表示为

$$\left\{ (x,y,z) \,\middle|\, \frac{x^2}{a^2} + \frac{y^2}{b^2} \leqslant 1 - \frac{z^2}{c^2}, -c \leqslant z \leqslant c \right\},$$

如图 9 - 28 所示. 由公式(3)得

$$\iiint\limits_{\Omega} z^2 \mathrm{d}x\mathrm{d}y\mathrm{d}z = \int_{-c}^c z^2 \mathrm{d}z \iint\limits_{D_z} \mathrm{d}x\mathrm{d}y = \pi ab \int_{-c}^c \left(1 - \frac{z^2}{c^2} \right) z^2 \mathrm{d}z = \frac{4}{15} \pi abc^3.$$

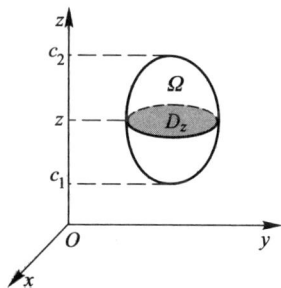

2. 利用柱面坐标计算三重积分

设 $M(x,y,z)$ 为空间内一点,并设点 M 在 xOy 面上的投影 P 的极坐标为 (ρ,θ),则这样的三个数 ρ,θ,z 就叫做点 M 的**柱面坐标**(图 9 - 29),这里规定 ρ,θ,z 的变化范围为

$$0 \leqslant \rho < +\infty,$$

$$0 \leqslant \theta \leqslant 2\pi,$$

$$-\infty < z < +\infty.$$

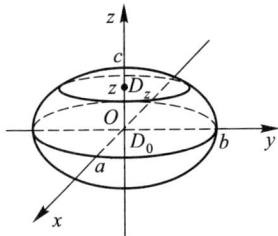

图 9 - 28

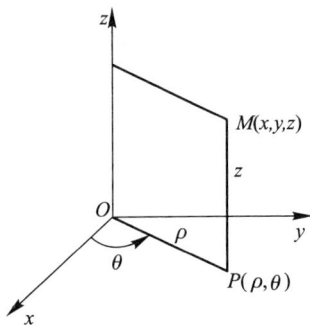

图 9 - 29

三组坐标面分别为

$\rho = $ 常数, 即以 z 轴为轴的圆柱面;

$\theta = $ 常数, 即过 z 轴的半平面;

$z = $ 常数, 即与 xOy 面平行的平面.

显然,点 M 的直角坐标与柱面坐标的关系为

$$\begin{cases} x = \rho\cos\theta, \\ y = \rho\sin\theta, \\ z = z. \end{cases} \qquad (4)$$

现在要把三重积分 $\iiint\limits_{\Omega} f(x,y,z)\,\mathrm{d}v$ 中的变量变换为柱面坐标. 为此,用三组坐标面 $\rho = $ 常数,$\theta = $ 常数,$z = $ 常数把 Ω 分成许多小闭区域,除了含 Ω 的边界点的一些不规则小闭区域外,这种小闭区域都是柱体. 今考虑由 ρ,θ,z 各取得微小增量 $\mathrm{d}\rho,\mathrm{d}\theta,\mathrm{d}z$ 所成的柱体的体积(图 9 - 30).

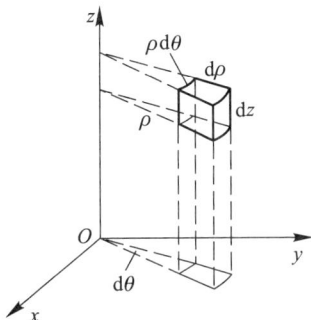

图 9 - 30

这个体积等于高与底面积的乘积. 现在高为 dz、底面积在不计高阶无穷小时为 $\rho d\rho d\theta$（即极坐标系中的面积元素），于是得

$$dv = \rho d\rho d\theta dz,$$

这就是**柱面坐标系中的体积元素**. 再注意到关系式（4），就有

$$\iiint\limits_{\Omega} f(x,y,z)\,dxdydz = \iiint\limits_{\Omega} F(\rho,\theta,z)\rho d\rho d\theta dz, \tag{5}$$

其中 $F(\rho,\theta,z) = f(\rho\cos\theta, \rho\sin\theta, z)$.（5）式就是把三重积分的变量从直角坐标变换为柱面坐标的公式. 至于变量变换为柱面坐标后的三重积分的计算，则可化为三次积分来进行. 化为三次积分时，积分限是根据 ρ,θ,z 在积分区域 Ω 中的变化范围来确定的，下面通过例子来说明.

例 3 利用柱面坐标计算三重积分 $\iiint\limits_{\Omega} z\,dxdydz$，其中 Ω 是由曲面 $z = x^2 + y^2$ 与平面 $z = 4$ 所围成的闭区域.

解 把闭区域 Ω 投影到 xOy 面上，得半径为 2 的圆域

$$D_{xy} = \{(\rho,\theta)\,|\,0 \leqslant \rho \leqslant 2, 0 \leqslant \theta \leqslant 2\pi\}.$$

在 D_{xy} 内任取一点 (ρ,θ)，过此点作平行于 z 轴的直线，此直线通过曲面 $z = x^2 + y^2$ 穿入 Ω 内，然后通过平面 $z = 4$ 穿出 Ω 外. 因此闭区域 Ω 可用不等式

$$\rho^2 \leqslant z \leqslant 4, \quad 0 \leqslant \rho \leqslant 2, \quad 0 \leqslant \theta \leqslant 2\pi$$

来表示. 于是

$$\iiint\limits_{\Omega} z\,dxdydz = \iiint\limits_{\Omega} z\rho d\rho d\theta dz = \int_0^{2\pi} d\theta \int_0^2 \rho d\rho \int_{\rho^2}^4 z\,dz$$

$$= \frac{1}{2}\int_0^{2\pi} d\theta \int_0^2 \rho(16 - \rho^4)\,d\rho = \frac{1}{2}\cdot 2\pi\left[8\rho^2 - \frac{1}{6}\rho^6\right]_0^2 = \frac{64}{3}\pi.$$

[*]**习题 9 – 3**

1. 化三重积分 $I = \iiint\limits_{\Omega} f(x,y,z)\,dxdydz$ 为三次积分，其中积分区域 Ω 分别是

（1）由双曲抛物面 $xy = z$ 及平面 $x + y - 1 = 0, z = 0$ 所围成的闭区域；

（2）由曲面 $z = x^2 + y^2$ 及平面 $z = 1$ 所围成的闭区域；

（3）由曲面 $z = x^2 + 2y^2$ 及 $z = 2 - x^2$ 所围成的闭区域；

2. 计算 $\iiint\limits_{\Omega} xy^2z^3\,dxdydz$，其中 Ω 是由曲面 $z = xy$ 与平面 $y = x, x = 1$ 和 $z = 0$ 所围成的闭

区域.

3. 计算 $\iiint\limits_{\Omega} xyz\mathrm{d}x\mathrm{d}y\mathrm{d}z$,其中 Ω 为球面 $x^2 + y^2 + z^2 = 1$ 及三个坐标面所围成的在第一卦限内的闭区域.

4. 计算 $\iiint\limits_{\Omega} z\mathrm{d}x\mathrm{d}y\mathrm{d}z$,其中 Ω 是由锥面 $z = \dfrac{h}{R}\sqrt{x^2 + y^2}$ 与平面 $z = h(R > 0, h > 0)$ 所围成的闭区域.

5. 利用柱面坐标计算下列三重积分:

(1) $\iiint\limits_{\Omega} z\mathrm{d}v$,其中 Ω 是由曲面 $z = \sqrt{2 - x^2 - y^2}$ 及 $z = x^2 + y^2$ 所围成的闭区域;

(2) $\iiint\limits_{\Omega} (x^2 + y^2)\mathrm{d}v$,其中 Ω 是由曲面 $x^2 + y^2 = 2z$ 及平面 $z = 2$ 所围成的闭区域.

总习题九

1. 计算下列二重积分:

(1) $\iint\limits_{D} |\cos(x + y)|\mathrm{d}\sigma$,其中 D 是直线 $y = x, y = 0, x = \dfrac{\pi}{2}$ 所围成的区域;

(2) $\iint\limits_{D} \sqrt{R^2 - x^2 - y^2}\mathrm{d}\sigma$,其中 D 是圆周 $x^2 + y^2 = Rx$ 所围成的闭区域;

(3) $\iint\limits_{D} \dfrac{\mathrm{d}\sigma}{(1 + x^2 + y^2)^2}$,其中 D 是以点 $(0,0),(2,0),(1,\sqrt{3})$ 为顶点的三角形区域.

2. 交换下列二次积分的次序:

(1) $\displaystyle\int_0^4 \mathrm{d}x \int_{-\sqrt{4-x}}^{\frac{1}{2}(x-4)} f(x,y)\mathrm{d}y$;

(2) $\displaystyle\int_0^1 \mathrm{d}x \int_0^{2x} f(x,y)\mathrm{d}y + \int_1^3 \mathrm{d}x \int_0^{3-x} f(x,y)\mathrm{d}y$;

(3) $\displaystyle\int_0^1 \mathrm{d}y \int_{\sqrt{y}}^{1+\sqrt{1-y^2}} f(x,y)\mathrm{d}x$.

3. 计算

$$I = \int_0^a \mathrm{d}x \int_{-x}^{-a+\sqrt{a^2-x^2}} \frac{\mathrm{d}y}{\sqrt{x^2 + y^2} \cdot \sqrt{4a^2 - x^2 - y^2}}, \ a > 0.$$

4. 计算

$$I = \iint\limits_{D} f(x,y)\mathrm{d}\sigma,$$

其中 $f(x,y) = \begin{cases} x^2 y, 1 \leqslant x \leqslant 2, 0 \leqslant y \leqslant x, \\ 0, \quad \text{其他}, \end{cases}$ $D = \{(x,y) \mid x^2 + y^2 \geqslant 2x\}$.

5. 计算

$$I = \int_{-\infty}^{+\infty} \int_{-\infty}^{+\infty} \min\{x, y\} \, \mathrm{e}^{-x^2 - y^2} \mathrm{d}x \mathrm{d}y.$$

*6. 设 $f(t)$ 连续, 证明:

$$\iint\limits_{D} f(x - y) \, \mathrm{d}\sigma = \int_{-A}^{A} f(t)(A - |t|) \, \mathrm{d}t,$$

其中 $D = \left\{ (x, y) \, \middle| \, |x| \leqslant \dfrac{A}{2}, \, |y| \leqslant \dfrac{A}{2} \right\}$

第十章 微分方程与差分方程

在经济管理和科学技术问题中,往往需要寻找与问题有关的变量之间的函数关系,且需对函数关系予以研究.

可是,许多几何、物理、经济和其他领域所提供的实际问题,即使经过分析、处理和适当的简化后,能列出的也常常只能是含有未知函数及其导数的关系式.这种关系式就是所谓的微分方程.列出微分方程后,通过研究,用一定的方法找出满足方程的未知函数来,这一过程就叫解微分方程.

本章的第一、二节介绍微分方程的一些基本概念,以及常见的几种一阶微分方程的求解方法;第三节介绍一阶微分方程在经济学中的简单应用;第四节引进可降阶的二阶微分方程的求解方法;第五节介绍二阶常系数线性微分方程的求解方法.

但是,在经济管理和许多实际问题中,数据大多数是按等时间间隔周期统计,因此,有关变量的取值是离散变化的.如何寻求它们之间的关系和变化规律呢? 差分方程是研究这类离散型数学问题的有力工具.本章第六节介绍差分及差分方程的基本概念.第七节和第八节介绍一阶和二阶常系数线性差分方程的求解方法,第九节介绍差分方程在经济学中的简单应用.

希望引起读者注意的是,在学习差分方程时,可将有些理论和方法与相应的微分方程的内容对照起来学习.

第一节 微分方程的基本概念

一、引例

例1(以一种新的观点描述连续复利)

假设某人以本金 p_0 元进行一项投资,投资的年利率为 r,若以连续复利计,则由第二章的讨论我们已经知道,t 年末资金的总额为

$$p(t) = p_0 \mathrm{e}^{rt}. \tag{1}$$

　　这里我们将从另一种观点导出(1)式.

　　设 t 时刻(以年为单位)的资金总额为 $p(t)$,且资金没有取出也没有新的投入.那么,

　　　　t 时刻资金总额的变化率 = t 时刻资金总额获取的利息.

而 t 时刻资金总额的变化率 = $\mathrm{d}p/\mathrm{d}t$,t 时刻资金总额获取的利息 = $r \cdot p$,所以

$$\frac{\mathrm{d}p}{\mathrm{d}t} = rp. \tag{2}$$

　　关系式(2)中未出现 p_0,这是因为 p_0 的值并不影响利息赢取的过程.但是,作为未知函数的 $p(t)$ 应满足下列条件:当 $t = 0$ 时,$p(t) = p_0$. 将之记作

$$p \mid_{t=0} = p_0. \tag{3}$$

　　求满足关系式(2)的函数 $p(t)$ 的一般方法我们将在下一节介绍.但很显然,要使一个函数的导数是自己的 r 倍,则很自然地我们猜测

$$p(t) = C\mathrm{e}^{rt} \quad (C \text{ 为任意常数}). \tag{4}$$

将(4)式代入(2)式,不难验证,(2)式的确成为恒等式.把条件(3)代入(4)式,得

$$p_0 = C\mathrm{e}^{r0} = C,$$

故

$$C = p_0.$$

把 $C = p_0$ 代入(4)式得

$$p(t) = p_0\mathrm{e}^{rt}. \tag{5}$$

这和我们已有的结果(1)是一致的.

　　例 2　一质量为 m 的物体仅受重力的作用而下落,如果其初始位置和初始速度都为 0,试确定物体下落的距离 s 与时间 t 的函数关系.

　　解　设物体在任一时刻 t 下落的距离为 $s = s(t)$,则物体运动的加速度为

$$a = s'' = \frac{\mathrm{d}^2 s}{\mathrm{d}t^2}.$$

现物体仅受重力的作用,重力加速度为 g,由牛顿第二定律可知,

$$\frac{\mathrm{d}^2 s}{\mathrm{d}t^2} = g, \tag{6}$$

此外,未知函数 $s = s(t)$ 还应满足下列条件:

$$t = 0 \text{ 时}, \quad s = 0, \quad v = \frac{\mathrm{d}s}{\mathrm{d}t} = 0.$$

将其记作

$$s\big|_{t=0} = 0,$$

$$v\big|_{t=0} = \frac{\mathrm{d}s}{\mathrm{d}t}\bigg|_{t=0} = 0. \tag{7}$$

把(6)式两端积分一次,得

$$v = \frac{\mathrm{d}s}{\mathrm{d}t} = gt + C_1, \tag{8}$$

再积分一次,得

$$s = \frac{g}{2}t^2 + C_1 t + C_2. \tag{9}$$

这里 C_1, C_2 都是任意常数.

把条件 $v\big|_{t=0} = 0$ 代入(8)式,得

$$C_1 = 0.$$

把条件 $s\big|_{t=0} = 0$ 代入(9)式,得

$$C_2 = 0.$$

把 C_1, C_2 的值代入(9)式,得

$$s = \frac{1}{2}gt^2. \tag{10}$$

这正是我们所熟悉的物理学中的自由落体运动公式.

二、基本概念

上述两个例子中的关系式(2)和(6)都含有未知函数的导数,它们都是微分方程. 一般地,凡表示未知函数、未知函数的导数与自变量之间的关系的方程,叫做**微分方程**. 未知函数是一元函数的,叫做**常微分方程**;未知函数是多元函数的,叫做**偏微分方程**. 微分方程有时也简称**方程**. 本章只讨论常微分方程.

微分方程中所出现的未知函数的最高阶导数的阶数,叫做微分方程的**阶**. 例如,方程(2)是一阶微分方程,方程(6)是二阶微分方程. 又如方程

$$x^3 y''' + x^2 (y'')^2 - 4xy' = 3x^2$$

是三阶微分方程.

　　由前面的例子我们看到,在研究某实际问题时,首先要建立微分方程,然后找出满足微分方程的函数(解微分方程).也就是说,要找出这样的函数,把这函数代入微分方程能使该方程式成为恒等式,这个函数就叫该微分方程的**解**.

　　例如,函数(4)和(5)都是微分方程(2)的解;函数(9)和(10)都是微分方程(6)的解.

　　如果微分方程的解中含有相互独立的任意常数(即它们不能合并而使得任意常数的个数减少),且任意常数的个数与微分方程的阶数相同,这样的解称为微分方程的**通解**.

　　例如,函数(4)是微分方程(2)的解,它含有一个任意常数,而方程(2)是一阶的,所以函数(4)是微分方程(2)的通解.同理,函数(9)是微分方程(6)的通解.

　　由于通解中含有任意常数,所以它还不能完全确定地反映某一客观事物的规律性.要完全确定地反映客观事物的规律性,必须确定这些常数的值.为此,要根据问题的实际情况,提出确定这些常数的条件.例如,例 1 中的条件(3),例 2 中的条件(7),就是这样的条件.

　　设微分方程中的未知函数为 $y=y(x)$,如果微分方程是一阶的,通常用来确定任意常数的条件是

$$x = x_0 \text{ 时}, \quad y = y_0,$$

或写成

$$y\big|_{x=x_0} = y_0,$$

其中 x_0, y_0 都是给定的值;如果微分方程是二阶的,通常用来确定任意常数的条件是

$$x = x_0 \text{ 时}, \quad y = y_0, \quad y' = y_1,$$

或写成

$$y\big|_{x=x_0} = y_0, \quad y'\big|_{x=x_0} = y_1,$$

其中 x_0, y_0, y_1 都是给定的值.上述这种条件叫做**初值条件**.

　　确定了通解中的任意常数以后,就得到微分方程的**特解**.例如(5)式是方程(2)满足条件(3)的特解;(10)式是方程(6)满足条件(7)的特解.

　　求微分方程 $y'=f(x,y)$ 满足初值条件 $y\big|_{x=x_0}=y_0$ 的特解这样一个问题,叫做一阶微分方程的**初值问题**,记作

$$\begin{cases} y' = f(x,y), \\ y\big|_{x=x_0} = y_0. \end{cases} \tag{11}$$

微分方程的解的图形是一条曲线,叫做微分方程的**积分曲线**. 初值问题(11)的几何意义就是求微分方程通过点(x_0,y_0)的那条积分曲线. 二阶微分方程的初值问题为

$$\begin{cases} y'' = f(x,y,y'), \\ y\big|_{x=x_0} = y_0, \quad y'\big|_{x=x_0} = y_1, \end{cases}$$

它的几何意义是,求微分方程通过点(x_0,y_0)且在该点处的切线斜率为y_1的那条积分曲线.

例3 验证

$$y = C_1\cos x + C_2\sin x + x \tag{12}$$

是微分方程

$$y'' + y = x \tag{13}$$

的解.

解 由于

$$y' = -C_1\sin x + C_2\cos x + 1,$$

$$y'' = -C_1\cos x - C_2\sin x,$$

于是

$$y'' + y = -C_1\cos x - C_2\sin x + C_1\cos x + C_2\sin x + x = x.$$

函数(12)及其导数代入(13)后成为一个恒等式,因此函数(12)是微分方程(13)的解.

例4 已知函数(12)是微分方程(13)的通解,求满足初值条件$y\big|_{x=0}=1$,$y'\big|_{x=0}=3$的特解.

解 将条件"$x=0$时,$y=1$,$y'=3$"代入y,y'的表达式得

$$\begin{cases} C_1\cos 0 + C_2\sin 0 + 0 = 1, \\ -C_1\sin 0 + C_2\cos 0 + 1 = 3, \end{cases}$$

即

$$\begin{cases} C_1 = 1, \\ C_2 + 1 = 3, \end{cases}$$

解得$C_1=1$,$C_2=2$,故所求特解为

$$y = \cos x + 2\sin x + x.$$

习题 10 – 1

1. 试说出下列各微分方程的阶数:

(1) $x(y')^2 - 2yy' + x = 0$;

(2) $y^{(4)} - 4y''' + 10y'' - 12y' + 5y = \sin 2x$;

(3) $(7x - 6y)\mathrm{d}x + (x + y)\mathrm{d}y = 0$;

(4) $\dfrac{\mathrm{d}^2 S}{\mathrm{d}t^2} + \dfrac{\mathrm{d}S}{\mathrm{d}t} + S = 0.$

2. 证明对任意常数 C_0, 函数 $P = C_0 \mathrm{e}^t$ 满足微分方程

$$\frac{\mathrm{d}P}{\mathrm{d}t} = P.$$

3. 证明 $y = \sin 2t$ 满足微分方程

$$\frac{\mathrm{d}^2 y}{\mathrm{d}t^2} + 4y = 0.$$

4. 若已知 $Q = C\mathrm{e}^{Kt}$ 满足微分方程

$$\frac{\mathrm{d}Q}{\mathrm{d}t} = -0.03Q,$$

那么 C 和 K 的取值情况应如何?

5. 若 $y = \cos \omega t$ 是微分方程

$$\frac{\mathrm{d}^2 y}{\mathrm{d}t^2} + 9y = 0$$

的解, 求 ω 的值.

6. 试找出下面哪个函数是哪个微分方程的解(注: 一个函数可能是多于一个方程的解, 也可能不是任何一个方程的解; 一个方程也可能有不止一个解):

(a) $\dfrac{\mathrm{d}y}{\mathrm{d}x} = -2y$; 　　　　　(I) $y = 3\sin x - 4\cos x$;

(b) $\dfrac{\mathrm{d}y}{\mathrm{d}x} = 2y$; 　　　　　(II) $y = \mathrm{e}^{2x}$;

(c) $y'' = 4y$; 　　　　　(III) $y = \mathrm{e}^{-2x}$;

(d) $y'' = -4y$; 　　　　　(IV) $y = \sin 2x - 3\cos 2x$.

7. 把下列微分方程和它的解用线连起来:

(a) $xy' = 2y$; 　　　　　(I) $y = 5x^2$;

(b) $y'' - y = 0$; 　　　　　(II) $y = \mathrm{e}^x$;

(c) $x^2 y'' + 2xy' - 2y = 0$; 　　　　　(III) $y = \mathrm{e}^{-x}$;

(d) $x^2 y'' - 6y = 0$; 　　　　　(IV) $y = x^{-2}$;

　　　　　　　　　　　　　　(V) $y = x^3$.

8. 验证由 $x^2 - xy + y^2 = C$ 所确定的函数为微分方程 $(x - 2y)y' = 2x - y$ 的解.

9. 已知曲线上点 $P(x,y)$ 处的法线与 x 轴的交点为 Q,且线段 PQ 被 y 轴平分,求该曲线所满足的微分方程.

10. 某商品的销售量 x 是价格 P 的函数,如果要使该商品的销售收入在价格变化的情况下保持不变,则销售量 x 对于价格 P 的函数关系满足什么样的微分方程? 在这种情况下,该商品的需求量相对价格 P 的弹性是多少?

第二节 一阶微分方程

一阶微分方程的一般形式为

$$F(x,y,y') = 0,\qquad\qquad(1)$$

如果上式关于 y' 可解出,则方程可写成

$$y' = f(x,y).\qquad\qquad(2)$$

一阶微分方程有时也可写成如下的对称形式

$$P(x,y)\mathrm{d}x + Q(x,y)\mathrm{d}y = 0.\qquad\qquad(3)$$

本节中我们介绍几种特殊类型的一阶微分方程及其解法.

一、可分离变量的微分方程与分离变量法

我们已经知道,求微分方程

$$\frac{\mathrm{d}y}{\mathrm{d}x} = f(x)$$

的通解与求函数 $f(x)$ 的不定积分是一回事,将上面的方程改写成

$$\mathrm{d}y = f(x)\mathrm{d}x.$$

把上式两端积分,且将左端看做以 y 为积分变量,右端以 x 为积分变量,并将 $\int f(x)\mathrm{d}x$ 理解为 $f(x)$ 的任一个确定的原函数(以后在微分方程的通解中出现 $\int f(x)\mathrm{d}x$ 时,总是这样理解),则得到该微分方程的通解为

$$y = \int f(x)\mathrm{d}x + C.$$

但是,并不是所有的一阶微分方程都能这样求解.

例如,对于一阶微分方程

$$\frac{\mathrm{d}y}{\mathrm{d}x} = -\frac{x}{y},\qquad\qquad(4)$$

就不能像上面那样用直接对两端积分的方法求出它的通解. 这是因为(4)式的右端含有未知函数 y, 积分

$$\int \left(-\frac{x}{y} \right) \mathrm{d}x$$

求不出来. 为了克服这一困难, 通过微分方程的变形, 把所有的 x 移到方程一边, 而把所有的 y 移到另一边, 使方程(4)变为

$$y\mathrm{d}y = -x\mathrm{d}x,$$

这样, 变量 x 与 y 已分离在等式两端, 然后两端积分得

$$\frac{y^2}{2} = -\frac{x^2}{2} + K,$$

于是得到

$$x^2 + y^2 = C, \tag{5}$$

这里 $C = 2K$.

利用隐函数求导数法则, 可知由圆的方程(5)所确定的隐函数的确满足方程(4), 且含有一个任意常数, 所以它是方程(4)的通解.

当我们面对形如

$$g(y)\mathrm{d}y = f(x)\mathrm{d}x \tag{6}$$

的一阶微分方程时, 若 $g(y)$ 与 $f(x)$ 都是连续函数, 对(6)式两端积分, 得到

$$\int g(y)\mathrm{d}y = \int f(x)\mathrm{d}x + C.$$

设 $G(y)$ 与 $F(x)$ 依次是 $g(y)$ 与 $f(x)$ 的原函数, 于是有

$$G(y) = F(x) + C. \tag{7}$$

利用隐函数求导法则不难验证, 当 $g(y) \neq 0$ 时, 由(7)式所确定的隐函数 $y = \varphi(x)$ 是微分方程(6)的解; 当 $f(x) \neq 0$ 时, 由(7)式所确定的隐函数 $x = \psi(y)$ 也可认为是方程(6)的解.

(7)式叫做微分方程(6)的**隐式解**, 又由于关系式(7)中含有任意常数, 因此(7)式所确定的隐函数是方程(6)的通解. 我们也把(7)式叫做微分方程(6)的**隐式通解**.

如果一个一阶微分方程能化成(6)的形式, 则这个一阶微分方程就称为**可分离变量的微分方程**. 把可分离变量的微分方程化成(6)式的过程称为**分离变量**, 而方程的上述求解方法称为**分离变量法**.

例 1 求微分方程 $\dfrac{\mathrm{d}y}{\mathrm{d}x} = \mathrm{e}^x y$ 的通解.

解 所给方程是可分离变量的. 分离变量后得

$$\frac{\mathrm{d}y}{y} = \mathrm{e}^x \mathrm{d}x,$$

两端积分,得

$$\ln |y| = \mathrm{e}^x + C_1,$$

从而
$$|y| = \mathrm{e}^{\mathrm{e}^x + C_1} = \mathrm{e}^{C_1} \cdot \mathrm{e}^{\mathrm{e}^x} = C_2 \mathrm{e}^{\mathrm{e}^x},$$

这里 $C_2 = \mathrm{e}^{C_1}$ 为任意正常数. 所以

$$y = (\pm C_2) \mathrm{e}^{\mathrm{e}^x} = C_3 \mathrm{e}^{\mathrm{e}^x},$$

其中 C_3 为任意非零常数.

注意到 $y = 0$ 也是方程的解,令 C 为任意常数,则所给微分方程的通解为

$$y = C\mathrm{e}^{\mathrm{e}^x}.$$

例 2(指数增长与指数衰减方程)

现在将分离变量法应用于在经济学和科学技术中经常出现的如下形式的微分方程(在第一节引例的例 1 中已经出现了这种类型的方程)

$$\frac{\mathrm{d}y}{\mathrm{d}x} = ky. \tag{8}$$

将其分离变量,得

$$\frac{1}{y}\mathrm{d}y = k\mathrm{d}x,$$

两端积分,得

$$\ln |y| = kx + C \quad (C\ 为任意常数),$$

从而
$$|y| = \mathrm{e}^{kx + C} = \mathrm{e}^C \cdot \mathrm{e}^{kx} = A\mathrm{e}^{kx},$$

其中 $A = \mathrm{e}^C$ 为任意正常数,所以

$$y = (\pm A) \mathrm{e}^{kx}.$$

注意到 $y = 0$ 也是方程的解,令 B 为任意常数,则

$$y = B\mathrm{e}^{kx} \tag{9}$$

是方程(8)的通解.

由此可知,微分方程 $\dfrac{\mathrm{d}y}{\mathrm{d}x} = ky$ 的解当 $k > 0$ 时总是指数增长的,当 $k < 0$ 时总是

指数衰减的.

图 10 - 1 所示为 $k > 0$ 时解曲线的图像. $k < 0$ 时的解曲线与 $k > 0$ 的解曲线关于 x 轴对称.

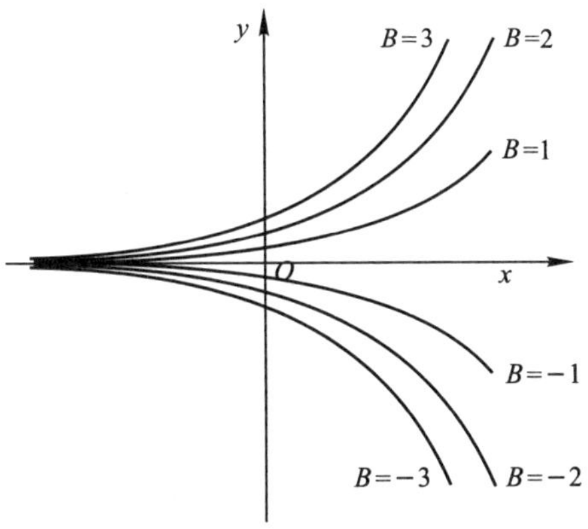

图 10 - 1

例3　一曲线通过点 $(2,3)$,它在两坐标轴间的任一切线线段均被切点所平分,求这曲线方程.

解　设曲线方程为 $y = y(x)$,曲线上任一点 (x,y) 的切线方程为

$$\frac{Y - y}{X - x} = y'.$$

由假设,当 $Y = 0$ 时,$X = 2x$,代入上式,即得曲线所满足的微分方程为

$$\frac{\mathrm{d}y}{\mathrm{d}x} = -\frac{y}{x},$$

且由题意,初值条件为

$$y\big|_{x=2} = 3,$$

于是得到如下的初值问题

$$\begin{cases} \dfrac{\mathrm{d}y}{\mathrm{d}x} = -\dfrac{y}{x}, \\ y\big|_{x=2} = 3. \end{cases}$$

将上述微分方程分离变量后积分得

$$xy = C.$$

又因 $y\big|_{x=2} = 3$,故 $C = 6$,从而所求曲线为 $xy = 6$.

二、齐次方程

如果一阶微分方程

$$\frac{\mathrm{d}y}{\mathrm{d}x} = f(x, y)$$

中的函数 $f(x, y)$ 可以写成 $\dfrac{y}{x}$ 的函数,即 $\dfrac{\mathrm{d}y}{\mathrm{d}x} = \varphi\left(\dfrac{y}{x}\right)$,则称该方程为**齐次方程**,例如

$$(xy - y^2)\mathrm{d}x - (x^2 - 2xy)\mathrm{d}y = 0$$

是齐次方程,因为我们可以把该方程化成

$$\frac{\mathrm{d}y}{\mathrm{d}x} = \frac{xy - y^2}{x^2 - 2xy} = \frac{\dfrac{y}{x} - \left(\dfrac{y}{x}\right)^2}{1 - 2\left(\dfrac{y}{x}\right)}.$$

在齐次方程

$$\frac{\mathrm{d}y}{\mathrm{d}x} = \varphi\left(\frac{y}{x}\right) \tag{10}$$

中,引进新的未知函数

$$u = \frac{y}{x} \tag{11}$$

就可以将齐次方程化为可分离变量的微分方程. 因为由(11)有

$$y = ux, \quad \frac{\mathrm{d}y}{\mathrm{d}x} = u + x\frac{\mathrm{d}u}{\mathrm{d}x}.$$

代入方程(10),便得到方程

$$u + x\frac{\mathrm{d}u}{\mathrm{d}x} = \varphi(u),$$

即

$$x\frac{\mathrm{d}u}{\mathrm{d}x} = \varphi(u) - u.$$

分离变量,得

$$\frac{\mathrm{d}u}{\varphi(u) - u} = \frac{\mathrm{d}x}{x},$$

两端积分,得

$$\int \frac{\mathrm{d}u}{\varphi(u) - u} = \int \frac{\mathrm{d}x}{x} + C.$$

记 $\varPhi(u)$ 为 $\dfrac{1}{\varphi(u) - u}$ 的一个原函数，则得通解

$$\varPhi(u) = \ln|x| + C.$$

再以 $\dfrac{y}{x}$ 代替 u，便得所给齐次方程的通解.

例 4　解方程

$$y^2 + x^2 \frac{\mathrm{d}y}{\mathrm{d}x} = xy \frac{\mathrm{d}y}{\mathrm{d}x}.$$

解　原方程可写成

$$\frac{\mathrm{d}y}{\mathrm{d}x} = \frac{y^2}{xy - x^2} = \frac{\left(\dfrac{y}{x}\right)^2}{\dfrac{y}{x} - 1},$$

因此是齐次方程. 令 $\dfrac{y}{x} = u$，则

$$y = ux, \qquad \frac{\mathrm{d}y}{\mathrm{d}x} = u + x \frac{\mathrm{d}u}{\mathrm{d}x},$$

于是原方程变为

$$u + x \frac{\mathrm{d}u}{\mathrm{d}x} = \frac{u^2}{u - 1},$$

即

$$x \frac{\mathrm{d}u}{\mathrm{d}x} = \frac{u}{u - 1},$$

分离变量，得

$$\left(1 - \frac{1}{u}\right)\mathrm{d}u = \frac{\mathrm{d}x}{x},$$

两端积分，得

$$u - \ln|u| + C = \ln|x|,$$

即

$$\ln|ux| = u + C.$$

以 $\dfrac{y}{x}$ 代替上式中的 u，便得所给的通解为

$$\ln |y| = \frac{y}{x} + C.$$

三、一阶线性微分方程

方程

$$\frac{\mathrm{d}y}{\mathrm{d}x} + P(x)y = Q(x) \tag{12}$$

叫做**一阶线性微分方程**,因为它对于未知函数 y 及其导数 y' 是一次方程. 如果 $Q(x) \equiv 0$,则方程(12)称为齐次的;如果 $Q(x)$ 不恒为零,则方程(12)称为非齐次的.

设方程(12)是非齐次线性微分方程,为了求出非齐次线性微分方程(12)的解,我们先把 $Q(x)$ 换成零而得

$$\frac{\mathrm{d}y}{\mathrm{d}x} + P(x)y = 0. \tag{13}$$

方程(13)叫做对应于非齐次线性微分方程(12)的**齐次线性微分方程**. 方程(13)是可分离变量的,分离变量后得

$$\frac{\mathrm{d}y}{y} = -P(x)\mathrm{d}x,$$

两端积分后得

$$\ln |y| = -\int P(x)\mathrm{d}x + C_1,$$

即

$$y = C\mathrm{e}^{-\int P(x)\mathrm{d}x} \quad (C = \pm \mathrm{e}^{C_1}). \tag{14}$$

这就是对应的齐次线性微分方程(13)的通解.

现在我们使用所谓**常数变易法**来求非齐次线性微分方程(12)的通解. 这种方法是把方程(13)的通解(14)中的任意常数 C 换成 x 的未知函数 $u(x)$,即作变换

$$y = u\mathrm{e}^{-\int P(x)\mathrm{d}x}. \tag{15}$$

假设(15)式是非齐次线性微分方程(12)的解. 那么,其中的未知函数 $u(x)$ 应该是什么? 为此将(15)式对 x 求导,得

$$\frac{\mathrm{d}y}{\mathrm{d}x} = u'\mathrm{e}^{-\int P(x)\mathrm{d}x} - uP(x)\mathrm{e}^{-\int P(x)\mathrm{d}x}. \tag{16}$$

将(15)和(16)代入方程(12)得

$$u' e^{-\int P(x)\mathrm{d}x} - uP(x)e^{-\int P(x)\mathrm{d}x} + P(x)ue^{-\int P(x)\mathrm{d}x} = Q(x),$$

即

$$u' = Q(x)e^{\int P(x)\mathrm{d}x},$$

两端积分,得

$$u = \int Q(x)e^{\int P(x)\mathrm{d}x}\mathrm{d}x + C.$$

将上式代入(15)式,便得非齐次线性微分方程(12)的通解

$$y = e^{-\int P(x)\mathrm{d}x}\left(\int Q(x)e^{\int P(x)\mathrm{d}x}\mathrm{d}x + C\right). \tag{17}$$

注意:公式(17)中的不定积分 $\int P(x)\mathrm{d}x$ 与 $\int Q(x)e^{\int P(x)\mathrm{d}x}\mathrm{d}x$ 分别理解为一个原函数.

将(17)式改写成两项之和

$$y = Ce^{-\int P(x)\mathrm{d}x} + e^{-\int P(x)\mathrm{d}x}\int Q(x)e^{\int P(x)\mathrm{d}x}\mathrm{d}x.$$

上式右端第一项对应的是齐次线性微分方程(13)的通解,第二项是非齐次线性微分方程(12)的一个特解(在(12)的通解(17)中取 $C = 0$ 便得到这个特解).由此可知一阶非齐次线性微分方程的通解等于对应的齐次线性微分方程的通解与非齐次线性微分方程的一个特解之和.

例5　求方程

$$\frac{\mathrm{d}y}{\mathrm{d}x} - \frac{2y}{x+1} = (x+1)^{\frac{5}{2}}$$

的通解.

解　这是一个非齐次线性微分方程.先求对应的齐次线性微分方程的通解.

$$\frac{\mathrm{d}y}{\mathrm{d}x} - \frac{2}{x+1}y = 0,$$

$$\frac{\mathrm{d}y}{y} = \frac{2\mathrm{d}x}{x+1},$$

$$\ln|y| = 2\ln|x+1| + \ln C,$$

$$y = C(x+1)^2.$$

用常数变易法,把 C 换成 $u(x)$,即令

$$y = u(x + 1)^2, \tag{18}$$

那么

$$\frac{\mathrm{d}y}{\mathrm{d}x} = u'(x + 1)^2 + 2u(x + 1).$$

代入所给的非齐次线性微分方程,得

$$u' = (x + 1)^{\frac{1}{2}},$$

两端积分,得

$$u = \frac{2}{3}(x + 1)^{\frac{3}{2}} + C.$$

再把上式代入(18)式,即得所求的通解为

$$y = (x + 1)^2 \left[\frac{2}{3}(x + 1)^{\frac{3}{2}} + C \right].$$

其实可以直接利用公式(17)去求非齐次线性微分方程(12)的通解. 读者不妨利用公式(17)求解本例.

例 6 求微分方程

$$y\mathrm{d}x + (x - y^3)\mathrm{d}y = 0 \quad (\text{设 } y > 0)$$

的通解.

解 如果将上式改写为

$$y' + \frac{y}{x - y^3} = 0,$$

则显然不是线性微分方程.

如果将原方程改写为

$$\frac{\mathrm{d}x}{\mathrm{d}y} + \frac{x - y^3}{y} = 0,$$

即

$$\frac{\mathrm{d}x}{\mathrm{d}y} + \frac{1}{y}x = y^2,$$

将 x 看做 y 的函数,则它是形如

$$x' + P(y)x = Q(y)$$

的线性微分方程. 运用公式(17),得所给方程的通解为

$$x = \mathrm{e}^{-\int P(y)\,\mathrm{d}y}\left(\int Q(y)\,\mathrm{e}^{\int P(y)\,\mathrm{d}y}\,\mathrm{d}y + C_1\right)$$

$$= \mathrm{e}^{-\int \frac{1}{y}\mathrm{d}y}\left(\int y^2\,\mathrm{e}^{\int \frac{1}{y}\mathrm{d}y}\,\mathrm{d}y + C_1\right)$$

$$= \frac{1}{y}\left(\frac{1}{4}y^4 + C_1\right)$$

$$= \frac{1}{4}y^3 + \frac{C_1}{y},$$

即

$$4xy = y^4 + C \quad (C = 4C_1\ \text{为任意常数}).$$

四、一阶微分方程的平衡解及其稳定性简介

平衡解及其稳定性的概念在经济学和其他科学中应用十分广泛. 我们在这里仅作一个简要而粗略的介绍.

先从一个经济问题讲起.

例 7　根据经验可知, 某产品的纯利润 L 与广告支出 x 有如下的关系

$$\frac{\mathrm{d}L}{\mathrm{d}x} = k(A - L) \quad (\text{其中 } k > 0, A > 0).$$

若不做广告, 即 $x = 0$ 时, 纯利润为 L_0, 且 $0 < L_0 < A$, 试求纯利润 L 与广告费 x 之间的函数关系.

解　由题意, 即要求解下面的初值问题

$$\begin{cases} \dfrac{\mathrm{d}L}{\mathrm{d}x} = k(A - L), \\[2mm] L\big|_{x=0} = L_0. \end{cases}$$

由分离变量法, 所给方程的通解为

$$L = A + C\mathrm{e}^{-kx},$$

又　　　　　　　　$L\big|_{x=0} = L_0,$　　　所以 $C = L_0 - A,$

故　　　　　　　　$L(x) = A + (L_0 - A)\mathrm{e}^{-kx}.$

由 $0 < L_0 < A$, $(L_0 - A)\mathrm{e}^{-kx} < 0$, 可知 $0 < L(x) < A$.

又方程 $\dfrac{\mathrm{d}L}{\mathrm{d}x} = k(A - L)$, $\dfrac{\mathrm{d}L}{\mathrm{d}x}$ 必大于零. 从而 $L(x)$ 是 x 的单调增函数, 而又有

$$\lim_{x \to +\infty} L(x) = A.$$

这表明,不管初始纯利润 L_0 是多少,随着广告费的增加,纯利润相应不断增加,并趋向于水平渐近线 $L = A$,A 的经济意义是纯利润的极限值,也就是说并不是广告费越大,纯利润就会无限制增加.

函数 $L(x) = A + (L_0 - A)e^{-kx}(k > 0)$ 的图形如图 $10 - 2$.

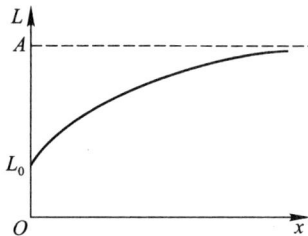

图 $10 - 2$

我们注意到 $L = A$ 是微分方程 $\dfrac{\mathrm{d}L}{\mathrm{d}x} = k(A - L)$

的解. 它可以在通解 $L = A + Ce^{-kx}$ 中取 $C = 0$ 而得到. 事实上,它可直接由 $\dfrac{\mathrm{d}L}{\mathrm{d}x} = k(A - L) = 0$ 得到. 它表明沿着解 $L = A$,对一切 x,$\dfrac{\mathrm{d}L}{\mathrm{d}x} = 0$. 我们称 $L = A$ 是微分方程 $\dfrac{\mathrm{d}L}{\mathrm{d}x} = k(A - L)$ 的平衡解(或平衡点).

又由于无论初始利润 L_0 如何,总有 $\lim\limits_{x \to +\infty} L = A$,因此我们称 A 为方程的**稳定平衡点**.(事实上,这种状态在更深入的讨论中应被称做**渐近稳定**.)

一种相反的情况是,当 $k > 0$ 时,考虑下列微分方程

$$\frac{\mathrm{d}B}{\mathrm{d}t} = k(B - 10).$$

解 $\dfrac{\mathrm{d}B}{\mathrm{d}t} = 0$ 得平衡点为 $B = 10$. 图 $10 - 3$ 中给出了微分方程 $\dfrac{\mathrm{d}B}{\mathrm{d}t} = k(B - 10)$ 分别满足初值条件 $B\big|_{t=0} = 9$ 及 $B\big|_{t=0} = 11$ 的两条解曲线. 它们表明,当 $t = 0$,B 在 10 的附近取值时,所得的解曲线当 $t \to +\infty$ 时,远离平衡解 $B = 10$ 而去. 这时,我们称平衡点 $B = 10$ 为**不稳定的平衡点**.

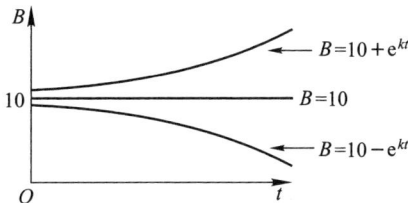

图 $10 - 3$

一般地,我们只考虑微分方程 $\dfrac{\mathrm{d}x}{\mathrm{d}t} = f(x)$. 若 $f(x_0) = 0$,则 $x = x_0$ 是其平衡解.

其图像为一条水平直线.

平衡解 $x = x_0$ 称为是**稳定的**是指给初值条件一微小的改变所得到的任一个解 $x(t)$ 均满足 $\lim\limits_{t \to \infty} x(t) = x_0$（这种状态在深入的讨论中应被称做渐近稳定）.

平衡解 $x = x_0$ 称为是**不稳定的**是指给初值条件在平衡点附近一微小的改变所得到的解曲线 $x(t)$ 当 $t \to \infty$ 时,远离平衡点而去.

习题 10－2

1. 求解下列微分方程:

（1）$y' = e^{2x-y}$;　　　　　　　　（2）$3x^2 + 5x - 5y' = 0$;

（3）$y' = x\sqrt{1-y^2}$;　　　　　　（4）$y\ln x\mathrm{d}x + x\ln y\mathrm{d}y = 0$;

（5）$\cos x\sin y\mathrm{d}x + \sin x\cos y\mathrm{d}y = 0$;　　（6）$(y+1)^2\dfrac{\mathrm{d}y}{\mathrm{d}x} + x^3 = 0$.

2. 求下列齐次方程的通解:

（1）$xy' - y - \sqrt{y^2 - x^2} = 0\,(x > 0)$;　　（2）$\dfrac{\mathrm{d}y}{\mathrm{d}x} = \dfrac{y}{x}(\ln y - \ln x)$;

（3）$(x^2 + y^2)\mathrm{d}x - xy\mathrm{d}y = 0$;　　　（4）$(x^3 + y^3)\mathrm{d}x - 3xy^2\mathrm{d}y = 0$;

（5）$\left(x + y\cos\dfrac{y}{x}\right)\mathrm{d}x - x\cos\dfrac{y}{x}\mathrm{d}y = 0$;

（6）$\left(1 + 2e^{\frac{x}{y}}\right)\mathrm{d}x + 2e^{\frac{x}{y}}\left(1 - \dfrac{x}{y}\right)\mathrm{d}y = 0$.

3. 求下列一阶线性微分方程的通解:

（1）$\dfrac{\mathrm{d}y}{\mathrm{d}x} + y = e^{-x}$;　　　　　（2）$y' + 2xy = 4x$;

（3）$(x^2 - 1)y' + 2xy - \cos x = 0$;　　（4）$xy' + y = xe^x$;

（5）$\dfrac{\mathrm{d}\rho}{\mathrm{d}\theta} + 3\rho = 2$;　　　　　（6）$y\ln y\mathrm{d}x + (x - \ln y)\mathrm{d}y = 0$;

（7）$(y^2 - 6x)\dfrac{\mathrm{d}y}{\mathrm{d}x} + 2y = 0$.

4. 求下列微分方程满足所给初值条件的特解:

（1）$y'\sin x = y\ln y, y\big|_{x = \frac{\pi}{2}} = e$;

（2）$x\mathrm{d}y + 2y\mathrm{d}x = 0, y\big|_{x = 2} = 1$;

（3）$e^x\cos y\mathrm{d}x + (e^x + 1)\sin y\mathrm{d}y = 0, y\big|_{x = 0} = \dfrac{\pi}{4}$;

（4）$(y^2 - 3x^2)\mathrm{d}y + 2xy\mathrm{d}x = 0, y\big|_{x = 0} = 1$;

（5）$y' = \dfrac{x}{y} + \dfrac{y}{x}, y \big|_{x=1} = 2$；

（6）$\dfrac{\mathrm{d}y}{\mathrm{d}x} - y\tan x = \sec x, y \big|_{x=0} = 0$；

（7）$\dfrac{\mathrm{d}y}{\mathrm{d}x} + \dfrac{y}{x} = \dfrac{\sin x}{x}, y \big|_{x=\pi} = 1$；

（8）$\dfrac{\mathrm{d}y}{\mathrm{d}x} + 3y = 8, y \big|_{x=0} = 2$.

5. 镭的衰变有如下规律：镭的衰变速度与它的现存量 R 成正比，由经验材料得知，镭经过 1 600 年后，只余原始量 R_0 的一半，试求镭的量 R 与时间 t 的函数关系.

6. 求一曲线方程，这一曲线过原点，并且它在点 (x, y) 处的斜率等于 $2x + y$.

7. 设 $f(x)$ 可微且满足关系式 $\displaystyle\int_0^x \left[2f(t) - 1 \right] \mathrm{d}t = f(x) - 1$，求 $f(x)$.

第三节　一阶微分方程在经济学中的综合应用

在第一节的例 1 中，我们已经看到，为了研究经济变量之间的联系及其内在规律，常需要建立某一经济函数及其导数所满足的关系式，并由此确定所研究函数的形式，从而根据一些已知的条件来确定该函数的表达式. 从数学上讲，这就是建立微分方程并求解微分方程. 下面举一些一阶微分方程在经济学中应用的例子.

一、分析商品的市场价格与需求量（供给量）之间的函数关系

例 1　某商品的需求量 Q 对价格 P 的弹性为 $-P\ln 3$，若该商品的最大需求量为 1 200（即 $P = 0$ 时，$Q = 1 200$）（P 的单位为元，Q 的单位为 kg）.

（1）试求需求量 Q 与价格 P 的函数关系；

（2）求当价格为 1 元时，市场对该商品的需求量；

（3）当 $P \to +\infty$ 时，需求量的变化趋势如何？

解　（1）由条件可知

$$\frac{P}{Q} \cdot \frac{\mathrm{d}Q}{\mathrm{d}P} = -P\ln 3,$$

即

$$\frac{\mathrm{d}Q}{\mathrm{d}P} = -Q\ln 3.$$

分离变量并求解此微分方程，得

$$\frac{\mathrm{d}Q}{Q} = -\ln 3\mathrm{d}P,$$

$$Q = Ce^{-P\ln 3} \quad (C \text{ 为任意常数}).$$

由 $Q|_{P=0} = 1\,200$ 得，$C = 1\,200$，

$$Q = 1\,200 \times 3^{-P}.$$

（2）当 $P = 1$ 元时，$Q = 1\,200 \cdot 3^{-1} = 400(\mathrm{kg})$.

（3）显然 $P \to +\infty$ 时，$Q \to 0$，即随着价格的无限增大，需求量将趋于零（其数学上的意义为，$Q = 0$ 是所给方程的平衡解，且该平衡解是稳定的）.

例 2 设某商品的需求函数与供给函数分别为

$$Q_d = a - bP,$$
$$Q_s = -c + dP$$

（其中 a, b, c, d 均为正常数）.

假设商品价格 P 为时间 t 的函数，已知初始价格 $P(0) = P_0$，且在任一时刻 t，价格 $P(t)$ 的变化率总与这一时刻的超额需求 $Q_d - Q_s$ 成正比（比例常数为 $k > 0$）.

（1）求供需相等时的价格 P_e（均衡价格）；

（2）求价格 $P(t)$ 的表达式；

（3）分析价格 $P(t)$ 随时间的变化情况.

解 （1）由 $Q_d = Q_s$ 得 $P_e = \dfrac{a+c}{b+d}$.

（2）由题意可知

$$\frac{\mathrm{d}P}{\mathrm{d}t} = k(Q_d - Q_s) \quad (k > 0).$$

将 $Q_d = a - hP, Q_s = -c + dP$ 代入上式，得

$$\frac{\mathrm{d}P}{\mathrm{d}t} + k(h+d)P = k(a+c). \tag{1}$$

解一阶非齐次线性微分方程，得通解为

$$P(t) = Ce^{-k(b+d)t} + \frac{a+c}{b+d}.$$

由 $P(0) = P_0$，得

$$C = P_0 - \frac{a+c}{b+d} = P_0 - P_e,$$

则特解为

$$P(t) = (P_0 - P_e)e^{-k(b+d)t} + P_e.$$

（3）讨论价格 $P(t)$ 随时间的变化情况.

由于 $P_0 - P_e$ 为常数，$k(b+d) > 0$，故当 $t \to +\infty$ 时，$(P_0 - P_e)e^{-k(b+d)t} \to 0$，从而 $P(t) \to P_e$（均衡价格）（从数学上讲，显然均衡价格 P_e 即为微分方程（1）的平衡解，且由于 $\lim\limits_{t \to +\infty} P(t) = P_e$，故微分方程的平衡解是稳定的）.

由 P_0 与 P_e 的大小还可分三种情况进一步讨论（图 10-4）.

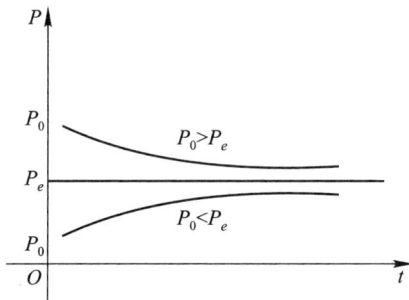

图 10-4

1° 若 $P_0 = P_e$，则 $P(t) = P_e$，即价格为常数，市场无需调节达到均衡；

2° 若 $P_0 > P_e$，因为 $(P_0 - P_e)e^{-k(b+d)t}$ 总是大于零且趋于零，故 $P(t)$ 总大于 P_e 而趋于 P_e；

3° 若 $P_0 < P_e$，则 $P(t)$ 总是小于 P_e 而趋于 P_e.

由以上讨论可知，在价格 $P(t)$ 的表达式中的两项：P_e 为**均衡价格**，而 $(P_0 - P_e)e^{-k(b+d)t}$ 就可理解为**均衡偏差**.

二、预测可再生资源的产量　预测商品的销售量

例3 某林区实行封山养林，现有木材 10 万立方米，如果在每一时刻 t 木材的变化率与当时木材数成正比. 假设 10 年时这林区的木材为 20 万立方米. 若规定，该林区的木材量达到 40 万立方米时才可砍伐，问至少多少年后才能砍伐.

解 若时间 t 以年为单位，假设任一时刻 t 木材的数量为 $P(t)$ 万立方米，由题意可知，

$$\frac{\mathrm{d}P}{\mathrm{d}t} = kP \quad (k \text{ 为比例常数})$$

且 $P\big|_{t=0} = 10, P\big|_{t=10} = 20.$

该方程的通解为

$$P = Ce^{kt},$$

将 $t = 0$ 时, $P = 10$ 代入, 得 $C = 10$, 故

$$P = 10e^{kt},$$

再将 $t = 10$ 时, $P = 20$ 代入, 得 $k = \dfrac{\ln 2}{10}$, 于是

$$P = 10e^{\frac{\ln 2}{10}t} = 10 \cdot 2^{\frac{t}{10}},$$

要使 $P = 40$, 则 $t = 20$. 故至少 20 年后才能砍伐.

例 4　假设某产品的销售量 $x(t)$ 是时间 t 的可导函数, 如果商品的销售量对时间的增长速率 $\dfrac{dx}{dt}$ 与销售量 $x(t)$ 及销售量接近于饱和水平的程度 $N - x(t)$ 之积成正比 (N 为饱和水平, 比例常数为 $k > 0$), 且当 $t = 0$ 时, $x = \dfrac{1}{4}N$.

(1) 求销售量 $x(t)$;

(2) 求 $x(t)$ 增长最快的时刻 T.

解　(1) 由题意可知

$$\frac{dx}{dt} = kx(N - x) \quad (k > 0), \tag{2}$$

分离变量, 得

$$\frac{dx}{x(N - x)} = k dt,$$

两边积分, 得

$$\frac{x}{N - x} = Ce^{Nkt},$$

解出 $x(t)$, 得

$$x(t) = \frac{NCe^{Nkt}}{Ce^{Nkt} + 1} = \frac{N}{1 + Be^{-Nkt}}, \tag{3}$$

其中 $B = \dfrac{1}{C}$. 由 $x(0) = \dfrac{1}{4}N$ 得 $B = 3$, 故

$$x(t) = \frac{N}{1 + 3e^{-Nkt}}.$$

(2) 由于

$$\frac{dx}{dt} = \frac{3N^2 k e^{-Nkt}}{(1 + 3e^{-Nkt})^2},$$

$$\frac{\mathrm{d}^2 x}{\mathrm{d}t^2} = \frac{-3N^3 k^2 \mathrm{e}^{-Nkt}(1 - 3\mathrm{e}^{-Nkt})}{(1 + 3\mathrm{e}^{-Nkt})^3},$$

令 $\dfrac{\mathrm{d}^2 x}{\mathrm{d}t^2} = 0$，得 $T = \dfrac{\ln 3}{Nk}$.

当 $t < T$ 时，$\dfrac{\mathrm{d}^2 x}{\mathrm{d}t^2} > 0$；$t > T$ 时，$\dfrac{\mathrm{d}^2 x}{\mathrm{d}t^2} < 0$. 故 $T = \dfrac{\ln 3}{Nk}$ 时，$x(t)$ 增长最快.

微分方程(2)称为逻辑斯谛(logistic)方程，其解曲线(3)称为逻辑斯谛曲线. 在生物学、经济学中，常遇到这样的量 $x(t)$，其增长率 $\dfrac{\mathrm{d}x}{\mathrm{d}t}$ 与 $x(t)$ 及 $N - x(t)$ 之积成正比(N 为饱和值)，这时 $x(t)$ 的变化规律遵循微分方程(2)，而 $x(t)$ 本身按逻辑斯谛曲线方程(3)变化.

三、成本分析

例 5   某商场的销售成本 y 和存贮费用 S 均是时间 t 的函数，随时间 t 的增长，销售成本的变化率等于存贮费用的倒数与常数 5 的和，而贮存费用的变化率为存贮费用的 $\left(-\dfrac{1}{3}\right)$ 倍. 若当 $t = 0$ 时，销售成本 $y = 0$，存贮费用 $S = 10$. 试求销售成本与时间 t 的函数关系及存贮费用与时间 t 的函数关系.

解   由已知

$$\frac{\mathrm{d}y}{\mathrm{d}t} = \frac{1}{S} + 5, \tag{4}$$

$$\frac{\mathrm{d}S}{\mathrm{d}t} = -\frac{1}{3}S, \tag{5}$$

解微分方程(5)得

$$S = C\mathrm{e}^{-\frac{t}{3}}.$$

由 $S|_{t=0} = 10$ 得 $C = 10$，故存贮费用与时间 t 的函数关系为

$$S = 10\mathrm{e}^{-\frac{t}{3}},$$

将上式代入微分方程(4)，得

$$\frac{\mathrm{d}y}{\mathrm{d}t} = \frac{1}{10}\mathrm{e}^{\frac{t}{3}} + 5,$$

从而

$$y = \frac{3}{10}\mathrm{e}^{\frac{t}{3}} + 5t + C_1,$$

由 $y\big|_{t=0}=0$, 得 $C_1=-\dfrac{3}{10}$. 从而销售成本与时间 t 的函数关系为

$$y=\frac{3}{10}e^{\frac{t}{3}}+5t-\frac{3}{10}.$$

四、公司的净资产分析

对于一个公司资产的运营, 我们可以把它简化地看做起到两方面的作用. 一方面, 它的资产可以像银行的存款一样获得利息, 另一方面, 它的资产还需用于发放职工工资.

显然, 当工资总额超过利息的盈取时, 公司的经营状况将逐渐变糟, 而当利息的盈取超过付给职工的工资总额时, 公司将维持良好的经营状况. 为了表达准确起见, 假设利息是连续盈取的, 并且工资也是连续支付的. 对于一个大公司来讲, 这一假设是较为合理的.

例 6 设某公司的净资产在营运过程中, 像银行的存款一样, 以年 5% 的连续复利产生利息而使总资产增长, 同时, 公司还必须以每年 200 百万元人民币的数额连续地支付职工的工资.

(1) 列出描述公司净资产 W (以百万元为单位) 的微分方程;

(2) 假设公司的初始净资产为 W_0 (百万元), 求公司的净资产 $W(t)$;

(3) 描绘出当 W_0 分别为 3 000, 4 000 和 5 000 时的解曲线.

解 先对问题做一个直观分析.

首先看是否存在一个初值 W_0, 使该公司的净资产不变. 若存在这样的 W_0, 则必始终有

$$\text{利息盈取的速率} = \text{工资支付的速率},$$

即

$$0.05W_0-200,\qquad W_0=4\,000,$$

所以, 如果净资产的初值 $W_0=4\,000$ (百万元) 时, 利息与工资支出达到平衡, 且净资产始终不变, 即 4 000 (百万元) 是一个平衡解.

但若 $W_0>4\,000$ (百万元), 则利息盈取超过工资支出, 净资产将会增长, 利息也因此而增长得更快, 从而净资产增长得越来越快; 若 $W_0<4\,000$ (百万元), 则利息的盈取赶不上工资的支付, 公司的净资产将减少, 利息的盈取会减少, 从而净资产减少的速率更快. 这样一来, 公司的净资产最终减少到零, 以致倒闭.

下面将建立微分方程以精确地分析这一问题.

(1) 显然

净资产的增长速率 = 利息盈取的速率 – 工资支付速率.

若 W 以百万元为单位, t 以年为单位,则利息盈取的速率为每年 $0.05W$ 百万元,而工资支付的速率为每年 200 百万元,于是

$$\frac{\mathrm{d}W}{\mathrm{d}t} = 0.05W - 200,$$

即

$$\frac{\mathrm{d}W}{\mathrm{d}t} = 0.05(W - 4\,000). \tag{6}$$

这就是该公司的净资产 W 所满足的微分方程.

令 $\dfrac{\mathrm{d}W}{\mathrm{d}t} = 0$,则得平衡解 $W_0 = 4\,000$.

（2）利用分离变量法求解微分方程（6）得

$$W = 4\,000 + Ce^{0.05t} \quad (C\ 为任意常数),$$

由 $W\big|_{t=0} = W_0$ 得

$$C = W_0 - 4\,000,$$

故

$$W = 4\,000 + (W_0 - 4\,000)e^{0.05t}.$$

（3）若 $W_0 = 4\,000$,则 $W = 4\,000$ 即为平衡解.

若 $W_0 = 5\,000$,则 $W = 4\,000 + 1\,000e^{0.05t}$.

若 $W_0 = 3\,000$,则 $W = 4\,000 - 1\,000e^{0.05t}$.

在 $W_0 = 3\,000$ 的情形,当 $t \approx 27.7$ 时, $W = 0$,这意味着该公司在今后的28个年头将破产.

图 $10-5$ 给出了上述几个函数的曲线. $W = 4\,000$ 是一个平衡解. 可以看到,如果净资产在 W_0 附近某值开始,但并不等于 $4\,000$（百万元）,那么随着 t 的增大, W 将远离 W_0,故 $W = 4\,000$ 是一个不稳定的平衡点.

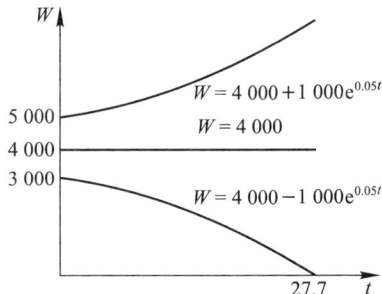

图 $10-5$

习题 10 – 3

1. 已知某商品的需求价格弹性为 $\dfrac{EQ}{EP} = -P(\ln P + 1)$，且当 $P = 1$ 时，需求量 $Q = 1$.

（1）求商品对价格的需求函数；

（2）当 $P \to +\infty$ 时，需求是否趋于稳定？

2. 已知某商品的需求量 Q 对价格 P 的弹性为 $\dfrac{EQ}{EP} = -3P^3$，而市场对该商品的最大需求量为 1 万件，求需求函数.

3. 已知某商品的需求量 Q 与供给量 S 都是价格 P 的函数：$Q = Q(P) = \dfrac{a}{P^2}$，$S = S(P) = bP$，其中 $a > 0$，$b > 0$ 为常数，价格 P 是时间 t 的函数，且满足 $\dfrac{\mathrm{d}P}{\mathrm{d}t} = k[Q(P) - S(P)]$（$k$ 为正常数）. 假设当 $t = 0$ 时，价格为 1. 试求：

（1）需求量等于供给量的均衡价格 P_e；

（2）价格函数 $P(t)$；

（3）$\lim\limits_{t \to +\infty} P(t)$.

4. 某银行账户，以连续复利方式计息，年利率为 5%，希望连续 20 年以每年 12 000 元人民币的速率用这一账户支付职工工资. 若 t 以年为单位，写出余额 $B = f(t)$ 所满足的微分方程，且问当初始存入的数额 B_0 为多少时，才能使 20 年后账户中的余额精确地减至 0.

5. 在某池塘内养鱼，该池塘内最多能养 1 000 尾，设在 t 时刻该池塘内鱼数 y 是时间 t 的函数 $y = y(t)$，其变化率与鱼数 y 及 $1\,000 - y$ 的乘积成正比，比例常数为 $k > 0$. 已知在池塘内放养鱼 100 尾，3 个月末池塘内有鱼 250 尾，求放养 t 个月末池塘内鱼数 $y(t)$ 的公式，并问放养 6 个月末有多少鱼？

6. 设总人数 N 是不变的，t 时刻得某种传染病的人数为 $x(t)$，设 t 时刻 $x(t)$ 对时间的变化率与当时未得病的人数成正比，$x(0) = x_0$（比例常数 $r > 0$，其表示传染给正常人的传染率）. 求 $\lim\limits_{t \to +\infty} x(t)$，并对所求结果予以解释.

7. 已知某地区在一个已知的时期内国民收入的增长率为 $\dfrac{1}{10}$，国民债务的增长率为国民收入的 $\dfrac{1}{20}$. 若 $t = 0$ 时，国民收入为 5 亿元，国民债务为 0.1 亿元，试分别求出国民收入及国民债务与时间 t 的函数关系.

8. 某汽车公司在长期的运营中发现每辆汽车的总维修成本 y 对汽车大修时间间隔 x 的变化率等于 $\dfrac{2y}{x} - \dfrac{81}{x^2}$，已知当大修时间间隔 $x = 1$（年）时，总维修成本 $y = 27.5$（百元）. 试求每辆汽车的总维修成本 y 与大修的时间间隔 x 的函数关系，并问每辆汽车多少年大修一次，可使每辆汽车的总维修成本最低？

9. 某汽车公司的小汽车运行成本 y 及小汽车的转卖值 S 均是时间 t 的函数,若已知 $\dfrac{\mathrm{d}y}{\mathrm{d}t} = \dfrac{2}{S} \cdot \dfrac{\mathrm{d}S}{\mathrm{d}t} = -\dfrac{1}{3}S$,且 $t = 0$ 时 $y = 0$,$S = 4.5$(万元/每辆). 试求小汽车的运行成本及转卖值各自与时间 t 的函数关系.

10. 已知生产某种产品的总成本 C 由可变成本与固定成本两部分构成. 假设可变成本 y 是产量 x 的函数,且 y 关于 x 的变化率是 $\dfrac{x^2 + y^2}{2xy}$,固定成本为 1;已知当产量为 1 个单位时,可变成本为 3. 求总成本函数 $C = C(x)$.

第四节 可降阶的二阶微分方程

对于二阶微分方程

$$y'' = f(x, y, y'),\tag{1}$$

在有些情况下,我们可以通过适当的变量代换,把它们化成一阶微分方程来求解,具有这种性质的方程称为**可降阶的微分方程**. 相应的求解方法也就称为**降阶法**.

下面介绍三种容易用降阶法求解的二阶微分方程.

一、$y'' = f(x)$ 型的微分方程

微分方程

$$y'' = f(x)\tag{2}$$

的右端仅含有自变量 x,只要把 y' 看做新的未知函数,那么(2)式可写成

$$(y')' = f(x).\tag{3}$$

它就可看做新未知函数 y' 的一阶微分方程,对(3)式两端积分,得

$$y' = \int f(x)\,\mathrm{d}x + C_1.$$

上式两端再积分一次就得方程(2)的含有两个任意常数的通解

$$y = \int \left[\int f(x)\,\mathrm{d}x\right]\mathrm{d}x + C_1 x + C_2.$$

例 1 求微分方程

$$y'' = \mathrm{e}^{2x} - \sin\frac{x}{3}$$

的通解.

解　对所给方程连续积分两次,得

$$y' = \frac{1}{2}\mathrm{e}^{2x} + 3\cos\frac{x}{3} + C_1,$$

$$y = \frac{1}{4}\mathrm{e}^{2x} + 9\sin\frac{x}{3} + C_1 x + C_2.$$

例 2　试求 $y'' = x$ 的经过点 $M(0,1)$ 且在此点与直线 $y = \dfrac{x}{2} + 1$ 相切的积分曲线.

解　该几何问题可归结为如下的微分方程的初值问题

$$\begin{cases} y'' = x, \\ y\big|_{x=0} = 1, \\ y'\big|_{x=0} = \dfrac{1}{2}. \end{cases}$$

对方程 $y'' = x$ 两边积分,得

$$y' = \frac{1}{2}x^2 + C_1.$$

由条件 $y'\big|_{x=0} = \dfrac{1}{2}$ 得,$C_1 = \dfrac{1}{2}$,从而

$$y' = \frac{1}{2}x^2 + \frac{1}{2}.$$

对上式两边再积分一次,得

$$y = \frac{1}{6}x^3 + \frac{1}{2}x + C_2,$$

由条件 $y\big|_{x=0} = 1$ 得 $C_2 = 1$,故所求曲线为

$$y = \frac{x^3}{6} + \frac{x}{2} + 1.$$

二、$y'' = f(x, y')$ 型的微分方程

方程

$$y'' = f(x, y') \tag{4}$$

的右端不显含未知函数 y,如果我们设 $y' = p$,那么

$$y'' = \frac{\mathrm{d}p}{\mathrm{d}x} = p',$$

从而方程(4)就成为

$$p' = f(x,p).$$

这是一个关于变量 x、p 的一阶微分方程. 如果我们求出它的通解为

$$p = \varphi(x,C_1),$$

又因 $p = \dfrac{\mathrm{d}y}{\mathrm{d}x}$, 因此又得到一个一阶微分方程

$$\frac{\mathrm{d}y}{\mathrm{d}x} = \varphi(x,C_1),$$

对它进行积分, 便得到(4)的通解为

$$y = \int \varphi(x,C_1)\,\mathrm{d}x + C_2.$$

例 3 求微分方程

$$y'' = \frac{1}{x}y' + x\mathrm{e}^x$$

的通解.

解 所给方程是 $y'' = f(x,y')$ 型. 设 $y' = p$, 则 $y'' = p'$, 代入方程得

$$p' - \frac{1}{x}p = x\mathrm{e}^x,$$

这是关于 p 的一阶线性微分方程. 于是

$$p = \mathrm{e}^{\int \frac{1}{x}\mathrm{d}x}\left(\int x\mathrm{e}^x \mathrm{e}^{-\int \frac{1}{x}\mathrm{d}x}\mathrm{d}x + C_1\right)$$

$$= x\left(\int \mathrm{e}^x \mathrm{d}x + C_1\right)$$

$$= x(\mathrm{e}^x + C_1),$$

即

$$p = y' = x(\mathrm{e}^x + C_1).$$

从而所给微分方程的通解为

$$y = \int x(\mathrm{e}^x + C_1)\,\mathrm{d}x + C_2$$

$$= (x - 1)\mathrm{e}^x + \frac{C_1}{2}x^2 + C_2.$$

例 4　求微分方程

$$(1 + x^2)y'' = 2xy'$$

满足初值条件

$$y\big|_{x=0} = 1, \quad y'\big|_{x=0} = 3$$

的特解.

解　所给微分方程是 $y'' = f(x, y')$ 型,设 $y' = p$,代入方程并分离变量后,得

$$\frac{\mathrm{d}p}{p} = \frac{2x}{1 + x^2}\mathrm{d}x.$$

两端积分,得

$$\ln|p| = \ln(1 + x^2) + C,$$

即

$$p = y' = C_1(1 + x^2) \quad (C_1 = \pm\mathrm{e}^C).$$

由条件 $y'\big|_{x=0} = 3$,得 $C_1 = 3$. 所以

$$y' = 3(1 + x^2).$$

两端积分得

$$y = x^3 + 3x + C_2,$$

又由条件 $y\big|_{x=0} = 1$,得 $C_2 = 1$. 于是所求特解为

$$y = x^3 + 3x + 1.$$

三、$y'' = f(y, y')$ 型的微分方程

方程

$$y'' = f(y, y') \tag{5}$$

的特点是不明显地含自变量 x. 我们令 $y' = p$,并利用复合函数的求导法则,把 y''
化为对 y 的导数,即

$$y'' = \frac{\mathrm{d}p}{\mathrm{d}x} = \frac{\mathrm{d}p}{\mathrm{d}y} \cdot \frac{\mathrm{d}y}{\mathrm{d}x} = p\frac{\mathrm{d}p}{\mathrm{d}y}.$$

这样方程(5)就成为

$$p\frac{\mathrm{d}p}{\mathrm{d}y} = f(y, p).$$

这是一个关于 y,p 的一阶微分方程. 如果我们求出它的通解为

$$y' = p = \varphi(y, C_1),$$

那么分离变量并两端积分,便得方程(5)的通解为

$$\int \frac{\mathrm{d}y}{\varphi(y, C_1)} = x + C_2.$$

例 5 求方程 $yy'' - y'^2 = 0$ 的通解.

解 所给方程不显含自变量 x,设 $y' = p$,于是 $y'' = p\dfrac{\mathrm{d}p}{\mathrm{d}y}$,代入所给方程,得

$$yp\frac{\mathrm{d}p}{\mathrm{d}y} - p^2 = 0.$$

在 $y \neq 0, p \neq 0$ 时,约去 p 并分离变量,得

$$\frac{\mathrm{d}p}{p} = \frac{\mathrm{d}y}{y},$$

两端积分,得

$$\ln|p| = \ln|y| + \ln|C_1|,$$

即

$$y' = p = C_1 y.$$

再分离变量并两端积分,便得方程的通解为

$$\ln|y| = C_1 x + \ln|C_2|,$$

即

$$y = C_2 \mathrm{e}^{C_1 x}.$$

从以上求解过程中看到,应该有 $C_1 \neq 0, C_2 \neq 0$,但由于 $y =$ 常数也是方程的解,所以事实上,C_1, C_2 不必有非零的限制.

习题 10 - 4

1. 求下列各微分方程的通解:

(1) $y'' = x + \sin x$;   (2) $y'' = x\mathrm{e}^x$;

(3) $y'' = 1 + y'^2$;   (4) $y'' = y' + x$;

(5) $xy'' + y' = 0$;   (6) $y^3 y'' - 1 = 0$;

(7) $y'' = (y')^3 + y'$.

2. 求下列微分方程满足所给初值条件的特解:

(1) $y'' - ay'^2 = 0, y\big|_{x=0} = 0, y'\big|_{x=0} = -1$;

（2）$y'' = e^{2y}, y\big|_{x=0} = y'\big|_{x=0} = 0$；

（3）$x^2 y'' + xy' = 1, y\big|_{x=1} = 0, y'\big|_{x=1} = 1$.

3. 试求 $xy'' = y' + x^2$ 经过点$(1,0)$且在此点的切线与直线 $y = 3x - 3$ 垂直的积分曲线.

第五节　二阶常系数线性微分方程

在实际中应用得较多的一类高阶微分方程是**二阶常系数线性微分方程**,它的一般形式是

$$y'' + py' + qy = f(x), \tag{1}$$

其中 p, q 为实常数,$f(x)$ 为 x 的已知函数.当方程右端 $f(x) \equiv 0$ 时,方程叫做**齐次的**;当 $f(x) \not\equiv 0$ 时,方程叫做**非齐次的**.

一、二阶常系数齐次线性微分方程

先讨论二阶常系数齐次线性微分方程

$$y'' + py' + qy = 0, \tag{2}$$

其中 p, q 为实常数.

如果 $y_1(x), y_2(x)$ 是方程（2）的两个解,那么利用导数运算的线性性质容易验证,对于任意的常数 C_1, C_2,

$$y = C_1 y_1(x) + C_2 y_2(x) \tag{3}$$

也是方程（2）的解.

解（3）从其形式上看含有两个任意常数,但它不一定是方程（2）的通解.例如,设 $y_1(x)$ 是（2）的一个解,则 $y_2(x) = 2y_1(x)$ 也是（2）的解.这时（3）式成为 $y = C_1 y_1(x) + 2C_2 y_1(x)$,可以把它改写成 $y = Cy_1(x)$,其中 $C = C_1 + 2C_2$.这显然不是（2）的通解.那么,在什么样的情况下（3）式才是方程（2）的通解呢?显然在 $y_1(x), y_2(x)$ 是方程（2）非零解的前提下,若 $\dfrac{y_2(x)}{y_1(x)}$ 不为常数,那么（3）式一定是方程（2）的通解;若 $\dfrac{y_2(x)}{y_1(x)}$ 为常数,则（3）式不是方程（2）的通解.我们有如下定理:

定理 1　如果函数 $y_1(x), y_2(x)$ 是方程（2）的两个特解,且 $\dfrac{y_2(x)}{y_1(x)}$ 不为常数,则 $y = C_1 y_1(x) + C_2 y_2(x)$（其中 C_1, C_2 为任意常数）是方程（2）的通解.

一般地,对于任意两个函数 $y_1(x), y_2(x)$,若它们的比为常数,则我们称它

们是**线性相关**的,否则它们是**线性无关**的.于是,由定理 1 我们可知:

若 $y_1(x)$, $y_2(x)$ 是方程(2)的两个线性无关的特解,则

$$y = C_1 y_1(x) + C_2 y_2(x) \quad (C_1, C_2 \text{ 为任意常数})$$

就是方程(2)的通解.

例如:方程 $y'' - y = 0$ 是二阶常系数齐次线性微分方程,且不难验证 $y_1 = e^x$ 与 $y_2 = e^{-x}$ 是所给方程的两个解,且 $\dfrac{y_2(x)}{y_1(x)} = \dfrac{e^{-x}}{e^x} = e^{-2x} \neq$ 常数,即它们是两个线性无关的解,因此方程 $y'' - y = 0$ 的通解为

$$y = C_1 e^x + C_2 e^{-x} \quad (C_1, C_2 \text{ 为任意常数}).$$

于是,要求方程(2)的通解,归结为如何求它的两个线性无关的特解.由于方程(2)的左端是关于 y''、y'、y 的线性关系式,且系数都为常数,而当 r 为常数时,指数函数 e^{rx} 和它的各阶导数都只差一个常数因子,因此我们用 $y = e^{rx}$ 来尝试,看能否取到适当的常数 r,使 $y = e^{rx}$ 满足方程(2).

对 $y = e^{rx}$ 求导,得 $y' = r e^{rx}$,$y'' = r^2 e^{rx}$.把 y, y' 和 y'' 代入方程(2)得

$$(r^2 + pr + q) e^{rx} = 0.$$

由于 $e^{rx} \neq 0$,所以

$$r^2 + pr + q = 0. \tag{4}$$

由此可见,只要 r 是代数方程(4)的根,函数 $y = e^{rx}$ 就是微分方程(2)的解,我们把代数方程(4)叫做微分方程(2)的**特征方程**.

特征方程(4)是一个一元二次代数方程,其中 r^2,r 的系数及常数项恰好依次是微分方程(2)中 y'',y' 和 y 的系数.

特征方程(4)的两个根 r_1,r_2 可用公式

$$r_{1,2} = \frac{-p \pm \sqrt{p^2 - 4q}}{2}$$

求出,它们有三种不同的情形,分别对应着微分方程(2)的通解的三种不同的情形.分别叙述如下:

(1)若 $p^2 - 4q > 0$ 则可求得特征方程(4)的两个不相等实根 $r_1 \neq r_2$,这时 $y_1 = e^{r_1 x}$, $y_2 = e^{r_2 x}$ 是微分方程(2)的两个解,且 $\dfrac{y_2}{y_1} = \dfrac{e^{r_2 x}}{e^{r_1 x}} = e^{(r_2 - r_1)x}$ 不是常数.因此,微分方程(2)的通解为

$$y = C_1 e^{r_1 x} + C_2 e^{r_2 x}.$$

（2）若 $p^2 - 4q = 0$，这时 r_1, r_2 是两个相等的实根，且

$$r_1 = r_2 = -\frac{p}{2}.$$

这时，只得到微分方程（2）的一个解

$$y_1 = e^{r_1 x}.$$

为了得出微分方程（2）的通解，还需求出另一个解 y_2，且要求 $\dfrac{y_2}{y_1}$ 不是常数.

设 $\dfrac{y_2}{y_1} = u(x)$，$u(x)$ 是 x 的待定函数，于是

$$y_2 = u(x)y_1 = e^{r_1 x}u(x).$$

下面来确定 u. 将 y_2 求导，得

$$y_2' = e^{r_1 x}(u' + r_1 u),$$

$$y_2'' = e^{r_1 x}(u'' + 2r_1 u' + r_1^2 u).$$

将 y_2, y_2', y_2'' 代入微分方程（2），得

$$e^{r_1 x}[(u'' + 2r_1 u' + r_1^2 u) + p(u' + r_1 u) + qu] = 0.$$

约去 $e^{r_1 x}$，并以 u'', u', u 为准合并同类项，得

$$u'' + (2r_1 + p)u' + (r_1^2 + pr_1 + q)u = 0.$$

由于 r_1 是特征方程（4）的二重根，因此 $r_1^2 + pr_1 + q = 0$，且 $2r_1 + p = 0$，于是得 $u'' = 0$.

这说明所设特解 y_2 中的函数 $u(x)$ 不能为常数且要满足 $u''(x) = 0$. 显然 $u = x$ 是可选取的函数中的最简单的一个函数，由此得到微分方程（2）的另一个解

$$y_2 = xe^{r_1 x}.$$

从而微分方程（2）的通解为

$$y = C_1 e^{r_1 x} + C_2 xe^{r_1 x} = (C_1 + C_2 x)e^{r_1 x}.$$

（3）若 $p^2 - 4q < 0$，则特征方程有一对共轭复根

$$r_1 = \alpha + \beta i, \quad r_2 = \alpha - \beta i \quad (\beta \neq 0),$$

其中

$$\alpha = -\frac{p}{2}, \quad \beta = \frac{\sqrt{4q - p^2}}{2}.$$

这时，可以验证微分方程（2）有两个线性无关的解

$$y_1 = e^{\alpha x}\cos \beta x, \quad y_2 = e^{\alpha x}\sin \beta x.$$

从而微分方程(2)的通解为

$$y = e^{\alpha x}(C_1 \cos \beta x + C_2 \sin \beta x)$$

综上所述,求二阶常系数齐次线性微分方程

$$y'' + py' + qy = 0 \tag{2}$$

的通解的步骤如下:

第一步 写出微分方程(2)的特征方程

$$r^2 + pr + q = 0. \tag{4}$$

第二步 求特征方程(4)的两个根 r_1, r_2.

第三步 根据特征方程(4)的两个根的不同情形,按照下列表格写出微分方程(2)的通解.

特征方程 $r^2 + pr + q = 0$ 的两个根 r_1, r_2	微分方程 $y'' + py' + qy = 0$ 的通解
两个不相等的实根 r_1, r_2	$y = C_1 e^{r_1 x} + C_2 e^{r_2 x}$
两个相等的实根 $r_1 = r_2$	$y = (C_1 + C_2 x)e^{r_1 x}$
一对共轭复根 $r_{1,2} = \alpha \pm i\beta$	$y = e^{\alpha x}(C_1 \cos \beta x + C_2 \sin \beta x)$

例 1 求微分方程 $y'' - 2y' - 8y = 0$ 的通解.

解 所给微分方程的特征方程为

$$r^2 - 2r - 8 = (r - 4)(r + 2) = 0,$$

其根 $r_1 = 4, r_2 = -2$ 是两个不相等的实根. 因此所求通解为

$$y = C_1 e^{4x} + C_2 e^{-2x}.$$

例 2 求方程 $\dfrac{d^2 S}{dt^2} + 2\dfrac{dS}{dt} + S = 0$ 满足初值条件 $S\big|_{t=0} = 4, S'\big|_{t=0} = -2$ 的特解.

解 所给微分方程的特征方程为

$$r^2 + 2r + 1 = (r + 1)^2 = 0,$$

其根 $r_1 = r_2 = -1$ 是两个相等的实根,因此所求微分方程的通解为

$$S = (C_1 + C_2 t)e^{-t}.$$

将条件 $S\big|_{t=0}=4$ 代入通解,得 $C_1=4$,从而

$$S = (4 + C_2 t)\mathrm{e}^{-t}.$$

将上式对 t 求导,得

$$S' = (C_2 - 4 - C_2 t)\mathrm{e}^{-t}.$$

再把条件 $S'\big|_{t=0}=-2$ 代入上式,得 $C_2=2$,于是所求特解为

$$S = (4 + 2t)\mathrm{e}^{-t}.$$

例 3 求微分方程 $y'' + 6y' + 25y = 0$ 的通解.

解 所给方程的特征方程为

$$r^2 + 6r + 25 = 0,$$

其根 $r_{1,2} = \dfrac{-6 \pm \sqrt{36-100}}{2} = -3 \pm 4\mathrm{i}$ 为一对共轭复根,因此所求微分方程的通解为

$$y = \mathrm{e}^{-3x}(C_1\cos 4x + C_2\sin 4x).$$

二、二阶常系数非齐次线性微分方程

这里,我们讨论二阶常系数非齐次线性微分方程(1)的解法,为此,先介绍方程(1)的解的结构定理.

定理 2 设 y^* 是二阶常系数非齐次线性微分方程(1)的特解,而 $Y(x)$ 是与(1)对应的齐次方程(2)的通解,那么

$$y = Y(x) + y^*(x) \tag{5}$$

是二阶常系数非齐次线性微分方程(1)的通解.

证 把(5)代入方程(1)的左端,得

$$(Y'' + y^{*''}) + p(Y' + y^{*'}) + q(Y + y^*)$$
$$= (Y'' + pY' + qY) + (y^{*''} + py^{*'} + qy^*)$$
$$= 0 + f(x) = f(x).$$

由于对应的齐次方程(2)的通解 $Y = C_1 y_1 + C_2 y_2$ 中含有两个任意常数,所以 $y = Y + y^*$ 中也含有两个任意常数,从而它就是二阶常系数非齐次线性微分方程(1)的通解.

例如,方程 $y'' + y = x^2$ 是二阶常系数非齐次线性微分方程,而可求得对应的齐次方程 $y'' + y = 0$ 的通解为 $Y = C_1\cos x + C_2\sin x$;又容易验证 $y^* = x^2 - 2$ 是所给方程的一个特解.因此

$$y = Y + y^* = C_1 \cos x + C_2 \sin x + x^2 - 2$$

是所给方程的通解.

定理 2 告诉我们,求二阶常系数非齐次线性微分方程

$$y'' + py' + qy = f(x)$$

的通解可按如下步骤进行:

第一步 求出对应的齐次方程 $y'' + py' + qy = 0$ 的通解 Y.

第二步 求出非齐次方程 $y'' + py' + qy = f(x)$ 的一个特解 y^*.

第三步 所求方程的通解为

$$y = Y + y^*.$$

而求齐次方程 (2) 的通解已在前面解决. 所以关键是如何求非齐次方程 (1) 的一个特解 y^*. 对此我们不作一般讨论,仅不加证明地介绍对两种常见类型的 $f(x)$,用待定系数法求特解的方法.

结论 1 若 $f(x) = P_m(x) e^{\lambda x}$,其中 $P_m(x)$ 是 x 的 m 次多项式,λ 为常数(显然,若 $\lambda = 0$,则 $f(x) = P_m(x)$),则二阶常系数非齐次线性微分方程 (1) 具有形如

$$y^* = x^k Q_m(x) e^{\lambda x} \tag{6}$$

的特解,其中 $Q_m(x)$ 是与 $P_m(x)$ 同次(m 次)的多项式,而 k 的取值如下确定:

(1) 若 λ 不是特征方程的根,取 $k = 0$;

(2) 若 λ 是特征方程的单根,取 $k = 1$;

(3) 若 λ 是特征方程的重根,取 $k = 2$.

例 4 求微分方程 $y'' - 2y' - 3y = 2x + 1$ 的通解.

解 所给方程是二阶常系数非齐次线性微分方程,且函数 $f(x)$ 是 $P_m(x) e^{\lambda x}$ 型(其中 $P_m(x) = 2x + 1, \lambda = 0$).

该方程所对应的齐次方程为

$$y'' - 2y' - 3y = 0,$$

它的特征方程为

$$r^2 - 2r - 3 = 0,$$

其两个实根为 $r_1 = 3, r_2 = -1$,于是所给方程对应的齐次方程的通解为

$$Y = C_1 e^{3x} + C_2 e^{-x}.$$

由于 $\lambda = 0$ 不是特征方程的根,所以应设原方程的一个特解为

$$y^* = Q_m(x) = b_0 x + b_1.$$

相应地,$y^{*\prime} = b_0, y^{*\prime\prime} = 0.$ 把它们代入原方程,得

$$-2b_0 - 3(b_0 x + b_1) = 2x + 1,$$

即 $\qquad\qquad -3b_0 x - (2b_0 + 3b_1) = 2x + 1.$

比较上式两端 x 同次幂的系数,得

$$\begin{cases} -3b_0 = 2, \\ -2b_0 - 3b_1 = 1, \end{cases}$$

从而求出 $b_0 = -\dfrac{2}{3}, b_1 = \dfrac{1}{9}$,于是求得原方程的一个特解为

$$y^* = -\frac{2}{3}x + \frac{1}{9}.$$

因此原方程的通解为

$$y = C_1 \mathrm{e}^{3x} + C_2 \mathrm{e}^{-x} - \frac{2}{3}x + \frac{1}{9}.$$

例 5 求微分方程 $y'' - 5y' + 6y = x\mathrm{e}^{2x}$ 的通解.

解 所给方程也是二阶常系数非齐次线性微分方程,且函数 $f(x)$ 是 $P_m(x)\mathrm{e}^{\lambda x}$ 型(其中 $P_m(x) = x, \lambda = 2$).所给方程对应的齐次方程为

$$y'' - 5y' + 6y = 0,$$

它的特征方程

$$r^2 - 5r + 6 = 0$$

有两个实根 $r_1 = 2, r_2 = 3$,于是所给方程对应的齐次方程的通解为

$$Y = C_1 \mathrm{e}^{2x} + C_2 \mathrm{e}^{3x}.$$

由于 $\lambda = 2$ 是特征方程的单根,所以应设原方程的一个特解为

$$y^* = x(b_0 x + b_1)\mathrm{e}^{2x},$$

把它代入所给方程,消去 e^{2x},化简后可得

$$-2b_0 x + 2b_0 - b_1 = x.$$

比较等式两端 x 同次幂的系数,得

$$\begin{cases} -2b_0 = 1, \\ 2b_0 - b_1 = 0. \end{cases}$$

解得 $b_0 = -\dfrac{1}{2}, b_1 = -1$,因此求得一个特解为

$$y^* = x\left(-\frac{1}{2}x - 1\right)e^{2x}.$$

从而所求通解为

$$y = Y + y^* = C_1 e^{2x} + C_2 e^{3x} - \frac{1}{2}(x^2 + 2x)e^{2x}.$$

例 6 求微分方程 $y'' - 2y' + y = e^x$ 满足初值条件 $y\big|_{x=0} = 1, y'\big|_{x=0} = 0$ 的特解.

解 先求出所给微分方程的通解,再由初值条件定出通解中的两个任意常数. 从而求出满足初值条件的特解.

所给方程是二阶常系数非齐次线性微分方程,且函数 $f(x)$ 呈 $P_m(x)e^{\lambda x}$ 型(其中 $P_m(x) = 1, \lambda = 1$).

与所给方程对应的齐次方程为

$$y'' - 2y' + y = 0,$$

其特征方程为

$$r^2 - 2r + 1 = 0,$$

它有两个相等的实根 $r_1 = r_2 = 1$,于是所给方程对应的齐次方程的通解为

$$Y = (C_1 + C_2 x)e^x.$$

由于 $\lambda = 1$ 是特征方程的二重根,所以应设原方程的一个特解为

$$y^* = ax^2 e^x,$$

相应地有

$$y^{*\prime} = (ax^2 + 2ax)e^x,$$

$$y^{*\prime\prime} = (ax^2 + 4ax + 2a)e^x,$$

将它们代入原方程,得

$$2ae^x = e^x,$$

故

$$a = \frac{1}{2},$$

于是

$$y^* = \frac{1}{2}x^2 e^x.$$

从而原方程的通解为

$$y = Y + y^* = (C_1 + C_2 x)e^x + \frac{1}{2}x^2 e^x$$

$$= \left(C_1 + C_2 x + \frac{1}{2} x^2 \right) e^x.$$

计算出通解的导数为

$$y' = \left(C_1 + C_2 + x + C_2 x + \frac{1}{2} x^2 \right) e^x.$$

由 $y \mid_{x=0} = 1$ 得 $C_1 = 1$，由 $y' \mid_{x=0} = 0$ 得 $C_1 + C_2 = 0$，即 $C_2 = -1$．于是满足所给初值问题的特解为

$$y = \left(1 - x + \frac{1}{2} x^2 \right) e^x.$$

结论 2　若 $f(x) = e^{\lambda x} [P_l(x) \cos \omega x + P_n(x) \sin \omega x]$，其中 $P_l(x)$，$P_n(x)$ 分别是 x 的 l 次、n 次多项式，ω 为常数，则微分方程(1)的特解可设为

$$y^* = x^k e^{\lambda x} [R_m^{(1)}(x) \cos \omega x + R_m^{(2)}(x) \sin \omega x],$$

其中 $R_m^{(1)}(x)$，$R_m^{(2)}(x)$ 是 x 的 m 次多项式，$m = \max\{l, n\}$，而 k 的取值如下确定：

　　(1) 若 $\lambda + i\omega$（或 $\lambda - i\omega$）不是特征方程的根，取 $k = 0$；

　　(2) 若 $\lambda + i\omega$（或 $\lambda - i\omega$）是特征方程的单根，取 $k = 1$．

　　例 7　求微分方程 $y'' + y = x \cos 2x$ 的一个特解．

　　解　所给方程是二阶常系数非齐次线性方程，且 $f(x)$ 属于 $e^{\lambda x} [P_l(x) \cos \omega x + P_n(x) \sin \omega x]$ 型（其中 $\lambda = 0$，$\omega = 2$，$P_l(x) = x$，$P_n(x) = 0$，显然 $P_l(x)$ 和 $P_n(x)$ 分别是一次与零次多项式）．

　　与所给方程对应的齐次方程为

$$y'' + y = 0,$$

它的特征方程为

$$r^2 + 1 = 0.$$

由于 $\lambda + i\omega = 2i$ 不是特征方程的根，所以应设特解为

$$y^* = (ax + b) \cos 2x + (cx + d) \sin 2x,$$

把它代入所给方程，得

$$(-3ax - 3b + 4c) \cos 2x - (3cx + 3d + 4a) \sin 2x = x \cos 2x.$$

比较两端同类项的系数，得

$$\begin{cases} -3a = 1, \\ -3b + 4c = 0, \\ -3c = 0, \\ -3d - 4a = 0, \end{cases}$$

由此解得 $a = -\dfrac{1}{3}, b = 0, c = 0, d = \dfrac{4}{9}$. 于是求得一个特解为

$$y^* = -\frac{1}{3}x\cos 2x + \frac{4}{9}\sin 2x.$$

例 8　求微分方程 $\dfrac{\mathrm{d}^2 x}{\mathrm{d}t^2} + k^2 x = h\sin kt$ 的通解 $(k, h$ 为常数且 $k > 0)$.

解　所给方程是二阶常系数非齐次线性微分方程. 且 $f(t)$ 属于 $\mathrm{e}^{\lambda t}[P_l(t)\cos \omega t + P_n(t)\sin \omega t]$ 型（其中 $\lambda = 0, \omega = k, P_l(t) = 0, P_n(t) = h$, 显然 $P_l(t), P_n(t)$ 均为零次多项式）, 对应的齐次方程为

$$\frac{\mathrm{d}^2 x}{\mathrm{d}t^2} + k^2 x = 0,$$

其特征方程 $r^2 + k^2 = 0$ 的根为 $r = \pm \mathrm{i}k$, 故齐次方程的通解为

$$X = C_1\cos kt + C_2\sin kt.$$

令 $C_1 = A\sin \varphi, C_2 = A\cos \varphi$, 则有

$$X = A\sin(kt + \varphi), \text{其中 } A, \varphi \text{ 为任意常数}.$$

由于 $\lambda \pm \mathrm{i}\omega = \pm \mathrm{i}k$ 是特征方程的根, 故设特解为

$$x^* = t(a_1\cos kt + b_1\sin kt),$$

代入原非齐次方程得

$$a_1 = -\frac{h}{2k}, \quad b_1 = 0,$$

于是 $x^* = -\dfrac{h}{2k}t\cos kt$. 从而原非齐次方程的通解为

$$x = X + x^* = A\sin(kt + \varphi) - \frac{h}{2k}t\cos kt.$$

本节的最后我们指出, 二阶常系数非齐次线性微分方程的特解有时可用下述定理来帮助求出.

定理 3　设二阶常系数非齐次线性微分方程(1)的右端 $f(x)$ 是几个函数之和, 如

$$y'' + py' + qy = f_1(x) + f_2(x), \tag{7}$$

而 y_1^* 与 y_2^* 分别是方程

$$y'' + py' + qy = f_1(x)$$

与

$$y'' + py' + qy = f_2(x)$$

的特解,则 $y_1^* + y_2^*$ 就是原方程(7)的特解.

定理 3 通常称为二阶常系数非齐次线性微分方程的解的**叠加原理**. 结论的正确性可由微分方程解的定义直接验证,请读者自行完成.

例 9　求方程 $y'' + 4y' + 3y = (x - 2) + e^{2x}$ 的一个特解.

解　可求得 $y'' + 4y' + 3y = x - 2$ 的一个特解为 $y_1^* = \dfrac{1}{3}x - \dfrac{10}{9}$,而 $y'' + 4y' + 3y = e^{2x}$ 的一个特解为 $y_2^* = \dfrac{1}{15}e^{2x}$(上述求解过程请读者完成).

于是,由定理 3 可知,原方程的一个特解为

$$y^* = \left(\frac{1}{3}x - \frac{10}{9} \right) + \frac{1}{15}e^{2x}.$$

习题 10 - 5

1. 下列函数组在定义区间内哪些是线性无关的?

(1) x, x^2;　　　　　　　　　　(2) $x, 3x$;

(3) $e^{3x}, 3e^{3x}$;　　　　　　　　(4) $e^x \cos 8x, e^x \sin 8x$.

2. 验证 $y_1 = \cos 2x$ 及 $y_2 = \sin 2x$ 都是方程 $y'' + 4y = 0$ 的解,并写出该方程的通解.

3. 求下列微分方程的通解:

(1) $y'' + 7y' + 12y = 0$;　　　　(2) $y'' - 12y' + 36y = 0$;

(3) $y'' + y' + y = 0$;　　　　　　(4) $y'' + \mu y = 0$(其中 μ 为实数).

4. 求下列微分方程满足所给初值条件的特解:

(1) $y'' - 4y' + 3y = 0, y\big|_{x=0} = 6, y'\big|_{x=0} = 10$;

(2) $4y'' + 4y' + y = 0, y\big|_{x=0} = 2, y'\big|_{x=0} = 0$;

(3) $y'' + 4y' + 29y = 0, y\big|_{x=0} = 0, y'\big|_{x=0} = 15$.

5. 验证:

(1) $y = C_1 e^x + C_2 e^{2x} + \dfrac{1}{12}e^{5x}$($C_1, C_2$ 是任意常数)是方程 $y'' - 3y' + 2y = e^{5x}$ 的通解.

(2) $y = C_1 \cos 3x + C_2 \sin 3x + \dfrac{1}{32}(4x\cos x + \sin x)$($C_1, C_2$ 是任意常数)是方程 $y'' + 9y = x\cos x$ 的通解.

6. 求下列微分方程的通解:

(1) $2y'' + y' - y = 2e^x$;　　　　(2) $y'' + a^2 y = e^x$　(a 为实常数);

(3) $y'' + 9y' = x - 4$;　　　　　(4) $y'' - 6y' + 9y = 5(x + 1)e^{3x}$;

(5) $y'' - 2y' + 5y = e^x \sin 2x$;　(6) $y'' + 4y = x\cos x$.

（7）$y'' + y = e^x + \cos x$.

7. 求下列微分方程满足已给初值条件的特解：

（1）$y'' - 3y' + 2y = 5, y\big|_{x=0} = 1, y'\big|_{x=0} = 2$；

（2）$y'' + y + \sin 2x = 0, y\big|_{x=\pi} = 1, y'\big|_{x=\pi} = 1$；

（3）$y'' - y = 4xe^x, y\big|_{x=0} = 0, y'\big|_{x=0} = 1$.

8. 设函数 $\varphi(x)$ 连续，且满足

$$\varphi(x) = e^x + \int_0^x (t - x)\varphi(t)\,\mathrm{d}t,$$

求 $\varphi(x)$.

9. 设某商品的需求函数与供给函数分别为 $Q_d = 42 - 4P - 4P' + P'', Q_s = -6 + 8P$，初值条件为 $P(0) = 6, P'(0) = 4$，若在每一时刻市场供需平衡，求价格函数 $P(t)$.

第六节 差分与差分方程的概念
常系数线性差分方程解的结构

在科学技术和经济管理的许多实际问题中，经济变量的数据大多按等间隔时间周期统计. 因此，各有关变量的取值是离散变化的，如何寻求它们之间的关系和变化规律呢？差分方程是研究这类离散数学模型的有力工具.

一、差分的概念

设变量 y 是时间 t 的函数，如果函数 $y = y(t)$ 不仅连续而且还可导，则变量 y 对时间 t 的变化速率用 $\dfrac{\mathrm{d}y}{\mathrm{d}t}$ 来刻画；但在某些场合，时间 t 只能离散地取值，从而变量 y 也只能按规定的离散时间而相应离散地变化，这时常用规定的时间区间上的差商 $\dfrac{\Delta y}{\Delta t}$ 来刻画 y 的变化速率. 若取 $\Delta t = 1$，那么 $\Delta y = y(t+1) - y(t)$ 就可近似地代表变量 y 的变化速率.

定义 1 设函数 $y = f(x)$，当自变量 x 依次取遍非负整数时，相应的函数值可以排成一个数列

$$f(0),\ f(1), \cdots,\ f(x),\ f(x+1), \cdots,$$

将之简记为

$$y_0, y_1, \cdots, y_x, y_{x+1}, \cdots.$$

当自变量从 x 变到 $x+1$ 时，函数的改变量 $y_{x+1} - y_x$ 称为函数 y 在点 x 的**差分**，记为 Δy_x，即

$$\Delta y_x = y_{x+1} - y_x \qquad (x = 0, 1, 2, \cdots).$$

例 1 已知 $y_x = C(C$ 为常数$)$，求 Δy_x.

解
$$\Delta y_x = y_{x+1} - y_x = C - C = 0,$$

所以常数的差分为零.

例 2 设 $y_x = a^x$（其中 $a > 0$ 且 $a \neq 1$），求 Δy_x.

解
$$\Delta y_x = y_{x+1} - y_x = a^{x+1} - a^x = a^x(a-1),$$

可见，指数函数的差分等于指数函数乘上一个常数.

例 3 设 $y_x = \sin ax$，求 Δy_x.

解
$$\Delta y_x = \sin a(x+1) - \sin ax$$

$$= 2\cos a\left(x + \frac{1}{2}\right)\sin\frac{1}{2}a.$$

例 4 设 $y_x = x^2$，求 Δy_x.

解
$$\Delta y_x = y_{x+1} - y_x = (x+1)^2 - x^2 = 2x + 1.$$

例 5 设阶乘函数 $y_x = x^{(n)} = x(x-1)\cdots(x-n+1)$，$x^{(0)} = 1$，求 Δy_x.

解 $\Delta y_x = y_{x+1} - y_x = (x+1)^{(n)} - x^{(n)}$

$$= (x+1)x(x-1)\cdot\cdots\cdot(x+1-n+1) - x(x-1)\cdot\cdots\cdot(x-n+1)$$

$$= [(x+1) - (x-n+1)]x(x-1)\cdot\cdots\cdot(x-n+2)$$

$$= nx^{(n-1)}.$$

这个结果与 $y = x^n$ 的一阶导数等于 nx^{n-1} 的形式相类似.

由一阶差分的定义，容易得到差分的四则运算法则：

(1) $\Delta(Cy_x) = C\Delta y_x$；

(2) $\Delta(y_x \pm z_x) = \Delta y_x \pm \Delta z_x$；

(3) $\Delta(y_x \cdot z_x) = y_{x+1} \cdot \Delta z_x + z_x \cdot \Delta y_x = y_x \Delta z_x + z_{x+1} \cdot \Delta y_x$；

(4) $\Delta\left(\dfrac{y_x}{z_x}\right) = \dfrac{z_x \cdot \Delta y_x - y_x \cdot \Delta z_x}{z_x \cdot z_{x+1}} = \dfrac{z_{x+1}\Delta y_x - y_{x+1}\Delta z_x}{z_x \cdot z_{x+1}}$.

这里仅给出(3)式的证明

$$\Delta(y_x \cdot z_x) = y_{x+1}z_{x+1} - y_x \cdot z_x$$

$$= y_{x+1} \cdot z_{x+1} - y_{x+1}z_x + y_{x+1}z_x - y_x z_x$$

$$= y_{x+1}(z_{x+1} - z_x) + z_x(y_{x+1} - y_x)$$

$$= y_{x+1} \cdot \Delta z_x + z_x \cdot \Delta y_x.$$

类似可证 $\Delta(y_x \cdot z_x) = y_x \cdot \Delta z_x + z_{x+1} \cdot \Delta y_x$.

下面给出高阶差分的定义.

定义 2 当自变量从 x 变到 $x+1$ 时,一阶差分的差分

$$\Delta(\Delta y_x) = \Delta(y_{x+1} - y_x) = \Delta y_{x+1} - \Delta y_x$$

$$= (y_{x+2} - y_{x+1}) - (y_{x+1} - y_x)$$

$$= y_{x+2} - 2y_{x+1} + y_x$$

称为函数 $y = f(x)$ 的**二阶差分**,记为 $\Delta^2 y_x$,即

$$\Delta^2 y_x = y_{x+2} - 2y_{x+1} + y_x.$$

同样,二阶差分的差分称为**三阶差分**,记为 $\Delta^3 y_x$,即

$$\Delta^3 y_x = y_{x+3} - 3y_{x+2} + 3y_{x+1} - y_x$$

依次类推,$y = f(x)$ 的 n 阶差分为

$$\Delta^n y_x = \Delta(\Delta^{n-1} y_x).$$

例 6 设 $y_x = e^{2x}$,求 $\Delta^2 y_x$.

解
$$\Delta y_x = y_{x+1} - y_x = e^{2(x+1)} - e^{2x} = e^{2x}(e^2 - 1),$$

$$\Delta^2 y_x = \Delta(\Delta y_x) = \Delta[e^{2x}(e^2 - 1)]$$

$$= (e^2 - 1)\Delta e^{2x} = (e^2 - 1)^2 e^{2x}.$$

例 7 已知 $y_x = 3x^2 - 4x + 2$,求 $\Delta^2 y_x, \Delta^3 y_x$.

解
$$\Delta y_x = 3\Delta(x^2) - 4\Delta(x) + \Delta(2)$$

$$= 3(2x+1) - 4 + 0$$

$$= 6x - 1,$$

$$\Delta^2 y_x = \Delta(\Delta y_x) = \Delta(6x - 1)$$

$$= \Delta(6x) - \Delta(1)$$

$$= 6\Delta(x) - 0 = 6,$$

$$\Delta^3 y_x = \Delta(6) = 0.$$

一般地,对于 k 次多项式,它的 k 阶差分为常数,而 k 阶以上的差分均为零.

最后,我们简要说明 $y = f(x)$ 在不同时期的值和它的各阶差分之间的关系.

若用 E 表示位移算子,即 $Ey_x = y_{x+1}, E^2 y_x = y_{x+2}, \cdots, E^n y_x = y_{x+n}$;用 I 表示恒等算子,即 $Iy_x = y_x$,则差分算子 $\Delta = E - I, \Delta^n = (E - I)^n$. 于是

$$\Delta^n y_x = (E - I)^n y_x = \sum_{k=0}^{n} (-1)^k C_n^k E^{n-k} I^k y_x$$

$$= \sum_{k=0}^{n} (-1)^k C_n^k E^{n-k} y_x = \sum_{k=0}^{n} (-1)^k C_n^k y_{x+n-k}.$$

上式说明函数的 n 阶差分可以表示成已知函数在不同时期值 $y_{x+n}, y_{x+n-1}, \cdots, y_{x+1}, y_x$ 的线性组合.

由于 $y = f(x)$ 的差分仍是 x 的函数,我们一样地可以证明函数在不同时期的值 y_{x+n} 可以表示成 y_x 及其各阶差分的线性组合. 事实上,

$$y_{x+1} = y_x + \Delta y_x,$$

$$y_{x+2} = y_{x+1} + \Delta y_{x+1} = y_x + \Delta y_x + \Delta (y_x + \Delta y_x)$$

$$= y_x + \Delta y_x + \Delta y_x + \Delta^2 y_x$$

$$= y_x + 2\Delta y_x + \Delta^2 y_x,$$

$$y_{x+3} = y_{x+2} + \Delta y_{x+2} = y_x + 2\Delta y_x + \Delta^2 y_x + \Delta (y_x + 2\Delta y_x + \Delta^2 y_x)$$

$$= y_x + 3\Delta y_x + 3\Delta^2 y_x + \Delta^3 y_x,$$

$$\cdots\cdots\cdots\cdots$$

$$y_{x+n} = E^n y_x = (\Delta + I)^n y_n = \sum_{k=0}^{n} C_n^k \Delta^k y_x.$$

二、差分方程的概念

定义 3 含有未知函数及其差分或含有未知函数几个不同时期值的符号的方程称为差分方程,其一般形式为

$$F(x, y_x, \Delta y_x, \Delta^2 y_x, \cdots, \Delta^n y_x) = 0,$$

或

$$G(x, y_x, y_{x+1}, y_{x+2}, \cdots, y_{x+n}) = 0,$$

或

$$H(x, y_x, y_{x-1}, y_{x-2}, \cdots, y_{x-n}) = 0.$$

由差分的定义及性质可知,差分方程的不同表达形式之间可以互相转化.

例如,差分方程 $y_{x+2} - 2y_{x+1} - y_x = 3^x$ 可转化成 $y_x - 2y_{x-1} - y_{x-2} = 3^{x-2}$,若将原方程的左边写成

$$(y_{x+2} - y_{x+1}) - (y_{x+1} - y_x) - 2y_x$$

$$= \Delta y_{x+1} - \Delta y_x - 2y_x$$

$$= \Delta^2 y_x - 2y_x,$$

则原方程又可化为

$$\Delta^2 y_x - 2y_x = 3^x.$$

在定义 3 中,未知函数的最大下标与最小下标的差称为差分方程的**阶**.

如 $y_{x+5} - 4y_{x+3} + 3y_{x+2} - 2 = 0$ 是三阶差分方程,又如差分方程 $\Delta^3 y_x +$

$y_x + 1 = 0$,虽然它含有三阶差分 $\Delta^3 y_x$,但它实际上是二阶差分方程. 由于该方程可化为

$$y_{x+3} - 3y_{x+2} + 3y_{x+1} + 1 = 0.$$

因此,它是二阶差分方程,事实上,作代换 $t = x + 1$,即可写成

$$y_{t+2} - 3y_{t+1} + 3y_t + 1 = 0.$$

定义 4 如果一个函数代入差分方程,使方程两边恒等,则称此函数为差分方程的**解**. 若在差分方程的解中,含有相互独立的任意常数的个数与该方程的阶数相同,则称这个解为差分方程的**通解**.

例 8 设有差分方程 $y_{x+1} - y_x = 2$,把函数 $y_x = 15 + 2x$ 代入此方程,则左边 $= [15 + 2(x+1)] - (15 + 2x) = 2 =$ 右边,所以 $y_x = 15 + 2x$ 是该差分方程的解. 同样,可以验证 $y_x = C + 2x$(C 为任意常数)也是该差分方程的解,它含有一个任意常数,而所给差分方程又是一阶的,故 $y_x = C + 2x$ 是该差分方程的通解.

为了反映某一事物在变化过程中的客观规律性,往往根据事物在初始时刻所处状态,对差分方程附加一定的条件,称之为**初值条件**. 当通解中任意常数被初值条件确定后,这个解称为差分方程的**特解**.

三、常系数线性差分方程解的结构

为以后几节讨论的需要,这里将给出常系数线性差分方程的解的结构定理. 下面出现的差分方程均以含有未知函数不同时期值的形式表示.

n 阶常系数线性差分方程的一般形式为

$$y_{x+n} + a_1 y_{x+n-1} + \cdots + a_{n-1} y_{x+1} + a_n y_x = f(x), \tag{1}$$

其中 $a_i (i = 1, 2, \cdots, n)$ 为常数,且 $a_n \neq 0, f(x)$ 为已知函数. 当 $f(x) \equiv 0$ 时差分方程(1)称为**齐次的**;当 $f(x) \neq 0$ 时差分方程(1)称为**非齐次的**.

若(1)是 n 阶常系数非齐次线性差分方程,则其所对应的 n 阶常系数齐次线性差分方程为

$$y_{x+n} + a_1 y_{x+n-1} + \cdots + a_{n-1} y_{x+1} + a_n y_x = 0 \qquad (a_n \neq 0). \tag{2}$$

关于 n 阶常系数线性差分方程(2)的解有如下一些结论:

定理 1 若函数 $y_1(x), y_2(x), \cdots, y_k(x)$ 都是常系数齐次线性差分方程(2)的解,则它们的线性组合

$$y(x) = C_1 y_1(x) + C_2 y_2(x) + \cdots + C_k y_k(x)$$

也是方程(2)的解,其中 $C_1, C_2, \cdots, C_k$ 为常数.

下面将两个函数的线性相关、线性无关的概念推广到 n 个函数的情形.

定义 5　设有 n 个函数 $y_1(x),\cdots,y_n(x)$ 都在某一区间 I 上有定义,若存在一组不全为零的数 $k_1,\cdots,k_n$ 使对一切 $x \in I$,有

$$k_1 y_1 + \cdots + k_n y_n = 0,$$

则称函数 $y_1,\cdots,y_n$ 在区间 I 上**线性相关**,否则,称之为**线性无关**.

定理 2　若函数 $y_1(x),\cdots,y_n(x)$ 是 n 阶常系数齐次线性差分方程(2)的 n 个线性无关的解,则

$$Y_x = C_1 y_1(x) + \cdots + C_n y_n(x)$$

就是方程(2)的**通解**(其中 $C_1,C_2,\cdots,C_n$ 为常数).

由此定理可知,要求出 n 阶常系数齐次线性差分方程(2)的通解,只需求出其 n 个线性无关的特解. 该定理称为常系数齐次线性差分方程的通解的结构定理.

定理 3　若 y_x^* 是非齐次方程(1)的一个特解,Y_x 是它对应的齐次方程(2)的通解,则非齐次方程(1)的通解为

$$y_x = Y_x + y_x^*.$$

该定理告诉我们,要求非齐次方程(1)的通解,可先求对应的齐次方程(2)的通解,再找非齐次方程(1)的一个特解,然后相加. 该定理称为 n 阶常系数非齐次线性差分方程的通解的结构定理.

定理 4　若 y_1^*,y_2^* 分别是非齐次方程

$$y_{x+n} + a_1 y_{x+n-1} + \cdots + a_{n-1} y_{x+1} + a_n y_x = f_1(x),$$

$$y_{x+n} + a_1 y_{x+n-1} + \cdots + a_{n-1} y_{x+1} + a_n y_x = f_2(x)$$

的特解,则 $y^* = y_1^* + y_2^*$ 是方程

$$y_{x+n} + a_1 y_{x+n-1} + \cdots + a_{n-1} y_{x+1} + a_n y_x = f_1(x) + f_2(x)$$

的特解.

习题 10 − 6

1. 求下列函数的一阶与二阶差分:

(1) $y_x = 2x^3 - x^2$;　　　　　　　　　　(2) $y_x = e^{3x}$;

(3) $y_x = \log_a x (a > 0, a \neq 1)$;　　　　(4) $y_x = x^{(4)}$.

2. 证明 $\Delta \left(\dfrac{y_x}{z_x} \right) = \dfrac{z_x \cdot \Delta y_x - y_x \cdot \Delta z_x}{z_x \cdot z_{x+1}}$.

3. 下列式子中是差分方程的有(　　　　).

A. $2\Delta y_t = y_t + t$ B. $\Delta^2 y_t = y_{t+2} - 2y_{t+1} + y_t$

C. $-2\Delta y_t = 2y_t + 3t$

4. 已知 $y_x = e^x$ 是方程 $y_{x+1} + ay_{x-1} = 2e^x$ 的一个解,求 a.

5. 确定下列差分方程的阶:

(1) $y_{x+3} - x^2 y_{x+1} + 3y_x = 2$;

(2) $y_{x-2} - y_{x-4} = y_{x+2}$.

6. 给定一阶差分方程 $y_{x+1} + Py_x = Aa^x$,验证:

(1) 当 $P + a \neq 0$ 时,$y_x = \dfrac{A}{P+a}a^x$ 是方程的解;

(2) 当 $P + a = 0$ 时,$y_x = Axa^{x-1}$ 是方程的解.

第七节   一阶常系数线性差分方程

一阶常系数线性差分方程的一般形式为

$$y_{x+1} - ay_x = f(x),\tag{1}$$

其中 $a \neq 0$ 为常数,$f(x)$ 为已知函数.

当 $f(x) \equiv 0$,称方程

$$y_{x+1} - ay_x = 0 \qquad (a \neq 0)\tag{2}$$

为一阶常系数齐次线性差分方程.

若 $f(x) \not\equiv 0$,则(1)称为一阶常系数非齐次线性差分方程.

下面介绍它们的求解方法.

一、一阶常系数齐次线性差分方程的求解

对于一阶常系数齐次线性差分方程(2),通常有如下两种解法.

1. 迭代法

若 y_0 已知,由方程(2)依次可得出

$$y_1 = ay_0,$$

$$y_2 = ay_1 = a^2 y_0,$$

$$y_3 = ay_2 = a^3 y_0,$$

$$\cdots\cdots\cdots\cdots$$

于是 $y_x = a^x y_0$,令 $y_0 = C$ 为任意常数,则齐次方程的通解为 $Y_x = Ca^x$.

2. 特征根法

由于方程 $y_{x+1} - ay_x = 0$ 等同于 $\Delta y_x + (1-a)y_x = 0$,可以看出 y_x 的形式一定

为某个指数函数. 于是, 设 $y_x = \lambda^x$ $(\lambda \neq 0)$, 代入方程得

$$\lambda^{x+1} - a\lambda^x = 0,$$

即
$$\lambda - a = 0, \tag{3}$$

得 $\lambda = a$. 称方程 (3) 为齐次方程 (2) 的**特征方程**, 而 $\lambda = a$ 为**特征方程的根**(简称**特征根**). 于是 $y_x = a^x$ 是齐次方程的一个解, 从而

$$y_x = Ca^x \qquad (C \text{ 为任意常数}) \tag{4}$$

是齐次方程的通解.

例 1　求 $2y_{x+1} + y_x = 0$ 的通解.

解　特征方程为

$$2\lambda + 1 = 0,$$

特征方程的根为 $\lambda = -\dfrac{1}{2}$. 于是原方程的通解为

$$y_x = C\left(-\frac{1}{2}\right)^x \qquad (C \text{ 为任意常数}).$$

例 2　求方程 $3y_x - y_{x-1} = 0$ 满足初值条件 $y_0 = 2$ 的解.

解　原方程 $3y_x - y_{x-1} = 0$ 可以改写为

$$3y_{x+1} - y_x = 0,$$

特征方程为

$$3\lambda - 1 = 0,$$

其根为 $\lambda = \dfrac{1}{3}$. 于是原方程的通解为

$$y_x = C\left(\frac{1}{3}\right)^x.$$

把初值条件 $y_0 = 2$ 代入, 定出 $C = 2$, 因此所求特解为

$$y_x = 2\left(\frac{1}{3}\right)^x.$$

二、一阶常系数非齐次线性差分方程的求解

由上节定理 3 可知, 一阶常系数非齐次线性差分方程 (1) 的通解由该方程的一个特解 y_x^* 与相应的齐次方程的通解之和构成. 由于相应的齐次方程的通解的求法已经解决. 因此, 我们只需要讨论非齐次方程特解 y_x^* 的求法.

当右端 $f(x)$ 是某些特殊形式的函数时,采用待定系数法求其特解 y_x^* 较为方便.

1. $f(x) = P_n(x)$ 型

$P_n(x)$ 表示 x 的 n 次多项式,此时方程(1)为

$$y_{x+1} - ay_x = P_n(x) \qquad (a \neq 0).$$

由 $\Delta y_x = y_{x+1} - y_x$,上式可改写成

$$\Delta y_x + (1-a)y_x = P_n(x) \qquad (a \neq 0).$$

设 y_x^* 是它的解,代入上式得

$$\Delta y_x^* + (1-a)y_x^* = P_n(x).$$

由于 $P_n(x)$ 是多项式,因此 y_x^* 也应该是多项式(因为当 y_x^* 是 m 次多项式时, Δy_x^* 是 $(m-1)$ 次多项式).

如果 1 不是齐次方程的特征方程的根,即 $1-a \neq 0$,那么 y_x^* 也是一个 n 次多项式,于是令

$$y_x^* = Q_n(x) = b_0 x^n + b_1 x^{n-1} + \cdots + b_{n-1}x + b_n,$$

把它代入方程,比较两端同次幂的系数,便可得 $Q_n(x)$.

如果 1 是齐次方程的特征方程的根,即 $1-a = 0$,这时 y_x^* 满足 $\Delta y_x^* = P_n(x)$,因此应取 y_x^* 为一个 $(n+1)$ 次多项式,于是令

$$y_x^* = xQ_n(x) = x(b_0 x^n + b_1 x^{n-1} + \cdots + b_{n-1}x + b_n),$$

将它代入方程,比较同次幂的系数,即可确定各系数 $b_i (i = 0, 1, 2, \cdots, n)$.

综上所述,我们有如下结论:

结论 若 $f(x) = P_n(x)$,则一阶常系数非齐次线性差分方程(1)具有形如

$$y_x^* = x^k Q_n(x)$$

的特解,其中 $Q_n(x)$ 是与 $P_n(x)$ 同次的待定多项式,而 k 的取值如下确定:

(1) 若 1 不是特征方程的根, $k = 0$;

(2) 若 1 是特征方程的根, $k = 1$.

例 3 求差分方程 $y_{x+1} - 3y_x = -2$ 的通解.

解 (1)先求对应的齐次方程

$$y_{x+1} - 3y_x = 0$$

的通解 Y_x.

由于齐次方程的特征方程为 $\lambda - 3 = 0$, $\lambda = 3$ 是特征方程的根. 故 $Y_x = C3^x$ 是齐次方程的通解.

（2）再求非齐次方程的一个特解 y_x^*.

由于 1 不是特征方程的根,于是令 $y_x^* = a$ 代入原方程为

$$a - 3a = -2,$$

即 $a = 1$,从而 $y_x^* = 1$.

（3）原方程的通解为

$$y_x = Y_x + y_x^* = C3^x + 1 \qquad （C 为任意常数）.$$

例 4　求差分方程 $y_{x+1} - 2y_x = 3x^2$ 的通解.

解　（1）先求对应的齐次方程

$$y_{x+1} - 2y_x = 0$$

的通解 Y_x.

由于特征方程为 $\lambda - 2 = 0$,得其根为 $\lambda = 2$,于是

$$Y_x = C2^x.$$

（2）再求非齐次方程的一个特解 y_x^*.

由于 1 不是特征根,于是令

$$y_x^* = b_0 x^2 + b_1 x + b_2,$$

代入原方程,得

$$b_0(x+1)^2 + b_1(x+1) + b_2 - 2(b_0 x^2 + b_1 x + b_2) = 3x^2.$$

比较两边同次幂的系数,得

$$b_0 = -3, \quad b_1 = -6, \quad b_2 = -9,$$

于是

$$y_x^* = -3x^2 - 6x - 9.$$

（3）原方程的通解为

$$y_x = C2^x - 3x^2 - 6x - 9.$$

例 5　求差分方程 $y_{t+1} - y_t = t + 1$ 满足 $y_0 = 1$ 的特解.

解　（1）对应的齐次方程 $y_{t+1} - y_t = 0$ 的通解为

$$Y_t = C.$$

（2）再求原方程的一个特解 y_t^*.

由于 1 是特征方程的根,于是令

$$y_t^* = t(b_0 t + b_1) = b_0 t^2 + b_1 t,$$

代入原方程,得

$$b_0(t+1)^2 + b_1(t+1) - b_0 t^2 - b_1 t = t + 1.$$

比较两端同次幂的系数,得

$$b_0 = \frac{1}{2}, \quad b_1 = \frac{1}{2},$$

于是

$$y_t^* = \frac{1}{2}t^2 + \frac{1}{2}t.$$

(3)原方程的通解为

$$y_t = C + \frac{1}{2}t^2 + \frac{1}{2}t.$$

(4)由 $y_0 = 1$,得 $1 = C$,故原方程满足初值条件的特解为

$$y_t = 1 + \frac{1}{2}t^2 + \frac{1}{2}t.$$

例 6 求差分方程

$$y_{x+1} - y_x = x^3 - 3x^2 + 2x$$

的通解.

解 由于 1 是原方程所对应的齐次方程的特征方程的根,这类方程可用另一种较简单的方法求解.

方程的左端为 Δy_x,而右端可化为

$$x^3 - 3x^2 + 2x = x(x^2 - 3x + 2)$$
$$= x(x-1)(x-2) = x^{(3)},$$

故 $\Delta y_x = x^{(3)}$. 于是原方程的通解为

$$y_x = \frac{x^{(4)}}{4} + C \qquad (C \text{ 为任意常数}).$$

2. $f(x) = \mu^x P_n(x)$ **型**

这里 μ 为常数,$\mu \neq 0$ 且 $\mu \neq 1$,$P_n(x)$ 表示 x 的 n 次多项式,此时,只需作变换

$$y_x = \mu^x \cdot z_x,$$

将它代入原方程 $y_{x+1} - ay_x = \mu^x \cdot P_n(x)$ 得

$$\mu^{x+1}z_{x+1} - a\mu^x \cdot z_x = \mu^x \cdot P_n(x),$$

消去 μ^x,即得

$$\mu z_{x+1} - az_x = P_n(x).$$

对此方程,我们已经能求出它的一个解 z_x^*,于是

$$y_x^* = \mu^x \cdot z_x^*.$$

例 7 求 $y_{x+1} + y_x = x \cdot 2^x$ 的通解.

解 (1)先求对应的齐次方程 $y_{x+1} + y_x = 0$ 的通解 Y_x,由于特征方程为 $\lambda + 1 = 0$,其根为 $\lambda = -1$,于是有

$$Y_x = C(-1)^x \qquad (C \text{ 为任意常数}).$$

(2)再求原方程的一个特解 y_x^*.

令 $y_x = 2^x \cdot z_x$,原方程化为

$$2z_{x+1} + z_x = x.$$

不难求得它的一个特解为

$$z_x^* = \frac{1}{3}x - \frac{2}{9},$$

于是

$$y_x^* = 2^x\left(\frac{1}{3}x - \frac{2}{9}\right).$$

(3)原方程的通解为

$$y_x = Y_x + y_x^* = C(-1)^x + 2^x\left(\frac{1}{3}x - \frac{2}{9}\right).$$

例 8 求 $y_{t+1} - ay_t = 2^t$ 的通解.

解 (1)对应的齐次方程 $y_{t+1} - ay_t = 0$ 的通解为

$$Y_t = Ca^t \qquad (C \text{ 为任意常数}).$$

(2)求原方程的一个特解 y_t^*. 为此令 $y_t = 2^t \cdot z_t$,将原方程化为

$$2z_{t+1} - az_t = 1.$$

当 $a \neq 2$ 时,上述方程的一个特解为 $z_t^* = \dfrac{1}{2-a}$.

当 $a = 2$ 时,上述方程的一个特解为 $z_t^* = \dfrac{1}{2}t$. 于是

$$y_t^* = \begin{cases} \dfrac{1}{2-a} \cdot 2^t, & \text{当 } a \neq 2 \text{ 时}, \\[3mm] \dfrac{1}{2}t \cdot 2^t, & \text{当 } a = 2 \text{ 时}. \end{cases}$$

(3)原方程的通解为

$$y_t = Y_t + y_t^*,$$

即
$$y_t = \begin{cases} Ca^t + \dfrac{1}{2-a} \cdot 2^t, & \text{当 } a \neq 2 \text{ 时,} \\[2mm] C \cdot 2^t + \dfrac{1}{2}t \cdot 2^t, & \text{当 } a = 2 \text{ 时.} \end{cases}$$

*3. $f(x) = b_1 \cos \omega x + b_2 \sin \omega x$ **型**

当 $f(x) = b_1 \cos \omega x + b_2 \sin \omega x$, 其中 b_1, b_2, ω 均为常数, 这时差分方程 (1) 成为

$$y_{x+1} - ay_x = b_1 \cos \omega x + b_2 \sin \omega x. \tag{5}$$

它的特解可按下列方法而求得. 令

$$y_x^* = B_1 \cos \omega x + B_2 \sin \omega x \qquad (B_1, B_2 \text{ 为待定常数}), \tag{6}$$

将 (6) 代入 (5) 式, 得

$$\begin{cases} B_1(\cos \omega - a) + B_2 \sin \omega = b_1, \\ -B_1 \sin \omega + B_2(\cos \omega - a) = b_2. \end{cases} \tag{7}$$

(1) 当 $D = (\cos \omega - a)^2 + \sin^2 \omega \neq 0$ 时, 易求得 B_1, B_2 的唯一解为

$$\begin{cases} B_1 = \overline{B_1} = \dfrac{1}{D}[b_1(\cos \omega - a) - b_2 \sin \omega], \\[2mm] B_2 = \overline{B_2} = \dfrac{1}{D}[b_2(\cos \omega - a) + b_1 \sin \omega]. \end{cases} \tag{8}$$

于是

$$y_x^* = \overline{B_1} \cos \omega x + \overline{B_2} \sin \omega x, \tag{9}$$

这时, 原方程的通解为

$$y_x = Ca^x + \overline{B_1} \cos \omega x + \overline{B_2} \sin \omega x. \tag{10}$$

(2) 当 $D = (\cos \omega - a)^2 + \sin^2 \omega = 0$ 时, 令

$$y_x^* = x(B_1 \cos \omega x + B_2 \sin \omega x), \tag{11}$$

将其代入差分方程 (5) 得

$$\{[(\cos \omega - a)B_1 + B_2 \sin \omega]x + (B_1 \cos \omega + B_2 \sin \omega)\} \cos \omega x +$$

$$\{[(\cos \omega - a)B_2 + B_1 \sin \omega]x + (B_2 \cos \omega + B_1 \sin \omega)\} \sin \omega x$$

$$= b_1 \cos \omega x + b_2 \sin \omega x. \tag{12}$$

注意到 $D = 0$ 的充要条件为

$$\begin{cases} \cos \omega - a = 0, \\ \sin \omega = 0, \end{cases}$$

即

$$\begin{cases} \omega = 2k\pi, \\ a = 1 \end{cases} \quad \text{或} \quad \begin{cases} \omega = (2k+1)\pi, \\ a = -1, \end{cases}$$

其中 k 为整数,将上式代入(12)式分别得到

$$B_1 = b_1, B_2 = b_2 \quad \text{或} \quad B_1 = -b_1, B_2 = -b_2.$$

于是当 $a = 1$ 时,

$$y_x^* = x(b_1 \cos 2k\pi x + b_2 \sin 2k\pi x); \tag{13}$$

当 $a = -1$ 时,

$$y_x^* = -x[b_1 \cos(2k+1)\pi x + b_2 \sin(2k+1)\pi x]. \tag{14}$$

从而方程(5)的通解为:

当 $a = 1$ 时,

$$y_x = C + x(b_1 \cos 2k\pi x + b_2 \sin 2k\pi x); \tag{15}$$

当 $a = -1$ 时,

$$y_x = C(-1)^x - x[b_1 \cos(2k+1)\pi x + b_2 \sin(2k+1)\pi x]. \tag{16}$$

注意若 $f(x) = b_1 \cos \omega x$ 或 $f(x) = b_2 \sin \omega x$,视 $D \neq 0$ 或 $D = 0$,仍然分别设(9)或(11)为方程的特解形式.

例 9　求差分方程 $y_{x+1} - 5y_x = \cos \dfrac{\pi}{2} x$ 的通解.

解　显然,对应的一阶齐次线性差分方程的通解为

$$Y_x = C5^x \quad (C \text{ 为任意常数}).$$

因为 $\omega = \dfrac{\pi}{2}, a = 5, D = (a - \cos \omega)^2 + \sin^2 \omega = 5^2 + 1 = 26 \neq 0.$ 故设

$$y_x^* = B_1 \cos \dfrac{\pi}{2} x + B_2 \sin \dfrac{\pi}{2} x,$$

将之代入原方程,即可得(7)式,将 $\omega = \dfrac{\pi}{2}, a = 5, b_1 = 1, b_2 = 0$ 代入(7)式得

$$\begin{cases} -5B_1 + B_2 = 1, \\ -B_1 - 5B_2 = 0, \end{cases}$$

解得

$$\begin{cases} B_1 = \overline{B_1} = -\dfrac{5}{26}, \\[4mm] B_2 = \overline{B_2} = \dfrac{1}{26}, \end{cases}$$

所以通解为

$$y_x = C5^x - \frac{5}{26}\cos\frac{\pi}{2}x + \frac{1}{26}\sin\frac{\pi}{2}x \qquad (C \text{ 为任意常数}).$$

习题 10 – 7

1. 求下列一阶常系数齐次线性差分方程的通解:

(1) $2y_{x+1} - 3y_x = 0$;   (2) $y_x + y_{x-1} = 0$;

(3) $y_{x+1} - y_x = 0$.

2. 求下列一阶差分方程在给定初值条件下的特解:

(1) $2y_{x+1} + 5y_x = 0$ 且 $y_0 = 3$;

(2) $\Delta y_x = 0$ 且 $y_0 = 2$.

3. 求下列一阶差分方程的通解:

(1) $\Delta y_x - 4y_x = 3$;   (2) $y_{x+1} + 4y_x = 2x^2 + x + 1$;

(3) $y_{t+1} - \dfrac{1}{2}y_t = 2^t$;   (4) $\Delta y_x = x^{(9)}$;

(5) $y_{t+1} - y_t = t \cdot 2^t$;   (6) $3y_t - 3y_{t-1} = t3^t + 1$;

*(7) $y_{t+1} - 3y_t = \sin\dfrac{\pi}{2}t$;   (8) $\Delta^2 y_x - \Delta y_x - 2y_x = x$.

4. 求下列一阶差分方程在给定的初值条件下的特解:

(1) $\Delta y_x = 3$ 且 $y_0 = 2$;   (2) $y_{x+1} + y_x = 2^x$ 且 $y_0 = 2$;

(3) $y_x + y_{x-1} = (x-1)2^{x-1}$ 且 $y_0 = 0$;

(4) $y_{x+1} + 4y_x = 2x^2 + x - 1$ 且 $y_0 = 1$.

第八节 二阶常系数线性差分方程

二阶常系数线性差分方程的一般形式为

$$y_{x+2} + ay_{x+1} + by_x = f(x), \qquad\qquad (1)$$

其中 a,b 为常数,且 $b \neq 0$,$f(x)$ 为 x 的已知函数.

当 $f(x) \equiv 0$ 时,称方程

$$y_{x+2} + ay_{x+1} + by_x = 0$$

为二阶常系数齐次线性差分方程.

若 $f(x) \neq 0$,则称方程(1)为二阶常系数非齐次线性差分方程.

下面介绍它们的求解方法.

一、二阶常系数齐次线性差分方程的求解

对于二阶常系数齐次线性差分方程

$$y_{x+2} + ay_{x+1} + by_x = 0 \qquad (b \neq 0), \qquad (2)$$

根据通解的结构定理,为了求出其通解,只需求出它的两个线性无关的特解,然后作它们的线性组合,即得通解.

显然,原方程(2)可以改写成

$$\Delta^2 y_x + (2 + a)\Delta y_x + (1 + a + b)y_x = 0 \qquad (b \neq 0). \qquad (3)$$

由此我们可以看出,可用指数函数 $y = \lambda^x$ 来尝试求,看是否可以找到适当的常数 λ,使 $y = \lambda^x$ 满足方程(2).

令 $y_x = \lambda^x$,代入方程(2),得

$$\lambda^x(\lambda^2 + a\lambda + b) = 0.$$

又因 $\lambda^x \neq 0$,即得

$$\lambda^2 + a\lambda + b = 0, \qquad (4)$$

称它为齐次方程的**特征方程**.特征方程的根简称为**特征根**.由此可见,$y_x = \lambda^x$ 为齐次方程(2)的特解的充要条件为 λ 是特征方程(4)的根.

和二阶常系数齐次线性微分方程一样,根据特征根的三种不同情况,可分别确定出齐次方程(2)的通解.

1. 若特征方程(4)有两个不相等的实根 λ_1 与 λ_2,此时 λ_1^x 与 λ_2^x 是齐次方程(2)的两个特解,且线性无关.于是齐次差分方程(2)的通解为

$$y_x = C_1\lambda_1^x + C_2\lambda_2^x \qquad (C_1, C_2 \text{ 为任意常数}).$$

2. 若特征方程(4)有两个相等的实根 $\lambda = \lambda_1 = \lambda_2$,此时得齐次差分方程(2)的一个特解

$$y_x^{(1)} = \lambda^x$$

为求出另一个与 $y_x^{(1)}$ 线性无关的特解,不妨令 $y_x^{(2)} = u_x \cdot \lambda^x$($u_x$ 不为常数),将它代入齐次差分方程(2)得

$$u_{x+2}\lambda^{x+2} + au_{x+1}\lambda^{x+1} + bu_x\lambda^x = 0.$$

由于 $\lambda^x \neq 0$,故

$$u_{x+2}\lambda^2 + au_{x+1}\lambda + bu_x = 0.$$

将之改写为

$$(u_x + 2\Delta u_x + \Delta^2 u_x) \cdot \lambda^2 + a\lambda(u_x + \Delta u_x) + bu_x = 0,$$

即
$$\lambda^2\Delta^2 u_x + \lambda(2\lambda + a)\Delta u_x + (\lambda^2 + a\lambda + b)u_x = 0.$$

由于 λ 是特征方程(4)的二重根,因此 $\lambda^2 + a\lambda + b = 0$ 且 $2\lambda + a = 0$,于是得出

$$\Delta^2 u_x = 0.$$

显然 $u_x = x$ 是可选取的函数中的最简单的一个,于是可得差分方程(2)的另一个解为

$$y_x^{(2)} = x \cdot \lambda^x.$$

从而差分方程(2)的通解为

$$y_x = C_1 y_x^{(1)} + C_2 y_x^{(2)} = (C_1 + C_2 x)\lambda^x \qquad (C_1, C_2 \text{ 为任意常数}).$$

3. 若特征方程(4)有一对共轭复根

$$\lambda_1 = \alpha + \beta i, \qquad \lambda_2 = \alpha - \beta i,$$

这时,可以验证差分方程(2)有两个线性无关的解:

$$y_x^{(1)} = r^x\cos\theta x, \qquad y_x^{(2)} = r^x\sin\theta x,$$

其中 $r = \sqrt{\alpha^2 + \beta^2}$,$\tan\theta = \dfrac{\beta}{\alpha}(0 < \theta < \pi, \beta > 0)$,从而差分方程(2)的通解为

$$y_x = C_1 y_x^{(1)} + C_2 y_x^{(2)}$$

$$= r^x(C_1\cos\theta x + C_2\sin\theta x) \qquad (C_1, C_2 \text{ 为任意常数}).$$

从上面的讨论看出,求解二阶常系数齐次线性差分方程的步骤和求解二阶常系数齐次线性微分方程的步骤完全类似,我们将它总结如下:

第一步   写出差分方程(2)的特征方程

$$\lambda^2 + a\lambda + b = 0 \qquad (b \neq 0). \tag{4}$$

第二步   求特征方程(4)的两个根 λ_1, λ_2.

第三步   根据特征方程(4)的两个根的不同情形,按照下列表格写出差分方程(2)的通解.

特征方程 $\lambda^2 + a\lambda + b = 0$ 的两个根 λ_1, λ_2	差分方程 $y_{x+2} + ay_{x+1} + by_x = 0$ $(b \neq 0)$ 的通解
两个不相等的实根 λ_1, λ_2	$y_x = C_1 \lambda_1^x + C_2 \lambda_2^x$
两个相等的实根 λ_1, λ_2	$y_x = (C_1 + C_2 x)\lambda_1^x$
一对共轭复根 $\lambda_{1,2} = \alpha \pm i\beta$	$y_x = r^x(C_1 \cos\theta x + C_2 \sin\theta x)$, 其中 $r = \sqrt{\alpha^2 + \beta^2}, \tan\theta = \dfrac{\beta}{\alpha}$ $(\beta > 0, 0 < \theta < \pi)$.

例 1　求差分方程 $y_{x+2} - y_{x+1} - 6y_x = 0$ 的通解.

解　特征方程

$$\lambda^2 - \lambda - 6 = 0$$

有两个不相等的实根 $\lambda_1 = 3, \lambda_2 = -2$，从而原方程的通解为

$$y_x = C_1 3^x + C_2(-2)^x \qquad (C_1, C_2 \text{ 为任意常数}).$$

例 2　求差分方程 $\Delta^2 y_x + \Delta y_x - 3y_{x+1} + 4y_x = 0$ 的通解.

解　原方程可改写成如下形式

$$y_{x+2} - 4y_{x+1} + 4y_x = 0.$$

它是一个二阶常系数齐次线性差分方程，其特征方程为

$$\lambda^2 - 4\lambda + 4 = 0,$$

它有两个相等的实根 $\lambda_1 = \lambda_2 = 2$，所以原方程的通解为

$$y_x = (C_1 + C_2 x) \cdot 2^x \qquad (C_1, C_2 \text{ 为任意常数}).$$

例 3　求差分方程 $y_{x+2} + \dfrac{1}{4}y_x = 0$ 的通解.

解　所给方程为二阶常系数齐次线性差分方程，其特征方程为

$$\lambda^2 + \frac{1}{4} = 0,$$

特征方程的根为 $\lambda_{1,2} = \pm\dfrac{1}{2}i$，即 $\alpha = 0, \beta = \dfrac{1}{2}$，从而 $r = \sqrt{\alpha^2 + \beta^2} = \dfrac{1}{2}, \theta = \dfrac{\pi}{2}$，所以原方程的通解为

$$y_x = \left(\frac{1}{2}\right)^x \left(C_1 \cos\frac{\pi}{2}x + C_2 \sin\frac{\pi}{2}x\right).$$

例 4　求差分方程 $y_{x+2} - 4y_{x+1} + 16y_x = 0$ 的满足初值条件 $y_0 = 1, y_1 = 2 + 2\sqrt{3}$ 的特解.

解 先求所给二阶常系数齐次线性差分方程的通解,特征方程为

$$\lambda^2 - 4\lambda + 16 = 0.$$

特征方程的根为 $\lambda_{1,2} = 2 \pm 2\sqrt{3}\mathrm{i}, \alpha = 2, \beta = 2\sqrt{3}$,于是

$$r = \sqrt{\alpha^2 + \beta^2} = 4,$$

$$\tan \theta = \frac{\beta}{\alpha} = \sqrt{3}, \qquad \theta = \frac{\pi}{3},$$

故原方程的通解为

$$y_x = 4^x\left(C_1 \cos \frac{\pi}{3}x + C_2 \sin \frac{\pi}{3}x\right).$$

由初值条件 $y_0 = 1$ 与 $y_1 = 2 + 2\sqrt{3}$ 得

$$\begin{cases} C_1 = 1, \\ C_1 + \sqrt{3}C_2 = \sqrt{3} + 1, \end{cases}$$

解之得 $C_1 = 1, C_2 = 1$. 故所求特解为

$$y_x = 4^x\left(\cos \frac{\pi}{3}x + \sin \frac{\pi}{3}x\right).$$

二、二阶常系数非齐次线性差分方程的求解

对于二阶常系数非齐次线性差分方程

$$y_{x+2} + ay_{x+1} + by_x = f(x) \quad (a, b \text{ 为常数},且 b \neq 0). \tag{1}$$

根据通解的结构定理,求差分方程(1)的通解,归结为求对应的齐次方程

$$y_{x+2} + ay_{x+1} + by_x = 0 \tag{2}$$

的通解和非齐次方程(1)本身的一个特解. 由于二阶常系数齐次线性差分方程通解的求法前面已得到解决,所以这里只需讨论求二阶常系数非齐次线性差分方程的一个特解 y_x^* 的方法.

在实际经济应用中,方程(1)的右端 $f(x)$ 的常见类型是 $f(x) = P_n(x)$ ($P_n(x)$ 表示 n 次多项式)及 $f(x) = \mu^x P_n(x)$ (μ 为常数,$\mu \neq 0$ 且 $\mu \neq 1$)两种类型. 下面我们介绍用待定系数法求 $f(x)$ 为上述两种情形时 y_x^* 的求法.

1. $f(x) = P_n(x)$($P_n(x)$ 为 n 次多项式)

此时,方程(1)为

$$y_{x+2} + ay_{x+1} + by_x = P_n(x) \quad (b \neq 0),$$

可改写为

$$\Delta^2 y_x + (2 + a)\Delta y_x + (1 + a + b)y_x = P_n(x).$$

设 y_x^* 是它的解,代入上式,即得

$$\Delta^2 y_x^* + (2 + a)\Delta y_x^* + (1 + a + b)y_x^* = P_n(x).$$

由于 $P_n(x)$ 是一个已知的多项式,因此 y_x^* 应该也是一个多项式. 由于齐次方程 (2) 的特征方程为

$$\lambda^2 + a\lambda + b = 0,$$

因此

(1) 若 1 不是特征方程的根,即 $1 + a + b \neq 0$,那么说明 y_x^* 应是一个 n 次多项式,于是令

$$y_x^* = Q_n(x) = b_0 x^n + b_1 x^{n-1} + \cdots + b_{n-1}x + b_n \qquad (b_0 \neq 0),$$

把它代入方程,比较两边同次幂的系数,便可求出 $b_i (i = 0, 1, 2, \cdots, n)$,从而求得 y_x^*.

(2) 若 1 是特征方程的单根,即 $1 + a + b = 0$ 且 $2 + a \neq 0$,那么 Δy_x^* 是一个 n 次多项式,即说明 y_x^* 应是一个 $n + 1$ 次多项式,于是令

$$y_x^* = xQ_n(x) = x(b_0 x^n + b_1 x^{n-1} + \cdots + b_{n-1}x + b_n),$$

将之代入方程,比较两边同次幂的系数,便可确定出 $b_i (i = 0, 1, 2, \cdots, n)$,从而求得 y_x^*.

(3) 如果 1 是特征方程的二重根,即有 $1 + a + b = 0$ 且 $2 + a = 0$,那么 $\Delta^2 y_x^*$ 应是一个 n 次多项式,即说明 y_x^* 应是一个 $n + 2$ 次多项式,于是令

$$y_x^* = x^2 Q_n(x) = x^2(b_0 x^n + b_1 x^{n-1} + \cdots + b_{n-1}x + b_n),$$

把它代入方程,比较两边同次幂的系数,便可确定出 $b_i (i = 0, 1, 2, \cdots, n)$,从而可求得 y_x^*.

综上所述,可得如下结论:

如果 $f(x) = P_n(x)$,则二阶常系数非齐次线性差分方程 (1) 具有形如

$$y_x^* = x^k Q_n(x)$$

的特解,其中 $Q_n(x)$ 是与 $P_n(x)$ 同次 (n 次) 的待定多项式,而 k 的取值如下确定:

(1) 若 1 不是特征方程的根,$k = 0$;

(2) 若 1 是特征方程的单根,$k = 1$;

(3) 若 1 是特征方程的二重根,$k = 2$.

例 5 求差分方程 $y_{x+2} + 5y_{x+1} + 4y_x = x$ 的通解

解 （1）先求对应的齐次方程

$$y_{x+2} + 5y_{x+1} + 4y_x = 0$$

的通解 y_x.

特征方程为

$$\lambda^2 + 5\lambda + 4 = 0,$$

特征方程的根为 $\lambda_1 = -1, \lambda_2 = -4$, 于是

$$Y_x = C_1(-1)^x + C_2(-4)^x.$$

（2）再求原方程的一个特解 y_x^*.

由于 1 不是特征方程的根，于是令

$$y_x^* = b_0 x + b_1,$$

代入原方程得

$$b_0(x+2) + b_1 + 5[b_0(x+1) + b_1] + 4(b_0 x + b_1) = x,$$

解得 $b_0 = \dfrac{1}{10}, b_1 = -\dfrac{7}{100}$, 于是

$$y_x^* = \frac{1}{10}x - \frac{7}{100}.$$

（3）原方程的通解为

$$y_x = Y_x + y_x^* = C_1(-1)^x + C_2(-4)^x + \frac{1}{10}x - \frac{7}{100}$$

$$(C_1, C_2 \text{ 为任意常数}).$$

例 6 求差分方程 $y_{x+2} + 3y_{x+1} - 4y_x = 3x$ 的通解.

解 （1）先求对应的齐次方程

$$y_{x+2} + 3y_{x+1} - 4y_x = 0$$

的通解 Y_x. 其特征方程为

$$\lambda^2 + 3\lambda - 4 = 0,$$

特征根为 $\lambda_1 = 1, \lambda_2 = -4$. 于是

$$Y_x = C_1 + C_2(-4)^x.$$

（2）再求原方程的一个特解 y_x^*.

由于 1 是特征方程的单根，因此令

$$y_x^* = x(b_0 x + b_1) = b_0 x^2 + b_1 x,$$

代入原方程,并比较同次幂的系数,得

$$\begin{cases} 10b_0 = 3, \\ 7b_0 + 5b_1 = 0, \end{cases}$$

解之得 $b_0 = \dfrac{3}{10}, b_1 = -\dfrac{21}{50}.$ 于是

$$y_x^* = \frac{3}{10}x^2 - \frac{21}{50}x.$$

(3)原方程的通解为

$$y_x = Y_x + y_x^* = C_1 + C_2(-4)^x + \frac{3}{10}x^2 - \frac{21}{50}x.$$

例 7 求差分方程 $y_{x+2} - 2y_{x+1} + y_x = 8$ 的一个特解.

解 所给差分方程对应的齐次方程的特征方程为

$$\lambda^2 - 2\lambda + 1 = 0,$$

由于 1 是特征方程的二重根,于是令特解为

$$y_x^* = ax^2,$$

代入原方程得

$$a(x+2)^2 - 2a(x+1)^2 + ax^2 = 8,$$

解得 $a = 4$,于是

$$y_x^* = 4x^2.$$

2. $f(x) = \mu^x P_n(x)$(μ 为常数且 $\mu \neq 0, \mu \neq 1$)

此时,方程(1)成为

$$y_{x+2} + ay_{x+1} + by_x = \mu^x P_n(x) \quad (b \neq 0).$$

引入变换,令 $y_x = \mu^x z_x$,则原方程化为

$$\mu^{x+2}z_{x+2} + a\mu^{x+1}z_{x+1} + b\mu^x z_x = \mu^x P_n(x),$$

即

$$\mu^2 z_{x+2} + a\mu z_{x+1} + bz_x = P_n(x),$$

这时右端为一个 n 次多项式的情况.

按前面所讨论的方法,即可求出 z_x^*,从而

$$y_x^* = \mu^x z_x^*.$$

例 8 求差分方程 $y_{x+2} - y_{x+1} - 6y_x = 3^x(2x+1)$ 的通解.

解 （1）先求对应的齐次方程

$$y_{x+2} - y_{x+1} - 6y_x = 0$$

的通解 Y_x. 其特征方程为 $\lambda^2 - \lambda - 6 = 0$，特征方程的根为 $\lambda_1 = -2, \lambda_2 = 3$. 故

$$Y_x = C_1 \cdot 3^x + C_2(-2)^x.$$

（2）再求原方程的一个特解 y_x^*，由于 $f(x) = 3^x(2x+1)$，故令 $y_x = 3^x \cdot z_x$，代入原方程得

$$9z_{x+2} - 3z_{x+1} - 6z_x = 2x + 1.$$

下面先求这个方程的一个特解 z_x^*.

由于该方程所对应的齐次方程的特征方程为

$$9\lambda^2 - 3\lambda - 6 = 0,$$

其根为 $\lambda_1 = 1, \lambda_2 = -\dfrac{2}{3}$. 因为 1 是特征方程的单根，于是令

$$z_x^* = x(b_0 x + b_1) = b_0 x^2 + b_1 x,$$

将它代入方程 $9z_{x+2} - 3z_{x+1} - 6z_x = 2x + 1$ 并比较同次幂的系数，得 $b_0 = \dfrac{1}{15}$，

$b_1 = -\dfrac{2}{25}$，于是

$$z_x^* = \frac{1}{15}x^2 - \frac{2}{25}x,$$

因此

$$y_x^* = 3^x \left(\frac{1}{15}x^2 - \frac{2}{25}x \right).$$

（3）原方程的通解为

$$y_x = C_1 \cdot 3^x + C_2(-2)^x + 3^x \left(\frac{1}{15}x^2 - \frac{2}{25}x \right) \qquad (C_1, C_2 \text{ 是任意常数}).$$

习题 10 − 8

1. 求下列二阶常系数齐次线性差分方程的通解或在给定的初值条件下的特解：

（1）$y_{x+2} - 5y_{x+1} + 6y_x = 0$；　　　　（2）$y_{x+2} + 10y_{x+1} + 25y_x = 0$；

（3）$y_{x+2} + \dfrac{1}{9}y_x = 0$；　　　　（4）$y_x - 3y_{x-1} - 4y_{x-2} = 0$；

（5）$y_{x+2} + y_{x+1} - 12y_x = 0$，　$y_0 = 1, y_1 = 10$.

2. 求下列二阶常系数非齐次线性差分方程的通解或在给定的初值条件下的特解：

（1）$y_{x+2} + 3y_{x+1} - 4y_x = 5$；　　　　（2）$4y_{x+2} - 4y_{x+1} + y_x = 8$；

（3）$y_{x+2} + 3y_{x+1} + 2y_x = 6x^2 + 4x + 20$；　（4）$y_{x+2} - 3y_{x+1} + 2y_x = 3 \cdot 5^x$；

（5）$y_{x+2} + 3y_{x+1} - 4y_x = x$；　　　　（6）$\Delta^2 y_x = 4, y_0 = 3, y_1 = 8$；

（7）$y_{x+2} + y_{x+1} - 2y_x = 12, y_0 = 0, y_1 = 0$.

第九节　差分方程的简单经济应用

差分方程在经济领域的应用十分广泛，下面仅举一些简单的例子.

例 1（存款模型）　设 S_t 为 t 年末存款总额，r 为年利率，设 $S_{t+1} = S_t + rS_t$，且初始存款为 S_0，求 t 年末的本利和.

解

$$S_{t+1} = S_t + rS_t,$$

即

$$S_{t+1} - (1 + r)S_t = 0.$$

这是一个一阶常系数齐次线性差分方程. 其特征方程为

$$\lambda - (1 + r) = 0,$$

特征方程的根为 $\lambda = (1 + r)$.

于是齐次方程的通解为

$$S_t = C(1 + r)^t.$$

将初值条件代入，得 $C = S_0$. 因此，t 年末的本利和为

$$S_t = S_0(1 + r)^t.$$

这就是一笔本金 S_0 存入银行后，当年利率为 r，并按年复利计息时 t 年末的本利和.

例 2　设 P_t, S_t, D_t 分别表示某种商品在 t 时刻的价格，供给量和需求量，这里 t 取离散值，例如，$t = 0, 1, 2, \cdots$. 由于 t 时刻的供给量 S_t 决定于 t 时刻的价格，且价格越高，供给量越大，因此常用的线性模型是

$$S_t = -c + dP_t$$

同样的分析可得

$$D_t = a - bP_t$$

这里 a,b,c,d 均为正常数. 实际情况告诉我们, t 时期的价格 P_t 由 $t-1$ 时期的价格 P_{t-1} 与供给量及需求量之差 $S_{t-1} - D_{t-1}$ 按下述关系

$$P_t = P_{t-1} - \lambda(S_{t-1} - D_{t-1})$$

所确定(其中 λ 为常数).

(1)求供需相等时的价格 P_e(称为**均衡价格**);

(2)求商品的价格随时间的变化规律.

解 (1)由 $D_t = S_t$ 可得 $P_e = \dfrac{a+c}{b+d}$.

(2)由题设可得

$$\begin{aligned} P_t &= P_{t-1} - \lambda(S_{t-1} - D_{t-1}) \\ &= P_{t-1} - \lambda[-a + bP_{t-1} - (c - dP_{t-1})], \end{aligned}$$

即

$$P_t - (1 - b\lambda - d\lambda)P_{t-1} = \lambda(a+c).$$

这是一个一阶常系数非齐次线性差分方程,其对应的齐次方程的通解为

$$P_t = A(1 - b\lambda - d\lambda)^t \quad (\text{其中 } A \text{ 为常数}).$$

原方程的一个特解为

$$P_t^* = \frac{a+c}{b+d} = P_e^*,$$

从而原方程的通解为

$$\begin{aligned} P_t &= A(1 - b\lambda - d\lambda)^t + \frac{a+c}{b+d} \\ &= A(1 - b\lambda - d\lambda)^t + P_e^*. \end{aligned}$$

由于初始价格 P_0 一般为已知,故由

$$P_0 = A + P_e^*$$

可得

$$A = P_0 - P_e^*,$$

从而

$$P_t = (P_0 - P_e^*)(1 - b\lambda - d\lambda)^t + P_e^*.$$

与例 2 不一样的是,在实际的经济问题中,往往是 t 时期的价格 P_t 决定下一时期的供给量 S_{t+1},同时 P_t 还决定本期该产品的需求量. 因此,我们有必要讨论下面一个例子.

例 3　在农业生产中,种植先于产出及产品出售一个适当的时期,t 时期该产品的价格 P_t 决定着生产者在下一时期愿意提供给市场的产量 S_{t+1},还决定着本期该产品的需求量 D_t,因此有

$$D_t = a - bP_t, \ S_t = -c + dP_{t-1} \qquad (其中 \ a,b,c,d \ 均为正常数).$$

假设每一时期的价格总是确定在市场售清的水平上,即 $S_t = D_t$.

(1) 求价格随时间变动的规律;

(2) 讨论市场价格的种种变化趋势.

解　(1) 由于 $S_t = D_t$,因此可得

$$-c + dP_{t-1} = a - bP_t,$$

即

$$bP_t + dP_{t-1} = a + c,$$

于是得

$$P_t + \frac{d}{b}P_{t-1} = \frac{a+c}{b} \qquad (其中 \ a,b,c,d \ 均为正常数).$$

它是一阶常系数线性差分方程,对应的齐次方程的特征方程为

$$\lambda + \frac{d}{b} = 0,$$

特征方程的根为 $\lambda = -\dfrac{d}{b}$.

因为 $b > 0, d > 0$,所以 $\lambda = -\dfrac{d}{b} \neq 1$,故相应的齐次方程的通解为

$$A\left(-\frac{d}{b}\right)^t \qquad (A \ 为任意常数),$$

且原方程的一个特解为

$$P_t^* = \frac{a+c}{b+d},$$

因此,问题的通解为

$$P_t = \frac{a+c}{b+d} + A\left(-\frac{d}{b}\right)^t \qquad (A \ 为任意常数).$$

当 $t = 0$ 时,$P_t = P_0$,将此初值条件代入通解,得

$$A = P_0 - \frac{a+c}{b+d},$$

即满足初值条件 $t=0$ 时 $P_t=P_0$ 的特解为

$$P_t = \frac{a+c}{b+d} + \left(P_0 - \frac{a+c}{b+d}\right)\left(-\frac{d}{b}\right)^t.$$

这一结论说明了市场趋向的种种形态. 下面来具体分析.

（2）① 若 $\left|-\dfrac{d}{b}\right| < 1$，则

$$\lim_{t\to+\infty} P_t = \frac{a+c}{b+d} = P_t^*.$$

这说明市场价格趋于平衡，且特解 $P_t^* = \dfrac{a+c}{b+d}$ 是一个平衡价格.

② 若 $\left|-\dfrac{d}{b}\right| > 1$，则

$$\lim_{t\to+\infty} P_t = \infty.$$

这说明这种情形下，市场价格的波动越来越大，且呈发散状态.

③ 若 $\left|-\dfrac{d}{b}\right| = 1$，则

$$P_{2t} = P_0, \quad P_{2t+1} = 2P_t^* - P_0,$$

即市场价格呈周期变化状态.

例4（消费模型）　设 y_t 为 t 期国民收入，C_t 为 t 期消费，I_t 为 t 期投资，它们之间有如下关系式

$$\begin{cases} C_t = \alpha y_t + a, & (1)\\ I_t = \beta y_t + b, & (2)\\ y_t - y_{t-1} = \theta(y_{t-1} - C_{t-1} - I_{t-1}), & (3)\end{cases}$$

其中 α,β,a,b 和 θ 均为常数，且 $0<\alpha<1,0<\beta<1,0<\theta<1,0<\alpha+\beta<1,a\geq0,b\geq0.$

若基期的国民收入 y_0 为已知，试求 y_t 与 t 的函数关系.

解　由（1）式知 $C_{t-1}=\alpha y_{t-1}+a$，由（2）式知 $I_{t-1}=\beta y_{t-1}+b$，将以上两式代入（3）式，整理后得

$$y_t - [1+\theta(1-\alpha-\beta)]y_{t-1} = -\theta(a+b).$$

这是一阶常系数非齐次线性差分方程，右端是零次多项式. 易求它的通解为

$$y_t = C[1+\theta(1-\alpha-\beta)]^t + \frac{a+b}{1-\alpha-\beta}.$$

又由于 $t=0$ 时, $y_t=y_0$ 已知,将此初值条件代入可确定 C,即 $C=y_0-\dfrac{a+b}{1-\alpha-\beta}$.
于是,得到

$$y_t=\left(y_0-\frac{a+b}{1-\alpha-\beta}\right)[1+\theta(1-\alpha-\beta)]^t+\frac{a+b}{1-\alpha-\beta}.$$

这就是 t 期国民收入随时间 t 变化的规律.

例 5(萨缪尔森(**Samuelson**)乘数 – 加速数模型)

设 y_t 为 t 期国民收入, C_t 为 t 期消费, I_t 为 t 期投资, G 为政府支出(各期相同). 著名经济学家萨缪尔森建立了如下的经济模型:

$$\begin{cases} y_t=C_t+I_t+G, & (4)\\ C_t=\alpha y_{t-1} & (0<\alpha<1), & (5)\\ I_t=\beta(C_t-C_{t-1}) & (\beta>0). & (6)\end{cases}$$

其中 α 为边际消费倾向(常数); β 为加速数(常数). 试求出 y_t 和 t 的函数关系.

解　由题设,将(5)式、(6)式代入(4)式,得

$$y_t=\alpha y_{t-1}+\beta(\alpha y_{t-1}-\alpha y_{t-2})+G,$$

即

$$y_t-\alpha(1+\beta)y_{t-1}+\alpha\beta y_{t-2}=G,$$

改成标准形式为

$$y_{t+2}-\alpha(1+\beta)y_{t+1}+\alpha\beta y_t=G.$$

这是一个二阶常系数非齐次差分方程.

(1)先求对应的齐次方程的通解 Y_t.

原方程对应的齐次方程为

$$y_{t+2}-\alpha(1+\beta)y_{t+1}+\alpha\beta y_t=0,$$

其特征方程为

$$\lambda^2-\alpha(1+\beta)\lambda+\alpha\beta=0,$$

特征方程的根的判别式为

$$\Delta=\alpha^2(1+\beta)^2-4\alpha\beta.$$

① 若 $\Delta>0$,则特征方程有两个不相等的实根

$$\lambda_1=\frac{1}{2}[\alpha(1+\beta)+\sqrt{\Delta}],$$

$$\lambda_2 = \frac{1}{2}\left[\alpha(1+\beta) - \sqrt{\Delta}\right],$$

于是 $Y_t = C_1\lambda_1^t + C_2\lambda_2^t$.

② 若 $\Delta = 0$, 则特征方程有两个相等的实根

$$\lambda = \lambda_{1,2} = \frac{1}{2}\alpha(1+\beta) = \sqrt{\alpha\beta},$$

于是
$$Y_t = (C_1 + C_2 t)\lambda^t.$$

③ 若 $\Delta < 0$, 则特征方程有一对共轭复根

$$\lambda_1 = \frac{1}{2}\left[\alpha(1+\beta) + \mathrm{i}\sqrt{-\Delta}\right],$$

$$\lambda_2 = \frac{1}{2}\left[\alpha(1+\beta) - \mathrm{i}\sqrt{-\Delta}\right],$$

于是
$$Y_t = r^t(C_1\cos\theta t + C_2\sin\theta t),$$

其中 $r = \sqrt{\alpha\beta}$, $\theta = \arctan\dfrac{\sqrt{-\Delta}}{\alpha(1+\beta)} \in (0,\pi)$.

（2）再求原方程的一个特解 y_t^*.

对于非齐次方程

$$y_{t+2} - \alpha(1+\beta)y_{t+1} + \alpha\beta y_t = G,$$

由于 1 不是齐次方程的特征方程的根, 于是令 $y_t^* = A$ 代入原方程解出 $A = \dfrac{G}{1-\alpha}$,

从而

$$y_t^* = \frac{G}{1-\alpha}.$$

（3）原方程的通解为

$$
\begin{aligned}
y_t &= Y_t + y_t^* \\
&= \begin{cases}
C_1\lambda_1^t + C_2\lambda_2^t + \dfrac{G}{1-\alpha}, & \text{若 } \Delta > 0, \\[2mm]
(C_1 + C_2 t)\lambda^t + \dfrac{G}{1-\alpha}, & \text{若 } \Delta = 0, \\[2mm]
r^t(C_1\cos\theta t + C_2\sin\theta t) + \dfrac{G}{1-\alpha}, & \text{若 } \Delta < 0.
\end{cases}
\end{aligned}
$$

这说明,随着 α,β 的取值的不同,国民收入 y_t 随时间的变化将呈现出各种不同的规律.

习题 10 - 9

1. 一辆新轿车价值 20 万元,以后每年比上一年减少 20%,问 t(t 为正整数)年末这辆轿车价值为多少万元?若这辆轿车价值低于 1 万元就要报废,这辆轿车最多能使用多少年?

2. 某企业现有资产 500 万元,以后每年比上一年净增资产 20%,但该企业每年要抽出 80 万元资金捐献给福利事业,问 t(t 为正整数)年末该企业有资产多少万元?

3. 设某产品在时期 t 的价格、总供给与总需求分别为 P_t,S_t 与 D_t,并设对于 $t=0,1,2,\cdots$ 有① $S_t=2P_t+1$;② $D_t=-4P_{t-1}+5$;③ $S_t=D_t$.

(1) 求证:由①、②、③可推出差分方程 $P_{t+1}+2P_t=2$.

(2) 已知 P_0 时,求上述方程的解.

4. 设 y_t 为 t 期国民收入,C_t 为 t 期消费,I 为投资(各期相同),设三者有关系:
$$y_t=C_t+I, \quad C_t=\alpha y_{t-1}+\beta,$$
且已知 $t=0$ 时,$y_t=y_0$,其中 $0<\alpha<1,\beta>0$,试求 y_t 和 C_t.

5. 设某商品在 t 时期的供给量 S_t 与需求量 D_t 都是这一时期该商品的价格 P_t 的线性函数,已知 $S_t=3P_t-2,D_t=4-5P_t$.且在 t 时期的价格 P_t 由 $t-1$ 时期的价格 P_{t-1} 及供给量与需求量之差 $S_{t-1}-D_{t-1}$ 按关系式 $P_t=P_{t-1}-\dfrac{1}{16}(S_{t-1}-D_{t-1})$ 确定,试求商品的价格随时间变化的规律.

*6. 设某商品的供需方程分别为
$$S_t=12+3\left(P_{t-1}-\frac{1}{3}\Delta P_{t-1}\right), \quad D_t=40-4P_t,$$
且以箱为计量单位.设 P_{t-1} 和 P_{t-2} 分别为第 $t-1$ 期和第 $t-2$ 期的价格(单位:百元/箱),供方在 t 期售价为 $P_{t-1}-\dfrac{1}{3}\Delta P_{t-1}$,需方以价格 P_t 就可使该商品在第 t 期售完,已知 $P_0=4,P_1=\dfrac{13}{4}$,试求出 P_t 的表达式.

总习题十

1. 填空题:

(1) 与积分方程 $y=\displaystyle\int_0^x f(x,y)\mathrm{d}x$ 等价的微分方程的初值问题是_____;

(2) 以 $y=C_1\mathrm{e}^{2x}+C_2\mathrm{e}^{3x}$($C_1,C_2$ 为任意常数)为通解的微分方程为_____;

(3) 已知某二阶常系数非齐次线性差分方程的通解为 $y_x=C_1+C_2(-2)^x+3x$,则此差分方程为_____.

2. 求下列微分方程的通解:

(1) $y' + \dfrac{e^{y^3+x}}{y^2} = 0$;   (2) $\dfrac{\mathrm{d}y}{\mathrm{d}x} - \dfrac{ny}{x} = e^x x^n$;

(3) $y' = \dfrac{y}{y-x}$;   (4) $\dfrac{\mathrm{d}y}{\mathrm{d}x} = \dfrac{y - \sqrt{x^2+y^2}}{x}$;

(5) $y'' + y' = x^2$;   (6) $y'' - 9y' + 20y = e^{3x} + x + 2$.

3. 求下列微分方程满足所给初值条件的特解:

(1) $xy\mathrm{d}y = (x^2+y^2)\mathrm{d}x, y\big|_{x=e} = 2e$;

(2) $y'' - 2y' - e^{2x} = 0, y\big|_{x=0} = 1, y'\big|_{x=0} = 1$;

(3) $y'' + 2y' + y = \cos x, y\big|_{x=0} = 0, y'\big|_{x=0} = \dfrac{3}{2}$.

4. 求 $xy'' + y' = 0$ 满足 $y(1) = \alpha y'(1)$,其中 α 为常数,且当 $x \to 0$ 时,$y(x)$ 有界的解.

5. 设可导函数 $f(x)$ 满足 $\displaystyle\int_0^x f(t)\mathrm{d}t = x + \int_0^x tf(x-t)\mathrm{d}t$,求 $f(x)$.

6. 已知 $y = e^x$ 是微分方程 $xy' + P(x)y = x$ 的一个解,求此微分方程满足条件 $y\big|_{x=\ln 2} = 0$ 的特解.

7. 已知曲线经过点 $(1,1)$,它的切线在纵轴上的截距等于切点的横坐标,求它的方程.

8. 人们往往对工资收入在整个社会中的分布感兴趣,帕雷托(Pareto) 定律认为,每个社会都有一个常数 $k(k > 1)$ 使得所有比你富有的人的平均收入是你的收入的 k 倍,如果 $P(x)$ 表示社会中收入为 x 或高于 x 的人的数量,对充分小的 $\Delta x > 0$ 定义 $\Delta P = P(x + \Delta x) - P(x)$.

(1) 说明收入在 x 和 $x + \Delta x$ 之间的人的数量可由 $-\Delta P$ 表示,从而证明收入在 x 和 $x + \Delta x$ 之间的人的收入总数可近似表示为 $-x\Delta P$;

(2) 利用帕雷托定律,证明收入为 x 和 x 以上的人的总收入为 $kxP(x)$,然后证明收入在 x 和 $x + \Delta x$ 之间的人的收入总数可近似表示为 $-kP\Delta x - kx\Delta P$;

(3) 证明 $P(x)$ 满足微分方程: $(1-k)xP' = kP$;

(4) 解上面的微分方程,求出 $P(x)$;

(5) 分别取 $k = 1.5, 2, 3$,画出 $P(x)$ 的草图,由此说明 k 的值的不同是如何影响 $P(x)$ 随 x 的变化的.

9. 设函数 $u = f(r)$(其中 $r = \sqrt{x^2+y^2+z^2}$)在 $r > 0$ 时满足拉普拉斯(Laplace) 方程

$$\frac{\partial^2 u}{\partial x^2} + \frac{\partial^2 u}{\partial y^2} + \frac{\partial^2 u}{\partial z^2} = 0,$$

其中 $f(r)$ 二阶可导,且 $f(1) = f'(1) = 1$,求 $f(r)$.(提示:将所给的拉普拉斯方程化成以 r 为自变量的常微分方程.)

10. 求下列差分方程的通解:

(1) $3y_t - 3y_{t+1} = t3^t + 1$;

(2) $9y_{x+2} + 3y_{x+1} - 6y_x = (4x^2 - 10x + 6) \cdot \left(\dfrac{1}{3}\right)^x$.

11. （新产品的推销问题） 设有某种耐用的新商品在某地区进行推销,最初商家会采取各种宣传活动以打开销路.假设该商品确实受欢迎,则消费者会相互宣传,使购买人数逐渐增加,销售率逐渐增大.但由于该地区潜在消费总量有限,所以当购买者占到潜在消费总量的一定的比例时,销售速率又会逐渐下降,且该比例越接近于 1,销售速率越低,这时商家就应更新商品了.

（1）假设潜在消费者总量为 N,任一时刻 t 已经出售的新商品总量为 $x(t)$,试建立 $x(t)$ 所应满足的微分方程;

（2）假设 $t=0$ 时,$x(t)=x_0$,求出 $x(t)$;

（3）分析 $x(t)$ 的性态,给出商品的宣传和生产策略.

第十一章 无 穷 级 数

人们认识事物数量方面的特征,往往有一个由近似到精确的过程.在这种认识的过程中,常会遇到由有限多个数量相加转到无限多个数量相加的问题.

先看如下两个问题.

问题一 如何用较简单的数来逼近一个比较复杂的数.

我们知道,一个循环小数总能被表示成一个分数.同时,它也可以按如下方式表示:

例如,为了表示 $0.454\,545\cdots$,记

$$a_1 = 0.45 = 45\left(\frac{1}{100}\right), a_2 = 0.004\,5 = 45\left(\frac{1}{100}\right)^2,$$

$$a_3 = 0.000\,045 = 45\left(\frac{1}{100}\right)^3, \cdots, a_n = 45\left(\frac{1}{100}\right)^n, \cdots,$$

则 $0.454\,545\cdots \approx a_1 + a_2 + \cdots + a_n$.

如果 n 无限增大,则 $a_1 + a_2 + \cdots + a_n$ 的极限就是 $0.454\,545\cdots$. 这时和式中的项数无限增多,出现了如下的无穷多个数相加的情形:

$$a_1 + a_2 + \cdots + a_n + \cdots. \tag{1}$$

对于无理数,也可给出类似的表示.如 $e = 2.718\,28\cdots$,我们以后可以看到,它可以与如下表达式相对应:

$$1 + 1 + \frac{1}{2!} + \frac{1}{3!} + \cdots + \frac{1}{n!} + \cdots.$$

一般地,如果给定一个数列 $u_1, u_2, \cdots, u_n, \cdots$,则由这个数列构成的表达式

$$u_1 + u_2 + \cdots + u_n + \cdots \tag{2}$$

的意义是什么? 这涉及常数项级数的理论,本章的第一节,第二节,第三节将详细讨论这一问题.

问题二 在 $x = x_0$ 的某邻域 $U(x_0, r)$ 内,如何用简单的函数逼近一个较为复杂的函数?

在第三章我们已经看到,若 $y = f(x)$ 在 $x = x_0$ 处可导,则在点 x_0 的某邻域 $U(x_0)$ 内,可以用 $y = f(x)$ 在 $(x_0, f(x_0))$ 处的切线近似表示这一函数. 即在 $x = x_0$ 的附近, $f(x)$ 的线性逼近为

$$f(x) \approx f(x_0) + f'(x_0)(x - x_0). \tag{3}$$

若嫌 $f(x)$ 在 $x = x_0$ 附近的线性逼近不够精确,从第四章中已讲过的泰勒公式可知,若 $f(x)$ 在 x_0 的某邻域内有直到 $n+1$ 阶导数,则对该邻域内的任一 x,有

$$f(x) \approx P_n(x) = f(x_0) + f'(x_0)(x - x_0) + \frac{f''(x_0)}{2}(x - x_0)^2 + \cdots +$$

$$\frac{f^{(n)}(x_0)}{n!}(x - x_0)^n, \tag{4}$$

且其相差部分为

$$R_n(x) = f(x) - P_n(x) = \frac{f^{(n+1)}(\xi)}{(n+1)!}(x - x_0)^{n+1},$$

其中 ξ 在 x_0 与 x 之间,此即在 x_0 附近用一多项式曲线逼近 $f(x)$.

若假设 $f(x)$ 在 x_0 的某邻域 $U(x_0)$ 内有任意阶导数,则形式上,我们可以让 $P_n(x)$ 的项数无限增加,则得到如下的表达式:

$$f(x_0) + f'(x_0)(x - x_0) + \cdots + \frac{f^{(n)}(x_0)}{n!}(x - x_0)^n + \cdots. \tag{5}$$

那么表达式(5)的意义是什么? 它能否在某个确定的范围内精确表示 $f(x)$?
本章第四节将围绕这一问题展开详细讨论.
本章第五节介绍函数的幂级数展开式的应用.

第一节 常数项级数的概念和性质

一、常数项级数的概念

给定一个数列

$$u_1, u_2, \cdots, u_n, \cdots$$

我们把形如

$$u_1 + u_2 + \cdots + u_n + \cdots \tag{1}$$

的表达式叫做(**常数项**)**无穷级数**,简称常数项级数或**级数**,记作 $\sum\limits_{n=1}^{\infty} u_n$,即

$$\sum_{n=1}^{\infty} u_n = u_1 + u_2 + \cdots + u_n + \cdots,$$

其中第 n 项 u_n 叫做级数的**一般项**. 作级数(1)的前 n 项的和

$$S_n = u_1 + u_2 + \cdots + u_n = \sum_{i=1}^{n} u_i, \tag{2}$$

S_n 称为级数(1)的部分和. 当 n 依次取 $1,2,3,\cdots,$ 时 $S_1 = u_1, S_2 = u_1 + u_2, \cdots, S_n = u_1 + u_2 + \cdots + u_n, \cdots,$ 它们构成一个新的数列 $\{S_n\}$,称为级数(1)的**部分和数列**.

    定义 如果部分和数列 $\{S_n\}$ 有极限 S,即 $\lim\limits_{n \to \infty} S_n = S$,则称级数(1)是**收敛**的,且把极限 S 叫做级数(1)的**和**,并记作

$$S = \sum_{n=1}^{\infty} u_n.$$

    若部分和数列 $\{S_n\}$ 没有极限,则称级数 $\sum\limits_{n=1}^{\infty} u_n$ **发散**.

    由以上定义可知,若给定级数 $\sum\limits_{n=1}^{\infty} u_n$,令 $S_n = \sum\limits_{i=1}^{n} u_i$,则可以作出唯一的部分和数列 $\{S_n\}$;反之,给定数列 $\{S_n\}$,令

$$u_1 = S_1, u_2 = S_2 - S_1, \cdots, u_n = S_n - S_{n-1}, \cdots,$$

则级数 $\sum\limits_{n=1}^{\infty} u_n$ 的部分和数列为 $\{S_n\}$.

    显然,级数 $\sum\limits_{n=1}^{\infty} u_n$ 与数列 $\{S_n\}$ 同时收敛或同时发散,且在收敛时,有

$$\sum_{n=1}^{\infty} u_n = \lim_{n \to \infty} S_n, \quad \text{即} \sum_{n=1}^{\infty} u_n = \lim_{n \to \infty} \sum_{i=1}^{n} u_i.$$

    例 1 证明级数

$$\sum_{n=1}^{\infty} \frac{1}{n(n+1)} = \frac{1}{1 \cdot 2} + \frac{1}{2 \cdot 3} + \cdots + \frac{1}{n(n+1)} + \cdots$$

是收敛的,并求其和.

    证 因为

$$u_n = \frac{1}{n(n+1)} = \frac{1}{n} - \frac{1}{n+1},$$

所以

$$S_n = \frac{1}{1 \cdot 2} + \frac{1}{2 \cdot 3} + \cdots + \frac{1}{n(n+1)}$$

$$= \left(1 - \frac{1}{2}\right) + \left(\frac{1}{2} - \frac{1}{3}\right) + \cdots + \left(\frac{1}{n} - \frac{1}{n+1}\right)$$

$$= 1 - \frac{1}{n+1},$$

从而
$$\lim_{n \to \infty} S_n = \lim_{n \to \infty} \left(1 - \frac{1}{n+1}\right) = 1.$$

所以这级数收敛,且 $\displaystyle\sum_{n=1}^{\infty} \frac{1}{n(n+1)} = 1$.

例 2 证明**算术级数**

$$a + (a+d) + (a+2d) + \cdots + [a + (n-1)d] + \cdots \tag{3}$$

是发散的(其中 a 与 d 不同时为零).

证 级数的部分和

$$S_n = a + (a+d) + \cdots + [a + (n-1)d]$$

$$= na + \frac{n(n-1)}{2}d.$$

显然 $\lim\limits_{n \to \infty} S_n = \infty$,故所给算术级数(3)是发散的.

例 3 证明**调和级数**

$$\sum_{n=1}^{\infty} \frac{1}{n} = 1 + \frac{1}{2} + \frac{1}{3} + \cdots + \frac{1}{n} + \cdots \tag{4}$$

是发散的.

证 假设级数(4)收敛,其和为 S,于是 $\lim\limits_{n \to \infty}(S_{2n} - S_n) = S - S = 0$,但因为

$$S_{2n} - S_n = \frac{1}{n+1} + \frac{1}{n+2} + \cdots + \frac{1}{2n} > \frac{n}{2n} = \frac{1}{2}. \tag{5}$$

在(5)中令 $n \to \infty$,便有 $0 \geqslant \frac{1}{2}$,这是不可能的.故级数(4)发散.

二、等比级数(几何级数)及其在经济学上的应用

无穷级数

$$\sum_{n=0}^{\infty} ax^n = a + ax + ax^2 + \cdots + ax^{n-1} + \cdots \tag{6}$$

叫做**等比级数**(又称**几何级数**),其中 $a \neq 0$,x 叫做公比,对等比级数(6)有如下结果.

定理 (1) 当 $|x| < 1$ 时,$\displaystyle\sum_{n=0}^{\infty} ax^n$ 收敛,且其和为

$$S = \sum_{n=0}^{\infty} ax^n = \frac{a}{1-x}.$$

(2) 当 $|x| \geqslant 1$ 时,$\displaystyle\sum_{n=0}^{\infty} ax^n$ 发散.

证 $\displaystyle\sum_{n=0}^{\infty} ax^n$ 的部分和

$$S_n = a + ax + \cdots + ax^{n-1}.$$

于是若 $x \neq 1$,则

$$S_n = \frac{a(1-x^n)}{1-x};$$

若 $x = 1$,则

$$S_n = na.$$

(1) 当 $|x| < 1$ 时,因为 $\lim\limits_{n\to\infty} x^n = 0$,从而

$$\lim_{n\to\infty} S_n = \frac{a}{1-x},$$

因此级数(6)收敛,且

$$\sum_{n=0}^{\infty} ax^n = \frac{a}{1-x}.$$

(2) 当 $|x| \geqslant 1$ 时:

若 $|x| > 1$,由于 $\lim\limits_{n\to\infty} x^n = \infty$,则 $\lim\limits_{n\to\infty} S_n = \infty$,级数(6)发散;

若 $x = 1$,由于 $\lim\limits_{n\to\infty} S_n = \lim\limits_{n\to\infty} na = \infty$,级数(6)发散;

若 $x = -1$,$S_n = \dfrac{a[1-(-1)^n]}{1-(-1)}$,由于 $\lim\limits_{n\to\infty}(-1)^n$ 不存在,所以 $\lim\limits_{n\to\infty} S_n$ 不存在

(为什么?),从而级数(6)也发散,因此当 $|x| \geqslant 1$ 时,$\displaystyle\sum_{n=0}^{\infty} ax^n$ 发散.

例如,级数

$$\sum_{n=1}^{\infty} \frac{(-1)^{n-1}}{2^{n-1}} = 1 - \frac{1}{2} + \frac{1}{4} - \frac{1}{8} + \cdots + \frac{(-1)^{n-1}}{2^{n-1}} + \cdots$$

是一个公比 $x = -\dfrac{1}{2}$ 的等比级数,因为 $|x| = \dfrac{1}{2} < 1$,所以它是收敛的,且其和为

$$\frac{1}{1-x} = \frac{1}{1+\dfrac{1}{2}} = \frac{2}{3}.$$

又如,级数

$$\sum_{n=1}^{\infty} 2^{n-1} = 1 + 2 + 4 + \cdots + 2^{n-1} + \cdots$$

是一个公比为 $x = 2$ 的等比级数,所以它发散.

例 4　某合同规定,从签约之日起,由甲方永不停止地每年支付给乙方 3 百万元人民币,设利率为每年 5%,分别以(1)年复利计算利息;(2)连续复利计算利息,则该合同的现值等于多少?

解　(1)以年复利计算利息,则
第一笔付款发生在签约当天,

$$第一笔付款的现值 = 3(百万元);$$

第二笔付款在一年后实现,

$$第二笔付款的现值 = \frac{3}{(1+1.05)^1} = \frac{3}{1.05}(百万元);$$

第三笔付款在两年后实现,

$$第三笔付款的现值 = \frac{3}{(1.05)^2}(百万元);$$

如此连续地下去直至永远,则

$$总的现值 = 3 + \frac{3}{1.05} + \frac{3}{1.05^2} + \cdots + \frac{3}{1.05^n} + \cdots.$$

这是一个 $a = 3$,公比 $x = \dfrac{1}{1.05}$ 的等比级数,显然其收敛.

$$此合同的总的现值 = \frac{3}{1 - \dfrac{1}{1.05}} \approx 63(百万元). 也就是说若按年复利计息,甲$$

方需存入约 63 百万元,即可支付乙方或他的后代每年 3 百万元直至永远.

(2)若以连续复利计算利息,则和前面一样:

$$第一笔付款的现值 = 3(百万元),$$

第二笔付款的现值 $= 3\mathrm{e}^{-0.05}$ (百万元),

第三笔付款的现值 $= 3(\mathrm{e}^{-0.05})^2$ (百万元),

这样连续地下去直至永远,则

总的现值 $= 3 + 3\mathrm{e}^{-0.05} + 3(\mathrm{e}^{-0.05})^2 + 3(\mathrm{e}^{-0.05})^3 + \cdots.$

这是一个公比 $x = \mathrm{e}^{-0.05}$ 的几何级数,且收敛,其

$$总的现值 = \frac{3}{1 - \mathrm{e}^{-0.05}} \approx 61.5 (百万元).$$

也就是说,若按连续复利计息,甲方需存入约 61.5 百万元的现值,即可支付乙方或他的后代每年 3 百万元直至永远.

显然,为了同样的结果,连续复利所需的现值比年复利所需的现值要小一些. 或者说,连续复利比年复利的年有效收益要高.

三、无穷级数的基本性质

如果在级数(1)中去掉前 n 项,则得一级数

$$\sum_{k=n+1}^{\infty} u_k = u_{n+1} + u_{n+2} + \cdots, \tag{7}$$

级数(7)称为级数(1)的**余项级数**.

当级数(1)收敛时,余项级数(7)的前 m 项的部分和 $S'_m = S_{m+n} - S_n$ 满足

$$\lim_{m \to \infty} S'_m = \lim_{m \to \infty}(S_{m+n} - S_n) = \lim_{m \to \infty} S_{m+n} - S_n = S - S_n,$$

即余项级数(7)也收敛,且其和为 $S - S_n$,将之记为 r_n,则 $r_n = S - S_n$;反之,若余项级数(7)收敛,设其和为 r_n,那么由于级数(1)的前 $m + n$ 项的部分和 $S_{n+m} = S_n + S'_m$,于是可得

$$\lim_{m \to \infty} S_{n+m} = S_n + \lim_{m \to \infty} S'_m = S_n + r_n,$$

即级数(1)也收敛,且其和 $S = S_n + r_n$.

于是有无穷级数的基本性质:

性质 1 若级数收敛,则其每个余项级数收敛;反之若级数的某个余项级数收敛,则级数收敛,换言之,级数中去掉或加上有限多项后不改变级数的敛散性.

当级数收敛时,其部分和 $S_n \to S(n \to \infty)$,于是可把 S_n 作为级数的和 S 的近似值,这时 $r_n = S - S_n$ 叫做级数的**余项**,用 S_n 代替 S 的误差为

$$|r_n| = |S - S_n|. \tag{8}$$

利用极限运算的线性性质,易知有下面收敛级数的线性性质.

性质2　（1）若级数 $\sum\limits_{n=1}^{\infty} u_n$ 收敛，且其和为 S，则对任何常数 k，级数 $\sum\limits_{k=1}^{\infty} k u_n$ 也收敛，且其和为 kS.

（2）若级数 $\sum\limits_{n=1}^{\infty} u_n$，$\sum\limits_{n=1}^{\infty} v_n$ 分别收敛于和 S,W，即

$$\sum_{n=1}^{\infty} u_n = S, \quad \sum_{n=1}^{\infty} v_n = W,$$

则级数 $\sum\limits_{n=1}^{\infty}(u_n \pm v_n)$ 也收敛，且其和为 $S \pm W$.

由性质 2 的（1）知，当 $k \neq 0$ 时，若 $\sum\limits_{n=1}^{\infty} k u_n$ 收敛，则

$$\sum_{n=1}^{\infty} \frac{1}{k}(k u_n) = \sum_{n=1}^{\infty} u_n$$

收敛，因此有如下结论：

若 $k \neq 0$，则 $\sum\limits_{n=1}^{\infty} u_n$ 与 $\sum\limits_{n=1}^{\infty} k u_n$ 的敛散性相同.

由性质 2 的（2）知，两个收敛级数可以逐项相加与逐项相减.

例5　讨论级数

$$\sum_{n=1}^{\infty}\left(\frac{1}{2^{n-1}} + \frac{2^n}{3^{n-1}}\right)$$

的收敛性.

解　由于

$$\sum_{n=1}^{\infty} \frac{1}{2^{n-1}} \text{ 与 } \sum_{n=1}^{\infty}\left(\frac{2}{3}\right)^{n-1}$$

均是收敛的等比级数，且

$$\sum_{n=1}^{\infty} \frac{1}{2^{n-1}} = \frac{1}{1 - \frac{1}{2}} = 2,$$

$$\sum_{n=1}^{\infty}\left(\frac{2}{3}\right)^{n-1} = \frac{1}{1 - \frac{2}{3}} = 3.$$

由性质 2 的（1）知

$$\sum_{n=1}^{\infty} \frac{2^n}{3^{n-1}} = \sum_{n=1}^{\infty} 2\left(\frac{2}{3}\right)^{n-1}$$

收敛,且其和为

$$2\sum_{n=1}^{\infty}\left(\frac{2}{3}\right)^{n-1} = 6.$$

由性质 2 的(2)可知

$$\sum_{n=1}^{\infty}\left[\frac{1}{2^{n-1}} + 2\left(\frac{2}{3}\right)^{n-1}\right]$$

收敛,且

$$\sum_{n=1}^{\infty}\left(\frac{1}{2^{n-1}} + \frac{2^n}{3^{n-1}}\right) = \sum_{n=1}^{\infty}\frac{1}{2^{n-1}} + 2\sum_{n=1}^{\infty}\left(\frac{2}{3}\right)^{n-1} = 8.$$

性质 3 如果级数 $\displaystyle\sum_{n=1}^{\infty} u_n$ 收敛,则对这级数的项任意加括号之后所得级数仍收敛,且其和不变.

证 设收敛级数

$$\sum_{n=1}^{\infty} u_n = u_1 + u_2 + \cdots + u_n + \cdots$$

的部分和数列为 $\{S_n\}$,其加括号之后所得的级数为

$$(u_1 + \cdots + u_{n_1}) + (u_{n_1+1} + \cdots + u_{n_2}) + \cdots + (u_{n_{k-1}+1} + \cdots + u_{n_k}) + \cdots \quad (9)$$

将加括号之后级数(9)的每个括号看成一项,记其前 k 项的部分和数列为 $\{S'_k\}$. 显然,数列 $\{S'_k\}$ 是数列 $\{S_n\}$ 的一个子数列,因此,当数列 $\{S_n\}$ 收敛时,必有数列 $\{S'_k\}$ 收敛,且

$$\lim_{k\to\infty} S'_k = \lim_{n\to\infty} S_n,$$

由级数收敛的定义便知性质 3 成立.

但是,数列的某一子数列收敛时,并不能保证原数列收敛. 因此性质 3 的逆命题不成立. 即加括号之后所成的级数收敛,并不能断定去括号后的原来的级数收敛. 例如,级数

$$(1-1) + (1-1) + (1-1) + \cdots$$

收敛于零,但是去掉括号之后的级数

$$1 - 1 + 1 - 1 + 1 - 1 + \cdots$$

却是发散的.

然而由性质 3 可直接得如下推论:如果加括号后所成的级数发散,则原来的级数也发散.

性质 4(级数收敛的必要条件) 如果级数 $\sum\limits_{n=1}^{\infty} u_n$ 收敛,则当 $n \to \infty$ 时它的一般项趋于零,即

$$\lim_{n \to \infty} u_n = 0.$$

证 设 $\sum\limits_{n=1}^{\infty} u_n = S$,由于

$$u_n = S_n - S_{n-1},$$

故

$$\lim_{n \to \infty} u_n = \lim_{n \to \infty} (S_n - S_{n-1}) = \lim_{n \to \infty} S_n - \lim_{n \to \infty} S_{n-1} = S - S = 0.$$

性质 4 的一个直接推论是:如果级数 $\sum\limits_{n=1}^{\infty} u_n$ 的一般项不趋于零(包含 $\lim\limits_{n \to \infty} u_n$ 不存在的情形),则级数 $\sum\limits_{n=1}^{\infty} u_n$ 必然发散.

例如,级数 $\sum\limits_{n=1}^{\infty} \dfrac{(-1)^n \cdot n}{2n+1}$,由于

$$\lim_{n \to \infty} \left| u_n \right| = \lim_{n \to \infty} \left| (-1)^n \frac{n}{2n+1} \right| = \frac{1}{2} \neq 0,$$

从而 $\lim\limits_{n \to \infty} u_n \neq 0$,故所给级数发散.

级数收敛的必要条件常用来判定常数项的级数发散,所以它十分重要. 但是,应该牢牢记住的是,级数的一般项趋于零不是级数收敛的充分条件,事实上,许许多多的发散级数的一般项是趋于零的. 例如,调和级数 $\sum\limits_{n=1}^{\infty} \dfrac{1}{n}$,显然 $\lim\limits_{n \to \infty} u_n = \lim\limits_{n \to \infty} \dfrac{1}{n} = 0$,但我们已知它是发散的.

请问,你还能举出一些 $\lim\limits_{n \to \infty} u_n = 0$,但 $\sum\limits_{n=1}^{\infty} u_n$ 发散的例子吗?

习题 11–1

1. 写出下列级数的前 6 项:

(1) $\displaystyle\sum_{n=1}^{\infty} \dfrac{1+n}{1+n^2}$; (2) $\displaystyle\sum_{n=1}^{\infty} \dfrac{(-1)^{n-1}}{8^n}$.

2. 写出下列级数的一般项:

(1) $\dfrac{1}{2} + \dfrac{1}{4} + \dfrac{1}{6} + \dfrac{1}{8} + \dfrac{1}{10} + \cdots$;

(2) $1 - \dfrac{1}{3} + \dfrac{1}{5} - \dfrac{1}{7} + \dfrac{1}{9} - \dfrac{1}{11} + \cdots$;

(3) $\dfrac{\sqrt{x}}{1 \cdot 3} + \dfrac{x}{3 \cdot 5} + \dfrac{x\sqrt{x}}{3 \cdot 5 \cdot 7} + \dfrac{x^2}{3 \cdot 5 \cdot 7 \cdot 9} + \cdots$;

(4) $\dfrac{a^2}{2} - \dfrac{a^3}{4} + \dfrac{a^4}{6} - \dfrac{a^5}{8} + \cdots$.

3. 用定义判别下列级数的敛散性:

(1) $\displaystyle\sum_{n=1}^{\infty} (\sqrt{n+1} - \sqrt{n})$;

(2) $\displaystyle\sum_{n=1}^{\infty} (a^{\frac{1}{2n+1}} - a^{\frac{1}{2n-1}}) \quad (a > 0)$;

(3) $\dfrac{1}{1 \cdot 3} + \dfrac{1}{3 \cdot 5} + \dfrac{1}{5 \cdot 7} + \cdots + \dfrac{1}{(2n-1)(2n+1)} + \cdots$;

(4) $\sin \dfrac{\pi}{6} + \sin \dfrac{2\pi}{6} + \cdots + \sin \dfrac{n\pi}{6} + \cdots$.

4. 判定下列级数的敛散性:

(1) $-\dfrac{5}{6} + \dfrac{5^2}{6^2} - \dfrac{5^3}{6^3} + \cdots$;

(2) $\dfrac{1}{3} + \dfrac{1}{6} + \dfrac{1}{9} + \dfrac{1}{12} + \cdots$;

(3) $\dfrac{1}{a} + \dfrac{1}{\sqrt{a}} + \cdots + \dfrac{1}{\sqrt[n]{a}} + \cdots (a > 0)$;

(4) $\dfrac{9}{8} + \dfrac{9^2}{8^2} + \cdots + \dfrac{9^n}{8^n} + \cdots$;

(5) $\left(\dfrac{1}{6} + \dfrac{8}{9}\right) + \left(\dfrac{1}{6^2} + \dfrac{8^2}{9^2}\right) + \left(\dfrac{1}{6^3} + \dfrac{8^3}{9^3}\right) + \cdots$;

(6) $\dfrac{1}{2} + \dfrac{1}{10} + \dfrac{1}{4} + \dfrac{1}{20} + \cdots + \dfrac{1}{2^n} + \dfrac{1}{10n} + \cdots$.

5. 将循环小数 $0.414\,141\,41\cdots$ 写成无穷级数形式并用分数表示.

6. 设银行存款的年利率为 10%,若以年复利计息,应在银行中一次存入多少资金才能保证从存入之后起,以后每年能从银行提取 500 万元以支付职工福利直至永远.

第二节　正项级数及其审敛法

如果级数 $\sum\limits_{n=1}^{\infty} u_n$ 的每一项 $u_n \geqslant 0 (n = 1, 2, \cdots)$，就称它为**正项级数**.

正项级数是数项级数中比较特殊而又重要的一类. 以后我们将看到, 许多级数的收敛性问题可归结为正项级数的收敛性问题.

设 $\sum\limits_{n=1}^{\infty} u_n$ 是一个正项级数. 因为 $u_n \geqslant 0 (n = 1, 2, \cdots)$, 所以部分和数列 $\{S_n\}$ 是一个单调增加的数列:

$$S_1 \leqslant S_2 \leqslant \cdots \leqslant S_n \leqslant \cdots.$$

若数列 $\{S_n\}$ 有界, 即存在某个常数 M, 使 $0 \leqslant S_n \leqslant M$, 根据单调有界数列必有极限的准则可知 $\lim\limits_{n \to \infty} S_n = S$ 且 $S_n \leqslant S \leqslant M$, 即 $\sum\limits_{n=1}^{\infty} u_n$ 收敛且其和为 S; 反之, 若正项级数 $\sum\limits_{n=1}^{\infty} u_n (u_n \geqslant 0)$ 收敛于和 S, 即 $\lim\limits_{n \to \infty} S_n = S$, 根据有极限的数列是有界数列的性质可知, 数列 $\{S_n\}$ 有界. 因此, 我们得到了如下基本定理.

定理 1 (基本定理)　正项级数 $\sum\limits_{n=1}^{\infty} u_n$ 收敛的充分必要条件是它的部分和数列 $\{S_n\}$ 有界.

由定理 1 可知, 若正项级数 $\sum\limits_{n=1}^{\infty} u_n$ 发散, 则部分和数列 $S_n \to +\infty (n \to \infty)$, 这时我们也记为 $\sum\limits_{n=1}^{\infty} u_n = +\infty$.

例 1　讨论 p 级数

$$\sum_{n=1}^{\infty} \frac{1}{n^p} = 1 + \frac{1}{2^p} + \cdots + \frac{1}{n^p} + \cdots \quad (p > 0, p \text{ 为常数}) \tag{1}$$

的收敛性.

解　记部分和为

$$S_n(p) = 1 + \frac{1}{2^p} + \cdots + \frac{1}{n^p}.$$

(1) 若 $p = 1$, 这时原级数成为调和级数 $\sum\limits_{n=1}^{\infty} \frac{1}{n}$, 从上节例子可知它是发散

的,它又是正项级数,由定理 1 还可以知道 $S_n(1) = 1 + \dfrac{1}{2} + \cdots + \dfrac{1}{n}$ 无上界.

(2) 当 $p < 1$ 时,由于

$$S_n(p) = 1 + \frac{1}{2^p} + \frac{1}{3^p} + \cdots + \frac{1}{n^p} > 1 + \frac{1}{2} + \cdots + \frac{1}{n} = S_n(1),$$

由 $S_n(1)$ 无上界可知 $S_n(p)$ 无上界,从而由定理 1 可知,当 $p < 1$ 时,$\displaystyle\sum_{n=1}^{\infty} \frac{1}{n^p}$ 发散.

(3) 当 $p > 1$ 时,因为当 $k - 1 \leq x \leq k$ 时,有 $\dfrac{1}{k^p} \leq \dfrac{1}{x^p}$,所以

$$\frac{1}{k^p} = \int_{k-1}^{k} \frac{1}{k^p} \mathrm{d}x \leq \int_{k-1}^{k} \frac{1}{x^p} \mathrm{d}x \quad (k = 2, 3, \cdots),$$

(请问:此式的几何意义是什么?)

从而

$$S_n(p) = 1 + \sum_{k=2}^{n} \frac{1}{k^p} \leq 1 + \sum_{k=2}^{n} \int_{k-1}^{k} \frac{1}{x^p} \mathrm{d}x$$

$$= 1 + \int_{1}^{n} \frac{1}{x^p} \mathrm{d}x = 1 + \frac{1}{p-1}\left(1 - \frac{1}{n^{p-1}}\right)$$

$$< 1 + \frac{1}{p-1} \quad (n = 2, 3, \cdots).$$

这表明数列 $\{S_n(p)\}$ 当 $p > 1$ 时有界,因此,当 $p > 1$ 时,级数 (1) 收敛.

综上所述,我们得到一个重要结果:p 级数 (1) 当 $p > 1$ 时收敛,当 $p \leq 1$ 时发散. 希望大家将此结果牢牢记住.

从例 1 可以看出,对正项级数 $\displaystyle\sum_{n=1}^{\infty} u_n$,通过估计部分和数列 $\{S_n\}$ 是否有界去判别级数的收敛性一般是比较困难的. 但是,受到例 1 的解题方法的启发,根据定理 1,可得到正项级数的一个基本审敛法.

定理 2(比较审敛法) 设 $\displaystyle\sum_{n=1}^{\infty} u_n$ 和 $\displaystyle\sum_{n=1}^{\infty} v_n$ 都是正项级数,且 $u_n \leq v_n$ ($n = 1, 2, \cdots$).

(1) 若级数 $\displaystyle\sum_{n=1}^{\infty} v_n$ 收敛,则级数 $\displaystyle\sum_{n=1}^{\infty} u_n$ 收敛;

(2) 若级数 $\displaystyle\sum_{n=1}^{\infty} u_n$ 发散,则级数 $\displaystyle\sum_{n=1}^{\infty} v_n$ 发散.

证 (1) 设级数 $\displaystyle\sum_{n=1}^{\infty} v_n$ 收敛于和 W,则级数 $\displaystyle\sum_{n=1}^{\infty} u_n$ 的部分和

$$S_n = u_1 + u_2 + \cdots + u_n \leqslant v_1 + v_2 + \cdots + v_n \leqslant W \quad (n = 1, 2, \cdots),$$

即正项级数 $\sum\limits_{n=1}^{\infty} u_n$ 的部分和数列 $\{S_n\}$ 有界,由定理 1 可知,$\sum\limits_{n=1}^{\infty} u_n$ 收敛.

(2) 由反证法,若级数 $\sum\limits_{n=1}^{\infty} v_n$ 收敛,则由(1)的结果可得 $\sum\limits_{n=1}^{\infty} u_n$ 必收敛,这与

级数 $\sum\limits_{n=1}^{\infty} u_n$ 发散的假设相矛盾,由此可知结论(2)成立.

由于级数的每一项同乘以一个不为零的常数 k,以及去掉级数前面部分的有限项不会影响级数的收敛性.我们可得如下推论:

推论　设 $\sum\limits_{n=1}^{\infty} u_n$ 和 $\sum\limits_{n=1}^{\infty} v_n$ 都是正项级数.

(1) 若级数 $\sum\limits_{n=1}^{\infty} v_n$ 收敛,且存在正整数 N,使当 $n \geqslant N$ 时,有 $u_n \leqslant kv_n (k > 0)$

成立,则级数 $\sum\limits_{n=1}^{\infty} u_n$ 收敛;

(2) 若级数 $\sum\limits_{n=1}^{\infty} v_n$ 发散,且当 $n \geqslant N$ 时,有 $u_n \geqslant kv_n (k > 0)$,则级数

$\sum\limits_{n=1}^{\infty} u_n$ 发散.

例 2　证明级数 $\sum\limits_{n=1}^{\infty} \dfrac{1}{\sqrt{n(n+1)}}$ 是发散的.

证　因为 $n(n+1) < (n+1)^2$,所以

$$\frac{1}{\sqrt{n(n+1)}} > \frac{1}{n+1}.$$

而级数 $\sum\limits_{n=1}^{\infty} \dfrac{1}{n+1} = \dfrac{1}{2} + \dfrac{1}{3} + \cdots + \dfrac{1}{n+1} + \cdots$ 是发散的,根据比较审敛法可知级

数 $\sum\limits_{n=1}^{\infty} \dfrac{1}{\sqrt{n(n+1)}}$ 也是发散的.

例 3　讨论级数 $\sum\limits_{n=1}^{\infty} \dfrac{1}{\sqrt{n(n^2+1)}}$ 的收敛性.

解　因为 $\dfrac{1}{\sqrt{n(n^2+1)}} < \dfrac{1}{n^{\frac{3}{2}}}$,而级数 $\sum\limits_{n=1}^{\infty} \dfrac{1}{n^{\frac{3}{2}}}$ 是收敛的,所以级

数 $\sum\limits_{n=1}^{\infty} \dfrac{1}{\sqrt{n(n^2+1)}}$ 收敛.

例 4　讨论级数 $\sum\limits_{n=1}^{\infty} \dfrac{1}{1+a^n}(a>0)$ 的收敛性.

解　当 $a>1$ 时,由于 $\dfrac{1}{1+a^n}<\dfrac{1}{a^n}$,而 $\sum\limits_{n=1}^{\infty}\left(\dfrac{1}{a}\right)^n$ 是一个公比为 $\dfrac{1}{a}$ 且 $0<\dfrac{1}{a}<$

1 的等比级数,因而是收敛的,从而由比较判别法知,级数 $\sum\limits_{n=1}^{\infty}\dfrac{1}{1+a^n}$ 收敛.

当 $a=1$ 时,级数 $\sum\limits_{n=1}^{\infty}\dfrac{1}{1+a^n}$ 成为 $\sum\limits_{n=1}^{\infty}\dfrac{1}{2}$,显然是发散的.

当 $0<a<1$ 时,$\dfrac{1}{1+a^n}>\dfrac{1}{2}$,而 $\sum\limits_{n=1}^{\infty}\dfrac{1}{2}$ 发散,所以级数 $\sum\limits_{n=1}^{\infty}\dfrac{1}{1+a^n}$ 是发散的.

在很多情况下,下面极限形式的比较判别法使用起来更为方便.

定理 3(比较审敛法的极限形式)　设 $\sum\limits_{n=1}^{\infty}u_n$ 和 $\sum\limits_{n=1}^{\infty}v_n$ 都是正项级数,且 $\lim\limits_{n\to\infty}\dfrac{u_n}{v_n}=$

l,其中 l 允许是 $+\infty$,则

(1) 若 $0\leqslant l<+\infty$,且级数 $\sum\limits_{n=1}^{\infty}v_n$ 收敛,则级数 $\sum\limits_{n=1}^{\infty}u_n$ 收敛;

(2) 若 $0<l\leqslant+\infty$,且级数 $\sum\limits_{n=1}^{\infty}v_n$ 发散,则级数 $\sum\limits_{n=1}^{\infty}u_n$ 发散;

(3) 若 $0<l<+\infty$,则级数 $\sum\limits_{n=1}^{\infty}v_n$ 与级数 $\sum\limits_{n=1}^{\infty}u_n$ 同时收敛或同时发散.

证　(1) 由极限定义可知,取 $\varepsilon=1$,存在自然数 N,当 $n>N$ 时,有

$$\frac{u_n}{v_n}<l+1,\quad 即\ u_n<(l+1)v_n,$$

而级数 $\sum\limits_{n=1}^{\infty}v_n$ 收敛,故由比较审敛法的推论,知级数 $\sum\limits_{n=1}^{\infty}u_n$ 收敛.

(2) 因为 $\lim\limits_{n\to\infty}\dfrac{u_n}{v_n}=l,\quad 0<l\leqslant+\infty$,故

$$\lim_{n\to\infty}\frac{v_n}{u_n}=k,0\leqslant k<+\infty.$$

由(1) 可知,若 $\sum\limits_{n=1}^{\infty}u_n$ 收敛,则 $\sum\limits_{n=1}^{\infty}v_n$ 收敛,这与所假设的条件矛盾. 因此

$\sum\limits_{n=1}^{\infty}u_n$ 必发散.

(3) 综合(1)、(2) 的结论,即得所要结论.

对于一个正项级数 $\sum\limits_{n=1}^{\infty} u_n$ 来说，要判断它是否收敛，除了要注意其一般项是否趋于零外，还要注意它的一般项趋于零的"快慢"程度. 定理 3 告诉我们：

对两个正项级数 $\sum\limits_{n=1}^{\infty} u_n$ 和 $\sum\limits_{n=1}^{\infty} v_n$，设 $\lim\limits_{n\to\infty} u_n = 0$ 且 $\lim\limits_{n\to\infty} v_n = 0$，若 u_n 是 v_n 的同阶或高阶无穷小，则当级数 $\sum\limits_{n=1}^{\infty} v_n$ 收敛时，级数 $\sum\limits_{n=1}^{\infty} u_n$ 必收敛；若 u_n 是 v_n 的同阶或低阶无穷小时，则当级数 $\sum\limits_{n=1}^{\infty} v_n$ 发散时，级数 $\sum\limits_{n=1}^{\infty} u_n$ 必发散. 从而当 u_n 和 v_n 是同阶无穷小（特别当 u_n 和 v_n 是等价无穷小）时，级数 $\sum\limits_{n=1}^{\infty} u_n$ 和 $\sum\limits_{n=1}^{\infty} v_n$ 同时收敛或同时发散.

例 5 与等比级数作比较，判别下列级数的收敛性：

（1）$\sum\limits_{n=1}^{\infty} \dfrac{1}{8^n - 6^n}$；　　　　（2）$\sum\limits_{n=1}^{\infty} 2^n \sin\dfrac{\pi}{3^n}$.

解 （1）由于一般项

$$u_n = \frac{1}{8^n - 6^n} = \frac{1}{8^n} \cdot \frac{1}{1 - \left(\dfrac{3}{4}\right)^n},$$

令 $v_n = \dfrac{1}{8^n}$，则因

$$\lim_{n\to\infty} \frac{u_n}{v_n} = \lim_{n\to\infty} \frac{\dfrac{1}{8^n} \dfrac{1}{1 - \left(\dfrac{3}{4}\right)^n}}{\dfrac{1}{8^n}} = 1,$$

而 $\sum\limits_{n=1}^{\infty} \dfrac{1}{8^n}$ 收敛，所以由定理 3 可知，级数 $\sum\limits_{n=1}^{\infty} \dfrac{1}{8^n - 6^n}$ 收敛.

（2）因为当 $n \to \infty$ 时，$\sin\dfrac{\pi}{3^n} \sim \dfrac{\pi}{3^n}$，令 $v_n = \left(\dfrac{2}{3}\right)^n$，则

$$\lim_{n\to\infty} \frac{u_n}{v_n} = \lim_{n\to\infty} \frac{2^n \sin\dfrac{\pi}{3^n}}{\left(\dfrac{2}{3}\right)^n} = \lim_{n\to\infty} \frac{\sin\dfrac{\pi}{3^n}}{\dfrac{\pi}{3^n}}\pi = \pi,$$

而等比级数 $\sum\limits_{n=1}^{\infty}\left(\dfrac{2}{3}\right)^n$ 收敛,故由定理 3 知级数 $\sum\limits_{n=1}^{\infty} 2^n\sin\dfrac{\pi}{3^n}$ 收敛.

例 6 与 p 级数作比较,判别下列正项级数的收敛性:

(1) $\sum\limits_{n=1}^{\infty}\left(1-\cos\dfrac{1}{n}\right)$; (2) $\sum\limits_{n=1}^{\infty}\ln\left(1+\dfrac{1}{n}\right)$;

(3) $\sum\limits_{n=1}^{\infty}\dfrac{1}{\ln(n+1)}$.

解 (1) 当 $n\to\infty$ 时,$1-\cos\dfrac{1}{n}\sim\dfrac{1}{2n^2}$,即

$$\lim_{n\to\infty}\frac{1-\cos\dfrac{1}{n}}{\dfrac{1}{2n^2}}=1,$$

而 $\sum\limits_{n=1}^{\infty}\dfrac{1}{2n^2}$ 收敛,故 $\sum\limits_{n=1}^{\infty}\left(1-\cos\dfrac{1}{n}\right)$ 收敛.

(2) 当 $n\to\infty$ 时,$\ln\left(1+\dfrac{1}{n}\right)\sim\dfrac{1}{n}$,即

$$\lim_{n\to\infty}\frac{\ln\left(1+\dfrac{1}{n}\right)}{\dfrac{1}{n}}=1,$$

而 $\sum\limits_{n=1}^{\infty}\dfrac{1}{n}$ 发散,从而 $\sum\limits_{n=1}^{\infty}\ln\left(1+\dfrac{1}{n}\right)$ 发散.

(3) 因为

$$\lim_{n\to\infty}\frac{\dfrac{1}{\ln(n+1)}}{\dfrac{1}{n}}=\lim_{n\to\infty}\frac{n}{\ln(1+n)}=\lim_{x\to+\infty}\frac{x}{\ln(1+x)}$$

$$=\lim_{x\to+\infty}\frac{1}{\dfrac{1}{x+1}}=+\infty,$$

而 $\sum\limits_{n=1}^{\infty}\dfrac{1}{n}$ 发散,故 $\sum\limits_{n=1}^{\infty}\dfrac{1}{\ln(n+1)}$ 发散.

请注意,在用比较审敛法时,需要适当地选取一个已知其收敛性的级数 $\sum\limits_{n=1}^{\infty} v_n$ 作为比较的基准. 从前面的例子我们可以看出,常用的基准级数是等比级数和 p 级数.

将所给的正项级数与等比级数作比较,我们得到在实用上十分方便的比值审敛法.

定理 4(比值审敛法,达朗贝尔(d'Alembert) 判别法) 设 $\sum\limits_{n=1}^{\infty} u_n$ 为正项级数. 如果

$$\lim_{n \to \infty} \frac{u_{n+1}}{u_n} = \rho \quad (\text{其中 } \rho \text{ 允许为 } + \infty),$$

则

(1) 当 $\rho < 1$ 时,级数收敛;

(2) 当 $1 < \rho \leqslant + \infty$ 时,级数发散;

(3) 当 $\rho = 1$ 时,级数可能收敛,也可能发散.

证 (1) 当 $\rho < 1$ 时,可取一个适当小的正数 ε,使得 $\rho + \varepsilon = r < 1$,由极限定义,存在正整数 m,当 $n \geqslant m$ 时,有

$$\frac{u_{n+1}}{u_n} < \rho + \varepsilon = r,$$

因此

$$u_{m+1} < r u_m, u_{m+2} < r u_{m+1} < r^2 u_m, \cdots, u_{m+k} < r^k u_m, \cdots.$$

而级数 $\sum\limits_{k=1}^{\infty} r^k u_m$ 收敛(公比为 r 且 $0 < r < 1$ 的等比级数),从而由定理 2 的推论,知级数 $\sum\limits_{n=1}^{\infty} u_n$ 收敛.

(2) 当 $1 < \rho < + \infty$ 时,取一个适当小的正数 ε,使 $\rho - \varepsilon > 1$,由极限定义存在正整数 m,当 $n \geqslant m$ 时,有不等式

$$\frac{u_{n+1}}{u_n} > \rho - \varepsilon > 1,$$

即

$$u_{n+1} > u_n.$$

所以当 $n \geqslant m$ 时,级数的一般项 u_n 是逐渐增大的,从而 $\lim\limits_{n \to \infty} u_n \neq 0$. 由级数收敛的必要条件可知级数 $\sum\limits_{n=1}^{\infty} u_n$ 发散. 类似地,可以证明当 $\rho = + \infty$ 时 $\lim\limits_{n \to \infty} u_n \neq 0$,从而级

数 $\sum\limits_{n=1}^{\infty} u_n$ 发散.

（3）当 $\rho = 1$ 时，级数可能收敛，也可能发散. 例如对于 p 级数 $\sum\limits_{n=1}^{\infty} \dfrac{1}{n^p}$，不论 p 为何值，总有

$$\lim_{n\to\infty} \frac{u_{n+1}}{u_n} = \lim_{n\to\infty} \frac{\dfrac{1}{(n+1)^p}}{\dfrac{1}{n^p}} = 1.$$

但我们知道，当 $p > 1$ 时该级数收敛，当 $p \leqslant 1$ 时该级数发散，因此，根据 $\rho = 1$ 不能判定级数的收敛性.

例 7 判别下列正项级数的收敛性：

（1）$\sum\limits_{n=1}^{\infty} \dfrac{1}{n!}$；   （2）$\sum\limits_{n=1}^{\infty} \dfrac{n!}{3^n}$；   （3）$\sum\limits_{n=1}^{\infty} \dfrac{n\cos^2 \dfrac{n}{3}\pi}{2^n}$.

解 （1）因为

$$\lim_{n\to\infty} \frac{u_{n+1}}{u_n} = \lim_{n\to\infty} \frac{\dfrac{1}{(n+1)!}}{\dfrac{1}{n!}} = \lim_{n\to\infty} \frac{1}{n+1} = 0 < 1,$$

根据比值审敛法可知，所给级数收敛.

（2）因为

$$\lim_{n\to\infty} \frac{u_{n+1}}{u_n} = \lim_{n\to\infty} \frac{\dfrac{(n+1)!}{3^{n+1}}}{\dfrac{n!}{3^n}} = \lim_{n\to\infty} \frac{n+1}{3} = +\infty,$$

根据比值审敛法可知，所给级数发散.

（3）由于 $\dfrac{n\cos^2 \dfrac{n\pi}{3}}{2^n} \leqslant \dfrac{n}{2^n}$，对于级数 $\sum\limits_{n=1}^{\infty} \dfrac{n}{2^n}$，因为

$$\lim_{n\to\infty} \frac{u_{n+1}}{u_n} = \lim_{n\to\infty} \frac{\dfrac{n+1}{2^{n+1}}}{\dfrac{n}{2^n}} = \lim_{n\to\infty} \frac{1}{2} \frac{n+1}{n} = \frac{1}{2} < 1,$$

根据比值判别法,级数 $\sum\limits_{n=1}^{\infty} \dfrac{n}{2^n}$ 收敛.

再由比较判别法可知,级数 $\sum\limits_{n=1}^{\infty} \dfrac{n\cos^2\dfrac{n\pi}{3}}{2^n}$ 收敛.

习题 11-2

1. 用比较审敛法或其极限形式判定下列级数的收敛性:

(1) $\sum\limits_{n=1}^{\infty} \dfrac{2}{5n+3}$;　　　　　　　　(2) $\sum\limits_{n=1}^{\infty} \dfrac{1}{2^n+1}$;

(3) $\sum\limits_{n=1}^{\infty} \dfrac{1+n}{1+n^2}$;　　　　　　　　(4) $\sum\limits_{n=1}^{\infty} \dfrac{n+3}{n(n+1)(n+2)}$;

(5) $\sum\limits_{n=1}^{\infty} \dfrac{1}{n\sqrt[n]{n}}$;　　　　　　　　(6) $\sum\limits_{n=1}^{\infty} \left(\dfrac{n}{2n+1}\right)^n$;

(7) $\sum\limits_{n=1}^{\infty} \dfrac{1}{n^n}$;　　　　　　　　(8) $\sum\limits_{n=1}^{\infty} \dfrac{1}{n\sqrt{n+1}}$;

(9) $\sum\limits_{n=1}^{\infty} \sin\dfrac{\pi}{6^n}$;　　　　　　　　(10) $\sum\limits_{n=1}^{\infty} \dfrac{a^n}{1+a^{2n}}$ $(a>0)$.

2. 用比值审敛法判定下列级数的收敛性:

(1) $\dfrac{1}{2} + \dfrac{3}{2^2} + \dfrac{5}{2^3} + \cdots + \dfrac{2n-1}{2^n} + \cdots$;

(2) $\sum\limits_{n=1}^{\infty} \dfrac{n!}{4^n}$;　　(3) $\sum\limits_{n=1}^{\infty} n^2\sin\dfrac{\pi}{2^n}$;　　(4) $\sum\limits_{n=1}^{\infty} \dfrac{3^n n!}{n^n}$.

3. 用适当的方法判定下列级数的收敛性:

(1) $\sum\limits_{n=1}^{\infty} \dfrac{n^2+1}{(n^2+3)(n^2+2)}$;　　　　　(2) $\sum\limits_{n=1}^{\infty} \dfrac{n^p}{n!}$;

(3) $\sqrt{\dfrac{3}{2}} + \sqrt{\dfrac{4}{3}} + \cdots + \sqrt{\dfrac{n+2}{n+1}} + \cdots$;　　(4) $\sum\limits_{n=1}^{\infty} n^2\left(1-\cos\dfrac{\pi}{n^2}\right)$;

(5) $\sum\limits_{n=1}^{\infty} \dfrac{n}{2^n}\sin^2 nx$.

4. 利用级数收敛的必要条件证明: $\lim\limits_{n\to\infty} \dfrac{2^n n!}{n^n} = 0$.

5. 设 $u_n \leqslant c_n \leqslant v_n$ $(n=1,2,\cdots)$,并且级数 $\sum\limits_{n=1}^{\infty} u_n$ 和 $\sum\limits_{n=1}^{\infty} v_n$ 都收敛,证明级数 $\sum\limits_{n=1}^{\infty} c_n$ 也收敛.

第三节 任意项级数的绝对收敛与条件收敛

上节讨论了正项级数的审敛法,本节讨论任意项级数(即各项可以为正数、零、负数的级数)的审敛法.

一、交错级数及其审敛法

各项正负交错的数项级数称为**交错级数**.它的一般形式为

$$\sum_{n=1}^{\infty}(-1)^{n-1}u_n = u_1 - u_2 + u_3 - u_4 + \cdots \tag{1}$$

或

$$\sum_{n=1}^{\infty}(-1)^{n}u_n = -u_1 + u_2 - u_3 + u_4 - \cdots, \tag{2}$$

其中 $u_n > 0 (n = 1, 2, \cdots)$.

因为级数(2)可以由级数(1)乘上 -1 而得,故我们按级数(1)的形式来证明关于交错级数的一个审敛法.

定理 1(莱布尼茨定理) 如果交错级数 $\sum\limits_{n=1}^{\infty}(-1)^{n-1}u_n$ 满足以下两个条件:

(1) $u_n \geqslant u_{n+1}$ $(n = 1, 2, \cdots)$;

(2) $\lim\limits_{n\to\infty}u_n = 0$,

则级数 $\sum\limits_{n=1}^{\infty}(-1)^{n-1}u_n$ 收敛,且其和 $S \leqslant u_1$,其余项 r_n 的绝对值 $|r_n| \leqslant u_{n+1}$.

证 先证明前 $2n$ 项的和 S_{2n} 的极限存在.为此把 S_{2n} 写成两种形式:

$$S_{2n} = (u_1 - u_2) + (u_3 - u_4) + \cdots + (u_{2n-1} - u_{2n})$$

及

$$S_{2n} = u_1 - (u_2 - u_3) - (u_4 - u_5) - \cdots - (u_{2n-2} - u_{2n-1}) - u_{2n}.$$

由条件(1)知道所有括弧中的差都是非负的.由第一种形式可知数列 $\{S_{2n}\}$ 是单调增加的,由第二种形式可知 $S_{2n} < u_1$.于是,根据单调有界数列必有极限的准则可知,当 n 无限增大时,S_{2n} 趋于一个极限 S,并且 S 不大于 u_1,即

$$\lim_{n\to\infty}S_{2n} = S \leqslant u_1.$$

再证明前 $2n+1$ 项的和 S_{2n+1} 的极限也是 S.事实上,我们有

$$S_{2n+1} = S_{2n} + u_{2n+1},$$

由条件(2)可知 $\lim\limits_{n\to\infty}u_{2n+1} = 0$,因此

$$\lim_{n\to\infty}S_{2n+1} = \lim_{n\to\infty}(S_{2n} + u_{2n+1}) = S.$$

由于级数的前偶数项的和与奇数项的和趋于同一极限 S,故级数 $\sum\limits_{n=1}^{\infty}(-1)^{n-1}u_n$ 的

部分和 S_n 当 $n\to\infty$ 时有极限 S.这就证明了级数 $\sum\limits_{n=1}^{\infty}(-1)^{n-1}u_n$ 收敛于和 S,且

$S\leqslant u_1$.

最后,不难看出余项 r_n 可以写成

$$r_n = \pm(u_{n+1}-u_{n+2}+\cdots),$$

其绝对值 $$|r_n| = u_{n+1}-u_{n+2}+\cdots.$$

上式右端也是一个交错级数,它也满足收敛的两个条件,所以其和小于级数的第一项,也就是说

$$|r_n|\leqslant u_{n+1}.$$

例 1 交错级数

$$\sum_{n=1}^{\infty}(-1)^{n-1}\frac{1}{n} = 1-\frac{1}{2}+\frac{1}{3}-\frac{1}{4}+\cdots+(-1)^{n-1}\frac{1}{n}+\cdots$$

满足条件

(1) $u_n=\dfrac{1}{n}>\dfrac{1}{n+1}=u_{n+1}$ $(n=1,2,\cdots)$;

(2) $\lim\limits_{n\to\infty}u_n=\lim\limits_{n\to\infty}\dfrac{1}{n}=0$,

所以它是收敛的,且其和 $S\leqslant 1$,如果取前 n 项的和

$$S_n = 1-\frac{1}{2}+\frac{1}{3}-\cdots+(-1)^{n-1}\frac{1}{n}$$

作为 S 的近似值,则所产生的误差 $|r_n|\leqslant\dfrac{1}{n+1}=u_{n+1}$.

例 2 判别级数 $\sum\limits_{n=2}^{\infty}\dfrac{(-1)^n}{\ln n}$ 的收敛性.

解 所给级数为交错级数.因为 $\ln x$ 为单调增函数,所以 $\dfrac{1}{\ln x}$ 为单调减函数,于是有

(1) $\dfrac{1}{\ln n}>\dfrac{1}{\ln(n+1)}$ $(n=2,3,\cdots)$.

(2) 因为当 $n\to\infty$ 时,$\ln n$ 为无穷大量.所以

$$\lim_{n \to \infty} \frac{1}{\ln n} = 0.$$

因此根据定理 1 可知,所给级数收敛,且其和 $S \leqslant \dfrac{1}{\ln 2}$.

二、绝对收敛与条件收敛

现在讨论一般的级数

$$\sum_{n=1}^{\infty} u_n = u_1 + u_2 + \cdots + u_n + \cdots.$$

它的各项为任意的实数,我们称之为**任意项级数**或**一般项级数**. 如果级数 $\sum\limits_{n=1}^{\infty} u_n$ 各项的绝对值所构成的正项级数 $\sum\limits_{n=1}^{\infty} |u_n|$ 收敛,则称级数 $\sum\limits_{n=1}^{\infty} u_n$ **绝对收敛**;如果级数 $\sum\limits_{n=1}^{\infty} u_n$ 收敛,而级数 $\sum\limits_{n=1}^{\infty} |u_n|$ 发散,则称级数 $\sum\limits_{n=1}^{\infty} u_n$ **条件收敛**. 容易知道级数 $\sum\limits_{n=1}^{\infty} (-1)^{n-1} \dfrac{1}{n^2}$ 是绝对收敛级数,而级数 $\sum\limits_{n=1}^{\infty} (-1)^{n-1} \dfrac{1}{n}$ 是条件收敛级数.

级数绝对收敛与级数收敛有以下重要关系:

定理 2 绝对收敛的级数必收敛,即当级数 $\sum\limits_{n=1}^{\infty} |u_n|$ 收敛时,级数 $\sum\limits_{n=1}^{\infty} u_n$ 必收敛.

证 令

$$v_n = \frac{1}{2}(u_n + |u_n|) \quad (n = 1, 2, \cdots),$$

显然 $v_n \geqslant 0$,且 $v_n \leqslant |u_n| \ (n = 1, 2, \cdots)$,因级数 $\sum\limits_{n=1}^{\infty} |u_n|$ 收敛,故由比较审敛法知道,级数 $\sum\limits_{n=1}^{\infty} v_n$ 收敛,从而级数 $\sum\limits_{n=1}^{\infty} 2v_n$ 也收敛. 而 $u_n = 2v_n - |u_n|$,由收敛级数的基本性质可知

$$\sum_{n=1}^{\infty} u_n = \sum_{n=1}^{\infty} 2v_n - \sum_{n=1}^{\infty} |u_n|,$$

所以级数 $\sum\limits_{n=1}^{\infty} u_n$ 收敛.

定理 2 告诉我们,对于任意项级数 $\sum\limits_{n=1}^{\infty} u_n$,若我们用正项级数的审敛法判定

级数 $\sum\limits_{n=1}^{\infty} |u_n|$ 收敛,则级数 $\sum\limits_{n=1}^{\infty} u_n$ 收敛,且绝对收敛.

例 3　判定下列级数的收敛性,若收敛,指出其是绝对收敛还是条件收敛的.

（1）$\sum\limits_{n=1}^{\infty} \dfrac{\cos n\alpha}{n(n+1)}$;

（2）$\sum\limits_{n=1}^{\infty} \dfrac{(-1)^{n-1}}{\sqrt{n}}$.

解　（1）因为 $\left| \dfrac{\cos n\alpha}{n(n+1)} \right| \leqslant \dfrac{1}{n^2}$,而 $\sum\limits_{n=1}^{\infty} \dfrac{1}{n^2}$ 收敛,所以级数 $\sum\limits_{n=1}^{\infty} \left| \dfrac{\cos n\alpha}{n(n+1)} \right|$ 也收敛.

由定理 2 可知,级数 $\sum\limits_{n=1}^{\infty} \dfrac{\cos n\alpha}{n(n+1)}$ 收敛且是绝对收敛的.

（2）首先,因为级数 $\sum\limits_{n=1}^{\infty} \left| \dfrac{(-1)^{n-1}}{\sqrt{n}} \right| = \sum\limits_{n=1}^{\infty} \dfrac{1}{\sqrt{n}}$ 为 $p = \dfrac{1}{2}$ 的 p 级数,它是发散的,所以原级数不是绝对收敛的. 但交错级数 $\sum\limits_{n=1}^{\infty} \dfrac{(-1)^{n-1}}{\sqrt{n}}$ 满足

$$u_n = \frac{1}{\sqrt{n}} > \frac{1}{\sqrt{n+1}} = u_{n+1}, \text{ 且} \lim_{n \to \infty} \frac{1}{\sqrt{n}} = 0,$$

所以级数 $\sum\limits_{n=1}^{\infty} \dfrac{(-1)^{n-1}}{\sqrt{n}}$ 收敛,且是条件收敛的.

从例 3 中（2）可知,一般来讲,从级数 $\sum\limits_{n=1}^{\infty} |u_n|$ 发散,我们不能判定级数 $\sum\limits_{n=1}^{\infty} u_n$ 也发散. 但是,若用比值判别法判别 $\sum\limits_{n=1}^{\infty} |u_n|$ 发散,则 $\sum\limits_{n=1}^{\infty} u_n$ 亦发散. 这就是如下比较有用的定理

定理 3　如果任意项级数

$$\sum_{n=1}^{\infty} u_n = u_1 + u_2 + \cdots + u_n + \cdots$$

满足条件

$$\lim_{n \to \infty} \left| \frac{u_{n+1}}{u_n} \right| = \rho \quad (\text{其中 } \rho \text{ 可以为 } +\infty),$$

则当 $\rho < 1$ 时,级数 $\sum\limits_{n=1}^{\infty} u_n$ 收敛,且为绝对收敛;$\rho > 1$ 时,级数 $\sum\limits_{n=1}^{\infty} u_n$ 发散.

证 由第二节定理4(比值判别法)可知,当 $\rho < 1$ 时,级数 $\sum\limits_{n=1}^{\infty} |u_n|$ 收敛,从而级数 $\sum\limits_{n=1}^{\infty} u_n$ 收敛且为绝对收敛. 当 $\rho > 1$ 时,$\{|u_n|\}$ 为递增数列,且 $\lim\limits_{n \to \infty} |u_n| \neq 0$,从而 $\lim\limits_{n \to \infty} u_n \neq 0$,从而级数 $\sum\limits_{n=1}^{\infty} u_n$ 是发散的.

例4 讨论下列级数的收敛性:

(1) $\sum\limits_{n=0}^{\infty} \dfrac{x^n}{n!} = 1 + x + \dfrac{x^2}{2!} + \cdots + \dfrac{x^n}{n!} + \cdots$;

(2) $\sum\limits_{n=1}^{\infty} (-1)^n \dfrac{x^{2n}}{(2n)!}$;

(3) $\sum\limits_{n=1}^{\infty} \dfrac{\alpha(\alpha-1)\cdots(\alpha-n+1)}{n!} x^n$.

解 (1) 因为

$$\lim_{n \to \infty} \left| \frac{u_{n+1}}{u_n} \right| = \lim_{n \to \infty} \frac{|x|^{n+1}}{(n+1)!} \cdot \frac{n!}{|x|^n} = \lim_{n \to \infty} \frac{|x|}{n+1} = 0,$$

所以,此级数对一切 $x(-\infty < x < +\infty)$ 绝对收敛.

(2) 因为

$$\lim_{n \to \infty} \left| \frac{u_{n+1}}{u_n} \right| = \lim_{n \to \infty} \frac{(2n)!}{(2n+2)!} |x|^2$$

$$= \lim_{n \to \infty} \frac{1}{(2n+2)(2n+1)} |x|^2 = 0,$$

所以此级数对一切 $x(-\infty < x < +\infty)$ 绝对收敛.

(3) 因为

$$\lim_{n \to \infty} \left| \frac{u_{n+1}}{u_n} \right| = \lim_{n \to \infty} \left| \frac{\alpha-n}{n+1} x \right| = |x|,$$

故当 $|x| < 1$ 时,级数收敛;当 $|x| > 1$ 时,级数发散;而 $x = \pm 1$ 时,级数是否收敛取决于 α 为何值.

习题 11 – 3

1. 讨论下列交错级数的收敛性:

(1) $\displaystyle\sum_{n=1}^{\infty}(-1)^{n}\sqrt{\dfrac{n}{3n+1}}$; （2) $\displaystyle\sum_{n=1}^{\infty}(-1)^{n-1}\sin\dfrac{1}{n}$.

2. 判定下列级数是否收敛?如果是收敛的,绝对收敛还是条件收敛.

(1) $1-\dfrac{1}{3^{2}}+\dfrac{1}{5^{2}}-\dfrac{1}{7^{2}}+\dfrac{1}{9^{2}}-\cdots$; （2) $\displaystyle\sum_{n=1}^{\infty}(-1)^{n}\dfrac{n}{2^{n}}$;

(3) $\displaystyle\sum_{n=1}^{\infty}\dfrac{1}{n}\sin\dfrac{n\pi}{2}$; （4) $\displaystyle\sum_{n=1}^{\infty}(-1)^{n}\left(1-\cos\dfrac{1}{n}\right)$;

(5) $\displaystyle\sum_{n=1}^{\infty}(-1)^{n}\dfrac{n}{2n+1}$; （6) $\displaystyle\sum_{n=1}^{\infty}(-1)^{n}\ln\left(\dfrac{n+1}{n}\right)$;

(7) $\displaystyle\sum_{n=1}^{\infty}(-1)^{n}\dfrac{x^{2n-1}}{(2n-1)!}$.

3. 设 $\lambda>0$,且级数 $\displaystyle\sum_{n=1}^{\infty}a_{n}^{2}$ 收敛,证明级数 $\displaystyle\sum_{n=1}^{\infty}(-1)^{n}\dfrac{|a_{n}|}{\sqrt{n^{\alpha}+\lambda}}$ 当 $\alpha>1$ 时绝对收敛.

第四节 泰勒级数与幂级数

为了解决引言中提出的第二个问题,在本节的第一部分,我们先对几个基本的函数从数值上、几何直观上对它们展开成泰勒级数的问题进行讨论,然后给出一般函数的泰勒级数的概念以及函数可以展开成泰勒级数的条件. 一方面为了深入研究函数展开成泰勒级数的问题,另一方面,由于解决许多其他实际问题的需要,在本节的第二部分,我们讨论了幂级数及其收敛性,幂级数的运算以及函数在某个确定的点展开成幂级数的唯一性. 在本节的第三部分,我们介绍如何用间接的方法将一些初等函数展开成泰勒级数.

学习本节时,对一些数值上的例子和习题,希望用计算工具亲手做一做,以加深体会.

一、函数的泰勒级数

1. $f(x)=\cos x$ 在 $x_{0}=0$ 处的泰勒级数

我们知道 $f(x)=\cos x$ 在 $x_{0}=0$ 处的各阶泰勒多项式为

$$\cos x\approx P_{0}(x)=1,$$

$$\cos x \approx P_2(x) = 1 - \frac{x^2}{2!},$$

$$\cos x \approx P_4(x) = 1 - \frac{x^2}{2!} + \frac{x^4}{4!},$$

$$\cos x \approx P_6(x) = 1 - \frac{x^2}{2!} + \frac{x^4}{4!} - \frac{x^6}{6!},$$

$$\cos x \approx P_8(x) = 1 - \frac{x^2}{2!} + \frac{x^4}{4!} - \frac{x^6}{6!} + \frac{x^8}{8!},$$

$$\cos x \approx P_{10}(x) = 1 - \frac{x^2}{2!} + \frac{x^4}{4!} - \frac{x^6}{6!} + \frac{x^8}{8!} - \frac{x^{10}}{10!},$$

…………

这里,我们得到了一系列多项式

$$P_0(x), \quad P_2(x), \quad P_4(x), \quad P_6(x), \quad P_8(x), \cdots,$$

在 $x_0 = 0$ 的附近,其每一个都比前一个能更好地逼近 $\cos x$,且当要写出更高次的多项式时,都必须在低次多项式后面按如上规律加上更多的项,但低次项并没有改变. 例如:

$$P_{10}(x) = P_8(x) - \frac{x^{10}}{10!}.$$

这样,每一个高阶的泰勒多项式都包含了它之前的所有低阶的泰勒多项式. 让项数无限增加,则得到了一个无穷级数

$$1 - \frac{x^2}{2!} + \frac{x^4}{4!} - \frac{x^6}{6!} + \frac{x^8}{8!} - \frac{x^{10}}{10!} + \cdots, \tag{1}$$

它代表了 $\cos x$ 在 $x_0 = 0$ 处的整个泰勒多项式序列,称之为 $\cos x$ 在 $x_0 = 0$ 处的泰勒级数.

由上一节例 4 可知,对一切 $x \in (-\infty, +\infty)$,级数(1)均收敛.

现在的问题是级数(1)是否对任意的 $x \in (-\infty, +\infty)$ 均收敛到 $\cos x$.

先从数值上来观察一些事实. 若取 $x = \dfrac{\pi}{2}$,则 $\cos \dfrac{\pi}{2} = 0$,而此时一连串的泰勒多项式的值为

$$P_2\left(\frac{\pi}{2}\right) = 1 - \frac{\left(\frac{\pi}{2}\right)^2}{2!} \approx -0.233\,70,$$

$$P_4\left(\frac{\pi}{2}\right) = P_2\left(\frac{\pi}{2}\right) + \frac{\left(\frac{\pi}{2}\right)^4}{4!} \approx 0.019\ 97,$$

$$P_6\left(\frac{\pi}{2}\right) = P_4\left(\frac{\pi}{2}\right) - \frac{\left(\frac{\pi}{2}\right)^6}{6!} \approx -0.000\ 89,$$

$$P_8\left(\frac{\pi}{2}\right) = P_6\left(\frac{\pi}{2}\right) + \frac{\left(\frac{\pi}{2}\right)^8}{8!} \approx 0.000\ 02.$$

显然,它们非常迅速地收敛到 $\cos\dfrac{\pi}{2} = 0$.

若取一个距离 0 较远的 x 值,例如:$x = \pi$,则 $\cos\pi = -1$,这时,

$$P_2(\pi) = 1 - \frac{(\pi)^2}{2!} \approx -3.934\ 80,$$

$$P_4(\pi) = P_2(\pi) + \frac{(\pi)^4}{4!} \approx 0.123\ 91,$$

$$P_6(\pi) = P_4(\pi) - \frac{(\pi)^6}{6!} \approx -1.211\ 35,$$

$$P_8(\pi) = P_6(\pi) + \frac{(\pi)^8}{8!} \approx -0.976\ 02,$$

$$P_{10}(\pi) = P_8(\pi) - \frac{(\pi)^{10}}{10!} \approx -1.001\ 83,$$

$$P_{12}(\pi) = P_{10}(\pi) + \frac{(\pi)^{12}}{12!} \approx -0.999\ 9,$$

$$P_{14}(\pi) = P_{12}(\pi) - \frac{(\pi)^{14}}{14!} \approx -1.000\ 004.$$

这时虽然收敛的速度慢一些,但只要取 n 的值稍大一点,仍然可得到 $\cos\pi$ 的逼近值.

若取距离 $x_0 = 0$ 更远的 x,则同样地,从数值上我们也可以观察到,只要取更大的 n,从 $P_n(x)$ 的值就可以得到 $\cos x$ 的精确值的逼近值.

于是,无论取距离 $x_0 = 0$ 多远的 x,只要 n 越来越大,$\cos x$ 的泰勒多项式序列 $P_n(x)$ 将收敛于 $\cos x$. 这时我们称级数(1)收敛于 $\cos x$,或者称 $\cos x$ 在 $x_0 = 0$

处可以**展开成泰勒级数**,即有

$$\cos x = 1 - \frac{x^2}{2!} + \frac{x^4}{4!} - \frac{x^6}{6!} + \frac{x^8}{8!} - \cdots, \quad |x| < +\infty. \tag{2}$$

从几何上看,上述事实也是对的,图 11-1 是 $\cos x$ 在 $x_0 = 0$ 处的两个泰勒多项式 $P_2(x) = 1 - \frac{x^2}{2!}$ 和 $P_8(x) = 1 - \frac{x^2}{2!} + \frac{x^4}{4!} - \frac{x^6}{6!} + \frac{x^8}{8!}$ 及 $\cos x$ 的图形. 从图上可以看到,各阶泰勒多项式 $P_n(x)$ 只在 $x_0 = 0$ 处的局部范围内近似于 $\cos x$,当 x 距原点距离较远时,误差就变得较大. 但同时又看到,对任何一个 x,若取 $\cos x$ 在 $x_0 = 0$ 处的一个足够高次的泰勒多项式,则 $\cos x$ 与 $P_n(x)$ 相互接近的范围不断扩大.(2)式说明,当 $n \to \infty$ 时,$y = P_n(x)$ 的图形与 $y = \cos x$ 的图形趋于一致了.

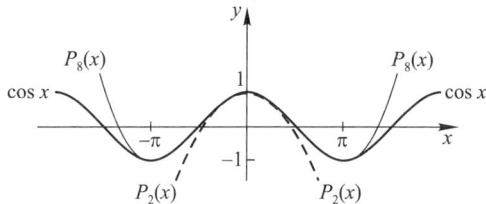

图 11-1

2. $f(x) = \mathrm{e}^x$ 在 $x_0 = 0$ 处的泰勒级数

和前面一样,对于 $f(x) = \mathrm{e}^x$,我们可以写出它在 $x_0 = 0$ 处的泰勒多项式序列

$$\mathrm{e}^x \approx P_0(x) = 1,$$

$$\mathrm{e}^x \approx P_1(x) = 1 + x,$$

$$\mathrm{e}^x \approx P_2(x) = 1 + x + \frac{x^2}{2!},$$

$$\mathrm{e}^x \approx P_3(x) = 1 + x + \frac{x^2}{2!} + \frac{x^3}{3!},$$

$$\cdots\cdots\cdots\cdots$$

$$\mathrm{e}^x \approx P_n(x) = 1 + x + \frac{x^2}{2!} + \cdots + \frac{x^n}{n!}.$$

让泰勒多项式的项数无限增加,得到如下无穷级数

$$\sum_{n=0}^{\infty} \frac{x^n}{n!} = 1 + x + \frac{x^2}{2!} + \cdots + \frac{x^n}{n!} + \cdots, \tag{3}$$

它代表了 e^x 在 $x_0 = 0$ 处的整个泰勒多项式序列,称之为 e^x 在 $x_0 = 0$ 处的泰勒

级数.

由上节例 4 可知, 对所有的 $x \in \mathbf{R}$, 级数(3)均收敛.

类似于对级数(1)的讨论, 从数值上和几何直观上我们均发现, 无论取距离 $x_0 = 0$ 多远的 x, 只要 n 越来越大, e^x 的泰勒多项式 $P_n(x)$ 将逐渐逼近 e^x 的精确值, 即 $P_n(x)$ 收敛于 e^x. 这时我们称级数(3)收敛于 e^x, 或称 e^x 在 $x_0 = 0$ 处可以**展开成泰勒级数**(3), 即有

$$\mathrm{e}^x = \sum_{n=0}^{\infty} \frac{x^n}{n!} = 1 + x + \frac{x^2}{2!} + \cdots + \frac{x^n}{n!} + \cdots, \quad |x| < +\infty. \tag{4}$$

图 11-2 中画出了 e^x 在 $x_0 = 0$ 处的三个泰勒多项式 $P_1(x) = 1 + x$, $P_2(x) = 1 + x + \frac{x^2}{2}$, $P_3(x) = 1 + x + \frac{x^2}{2} + \frac{x^3}{6}$ 及 e^x 的图形. 从图中可以看到, 各阶泰勒多项式 $P_n(x)$ 只在 $x_0 = 0$ 处的局部范围内近似于 e^x, 当 x 距原点距离较远时, 误差就变得较大. 但同时又看到对任何一个 x, 若取 e^x 在 $x_0 = 0$ 处的一个足够高次的泰勒多项式, 则 e^x 与 $P_n(x)$ 相互接近的范围不断扩大, (4)式表明当 $n \to \infty$ 时, $y = P_n(x)$ 与 $y = \mathrm{e}^x$ 的图形趋于一致了.

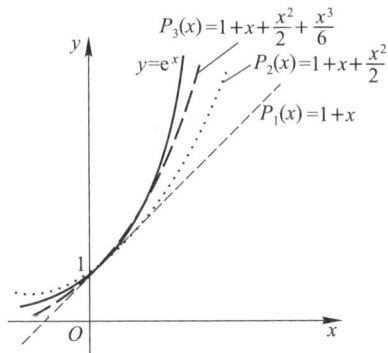

图 11-2

3. $y = f(x)$ 在 $x = x_0$ 处的泰勒级数及其可以展开成泰勒级数的条件

前面, 我们给出了 $\cos x, \mathrm{e}^x$ 在 $x_0 = 0$ 处的泰勒级数的定义. 一般地, 若 $f(x)$ 在点 x_0 处的某邻域 $U(x_0)$ 内存在任意阶导数, 则当 $x \in U(x_0)$ 时, 级数

$$\sum_{n=0}^{\infty} \frac{f^{(n)}(x_0)}{n!}(x - x_0)^n = f(x_0) + f'(x_0)(x - x_0) + \cdots +$$

$$\frac{f^{(n)}(x_0)}{n!}(x - x_0)^n + \cdots \tag{5}$$

称为 $f(x)$ 在 $x = x_0$ 的**泰勒级数**.

显然级数(5)的前 $n + 1$ 项的和即为 $f(x)$ 在 $x = x_0$ 处的 n 阶泰勒多项式 $P_n(x)$,若当 x 在某个范围内变化时(由本节的第二部分,我们将知道,这一范围总是某种类型的区间),总有

$$\lim_{n \to \infty} P_n(x) = f(x), \tag{6}$$

则我们称**泰勒级数**(5)**收敛于** $f(x)$ 或 $f(x)$ **在** $x = x_0$ **处可以展开成泰勒级数**(5).

因为 $f(x)$ 在 $x = x_0$ 处的某邻域 $U(x_0)$ 内有任意阶导数,所以如下的泰勒公式成立:

$$f(x) = P_n(x) + R_n(x),$$

其中 $P_n(x)$ 为 n 阶泰勒多项式,$R_n(x) = \dfrac{f^{(n+1)}(\xi)}{(n+1)!}(x - x_0)^{n+1}$($\xi$ 在 x 与 x_0 之间)为泰勒公式中的余项.

显然(6)式成立的充要条件是,当 $n \to \infty$ 时,$R_n(x)$ 的极限为零,即

$$\lim_{n \to \infty} R_n(x) = 0 \qquad (x \in U(x_0)).$$

于是,我们得到如下结果.

定理 1 设 $f(x)$ 在点 x_0 的某一邻域 $U(x_0)$ 内具有各阶导数,则 $f(x)$ 在该邻域内能展开成泰勒级数的充要条件是 $f(x)$ 的泰勒公式中的余项 $R_n(x)$ 当 $n \to \infty$ 时的极限为零,即

$$\lim_{n \to \infty} R_n(x) = 0 \qquad (x \in U(x_0)).$$

在(5)式中取 $x_0 = 0$,得

$$f(0) + f'(0)x + \frac{f''(0)}{2!}x^2 + \cdots + \frac{f^{(n)}(0)}{n!}x^n + \cdots. \tag{7}$$

级数(7)称为函数 $f(x)$ 的**麦克劳林级数**.

我们已经从数值上和几何直观上给出了 $\cos x, \mathrm{e}^x$ 的麦克劳林展开式(2)和(4).利用定理 1,可以从理论上对它们予以严格证明.这里,仅给出(4)式的证明,至于对(2)式的证明,可留作练习.

因为 e^x 在 $x_0 = 0$ 处的泰勒级数(即麦克劳林级数)为

$$1 + x + \frac{x^2}{2!} + \cdots + \frac{x^n}{n!} + \cdots,$$

它对 $x \in (-\infty, +\infty)$ 均收敛.

对任何有限数 x, ξ(ξ 介于 0 与 x 之间),余项的绝对值为

$$| R_n(x) | = \left| \frac{e^\xi}{(n+1)!} x^{n+1} \right| \leqslant e^{|x|} \frac{|x|^{n+1}}{(n+1)!}.$$

因为 $e^{|x|}$ 为有限数,又从第三节例 4 可知,$\displaystyle\sum_{n=0}^{\infty} \frac{|x|^{n+1}}{(n+1)!}$ 为收敛级数,所以当 $n \to \infty$ 时,其一般项趋于零,即

$$\lim_{n \to \infty} \frac{|x|^{n+1}}{(n+1)!} = 0, \quad x \in (-\infty, +\infty).$$

所以当 $n \to \infty$ 时,

$$e^{|x|} \frac{|x|^{n+1}}{(n+1)!} \to 0, \quad x \in (-\infty, +\infty).$$

于是 e^x 的麦克劳林级数在 $(-\infty, +\infty)$ 内收敛于 e^x,即有如下展开式

$$e^x = 1 + x + \frac{x^2}{2!} + \cdots + \frac{x^n}{n!} + \cdots, \quad |x| < +\infty.$$

例 1　将函数 $f(x) = (1+x)^\alpha$ 展开成麦克劳林级数,其中 α 是任意不为零的常数.

解　因为 $f(x)$ 的各阶导数为

$$f'(x) = \alpha(1+x)^{\alpha-1},$$

$$f''(x) = \alpha(\alpha-1)(1+x)^{\alpha-2},$$

$$\cdots\cdots\cdots\cdots$$

$$f^{(n)}(x) = \alpha(\alpha-1)(\alpha-2)\cdots(\alpha-n+1)(1+x)^{\alpha-n},$$

$$\cdots\cdots\cdots\cdots$$

所以 $f(0) = 1, f'(0) = \alpha, f''(0) = \alpha(\alpha-1), \cdots, f^{(n)}(0) = \alpha(\alpha-1)\cdots(\alpha-n+1), \cdots$,于是得 $(1+x)^\alpha$ 的麦克劳林级数为

$$1 + \alpha x + \frac{\alpha(\alpha-1)}{2!} x^2 + \cdots + \frac{\alpha(\alpha-1)\cdots(\alpha-n+1)}{n!} x^n + \cdots. \tag{8}$$

由第三节例 4(3) 可知,该级数当 $|x| < 1$ 时收敛,当 $|x| > 1$ 时发散. 可以证明,当 $x \in (-1, 1)$ 时,$\displaystyle\lim_{n \to \infty} R_n(x) = 0$(证明略去).

因此级数 (8) 当 $x \in (-1, 1)$ 时,对任意的 α 都收敛于 $(1+x)^\alpha$,故有展开式

$$(1+x)^\alpha = 1 + \alpha x + \frac{\alpha(\alpha-1)}{2!} x^2 + \cdots +$$

$$\frac{\alpha(\alpha-1)\cdots(\alpha-n+1)}{n!}x^n + \cdots, \quad x \in (-1,1). \tag{9}$$

当 $x = \pm 1$ 处,展开式(9)是否成立,要看 α 的数值而定.

公式(9)叫**二项展开式**.特殊地,当 α 为正整数时,级数为 x 的 α 次多项式,这就是代数学中的二项式定理.

当 $\alpha = -1$ 时,即可得下面熟悉的等比级数的求和公式

$$\frac{1}{1+x} = 1 - x + x^2 - x^3 + \cdots + (-1)^n x^n + \cdots, \quad x \in (-1,1). \tag{10}$$

当 $\alpha = \dfrac{1}{2}$ 时,二项展开式为

$$\sqrt{1+x} = 1 + \frac{1}{2}x - \frac{1}{2 \cdot 4}x^2 + \frac{1 \cdot 3}{2 \cdot 4 \cdot 6}x^3 - \frac{1 \cdot 3 \cdot 5}{2 \cdot 4 \cdot 6 \cdot 8}x^4 + \cdots,$$
$$x \in [-1,1]. \tag{11}$$

当 $\alpha = -\dfrac{1}{2}$ 时,二项展开式为

$$\frac{1}{\sqrt{1+x}} = 1 - \frac{1}{2}x + \frac{1 \cdot 3}{2 \cdot 4}x^2 - \frac{1 \cdot 3 \cdot 5}{2 \cdot 4 \cdot 6}x^3 + \frac{1 \cdot 3 \cdot 5 \cdot 7}{2 \cdot 4 \cdot 6 \cdot 8}x^4 - \cdots,$$
$$x \in (-1,1]. \tag{12}$$

对于 $\cos x, \mathrm{e}^x, (1+x)^\alpha$,我们已经给出了它们在 $x_0 = 0$ 处的泰勒展开式(2),(4)和(9),对于一些初等函数,无论是从数值上、几何上,还是利用定理 1 来研究它们展开成泰勒级数的问题,都是比较困难的.为了寻求将一些初等函数展开成泰勒级数的新的方法,我们必须先介绍幂级数的有关知识.

二、幂级数

如果 $u_n(x)(n = 1, 2, \cdots)$ 都是定义在区间 D 上的函数,我们把下式

$$\sum_{n=1}^{\infty} u_n(x) = u_1(x) + u_2(x) + \cdots + u_n(x) + \cdots$$

称为**函数项无穷级数**.这部分将介绍一种特殊的函数项无穷级数——幂级数及其性质.

1. 幂级数及其收敛性

我们把形如

$$\sum_{n=0}^{\infty} a_n(x-x_0)^n = a_0 + a_1(x-x_0) + a_2(x-x_0)^2 + \cdots +$$

$$a_n(x - x_0)^n + \cdots \qquad (13)$$

的函数项级数称为 $x - x_0$ 的幂级数,简称**幂级数**,其中 x_0 是某个定数,$a_0, a_1,$ $a_2, \cdots$ 叫做**幂级数的系数**.

显然,泰勒级数就是一种特殊形式的幂级数.

当 $x_0 = 0$ 时,幂级数(13)就成为

$$\sum_{n=0}^{\infty} a_n x^n = a_0 + a_1 x + a_2 x^2 + \cdots + a_n x^n + \cdots, \qquad (14)$$

称之为 x 的幂级数.

因为只要令 $t = x - x_0$,就可把(13)式转化成(14)式. 所以不失一般性,我们着重讨论幂级数(14)的收敛性问题.

对于每一个确定的实数 x_0,幂级数(14)成为常数项级数

$$\sum_{n=0}^{\infty} a_n x_0^n = a_0 + a_1 x_0 + \cdots + a_n x_0^n + \cdots. \qquad (15)$$

这个级数(15)可能收敛,也可能发散. 如果(15)收敛,则称点 x_0 是幂级数(14)的**收敛点**;如果(15)发散,则称点 x_0 是幂级数(14)的**发散点**. 幂级数(14)的所有收敛点的全体组成的集合称为它的**收敛域**,将之记作 I;所有发散点的全体组成的集合称为它的**发散域**.

对任一个确定的 $x \in I$,幂级数(14)成为一个收敛的常数项级数,因而有确定的和 $S(x)$,因而在收敛域 I 上,幂级数的和是 x 的函数 $S(x)$,我们称 $S(x)$ 为**幂级数的和函数**. 显然,和函数 $S(x)$ 的定义域就是幂级数的收敛域,并写成

$$S(x) = \sum_{n=0}^{\infty} a_n x^n, \quad x \in I.$$

若将幂级数(14)的前 $n + 1$ 项的部分和记作 $S_n(x)$,则在收敛域 I 上有

$$\lim_{n \to \infty} S_n(x) = S(x),$$

若把 $r_n(x) = S(x) - S_n(x)$ 称为**幂级数的余项**(显然,只有当 $x \in I$ 时,$r_n(x)$ 才有意义),于是有

当 $x \in I$ 时,

$$\lim_{n \to \infty} r_n(x) = 0.$$

现在的问题是对于一个给定的幂级数,它的收敛域和发散域的结构如何?

我们已经知道,幂级数

$$\sum_{n=0}^{\infty} x^n = 1 + x + \cdots + x^n + \cdots,$$

可以看做是一个公比为 x 的等比级数,当 $|x| < 1$ 时,这级数收敛于和 $\dfrac{1}{1-x}$,当 $|x| \geqslant 1$ 时,这级数发散. 因此这个幂级数的收敛域是区间 $(-1,1)$,发散域是 $(-\infty,-1] \cup [1,+\infty)$,若 x 在收敛域 $(-1,1)$ 内取值,则

$$\frac{1}{1-x} = \sum_{n=0}^{\infty} x^n = 1 + x + \cdots + x^n + \cdots,$$

即该级数的和函数为 $S(x) = \dfrac{1}{1-x}, \quad |x| < 1.$

由此我们看到,这个幂级数的收敛域是一个区间. 从本节的第一部分我们所举的几个例子中,也都能看到这个事实. 因此,我们猜测这个结论对一般的幂级数也是成立的.

事实上,有如下结果:

定理 2 如果幂级数 $\sum\limits_{n=0}^{\infty} a_n x^n$ 不是仅在 $x=0$ 一点收敛,也不是在整个数轴上都收敛,则必有一个确定的正数 R 存在,使得

当 $|x| < R$ 时,幂级数绝对收敛;

当 $|x| > R$ 时,幂级数发散;

当 $x = R$ 和 $x = -R$ 时,幂级数可能收敛也可能发散.

我们不打算给出这一定理的证明,有兴趣的读者可以参考其他微积分教材或者尝试自己独立地给出其证明.

这里正数 R 通常叫做幂级数(14)的**收敛半径**,开区间 $(-R,R)$ 叫做幂级数(14)的**收敛区间**. 再由幂级数在 $x = \pm R$ 处的收敛性就可以决定它的**收敛域**是 $(-R,R),[-R,R),(-R,R]$ 或 $[-R,R]$ 这四个区间之一.

如果幂级数(14)只在 $x=0$ 处收敛,这时收敛域只有一点 $x=0$,为方便起见,规定它的收敛半径 $R=0$;如果幂级数(14)对一切 x 都收敛,则规定收敛半径 $R = +\infty$,这时收敛域是 $(-\infty,+\infty)$(这两种情形的确存在).

下面的定理给出了一种求收敛半径的方法:

定理 3 如果幂级数 $\sum\limits_{n=0}^{\infty} a_n x^n$ 的相邻两项的系数满足条件

$$\lim_{n \to \infty} \left| \frac{a_{n+1}}{a_n} \right| = \rho \qquad (\rho \text{ 为常数或 } +\infty),$$

则这幂级数的收敛半径

$$R = \begin{cases} \dfrac{1}{\rho}, & \rho \neq 0, \\ +\infty, & \rho = 0, \\ 0, & \rho = +\infty. \end{cases} \qquad (16)$$

证　因为

$$\lim_{n \to \infty} \left| \frac{u_{n+1}}{u_n} \right| = \lim_{n \to \infty} \left| \frac{a_{n+1} x^{n+1}}{a_n x^n} \right| = \lim_{n \to \infty} \left| \frac{a_{n+1}}{a_n} \right| |x|,$$

（1）如果 $\lim\limits_{n \to \infty} \left| \dfrac{a_{n+1}}{a_n} \right| = \rho \neq 0$ 存在，则由本章第三节定理 3 可知，当 $\rho |x| <$

1 时，即 $|x| < \dfrac{1}{\rho}$ 时，级数 $\sum\limits_{n=0}^{\infty} a_n x^n$ 收敛且绝对收敛. 当 $\rho |x| > 1$，即 $|x| > \dfrac{1}{\rho}$

时，级数 $\sum\limits_{n=0}^{\infty} a_n x^n$ 发散. 由收敛半径定义可知，$R = \dfrac{1}{\rho}$.

（2）若 $\rho = 0$，则对任何 $x \neq 0$，有 $\left| \dfrac{a_{n+1} x^{n+1}}{a_n x^n} \right| \to 0 (n \to \infty)$，所以级数

$\sum\limits_{n=0}^{\infty} |a_n x^n|$ 对一切 x 收敛，即级数 $\sum\limits_{n=0}^{\infty} a_n x^n$ 对一切 x 收敛且为绝对收敛. 于是 $R =$

$+\infty$.

（3）若 $\rho = +\infty$，则对一切 $x \neq 0$，有

$$\lim_{n \to \infty} \left| \frac{a_{n+1} x^{n+1}}{a_n x^n} \right| = \lim_{n \to \infty} \left| \frac{a_{n+1}}{a_n} \right| |x| = +\infty.$$

从而由本章第三节定理 3 可知，对一切 $x \neq 0$，级数 $\sum\limits_{n=0}^{\infty} a_n x^n$ 发散，于是 $R = 0$.

例 2　求幂级数

$$x + \frac{x^2}{2} + \cdots + \frac{x^n}{n} + \cdots$$

的收敛半径与收敛域.

解　因为

$$\rho = \lim_{n \to \infty} \left| \frac{a_{n+1}}{a_n} \right| = \lim_{n \to \infty} \frac{\dfrac{1}{n+1}}{\dfrac{1}{n}} = 1,$$

所以收敛半径为 $R = \dfrac{1}{\rho} = 1$.

对于端点 $x = 1$, 级数成为调和级数

$$1 + \frac{1}{2} + \frac{1}{3} + \cdots + \frac{1}{n} + \cdots,$$

是发散的.

对于端点 $x = -1$, 级数成为

$$-1 + \frac{1}{2} - \frac{1}{3} + \cdots + (-1)^n \frac{1}{n} + \cdots,$$

这是一个收敛的交错级数, 因此收敛域为 $[-1, 1)$.

例 3　求级数 $\displaystyle\sum_{n=0}^{\infty} n! x^n$ 的收敛半径(规定 $0! = 1$).

解　因为

$$\rho = \lim_{n \to \infty} \left| \frac{a_{n+1}}{a_n} \right| = \lim_{n \to \infty} \frac{(n+1)!}{n!} = +\infty,$$

所以收敛半径 $R = 0$, 即级数仅在 $x = 0$ 处收敛.

例 4　求幂级数 $\displaystyle\sum_{n=1}^{\infty} \frac{(-1)^{n-1} x^{2n-1}}{(2n-1)}$ 的收敛半径及收敛域.

解　因为这个幂级数的偶次项系数为零, 不能利用本节定理 3 直接求收敛半径. 下面利用本章第三节的定理 3 求收敛半径. 因为

$$\lim_{n \to \infty} \left| \frac{u_{n+1}}{u_n} \right| = \lim_{n \to \infty} \left| \frac{x^{2n+1}}{2n+1} \cdot \frac{2n-1}{x^{2n-1}} \right| = \lim_{n \to \infty} \frac{1 - \dfrac{1}{2n}}{1 + \dfrac{1}{2n}} |x|^2 = |x|^2,$$

故当 $|x|^2 < 1$, 即 $|x| < 1$ 时级数收敛; 当 $|x|^2 > 1$, 即 $|x| > 1$ 时级数发散. 由收敛半径的定义可知收敛半径 $R = 1$.

当 $x = 1$ 时, 级数成为 $\displaystyle\sum_{n=1}^{\infty} \frac{(-1)^{n-1}}{2n-1}$; 当 $x = -1$ 时, 级数成为 $\displaystyle\sum_{n=1}^{\infty} \frac{(-1)^n}{2n-1}$. 它们都是收敛的交错级数, 所以收敛域为 $[-1, 1]$.

例 5　求幂级数 $\displaystyle\sum_{n=1}^{\infty} \frac{(x-1)^n}{2^n \cdot n}$ 的收敛域.

解　令 $t = x - 1$, 则上述级数变为

$$\sum_{n=1}^{\infty} \frac{t^n}{2^n \cdot n}.$$

因为

$$\rho = \lim_{n \to \infty} \left| \frac{a_{n+1}}{a_n} \right| = \lim_{n \to \infty} \frac{2^n \cdot n}{2^{n+1}(n+1)} = \frac{1}{2},$$

所以收敛半径 $R = 2$,收敛区间为 $|t| < 2$,即 $-1 < x < 3$.

当 $x = 3$ 时,级数成为 $\sum_{n=1}^{\infty} \frac{1}{n}$,这级数发散;

当 $x = -1$ 时,级数成为 $\sum_{n=1}^{\infty} \frac{(-1)^n}{n}$,这级数收敛. 因此原级数的收敛域为 $[-1, 3)$.

我们若回过去考察本节第一部分讨论过的 $\cos x, e^x, (1+x)^\alpha$ 的麦克劳林级数,不难发现 $\cos x, e^x$ 的麦克劳林级数的收敛半径均为 $R = +\infty$,收敛域为 $(-\infty, +\infty)$,而 $(1+x)^\alpha$ 的麦克劳林级数的收敛半径 $R = 1$,收敛区间为 $(-1, 1)$,当 $\alpha \geqslant 0$ 时,其收敛域为 $[-1, 1]$,当 $-1 < \alpha < 0$ 时,其收敛域为 $(-1, 1]$,当 $\alpha \leqslant -1$ 时,其收敛域即为其收敛区间 $(-1, 1)$.

2. 幂级数的运算及函数展开成幂级数的唯一性

下面先介绍幂级数一些运算.

设幂级数 $\sum_{n=0}^{\infty} a_n x^n$ 与 $\sum_{n=0}^{\infty} b_n x^n$ 分别在区间 $(-R_1, R_1)$ 与 $(-R_2, R_2)$ 内收敛,那么我们可定义它们的下列运算.

加减法

$$\sum_{n=0}^{\infty} a_n x^n \pm \sum_{n=0}^{\infty} b_n x^n = \sum_{n=0}^{\infty} (a_n \pm b_n) x^n,$$

等式在区间 $(-R_1, R_1) \cap (-R_2, R_2)$ 内成立.

乘法

$$\left(\sum_{n=0}^{\infty} a_n x^n \right) \cdot \left(\sum_{n=0}^{\infty} b_n x^n \right) = \sum_{n=0}^{\infty} \left(\sum_{i+j=n} a_i b_j \right) x^n$$
$$= a_0 b_0 + (a_0 b_1 + a_1 b_0) x + (a_0 b_2 + a_1 b_1 + a_2 b_0) x^2 + \cdots,$$

等式在区间 $(-R_1, R_1) \cap (-R_2, R_2)$ 内成立.

关于幂级数的和函数有下列重要性质(证明从略).

性质 1 幂级数 $\sum_{n=0}^{\infty} a_n x^n$ 的和函数 $S(x)$ 在其收敛域 I 上连续.

性质2 幂级数 $\sum\limits_{n=0}^{\infty} a_n x^n$ 的和函数 $S(x)$ 在其收敛域 I 上可积,并有逐项积分公式

$$\int_0^x S(x)\,\mathrm{d}x = \int_0^x \left(\sum_{n=0}^{\infty} a_n x^n \right) \mathrm{d}x = \sum_{n=0}^{\infty} \int_0^x a_n x^n \mathrm{d}x$$

$$= \sum_{n=0}^{\infty} \frac{a_n}{n+1} x^{n+1} \qquad (x \in I), \tag{17}$$

并且逐项积分后所得幂级数与原级数有相同的收敛半径.

性质3 幂级数 $\sum\limits_{n=0}^{\infty} a_n x^n$ 的和函数 $S(x)$ 在其收敛区间 $(-R,R)$ 内可导,且有逐项求导公式

$$S'(x) = \left(\sum_{n=0}^{\infty} a_n x^n \right)' = \sum_{n=0}^{\infty} (a_n x^n)' = \sum_{n=1}^{\infty} n a_n x^{n-1} \qquad (\,|x| < R). \tag{18}$$

逐项求导后所得的幂级数和原级数有相同的收敛半径.

反复利用性质 3 可得:幂级数 $\sum\limits_{n=0}^{\infty} a_n x^n$ 的和函数 $S(x)$ 在其收敛区间 $(-R,R)$ 内有任意阶导数.

利用幂级数的性质,可求一些幂级数的和函数.

例6 求幂级数 $\sum\limits_{n=1}^{\infty} \dfrac{x^n}{n}$ 的和函数.

解 显然,所给幂级数的收敛区间为 $(-1,1)$,收敛域为 $[-1,1)$,设

$$S(x) = \sum_{n=1}^{\infty} \frac{x^n}{n}, \quad x \in [-1,1).$$

利用性质 3 对所给幂级数在收敛区间内逐项求导,并由

$$\frac{1}{1-x} = 1 + x + x^2 + \cdots + x^n + \cdots, \quad x \in (-1,1)$$

得

$$S'(x) = \sum_{n=1}^{\infty} \left(\frac{x^n}{n} \right)' = \sum_{n=0}^{\infty} x^n = \frac{1}{1-x}, \quad x \in (-1,1).$$

对上式从 0 到 x 积分,并注意 $S(0) = 0$,得

$$S(x) = \int_0^x \frac{1}{1-x}\mathrm{d}x = -\ln(1-x), \quad x \in [-1,1).$$

　　例 7　某足球明星与一足球俱乐部签订一项合同,合同规定俱乐部在第 n 年末支付给该明星或其后代 n 万元$(n=1,2,\cdots)$. 假定银行存款以 5% 的年复利的方式计息,问老板应在签约当天存入银行多少钱?

　　解　设 $r=5\%$ 为年复利率,若规定第 n 年末支付 n 万元$(n=1,2,\cdots)$,则应在银行存入的本金总数为

$$\sum_{n=1}^{\infty} n(1+r)^{-n} = \frac{1}{1+r} + \frac{2}{(1+r)^2} + \cdots + \frac{n}{(1+r)^n} + \cdots,$$

为求这一数项级数的和,考虑如下的幂级数

$$\sum_{n=1}^{\infty} nx^n = x + 2x^2 + 3x^3 + \cdots + nx^n + \cdots,$$

该幂级数的收敛域为 $(-1,1)$,当 $r = \dfrac{1}{20}$ 时,$\dfrac{1}{1+r} \in (-1,1)$. 因此,若求出幂级数 $\displaystyle\sum_{n=1}^{\infty} nx^n$ 的和函数 $S(x)$,则 $S\left(\dfrac{1}{1+r}\right)$ 即为所求的数项级数的和.

　　令
$$S(x) = \sum_{n=1}^{\infty} nx^n = x \sum_{n=1}^{\infty} nx^{n-1},$$

设 $\varphi(x) = \displaystyle\sum_{n=1}^{\infty} nx^{n-1}$,则

$$\int_0^x \varphi(x)\,\mathrm{d}x = \int_0^x \left(\sum_{n=1}^{\infty} nx^{n-1} \right) \mathrm{d}x = \sum_{n=1}^{\infty} \int_0^x nx^{n-1}\,\mathrm{d}x$$

$$= \sum_{n=1}^{\infty} x^n = \frac{x}{1-x}.$$

从而
$$\varphi(x) = \left(\frac{x}{1-x} \right)' = \frac{1}{(1-x)^2},$$

故
$$S(x) = \frac{x}{(1-x)^2},$$

故
$$S\left(\frac{1}{1+r}\right) = \sum_{n=1}^{\infty} n(1+r)^{-n} = \frac{\dfrac{1}{1+r}}{\left(1 - \dfrac{1}{1+r} \right)^2}$$

$$= \frac{1+r}{r^2}.$$

将 $r = \dfrac{1}{20}$ 代入, 即得本金为

$$S\left(\frac{1}{1+r}\right) = 420\,(\text{万元}).$$

我们已经知道, 函数 $f(x)$ 的麦克劳林级数是 x 的幂级数. 利用幂级数在收敛区间内可逐项求导的性质, 可以证明将函数 $f(x)$ 展开成 x 的幂级数的**唯一性定理**.

定理 4 如果函数 $f(x)$ 能在 $x_0 = 0$ 的某邻域 $(-R, R)$ 内展开成 x 的幂级数, 则这种展开式是唯一的, 它一定与 $f(x)$ 的麦克劳林级数一致.

定理 4 的证明我们将留作一个习题. 该定理为本节下一部分所讲的将某些初等函数展开成幂级数的方法提供了理论依据.

三、将函数 $f(x)$ 展开成泰勒级数的间接方法

设函数 $f(x)$ 有任意阶导数, 若要将其展开成 x 的幂级数, 则需先计算幂级数的系数 $a_n = \dfrac{f^{(n)}(0)}{n!}$, 然后分析余项 $R_n(x)$ 是否趋于零, 我们正是这样已经将 $\cos x, \mathrm{e}^x, (1+x)^\alpha$ 这三个函数展开成了关于 x 的幂级数.

但对于大多数函数而言, 通过微分计算幂级数的系数其工作量可能很大. 况且分析余项 $R_n(x)$ 是否趋于零一般也非易事. 因此实际中常采用所谓间接展开法, 它主要是根据一些已知函数的展开式, 并利用幂级数的性质和变量代换, 把所给函数展开成幂级数.

1. 将函数展开成 x 的幂级数

例 8 将下列函数展开成麦克劳林级数:

(1) $f(x) = \mathrm{e}^{-x^2}$;   (2) $f(x) = \sin x$.

解 (1) 对 $f(x) = \mathrm{e}^{-x^2}$, 显然, 要算 $a_n = \dfrac{f^{(n)}(0)}{n!}$ 就较麻烦, 若估计 $R_n(x)$ 是否趋于零就更困难. 我们介绍一个较简捷的方法来解这一道题目. 因为

$$\mathrm{e}^y = 1 + y + \frac{y^2}{2!} + \cdots + \frac{y^n}{n!} + \cdots \qquad (|y| < +\infty),$$

令 $y = -x^2$, 得

$$\mathrm{e}^{-x^2} = 1 + (-x^2) + \frac{(-x^2)^2}{2!} + \cdots + \frac{(-x^2)^n}{n!} + \cdots \qquad (|x^2| < +\infty),$$

即

$$e^{-x^2} = 1 - x^2 + \frac{x^4}{2!} - \frac{x^6}{6!} + \cdots + (-1)^n \frac{x^{2n}}{n!} + \cdots \qquad (|x| < +\infty).$$

（2）本题可仿照将 $f(x) = \cos x$ 展开成麦克劳林级数的方法做，但用间接展开法，则比较简单. 因为

$$\cos x = 1 - \frac{x^2}{2!} + \frac{x^4}{4!} - \cdots + (-1)^n \frac{x^{2n}}{(2n)!} + \cdots \qquad (|x| < +\infty),$$

对上面的展开式逐项求导，并两边乘上 -1，得

$$\sin x = x - \frac{x^3}{3!} + \frac{x^5}{5!} - \cdots + (-1)^{n-1} \frac{x^{2n-1}}{(2n-1)!} + \cdots$$

$$x \in (-\infty, +\infty). \qquad (19)$$

例 9 将函数 $f(x) = \ln(1+x)$ 展开成 x 的幂级数.

解 因为 $f'(x) = \dfrac{1}{1+x}$，而

$$\frac{1}{1+x} = 1 - x + x^2 - x^3 + \cdots + (-1)^n x^n + \cdots, \quad -1 < x < 1.$$

将上式从 0 到 x 逐项积分，而且注意到 $f(0) = \ln 1 = 0$，得

$$\ln(1+x) = f(x) - f(0) = \int_0^x \frac{1}{1+x} \mathrm{d}x = \sum_{n=0}^{\infty} \int_0^x (-1)^n x^n \mathrm{d}x$$

$$= \sum_{n=0}^{\infty} \frac{(-1)^n}{n+1} x^{n+1}, \quad x \in (-1, 1).$$

由于上式右端的级数在端点 $x = 1$ 处是收敛的，在端点 $x = -1$ 处是发散的，而 $f(x) = \ln(1+x)$ 在 $x = 1$ 处连续，故有

$$\ln(1+x) = x - \frac{x^2}{2} + \frac{x^3}{3} - \cdots + (-1)^{n-1} \frac{x^n}{n} + \cdots, \quad x \subset (\ -1, 1]. \quad (20)$$

例 10 将 $f(x) = \arctan x$ 展开成 x 的幂级数.

解 因为

$$f'(x) = (\arctan x)' = \frac{1}{1+x^2},$$

而

$$\frac{1}{1+x^2} = \frac{1}{1-(-x^2)} = \sum_{n=0}^{\infty} (-x^2)^n = \sum_{n=0}^{\infty} (-1)^n x^{2n}, \quad x \in (-1, 1).$$

将上式从 0 到 x 积分，而且注意到 $f(0) = \arctan 0 = 0$，可得

$$\arctan x = \sum_{n=0}^{\infty} \frac{(-1)^n x^{2n+1}}{2n+1}, \quad x \in (-1,1).$$

当 $x = \pm 1$ 时，上式右端的级数成为 $\pm \sum_{n=0}^{\infty} \frac{(-1)^n}{2n+1}$，它们都是收敛的，而 $f(x) = \arctan x$ 在 $x = \pm 1$ 处又是连续的，因此

$$\arctan x = x - \frac{x^3}{3} + \frac{x^5}{5} - \cdots + (-1)^n \frac{x^{2n+1}}{2n+1} + \cdots, \quad x \in [-1,1]. \quad (21)$$

例 11 将下列级数展开成 x 的幂级数：

(1) $f(x) = \sin^2 x$;　　　　　(2) $f(x) = \dfrac{x}{x^2 - x - 2}$.

解 (1) 因为 $\sin^2 x = \dfrac{1}{2}(1 - \cos 2x)$，利用展开式(2)，将其中的 x 换成 $2x$，得

$$\cos 2x = \sum_{n=0}^{\infty} (-1)^n \frac{(2x)^{2n}}{(2n)!} = \sum_{n=0}^{\infty} (-1)^n \frac{2^{2n} x^{2n}}{(2n)!}, \quad x \in (-\infty, +\infty).$$

于是

$$\sin^2 x = \frac{1}{2}(1 - \cos 2x)$$

$$= \frac{1}{2}\left[1 - 1 + \frac{2^2 x^2}{2!} - \frac{2^4 x^4}{4!} + \cdots + (-1)^{n-1} \frac{2^{2n} x^{2n}}{(2n)!} + \cdots \right]$$

$$= \sum_{n=1}^{\infty} (-1)^{n-1} \frac{2^{2n} x^{2n}}{2 \cdot (2n)!}, \quad x \in (-\infty, +\infty).$$

(2) 因为

$$f(x) = \frac{x}{x^2 - x - 2} = \frac{x}{(x-2)(x+1)}$$

$$= \frac{1}{3}\left(\frac{1}{x+1} + \frac{2}{x-2} \right) = \frac{1}{3}\left(\frac{1}{1+x} - \frac{1}{1 - \dfrac{x}{2}} \right),$$

而

$$\frac{1}{1+x} = \sum_{n=0}^{\infty} (-1)^n x^n \qquad (-1 < x < 1),$$

$$\frac{1}{1 - \frac{x}{2}} = \sum_{n=0}^{\infty} \left(\frac{x}{2} \right)^n = \sum_{n=0}^{\infty} \frac{x^n}{2^n} \qquad (-2 < x < 2),$$

于是可得

$$f(x) = \frac{1}{3} \left[\sum_{n=0}^{\infty} (-1)^n x^n - \sum_{n=0}^{\infty} \frac{1}{2^n} x^n \right]$$

$$= \frac{1}{3} \sum_{n=0}^{\infty} \left[(-1)^n - \frac{1}{2^n} \right] x^n,$$

收敛域为 $(-1,1) \cap (-2,2) = (-1,1)$.

2. 将函数展开成 $x - x_0$ 的幂级数

如果要将函数展开成 $x - x_0$ 的幂级数,可以先作代换 $t = x - x_0$,即 $x = x_0 + t$,然后将函数展开成 t 的幂级数,也就是 $x - x_0$ 的幂级数.

例 12 将下列函数展开成 $x - 2$ 的幂级数.

(1) $f(x) = \dfrac{1}{5-x}$;　　　　(2) $\ln x$.

解 令 $x - 2 = t$,即 $x = t + 2$,于是

(1) $\dfrac{1}{5-x} = \dfrac{1}{5 - t - 2} = \dfrac{1}{3 - t} = \dfrac{1}{3} \dfrac{1}{1 - \dfrac{t}{3}}$

$$= \frac{1}{3} \left[1 + \frac{t}{3} + \left(\frac{t}{3} \right)^2 + \cdots + \left(\frac{t}{3} \right)^n + \cdots \right]$$

$$= \frac{1}{3} + \frac{1}{3^2} (x-2) + \frac{1}{3^3} (x-2)^2 + \cdots + \frac{1}{3^{n+1}} (x-2)^n + \cdots.$$

由 $\left| \dfrac{t}{3} \right| < 1$,得 $|x-2| < 3$,即 $-1 < x < 5$,故收敛域为 $(-1,5)$.

(2) $\ln x = \ln(2+t) = \ln \left[2 \left(1 + \frac{t}{2} \right) \right] = \ln 2 + \ln \left(1 + \frac{t}{2} \right)$

$$= \ln 2 + \frac{t}{2} - \frac{1}{2} \left(\frac{t}{2} \right)^2 + \frac{1}{3} \left(\frac{t}{2} \right)^3 - \cdots +$$

$$(-1)^{n-1} \frac{1}{n} \left(\frac{t}{2} \right)^n + \cdots$$

$$= \ln 2 + \frac{x-2}{2} - \frac{(x-2)^2}{2 \cdot 2^2} + \frac{(x-2)^3}{3 \cdot 2^3} - \cdots +$$

$$(-1)^{n-1} \frac{(x-2)^n}{n \cdot 2^n} + \cdots$$

由 $-1 < \dfrac{t}{2} \leqslant 1$ 得,$-1 < \dfrac{x-2}{2} \leqslant 1$,即 $0 < x \leqslant 4$. 从而收敛域为 $(0,4]$.

3. 常用函数的麦克劳林展开式

(1) $e^x = \displaystyle\sum_{n=0}^{\infty} \frac{x^n}{n!}$, $\quad x \in (-\infty, +\infty)$;

(2) $\sin x = \displaystyle\sum_{n=0}^{\infty} (-1)^n \frac{x^{2n+1}}{(2n+1)!}$, $\quad x \in (-\infty, +\infty)$;

(3) $\cos x = \displaystyle\sum_{n=0}^{\infty} (-1)^n \frac{x^{2n}}{(2n)!}$, $\quad x \in (-\infty, +\infty)$;

(4) $\ln(1+x) = \displaystyle\sum_{n=0}^{\infty} (-1)^n \frac{x^{n+1}}{n+1}$, $\quad x \in (-1,1]$;

(5) $(1+x)^\alpha = \displaystyle\sum_{n=0}^{\infty} \frac{\alpha(\alpha-1)\cdots(\alpha-n+1)}{n!} x^n$, $\quad x \in (-1,1)$;

特别地,$\dfrac{1}{1-x} = \displaystyle\sum_{n=0}^{\infty} x^n$, $\quad x \in (-1,1)$;

$\dfrac{1}{1+x} = \displaystyle\sum_{n=0}^{\infty} (-1)^n x^n$, $\quad x \in (-1,1)$;

(6) $\arctan x = \displaystyle\sum_{n=0}^{\infty} (-1)^n \frac{x^{2n+1}}{2n+1}$, $\quad x \in [-1,1]$.

习题 11 - 4

1. 设 $f(x) = \ln x$:

(1) 根据定义写出 $f(x)$ 在 $x_0 = 1$ 的泰勒级数;

(2) 从图像上说明 $f(x)$ 在 $x_0 = 1$ 的泰勒级数当 $x \in (0,2)$ 时收敛于 $f(x)$;

(3) 从数值上说明 $f(x)$ 在 $x_0 = 1$ 的泰勒级数当 $x \in (0,2)$ 时收敛于 $f(x)$.

(注:(2)、(3) 两小题不作为必做题).

2. 求下列幂级数的收敛域:

(1) $\displaystyle\sum_{n=1}^{\infty} n x^n$;

(2) $\displaystyle\sum_{n=1}^{\infty} \frac{x^n}{2^n \cdot n}$;

(3) $\dfrac{x}{2} + \dfrac{x^2}{2 \cdot 4} + \dfrac{x^3}{2 \cdot 4 \cdot 6} + \cdots + \dfrac{x^n}{2 \cdot 4 \cdots (2n)} + \cdots$;

（4）$\displaystyle\sum_{n=1}^{\infty} \frac{2^n}{n^2+1}x^n$；　　　　　　（5）$\displaystyle\sum_{n=1}^{\infty}(-1)^n \frac{x^{2n+1}}{2n+1}$；

（6）$\displaystyle\sum_{n=1}^{\infty} \frac{2n-1}{2^n}x^{2n-2}$；　　　　　（7）$\displaystyle\sum_{n=1}^{\infty} \frac{(x-3)^n}{\sqrt{n}}$.

3. 利用逐项求导或逐项积分,求下列级数的和函数:

（1）$\displaystyle\sum_{n=0}^{\infty} \frac{x^n}{n+1}$；　　　　　　　（2）$\displaystyle\sum_{n=1}^{\infty} 2nx^{2n-1}$；

（3）$\displaystyle\sum_{n=1}^{\infty} \frac{x^{4n+1}}{4n+1}$.

4. 证明本节定理 4（即函数 $f(x)$ 展开成 x 的幂级数的唯一性定理）.

5. 设 $f(x) = \displaystyle\sum_{n=0}^{\infty} \frac{x^n}{n!}$　$(-\infty < x < +\infty)$,

（1）通过逐项求导的方法证明 $f(x)$ 满足微分方程 $f'(x) = f(x)(-\infty < x < +\infty)$,且 $f(0) = 1$；

（2）证明 $f(x) = \mathrm{e}^x$.

（注：此题提供了将 e^x 展开成 x 的幂级数的另一种方法.）

6. 将下列函数展开成 x 的幂级数,并求展开式成立的区间:

（1）a^x；　　　　　　　　　（2）$\ln(a+x)$　$(a>0)$；

（3）$\sin\dfrac{x}{2}$；　　　　　　　（4）$(1+x)\ln(1+x)$；

（5）$\dfrac{1}{3-x}$；　　　　　　　（6）$\dfrac{1}{\sqrt{1-x^2}}$.

7. 将下列函数展开成 $(x-3)$ 的幂级数:

（1）$f(x) = \dfrac{1}{x}$；　　　　　　（2）$f(x) = \dfrac{1}{x^2}$.

8. 将 $f(x) = \dfrac{1}{x^2+3x+2}$ 展开成 $(x+4)$ 的幂级数.

第五节　函数的幂级数展开式的应用

一、近似计算

有了函数的幂级数展开式,就可以用它来进行近似计算,即在展开式的有效区间上,函数值可以近似地利用这个级数按精确度要求计算出来.

例1　计算 $\sqrt{\mathrm{e}}$ 的近似值.

解　在 e^x 的麦克劳林展开式中,令 $x = \dfrac{1}{2}$,得

$$\sqrt{\mathrm{e}} = \mathrm{e}^{\frac{1}{2}} = 1 + \frac{1}{2} + \frac{1}{2!}\left(\frac{1}{2}\right)^2 + \frac{1}{3!}\left(\frac{1}{2}\right)^3 + \frac{1}{4!}\left(\frac{1}{2}\right)^4 + \cdots + \frac{1}{n!}\left(\frac{1}{2}\right)^n + \cdots.$$

取前 5 项作为 $\sqrt{\mathrm{e}}$ 的近似值,

$$\sqrt{\mathrm{e}} \approx 1 + \frac{1}{2} + \frac{1}{8} + \frac{1}{48} + \frac{1}{384} \approx 1.648,$$

其误差

$$\begin{aligned} |r| &= \frac{1}{5!}\left(\frac{1}{2}\right)^5 + \frac{1}{6!}\left(\frac{1}{2}\right)^6 + \frac{1}{7!}\left(\frac{1}{2}\right)^7 + \cdots \\ &< \frac{1}{5!}\left(\frac{1}{2}\right)^5\left[1 + \frac{1}{6}\left(\frac{1}{2}\right) + \frac{1}{6\cdot 6}\left(\frac{1}{2}\right)^2 + \cdots\right] \\ &= \frac{1}{5!}\left(\frac{1}{2}\right)^5 \frac{1}{1 - \frac{1}{12}} < \frac{1}{1\,000}. \end{aligned}$$

(其中不等式成立,是因为两端的级数均为收敛的正项级数.)

例 2　计算 $\sqrt[5]{245}$ 的近似值,要求误差不超过 10^{-4}.

解
$$\sqrt[5]{245} = \sqrt[5]{3^5 + 2} = 3\left(1 + \frac{2}{3^5}\right)^{\frac{1}{5}}.$$

在 $(1+x)^\alpha$ 的麦克劳林展开式中令 $\alpha = \frac{1}{5}$, $x = \frac{2}{3^5}$, 得

$$\sqrt[5]{245} = 3\left[1 + \frac{1}{5}\left(\frac{2}{3^5}\right) - \frac{1}{2!}\frac{1}{5}\left(\frac{1}{5} - 1\right)\left(\frac{2}{3^5}\right)^2 + \cdots\right].$$

这个级数从第二项起是交错级数,如果取前 n 项和作为近似值,则其误差 $|r_n| \leqslant u_{n+1}$, 可算得

$$|u_2| = 3 \times \frac{4 \times 2^2}{2 \times 5^2 \times 3^{10}} = \frac{8}{25 \times 3^9} < 10^{-4},$$

故要保证误差不超过 10^{-4},只要取其前两项作为其近似值即可,于是有

$$\sqrt[5]{245} \approx 3\left(1 + \frac{1}{5}\cdot\frac{2}{243}\right) \approx 3.004\,9.$$

　　利用幂级数不仅可以计算一些函数值的近似值,而且可以计算一些定积分的近似值. 具体地说,如果被积函数在积分区间上能展开成幂级数,则把这个幂级数逐项积分,用积分后的级数即可算出定积分的值.

例3　计算定积分

$$\frac{2}{\sqrt{\pi}}\int_0^{\frac{1}{2}} e^{-x^2} dx$$

的近似值,要求误差不超过 0.000 1$\left(取\dfrac{1}{\sqrt{\pi}}\approx 0.564\ 19\right)$.

解　由第四节例 8(1) 可知

$$e^{-x^2} = \sum_{n=0}^{\infty} (-1)^n \frac{x^{2n}}{n!} \quad (-\infty < x < +\infty).$$

于是,根据幂级数在收敛区间内可逐项积分,得

$$\frac{2}{\sqrt{\pi}}\int_0^{\frac{1}{2}} e^{-x^2} dx = \frac{2}{\sqrt{\pi}}\int_0^{\frac{1}{2}} \left[\sum_{n=0}^{\infty} \frac{(-1)^n}{n!} x^{2n}\right] dx$$

$$= \frac{2}{\sqrt{\pi}}\sum_{n=0}^{\infty} \frac{(-1)^n}{n!} \int_0^{\frac{1}{2}} x^{2n} dx$$

$$= \frac{1}{\sqrt{\pi}}\left(1 - \frac{1}{2^2 \cdot 3} + \frac{1}{2^4 \cdot 5 \cdot 2!} - \frac{1}{2^6 \cdot 7 \cdot 3!} + \cdots\right).$$

取前四项的和作为近似值,其误差为

$$|r_4| \leqslant \frac{1}{\sqrt{\pi}} \frac{1}{2^8 \cdot 9 \cdot 4!} < \frac{1}{900\ 00},$$

所以　　$$\frac{2}{\sqrt{\pi}}\int_0^{\frac{1}{2}} e^{-x^2} dx = \frac{1}{\sqrt{\pi}}\left(1 - \frac{1}{2^2 \cdot 3} + \frac{1}{2^4 \cdot 5 \cdot 2!} - \frac{1}{2^6 \cdot 7 \cdot 3!}\right),$$

算得　　$$\frac{2}{\sqrt{\pi}}\int_0^{\frac{1}{2}} e^{-x^2} dx \approx 0.520\ 5.$$

二、微分方程的幂级数解法

当微分方程的解不能用初等函数或其积分式表达时,我们要寻求其他解法.常用的有幂级数解法和数值解法.这里我们仅简单介绍一阶微分方程初值问题的幂级数解法.

为求一阶微分方程的初值问题

$$\begin{cases} y' = f(x,y), \\ y\big|_{x=x_0} = y_0 \end{cases} \tag{1}$$

的解,其中 $f(x,y)$ 是 $(x-x_0),(y-y_0)$ 的多项式

$$f(x,y) = a_{00} + a_{10}(x-x_0) + a_{01}(y-y_0) + \cdots +$$
$$a_{lm}(x-x_0)^l(y-y_0)^m.$$

我们可以设所求解 y 可展开成 $x-x_0$ 的幂级数

$$y = y_0 + a_1(x-x_0) + a_2(x-x_0)^2 + \cdots + a_n(x-x_0)^n + \cdots, \qquad (2)$$

其中 $a_1,a_2,\cdots,a_n,\cdots$ 是待定的系数. 把(2)代入(1)中,便得一恒等式,比较这恒等式两端 $x-x_0$ 的同次幂的系数,就可以定出常数 $a_1,a_2,\cdots$,以这些常数为系数的级数(2)在其收敛区间内的和函数就是初值问题(1)的解.

例 4 求方程 $y' = x + y^2$ 满足 $y\big|_{x=0} = 0$ 的特解.

解 这时 $x_0 = 0, y_0 = 0$,故设

$$y = a_1x + a_2x^2 + a_3x^3 + a_4x^4 + a_5x^5 + \cdots,$$

把 y 及 y' 的幂级数展开式代入原方程,得

$$a_1 + 2a_2x + 3a_3x^2 + 4a_4x^3 + 5a_5x^4 + \cdots$$
$$= x + (a_1x + a_2x^2 + a_3x^3 + \cdots)^2$$
$$= x + a_1^2x^2 + 2a_1a_2x^3 + (a_2^2 + 2a_1a_3)x^4 + \cdots,$$

由此,比较恒等式两端 x 的同次幂的系数,得

$$a_1 = 0, a_2 = \frac{1}{2}, a_3 = 0, a_4 = 0, a_5 = \frac{1}{20}, \cdots,$$

于是,所求解的幂级数展开式的开始几项为

$$y = \frac{1}{2}x^2 + \frac{1}{20}x^5 + \cdots.$$

习题 11-5

1. 利用函数的幂级数展开式求下列各数的近似值:

(1) $\ln 3$ (误差不超过 0.000 1);

(2) $\sqrt{e}$ (误差不超过 0.000 1);

(3) $\sqrt[9]{522}$ (误差不超过 0.000 1);

(4) $\cos 2°$ (误差不超过 0.000 1).

2. 利用被积函数的幂级数展开式求下列定积分的近似值:

(1) $\int_0^1 \frac{\sin x}{x}dx$ (误差不超过 0.000 1);

（2）$\int_0^{0.5} \dfrac{1}{1 + x^4} \mathrm{d}x$　（误差不超过 0.000 1）．

3. 利用幂级数求下列微分方程满足所给初值条件的特解：

（1）$y' = y^2 + x^3$，$y\big|_{x=0} = \dfrac{1}{2}$；

（2）$(1 - x)y' + y = 1 + x$，$y\big|_{x=0} = 0$．

总习题十一

1. 填空题：

（1）若级数 $\displaystyle\sum_{n=1}^{\infty} u_n$ 的部分和序列 $\{S_n\}$ 为 $\left\{\dfrac{2n}{n+1}\right\}$，则 $u_n = $ _____，$\displaystyle\sum_{n=1}^{\infty} u_n = $ _____．

（2）$\displaystyle\lim_{n\to\infty} u_n = 0$ 是级数收敛的_____条件，不是它收敛的_____条件．

（3）若级数 $\displaystyle\sum_{n=1}^{\infty} \dfrac{(-1)^n + a}{n}$ 收敛，则 a 的取值为_____．

（4）若级数 $\displaystyle\sum_{n=1}^{\infty} u_n$ 绝对收敛，则级数 $\displaystyle\sum_{n=1}^{\infty} u_n$ 必定_____；若级数 $\displaystyle\sum_{n=1}^{\infty} u_n$ 条件收敛，则级数 $\displaystyle\sum_{n=1}^{\infty} |u_n|$ 必定_____．

（5）设幂级数 $\displaystyle\sum_{n=0}^{\infty} a_n x^n$ 的收敛区间为 $(-3,3)$，则幂级数 $\displaystyle\sum_{n=0}^{\infty} n a_n (x-1)^{n-1}$ 的收敛区间为_____．

2. 选择题：

（1）设 a 为常数，则级数 $\displaystyle\sum_{n=1}^{\infty} \left(\dfrac{\sin na}{n^2} - \dfrac{1}{\sqrt{n}}\right)$（　　）．

A. 绝对收敛 　　　　　　　　　B. 条件收敛

C. 发散 　　　　　　　　　　　D. 收敛性取决于 a 的值

（2）若级数 $\displaystyle\sum_{n=1}^{\infty} (u_{2n-1} + u_{2n})$ 收敛，则（　　）．

A. $\displaystyle\sum_{n=1}^{\infty} u_n$ 必收敛 　　　　　　B. $\displaystyle\sum_{n=1}^{\infty} u_n$ 未必收敛

C. $\displaystyle\lim_{n\to\infty} u_n = 0$ 　　　　　　　D. $\displaystyle\sum_{n=1}^{\infty} u_n$ 发散

（3）设 $0 \leqslant a_n < \dfrac{1}{n}$（$n = 1,2,\cdots$），则下列级数中肯定收敛的是（　　）．

A. $\displaystyle\sum_{n=1}^{\infty} a_n$ 　　　B. $\displaystyle\sum_{n=1}^{\infty} (-1)^n a_n$ 　　　C. $\displaystyle\sum_{n=1}^{\infty} \sqrt{a_n}$ 　　　D. $\displaystyle\sum_{n=1}^{\infty} (-1)^n a_n^2$

3. 判定下列级数的敛散性:

(1) $\displaystyle\sum_{n=1}^{\infty} \int_0^{\frac{1}{n}} \frac{x}{1+x^2}\mathrm{d}x$;

(2) $\displaystyle\sum_{n=1}^{\infty} \frac{(n+1)!}{n^{n+1}}$;

(3) $\displaystyle\sum_{n=2}^{\infty} \frac{1}{\ln^{10} n}$;

(4) $\displaystyle\sum_{n=1}^{\infty} \frac{a^n}{n^s}$ $(a>0, s>0)$.

4. 设正项级数 $\displaystyle\sum_{n=1}^{\infty} u_n$ 和 $\displaystyle\sum_{n=1}^{\infty} v_n$ 都收敛,证明级数 $\displaystyle\sum_{n=1}^{\infty} u_n v_n$ 及级数 $\displaystyle\sum_{n=1}^{\infty} (u_n+v_n)^2$ 均收敛.

5. 讨论下列级数的绝对收敛性与条件收敛性:

(1) $\displaystyle\sum_{n=1}^{\infty} (-1)^n \frac{1}{n^p}$;

(2) $\displaystyle\sum_{n=1}^{\infty} (-1)^{n-1} \frac{\sin n}{\pi^n}$;

(3) $\displaystyle\sum_{n=1}^{\infty} (-1)^n \ln\left(1+\frac{1}{\sqrt{n}}\right)$.

6. 已知函数 $f(x)$ 在 $x=0$ 的某邻域内有二阶连续导数,且 $\displaystyle\lim_{x\to 0}\frac{f(x)}{x}=0$,证明级数 $\displaystyle\sum_{n=1}^{\infty} f\left(\frac{1}{n}\right)$ 绝对收敛.

7. 求下列幂级数的和函数:

(1) $\displaystyle\sum_{n=1}^{\infty} \frac{1}{n2^n} x^{n-1}$;

(2) $\displaystyle\sum_{n=1}^{\infty} (-1)^{n-1} \frac{x^{2n+1}}{(2n)^2-1}$;

(3) $\displaystyle\sum_{n=1}^{\infty} \frac{n^2}{n!} x^n$;

(4) $\displaystyle\sum_{n=1}^{\infty} n(x-1)^n$.

8. 求下列数项级数的和:

(1) $\displaystyle\sum_{n=1}^{\infty} \frac{1}{n2^n}$;

(2) $\displaystyle\sum_{n=0}^{\infty} (-1)^n \frac{1}{3n+1}$.

9. 将下列函数展开成 x 的幂级数:

(1) $f(x)=\arctan\dfrac{1+x}{1-x}$;

(2) $\dfrac{1}{(2-x)^2}$;

(3) $f(x)=\ln(4-3x-x^2)$;

(4) $f(x)=\displaystyle\int_0^x \cos t^2 \mathrm{d}t$.

10. (1) 验证函数 $y(x)=\displaystyle\sum_{n=0}^{\infty} \frac{x^{2n}}{(2n)!}$ 满足微分方程 $y''-y=0$;

(2) 通过求解微分方程 $y''-y=0$ 求幂级数 $\displaystyle\sum_{n=0}^{\infty} \frac{x^{2n}}{(2n)!}$ 的和函数.

11. 设 $f(x)=\displaystyle\sum_{n=0}^{\infty} a_n x^n$, $x\in(-R,R)$,证明,若 $f(x)$ 为奇函数,则级数 $\displaystyle\sum_{n=0}^{\infty} a_n x^n$ 中仅出现奇数次幂的项;若 $f(x)$ 为偶函数,则级数 $\displaystyle\sum_{n=0}^{\infty} a_n x^n$ 中仅出现偶数次幂的项.

附录 I 二阶和三阶行列式简介

行列式的研究源于对线性方程组的研究,例如,在求解二元线性方程组

$$\begin{cases} a_{11}x_1 + a_{12}x_2 = b_1, \\ a_{21}x_1 + a_{22}x_2 = b_2 \end{cases} \tag{1}$$

时,用大家熟知的消元法,分别消去方程组(1)中的 x_2 及 x_1,得

$$\begin{cases} (a_{11}a_{22} - a_{12}a_{21})x_1 = b_1a_{22} - a_{12}b_2, \\ (a_{11}a_{22} - a_{12}a_{21})x_2 = a_{11}b_2 - b_1a_{21}. \end{cases} \tag{2}$$

当 $a_{11}a_{22} - a_{12}a_{21} \neq 0$ 时,求得方程组(1)的解为

$$x_1 = \frac{b_1a_{22} - a_{12}b_2}{a_{11}a_{22} - a_{12}a_{21}}, \quad x_2 = \frac{a_{11}b_2 - b_1a_{21}}{a_{11}a_{22} - a_{12}a_{21}}. \tag{3}$$

(3)式中的分子、分母都是四个数分两对相乘再相减而得,其中分母 $a_{11}a_{22} - a_{12}a_{21}$ 是由方程组(1)的四个系数确定的,把这四个数按它们在方程组(1)中的位置,排成二行二列(横排称**行**,竖排称**列**)的数表

$$\begin{pmatrix} a_{11} & a_{12} \\ a_{21} & a_{22} \end{pmatrix}, \tag{4}$$

表达式 $a_{11}a_{22} - a_{12}a_{21}$ 称为数表(4)所确定的**二阶行列式**,并记作

$$\begin{vmatrix} a_{11} & a_{12} \\ a_{21} & a_{22} \end{vmatrix}. \tag{5}$$

数 $a_{ij}(i=1,2;j=1,2)$ 称为行列式(5)的元.元 a_{ij} 的第一个下标 i 称为**行标**,表明该元位于第 i 行,第二个下标 j 称为**列标**,表明该元位于第 j 列.

上述二阶行列式的定义,可用**对角线法则**来记忆.参看图 I – 1,把 a_{11} 到 a_{22} 的实联线称为**主对角线**,a_{12} 到 a_{21} 的虚联线称为**副对角线**,于是二阶行列式便是主对角线上的两元之积减去副对角线上两元之积所得的差

利用二阶行列式的概念,(3)式中 x_1,x_2 的分子也可写成二阶行列式,即

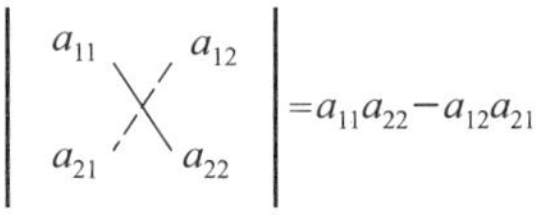

$$\begin{vmatrix} a_{11} & a_{12} \\ a_{21} & a_{22} \end{vmatrix} = a_{11}a_{22} - a_{12}a_{21}$$

图 I - 1

$$b_1 a_{22} - a_{12} b_2 = \begin{vmatrix} b_1 & a_{12} \\ b_2 & a_{22} \end{vmatrix}, \qquad a_{11} b_2 - b_1 a_{21} = \begin{vmatrix} a_{11} & b_1 \\ a_{21} & b_2 \end{vmatrix}.$$

若记

$$D = \begin{vmatrix} a_{11} & a_{12} \\ a_{21} & a_{22} \end{vmatrix}, \quad D_1 = \begin{vmatrix} b_1 & a_{12} \\ b_2 & a_{22} \end{vmatrix}, \quad D_2 = \begin{vmatrix} a_{11} & b_1 \\ a_{21} & b_2 \end{vmatrix},$$

如果 $D \neq 0$，则（3）式可写成

$$x_1 = \frac{D_1}{D}, \quad x_2 = \frac{D_2}{D}.$$

注意这里的分母 D 是由方程组（1）的系数所确定的二阶行列式（称系数行列式），x_1 的分子 D_1 是用常数项 b_1, b_2 替换 D 中 x_1 的系数 a_{11}, a_{21} 所得的二阶行列式，x_2 的分子 D_2 是用常数项 b_1, b_2 替换 D 中 x_2 的系数 a_{12}, a_{22} 所得的二阶行列式.

例 1 解方程组

$$\begin{cases} 3x_1 - 2x_2 = 12, \\ 2x_1 + x_2 = 1. \end{cases}$$

解 由于

$$D = \begin{vmatrix} 3 & -2 \\ 2 & 1 \end{vmatrix} = 3 - (-4) = 7 \neq 0,$$

$$D_1 = \begin{vmatrix} 12 & -2 \\ 1 & 1 \end{vmatrix} = 12 - (-2) = 14,$$

$$D_2 = \begin{vmatrix} 3 & 12 \\ 2 & 1 \end{vmatrix} = 3 - 24 = -21,$$

因此

$$x_1 = \frac{D_1}{D} = \frac{14}{7} = 2, \quad x_2 = \frac{D_2}{D} = \frac{-21}{7} = -3.$$

下面介绍三阶行列式的概念.

设有 9 个数排成 3 行 3 列的数表

$$
\begin{pmatrix}
a_{11} & a_{12} & a_{13} \\
a_{21} & a_{22} & a_{23} \\
a_{31} & a_{32} & a_{33}
\end{pmatrix}
\tag{6}
$$

记

$$
\begin{vmatrix}
a_{11} & a_{12} & a_{13} \\
a_{21} & a_{22} & a_{23} \\
a_{31} & a_{32} & a_{33}
\end{vmatrix} = a_{11}a_{22}a_{33} + a_{12}a_{23}a_{31} + a_{13}a_{21}a_{32}
$$

$$
- a_{11}a_{23}a_{32} - a_{12}a_{21}a_{33} - a_{13}a_{22}a_{31},
\tag{7}
$$

（7）式称为数表（6）所确定的**三阶行列式**.

上述定义表明三阶行列式含 6 项，每项均为不同行不同列的三个元的乘积再冠以正负号，其规律遵循图 I－2 所示的对角线法则. 图中有三条实线看成是平行于主对角线的联线，三条虚线看成是平行于副对角线的联线，实线上三元的乘积冠正号，虚线上三元的乘积冠负号.

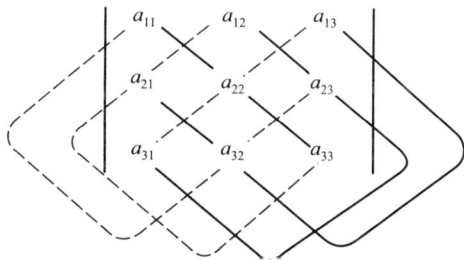

图 I－2

例 2   计算三阶行列式

$$
D = \begin{vmatrix}
1 & 2 & -4 \\
-2 & 2 & 1 \\
-3 & 4 & -2
\end{vmatrix}.
$$

解   按对角线法则，有

$$
D = 1 \times 2 \times (-2) + 2 \times 1 \times (-3) + (-4) \times (-2) \times 4 -
$$

$$
1 \times 1 \times 4 - 2 \times (-2) \times (-2) - (-4) \times 2 \times (-3)
$$

$$
= -4 - 6 + 32 - 4 - 8 - 24 = -14.
$$

利用交换律及结合律，可把（7）式改写如下：

$$\begin{vmatrix} a_{11} & a_{12} & a_{13} \\ a_{21} & a_{22} & a_{23} \\ a_{31} & a_{32} & a_{33} \end{vmatrix} = a_{11}(a_{22}a_{33} - a_{23}a_{32}) - a_{12}(a_{21}a_{33} - a_{23}a_{31}) +$$

$$a_{13}(a_{21}a_{32} - a_{22}a_{31})$$

$$= a_{11}\begin{vmatrix} a_{22} & a_{23} \\ a_{32} & a_{33} \end{vmatrix} - a_{12}\begin{vmatrix} a_{21} & a_{23} \\ a_{31} & a_{33} \end{vmatrix} + a_{13}\begin{vmatrix} a_{21} & a_{22} \\ a_{31} & a_{32} \end{vmatrix}. \qquad (8)$$

上式称为三阶行列式按第一行的展开式.

例 3 将例 2 中的行列式按第一行展开并计算它的值.

解 $D = \begin{vmatrix} 1 & 2 & -4 \\ -2 & 2 & 1 \\ -3 & 4 & -2 \end{vmatrix} = \begin{vmatrix} 2 & 1 \\ 4 & -2 \end{vmatrix} - 2\begin{vmatrix} -2 & 1 \\ -3 & -2 \end{vmatrix} - 4\begin{vmatrix} -2 & 2 \\ -3 & 4 \end{vmatrix}$

$$= -8 - 2 \times 7 - 4(-2) = -14.$$

同理可得三阶行列式按第二行和按第三行的展开式为

$$\begin{vmatrix} a_{11} & a_{12} & a_{13} \\ a_{21} & a_{22} & a_{23} \\ a_{31} & a_{32} & a_{33} \end{vmatrix} = -a_{21}\begin{vmatrix} a_{12} & a_{13} \\ a_{32} & a_{33} \end{vmatrix} + a_{22}\begin{vmatrix} a_{11} & a_{13} \\ a_{31} & a_{33} \end{vmatrix} - a_{23}\begin{vmatrix} a_{11} & a_{12} \\ a_{31} & a_{32} \end{vmatrix}, \qquad (9)$$

$$\begin{vmatrix} a_{11} & a_{12} & a_{13} \\ a_{21} & a_{22} & a_{23} \\ a_{31} & a_{32} & a_{33} \end{vmatrix} = a_{31}\begin{vmatrix} a_{12} & a_{13} \\ a_{22} & a_{23} \end{vmatrix} - a_{32}\begin{vmatrix} a_{11} & a_{13} \\ a_{21} & a_{23} \end{vmatrix} + a_{33}\begin{vmatrix} a_{11} & a_{12} \\ a_{21} & a_{22} \end{vmatrix}. \qquad (10)$$

根据三阶行列式的对角线法则不难看出三阶行列式有如下性质:

(1)互换行列式的两行(列),行列式的值变号;

(2)行列式中某一行(列)的所有元的公因子可以提到行列式符号的外面.

附录Ⅱ 基本初等函数的图形及主要性质

函数	图 形	定义域	值域	主要性质
幂函数 $y = x^{\mu}$(μ 是常数)		随 μ 不同,而不同,但不论 μ 取什么值,x^{μ} 在（0,$+\infty$）内总有定义	随 μ 不同而不同	若 $\mu > 0, x^{\mu}$ 在 $[0, +\infty)$ 内单调增加;若 $\mu < 0$,x^{μ} 在（0,$+\infty$）内单调减少
指数函数 $y = a^x$(a 是常数,$a > 0, a \neq 1$)		$(-\infty, +\infty)$	$(0, +\infty)$	$a^0 = 1$,若 $a > 1, a^x$ 单调增加;若 $0 < a < 1$,a^x 单调减少;直线 $y = 0$ 为函数图形的水平渐近线
对数函数 $y = \log_a x$（a 是常数,$a > 0$,$a \neq 1$）		$(0, +\infty)$	$(-\infty, +\infty)$	$\log_a 1 = 0$,若 $a > 1$,$\log_a x$ 单调增加;若 $0 < a < 1$,$\log_a x$ 单调减少,直线 $x = 0$ 为函数图形的铅直渐近线

续表

函数	图　形	定义域	值域	主要性质
正弦函数 $y = \sin x$		$(-\infty, +\infty)$	$[-1, 1]$	以 2π 为周期的周期函数，在 $\left[-\dfrac{\pi}{2}, \dfrac{\pi}{2}\right]$ 上单调增加，奇函数
余弦函数 $y = \cos x$		$(-\infty, +\infty)$	$[-1, 1]$	以 2π 为周期的周期函数，在 $[0, \pi]$ 上单调减少，偶函数
正切函数 $y = \tan x$		$(2n-1)\dfrac{\pi}{2}$ $< x <$ $(2n+1)\dfrac{\pi}{2}$ $(n = 0, \pm 1, \pm 2, \cdots)$	$(-\infty, +\infty)$	以 π 为周期的周期函数，在 $\left(-\dfrac{\pi}{2}, \dfrac{\pi}{2}\right)$ 内单调增加，奇函数，直线 $x = (2n+1)\dfrac{\pi}{2}$ 为函数图形的铅直渐近线 $(n = 0, \pm 1, \pm 2, \cdots)$
余切函数 $y = \cot x$		$n\pi < x < (n+1)\pi$ $(n = 0, \pm 1, \pm 2, \cdots)$	$(-\infty, +\infty)$	以 π 为周期的周期函数，在 $(0, \pi)$ 内单调减少，奇函数，直线 $x = n\pi$ 为函数图形的铅直渐近线 $(n = 0, \pm 1, \pm 2, \cdots)$

续表

函数	图　形	定义域	值域	主要性质
反正弦函数 $y =$ arcsin x		$[-1,1]$	$\left[-\dfrac{\pi}{2}, \dfrac{\pi}{2}\right]$	单调增加，奇函数
反余弦函数 $y =$ arccos x		$[-1,1]$	$[0,\pi]$	单调减少
反正切函数 $y =$ arctan x		$(-\infty, +\infty)$	$\left(-\dfrac{\pi}{2}, \dfrac{\pi}{2}\right)$	单调增加，奇函数，直线 $y = -\dfrac{\pi}{2}$ 及 $y = \dfrac{\pi}{2}$ 为函数图形的水平渐近线
反余切函数 $y =$ arccot x		$(-\infty, +\infty)$	$(0,\pi)$	单调减少，直线 $y = 0$ 及 $y = \pi$ 为函数图形的水平渐近线

附录Ⅲ　极坐标系

极坐标的基本思想是:用方向和距离来表示点的位置.

1. 定义:在平面内取一个定点 O,叫做**极点**,引一条射线 Ox,叫做**极轴**,再选一个长度单位和角度的正方向(通常取逆时针方向),这样建立的坐标系叫做**极坐标系**.对于平面内的任意一点 M,用 r 表示线段 OM 的长度,θ 表示从极轴 Ox 到 OM 的角,r 叫做点 M 的**极径**,θ 叫做点 M 的**极角**,有序数对 (r,θ) 就叫做点 M 的**极坐标**(见图Ⅲ-1).

2. 极坐标有四个要素:① 极点;② 极轴;③ 长度单位;④ 角度单位及它的方向.极坐标与直角坐标都是用一对有序实数确定平面上一个点,而不同是,直角坐标系中,点与坐标是一一对应的;而极坐标系中,点与坐标是一多对应的,一对有序实数 r,θ 对应唯一点 M (r,θ),但平面内任一个点 M 的极坐标不唯一,一个点

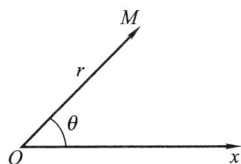

图Ⅲ-1

可以有无数个坐标,这些坐标又有规律可循.$M(r,\theta)$(极点除外)的全部坐标为 $(r,\theta+2k\pi)$ 或 $(-r,\theta+(2k+1)\pi)(k\in\mathbf{Z})$.极点的极径为 0,而极角任意取.若对 r,θ 的取值范围加以限制,则除极点外,平面上点的极坐标就是唯一的,如限定 $r>0,0\leqslant\theta<2\pi$ 或 $r<0,-\pi<\theta\leqslant\pi$ 等.

3. 极坐标与直角坐标互化公式.

$$\begin{cases} x = r\cos\theta, \\ y = r\sin\theta, \end{cases}$$

$$\begin{cases} r = \sqrt{x^2+y^2}, \\ \tan\theta = \dfrac{y}{x} \end{cases}$$

(见图Ⅲ-2).

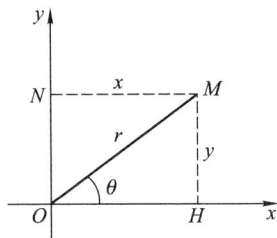

图Ⅲ-2

4. 极坐标系下的直线方程(表Ⅲ-1).

例1　把直角坐标方程 $x+y=1$ 化为极坐标方程.

解　将 $x=r\cos\theta,y=r\sin\theta$ 代入 $x+y=1$ 得

$$r\cos\theta + r\sin\theta = 1,$$

即
$$r = \frac{1}{\cos\theta + \sin\theta} \quad \text{或} \quad r = \frac{\sqrt{2}}{2\sin\left(\theta + \dfrac{\pi}{4}\right)}.$$

表Ⅲ－1　几种不同的直线方程

直角坐标方程	极坐标方程	图　　形
$y = kx$	$\theta = \varphi_0$	
$x = a$	$r = \dfrac{a}{\cos\theta}$	
$x = -a$	$r = -\dfrac{a}{\cos\theta}$	

续表

直角坐标方程	极坐标方程	图　形
$y = a$	$r = \dfrac{a}{\sin \theta}$	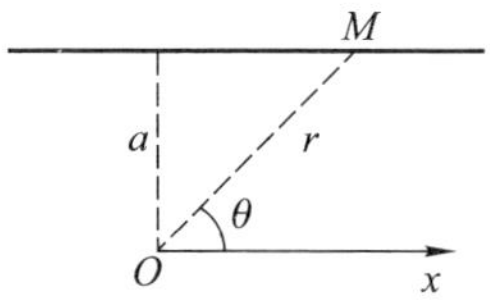
$y = -a$	$r = -\dfrac{a}{\sin \theta}$	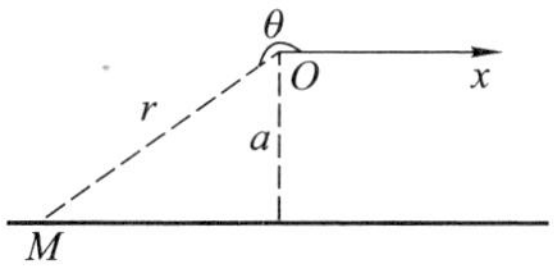
$Ax + By + C = 0$	$r = \dfrac{a}{\cos(\theta - \varphi)}$	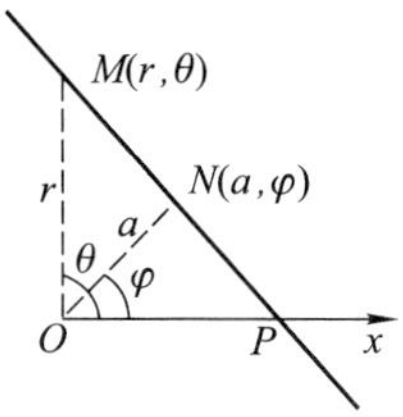

　5. 极坐标系下的几种特殊位置圆的方程(表Ⅲ-2).

　例 2　把直角坐标方程 $x^2 + y^2 = 2x$ 化为极坐标方程.

　解　将 $x = r\cos \theta, y = r\sin \theta$ 代入 $x^2 + y^2 = 2x$ 得

$$r^2\cos^2\theta + r^2\sin^2\theta = 2r\cos \theta,$$

即 $\qquad\qquad\qquad\qquad\qquad r = 2\cos \theta.$

表Ⅲ-2　几种不同的圆的方程($a > 0$)

直角坐标方程	极坐标方程	图　形
$x^2 + y^2 = a^2$	$r = a$	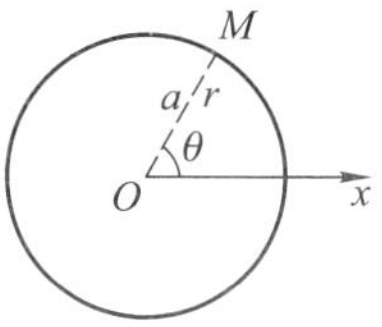

直角坐标方程	极坐标方程	图　　形
$x^2 + y^2 = 2ax$	$r = 2a\cos\theta$	
$x^2 + y^2 = -2ax$	$r = -2a\cos\theta$	
$x^2 + y^2 = 2ay$	$r = 2a\sin\theta$	
$x^2 + y^2 = -2ay$	$r = -2a\sin\theta$	
$x^2 + y^2 = Ax + By$	$r = 2a\cos(\theta - \varphi)$	

6. 常见的几种曲线(表 Ⅲ - 3)

表 Ⅲ - 3　常见的几种曲线

（1）心形线（外摆线的一种）	（2）阿基米德螺线
$x^2 + y^2 + ax = a\sqrt{x^2 + y^2}$ $\rho = a(1 - \cos\theta)$	$\rho = a\theta$
（3）对数螺线	（4）双曲螺线
$\rho = \mathrm{e}^{a\theta}$	$\rho\theta = a$
（5）伯努利双纽线	（6）伯努利双纽线
$(x^2 + y^2)^2 = 2a^2 xy$ $\rho^2 = a^2 \sin 2\theta$	$(x^2 + y^2)^2 = a^2(x^2 - y^2)$ $\rho^2 = a^2 \cos 2\theta$
（7）三叶玫瑰线	（8）三叶玫瑰线
$\rho = a\cos 3\theta$	$\rho = a\sin 3\theta$

（9）四叶玫瑰线	（10）四叶玫瑰线
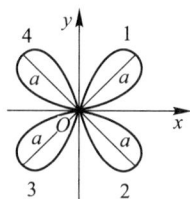 $$\rho = a\sin 2\theta$$	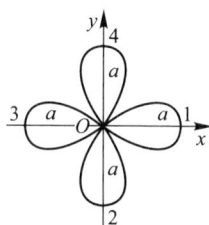 $$\rho = a\cos 2\theta$$

习 题 答 案

第一章

习题 1 – 1

1. 略.

2. （1）$\{x \mid x > 5\}$;   （2）$\{(x,y) \mid x^2 + y^2 < 25\}$;
   （3）$\{(x,y) \mid y = x^2 \text{ 且 } x - y = 0\}$.

3. （1）$\{3,4\}$;   （2）$\{(0,0),(1,1)\}$;
   （3）$\{-4,-3,-2,-1,0,1,2,3,4,5,6\}$.

4. B,C,E.

5. $\{0\},\{1\},\{2\},\{0,1\},\{0,2\},\{1,2\},\{0,1,2\},\varnothing$.

6. $2^n, 2^n - 1$.

7. 对的写法有：$1 \in A, 0 \notin B, \{1\} \subset A, \{0\} \subset A, A \supset B, \varnothing \subset A, A \subset A$, 其余写法均不对.

8. （1）$A \cup B = \{1,2,3,5\}$;   （2）$A \cap B = \{1,3\}$;
   （3）$A \cup B \cup C = \{1,2,3,4,5,6\}$;   （4）$A \cap B \cap C = \varnothing$;
   （5）$A \backslash B = \{2\}$.

9. （1）$A^c = \{4,5,6\}$;   （2）$B^c = \{1,3,5\}$;
   （3）$A^c \cup B^c = \{1,3,4,5,6\}$;   （4）$A^c \cap B^c = \{5\}$.

10. 不对的等式有：$A \cap A = \varnothing, A \cup \varnothing = \varnothing, A \backslash A = A, A \cap \varnothing = A$, 其余等式均正确.

11. $A \times B = \{(a,a),(a,b),(a,c),(b,a),(b,b),(b,c),(c,a),(c,b),(c,c),(d,a),$
    $(d,b),(d,c)\}$.

12. 略.

13. （1）$[-3,3]$;   （2）$[1,3]$;
    （3）$(a-\varepsilon, a+\varepsilon)$;   （4）$(-\infty,-5] \cup [5,+\infty)$;
    （5）$(-\infty,-3) \cup (1,+\infty)$.

14. （1）$(-5,-1)$;   （2）$(-1,1) \cup (3,5)$.

习题 1 – 2

1. 构成映射.

2. （1）$[-3,3]$；　　　　　　　　（2）$[-2,-1)\cup(-1,1)\cup(1,+\infty)$；

　　（3）$(-\infty,+\infty)$；　　　　　　（4）$[-1,3]$；

　　（5）$(-\infty,+\infty)$；　　　　　　（6）$(-\infty,-1)\cup(1,3)$；

　　（7）$[1,4]$；　　　　　　　　　（8）$[-3,-2)\cup(3,4]$.

3. （1），（2），（3），（4）都不相同.

4. $(-2,2)$.

5. （1）偶；　（2）非奇非偶；　（3）奇；　（4）非奇非偶；　（5）偶；

　　（6）偶；　（7）奇；　（8）偶；　（9）奇；　（10）奇.

6. （1）在$(-\infty,+\infty)$内单调增加；　　（2）在$(-\infty,+\infty)$内单调增加；

　　（3）在$(0,+\infty)$内单调增加.

7. （1）$T=\pi$；　（2）$\dfrac{2}{|\omega|}\pi$；　（3）不是周期函数.

8—10. 略.

习题 1 – 3

1. （1）$y=\dfrac{x-1}{2}$；　　　　　　　（2）$y=\dfrac{2(x+1)}{x-1}$；

　　（3）$y=\sqrt[3]{x-2}$；　　　　　　（4）$y=10^{x-1}-2$.

2. （1）$y=\sin^2 x,y_1=\dfrac{1}{2},y_2=1$；

　　（2）$y=\sin 2x,y_1=\dfrac{\sqrt3}{2},y_2=1$；

　　（3）$y=\sqrt{1+x^2},y_1=1,y_2=\sqrt{10}$；

　　（4）$y=\mathrm{e}^{x^2},y_1=\mathrm{e},y_2=\mathrm{e}^4$；

　　（5）$y=\mathrm{e}^{2x},y_1=\mathrm{e}^2,y_2=\mathrm{e}^4$.

3. （1）$y=\cos u,u=2x$；　　　　　（2）$y=\mathrm{e}^u,u=\dfrac{1}{x}$；

　　（3）$y=\mathrm{e}^u,u=v^3,v=\sin x$；

　　（4）$y=\arcsin u,u=\lg v,v=2x+1$.

4. （1）$2\sin^2 x$；　　　　　　　（2）x^2-2.

5. $f[\varphi(x)]=\sin^3 2x-\sin 2x,\varphi[f(x)]=\sin 2(x^3-x)$.

6. （1）当$a>1$时$1\le x\le a$,当$0<a<1$时$a\le x\le1$；

　　（2）$\bigcup_{n\in\mathbf{Z}}[2n\pi,(2n+1)\pi]$；

　　（3）当$a>1$时$x\ge0$,当$0<a<1$时$x\le0$.

7. （1）$(-\infty,-1]\cup[1,+\infty)$；　（2）$(-\infty,0)\cup(0,2]$；

　　（3）$[0,2]$；　　　　　　　　（4）$(1,+\infty)$.

8. （1）,（2）是初等函数； （3）不是初等函数.

9. 能用一个解析式来表示,即 $y = \sqrt{(x-1)^2} + 1, -\infty < x < +\infty$.

10. $f(x) = \begin{cases} -x, & -\pi \leqslant x < 0, \\ x, & 0 \leqslant x \leqslant \pi. \end{cases}$

习题 1 – 4

1. $m = \begin{cases} ks, & 0 < s \leqslant a, \\ ka + \dfrac{4}{5}k(s-a), & a < s, \end{cases} \quad s \in (0, +\infty).$

2. $y = 2a\left(x^2 + \dfrac{2v}{x}\right)$,其中 y 为总造价,a 为水池四周单位面积造价,$x \in (0, +\infty)$.

3. $s = 2\left(x + \dfrac{A}{x}\right), \quad x \in (0, +\infty).$

4. $V = \pi h\left(r^2 - \dfrac{h^2}{4}\right), \quad h \in (0, 2r).$

5. $S = 2\left(\pi r^2 + \dfrac{v}{r}\right), \quad r \in (0, +\infty).$

6. 存一年期的存款收益较多,多 0.003 3A.

7. $R(x) = \begin{cases} 250x, & 0 \leqslant x \leqslant 600, \\ 230x + 12\,000, & 600 < x \leqslant 800, \\ 196\,000, & x > 800. \end{cases}$

习题 1 – 5

1. $L = (200 - x)(x - 50)$.

2. （2）$12\,000P - 200P^2$.

3. （1）$y = 4\,000t + 32\,000$； （2）52 000.

4. （1）150； （2）– 2 500； （3）175.

5. 次数少于 100 时,选择第二家;次数多于 100 时,选择第一家;次数等于 100 时,任选一家.

6. （1）$P_0 = 80, D(P_0) = S(P_0) = 70$;

   （3）$P = 10$,价格低于 10 时,无人愿供货.

7. $y = \begin{cases} 130x, & 0 \leqslant x \leqslant 700, \\ 117x + 9\,100, & 700 < x \leqslant 1\,000. \end{cases}$

8. $x = 400$ 元 / 套,最大收入 16 000 元,空房 20 套.

9. （1）$Q_s = -20\,000 + 5\,000P$； （2）$Q_d = 13\,000 - 1\,000P$；

   （3）$P_e = \dfrac{33}{6} = 5.5$（元 / 千克）,$Q_e = 7\,500$（kg）.

总习题一

1. (1),(2) 相同；　(3),(4) 不相同.

2. (1),(2) 奇；　(3),(4) 非奇非偶.

3. (1) $T = 2$；　(2) $T = \pi$；　(3) 不是；　(4) $T = 2$.

4. (1) $y = \sqrt{u}, u = \ln v, v = 1 + x^2$；

   (2) $y = 2^u, u = v^2, v = \sin \omega, \omega = \dfrac{1}{x}$；

   (3) $y = \sin u, u = \lg v, v = x^2 + 1$.

5. (1) $[-2, -1) \cup (-1,1) \cup (1,2]$；　(2) $[0,1)$；

   (3) $(k\pi, (k+1)\pi) \quad (k = 0, \pm 1, \pm 2, \cdots)$.

6. (1) $f(x) = -2x + \dfrac{1}{1 - x}$, $x \in (0, \sin^2 1)$；

   (2) $f(x) = \dfrac{c}{a^2 - b^2}\left(\dfrac{a}{x} - bx\right)$.

7. (1) $f(2) = 2a$；$f(5) = 5a$；　　(2) $a = 0$.

8. $f[f(x)] = \dfrac{(1 - x^2)^2}{x^2(x^2 - 2)}$, $f\left[\dfrac{1}{f(x)}\right] = \dfrac{1}{x^2(2 - x^2)}$.

9. $f[\varphi(x)] = \begin{cases} 0, & x < 0, \\ x^2, & x \geqslant 0. \end{cases}$

10. $f[f(x)] = f(x), g[g(x)] = 0, f[g(x)] = 0, g[f(x)] = g(x)$.

11. 略.

12.(1) $P = \begin{cases} 90, & 0 \leqslant x \leqslant 100, \\ 91 - 0.01x, & 100 < x < 1\,600, \\ 75, & x \geqslant 1\,600; \end{cases}$

   (2) $L = (P - 60)x = \begin{cases} 30x, & 0 \leqslant x \leqslant 100, \\ 31x - 0.01x^2, & 100 < x < 1\,600, \\ 15x, & x \geqslant 1\,600; \end{cases}$

   (3) $L = 21\,000(元)$.

13. $y = 45\,000\left(\dfrac{2}{3}\right)^t$.

14. $y = (50 - x)(5x + 110)$,当月租金 190 元时最大利润为 6 480 元,闲置 14 间房.

15. 至少销售 18 000 本杂志可保本,销售量达到 28 000 本时可获利达 1 000 元.

第二章

习题 2 − 1

1. (1) 0；　(2) 0；　(3) 不存在；　(4) 不存在；　(5) 1；　(6) 不存在；　(7) 1；

（8）不存在.

2. （1）1； （2）$n > 4$.

3. （1）$N = 9$； （2）$N = 99$； （3）$N = 999$.

4. 只有（4）正确,其余都不正确.

5. （1）对； （2）不对； （3）对； （4）不对.

6—8. 略.

习题 2 − 2

1—2. 略.

3. $\delta = 0.000\ 2$.

4. $f(3^-) = 3,\quad f(3^+) = 8$.

5. 略.

6. （1）$\lim\limits_{x\to 0^-} f(x) = -1, \lim\limits_{x\to 0^+} f(x) = 1$； （2）$\lim\limits_{x\to 0} f(x)$ 不存在；

（3）$\lim\limits_{x\to 1} f(x) = 1$.

7—8. 略.

习题 2 − 3

1. 略.

2. $0 < |x| < \dfrac{1}{10^4 + 2}$.

3. （1）0； （2）0.

4. $y = x\sin x$ 在 $(0, +\infty)$ 内无界,但当 $x \to +\infty$ 时,此函数不是无穷大.

习题 2 − 4

1. （1）$a = 0, b = 6$； （2）$a = 1, b = -1$； （3）$a = 2, b = -2$.

2. （1）$\dfrac{3}{4}$； （2）$\dfrac{1}{5}$； （3）$\dfrac{4}{3}$； （4）1； （5）1； （6）$\dfrac{1}{2}$.

3. （1）∞； （2）$3x^2$； （3）3； （4）$\dfrac{2^{20} \times 3^{30}}{5^{50}}$； （5）2； （6）0；

（7）$-\dfrac{\sqrt{2}}{4}$； （8）-1； （9）$\dfrac{m}{n}$； （10）$\dfrac{2}{3}$； （11）6； （12）$\dfrac{1}{2}$.

4. （1）∞； （2）∞； （3）∞.

5. 略.

习题 2 − 5

1. （1）$\dfrac{2}{5}$； （2）$\dfrac{1}{2}$； （3）2； （4）x； （5）0； （6）$\dfrac{1}{2}$；

(7) $\cos a$；(8) $\dfrac{\sqrt{3}}{3}$；(9) $\dfrac{2}{\pi}$.

2. (1) e^{-1}；(2) e^{-1}；(3) e^{-2}；(4) 1；(5) 1；(6) e^{3}；(7) $\dfrac{2}{3}$；(8) 2.

3. 略.

4. 522.05(元).

习题 2 − 6

1. (1) 等价无穷小；(2) 同阶无穷小；
   (3) 高阶无穷小；(4) 高阶无穷小；
   (5) 等价无穷小；(6) 同阶无穷小.

2. 略.

3. (1) 1；(2) 2；(3) $-\dfrac{2}{5}$；(4) $\dfrac{1}{2}$；(5) $\dfrac{1}{2}$；(6) $\dfrac{m^{2}}{2}$.

4. 略.

习题 2 − 7

1. (1) $x=-1$ 间断点；(2) 无间断点.

2. (1) $a=1$，(2) $a=2,b=-\dfrac{3}{2}$.

3. (1) $x=2$ 为可去间断点，$x=3$ 为第二类无穷间断点；
   (2) $x=0$ 为可去间断点，$x=k\pi(k\neq 0)$ 为第二类无穷间断点；
   (3) $x=0$ 为第二类振荡间断点；
   (4) $x=1$ 为第一类跳跃间断点.

4. 连续区间 $(-\infty,-3)\cup(-3,2)\cup(2,+\infty)$，
$$\lim_{x\to 0}f(x)=\dfrac{1}{2},\lim_{x\to -3}f(x)=-\dfrac{8}{5},\lim_{x\to 2}f(x)=\infty.$$

5. (1) $\sqrt{3}$；(2) 0；(3) $1-e^{2}$；(4) $\dfrac{2}{\pi}$.

6. (1) 1；(2) 1；(3) -1；(4) e^{-2}.

7. $f(x)=\begin{cases} x, & x<0, \\ x^{2}, & x>0, \end{cases}$ $x=0$ 为第一类可去间断点.

习题 2 − 8

略.

总习题二

1. (1) 必要,充分；(2) 必要,充分；(3) 必要,充分；(4) 充分必要.

2. (1) $-\dfrac{2}{5}$； (2) $\dfrac{1}{2}$； (3) 1； (4) 0； (5) 0； (6) $\dfrac{1}{2}$； (7) e^{-1}； (8) 4；

   (9) e^{-1}； (10) $\dfrac{1}{4}$.

3. (1) $a = b = 1$； (2) $a = 1, b = -\dfrac{1}{2}$； (3) $a = 6, b = -7$.

4. 当 $q = 0, p = -5$ 时，$f(x)$ 为无穷小，$q \neq 0, p$ 为任意常数时，$f(x)$ 为无穷大.

5. (1) 等价； (2) 低阶； (3) 同阶； (4) 同阶.

6. 略.

7. (1) 3； (2) $\sqrt{a}$.

8. (1) $x = 0$ 是可去间断点，补充 $f(0) = \dfrac{1}{2}$；

   (2) $x = 0$ 是无穷间断点，$x = 1$ 是可去间断点，补充 $f(1) = -\dfrac{\pi}{2}$；

   (3) $x = 0$ 是可去间断点，补充 $f(0) = \dfrac{2}{3}$，$x = k\pi (k = \pm 1, \pm 2, \cdots)$ 是无穷间断点；

   (4) $x = 0$ 是可去间断点，补充 $f(0) = 0$；

   (5) $x = 0$ 是第一类跳跃间断点；

   (6) $x = 1$ 是第一类跳跃间断点；

   (7) $x = 0$ 是第一类跳跃间断点；

   (8) $x = -1$ 是第一类跳跃间断点.

9. $a = 0$.

10. (1) $x = 0$ 是第二类无穷间断点；

    (2) $x = \pm 1$ 是第一类跳跃间断点.

11—12. 略.

13. $a e^{0.012t}$.

14. 10(千万元).

第三章

习题 3 - 1

1. $\rho(x_0) = m'(x_0)$.

2. $f'(t)$.

3. 比热容 $c(T) = f'(T)$.

4. -8.

5. (1) $-\dfrac{1}{2} f'(x_0)$； (2) $3f'(x_0)$； (3) $f'(0)$； (4) $(\alpha - \beta) f'(x_0)$.

6. 全部正确.

7. (1) $\dfrac{2}{5}x^{-\frac{3}{5}}$; (2) $\dfrac{1}{6}x^{-\frac{5}{6}}$; (3) $(ae)^x\ln(ae)$; (4) $-\dfrac{2}{x^3}$;

    (5) $\dfrac{1}{x\ln 10}$; (6) $\dfrac{3}{4}x^{-\frac{1}{4}}$.

8. -1.

9. 略.

10. 切线方程为 $y-\dfrac{1}{2}=\dfrac{\sqrt{3}}{2}\left(x-\dfrac{\pi}{6}\right)$;

    法线方程为 $y-\dfrac{1}{2}=-\dfrac{2\sqrt{3}}{3}\left(x-\dfrac{\pi}{6}\right)$.

11. $x+y=2$.

12. (1) 在 $x=0$ 处连续,不可导; (2) 在 $x=0$ 处连续但不可导;

    (3) 在 $x=1$ 处不连续,不可导.

13. $f'(x)=\begin{cases}3x^2, & x<0,\\ 2x, & x\geqslant 0.\end{cases}$

14. $f'(1)=2$.

15. $a=0,b=1$.

16. $g(x_0)$.

17. 略.

习题 3 − 2

1. 略.

2. (1) $4+4x^{-3}$; (2) $15x^2-2^x\ln 2+3e^x$;

    (3) $3x^2\cos x-x^3\sin x$; (4) $\sec^3 x+\tan^2 x\sec x$;

    (5) $3x^2\ln x+x^2$; (6) $\dfrac{(x-2)e^x}{x^3}$;

    (7) $\dfrac{2}{(x+1)^2}$; (8) $2x\ln x\cos x+x\cos x-x^2\ln x\sin x$;

    (9) $(\theta+1)e^\theta\cot\theta-\theta e^\theta\csc^2\theta$;

    (10) $\dfrac{(1+v^2)\arctan v-\sqrt{1-v^2}\arcsin v}{(1+v^2)\sqrt{1-v^2}(\arctan v)^2}$.

3. (1) $y'|_{x=\frac{\pi}{6}}=\sqrt{3}+\dfrac{5}{2}$, $y'|_{x=\frac{\pi}{3}}=1+\dfrac{5\sqrt{3}}{2}$;

    (2) $\dfrac{\pi}{2}+\dfrac{6+\sqrt{2}}{6}$;

    (3) $f'(0)=1$, $f'(2)=5$.

4. $x + y + 3 = 0$.

5. (1) $9(3x + 5)^2$;

    (3) $-6x^2 e^{-2x^3}$;

    (5) $-\sin 2x$;

    (7) $-2x\csc^2 x^2$;

    (9) $\dfrac{2\arcsin x}{\sqrt{1 - x^2}}$;

    (2) $-4\cos(2 - 4x)$;

    (4) $\dfrac{-2x}{a^2 - x^2}$;

    (6) $\dfrac{x}{\sqrt{a^2 + x^2}}$;

    (8) $\dfrac{e^x}{1 + e^{2x}}$;

    (10) $\cot x$.

6. (1) $\dfrac{1}{\sqrt{x - x^2}}$;

    (3) $\left(-\dfrac{1}{3}\sin 3x + 3\cos 3x\right)e^{-\frac{x}{3}}$;

    (5) $\dfrac{2}{x(1 - \ln x)^2}$;

    (7) $\dfrac{-1}{2\sqrt{x - x^2}}$;

    (9) $\sec x$;

    (2) $-\dfrac{x}{\sqrt{(a^2 + x^2)^3}}$;

    (4) $\dfrac{-|x|}{x^2 \sqrt{x^2 - 1}}$;

    (6) $-\dfrac{3x\sin 3x + \cos 3x}{x^2}$;

    (8) $\dfrac{1}{\sqrt{x^2 - a^2}}$;

    (10) $\csc x$.

7. (1) $\dfrac{-2\arccos \dfrac{x}{2}}{\sqrt{4 - x^2}}$;

    (3) $\dfrac{\ln x}{x\sqrt{1 + \ln^2 x}}$;

    (5) $n\sin^{n-1} x\cos(n + 1)x$;

    (7) $-\dfrac{2}{3}\dfrac{\sin 2x}{(1 + \cos 2x)^{\frac{2}{3}}}$;

    (9) $-2\csc 2x\cot 2x\sin(2\csc 2x)$;

    (11) $\dfrac{1}{x\ln x}$;

    (2) $-\csc x$;

    (4) $\dfrac{-e^{\operatorname{arccot}\sqrt{x}}}{2\sqrt{x}(1 + x)}$;

    (6) $\dfrac{1}{1 + x^2}$;

    (8) $\dfrac{6}{x}(\ln x^2)^2$;

    (10) $\dfrac{2x\cos(x^2)\sin x - 2\cos x\sin x^2}{\sin^3 x}$;

    (12) $\dfrac{2}{e^x + e^{-x}}$.

8. $\dfrac{f(x)f'(x) + g(x)g'(x)}{\sqrt{f^2(x) + g^2(x)}}$.

9. (1) $\dfrac{2f'(2x)}{f(2x)}$;

    (2) $2e^x f(e^x)f'(e^x)$.

10. (1) $-e^{-2x}(2x^2 - 4x + 3)$;

    (2) $-(\sin 2x\cos x^2 + 2x\cos^2 x\sin x^2)$;

(3) $\dfrac{-4\operatorname{arccot}\dfrac{x}{2}}{4+x^{2}}$;

(4) $\dfrac{1-2\ln x}{x^{3}}$;

(5) $\sec^{2}\dfrac{x}{2}\tan\dfrac{x}{2}$;

(6) $\dfrac{-\cot\dfrac{1}{x}}{x^{2}}$;

(7) $\dfrac{-\sin\dfrac{2}{x}e^{-\cos^{2}\frac{1}{x}}}{x^{2}}$;

(8) $\dfrac{2\sqrt{x}+1}{6\sqrt{x}(x+\sqrt{x})^{\frac{2}{3}}}$;

(9) $\operatorname{arccos}\dfrac{x}{2}-\dfrac{2x}{\sqrt{4-x^{2}}}$;

(10) $\dfrac{t^{2}-1}{(t^{2}+1)\sqrt{t^{4}+t^{2}+1}}$

习题 3 – 3

1. (1) $\dfrac{2}{(1-x)^{3}}$;

(2) $2\left(\operatorname{arccot}x-\dfrac{x}{1+x^{2}}\right)$;

(3) $-\dfrac{2\sin(\ln x)}{x}$;

(4) $\dfrac{-(1+x^{2})}{(1-x^{2})^{2}}$;

(5) $e^{3x}(9x^{2}+12x+2)$;

(6) $\dfrac{6\ln x-5}{x^{4}}$;

(7) $-\dfrac{x}{(1+x^{2})^{\frac{3}{2}}}$;

(8) $-\left(2\cos 2x\ln x+\dfrac{2\sin 2x}{x}+\dfrac{\cos^{2}x}{x^{2}}\right)$.

2. (1) $24\,000$; (2) $10e$; (3) $\dfrac{1}{4}e^{2}$.

3. 略.

4. (1) $2f'(x^{2})+4x^{2}f''(x^{2})$;

(2) $\dfrac{2}{x^{3}}f'\left(\dfrac{1}{x}\right)+\dfrac{1}{x^{4}}f''\left(\dfrac{1}{x}\right)$;

(3) $\dfrac{f''(x)f(x)-[f'(x)]^{2}}{[f(x)]^{2}}$;

(4) $e^{-f(x)}\{[f'(x)]^{2}-f''(x)\}$.

5—6. 略.

7. (1) $(-1)^{n}\dfrac{n!a^{n}}{(ax+b)^{n+1}}$;

(2) $(-1)^{n+1}\dfrac{n!}{5}\left[\dfrac{1}{(x+2)^{n+1}}-\dfrac{1}{(x-3)^{n+1}}\right]$;

(3) $2^{n-1}\cos\left(2x+\dfrac{n\pi}{2}\right)$;

(4) $(-1)^{n}\dfrac{(n-2)!}{x^{n-1}}(n\geqslant 2)$;

(5) $e^{x}(x+n)$;

(6) $n!$.

8. (1) $2^{20}e^{2x}(x^{2}+20x+95)$;

(2) $-4e^{x}\cos x$.

习题 3 – 4

1. （1）$\dfrac{y}{y-x}$;

   （2）$-\sqrt{\dfrac{y}{x}}$;

   （3）$\dfrac{2\sin x}{\cos y - 2}$;

   （4）$\dfrac{2(\mathrm{e}^{2x} - xy)}{x^2 - \cos y}$;

   （5）$\dfrac{\mathrm{e}^{x+y} - y}{x - \mathrm{e}^{x+y}}$;

   （6）$\dfrac{\ln y - \dfrac{y}{x}}{\ln x - \dfrac{x}{y}}$.

2. 1.

3. （1）$-\dfrac{4}{y^3}$;

   （2）$\dfrac{-4\sin y}{(2 - \cos y)^3}$;

   （3）$-2\csc^2(x+y)\cot^3(x+y)$;

   （4）$\dfrac{\mathrm{e}^{2y}(3-y)}{(2-y)^3}$.

4. （1）$(x^2+1)^3(x+2)^2 x^6\left(\dfrac{6x}{x^2+1} + \dfrac{2}{x+2} + \dfrac{6}{x}\right)$;

   （2）$\dfrac{(2x+1)^2\sqrt[3]{2-3x}}{\sqrt[3]{(x-3)^2}}\left[\dfrac{4}{2x+1} - \dfrac{1}{2-3x} - \dfrac{2}{3(x-3)}\right]$;

   （3）$x^x x^{x^x}\left(\dfrac{1}{x} + \ln x + \ln^2 x\right)$;

   （4）$-(1+\cos x)^{\frac{1}{x}} \dfrac{x\tan\dfrac{x}{2} + \ln(1+\cos x)}{x^2}$.

5. （1）切线方程为 $x + 2y - 4 = 0$,法线方程为 $2x - y - 3 = 0$;

   （2）切线方程为 $y = -x + \dfrac{\sqrt{2}}{2}a$,法线方程为 $y = x$.

6. （1）$-\cot t,\ -\csc^3 t$;

   （2）$\dfrac{\sin t + t\cos t}{-\sin t},\ \dfrac{\cos t\sin t - t}{a\sin^3 t}$;

   （3）$1 - \dfrac{1}{3t^2},\ -\dfrac{2}{9t^5}$;

   （4）$\dfrac{t}{2},\ \dfrac{1+t^2}{4t}$;

   （5）$\dfrac{3bt}{2a},\ \dfrac{3b}{4a^2 t}$;

   （6）$\dfrac{\cos t - \sin t}{\sin t + \cos t},\ \dfrac{-2}{\mathrm{e}^t(\sin t + \cos t)^3}$;

   （7）$t,\ \dfrac{1}{f''(t)}$.

习题 3 – 5

1. $\Delta y = -1.141, \mathrm{d}y = -1.2,\ \Delta y = 0.120\,6, \mathrm{d}y = 0.12$.

2. （a）$\Delta y > 0, \mathrm{d}y > 0, \Delta y - \mathrm{d}y > 0$；

   （b）$\Delta y > 0, \mathrm{d}y > 0, \Delta y - \mathrm{d}y < 0$；

   （c）$\Delta y < 0, \mathrm{d}y < 0, \Delta y - \mathrm{d}y < 0$；

   （d）$\Delta y < 0, \mathrm{d}y < 0, \Delta y - \mathrm{d}y > 0$.

3. （1）$\dfrac{\mathrm{d}x}{(1-x)^2}$；   （2）$\dfrac{1}{2}\cot\dfrac{x}{2}\mathrm{d}x$；

   （3）$\mathrm{d}y = \begin{cases} \dfrac{\mathrm{d}x}{\sqrt{1-x^2}}, & -1 < x < 0, \\[3mm] -\dfrac{\mathrm{d}x}{\sqrt{1-x^2}}, & 0 < x < 1; \end{cases}$

   （4）$\mathrm{e}^{-x}\left[\sin(3-x) - \cos(3-x)\right]\mathrm{d}x$；

   （5）$2x(1+x)\mathrm{e}^{2x}\mathrm{d}x$；   （6）$8x\tan(1+2x^2)\sec^2(1+2x^2)\mathrm{d}x$.

4. （1）$3x + C$；   （2）$\dfrac{5}{2}x^2 + C$；

   （3）$-\dfrac{1}{2}\cos 2x + C$；   （4）$-\dfrac{1}{3}\mathrm{e}^{-3x} + C$；

   （5）$\ln|1+x| + C$；   （6）$2\sqrt{x} + C$；

   （7）$\dfrac{1}{4}\tan 4x + C$；   （8）$-\dfrac{1}{2}\cot 2x + C$.

5. $-\dfrac{(x-y)^2}{(x-y)^2+2}\mathrm{d}x, \ -\dfrac{(x-y)^2}{(x-y)^2+2}$.

6. $\dfrac{2}{t}, \ -\dfrac{2(1+t^2)}{t^4}$.

7. （1）$1.034\,9$； （2）$2.745\,5$； （3）$9.986\,7$； （4）0.001；

   （5）$0.795\,4$.

8. 略.

9. 约减少 $43.63\ \mathrm{cm}^2$；约增加 $104.72\ \mathrm{cm}^2$.

10. 精确值为 $30.301\ \mathrm{m}^3$，近似值为 $30\ \mathrm{m}^3$.

习题 3-6

1. （1）$\mathrm{e}^{-x}(2x - x^2), 2 - x$；   （2）$\dfrac{\mathrm{e}^x}{x}\left(1 - \dfrac{1}{x}\right), x - 1$；

   （3）$x^{a-1}\mathrm{e}^{-b(x+c)}(a-bx), a - bx$.

2. （1）$104 - 0.8Q$； （2）64； （3）$\dfrac{3}{8}$.

3. （1）9.5 元； （2）22 元.

4. （1）$10Q - \dfrac{Q^2}{5}, 10 - \dfrac{Q}{5}, 10 - \dfrac{2Q}{5}$； （2）$120, 6, 2$.

5. $L(Q) = -Q^2 + 28Q - 100, Q = 14(百件).$

6. -0.432,其经济意义:巧克力价格由原价 10 元再增加 1 元,每周需求量将减少0.432 kg.

7. 略.

8. (1) $\dfrac{P}{5}$;

(2) $\eta(3) = 0.6 < 1$,说明当 $P = 3$ 时,需求变动的幅度小于价格变动的幅度,即 $P = 3$ 时,价格上涨 1%,需求只减少 0.6%;

$\eta(5) = 1$,说明当 $P = 5$ 时,价格与需求变动的幅度相同;

$\eta(6) = 1.2 > 1$,说明当 $P = 6$ 时,需求变动的幅度大于价格变动的幅度,即 $P = 6$ 时,价格上涨 1%,需求减少 1.2%.

9. 当 $\eta = 1$ 时,$P = 10$,当 $\eta > 1$ 时,$10 < P < 20$.

10. (1) $\dfrac{P}{24 - P}$;   (2) $\dfrac{1}{3}$;   (3) 增加 0.67%.

11. $\dfrac{5P}{4 + 5P}, \dfrac{5}{7}$.

12. $P_0 = \dfrac{ab}{b-1}, Q_0 = \dfrac{c}{1-b}$.

13. $\eta = \dfrac{bP}{a - bP}, P = \dfrac{a}{2b}$.

14. 当 $E_d = 2.1$ 时,有 $\dfrac{\Delta R}{R} \approx (1 - 2.1) \times (-0.1) = 11\%$. 可见,明年企业若降价 10%,企业销量将增加 21%,收益将增加 11%.

总习题三

1. (1) 充分,必要;   (2) 充分必要;   (3) 充分必要.

2. A,C,D.

3. (1) $f(a) - ab$;   (2) $2b\sqrt{a}$;   (3) $\dfrac{3}{5}b$.

4. (1) $-2009!$;   (2) $\ln 2\varphi(0)$.

5. $a = \dfrac{\sqrt{2}}{2}, b = \dfrac{\sqrt{2}}{2}\left(1 - \dfrac{\pi}{4}\right)$.

6. 1.

7. (1) $f'_-(0) = 0$, $f'_+(0) = 1$, $f'(0)$ 不存在;

(2) $f'_-(0) = 1$, $f'_+(0) = 0$, $f'(0)$ 不存在.

8. (1) $0 < \lambda \leqslant 1$;   (2) $\lambda > 1$.

9. (1) $\arcsin \dfrac{x}{3} \mathrm{d}x$;   (2) $-2\mathrm{e}^{-2x}\sec^2(\mathrm{e}^{-2x} + 1)$;

(3) $\dfrac{e^x}{\sqrt{1+e^{2x}}}$;　　　　　　(4) $(\cos x)^{\sin x}\left[\cos x\ln\cos x-\tan x\sin x\right]$;

(5) $\dfrac{\sqrt{x+2}(2-x)^3}{(1-x)^5}\left[\dfrac{1}{2(x+2)}-\dfrac{3}{2-x}+\dfrac{5}{1-x}\right]$;

(6) $\csc^2x\ln(1+\sin x)\,\mathrm{d}x$.

10. $\left.\dfrac{\mathrm{d}y}{\mathrm{d}x}\right|_{x=1}=1,\left.\dfrac{\mathrm{d}^2y}{\mathrm{d}x^2}\right|_{x=1}=2$.

11. $y''(0)=e^{-2}$.

12. (1) $6\cos 3x-9x\sin 3x$;　　　　(2) $-\dfrac{1}{2(1-x)^2}-\dfrac{1-x^2}{(1+x^2)^2}$.

13. (1) $\cos t,-\sin^2t\cos t$;　　　　(2) $0,2$.

14. $\left(\ln 2,\dfrac{\pi}{4}\right)$.

15. (1) $(-1)^n\dfrac{2\cdot n!}{(1+x)^{n+1}}$;　　　　(2) $(-1)^nn!\left[\dfrac{1}{(x-2)^{n+1}}-\dfrac{1}{(x-1)^{n+1}}\right]$;

(3) $\dfrac{(n-1)!\,b^n}{(a^2-b^2x^2)^n}\left[(a+bx)^n+(-1)^{n-1}(a-bx)^n\right]$　　$\left(|x|<\left|\dfrac{a}{b}\right|\right)$.

16. -0.8747.

17. (1) $5+4x,200+2x,195-2x$;　　　　(2) 145.

18. (1) -24,说明当价格为 6 时,再提高(下降)一个单位价格,需求将减少(增加)24个单位商品量;

(2) $\eta(6)=1.85$,价格上升(下降)1%,则需求减少(增加)1.85%;

(3) 当 $P=6$ 时,若价格下降 2%,总收益增加 1.692%.

19. (1) 总收入 $R(P)=PQ=1\,000P(60-P)=60\,000P-1\,000P^2$,

总成本 $C(P)=60\,000+20Q=1\,260\,000-20\,000P$,

总利润 $L(P)=R(P)-C(P)-1\,000P^2+80\,000P-1\,260\,000$,

边际利润 $L'(P)=-2\,000P+80\,000$;

(2) 当 $P=50$ 时的边际利润为 $L'(50)=-20\,000$,其经济意义为在 $P=50$ 时,价格每提高 1 元,总利润减少 20 000 元;

(3) 由于 $L'(P)=-2\,000P+80\,000\begin{cases}>0,\ P<40,\\<0,\ P>40,\end{cases}L(P)$ 在 $(0,40)$ 递增,在 $(40,+\infty)$ 递减,所以当 $P=40$ 时,总利润最大.

第四章

习题 4-1

1—5. 略.

6. 提示：令 $g(x) = f(x)\mathrm{e}^{-x}$，先证 $g(x)$ 为常数.

习题 4 – 2

1. (1) 1;(2) 2;(3) $-\sin a$;(4) $\dfrac{a}{b}$;(5) $-\dfrac{1}{8}$;(6) $\dfrac{5}{3}a^2$;(7) 1;(8) 5;(9) 2;(10) 1;

(11) $\dfrac{1}{3}$;(12) $+\infty$;(13) $-\dfrac{1}{2}$;(14) e^3;(15) 1;(16) 1.

2. 1.

习题 4 – 3

1. (1) 在 $(-\infty, +\infty)$ 内单调减；

(2) 在 $(-\infty, +\infty)$ 内单调增；

(3) 在 $(-\infty, -1)$ 和 $(3, +\infty)$ 内单调增，在 $(-1, 3)$ 内单调减；

(4) 在 $(2, +\infty)$ 内单调增，在 $(0, 2)$ 内单调减；

(5) 在 $(-\infty, -2)$ 和 $(0, +\infty)$ 内单调增，在 $(-2, 0)$ 内单调减；

(6) 在 $(-\infty, +\infty)$ 内单调增；

(7) 在 $(-\infty, -1)$ 和 $\left(\dfrac{1}{3}, +\infty\right)$ 内单调增，在 $\left(-1, \dfrac{1}{3}\right)$ 内单调减；

(8) 在 $\left[\dfrac{k\pi}{2}, \dfrac{k\pi}{2} + \dfrac{\pi}{3}\right]$ 上单调增，在 $\left[\dfrac{k\pi}{2} + \dfrac{\pi}{3}, \dfrac{k\pi}{2} + \dfrac{\pi}{2}\right]$ 上单调减 $(k = 0, \pm 1, \pm 2, \cdots)$.

2. 略.

3. (1) 有且仅有一个实根 $x = 0$；

(2) 有两个实根.

4. (1) 极小值 $y(1) = 4$；

(2) 极大值 $y(0) = 6$，极小值 $y(1) = 5$；

(3) 极大值 $y(-1) = 10$，极小值 $y(3) = -54$；

(4) 极小值 $y(0) = 0$；

(5) 极大值 $y(\pm 1) = 7$，极小值 $y(0) = 6$；

(6) 极大值 $y\left(\dfrac{3}{4}\right) = \dfrac{5}{4}$；

(7) 极小值 $y\left(2k\pi - \dfrac{\pi}{4}\right) = -\dfrac{1}{\sqrt{2}}\mathrm{e}^{2k\pi - \frac{\pi}{4}}$，极大值 $y\left[(2k+1)\pi - \dfrac{\pi}{4}\right] = \dfrac{1}{\sqrt{2}}\mathrm{e}^{(2k+1)\pi - \frac{\pi}{4}}$

$(k = 0, \pm 1, \pm 2, \cdots)$；

(8) 极大值 $y(\mathrm{e}) = \mathrm{e}^{\frac{1}{\mathrm{e}}}$；

(9) 极小值 $y(0) = 2$；

(10) 极大值 $y(-1) = 2$；

(11) 没有极值；

（12）没有极值.

5.（1）在$(-\infty,+\infty)$内是凸的；

（2）在$(0,+\infty)$内是凹的；

（3）拐点为$(2,-10)$，在$(-\infty,2)$内是凸的，在$(2,+\infty)$内是凹的；

（4）拐点为$(2,2e^{-2})$，在$(-\infty,2)$内是凸的，在$(2,+\infty)$内是凹的；

（5）在$(-\infty,+\infty)$是凹的；

（6）拐点$(-1,\ln 2)$，$(1,\ln 2)$，在$(-\infty,-1)$和$(1,+\infty)$内是凸的，在$(-1,1)$内是凹的.

6. 略.

7.（1）$a=-\dfrac{3}{2},b=\dfrac{9}{2}$；

（2）$a=1,b=-3,c=-24,d=16$；

（3）$k=\pm\dfrac{\sqrt{2}}{8}$.

8.（1）在$(-\infty,-2)$内单调减，在$(-2,+\infty)$内单调增，极小值$y(-2)=-24$，在$(-\infty,-1),(1,+\infty)$内是凹的，在$(-1,1)$内是凸的，拐点为$(-1,-13),(1,3)$；

（2）在$(-\infty,-1),(1,+\infty)$内单调减，在$(-1,1)$内单调增，在$(-\infty,-\sqrt{3}),(0,\sqrt{3})$内是凸的，在$(-\sqrt{3},0),(\sqrt{3},+\infty)$内是凹的，拐点为$\left(-\sqrt{3},-\dfrac{\sqrt{3}}{4}\right),(0,0),\left(\sqrt{3},\dfrac{\sqrt{3}}{4}\right)$，极小值$y(-1)=-\dfrac{1}{2}$，极大值$y(1)=\dfrac{1}{2}$，水平渐近线$y=0$；

（3）在$(-\infty,-1)$内单调增，在$(-1,+\infty)$内单调减，极大值$y(-1)=1$，在$\left(-\infty,-1-\dfrac{\sqrt{2}}{2}\right),\left(-1+\dfrac{\sqrt{2}}{2},+\infty\right)$内是凹的，在$\left(-1-\dfrac{\sqrt{2}}{2},-1+\dfrac{\sqrt{2}}{2}\right)$内是凸的，拐点为$\left(-1-\dfrac{\sqrt{2}}{2},\dfrac{1}{\sqrt{e}}\right),\left(-1+\dfrac{\sqrt{2}}{2},\dfrac{1}{\sqrt{e}}\right)$，水平渐近线$y=0$；

（4）在$(-\infty,0),\left(0,\dfrac{\sqrt[3]{4}}{2}\right)$内单调减，$\left(\dfrac{\sqrt[3]{4}}{2},+\infty\right)$内单调增，在$(-\infty,-1),(0,+\infty)$内是凹的，在$(-1,0)$内是凸的，拐点$(-1,0)$，极小值$y\left(\dfrac{\sqrt[3]{4}}{2}\right)=\dfrac{3}{2}\sqrt[3]{2}$，铅直渐近线$x=0$；

（5）$(-\infty,-2),(0,+\infty)$内单调增，$(-2,-1),(-1,0)$内单调减，在$(-\infty,-1)$内是凸的，在$(-1,+\infty)$内是凹的，极大值$y(-2)=4$，极小值$y(0)=0$；$x=-1$为铅直渐近线，$y=x-1$为斜渐近线.

习题 4-4

1.（1）最大值$y(4)=0$，最小值$y(-1)=-85$；

（2）最大值$y(3)=9$，最小值$y(2)=-16$；

（3）最大值 $y\left(\dfrac{3}{4}\right) = 1.25$，最小值 $y(-5) = -5 + \sqrt{6}$；

（4）最大值 $y(1) = -22$，最小值 $y(3) = -54$.

2. （1）最小值 $y(1) = -2$，没有最大值；

   （2）最大值 $y\left(\dfrac{1}{5}\right) = \dfrac{1}{5}$，没有最小值；

   （3）最小值 $y(-3) = 27$，没有最大值；

   （4）最大值 $y(1) = \dfrac{1}{2}$，最小值 $y(0) = 0$.

3. （1）$P = 101$，最大利润为 $167\,080$；

   （2）$x = 3$，$P = 15\mathrm{e}^{-1}$，最大收益为 $45\mathrm{e}^{-1}$；

   （3）$N = 5$；

   （4）每件商品征收货物税为 25 货币单位；

   （5）$x = 100$.

习题 4 – 5

1. $f(x) = -60 + 21(x-4) + 37(x-4)^2 + 11(x-4)^3 + (x-4)^4$.

2. $f(x) = 1 - 9x + 30x^2 - 45x^3 + 30x^4 - 9x^5 + x^6$.

3. $\tan x = x + \dfrac{1 + 2\sin^2(\theta x)}{3\cos^4(\theta x)}x^3 \quad (0 < \theta < 1)$.

4. $x\mathrm{e}^{-x} = x - x^2 + \dfrac{x^2}{2!} + \cdots + \dfrac{(-1)^{n-1}x^n}{(n-1)!} + \dfrac{(-1)^n}{n!}(n+1-\theta x)\mathrm{e}^{-\theta x} \cdot x^{n+1} \quad (0 < \theta < 1)$.

5. （1）$\sqrt[3]{30} \approx 3.107\,25$，$|R_3| < 1.88 \times 10^{-5}$；

   （2）$\sin 18° \approx 0.309\,0$，$|R_3| < 2.03 \times 10^{-4}$.

*6. 略.

总习题四

1. （1）1；（2）$\mathrm{e}^{-\frac{4}{\pi}}$；（3）$100!$.

2. 略.

3. （1）有且仅有一个实根；（2）至少有一个实根.

4. 略.

5. （1）极大值 $f(0) = 2$，极小值 $f\left(\dfrac{1}{\mathrm{e}}\right) = \mathrm{e}^{-\frac{3}{\mathrm{e}}}$；

   （2）$\sqrt[3]{3}$.

6. $f(x) = \ln x = \ln 2 + \dfrac{x-2}{2} - \dfrac{1}{2}\left(\dfrac{x-2}{2}\right)^2 + \cdots + \dfrac{(-1)^{n-1}}{n}\left(\dfrac{x-2}{2}\right)^n + R_n(x)$.

7.（1）分三批购进； （2）税额为每件产品 $\dfrac{\beta-b}{2}$.

8. D.

9.（2）在 y_2 处增长最快,在 y_1 处增长最慢;在这两处增长率的比值为 $4:1$.

第五章

习题 5－1

1.（1） $-\dfrac{1}{2x^2}+C$;

（2） $\dfrac{2}{7}x^{\frac{7}{2}}+C$;

（3） $-\dfrac{2}{3}x^{-\frac{3}{2}}+C$;

（4） $\dfrac{8}{15}x^{\frac{15}{8}}+C$;

（5） $\sqrt{2h}+C$;

（6） $\dfrac{m}{m+n}x^{\frac{m+n}{m}}+C$;

（7） x^5+C ;

（8） $\dfrac{1}{3}x^3+\dfrac{3}{2}x^2+2x+C$;

（9） $\dfrac{1}{5}x^5-\dfrac{2}{3}x^3+x+C$;

（10） $\dfrac{1}{3}x^3+2x^2+4x+C$;

（11） $\dfrac{2}{5}x^{\frac{5}{2}}-2x^{\frac{3}{2}}+C$;

（12） $\dfrac{x^3}{3}+\dfrac{2}{5}x^{\frac{5}{2}}+\dfrac{2}{3}x^{\frac{3}{2}}+x+C$;

（13） $t+2\ln|t|-\dfrac{1}{t}+C$;

（14） $2\sqrt{x}+\dfrac{2}{3}x^{\frac{3}{2}}+C$;

（15） $x-\arctan x+C$;

（16） $x^3+2\arctan x+C$;

（17） $3\arctan x+5\arcsin x+C$;

（18） $\dfrac{3}{8}x^{\frac{8}{3}}+\dfrac{6}{13}x^{\frac{13}{6}}+\dfrac{9}{2}x^{\frac{2}{3}}+C$;

（19） $2e^x-3\ln|x|+C$;

（20） $e^x+2\sqrt{x}+C$;

（21） $\dfrac{1}{\ln 5+1}5^x e^x+C$;

（22） $2x-\dfrac{5}{\ln 3-\ln 2}\left(\dfrac{2}{3}\right)^x+C$;

（23） $-\dfrac{1}{x}-\arctan x+C$;

（24） e^x+x+C ;

（25） $\tan x+\sec x+C$;

（26） $\dfrac{1}{2}x+\dfrac{1}{2}\sin x+C$;

（27） $\sin x+\cos x+C$;

（28） $-\cot x-\tan x+C$;

（29） $\dfrac{1}{2}\tan x+C$;

（30） $-\cot x-x+C$.

2. $y=1+\ln x$.

3. $P(t)=\dfrac{a}{2}t^2+bt$.

习题 5 - 2

1. (1) $\dfrac{1}{5}e^{5x}+C$;　　　　　(2) $\dfrac{1}{8}(3+2x)^4+C$;

(3) $\dfrac{1}{2}\ln|3+2x|+C$;　　(4) $-\dfrac{1}{2}(2-3x)^{\frac{2}{3}}+C$;

(5) $-2\cos\sqrt{t}+C$;　　　　(6) $-\dfrac{1}{2}\cos x^2+C$;

(7) $-\dfrac{1}{2}e^{-x^2}+C$;　　　(8) $-\dfrac{1}{3}(2-3x^2)^{\frac{1}{2}}+C$;

(9) $\dfrac{3}{4}\ln|1+x^4|+C$;　　(10) $\dfrac{1}{9}\tan^9 x+C$;

(11) $\ln|\tan x|+C$;　　　　(12) $-\dfrac{1}{3\omega}\cos^3(\omega t+\varphi)+C$;

(13) $\dfrac{1}{4\cos^4 x}+C$;　　　(14) $\sin x-\dfrac{1}{3}\sin^3 x+C$;

(15) $\dfrac{1}{2}t-\dfrac{1}{4\omega}\sin 2(\omega t+\varphi)+C$;　(16) $\dfrac{1}{3}\sec^3 t-\sec t+C$;

(17) $\dfrac{1}{2}\cos x-\dfrac{1}{10}\cos 5x+C$;　(18) $\dfrac{1}{3}\sin\dfrac{3}{2}x+\sin\dfrac{x}{2}+C$;

(19) $\dfrac{1}{8}\sin 4x-\dfrac{1}{24}\sin 12x+C$;　(20) $-\dfrac{3}{2}\sqrt[3]{(\sin x+\cos x)^2}+C$;

(21) $\dfrac{1}{2}\arcsin\dfrac{2x}{3}-\dfrac{1}{4}\sqrt{9-4x^2}+C$;　(22) $\dfrac{x^2}{2}-\dfrac{1}{2}\ln(x^2+1)+C$;

(23) $\dfrac{1}{2\sqrt{3}}\ln\left|\dfrac{\sqrt{3}x-1}{\sqrt{3}x+1}\right|+C$;　(24) $-\ln\left|\dfrac{x+2}{x+1}\right|+C$;

(25) $-\dfrac{1}{2}\ln|\cos\sqrt{1+x^2}|+C$;　(26) $(\arctan\sqrt{x})^2+C$;

(27) $-\dfrac{1}{\ln 10}10^{\arccos x}+C$;　(28) $-\dfrac{1}{\arcsin x}+C$;

(29) $\dfrac{1}{2}(\ln\tan x)^2+C$;　(30) $-\dfrac{1}{x\ln x}+C$;

(31) $2\arcsin\dfrac{x}{2}-\dfrac{x}{2}\sqrt{4-x^2}+C$;　(32) $\arccos\dfrac{1}{|x|}+C$;

(33) $\dfrac{x}{\sqrt{1+x^2}}+C$;　(34) $\sqrt{x^2-4}-2\arccos\dfrac{2}{|x|}+C$;

(35) $\arcsin x-\dfrac{x}{1+\sqrt{1-x^2}}+C$;

(36) $\dfrac{1}{2}(\arcsin x + \ln|x + \sqrt{1-x^2}|) + C;$

(37) $\sqrt{2x} - \ln(1 + \sqrt{2x}) + C;$

(38) $\dfrac{3}{2}\sqrt[3]{(1+x)^2} - 3\sqrt[3]{1+x} + 3\ln|1 + \sqrt[3]{1+x}| + C;$

(39) $x - 4\sqrt{x+1} + 4\ln(\sqrt{1+x} + 1) + C;$

(40) $2\sqrt{x} - 4\sqrt[4]{x} + 4\ln(\sqrt[4]{x} + 1) + C;$

(41) $\ln\left|\dfrac{\sqrt{1-x} - \sqrt{1+x}}{\sqrt{1-x} + \sqrt{1+x}}\right| + 2\arctan\sqrt{\dfrac{1-x}{1+x}} + C;$

(42) $-\dfrac{3}{2}\sqrt[3]{\dfrac{x+1}{x-1}} + C.$

2. (1) $2\arcsin\sqrt{x} + C;$　　　　(2) $\ln|x+1+\sqrt{x^2+2x+2}| + C;$

　(3) $\ln|x-2+\sqrt{x^2-4x}| + C;$　　(4) $\dfrac{1}{2}\arcsin x^2 + C.$

习题 5 – 3

1. (1) $-x\cos x + \sin x + C;$　　　　(2) $x(\ln x - 1) + C;$

　(3) $x\arccos x - \sqrt{1-x^2} + C;$　　(4) $-e^{-x}(x+1) + C;$

　(5) $\dfrac{1}{4}x^4\ln x - \dfrac{1}{16}x^4 + C;$　　　(6) $3x\sin\dfrac{x}{3} + 9\cos\dfrac{x}{3} + C;$

　(7) $-\dfrac{1}{2}x^2 + x\tan x + \ln|\cos x| + C;$

　(8) $-x^2\cos x + 2x\sin x + 2\cos x + C;$

　(9) $\dfrac{1}{3}x^3\arctan x - \dfrac{1}{6}x^2 + \dfrac{1}{6}\ln(1 + x^2) + C;$

　(10) $-\dfrac{1}{4}x\cos 2x + \dfrac{1}{8}\sin 2x + C;$

　(11) $\dfrac{x^2}{4} + \dfrac{1}{2}x\sin x + \dfrac{1}{2}\cos x + C;$

　(12) $-\dfrac{1}{2}\left(x^2 + \dfrac{1}{2}\right)\cos 2x + \dfrac{x}{2}\sin 2x + C;$

　(13) $\dfrac{1}{2}(x^2 - 1)\ln(x+1) - \dfrac{1}{4}x^2 + \dfrac{1}{2}x + C;$

　(14) $-\dfrac{1}{x}(\ln^2 x + 2\ln x + 2) + C;$

　(15) $x(\arcsin x)^2 + 2\sqrt{1-x^2}\arcsin x - 2x + C;$

　(16) $(3\sqrt[3]{x^2} - 6\sqrt[3]{x} + 6)e^{\sqrt[3]{x}} + C;$

（17）$\dfrac{1}{2}e^x(\cos x + \sin x) + C$；

（18）$-\dfrac{1}{2}e^{-x} + \dfrac{1}{5}e^{-x}\sin 2x - \dfrac{1}{10}e^{-x}\cos 2x + C$.

2. （1）$\dfrac{x}{2}(\cos \ln x + \sin \ln x) + C$；

（2）$x(\arccos x)^2 - 2\sqrt{1 - x^2}\arccos x - 2x + C$.

习题 5 – 4

（1）$\dfrac{1}{3}x^3 - x^2 + 4x - 8\ln|x + 2| + C$；

（2）$\ln|x - 2| + 2\ln|x + 5| + C$；

（3）$\dfrac{1}{3}x^3 + \dfrac{1}{2}x^2 + x + 8\ln|x| - 4\ln|x + 1| - 3\ln|x - 1| + C$；

（4）$2\ln|x + 1| - \ln|x^2 - x + 1| + 2\sqrt{3}\arctan\dfrac{2x - 1}{\sqrt{3}} + C$；

（5）$\ln|x + 1| - \dfrac{1}{2}\ln(x^2 + 1) + C$；

（6）$\dfrac{1}{x + 1} + \dfrac{1}{2}\ln|x^2 - 1| + C$；

（7）$-2\ln|x + 2| + \ln|x + 1| + \ln|x + 3| + C$；

（8）$\dfrac{\sqrt{2}}{8}\ln\dfrac{x^2 + \sqrt{2}x + 1}{x^2 - \sqrt{2}x + 1} + \dfrac{\sqrt{2}}{4}\arctan(\sqrt{2}x + 1) + \dfrac{\sqrt{2}}{4}\arctan(\sqrt{2}x - 1) + C$.

总习题五

1. （1）$\arctan e^x + C$；　　　　　　（2）$\dfrac{1}{(1 - x)^2} - \dfrac{1}{1 - x} + C$；

（3）$\dfrac{1}{6}\ln\left|\dfrac{1 + x^3}{1 - x^3}\right| + C$；　　　（4）$\ln|x - \sin x| + C$；

（5）$\ln x(\ln \ln x - 1) + C$；　　　（6）$\dfrac{1}{9}\ln\dfrac{x^9}{1 + x^9} + C$；

（7）$2\arcsin\dfrac{x}{2} - \sqrt{4 - x^2} + C$；　（8）$\ln\left|x + \dfrac{1}{2} + \sqrt{x(x + 1)}\right| + C$；

（9）$\dfrac{1}{4}x^2 - \dfrac{x}{4}\sin 2x - \dfrac{1}{8}\cos 2x + C$；

（10）$\dfrac{1}{a^2 + b^2}e^{ax}(a\cos bx + b\sin bx) + C$；

(11) $\ln \dfrac{\sqrt{1+e^{x}}-1}{\sqrt{1+e^{x}}+1}+C$;

(12) $\dfrac{\sqrt{x^{2}-1}}{x}+C$;

(13) $\dfrac{1}{3}\left(\dfrac{3x}{\sqrt{1-x^{2}}}+\dfrac{x^{3}}{\sqrt{(1-x^{2})^{3}}}\right)+C$;

(14) $-\dfrac{\sqrt{1+x^{2}}}{x}+C$;

(15) $(4-2x)\cos\sqrt{x}+4\sqrt{x}\sin\sqrt{x}+C$;

(16) $x\ln(1+x^{2})-2x+2\arctan x+C$;

(17) $(x+1)\arctan\sqrt{x}-\sqrt{x}+C$;

(18) $\dfrac{1}{\sqrt{2}}\ln|\csc x-\cot x|+C$;

(19) $\dfrac{x}{2}\tan x-\dfrac{1}{2}\ln|\cos x|+C$;

(20) $\dfrac{\sin x}{2\cos^{2}x}-\dfrac{1}{2}\ln|\sec x+\tan x|+C$;

(21) $\ln\dfrac{x}{(\sqrt[6]{x}+1)^{6}}+C$;

(22) $\dfrac{1}{1+e^{x}}+\ln\dfrac{e^{x}}{1+e^{x}}+C$;

(23) $\ln|1+\sin x|+C$;

(24) $x-\tan\dfrac{x}{2}+C$;

(25) $-\dfrac{1}{3}(1-x^{2})^{\frac{3}{2}}\arcsin x-\dfrac{x^{3}}{9}+\dfrac{x}{3}+C$;

(26) $-\sqrt{1-x^{2}}\arccos x-x+C$;

(27) $\dfrac{1}{3}\tan^{3}x+2\tan x-\cot x+C$;

(28) $\dfrac{1}{4}\tan^{4}x+\dfrac{3}{2}\tan^{2}x+3\ln|\tan x|-\dfrac{1}{2}\cot^{2}x+C$;

(29) $\dfrac{1}{2}x+\dfrac{1}{2}\ln|\cos x+\sin x|+C$;

(30) $\dfrac{2}{3}(x+1)^{\frac{3}{2}}-\dfrac{2}{3}x^{\frac{3}{2}}+C.$

2. $\dfrac{EQ}{EP}=-P\ln 3,\eta=P\ln 3.$

第六章

习题 6–1

1. (1) $\dfrac{3}{2}$;

(2) $e-1.$

2. 略.

*3. 不可积.

*4. (1) $\int_0^1 \dfrac{\mathrm{d}x}{1 + x^2}$;   (2) $\int_0^1 \dfrac{\mathrm{d}x}{1 + x}$.

习题 6 – 2

1. (1) $0 \leqslant \int_1^4 (x^2 - 1)\,\mathrm{d}x \leqslant 45$;

   (2) $\pi \leqslant \int_{\frac{\pi}{4}}^{\frac{5\pi}{4}} (1 + \cos^2 x)\,\mathrm{d}x \leqslant 2\pi$;

   (3) $\dfrac{\pi}{9} \leqslant \int_{\frac{1}{\sqrt{3}}}^{\sqrt{3}} x\arctan x\,\mathrm{d}x \leqslant \dfrac{2}{3}\pi$;

   (4) $-2\mathrm{e}^2 \leqslant \int_2^0 \mathrm{e}^{x^2 - x}\,\mathrm{d}x \leqslant -2\mathrm{e}^{-\frac{1}{4}}$.

2. (1) $I_1 > I_2$;(2) $I_1 < I_2$;(3) $I_1 < I_2$;(4) $I_1 > I_2$;(5) $I_1 > I_2$.

*3. 提示:用反证法.

习题 6 – 3

1. (1) $3x^2 \sqrt{1 + x^6}$;   (2) $\dfrac{4x^3}{\sqrt{1 + x^8}} - \dfrac{2x}{\sqrt{1 + x^4}}$;

   (3) $-\cos(\pi\cos^2 x)\sin x - \cos(\pi\sin^2 x)\cos x$.

2. (1) $a^3 - \dfrac{a^2}{2}$;   (2) $2\dfrac{5}{8}$;

   (3) $-\dfrac{7}{6}$;   (4) $-\dfrac{\pi}{6}$;

   (5) $\dfrac{\pi}{6}$;   (6) $\dfrac{\pi}{3a}$;

   (7) $\dfrac{\pi}{6}$;   (8) $\dfrac{\pi}{2} + 1$;

   (9) -1;   (10) $1 - \dfrac{\pi}{4}$;

   (11) 4;   (12) $\dfrac{17}{6}$.

3. (1) 1;   (2) $\dfrac{2}{3}$.

4. $f'(0) = 0$, $f'\left(\dfrac{\pi}{4}\right) = \dfrac{\sqrt{2}}{2}$.

5. $\dfrac{\cos x}{\sin x - 1}$.

6. 极小值 $f(0) = 0$.

7. 略.

8. $\displaystyle\int_0^1 f(x)\,\mathrm{d}x = -2,\ f(x) = -2x - 1$.

9. $\displaystyle\lim_{x \to +\infty} y(x) = 1$.

10. $\displaystyle\int_0^5 f(x)\,\mathrm{d}x > 0,\ \int_0^5 f'(x)\,\mathrm{d}x < 0,\ \int_0^5 f''(x)\,\mathrm{d}x = 0,\ \int_0^5 f'''(x)\,\mathrm{d}x > 0$.

11. $\Phi(x) = \begin{cases} 0, & x < 0, \\[2mm] \dfrac{1 - \cos x}{2}, & 0 \leqslant x \leqslant \pi, \\[2mm] 1, & x > \pi. \end{cases}$

习题 6 – 4

1. (1) 0;

(2) $\dfrac{21}{169}$;

(3) $\dfrac{1}{3}$;

(4) $\dfrac{\pi}{2}$;

(5) $\dfrac{2}{3}\sqrt{2}$;

(6) $\dfrac{\pi}{16}$;

(7) $\dfrac{1}{6}$;

(8) $2 + 2\ln\dfrac{2}{3}$;

(9) $\dfrac{1}{2}(1 - \mathrm{e}^{-1})$;

(10) $2(\sqrt{1 + \ln 2} - 1)$;

(11) $\dfrac{\pi}{4}$;

(12) $\dfrac{2}{3}$;

(13) $\dfrac{4}{3}$;

(14) $2\sqrt{2}$.

2. (1) $\dfrac{\pi^3}{324}$;

(2) 0.

3. 略.

习题 6 – 5

1. (1) 1;

(2) $\dfrac{1}{4}(\mathrm{e}^2 + 1)$;

(3) -2π;

(4) $\dfrac{\sqrt{3}}{3}\pi - \ln 2$;

(5) $4(2\ln 2 - 1)$;　　　　　　(6) $\dfrac{\pi}{4} - \dfrac{1}{2}$;

(7) $\dfrac{1}{5}(e^{\pi} - 2)$;　　　　　(8) $\dfrac{1}{2}(e\sin 1 - e\cos 1 + 1)$;

(9) $\ln\dfrac{27}{4} - 1$;　　　　　(10) 2π;

(11) $2\left(1 - \dfrac{1}{e}\right)$.

2. (1) $J_{100} = \dfrac{1 \cdot 3 \cdot 5 \cdot \cdots \cdot 99}{2 \cdot 4 \cdot 6 \cdot \cdots \cdot 100} \cdot \dfrac{\pi^2}{2}$;

   (2) $I_{99} = \dfrac{1 \cdot 3 \cdot 5 \cdot \cdots \cdot 99}{2 \cdot 4 \cdot 6 \cdot \cdots \cdot 100} \cdot \dfrac{\pi}{2}$.

习题 6 - 6

1. (1) $\dfrac{1}{2}$;　　　　　　　(2) 发散;

   (3) $\dfrac{1}{4}$;　　　　　　　(4) $\dfrac{1}{2}$;

   (5) π;　　　　　　　　(6) 1;

   (7) 发散;　　　　　　(8) $\dfrac{8}{3}$.

2. 当 $k > 1$ 时收敛于 $\dfrac{1}{(k-1)(\ln 2)^{k-1}}$,

   当 $k \leqslant 1$ 时发散,

   当 $k = 1 - \dfrac{1}{\ln\ln 2}$ 时取得最小值.

3. (1) $\Gamma(m + 1) = m!$;　　　(2) $\Gamma\left(\dfrac{3}{2}\right) = \dfrac{\sqrt{\pi}}{2}$;

   (3) $\dfrac{1}{2}\Gamma(3) = 1$.

习题 6 - 7

1. (1) $\dfrac{1}{6}$;　　　　　　　(2) 1;

   (3) $\dfrac{32}{3}$;　　　　　　　(4) $2\pi + \dfrac{4}{3}, 6\pi - \dfrac{4}{3}$;

   (5) $\dfrac{3}{2} - \ln 2$;　　　　　(6) $e + e^{-1} - 2$;

（7）$b - a$.

2. （1）$\dfrac{128}{7}\pi, \dfrac{64}{5}\pi$；　　　　　　　　（2）$\dfrac{3}{10}\pi$；

（3）$160\pi^2$；　　　　　　　　　　　　（4）$2\pi^2 a^2 b$.

3. （1）$\dfrac{\pi R^2 H}{2}$；　　　　　　　　　　　（2）$\pi H^2\left(R - \dfrac{H}{3}\right)$；

（3）$\dfrac{2}{3}ab^2 \tan \alpha$.

习题 6 – 8

1. $C(x) = 1\,000 + 7x + 50\sqrt{x}$.

2. $R(x) = ax - \dfrac{b}{2}x^2$.

3. 500.

4. 75.

5. $\dfrac{1}{100}$ 亿.

6. （1）$\dfrac{10}{1 - \mathrm{e}^{-1}}$；　　　　　　　（2）$5\rho = 1 - \mathrm{e}^{-10\rho}$；

（3）$100 - 200\mathrm{e}^{-1}$.

7. $A = \dfrac{50\,000 \times 0.02}{\mathrm{e}^{0.2} - 1} \approx 4\,517$（元），即这对夫妇每年应等额地存入 4 517 元,10 年后才能

为孩子攒够 5 万元的学费.

总习题六

1. （1）e；　　　　　　　　　　　（2）1.

2. （1）$\dfrac{\pi}{2}$；　　　　　　　　　　　（2）$\dfrac{\pi}{2} - 1$；

（3）$2(\sqrt{2} - 1)$；　　　　　　　　（4）$\dfrac{\pi}{2\sqrt{2}}$.

*3. 略.

4. 略.

5. （1）$\dfrac{512}{7}\pi$；　　　　　　　　　　（2）$4\pi^2$；

（3）$a = -\dfrac{5}{3}, b = 2, c = 0$；　　　（4）$a = 0, b = 1$.

6. （1）756；　　　　　　　　　　　（2）由 $11.6\rho = 1 - \mathrm{e}^{-20\rho}$ 求出；

（3）① 9 920；② 248.5,245.5；（4）$N = 2\,000\,000$.

第七章

习题 7 - 1

1. $A.\ \text{Ⅷ}$；$B.\ yOz$ 面；$C.\ y$ 轴；$D.\ \text{Ⅴ}$.

2. xOy 面 $(x_0,y_0,0)$；yOz 面 $(0,y_0,z_0)$；xOz 面 $(x_0,0,z_0)$；x 轴 $(x_0,0,0)$；y 轴 $(0,y_0,0)$；z 轴 $(0,0,z_0)$.

3. 平行于 z 轴的直线上的点满足 $x = x_0,y = y_0$；平行于 xOy 面的平面上的点满足 $z = z_0$.

4. $(-3,7,4)$.

5. M 到 x 轴的距离为 $\sqrt{34}$；M 到 y 轴的距离为 $\sqrt{41}$；M 到 z 轴的距离为 5.

6. $(0,1,-2)$.

7. $|y| = |x|$.

8. 球心 $(1,0,0)$，半径为 1.

习题 7 - 2

1. （1）分别表示直线与平面；　　（2）分别表示圆与圆柱面；

　　（3）分别表示双曲线与双曲柱面；　（4）分别表示抛物线与抛物柱面.

2. （1）$x^2 + z^2 = 2y$；　　　　　（2）$2x^2 - 3(y^2 + z^2) = 6$；

　　（3）$x^2 + y^2 - 4z^2 + 4z - 1 = 0$.

3. （1）旋转抛物面，由 xOy 平面上抛物线 $x = 1 - y^2$ 绕 x 轴旋转而得；

　　（2）旋转抛物面，由 yOz 平面上抛物线 $z = 1 - y^2$ 绕 z 轴旋转而得；

　　（3）旋转双曲面，由 xOy 平面上双曲线 $x^2 - \dfrac{y^2}{4} = 1$ 绕 y 轴旋转而得；

　　（4）旋转双曲面，由 xOz 平面上双曲线 $-\dfrac{x^2}{2} + \dfrac{(z-1)^2}{2} = 1$ 绕 z 轴旋转而得.

注：（1）—（4）的旋转曲面还可由其他的旋转方式生成.

习题 7 - 3

1. （1）表示的是圆；　　（2）表示的是双曲线.

2. （1）在 xOy 平面上的投影方程为 $\begin{cases} (x-1)^2 + y^2 = 1, \\ z = 0; \end{cases}$

　　　　在 yOz 平面上的投影方程为 $\begin{cases} 4(z^2 - y^2) = z^4, \\ x = 0, \end{cases} 0 \leqslant z \leqslant 2$；

　　　　在 zOx 平面上的投影方程为 $\begin{cases} x = -\dfrac{z^2}{2} + 2, \\ y = 0, \end{cases} 0 \leqslant z \leqslant 2$.

（2）在 xOy 平面上的投影方程为 $\begin{cases} x^2 + y^2 = a^2, \\ z = 0; \end{cases}$

在 yOz 平面上的投影方程为 $\begin{cases} y^2 + z^2 = a^2, \\ x = 0; \end{cases}$

在 zOx 平面上的投影方程为 $\begin{cases} z = \pm x, \\ y = 0, \end{cases}$ $-a \leqslant x \leqslant a.$

3. $5x^2 - 3y^2 = 1$，$-1 \leqslant y \leqslant 1.$

4. （1）在 xOy 平面上的投影区域为 $\begin{cases} x^2 + y^2 \leqslant 1, \\ z = 0; \end{cases}$

在 yOz 平面上的投影区域为 $\begin{cases} y^2 \leqslant z \leqslant 2 - y^2, \\ x = 0, \end{cases}$ $-1 \leqslant y \leqslant 1;$

在 zOx 平面上的投影区域为 $\begin{cases} x^2 \leqslant z \leqslant 2 - x^2, \\ y = 0, \end{cases}$ $-1 \leqslant x \leqslant 1.$

（2）在 xOy 平面上的投影区域为 $\begin{cases} x^2 + y^2 \leqslant 1, \\ z = 0; \end{cases}$

在 yOz 平面上的投影区域为 $\begin{cases} 0 \leqslant z \leqslant |y| \leqslant 1, \\ x = 0; \end{cases}$

在 zOx 平面上的投影区域为 $\begin{cases} 0 \leqslant z \leqslant |x| \leqslant 1, \\ y = 0. \end{cases}$

习题 7-4

1. 略.

2. 投影曲线的方程：$\begin{cases} y^2 = 2x - 9, \\ z = 0; \end{cases}$ 原曲线是位于平面 $z = 3$ 上的抛物线.

3. （1）圆；（2）椭圆；（3）双曲线；（4）抛物线；（5）双曲线.

习题 7-5

1. $\dfrac{\boldsymbol{a} + \boldsymbol{b}}{2}.$

2. $\overrightarrow{AB} = (-2, 1, 2)$；$|\overrightarrow{AB}| = 3.$

3. $(-2, 3, 0).$

4. $|\overrightarrow{M_1 M_2}| = 2$，$\cos\alpha = -\dfrac{1}{2}$，$\cos\beta = -\dfrac{\sqrt{2}}{2}$，$\cos\gamma = \dfrac{1}{2}$，$\alpha = \dfrac{2\pi}{3}$，$\beta = \dfrac{3\pi}{4}$，$\gamma = \dfrac{\pi}{3}.$

5. $(24, -5, -14)$；$\left(\dfrac{24}{\sqrt{797}}, \dfrac{-5}{\sqrt{797}}, \dfrac{-14}{\sqrt{797}} \right).$

6. $13, 7\boldsymbol{j}.$

7. $\alpha = 0, \beta = 0, \gamma = 0$ 或 $\alpha = \dfrac{\pi}{4}, \beta = \dfrac{\pi}{4}, \gamma = \dfrac{\pi}{2}$.

8. 略.

习题 7 – 6

1. （1）3；　（2）$5i + j + 7k$；　（3）$\dfrac{\sqrt{21}}{14}$；　（4）$\dfrac{3}{\sqrt{14}}$；　（5）$\dfrac{3}{\sqrt{6}}$.

2. （1）2；　（2）$2i + j + 21k$；　（3）$8j + 24k$；　（4）$(0, -8, -24)$.

3. -25.

4. （1）$\left(\dfrac{3}{5}, \dfrac{12}{25}, \dfrac{16}{25}\right)$ 或 $\left(-\dfrac{3}{5}, -\dfrac{12}{25}, -\dfrac{16}{25}\right)$；　（2）$\dfrac{25}{2}$；　（3）$\dfrac{25}{\sqrt{106}}$.

5. 当且仅当 $\dfrac{a_1}{b_1} = \dfrac{a_2}{b_2} = \dfrac{a_3}{b_3}$ 时等式成立.

6. （1）$\lambda = \dfrac{9}{2}$；　（2）$\lambda = \dfrac{7}{38}$.

7. $36\sqrt{5}$ 或 $-36\sqrt{5}$.

习题 7 – 7

1. （1）$2x + y - 7z - 21 = 0$；　（2）$x - 3y - 2z = 0$；　（3）$x - 3y - 2 = 0$,

2. $\dfrac{2}{\sqrt{14}}$.

3. $\dfrac{|D_1 - D_2|}{\sqrt{A^2 + B^2 + C^2}}$.

4. $(4 + \sqrt{13})x - \sqrt{5}y = 0$ 或 $(4 - \sqrt{13})x - \sqrt{5}y = 0$.

5. $2x - y + 3z + 13 = 0$ 或 $2x - y + 3z - 15 = 0$.

6. （1）$\dfrac{x+2}{3} = \dfrac{y-3}{2} = \dfrac{z-1}{1}$；　（2）$\dfrac{x-1}{0} = \dfrac{y-1}{2} = \dfrac{z-5}{-1}$；

　（3）$\dfrac{x-1}{1} = \dfrac{y-2}{-1} = \dfrac{z+3}{7}$.

7. $\dfrac{x}{0} = \dfrac{y}{2} = \dfrac{z}{2}$, $\begin{cases} x = 0, \\ y = 2t, \\ z = 2t. \end{cases}$

8. 相交，交点为 $(0, -3, 0)$，$\cos\theta = \dfrac{13}{\sqrt{174}}$.

9. （1）$\left(-\dfrac{5}{3}, \dfrac{2}{3}, \dfrac{2}{3}\right)$；　（2）$(-5, 2, 4)$.

10. $(3,6,5)$.

11. $k = \dfrac{3}{4}$.

12. （1） $\dfrac{4\sqrt{7}}{\sqrt{3}}$；　（2） $\dfrac{3\sqrt{2}}{2}$.

总习题七

1. $4(z-1) = (x-3)^2 + (y+2)^2$

2. $\begin{cases} x^2 + y^2 = x + y, \\ z = 0, \end{cases}$ $\begin{cases} 2y^2 + 2yz + z^2 - 4y - 3z + 2 = 0, \\ x = 0, \end{cases}$

   $\begin{cases} 2x^2 + 2xz + z^2 - 4x - 3z + 2 = 0, \\ y = 0. \end{cases}$

3. $\begin{cases} (x-1)^2 + y^2 \leqslant 1, \\ z = 0; \end{cases}$ $\begin{cases} x \leqslant z \leqslant \sqrt{2x}, \\ y = 0; \end{cases}$ $\begin{cases} \left(\dfrac{z^2}{2} - 1\right)^2 + y^2 \leqslant 1, \quad z \geqslant 0, \\ x = 0. \end{cases}$

4. $3y^2 - z^2 = 16$；　$3x^2 + 2z^2 = 16$.

5. 略.

*6. （1）不能；　　　　　　　　　　　（2）不能；

　　（3）能，因为 $\boldsymbol{a}$ 与 $\boldsymbol{b} - \boldsymbol{c}$ 既平行又垂直，且 $\boldsymbol{a} \neq \boldsymbol{0}$，所以 $\boldsymbol{b} = \boldsymbol{c}$.

*7. （1） $\boldsymbol{a} \perp \boldsymbol{b}$；　　　　　　　　　（2） $\boldsymbol{a}$ 与 $\boldsymbol{b}$ 方向相同；

　　（3）存在 $\lambda \leqslant -1$，使得 $\boldsymbol{a} = \lambda \boldsymbol{b}$；　（4） $\boldsymbol{a}$ 与 $\boldsymbol{b}$ 方向相反；

　　（5）存在 $\lambda \geqslant 1$，使得 $\boldsymbol{a} = \lambda \boldsymbol{b}$.

*8. $\dfrac{|\boldsymbol{b}|\boldsymbol{a} + |\boldsymbol{a}|\boldsymbol{b}}{||\boldsymbol{b}|\boldsymbol{a} + |\boldsymbol{a}|\boldsymbol{b}|}$.

*9. 3.

*10. $\mathrm{Prj}_{\overrightarrow{OM}} \overrightarrow{OA} = \dfrac{1}{\sqrt{3}}$.

*11. $\pi - \arccos \dfrac{1}{3} \approx 109.5°$.

　　提示：取正四面体的四个顶点为 $(1,0,0),(0,1,0),(0,0,1),(1,1,1)$，则四面体的形心坐标为 $\left(\dfrac{1}{2}, \dfrac{1}{2}, \dfrac{1}{2}\right)$.

*12. -1.

*13. （1） $\arccos \dfrac{2}{\sqrt{7}}$；　　　　　　　（2） $\dfrac{5\sqrt{3}}{2}$.

*14. $\pi - \arccos \dfrac{2}{\sqrt{39}}$.

*15. $\dfrac{1}{2}$.

*16. $z = -4, \dfrac{\pi}{4}$.

*17. $(21, 15, 3)$.

*18. $\left(0, 0, \dfrac{1}{5}\right)$.

*19. $x + 2\sqrt{2}y + 3z - 3 = 0$ 或 $x - 2\sqrt{2}y + 3z - 3 = 0$.

*20. $5x + 5y + 3z = 0$.

*21. 交点 $(1, 0, -1)$.

*22. $\dfrac{x+1}{16} = \dfrac{y}{19} = \dfrac{z-4}{28}$.

*23. $\begin{cases} x - z = 0, \\ 3x - 5y - 2z - 7 = 0. \end{cases}$

*24. $\dfrac{x-4}{\dfrac{1}{8}} = \dfrac{y-2}{-\dfrac{1}{16}} = \dfrac{z}{1}$; $\dfrac{x+2}{-\dfrac{1}{4}} = \dfrac{y-1}{-\dfrac{1}{8}} = \dfrac{z}{1}$.

第八章

习题 8 – 1

1. (1) $f\left(x + y, \dfrac{y}{x}\right) = (x+y)^2 - \left(\dfrac{y}{x}\right)^2$; （2) $f(x, y) = \dfrac{x^2(1-y)}{(1+y)^2}$.

2. (1) 定义域为 $4x^2 + y^2 \geqslant 1$; （2) 定义域为 $xy > 0$;

   (3) 定义域为 $\{-1 \leqslant x \leqslant 1, y \leqslant -1\} \cup \{-1 \leqslant x \leqslant 1, y \geqslant 1\}$;

   (4) 定义域为 $\{(x,y) \mid -x - 1 < y < x + 1, -1 < x \leqslant 0\} \cup \{(x,y) \mid x - 1 < y < 1 - x, 0 \leqslant x < 1\}$.

*3. 略.

4. (1) 3; （2) $-\dfrac{1}{4}$; （3) 0; *（4) 0.

5. (1) $y^2 = x$;

   (2) $\{(x,y) \mid x = k\pi, y \in \mathbf{R}\} \cup \left\{(x,y) \mid y = k\pi + \dfrac{\pi}{2}, x \in \mathbf{R}\right\}$ $(k \in \mathbf{Z})$.

*6. 略.

习题 8 – 2

1. (1) $\dfrac{\partial z}{\partial x} = \dfrac{1}{3}x^{-\frac{4}{3}}, \dfrac{\partial z}{\partial y} = -6y^{-3}$;

（2）$\dfrac{\partial z}{\partial x} = \dfrac{y}{2xy\ \sqrt{\ln(xy)}}, \dfrac{\partial z}{\partial y} = \dfrac{x}{2xy\ \sqrt{\ln(xy)}}$;

（3）$\dfrac{\partial S}{\partial u} = -\dfrac{2v}{(u-v)^2}, \dfrac{\partial S}{\partial v} = \dfrac{2u}{(u-v)^2}$;

（4）$\dfrac{\partial z}{\partial x} = \dfrac{2}{y}\csc\dfrac{2x}{y}, \dfrac{\partial z}{\partial y} = -\dfrac{2x}{y^2}\csc\dfrac{2x}{y}$;

（5）$\dfrac{\partial u}{\partial x} = \dfrac{1}{y}\cos\dfrac{x}{y}\cos\dfrac{y}{x} + \dfrac{y}{x^2}\sin\dfrac{x}{y}\sin\dfrac{y}{x}$,

$\dfrac{\partial u}{\partial y} = -\dfrac{x}{y^2}\cos\dfrac{x}{y}\cos\dfrac{y}{x} - \dfrac{1}{x}\sin\dfrac{x}{y}\sin\dfrac{y}{x}, \dfrac{\partial u}{\partial z} = 1$;

（6）$\dfrac{\partial u}{\partial x} = \dfrac{y}{z}x^{\frac{y-z}{z}}, \dfrac{\partial u}{\partial y} = \dfrac{1}{z}x^{\frac{y}{z}}\ln x, \dfrac{\partial u}{\partial z} = -\dfrac{y}{z^2}x^{\frac{y}{z}}\ln x$;

（7）$\dfrac{\partial z}{\partial x} = \dfrac{y^2}{1+xy}(1+xy)^y, \dfrac{\partial z}{\partial y} = (1+xy)^y\left[\dfrac{xy}{1+xy} + \ln(1+xy)\right]$;

（8）$\dfrac{\partial f}{\partial \rho} = e^{t\varphi}, \dfrac{\partial f}{\partial \varphi} = \rho t e^{t\varphi} - e^{-\varphi}, \dfrac{\partial u}{\partial t} = \rho\varphi e^{t\varphi} + 1$.

2. $\dfrac{\pi}{4}$.

3. 不存在 .

4. 略 .

5. （1）$\dfrac{\partial^2 z}{\partial x^2} = 2y(2y-1)x^{2y-2}, \dfrac{\partial^2 z}{\partial x \partial y} = 2x^{2y-1}(1+2y\ln x), \dfrac{\partial^2 z}{\partial y^2} = 4x^{2y}(\ln x)^2$;

（2）$\dfrac{\partial^2 z}{\partial x^2} = \dfrac{2xy}{(x^2+y^2)^2}, \dfrac{\partial^2 z}{\partial x \partial y} = -\dfrac{x^2-y^2}{(x^2+y^2)^2}, \dfrac{\partial^2 z}{\partial y^2} = -\dfrac{2xy}{(x^2+y^2)^2}$.

6. $\dfrac{\partial^3 z}{\partial x^2 \partial y} = -\dfrac{1}{x^2}, \dfrac{\partial^3 z}{\partial x \partial y^2} = 0$

7. 略 .

8. （1）$E_{XX} = -1, E_{YY} = -0.6$ ；　（2）0.71.

9. $E_{11} = -\alpha, E_{12} = -\beta, E_{1y} = \gamma$.

习题 8 – 3

1. （1）$dz = \left(3e^{-y} - \dfrac{1}{\sqrt{x}}\right)dx - 3xe^{-y}dy$;

（2）$dz = -\dfrac{y}{x^2}e^{\frac{y}{x}}dx + \dfrac{1}{x}e^{\frac{y}{x}}dy$;

（3）$du = zy^{xz}\ln y\,dx + \dfrac{xz}{y}y^{xz}dy + xy^{xz}\ln y\,dz$.

2. $dz = \dfrac{1}{3}dx + \dfrac{2}{3}dy.$

3. $dz = -0.1e.$

4. （1）2.039；（2）2.95.

5. $-2.8\text{ mm}, -14\ 000\text{ mm}^2.$

6. $17.6\pi\text{ cm}^3.$

习题 8 – 4

1. （1）$\dfrac{e^x}{\ln x} - \dfrac{e^x}{x(\ln x)^2}$；　（2）$\dfrac{3-12t^2}{1+(3t-4t^3)^2}$；

  （3）$2^x(x\ln 2 + \sin x\ln 2 + \cos x + 1).$

2. （1）$\dfrac{\partial z}{\partial x} = e^{\frac{x^2+y^2}{xy}}\left[2x + \dfrac{2(x^2+y^2)}{y} - \dfrac{(x^2+y^2)^2}{x^2 y}\right],$

  $\dfrac{\partial z}{\partial y} = e^{\frac{x^2+y^2}{xy}}\left[2y + \dfrac{2(x^2+y^2)}{x} - \dfrac{(x^2+y^2)^2}{xy^2}\right];$

  （2）$\dfrac{\partial z}{\partial u} = \dfrac{2u}{v^2}\ln(3u-2v) + \dfrac{3u^2}{v^2(3u-2v)},$

  $\dfrac{\partial z}{\partial v} = -\dfrac{2u^2}{v^3}\ln(3u-2v) - \dfrac{2u^2}{v^2(3u-2v)};$

  （3）$\dfrac{\partial z}{\partial x} = 2xf'_1 + ye^{xy}f'_2, \dfrac{\partial z}{\partial y} = -2yf'_1 + xe^{xy}f'_2;$

  （4）$\dfrac{\partial u}{\partial x} = \dfrac{1}{y}f'_1, \dfrac{\partial u}{\partial y} = -\dfrac{x}{y^2}f'_1 + \dfrac{1}{z}f'_2, \dfrac{\partial u}{\partial z} = -\dfrac{y}{z^2}f'_2;$

  （5）$\dfrac{\partial u}{\partial x} = f'_1 + yf'_2 + yzf'_3, \dfrac{\partial u}{\partial y} = xf'_2 + xzf'_3, \dfrac{\partial u}{\partial z} = xyf'_3.$

3. 略.

*4. 略.

5. （1）$\dfrac{\partial^2 z}{\partial x^2} = 2a^2\cos(2ax+2by), \dfrac{\partial^2 z}{\partial x\partial y} = 2ab\cos(2ax+2by), \dfrac{\partial^2 z}{\partial y^2} = 2b^2\cos(2ax+2by);$

  （2）$\dfrac{\partial^2 z}{\partial x^2} = \dfrac{1}{y\sqrt{x^2+y^2}+(x^2+y^2)} - \dfrac{x^2(y+2\sqrt{x^2+y^2})}{(y+\sqrt{x^2+y^2})^2\sqrt{(x^2+y^2)^3}},$

  $\dfrac{\partial^2 z}{\partial x\partial y} = -\dfrac{x}{\sqrt{(x^2+y^2)^3}}, \dfrac{\partial^2 z}{\partial y^2} = -\dfrac{y}{\sqrt{(x^2+y^2)^3}}.$

6. （1）$\dfrac{\partial^2 z}{\partial x^2} = 4f''_{11} + \dfrac{4}{y}f''_{12} + \dfrac{1}{y^2}f''_{22},$

  $\dfrac{\partial^2 z}{\partial x\partial y} = -\dfrac{1}{y^2}f'_2 - \dfrac{2x}{y^2}f''_{12} - \dfrac{x}{y^3}f''_{22}, \dfrac{\partial^2 z}{\partial y^2} = \dfrac{2x}{y^3}f'_2 + \dfrac{x^2}{y^4}f''_{22};$

(2) $\dfrac{\partial^2 z}{\partial x^2} = (\ln y)^2 f''_{11} - 2\ln y f''_{12} + f''_{22}$,

$\dfrac{\partial^2 z}{\partial x \partial y} = \dfrac{1}{y} f'_1 + \dfrac{x\ln y}{y} f''_{11} + \left(\ln y - \dfrac{x}{y}\right) f''_{12} - f''_{22}$,

$\dfrac{\partial^2 z}{\partial y^2} = -\dfrac{x}{y^2} f'_1 + \dfrac{x^2}{y^2} f''_{11} + \dfrac{2x}{y} f''_{12} + f''_{22}$;

(3) $\dfrac{\partial^2 z}{\partial x^2} = -\sin x f'_1 + 4\mathrm{e}^{2x-y} f'_3 + \cos x(\cos x f''_{11} + 4\mathrm{e}^{2x-y} f''_{13}) + 4\mathrm{e}^{4x-2y} f''_{33}$,

$\dfrac{\partial^2 z}{\partial x \partial y} = -2\mathrm{e}^{2x-y} f'_3 - \cos x \sin y f''_{12} - \cos x \mathrm{e}^{2x-y} f''_{13} - 2\sin y \mathrm{e}^{2x-y} f''_{23} - 2\mathrm{e}^{4x-2y} f''_{33}$,

$\dfrac{\partial^2 z}{\partial y^2} = -\cos y f'_2 + \mathrm{e}^{2x-y} f'_3 + \sin^2 y f''_{22} + 2\sin y \mathrm{e}^{2x-y} f''_{23} + \mathrm{e}^{4x-2y} f''_{33}$.

*7. 略.

习题 8 – 5

1. $\dfrac{\mathrm{d}y}{\mathrm{d}x} = \dfrac{y^2}{1-xy}$.

2. $\dfrac{\mathrm{d}y}{\mathrm{d}x} = \dfrac{x+y}{x-y}$.

3. $\dfrac{\partial z}{\partial x} = \dfrac{y\cos(xy) - z\sin(xz)}{x\sin(xz) - y\sec^2(yz)}, \dfrac{\partial z}{\partial y} = \dfrac{x\cos(xy) + z\sec^2(yz)}{x\sin(xz) - y\sec^2(yz)}$.

4. $z\dfrac{\partial z}{\partial x} + y\dfrac{\partial z}{\partial y} = \dfrac{2xyzf'(x^2-z^2) - z + yf(x^2-z)}{1+2yzf'(x^2-z^2)}$.

5. 略.

6. $\dfrac{\partial^2 z}{\partial x^2} = -\dfrac{z^2}{(x+z)^3}, \dfrac{\partial^2 z}{\partial y^2} = -\dfrac{x^2 z^2}{y^2(x+z)^3}$.

7. $\dfrac{\partial^2 z}{\partial x \partial y} = -\dfrac{z}{xy(z-1)^3}$.

*8. $\dfrac{\mathrm{d}y}{\mathrm{d}z} = \dfrac{z-x}{x-y}, \dfrac{\mathrm{d}x}{\mathrm{d}z} = \dfrac{z-y}{y-x}$.

*9. $\dfrac{\partial u}{\partial x} = -\dfrac{uf'_1(2yvg'_2-1) + f'_2 g'_1}{(xf'_1-1)(2yvg'_2-1) - f'_2 g'_1}, \dfrac{\partial v}{\partial x} = \dfrac{g'_1(xf'_1 + uf'_1 - 1)}{(xf'_1-1)(2yvg'_2-1) - f'_2 g'_1}$.

*10. 3.

习题 8 – 6

1. 极大值 $f(2, -2) = 8$.

2. 极小值 $f\left(\dfrac{1}{2}, -1\right) = -\dfrac{\mathrm{e}}{2}$.

3. 最大值 4,最小值 -1.

4. $P_1 = 80, P_2 = 30$ 时有最大总利润 $L = 336$.

5. 使产鱼总量最大的放养数分别是 $x = \dfrac{3\alpha - 2\beta}{2\alpha^2 - \beta^2}, y = \dfrac{4\alpha - 3\beta}{2(2\alpha^2 - \beta^2)}$.

6. (1) $Q_1 = 4, Q_2 = 5, P_1 = 10, P_2 = 7$ 时有最大利润 $L = 52$;

   (2) $P_1 = P_2 = 8, Q_1 = 5, Q_2 = 4$ 时有最大利润 $L = 49$.

显然,实行价格差别策略时总利润要大些.

7. 当两直角边边长均为 $\dfrac{\sqrt{2}}{2}l$ 时,直角三角形周长最大.

8. (1) 此时需要用 0.75 万元做电台广告,1.25 万元做报纸广告;

   (2) 此时要将 1.5 万元广告费全部用于报纸广告.

9. 两要素分别投入为 $x_1 = 6\left(\dfrac{P_2\alpha}{P_1\beta}\right)^{\beta}, x_2 = 6\left(\dfrac{P_1\beta}{P_2\alpha}\right)^{\alpha}$ 时,可使投入总费用最小.

10. $\dfrac{7}{8}\sqrt{2}$.

11. 内接长方体的长、宽、高分别为 $\dfrac{2a}{\sqrt{3}}, \dfrac{2b}{\sqrt{3}}, \dfrac{2c}{\sqrt{3}}$ 时,有最大体积 $V = \dfrac{8abc}{3\sqrt{3}}$.

12. 最长距离 $d_1 = \sqrt{9 + 5\sqrt{3}}$,最短距离 $d_2 = \sqrt{9 - 5\sqrt{3}}$.

习题 8−7

1. $y = 18.5 + 0.09253x$.

2. $y = 0.0357x^2 + 0.79x + 36.649$.

总习题八

1. (1) 充分,必要;   (2) 必要,充分;

   (3) 充分;   (4) 充分.

*2. 略.

3. $f_x(x, y) = \begin{cases} \dfrac{y^2(y^2 - x^2)}{(x^2 + y^2)^2}, & x^2 + y^2 \neq 0, \\ 0, & x^2 + y^2 = 0. \end{cases}$

$f_y(x, y) = \begin{cases} \dfrac{2x^3 y}{(x^2 + y^2)^2}, & x^2 + y^2 \neq 0, \\ 0, & x^2 + y^2 = 0. \end{cases}$

4. $f_y(x, x^2) = -\dfrac{1}{2}$.

5. (1) $\dfrac{\partial^2 z}{\partial x^2} = 2\cos(x + y) - x\sin(x + y), \dfrac{\partial^2 z}{\partial x \partial y} = \cos(x + y) - x\sin(x + y), \dfrac{\partial^2 z}{\partial y} = -x\sin(x + y)$;

（2）$\dfrac{\partial^2 z}{\partial x^2}=y(y-1)x^{y-2},\dfrac{\partial^2 z}{\partial x\partial y}=x^{y-1}(1+y\ln x),\dfrac{\partial^2 z}{\partial y^2}=x^y(\ln x)^2.$

*6. 略.

*7. $C_1(x^2+y^2)+C_2$;

*8. 略.

9. $-2f''+g_2'+xg_{12}''+xyg_{22}''.$

10. $\dfrac{\partial u}{\partial x}=\dfrac{g_z f_1'-g_x f_3'}{g_z[1+t(f_1'+f_2'+f_3')]},$

$\dfrac{\partial u}{\partial y}=\dfrac{g_z f_2'-g_y f_3'}{g_z[1+t(f_1'+f_2'+f_3')]}.$

11. $\dfrac{\partial A}{\partial a}=\dfrac{a}{bc\sin A},\dfrac{\partial A}{\partial b}=\dfrac{c\cos A-b}{bc\sin A},\dfrac{\partial A}{\partial c}=\dfrac{b\cos A-c}{bc\sin A},$

提示：利用余弦公式 $a^2=b^2+c^2-2bc\cos A.$

12. $-2\mathrm{e}^{-x^2y^2}.$

13. $\dfrac{\pi\sqrt6}{6}$,提示:该椭圆的中心在原点.

14. $a=\dfrac{\sqrt6}{2},b=\dfrac{3\sqrt2}{2}$,提示:按题设,函数 $x^2+(y-1)^2$ 在方程 $\dfrac{x^2}{a^2}+\dfrac{y^2}{b^2}=1$ 约束下的最小值

为1,利用此条件首先建立 a 与 b 间应当满足的关系.

15. $\dfrac{32}{9}.$

16. $x=90,y=140.$

17. $x=225,y=37.5.$ 由于 $x=225,y=37.5$ 为函数的唯一驻点,且实际问题有最大值,故它是最大值点,即安排劳动力 225 个单位、原料为 37.5 个单位时,能得到最多的产量.

18. $\begin{cases}3x-5y=33,\\x+y=55.\end{cases}$解得 $x=38.5$ 万元,$y=16.5$ 万元. 由于点$(38.5,16.5)$是唯一驻点,由实际问题得知,当工资福利费用为 38.5 万元,培训费用为 16.5 万元时,企业获得利润最大.

第九章

习题 9–1

1. $I_1=4I_2.$

2. （Ⅰ）0;（Ⅱ）0;（Ⅲ）0.

3. （1）$I_1\geqslant I_2$;（2）$I_1\leqslant I_2.$

4. （1）$0\leqslant I\leqslant16$;（2）$36\pi\leqslant I\leqslant100\pi$;（3）$\dfrac{100}{51}\leqslant I\leqslant2.$

习题 9 – 2

1. (1) $\dfrac{8}{3}$; (2) $\dfrac{1}{4}(e^{b^2}-e^{a^2})(e^{d^2}-e^{c^2})$; (3) $\dfrac{20}{3}$; (4) $-\dfrac{3}{2}\pi$.

2. (1) $\dfrac{6}{55}$; (2) $\dfrac{9}{4}$; (3) $\dfrac{19}{6}$; (4) $e-\dfrac{1}{e}$.

3. 略.

4. (1) $\displaystyle\int_1^2 dx\int_0^{\ln x} f(x,y)\,dy$ 或 $\displaystyle\int_0^{\ln 2} dy\int_{e^y}^2 f(x,y)\,dx$;

    (2) $\displaystyle\int_0^a dx\int_{-\sqrt{a^2-x^2}}^{\sqrt{a^2-x^2}} f(x,y)\,dy$ 或 $\displaystyle\int_{-a}^a dy\int_0^{\sqrt{a^2-y^2}} f(x,y)\,dx$;

    (3) $\displaystyle\int_{-3}^1 dx\int_{x^2}^{3-2x} f(x,y)\,dy$ 或 $\displaystyle\int_0^1 dy\int_{-\sqrt{y}}^{\sqrt{y}} f(x,y)\,dx+\int_1^9 dy\int_{-\sqrt{y}}^{\frac{3-y}{2}} f(x,y)\,dx$.

5. (1) $\displaystyle\int_0^1 dx\int_{x^2}^x f(x,y)\,dy$;   (2) $\displaystyle\int_1^e dx\int_0^{\ln x} f(x,y)\,dy$;

    (3) $\displaystyle\int_1^2 dx\int_{2-x}^{\sqrt{2x-x^2}} f(x,y)\,dy$;

    (4) $\displaystyle\int_0^1 dy\int_{\sqrt{y}}^{2-y} f(x,y)\,dx$;

    (5) $\displaystyle\int_{-1}^0 dy\int_{-2\arcsin y}^{\pi} f(x,y)\,dx+\int_0^1 dy\int_{\arcsin y}^{\pi-\arcsin y} f(x,y)\,dx$;

    (6) $\displaystyle\int_0^a dy\int_{\frac{y^2}{2a}}^{a-\sqrt{a^2-y^2}} f(x,y)\,dx+\int_0^a dy\int_{a+\sqrt{a^2-y^2}}^{2a} f(x,y)\,dx+\int_a^{2a} dy\int_{\frac{y^2}{2a}}^{2a} f(x,y)\,dx$.

6. $\dfrac{4}{3}$.

7. $\dfrac{5}{6}$.

8. $127\ 324\ \mathrm{m}^3$.

9. (1) $\displaystyle\int_{-\frac{\pi}{2}}^{\frac{\pi}{2}} d\theta\int_0^a f(r\cos\theta,r\sin\theta)r\,dr$;

    (2) $\displaystyle\int_0^{\pi} d\theta\int_0^{2\sin\theta} f(r\cos\theta,r\sin\theta)r\,dr$;

    (3) $\displaystyle\int_0^{2\pi} d\theta\int_a^b f(r\cos\theta,r\sin\theta)r\,dr$;

    (4) $\displaystyle\int_0^{\frac{\pi}{4}} d\theta\int_{\sec\theta\tan\theta}^{\sec\theta} f(r\cos\theta,r\sin\theta)r\,dr$.

10. (1) $\displaystyle\int_0^{\frac{\pi}{4}} d\theta\int_0^{\sec\theta} f(r\cos\theta,r\sin\theta)r\,dr+\int_{\frac{\pi}{4}}^{\frac{\pi}{2}} d\theta\int_0^{\csc\theta} f(r\cos\theta,r\sin\theta)r\,dr$;

    (2) $\displaystyle\int_0^{\frac{\pi}{2}} d\theta\int_{\frac{1}{\cos\theta+\sin\theta}}^1 f(r)r\,dr$.

11. (1) $\dfrac{3}{4}\pi a^4$;(2) $\ln\dfrac{2+\sqrt{3}}{1+\sqrt{2}}$;(3) $\dfrac{\pi}{18}a^3$.

12. (1) $\dfrac{1}{3}R^3\left(\pi-\dfrac{4}{3}\right)$;(2) $\dfrac{\pi}{4}(2\ln 2-1)$;(3) $\dfrac{3}{64}\pi^2$.

13. (1) $\dfrac{9}{4}$;(2) $-6\pi^2$;(3) $14a^4$;(4) 5π.

14. $\dfrac{3}{32}\pi a^4$.

15. $51.2\ \mathrm{m}^3$.

16. (1) $p>q>1$ 时收敛于 $\dfrac{1}{(p-q)(q-1)}$,其他情形发散;

    (2) $p>1$ 时收敛于 $\dfrac{\pi}{p-1}$,$p\leqslant 1$ 时发散.

*习题 9 – 3

1. (1) $\displaystyle\int_0^1 \mathrm{d}x\int_0^{1-x}\mathrm{d}y\int_0^{xy}f(x,y,z)\,\mathrm{d}z$;

   (2) $\displaystyle\int_{-1}^1 \mathrm{d}x\int_{-\sqrt{1-x^2}}^{\sqrt{1-x^2}}\mathrm{d}y\int_{x^2+y^2}^1 f(x,y,z)\,\mathrm{d}z$;

   (3) $\displaystyle\int_{-1}^1 \mathrm{d}x\int_{-\sqrt{1-x^2}}^{\sqrt{1-x^2}}\mathrm{d}y\int_{x^2+2y^2}^{2-x^2}f(x,y,z)\,\mathrm{d}z$.

2. $\dfrac{1}{364}$.

3. $\dfrac{1}{48}$.

4. $\dfrac{1}{4}\pi R^2 h^2$.

5. (1) $\dfrac{7}{12}\pi$;   (2) $\dfrac{16}{3}\pi$.

总习题九

1. (1) $\dfrac{\pi}{2}-1$;   (2) $\dfrac{1}{3}R^3\left(\pi-\dfrac{4}{3}\right)$;   (3) $\dfrac{\sqrt{3}}{2}\arctan\dfrac{1}{2}$.

2. (1) $\displaystyle\int_{-2}^0 \mathrm{d}y\int_{2y+4}^{4-y^2}f(x,y)\,\mathrm{d}x$;

   (2) $\displaystyle\int_0^2 \mathrm{d}y\int_{\frac{1}{2}y}^{3-y}f(x,y)\,\mathrm{d}x$;

   (3) $\displaystyle\int_0^1 \mathrm{d}x\int_0^{x^2}f(x,y)\,\mathrm{d}y+\int_1^2 \mathrm{d}x\int_0^{\sqrt{2x-x^2}}f(x,y)\,\mathrm{d}y$.

3. $\dfrac{\pi^2}{32}$.

4. $\dfrac{49}{20}$.

5. $-\sqrt{\dfrac{\pi}{2}}$.

*6. 略.

第十章

习题 10 - 1

1. (1) 一阶;(2) 四阶;(3) 一阶;(4) 二阶;

2—3. 略.

4. $C \neq 0$ 时,$k = -0.03$;$C = 0$ 时,k 为任意常数.

5. $\omega = \pm 3$.

6. (Ⅳ)为(a)的解;(Ⅱ)为(b)的解;(Ⅱ)和(Ⅲ)均为(c)的解;(Ⅳ)为(d)的解.

7. 与方程(a)对应的解为(Ⅰ);与方程(b)对应的解为(Ⅱ)和(Ⅲ);与方程(c)对应的解为(Ⅳ);与方程(d)对应的解为(Ⅳ)和(Ⅴ).

8. 略.

9. $y'y + 2x = 0$.

10. $x(P) + P \cdot x'(P) = 0, \dfrac{Ex}{EP} = \dfrac{P \, \mathrm{d}x}{x \, \mathrm{d}P} = -1$.

习题 10 - 2

1. (1) $y = \ln \dfrac{\mathrm{e}^{2x} + C}{2}$;　　　(2) $y = \dfrac{1}{2}x^2 + \dfrac{1}{5}x^3 + C$;

(3) $y = \sin\left(\dfrac{x^2}{2} + C\right)$;　　　(4) $\ln^2 x + \ln^2 y = C$;

(5) $\sin x \cdot \sin y = C$;　　　(6) $3x^4 + 4(y + 1)^3 = C$.

2. (1) $y + \sqrt{y^2 - x^2} = Cx^2$;　　　(2) $\ln \dfrac{y}{x} = Cx + 1$;

(3) $y^2 = x^2(2\ln|x| + C)$;　　　(4) $x^3 - 2y^3 = Cx$;

(5) $\sin \dfrac{y}{x} = \ln|Cx|$;　　　(6) $x + 2y\mathrm{e}^{\frac{x}{y}} = C$.

3. (1) $y = \mathrm{e}^{-x}(x + C)$;　　　(2) $y = 2 + C\mathrm{e}^{-x^2}$;

(3) $y = \dfrac{\sin x + C}{x^2 - 1}$;　　　(4) $y = \dfrac{1}{x}\left[(x - 1)\mathrm{e}^x + C\right]$;

（5）$3\rho = 2 + Ce^{-3\theta}$；　　　（6）$2x\ln y = \ln^2 y + C$；

（7）$x = Cy^3 + \dfrac{1}{2}y^2$.

4.（1）$\ln y = \tan \dfrac{x}{2}$；　　　（2）$x^2 y = 4$；

（3）$(1 + e^x)\sec y = 2\sqrt{2}$；　（4）$y^3 = y^2 - x^2$；

（5）$y^2 = 2x^2(\ln x + 2)$；　（6）$y = \dfrac{x}{\cos x}$；

（7）$y = \dfrac{\pi - 1 - \cos x}{x}$；　（8）$y = \dfrac{2}{3}(4 - e^{-3x})$.

5.$R = R_0 e^{-0.000\,433\,t}$，时间以年为单位.

6.$y = 2(e^x - x - 1)$.

7.$f(x) = \dfrac{1}{2}(e^{2x} + 1)$.

习题 10 - 3

1.（1）$Q = P^{-P}$；　（2）$\lim\limits_{P \to +\infty} Q = 0$.

2.$Q = e^{-P^3}$.

3.（1）$P_e = \left(\dfrac{a}{b}\right)^{\frac{1}{3}}$；　　　　（2）$P(t) = \left[P_e^3 + (1 - P_e^3)e^{-3kbt}\right]^{\frac{1}{3}}$；

（3）$\lim\limits_{t \to +\infty} P(t) = P_e$.

4.$\dfrac{dB}{dt} = 0.05B - 12\,000$；当 $B_0 = 240\,000 - 240\,000 \times e^{-1}$ 时，20 年后银行账户余额为零.

5.$y(t) = \dfrac{1\,000 \cdot 3^{\frac{t}{3}}}{9 + 3^{\frac{t}{3}}}$（尾），$y(6) = 500$（尾）.

6.$x(t) = N\left[1 - \left(1 - \dfrac{x_0}{N}\right)e^{-rt}\right]$，$\lim\limits_{t \to +\infty} x(t) = N$.

7.$y = \dfrac{1}{10}t + 5$，$D = \dfrac{1}{400}t^2 + \dfrac{1}{4}t + \dfrac{1}{10}$.

8.$y = \dfrac{27}{x} + \dfrac{1}{2}x^2$，当 $x = 3$ 时，y 有最小值.

9.$S = 4.5e^{-\frac{1}{3}t}$，　$y = \dfrac{4}{3}(e^{\frac{t}{3}} - 1)$.

10.$C(x) = 1 + \sqrt{x^2 + 8x}$.

习题 10 - 4

1.（1）$y = \dfrac{1}{6}x^3 - \sin x + C_1 x + C_2$；　（2）$y = (x - 2)e^x + C_1 x + C_2$；

（3）$y = -\ln|\cos(x+C_1)| + C_2$；　（4）$y = C_1 e^x - \dfrac{1}{2}x^2 - x + C_2$；

（5）$y = C_1 \ln|x| + C_2$；　　　　（6）$C_1 y^2 - 1 = (C_1 x + C_2)^2$；

（7）$y = \arcsin(C_2 e^x) + C_1$.

2. （1）$y = -\dfrac{1}{a}\ln(ax+1)$；　　　（2）$e^y = \sec x$；

（3）$y = \ln x + \dfrac{1}{2}\ln^2 x$.

3. 初值问题 $\begin{cases} xy'' = y' + x^2, \\ y|_{x=1} = 0, y'|_{x=1} = -\dfrac{1}{3}, \end{cases}$　$y = \dfrac{1}{3}x^3 - \dfrac{2}{3}x^2 + \dfrac{1}{3}$.

习题 10－5

1. （1）线性无关；　（2）线性相关；　（3）线性相关；　（4）线性无关.

2. $y = C_1 \cos 2x + C_2 \sin 2x$.

3. （1）$y = C_1 e^{-3x} + C_2 e^{-4x}$；　　　　（2）$y = (C_1 + C_2 x)e^{6x}$；

（3）$y = e^{-\frac{1}{2}x}\left(C_1 \cos \dfrac{\sqrt{3}}{2}x + C_2 \sin \dfrac{\sqrt{3}}{2}x\right)$；

（4）当 $\mu > 0$ 时，$y = C_1 \cos\sqrt{\mu}x + C_2 \sin\sqrt{\mu}x$；当 $\mu = 0$ 时，$y = C_1 + C_2 x$；当 $\mu < 0$ 时，$y = C_1 e^{\sqrt{-\mu}x} + C_2 e^{-\sqrt{-\mu}x}$.

4. （1）$y = 4e^x + 2e^{3x}$；　　　　　（2）$y = (2+x)e^{-\frac{x}{2}}$；

（3）$y = 3e^{-2x}\sin 5x$.

5. 略.

6. （1）$y = C_1 e^{\frac{x}{2}} + C_2 e^{-x} + e^x$；

（2）$y = C_1 \cos ax + C_2 \sin ax + \dfrac{e^x}{1+a^2}$；

（3）$y = C_1 + C_2 e^{-9x} + x\left(\dfrac{1}{18}x - \dfrac{37}{81}\right)$；

（4）$y = e^{3x}\left(C_1 + C_2 x + \dfrac{5}{2}x^2 + \dfrac{5}{6}x^3\right)$；

（5）$y = e^x(C_1 \cos 2x + C_2 \sin 2x) - \dfrac{1}{4}xe^x \cos 2x$；

（6）$y = C_1 \cos 2x + C_2 \sin 2x + \dfrac{1}{3}x\cos x + \dfrac{2}{9}\sin x$；

（7）$y = C_1 \cos x + C_2 \sin x + \dfrac{e^x}{2} + \dfrac{x}{2}\sin x$.

7. （1）$y = -5e^x + \dfrac{7}{2}e^{2x} + \dfrac{5}{2}$；

（2）$y = -\cos x - \dfrac{1}{3}\sin x + \dfrac{1}{3}\sin 2x$；

（3）$y = e^x - e^{-x} + e^x(x^2 - x)$.

8. $\varphi(x) = \dfrac{1}{2}(\cos x + \sin x + e^x)$.

9. $P(t) = e^{6t} + e^{-2t} + 4$.

习题 10－6

1. （1）$\Delta y_x = 6x^2 + 4x + 1$，$\quad \Delta^2 y_x = 12x + 10$；

　（2）$\Delta y_x = e^{3x}(e^3 - 1)$，$\quad \Delta^2 y_x = e^{3x}(e^3 - 1)^2$；

　（3）$\Delta y_x = \log_a\left(1 + \dfrac{1}{x}\right)$，$\quad \Delta^2 y_x = \log_a\left(\dfrac{x(x+2)}{(x+1)^2}\right)$；

　（4）$\Delta y_x = 4x^{(3)}$，$\quad \Delta^2 y_x = 12x^{(2)}$.

2. 略.

3. A.

4. $a = 2e - e^2$.

5. （1）三阶；　（2）六阶.

6. 略.

习题 10－7

1. （1）$y_x = C\left(\dfrac{3}{2}\right)^x$；　　　　　（2）$y_x = C(-1)^x$；

　（3）$y_x = C$.

2. （1）$y_x^* = 3\left(-\dfrac{5}{2}\right)^x$；　　　（2）$y_x^* = 2$.

3. （1）$y_x = C \cdot 5^x - \dfrac{3}{4}$；　　　（2）$y_x = C(-4)^x + \dfrac{2}{5}x^2 + \dfrac{1}{25}x + \dfrac{14}{125}$；

　（3）$y_t = \dfrac{2^{t+1}}{3} + C \cdot \left(\dfrac{1}{2}\right)^t$；　（4）$y_x = \dfrac{1}{10}x^{(10)} + C$；

　（5）$y_t = (t-2)2^t + C$；　　　（6）$y_t = C + \left(-\dfrac{1}{4} + \dfrac{t}{2}\right)3^t + \dfrac{t}{3}$；

　*（7）$y_t = C \cdot 3^t - 0.1\cos\left(\dfrac{\pi}{2}t\right) - 0.3\sin\left(\dfrac{\pi}{2}t\right)$；

　（8）$y_x = C \cdot 3^x - \dfrac{1}{2}x + \dfrac{1}{4}$.

4. （1）$y_x^* = 2 + 3x$；　　　　　（2）$y_x^* = \dfrac{5}{3}(-1)^x + \dfrac{1}{3} \cdot 2^x$；

$(3)\ y_x^* = \dfrac{2}{9}(-1)^x + \left(\dfrac{x}{3} - \dfrac{2}{9}\right)2^x;$

$(4)\ y_x^* = -\dfrac{36}{125} + \dfrac{x}{25} + \dfrac{2x^2}{5} + \dfrac{161}{125} \cdot (-4)^x.$

习题 10-8

1. $(1)\ y_x = C_1 2^x + C_2 3^x;$ $\qquad$ $(2)\ y_x = (C_1 + C_2 x)(-5)^x;$

$(3)\ y_x = \left(\dfrac{1}{3}\right)^x \left(C_1 \cos\dfrac{\pi}{2}x + C_2 \sin\dfrac{\pi}{2}x\right);$

$(4)\ y_x = C_1(-1)^x + C_2 \cdot 4^x;$

$(5)\ y_x = (-1)(-4)^x + 2 \cdot 3^x.$

2. $(1)\ y_x = C_1 + C_2(-4)^x + x;$ $\qquad$ $(2)\ y_x = (C_1 + C_2 x)\left(\dfrac{1}{2}\right)^x + 8;$

$(3)\ y_x = C_1(-1)^x + C_2(-2)^x + x^2 - x + 3;$

$(4)\ y_x = C_1 + C_2 \cdot 2^x + \dfrac{1}{4} \cdot 5^x;$

$(5)\ y_x = C_1 + C_2 \cdot (-4)^x + x\left(-\dfrac{7}{50} + \dfrac{1}{10}x\right);$

$(6)\ y_x = 3 + 3x + 2x^2;$

$(7)\ y_x = 4x + \dfrac{4}{3}(-2)^x - \dfrac{4}{3}.$

习题 10-9

1. 13 年 5 个月.

2. $y_t = 100 \times 1.2^t + 400.$

3. $(2)\ P_t = \left(P_0 - \dfrac{2}{3}\right)(-2)^t + \dfrac{2}{3}.$

4. $y_t = \left(y_0 - \dfrac{I+\beta}{1-\alpha}\right)\alpha^t + \dfrac{I+\beta}{1-\alpha},$ $\quad$ $C_t = \left(y_0 - \dfrac{I+\beta}{1-\alpha}\right)\alpha^t + \dfrac{\alpha I+\beta}{1-\alpha}.$

5. $P_t = C\left(\dfrac{1}{2}\right)^t + \dfrac{3}{4}.$

*6. 通解为 $P_t = 4 + \left(\dfrac{1}{2}\right)^t \left(C_1 \cos\dfrac{2}{3}\pi t + C_2 \sin\dfrac{2}{3}\pi t\right)$, 满足初值条件的特解为 $P_t = 4 - \sqrt{3}\left(\dfrac{1}{2}\right)^t \sin\dfrac{2}{3}\pi t.$

总习题十

1. $(1)\ y' = f(x,y), y(0) = 0;$ $\qquad$ $(2)\ y'' - 5y' + 6y = 0;$

（3）$y_{x+2} + y_{x+1} - 2y_x = 9$.

2. （1）$\dfrac{1}{3}e^{-y^3} = e^x + C$；　　　　（2）$y = x^n(e^x + C)$；

　　（3）$2xy + y^2 = C$；　　　　　　（4）$y + \sqrt{x^2 + y^2} = C \quad (x \neq 0)$；

　　（5）$y = \dfrac{1}{3}x^3 - x^2 + 2x + C_1 + C_2 e^{-x}$；

　　（6）$y = \dfrac{1}{2}e^{3x} + \dfrac{x}{20} + \dfrac{49}{400} + C_1 e^{5x} + C_2 e^{4x}$.

3. （1）$y^2 = 2x^2(\ln x + 1)$；　　（2）$y = \dfrac{3}{4} + \dfrac{1}{4}(1 + 2x)e^{2x}$；

　　（3）$y = xe^{-x} + \dfrac{1}{2}\sin x$.

4. $y = 0$.

5. $f(x) = e^x$.

6. $y = e^x - e^{x + e^{-x} - \frac{1}{2}}$.

7. $y = x - x\ln x$.

8. （4）$P(x) = Cx^{\frac{k}{1-k}} \ (x > 0)$.

9. $f''(r) + \dfrac{2}{r}f'(r) = 0$，　$f(r) = 2 - \dfrac{1}{r}$.

10. （1）$y_t = C + \left(\dfrac{3}{4} - \dfrac{t}{2}\right)3^{t-1} - \dfrac{t}{3}$；

　　（2）$y_x = C_1\left(\dfrac{2}{3}\right)^x + C_2(-1)^x - (x^2 - x + 2)\left(\dfrac{1}{3}\right)^x$.

11. （1）$\dfrac{\mathrm{d}x}{\mathrm{d}t} = kx(N - x)$；

　　（2）$x(t) = \dfrac{N}{1 + Ce^{-Nkt}}$，其中 $C = \dfrac{N}{x_0} - 1 > 0$；

　　（3）略.

第十一章

习题 11 - 1

1. （1）$\dfrac{1+1}{1+1^2} + \dfrac{1+2}{1+2^2} + \dfrac{1+3}{1+3^2} + \dfrac{1+4}{1+4^2} + \dfrac{1+5}{1+5^2} + \dfrac{1+6}{1+6^2} + \cdots$；

　　（2）$\dfrac{1}{8} - \dfrac{1}{8^2} + \dfrac{1}{8^3} - \dfrac{1}{8^4} + \dfrac{1}{8^5} - \dfrac{1}{8^6} + \cdots$.

2. (1) $\dfrac{1}{2n}$;   (2) $(-1)^{n-1}\dfrac{1}{2n-1}$;

   (3) $\dfrac{x^{\frac{n}{2}}}{1\cdot3\cdot5\cdot\cdots\cdot(2n+1)}$;   (4) $(-1)^{n-1}\dfrac{a^{n+1}}{2n}$.

3. (1) 发散;   (2) 收敛;   (3) 收敛;   (4) 发散.

4. (1) 收敛;   (2) 发散;   (3) 发散;   (4) 发散;   (5) 收敛;   (6) 发散.

5. $\displaystyle\sum_{n=1}^{\infty}41\cdot\left(\dfrac{1}{100}\right)^n=\dfrac{41}{99}$.

6. $\displaystyle\sum_{n=1}^{\infty}\dfrac{500}{(1+0.1)^n}=5\,000$ 万元.

习题 11 - 2

1. (1) 发散;   (2) 收敛;   (3) 发散;   (4) 收敛;   (5) 发散;   (6) 收敛;   (7) 收敛;

    (8) 收敛;   (9) 收敛;   (10) $a>0$ 且 $a\neq1$ 时收敛, $a=1$ 时发散.

2. (1) 收敛;   (2) 发散;   (3) 收敛;   (4) 发散.

3. (1) 收敛;   (2) 收敛;   (3) 发散;   (4) 收敛;   (5) 对一切 x 均收敛.

4—5. 略.

习题 11 - 3

1. (1) 发散;   (2) 收敛.

2. (1) 绝对收敛;   (2) 绝对收敛;   (3) 条件收敛;   (4) 绝对收敛;

    (5) 发散;   (6) 条件收敛;   (7) 对一切 $x\in(-\infty,+\infty)$ 绝对收敛.

3. 略.

习题 11 - 4

1. (1) $(x-1)-\dfrac{(x-1)^2}{2}+\dfrac{(x-1)^3}{3}-\dfrac{(x-1)^4}{4}+\cdots$, $0<x\leqslant2$.

2. (1) $(-1,1)$;   (2) $[-2,2)$;   (3) $(-\infty,+\infty)$;   (4) $\left[-\dfrac{1}{2},\dfrac{1}{2}\right]$;

    (5) $[-1,1]$;   (6) $(-\sqrt{2},\sqrt{2})$;   (7) $[2,4)$.

3. (1) $S(x)=\begin{cases}-\dfrac{1}{x}\ln(1-x), & x\in[-1,0)\cup(0,1),\\[2mm] 1, & x=0.\end{cases}$

    (2) $S(x)=\dfrac{2x}{(1-x^2)^2}$, $-1<x<1$.

    (3) $S(x)=\dfrac{1}{4}\ln\dfrac{1+x}{1-x}+\dfrac{1}{2}\arctan x-x$, $-1<x<1$.

4—5. 略.

6. (1) $a^x = \sum\limits_{n=0}^{\infty} \dfrac{(x\ln a)^n}{n!}$, $(-\infty, +\infty)$;

(2) $\ln(a+x) = \ln a + \sum\limits_{n=1}^{\infty} (-1)^{n-1} \dfrac{1}{n}\left(\dfrac{x}{a}\right)^n$, $(-a, a]$;

(3) $\sin\dfrac{x}{2} = \sum\limits_{n=0}^{\infty} (-1)^n \dfrac{x^{2n+1}}{2^{2n+1}(2n+1)!}$, $(-\infty, +\infty)$;

(4) $(1+x)\ln(1+x) = x + \sum\limits_{n=2}^{\infty} \dfrac{(-1)^n x^n}{n(n-1)}$, $(-1, 1]$;

(5) $\dfrac{1}{3-x} = \sum\limits_{n=0}^{\infty} \dfrac{x^n}{3^{n+1}}$, $(-3, 3)$;

(6) $\dfrac{1}{\sqrt{1-x^2}} = 1 + \dfrac{1}{2}x^2 + \dfrac{1\cdot3}{2\cdot4}x^4 + \cdots + \dfrac{1\cdot3\cdot5\cdots(2n-1)}{2\cdot4\cdot6\cdots(2n)}x^{2n} + \cdots$, $(-1, 1)$.

7. (1) $\dfrac{1}{x} = \dfrac{1}{3}\sum\limits_{n=0}^{\infty} (-1)^n \dfrac{(x-3)^n}{3^n}$, $(0, 6)$;

(2) $\dfrac{1}{x^2} = \dfrac{1}{3}\sum\limits_{n=0}^{\infty} \dfrac{(-1)^n(n+1)(x-3)^n}{3^{n+1}}$, $(0, 6)$.

8. $\dfrac{1}{x^2+3x+2} = \sum\limits_{n=0}^{\infty}\left(\dfrac{1}{2^{n+1}} - \dfrac{1}{3^{n+1}}\right)(x+4)^n$, $(-6, -2)$.

习题 11 – 5

1. (1) 1.098 6;　(2) 1.648;　(3) 2.004 30;　(4) 0.999 4.

2. (1) 0.946 1;　(2) 0.494 0.

3. (1) $y = \dfrac{1}{2} + \dfrac{1}{4}x + \dfrac{1}{8}x^2 + \dfrac{1}{16}x^3 + \dfrac{9}{32}x^4 + \cdots$;

(2) $y = x + \dfrac{1}{1\cdot2}x^2 + \dfrac{1}{2\cdot3}x^3 + \dfrac{1}{3\cdot4}x^4 + \cdots$.

总习题十一

1. (1) $\dfrac{2}{n(n+1)}$, 2;　　(2) 必要;充分;

(3) 0;　　(4) 收敛;发散;

(5) $(-2, 4)$.

2. (1) C;(2) B;(3) D.

3. (1) 收敛;　(2) 收敛;　(3) 发散;　(4) 当 $a < 1$ 时收敛;当 $a > 1$ 时发散;当 $a = 1$ 时,若 $s > 1$,则收敛,若 $0 < s \leqslant 1$,则发散.

4. 略.

5. （1）$p > 1$ 时绝对收敛，$0 < p \leqslant 1$ 时条件收敛，$p \leqslant 0$ 时发散；

　　（2）绝对收敛；　（3）条件收敛.

6. 略.

7. （1）$S(x) = \begin{cases} -\dfrac{1}{x}\ln\left(1 - \dfrac{x}{2}\right), & (-2,0) \cup (0,2), \\[3mm] \dfrac{1}{2}, & x = 0; \end{cases}$

　　（2）$S(x) = \dfrac{x^2}{2}\arctan x + \dfrac{1}{2}\arctan x - \dfrac{1}{2}x, x \in (-1,1)$；

　　（3）$S(x) = (1 + x)x e^{x}$，$(-\infty, +\infty)$；

　　（4）$S(x) = \dfrac{x - 1}{(2 - x)^2}$，$(0,2)$.

8. （1）$\ln 2$；　（2）$\dfrac{1}{3}\ln 2 + \dfrac{\pi}{3\sqrt{3}}$.

9. （1）$f(x) = \dfrac{\pi}{4} + \displaystyle\sum_{n=0}^{\infty} \dfrac{(-1)^n}{2n+1}x^{2n+1}$，　$x \in [-1,1)$；

　　（2）$f(x) = \displaystyle\sum_{n=1}^{\infty} \dfrac{n}{2^{n+1}}x^{n-1}$，　$x \in (-2,2)$；

　　（3）$f(x) = \ln 4 + \displaystyle\sum_{n=0}^{\infty} \left[\dfrac{(-1)^n}{4^{n+1}} - 1\right]\dfrac{x^{n+1}}{n+1}$，　$x \in [-1,1)$；

　　（4）$f(x) = \displaystyle\sum_{n=0}^{\infty} \dfrac{(-1)^n}{(2n)!}\dfrac{x^{4n+1}}{4n+1}, x \in (-\infty, +\infty)$.

10. （1）略；　（2）$f(x) = \dfrac{1}{2}(e^{x} + e^{-x})$.

11. 略.